ACCESO GRATIS *a la Lectura en la Nube*

Para visualizar el libro electrónico en la nube de lectura envíe junto a su nombre y apellidos una fotografía del código de barras situado en la contraportada del libro y otra del ticket de compra a la dirección:

ebooktirant@tirant.com

En un máximo de 72 horas laborales le enviaremos el código de acceso con sus instrucciones.

La visualización del libro en **NUBE DE LECTURA** excluye los usos bibliotecarios y públicos que puedan poner el archivo electrónico a disposición de una comunidad de lectores. Se permite tan solo un uso individual y privado

CONECTIVIDAD ECOLÓGICA
Y DERECHO

CONECTIVIDAD ECOLÓGICA Y DERECHO

Coordinadores

Maite Uriarte Ricote
Blanca Lozano Cutanda
Iñigo Sanz Rubiales

Juan-Cruz Alli Turrillas
Alexandra Aragão
Xavier Codina García-Andrade
Mikel Díez Sarasola
Carlos Javier Durá Alemañ
Dionisio Fernández De Gatta
Sara García García
Francisco García Sánchez
Rosa Fernanda Gómez González
Blanca Lozano Cutanda
Isabel Maravall Buckwalter
Blanca Rodríguez-Chaves Mimbrero
Iñigo Sanz Rubiales
Maite Uriarte Ricote
Francisco José Villar Rojas
José Luís Villegas Moreno

tirant lo blanch
Valencia, 2024

En caso de erratas y actualizaciones, la Editorial Tirant lo Blanch publicará la pertinente corrección en la página web www.tirant.com

La presente obra ha sido sometida a la revisión de pares ciegos según el protocolo de publicación de la editorial a efectos de ofrecer el rigor y calidad correspondiente tanto en su contenido como en su forma, aplicándose los criterios específicos aprobados por la Comisión Nacional E 016 (BOE num. 286, de 26 de noviembre de 2016).

Esta obra colectiva se ha elaborado en el marco del Proyecto de Investigación PID2021-128884OB-I00 del Ministerio de Ciencia, Innovación y Universidades, bajo el título "La conectividad ecológica: instrumentos y propuestas para evitar la fragmentación de los hábitats (CEIP)

Director de la colección
ENRIQUE J. MARTÍNEZ PÉREZ
Profesor Titular
Universidad de Valladolid

EDITA: TIRANT LO BLANCH
C/ Artes Gráficas, 14 - 46010 - Valencia
TELFS.: 96/361 00 48 - 50
FAX: 96/369 41 51
Email: tlb@tirant.com
www.tirant.com
Librería virtual: https://editorial.tirant.com
Depósito Legal: V-2774-2024
ISBN: 978-84-1071-215-7
MAQUETA: Innovatext

Si tiene alguna queja o sugerencia, envíenos un mail a: *atencioncliente@tirant.com*. En caso de no ser atendida su sugerencia, por favor, lea en *www.tirant.net/index.php/empresa/politicas-de-empresa* nuestro procedimiento de quejas.

Responsabilidad Social Corporativa: *http://www.tirant.net/Docs/RSCTirant.pdf*

Índice

Índice de abreviaturas 19

PRIMERA PARTE
MARCO GENERAL Y TEORÍA DE LA CONECTIVIDAD ECOLÓGICA

La estrategia nacional de la infraestructura verde y de la conectividad y restauración ecológicas de 2021
DIONISIO FERNÁNDEZ DE GATTA

1. INTRODUCCIÓN 27
2. ELABORACIÓN 31
3. LA ESTRATEGIA NACIONAL DE INFRAESTRUCTURA VERDE Y DE LA CONECTIVIDAD Y RESTAURACIÓN ECOLÓGICAS DE 9 DE JULIO DE 2021 32

El futuro reglamento de restauración: un instrumento para el impulso de la conectividad
IÑIGO SANZ RUBIALES

1. JUSTIFICACIÓN 57
   1.1. Conectividad y restauración: justificación de este estudio 57
   1.2. El reglamento "restauración" o la constancia del fracaso de la normativa ambiental protectora 59
   1.3. ¿Por qué un Reglamento? De las directivas "cuasireglamentarias" a los reglamentos "cuasidirectivos" 61
2. EL CONCEPTO DE RESTAURACIÓN 62
   2.1. El concepto de restauración utilizado en el Reglamento 62
   2.2. El cambio climático y el concepto de hábitat. La resiliencia como límite de la biodiversidad autóctona restaurable 65
3. ENFOQUE 66

3.1. Principios rectores de la restauración según el Reglamento ... 66
3.2. De las directrices estratégicas a las normas reglamentarias: la positivización de las obligaciones ... 71
3.3. Competencias: ¿qué entidad pública asume la obligación de restaurar? ... 73
4. CONTENIDO: RESTAURACIÓN SECTORIAL Y PROGRESIVA ... 74
4.1. Tramitación: los elementos polémicos ... 75
A. La restauración agrícola ... 76
B. Restauración de zonas susceptibles de instalaciones de energía renovable ... 79
4.2. Breve mención de los objetivos de restauración en cada sector ... 81
A. Medidas sectoriales ... 81
B. Medidas horizontales ... 86
5. EL INSTRUMENTO CLAVE DE LAS OBLIGACIONES DE RESTAURACIÓN: LOS PLANES NACIONALES DE RESTAURACIÓN ... 88
6. RECAPITULACIÓN ... 89

De la utopía a la necesidad: conectividad ecológica y constitucionalismo global

MIKEL DÍEZ SARASOLA

1. INTRODUCCIÓN. EL SUEÑO COSMOPOLITA CONVERTIDO EN EXPRESIÓN DE LA *REALPOLITIK* ... 91
2. CONECTIVIDAD ECOLÓGICA EN LA ÉPOCA DEL ANTROPOCENO ... 95
2.1. La época del Antropoceno como contexto ... 96
2.2. Conectividad ecológica. Significado y contornos jurídicos 100
3. CONSTITUCIONALISMO GLOBAL MEDIOAMBIENTAL COMO HERRAMIENTA LEGAL Y POLÍTICA ... 104
3.1. Constitucionalismo global. Una formulación posibilista. 106
3.2. Constitucionalismo global medioambiental. Un ejercicio de concreción práctica ... 113
4. CONECTIVIDAD ECOLÓGICA Y CONSTITUCIONALISMO GLOBAL EN ACCIÓN ... 119
5. CONCLUSIONES ... 124

El interés a salvaguardar por la conectividad ecológica: la funcionalidad de los ecosistemas
SARA GARCÍA GARCÍA

1. INTRODUCCIÓN ... 127
2. LOS CONCEPTOS CLAVE VISTOS DESDE EL DERECHO . 130
   2.1. Conectividad ... 130
   2.2. La funcionalidad de los ecosistemas o coherencia ecológica. La relación entre los recursos naturales y los servicios ambientales que debe atender y reparar la conectividad ... 133
      A. Un concepto para una categoría que atienda a las funciones o procesos del ecosistema ... 133
      B. El régimen y protección que se desprende de esa categoría ... 135
      C. La traslación de este régimen al ámbito concreto de la conectividad ... 139
3. LA CONECTIVIDAD ENTENDIDA COMO HERRAMIENTA DE GESTIÓN DE RECURSOS NATURALES Y CONSERVACIÓN Y RESTAURACIÓN DE SERVICIOS AMBIENTALES .. 140
   3.1. La conectividad de los hábitats y el hábitat como servicio ambiental ... 142
      A. Elementos esenciales de la relación: el tamaño y el movimiento. Los llamados MABES y la figura del corredor ecológico ... 145
      B. Clases de conectividad: estructural y funcional. Marina, forestal y fluvial ... 150
   3.2. La necesidad de incluir estos elementos en los instrumentos jurídicos de planificación y ordenación del territorio ... 153
4. CONCLUSIONES ... 155

Enfoque eco-jurídico sobre la conectividad ecológica: taxonomía de corredores ecológicos y principios jurídicos aplicables
ALEXANDRA ARAGÃO

1. IMPORTANCIA RELATIVA DE LOS CORREDORES ECOLÓGICOS ... 159
2. LA FUNCIÓN MULTIPLICADORA DE LOS CORREDORES ... 164

3. PERSPECTIVA DE ANÁLISIS: UN ENFOQUE ECO-JURÍDICO DE LOS CORREDORES 167
4. CRITICAS ECO-JURÍDICAS AL DERECHO DE LOS CORREDORES ECOLÓGICOS 168
5. FUNCIONES ECOLÓGICAS DE LOS CORREDORES: UNA TAXONOMÍA DE COLORES 171
   5.1. ¿Son realmente "corredores"? 173
   5.2. ¿Son realmente verdes? 175
   5.3. Enlaces multicolores 179
      5.3.1. Corredores verdes 179
      5.3.2. Corredores azules 180
      5.3.3. Corredores marrones 181
      5.3.4. Corredores negros 183
      5.3.5. Corredores trasparentes 184
      5.3.6. Corredores grises 185
   5.4. Enlaces multicolores en el Derecho europeo 186
6. *RATIO IURIS* DE LOS CORREDORES: UNA TAXONOMÍA DE RAZONES Y SUS PRINCIPIOS INSPIRADORES 188
7. PRINCIPIOS JURÍDICOS DEL RÉGIMEN DE LOS CORREDORES ECOLÓGICOS 191
8. DE LOS CORREDORES VERDES OPCIONALES A LOS ENLACES MULTICOLORES FUNDAMENTALES 197

SEGUNDA PARTE
INSTRUMENTOS Y FÓRMULAS PARA LA CONECTIVIDAD ECOLÓGICA

La coafectación de las vía pecuarias a la conectividad ecológica del territorio

Blanca Lozano Cutanda

1. LA COAFECTACIÓN AMBIENTAL DE LAS VÍAS PECUARIAS A LA CONECTIVIDAD ECOLÓGICA 203
2. LAS VÍAS PECUARIAS: ¿BIEN DE DOMINIO PÚBLICO NECESARIO O POR AFECTACIÓN? 214
3. LA DESPROTECCIÓN DEL DOMINIO PÚBLICO PECUARIO COMO CONSECUENCIA DEL INCUMPLIMIENTO POR LAS ADMINISTRACIONES AUTONÓMICAS DE SU DEBER DE DESLINDE 224

4. MEDIDAS ***DE LEGE DATA*** Y ***DE LEGE FERENDA*** PARA GARANTIZAR LA FUNCIÓN DE CONECTIVIDAD ECOLÓGICA QUE PRESTA EL DEMANIO PECUARIO 231
5. EL ACTUAL PROYECTO DE REAL DECRETO POR EL QUE SE DESARROLLA LA RED NACIONAL DE VÍAS PECUARIAS 239
6. CONCLUSIONES 245

Explorando instrumentos para la conexión dinámica de especies naturales (en particular de las especies migratorias)
JUAN-CRUZ ALLI TURRILLAS

1. INTRODUCCIÓN: LA CONECTIVIDAD ECOLÓGICA COMO MARCO EXISTENCIAL 253
2. EL ESTADO DE LA CUESTIÓN. LA CONECTIVIDAD COMO ELEMENTO CRUCIAL EN LA PROTECCIÓN DE LA BIODIVERSIDAD 257
   2.1. La base: la insuficiencia del sistema protector 257
   2.2. El desarrollo: exigencias para la conectividad como elemento dinámico 263
   2.3. En particular, la dinamicidad y conectividad en las especies migratorias y nómadas 265
3. LA REMODELACIÓN DEL SISTEMA DE PROTECCIÓN DE LA CONECTIVIDAD ECOLÓGICA DE LAS ESPECIES NATURALES 268
   3.1. Las bases del actual modelo regulador bajo una perspectiva crítica 268
   3.2. El necesario cambio de perspectiva con respecto a la protección conectiva de la biodiversidad 274
4. EN CONCLUSIÓN: EXPLORANDO NUEVOS INSTRUMENTOS JURÍDICOS DE PROTECCIÓN DE LA CONECTIVIDAD DINÁMICA DE ESPECIES MIGRATORIAS Y NÓMADAS 279

Custodia del territorio y conectividad
CARLOS JAVIER DURÁ ALEMAÑ

1. INTRODUCCIÓN 289
2. LA CUSTODIA DEL TERRITORIO EN EL ÁMBITO INTERNACIONAL 293

2.1. Situación en los Estados Unidos y resto de países 293
2.2. Las servidumbres de conservación como herramienta para conectar espacios naturales 296
2.3. Ejemplos del empleo de las servidumbres de conservación para favorecer la conectividad entre espacios naturales 301
2.4. *The Sempervirens Fund* 302
3. LA CUSTODIA DEL TERRITORIO EN ESPAÑA 303
3.1. La custodia del territorio como herramienta para favorecer la conectividad entre espacios naturales 303
3.2. Análisis de resultados sobre el desarrollo de la custodia del territorio en España 309
3.3. Ejemplos de proyectos de custodia del territorio para la conectividad de espacios naturales o hábitats de especies amenazadas 310
3.4. El caso del oso pardo cantábrico *(Ursus arctos)*. Fundación oso pardo 311
3.5. Recuperación de las poblaciones de lince ibérico *(Lynx pardina). Life Lynx Connect* 312
3.6. El urogallo cantábrico *(Tetrao urogallus cantabricus)* 313
4. CONCLUSIONES 314

Contratación pública y conectividad ecológica
Xavier Codina García-Andrade

1. INTRODUCCIÓN 317
2. LOS CONTRATOS DE CONECTIVIDAD ECOLÓGICA 322
3. CONECTIVIDAD Y LOS CONTRATOS EN EJECUCIÓN 327
4. LA UTILIZACIÓN DE LAS CONDICIONES ESPECIALES DE EJECUCIÓN DEL CONTRATO. REFLEXIÓN A LA LUZ DE LA SOLUCIÓN PLANTEADA POR LA ESTRATEGIA NACIONAL 2021 332
5. CONCLUSIONES 335

La incorporación de estándares para la conectividad ecológica: una reflexión desde la práctica del urbanismo
Francisco García Sánchez

1. PLANTEAMIENTO TEÓRICO Y METODOLÓGICO 337
2. LA CONECTIVIDAD ECOLÓGICA EN LA PRÁCTICA DEL PLANEAMIENTO MUNICIPAL 340

3. HERRAMIENTAS DISPONIBLES EN EL PLANEAMIENTO PARA EL SUELO URBANO Y URBANIZABLE 344
3.1. Cesiones de suelo para Sistemas Generales y Locales de Zonas Verdes y Espacios Libres 344
3.2. La Normativa Urbanística como instrumento eficaz para la definición de la infraestructura verde en el ámbito urbano 348
4. LAS CERTIFICACIONES DE CALIDAD COMO BASE PARA INCORPORAR LA CONECTIVIDAD AL PLANEAMIENTO. 350
5. CONCLUSIONES 353

TERCERA PARTE
ANÁLISIS DE CASOS CONCRETOS
DE CONECTIVIDAD ECOLÓGICA

Humedales urbanos como mecanismo de protección de la conectividad ecológica
ROSA FERNANDA GÓMEZ GONZÁLEZ

1. INTRODUCCIÓN 358
2. MARCO NORMATIVO DE PROTECCIÓN DE HUMEDALES EN CHILE COMO ECOSISTEMAS DE RELEVANCIA AMBIENTAL 361
2.1. Inexistencia de una regulación específica 361
2.2. Protección de humedales en Chile mediante tratados internacionales 362
2.3. Protección de humedales mediante normas generales de carácter o contenido ambiental 364
2.4. Protección de humedales mediante la Ley N.º 19.300, sobre Bases Generales del Medio Ambiente 365
3. ANÁLISIS DE LA LEY N.º 21.202, QUE MODIFICA DIVERSOS CUERPOS LEGALES CON EL OBJETIVO DE PROTEGER LOS HUMEDALES URBANOS 367
3.1. El origen y objeto de la iniciativa 367
3.2. Concepto de humedal urbano 370
3.3. Declaración de humedales urbanos 371
3.4. Aspectos relevantes de la Ley N.º 21.202 y su Reglamento 373
a) Efectos de la declaratoria 373
b) Concepto de humedal y su relación con la conectividad ecológica 373

c) Sobre los criterios mínimos para la sustentabilidad de los humedales urbanos 374
d) SEIA y protección específica a los humedales......... 375
e) Incidencia de los humedales urbanos en la normativa urbanística.. 376
f) Deberes impuestos a los municipios 377
3.4. Comentarios críticos a la normativa............................ 378
4. CRITERIOS ESTABLECIDOS POR LA JURISPRUDENCIA EN MATERIA DE HUMEDALES 380
4.1. Criterios previos a la dictación de la Ley N.º 21.202 380
4.2. Criterios posteriores a la dictación de la Ley N.º 21.202 385
a) Criterios contenidos en la jurisprudencia de Contraloría General de la República 385
b) Criterios contenidos en la jurisprudencia de la Corte Suprema 389
c) Criterios contenidos en la jurisprudencia de los tribunales ambientales... 392
d) Criterios contenidos en la jurisprudencia del Tribunal Constitucional... 393
5. CONCLUSIONES 394

La conectividad ecológica en el ecosistema marino: su protección y conservación en el derecho internacional

Isabel Maravall Buckwalter

1. INTRODUCCIÓN 397
2. BREVE REFERENCIA AL RÉGIMEN DE LA CONVENCIÓN DE LAS NACIONES UNIDAS SOBRE EL DERECHO DEL MAR..... 399
3. LA CONECTIVIDAD EN EL MEDIO MARINO COMO PROCESO ECOLÓGICO FUNDAMENTAL.................................. 401
4. MEDIDAS PARA PROTEGER Y REFORZAR LA CONECTIVIDAD ECOLÓGICA EN EL ECOSISTEMA MARINO 404
5. LA PROTECCIÓN INDIRECTA DE LA CONECTIVIDAD ECOLÓGICA EN LA CONVENCIÓN DE LAS NACIONES UNIDAS DEL DERECHO DEL MAR.. 407
6. OTROS TRATADOS INTERNACIONALES QUE PROTEGEN LA CONECTIVIDAD ECOLÓGICA DE FORMA INDIRECTA 413

7. LA CONSERVACIÓN Y PROTECCIÓN DE LA CONECTIVIDAD ECOLÓGICA EN EL MAR POR LA UNIÓN EUROPEA 418
8. LA PROTECCIÓN DE LA CONECTIVIDAD ECOLÓGICA EN EL ACUERDO DE DIVERSIDAD BIOLÓGICA MÁS ALLÁ DE LA JURISDICCIÓN NACIONAL 419
9. REFLEXIONES FINALES 425

La conectividad en la lucha contra los incendios forestales
BLANCA RODRÍGUEZ-CHAVES MIMBRERO

1. EL GRAVE PROBLEMA DE LOS INCENDIOS FORESTALES CONVECTIVOS AL QUE NOS ENFRENTAMOS. PARA COMBATIRLOS, GESTIÓN, GESTIÓN Y MÁS GESTIÓN ¿ACTUAMOS EN CONSECUENCIA? 427
1.1. Unos apuntes sobre la evolución de los incendios forestales en España desde la perspectiva de la ordenación de nuestros montes 427
1.2. La vulnerabilidad del ámbito rural ante los incendios forestales de Sexta Generación 435
1.3. Las orientaciones estratégicas para la gestión de incendios forestales en España 438
1.4. El Real Decreto-ley 15/2022, de 1 de agosto, por el que se adoptan medidas urgentes en materia de incendios forestales 444
2. LA GESTIÓN FORESTAL EN LA ESTRATEGIA FORESTAL EUROPEA 2030, LA PAC 2023-2027 Y LA LEY DE RESTAURACIÓN DE LA NATURALEZA 448
2.1. La Estrategia Forestal Europea 2030 y la PAC 2023-2027 448
2.2. La Ley de Restauración de la Naturaleza 458
3. LA INSTAURACIÓN DE LOS CORREDORES ECOLÓGICOS Y LA PREVENCIÓN DE LOS INCENDIOS FORESTALES 459

Estudio comparado de dos modelos de conectividad ecológica en el espacio urbano: la ciudad de Madrid y el Bilbao metropolitano
MAITE URIARTE RICOTE

1. INTRODUCCIÓN 467
2. CARACTERÍSTICAS PROPIAS DEL SISTEMA 468

3. CUATRO PILARES INDISPENSABLES PARA SU IMPLANTACIÓN 471
4. FORMAS DE INTEGRACIÓN 474
   4.1. Despliegue desde los planes sectoriales y especiales: el caso de la ciudad de Madrid 478
      4.1.1. Un plan para la ciudad de Madrid 479
         A. Punto de partida y técnicas elegidas 480
         B. Una infraestructura más de la ciudad 483
      4.1.2. La expansión: el Bosque Metropolitano 489
   4.2. Integración desde la planificación territorial 492
      4.2.1. Instrumentos de concreción 493
         A. El PTP del Bilbao Metropolitano: su relación con los planes urbanísticos 494
         C. Condicionantes superpuestos y directrices.. 497
      4.2.2. na Infraestructura Verde urbana para cada municipio 498
5. CONCLUSIONES 500

La conectividad ecológica en Canarias: realidad, conflictos e instrumentos

Francisco José Villar Rojas

1. LA REALIDAD DE LA BIODIVERSIDAD INSULAR (CANARIAS) 503
   1.1. Caracteres de la biodiversidad insular 503
   1.2. Protección de la biodiversidad insular canaria 504
2. LOS CONFLICTOS TERRITORIALES QUE PLANTEA LA CONECTIVIDAD ECOLÓGICA 508
   2.1. Un conflicto clásico: el impacto de las infraestructuras 508
   2.2. Un conflicto particular: la tensión entre los espacios naturales protegidos y la ordenación del territorio 510
   2.3. Un conflicto reciente: la lucha contra los incendios forestales 511
3. LOS INSTRUMENTOS JURÍDICOS QUE CONTRIBUYEN A LA CONECTIVIDAD ECOLÓGICA EN LAS ISLAS 513
   3.1. Los planes 513
      A) De 1987 hasta 1994 513
      B) Desde 1994 515

C) En 2023: ¿una vuelta atrás? 519
3.2. La utilización de corredores 521
A) Barrancos, caminos reales y caminos cortafuegos... 521
B) Senderos 522
C) Vías pecuarias 523
D) Balance.. 525
3.3. La evaluación de impacto ambiental 526
A) Supuestos 526
B) Pros y contras 527
4. VALORACIÓN FINAL 528

Conectividad y restauración ecológica.
Un paraíso amenazado: el caso de las mariposas de Aranjuez
José Luís Villegas Moreno

1. INTRODUCCIÓN 532
2. ARANJUEZ, PAISAJE, CULTURA, BIODIVERSIDAD............ 533
3. FLORES ALADAS EN CONSTANTE MOVIMIENTO............ 535
4. RESERVA NATURAL EL REGAJAL-MAR DE ONTÍGOLA 538
4.1. Breve noticia histórica 538
4.2. Localización.. 540
4.3. Características 540
4.4. Peculiaridades de las mariposas locales 543
5. MARCO REGULATORIO Y COMPETENCIAL...................... 544
6. CONECTIVIDAD ECOLOGICA Y FRAGMENTACIÓN 549
6.1. Conectividad.. 549
6.2. Fragmentación 551
6.2.1. Existencia de un polígono industrial cercano... 552
6.2.2. Infraestructuras que impactan la Reserva.......... 553
6.3. Incendio de 2022 555
7. CONCLUSIONES 556

Referencias bibliográficas 559

Índice de abreviaturas

AAI	Autorización Ambiental Integrada
ACAP	Acuerdo sobre la Conservación de Albatros y Petreles (**TOL709.362**)
ADBJN	Acuerdo de Diversidad Biológica más allá de la Jurisdicción Nacional
AEPDA	Asociación Española de Profesores de Derecho Administrativo
AMP	Áreas Marinas Protegidas
ANSE	Asociación de Naturalistas del Sureste
art.	artículo
AUE	Agenda Urbana Española
CASBBE	*Comprehensive Assessment System for Built Environment Efficiency*
CCAA	comunidades autónomas
CDB	Convenio sobre Diversidad Biológica (**TOL227.025**)
ce	corredores ecológicos
CEDEX	Centro de Estudios y Experimentación de Obras Públicas
CEMACAM/CEMA	Centro Educativo de Medio Ambiente
cfr.	confróntese, compárese
CI	*Conservation International*
CICES	*Common classification of ecosystem*
CIEDA	Centro Internacional de Derecho Ambiental
CIEMAT	Centro de Investigaciones Energéticas, Medioambientales y Tecnológicas
cit.	citado
CLIF	Comité de Lucha contra Incendios Forestales
CNUDM	Convención de las Naciones Unidas del Derechos del Mar

CONAMA	Comisión Nacional del Medio Ambiente (Chile)
coord.	coordinador
DAFO	Debilidades, amenazas, fortalezas y oportunidades
DD	Disposición Derogatoria
DIA	Declaración de Impacto Ambiental
dir. / dirs.	director / directores
DOG	Directrices de Ordenación General
DOT	Directrices de Ordenación del Territorio
EAE	Evaluación Ambiental Estratégica
EE. UU	Estados Unidos
EFE	Estrategia Forestal Española horizonte 2050
EIA	Evaluación de Impacto Ambiental
EIV / ENIVCRE	Estrategia Nacional de Infraestructura Verde y de la Conectividad y Restauración Ecológicas
EL	Espacios Libres
et. al.	(*et. alli*) y otros
ex	por ejemplo
ex lege	según la ley; por disposición de ley
FAO	*Food and Agriculture Organization of the United Nations*
FD	Fundamento de Derecho
FEDER	Fondo Europeo de Desarrollo Regional
FRECT	Foro Estatal de Redes y Entidades de Custodia del Territorio
hab.	habitantes
Ibid.	Ibidem
Ibidem	en el mismo lugar
Id.	Idem
IEEP	*Institute for European Environmental Policy*
IEPNB	Inventario Español de Patrimonio Natural y la Biodiversidad
IPT	Instrumento de Planificación Territorial
ISA	International Seabed Authority
ITG	Instituto Tecnológico de Galicia

IV	Infraestructura verde
LBMA	Ley N.º 19.300 (Chile)
LBPA	Ley N.º 19.880 (Chile)
LCSP	Ley 9/2017 de Contratos del Sector Público
LEED	*Leadership in Energy and Environmental Design*
LGUC	Ley General de Urbanismo y Construcciones (Chile)
LHU	Ley N.º 21.202 (Chile)
LIC	Lugares de Interés Comunitario
LISTA	Ley 7/2021, de 1 de diciembre, de impulso para la sostenibilidad del territorio de Andalucía (**TOL9.303.972**)
LOTPV	Ley 4/1990, de 31 de mayo, de Ordenación del Territorio del País Vasco (**TOL 75.976**)
LPNB	Ley 42/2007, de 13 de diciembre, del Patrimonio Natural y de la Biodiversidad (**TOL 1.210.868**)
LPI	*Living Planet Index*
LRMA	Ley 26/2007, de 23 de octubre, de Responsabilidad Medioambiental
LSCM	Ley 9/2001, de 17 de julio, del Suelo de la Comunidad de Madrid (**TOL75.963**)
LVP	Ley 3/1995, de 23 de marzo, de Vías Pecuarias (**TOL121.804**)
MABES	*Mobile agent-based ecosystem services*
MAD-RE	Plan Madrid Recupera
MAPAMA	Ministerio de Agricultura, Pesca y Alimentación
MiNT	Madrid iNTeligente
MITECO	Ministerio para la Transición Ecológica y Reto Demográfico
MMA	Ministerio de Medio Ambiente (Chile)
NCED	*National Conservation Easement Database*
OCDE	Organización para la Cooperación y el Desarrollo Económicos
OMEC	Otras medidas de conservación basadas en áreas

OMS	Organización Mundial de la Salud
ONU	Organización de las Naciones Unidas
OPAM	Observatorio de Políticas Ambientales
p. / pp.	página / páginas
PAC	Política Agraria Común
PCU	Perímetro de Crecimiento Urbano
PEPAC	Plan Estratégico de la PAC 2023-2027 de España
PFE	Plan Forestal Español 2022-2032
PGOU	Plan General de Ordenación Urbana
PIOLP	Plan Insular de Ordenación
PIVB	Plan de Infraestructura Verde y Biodiversidad 2018-2023
PORF	Planes de Ordenación de Recursos Forestales
PORN	Plan de Ordenación de Recursos Naturales
PSA	Pagos por servicios ambientales
PTP	Plan Territorial Parcial
PRUG	Plan Rector de Uso y Gestión
REACT-UE	*Recovery Assistance for Cohesion and the Territories of Europe*
rec.	recurso
rec. cas.	recurso de casación
RECIEL	*Review of European, Comparative & International Environmental Law*
RD	Real Decreto
RDLRMA	Real Decreto 2090/2008, de 22 de diciembre, por el que se aprueba el Reglamento de desarrollo parcial de la Ley 26/2007, de 23 de octubre, de Responsabilidad Medioambiental (**TOL4.797.686**)
REGAP	Revista Gallega de Administración Pública
RGDA	Revista General de Derecho Administrativo
SCS	Sentencia de la Corte Suprema (Chile)
SEA	Servicio de Evaluación Ambiental (Chile)
SEIA	Sistema de Evaluación de Impacto Ambiental (Chile)

SEs	servicios ecosistémicos
SI	Sistemas Generales
SL	Sistemas Locales
SMA	Superintendencia del Medio Ambiente (Chile)
ss.	siguientes
STC	Sentencia del Tribunal Constitucional
STS	Sentencia del Tribunal Supremo
TNC	*The Nature Conservancy*
TOL	Tirant On Line
TRLSyRU	Texto Refundido de la Ley del Suelo y Rehabilitación Urbana, de 30 de octubre de 2015 (**TOL5.534.477**)
TVB	*Trame Verte et Bleue*
UE	Unión Europea
UICN	Unión Internacional para la Conservación de la Naturaleza
UK	*United Kingdom*
UNCLOS	United Nations Convention on the Law of the Sea
UNED	Universidad Nacional de Educación a Distancia
UNESCO	*The United Nations Educational Scientific and Cultural Organization*
US / USA	*United States of América*
USE	Uso del Suelo y Ecología
USGBC	*United States Green Building Council*
v. gr.	verbigracia
vid.	véase
viv.	viviendas
VV.AA.	Varios Autores
WWF	*World Wildlife Fund*
ZAR	Zonas de alto riesgo de incendio
ZEC	Zonas de Especial Conservación
ZEE	Zona Económica Exclusiva
ZEPA	Zona de Especial Protección para las Aves

PRIMERA PARTE

MARCO GENERAL Y TEORÍA DE LA CONECTIVIDAD ECOLÓGICA

La estrategia nacional de la infraestructura verde y de la conectividad y restauración ecológicas de 2021[1]

Dionisio Fernández De Gatta
Profesor Titular de Derecho Administrativo
Universidad de Salamanca

SUMARIO: 1. INTRODUCCIÓN. 2. ELABORACIÓN. 3. LA ESTRATEGIA NACIONAL DE INFRAESTRUCTURA VERDE Y DE LA CONECTIVIDAD Y RESTAURACIÓN ECOLÓGICAS DE 9 DE JULIO DE 202.

1. INTRODUCCIÓN

A pesar de la pandemia del COVID-19 (2020-2023), de la invasión de Ucrania por Rusia (iniciada el 24 de febrero de 2022) y de los ataques terroristas contra Israel (perpetrados el 7 de octubre de 2023), que están incidiendo muy negativamente en todo el mundo, continúa existiendo una preocupación general en relación con las cuestiones relativas al medio ambiente, los recursos naturales y el desarrollo sostenible[2], aunque los problemas son

---

1 Agradezco a las profesoras Blanca Lozano Cutanda y Maite Uriarte Ricote la invitación para participar en este interesante libro.

2 En general, Esteve Pardo, J. (2022). *Derecho del Medio* Ambiente, 5.ª ed., Marcial Pons; Fernández De Gatta Sánchez, D. (2023). *Sistema Jurídico-Administrativo de Protección del Medio Ambiente,* 11.ª ed. Ratio Legis; Lozano Cutanda, B. (2023). *Derecho Ambiental y Climático,* 2.ª ed. Dykinson; Lozano Cutanda, B. (Dir.), Lago Candeira, A., y López Álvarez, L. F. (2014). *Tratado de Derecho Ambiental.* Centro de Estudios Finan-

antiguos y, a veces, el debate sobre el medio ambiente y el cambio climático se ha descontrolado, en particular en los últimos años[3].

En efecto, con el tiempo, esa preocupación medioambiental se generalizó, desde los años 60 y 70 del pasado siglo, y surgiría el Derecho Ambiental contemporáneo, formado por el conjunto de normas que prevén su protección y la regulación de los recursos naturales y de las actividades que inciden en ellos[4], concibiendo esas acciones como funciones públicas que habilitan a las Administraciones Públicas (y a otros Poderes Públicos) a ejercer múltiples potestades e instrumentos (así como, en ocasiones, a utilizar instrumentos de mercado voluntarios). Por su consolidación histórica, entre los ámbitos del Derecho Ambiental, destacan las normas protectoras de los recursos naturales, que existen desde la antigüedad, aunque en el mundo contemporáneo han surgido, y surgen, instrumentos protectores nuevos (aunque con antecedentes antiguos).

Efectivamente, hace ya algún tiempo surgió un nuevo concepto con connotaciones jurídicas en el ámbito de la protección de la naturaleza y la biodiversidad[5], que es el de *infraestructura verde.* A

---

cieros (CEF); Lozano Cutanda, B., y Alli turrillas, J. C. (2022). *Administración y Legislación Ambiental,* 12.ª ed. Dykinson; Martín Mateo, R. (1977). *Derecho Ambiental.* Instituto de Estudios de Administración Local y (1991,1992, 1997, 2003), *Tratado de Derecho Ambiental,* Tomos I, II, III. Trivium, y Tomo IV. Edisofer; Memento Práctico Francis Lefebvre-Lozano Cutanda, B. (Coord.), y otros, (2020). *Medio Ambiente 2021-2022.* Francis Lefebvre.

3 Shellenberger, M. (2021). *No hay apocalipsis. Por qué el alarmismo medioambiental nos perjudica a todos.* Deusto.,

4 Fernández Rodríguez, T. R. (1973). *El medio ambiente urbano y las vecindades industriales.* Instituto de Estudios de Administración Local, pp. 11-29; (1980). "Derecho, medio ambiente y desarrollo". *Revista Española de Derecho Administrativo,* (24), pp. 5-16.

5 La evolución en España desde las políticas protectoras de los espacios naturales hasta las relativas a la infraestructura verde puede verse en Mulero-Mendigorri, A. (2017). "De los espacios protegidos a las infraestructuras verdes en España: un balance crítico", en VV.AA. *Naturaleza,*

pesar de que pueda mantenerse que el concepto no es totalmente novedoso, pues hay algunos antecedentes antiguos[6], debe resaltarse que ahora sí tiene un contenido jurídicamente establecido, y una regulación parcialmente específica.

En efecto, la Ley 33/2015, de 21 de septiembre, por la que se modificó la Ley 42/2007, de 13 de diciembre, del Patrimonio Natural y de la Biodiversidad (BOE del 22)[7], incorpora al Ordenamiento jurídico español el concepto de infraestructura verde, y más específicamente introduce un nuevo capítulo III, con un nuevo artículo 15, en el Título I, relativo a la "Estrategia estatal de infraestructura verde y de la conectividad y restauración ecológicas", cuyo objetivo, contenido y elaboración establece.

No obstante, ha de señalarse que la asunción de este concepto y la consiguiente previsión de la Estrategia nacional derivan más directamente de la Política Ambiental de la Unión Europea, en concreto de la Comunicación de la Comisión de 2013 sobre "Infraestructura verde: mejora del capital natural de Europa" [COM

---

territorio y ciudad en un mundo global [XXV Congreso de la Asociación de Geógrafos Españoles, Madrid, 25 a 27 de octubre de 2017]. Ed. Asociación de Geógrafos Españoles-Universidad Autónoma de Madrid. pp. 414-432. https://doi.org/10.15366/ntc.2017. Recuperado el 31 de enero de 2024.

Asimismo, ver López Ramón, F. (1980). *La conservación de la naturaleza: los espacios naturales protegidos.* Real Colegio de España de Bolonia. (2019). *Conservar el patrimonio natural.* Reus.

6 Sobre los precedentes, principalmente norteamericanos e ingleses, de la infraestructura verde, ver Fernández De Gatta Sánchez, D. (2023). *Actividad pública y privada en materia de recursos naturales y rurales. La infraestructura verde y la custodia del territorio.* Ratio Legis, pp. 35-49.

7 La legislación aplicable puede verse en la completa obra del Boletín Oficial Del Estado (2023). *Código de Naturaleza y Biodiversidad.* https://boe.es/biblioteca_juridica/codigos/codigo.php?id=145_Codigo_de_Naturaleza_y_Biodiversidad&tipo=C&modo=2]. Recuperado el 31 de enero de 2024.

(2013) 249 final, Bruselas, 6.5.2013][8], que la concibe como la red de zonas naturales y seminaturales y de otros elementos ambientales, planificada de forma estratégica, diseñada y gestionada para la prestación de una extensa gama de servicios ecosistémicos que, además, incorpora espacios verdes (o azules en el caso de los ecosistemas acuáticos) y otros elementos físicos de espacios terrestres (incluidas las zonas costeras) y marinos; y en los espacios terrestres la infraestructura verde está presente en los entornos rurales y urbanos.

No obstante, debe señalarse que la infraestructura verde no es una nueva figura de protección del patrimonio natural o medioambiental, como si se tratara de espacio protegido, sino más bien es una herramienta integradora para, entre otras cosas (pues cumple más funciones), alcanzar una mejor planificación territorial y urbanística, o de otro tipo, con vistas a evitar el deterioro y la pérdida de biodiversidad, aglutinando tanto las figuras de protección como cualesquiera otros elementos que puedan representarse cartográficamente y deban ser tenidos en cuenta a la hora de adoptar las decisiones sobre conservación, explotación y uso sostenible del suelo ya que, dada su multifuncionalidad, la

---

8 Ver el enlace: https://eur-lex.europa.eu/resource.html?uri=cellar:d41348f2-01d5-4abe-b817-4c73e6f1b2df.0008.03/DOC_1&format=PDF. Recuperado el 31 de enero de 2024. Sobre la misma, ver Agencia Europea De Medio Ambiente. (2015). *Infraestructura Verde: una vida mejor mediante soluciones naturales.* [http://www.eea.europa.eu/es/articles/infraestructura-verde-una-vida-mejor], y European Commission. (2012). *The Multifunctionality of Green Infrastructure,* Science for Environment Policy, In-Depth Report. [http://ec.europa.eu/environment/nature/ecosystems/docs/Green_Infrastructure.pdf]. Recuperado el 31 de enero de 2024.

En relación con el marco de referencia de la Unión Europea y sobre la propia Comunicación, ver Fernández De Gatta Sánchez, D. (2023). *Actividad pública y privada en materia de recursos naturales y rurales. La infraestructura verde y la custodia del territorio, op. cit.*, pp. 49-79.

infraestructura verde tiene implicaciones en diferentes ámbitos políticos, sectoriales y sociales[9].

2. ELABORACIÓN

La Comunicación de la Comisión Europea sobre Infraestructura Verde de 2013 y, a nivel interno, especialmente la modificación de 2015 de la Ley del Patrimonio Natural y de la Biodiversidad de 2007 provocaron, en 2015, el inicio del proceso de redacción de la Estrategia Estatal de Infraestructura Verde y de la Conectividad y Restauración Ecológicas.

El resultado del proceso iniciado fue el documento-libro titulado *Bases científico-técnicas para la Estrategia Estatal de Infraestructura Verde y de la Conectividad y Restauración Ecológicas* de 2017, publicado en formato digital el 19 de octubre de 2018[10], como soporte y apoyo científico y técnico de la misma.

Posteriormente, se elaboró un *Borrador de Estrategia Estatal de Infraestructura Verde y Conectividad y Restauración Ecológicas*, hecho público en mayo de 2019[11].

---

9 MITECO. (2021). *Estrategia Nacional de Infraestructura Verde y de la Conectividad y la Restauración Ecológicas.* La Estrategia Nacional de Infraestructura Verde y de la Conectividad y Restauración Ecológicas ha sido aprobada por Orden PCM/735/2021, de 9 de julio. (**TOL8.503.402**).

10 Hidalgo, R. (Dir. técnico), Valladares, F., Gil, P. y Forner, A. (Coord.), y otros (2017). *Bases científico-técnicas para la Estrategia estatal de infraestructura verde y de la conectividad y restauración ecológicas.* Ministerio de Agricultura y Pesca, Alimentación y Medio Ambiente, 358 pp. https://www.miteco.gob.es/va/biodiversidad/temas/ecosistemas-yconectividad/basescientifico-tecnicaseeivcre_tcm39-479558.pdf. Recuperado el 31 de enero de 2024. Sobre el mismo, *vid.* Fernández De Gatta Sánchez, D. (2023). *Actividad pública y privada en materia de recursos naturales y rurales. La infraestructura verde y la custodia del territorio, op. cit.*, pp. 119-125.

11 MITECO. (2019). *Estrategia Estatal de Infraestructura Verde y de la Conectividad y la Restauración Ecológicas-Borrador.* https://www.miteco.gob.es/images/es/borradoreeivcre_infopublica_tcm30-497133.PDF. Recu-

3. LA ESTRATEGIA NACIONAL DE INFRAESTRUCTURA VERDE Y DE LA CONECTIVIDAD Y RESTAURACIÓN ECOLÓGICAS DE 9 DE JULIO DE 2021

La *Estrategia Nacional de Infraestructura Verde y de la Conectividad y Restauración Ecológicas* se aprobó mediante la Orden PCM/735/2021, de 9 de julio[12].

Esta Orden Ministerial tiene por objeto cumplir el mandato legal señalado, y se dicta al amparo del artículo 149-1.º-23.ª-CE que establece la competencia exclusiva del Estado sobre la legislación básica sobre protección del medio ambiente, sin perjuicio de las facultades de las Comunidades Autónomas de establecer normas adicionales de protección (art. 4).

Con objeto de garantizar la conservación de la biodiversidad y asegurar la funcionalidad de los ecosistemas y sus servicios, la conectividad ecológica, la restauración del territorio español y la integración de la biodiversidad en la planificación territorial de otras políticas sectoriales, mediante la Orden Ministerial (art. 1) se aprueba la Estrategia Nacional de Infraestructura Verde y de la Conectividad y Restauración Ecológicas, que se incluye en su Anexo, y que tiene por objetivo marcar las directrices para la identificación y conservación de los elementos del territorio que componen la infraestructura verde del territorio español, terrestre y marino, y para que la planificación territorial y sectorial que realicen las Administraciones públicas permita y asegure la conectividad ecológica y la funcionalidad de los ecosistemas, la mitigación y adaptación a los efectos del cambio climático, la desfragmentación de áreas estratégicas para la conectividad y la restauración de ecosistemas degradados.

---

perado el 31 de enero de 2024. En relación con este Borrador, véase Fernández De Gatta Sánchez, D. (2023). *Actividad pública y privada en materia de recursos naturales y rurales. La infraestructura verde y la custodia del territorio, op. cit.*, pp. 125-126.

12 **(TOL8.503.402)**

La Administración General del Estado (art. 3) implementará la Estrategia a través de sucesivos programas de trabajo, de tres años de duración, que establecerán hasta el año 2050, en que finaliza la misma, acciones concretas para identificar, desarrollar y mantener una Infraestructura Verde para el territorio español; debiendo aprobarse el primero un año después de la publicación de la Estrategia (mandato que por cierto no ha sido cumplido, hasta ahora).

La Estrategia Nacional de Infraestructura Verde se integra por diez partes (con un pequeño resumen ejecutivo y varios Anexos), referidas a los antecedentes y al marco conceptual y de referencia de la infraestructura verde, a sus componentes, al diagnóstico de la situación, al planteamiento estratégico, finalidad, objetivos generales y la visión de futuro, para pasar después a las metas estratégicas (concretamente, se prevén ocho, con objetivos específicos y líneas de actuación), y finalizar con la gobernanza, el seguimiento y la evaluación, así como la financiación.

En relación con el marco conceptual, se asume el concepto de infraestructura verde de la Comisión Europea, en la Comunicación de 2013, citada, concibiéndola como una red estratégicamente planificada de espacios naturales y seminaturales y otros elementos ambientales diseñados y gestionados para ofrecer una amplia gama de servicios de los ecosistemas, incluyendo espacios verdes, o azules si se trata de ecosistemas acuáticos, y otros elementos físicos en áreas terrestres, naturales, rurales y urbanas, y marinas.

Definida así, a la infraestructura verde se le da un carácter multiescalar, multisectorial y multifuncional, y se le asigna una base fundamental, que hace referencia a la integración de la biodiversidad y su multifuncionalidad, por los múltiples servicios que aporta la naturaleza a los seres humanos: ocio, cultura, calidad del aire, etc., de tal modo que su gestión se concibe desde una perspectiva sistémica, pues su diseño y gestión tienen como objetivo proporcionar un amplio abanico de servicios de los ecosistemas y proteger la biodiversidad tanto de los asentamientos rurales como urbanos, por lo que mejora la capacidad de la naturaleza para facilitar bienes y servicios de los ecosistemas múltiples y valiosos a la sociedad. Además, está ligada a conceptos como capital natural, multifuncionalidad, soluciones basadas en la naturaleza, servicios de los ecosistemas, conectividad, restauración ecológica y resiliencia o capacidad de adaptación.

Por otra parte, el texto adopta una serie de principios o ideas matrices, entre los que pueden destacarse: los bienes de los ecosistemas tienen carácter limitado y son bienes comunes; su finalidad es promover el capital natural y la conservación de la biodiversidad; la misma incluirá una relación de áreas clave por la provisión de servicios ecosistémicos, así como los lugares de mayor importancia para la conservación de la diversidad biológica y la conectividad ecológica, con el objetivo de promover el desarrollo sostenible; su consideración como una herramienta integradora de soluciones basadas en la naturaleza, orientada a la protección del capital natural; mejora el funcionamiento autónomo de los ecosistemas; la protección del capital natural se considera un factor de crecimiento inteligente, sostenible e integrador; su creación se describe en términos de las inversiones o esfuerzos sociales, legislativos y administrativos; debe tener una aproximación multiescalar, como ya se ha señalado, con acciones apropiadas a cada grado de detalle territorial (desde actuaciones en el tejido urbano, como la implantación de huertos urbanos o tejados verdes, o en el medio rural, como setos vivos o agricultura ecológica, hasta proyectos de gran extensión territorial como corredores ecológicos que enlacen áreas protegidas); la restauración y el mantenimiento de la conectividad ecológica son parte esencial de la misma, y el carácter múltiple de los ámbitos políticos implicados (regional o de cohesión, medioambiental, gestión de riesgos, salud o agricultura, entre otros).

A continuación, la Estrategia Nacional subraya, en su parte tercera, la trascendencia de identificar los componentes de la infraestructura verde, pues son los ejes esenciales de la misma, y acotar las acciones de protección natural, teniendo como base los ya mencionados expresamente en la Ley de Patrimonio Natural y Biodiversidad, aunque hay que tener en cuenta que, además de estos elementos, se deberán asimismo incorporar aquellos otros que contribuyan a alcanzar los objetivos de desarrollo de una infraestructura verde en cuanto a conectividad y mantenimiento de servicios de los ecosistemas (y para ello se proporciona una relación de la tipología de elementos potenciales a considerar como posibles integrantes de la misma en el Anexo III). Por otra parte, asimismo se resalta la importancia de contar con fuentes de documentación adecuadas para dichos elementos, y se mencionan los existentes, tanto a nivel europeo como a nivel interno, nacional.

La cuarta parte de la Estrategia Nacional, bastante extensa, se dedica, con buen criterio, al diagnóstico de la situación actual, ya que su objetivo básico es conservar la biodiversidad, y para lograrlo deben delimitarse y protegerse aquellos espacios y elementos que albergan mayor biodiversidad, y además han de llevarse a cabo actuaciones de conservación que consideren el conjunto del territorio como un sistema donde se incluya la gestión de la trama territorial y el conjunto de actividades humanas, por lo que este diagnóstico se lleva a cabo en relación con los aspectos más característicos de la infraestructura verde, como son[13]: la conectividad y fragmentación (sobre la base de considerar que la mejora o aumento de la conectividad entre los paisajes o hábitats es útil para conservar la biodiversidad, pues la conectividad se traduce en un incremento del intercambio de individuos entre poblaciones, un incremento de la persistencia local y regional de las poblaciones, reduciendo así la tasa de extinción y aumentando la tasa de colonización; y que la conectividad del paisaje favorece no solo movimientos de especies animales, sino también de especies vegetales y flujos de materia y energía, analizándose los elementos que cumplen funciones de corredores ecológicos y la situación de los procesos de fragmentación del territorio y de hábitats, incluyendo

---

[13] Como apoyo a la elaboración del documento *Bases científico-técnicas*, citado, se encargaron varios informes concretos, con más de 700 págs., en relación con algunos de estos aspectos. Sobre estos, *vid.* Fernández De Gatta Sánchez, D. (2023). *Actividad pública y privada en materia de recursos naturales y rurales. La infraestructura verde y la custodia del territorio, op. cit.*, nota 152, pp. 121-122.

los del medio marino[14]); la restauración ecológica; los servicios de los ecosistemas; el cambio climático y las políticas sectoriales de todas las Administraciones Públicas.

La Estrategia Nacional establece, en sus partes 5.ª a 8.ª, su planteamiento estratégico, su finalidad, sus objetivos generales y la visión de futuro, que se reflejan en este esquema (que reproduce el incluido en el Borrador, y así se precisa con cierta sorpresa):

Esquema del planteamiento estratégico del Borrador de Estrategia Estatal

---

14 López Ramón, F., "Conectividad y corredores ecológicos en la experiencia española", obra citada; Márquez-Barraso, S.; Del Barrio, G.; Ruiz, A.; Simón, JC.; Sanjuán, M.E.; Sánchez, E., e Hidalgo, R. (2015). *Conectividad del paisaje para tipos de hábitat zonales de interés comunitario en España.* Ministerio de Agricultura, Alimentación y Medio Ambiente; Rey Benayas, J.M. y De Torre Ceijas, R. (2017). *Medidas para fomentar la conectividad entre Espacios Naturales Protegidos y otros Espacios de Alto Valor Natural en España,* FIRE, MNCN-CSIC y MAPAMA. https://www.fundacionfire.org/files/Medidas_conectividad_final.pdf. Recuperado el 31 de enero de 2024. Valladares, F., Gil, P. M. y Forner, A. (2016). *Conectividad ecológica y Fragmentación de hábitats.* MAPAMA (informe inédito).

De acuerdo con la definición de infraestructura verde realizada por la Unión Europea y por la Ley de Patrimonio Natural y Biodiversidad, de carácter básico, la Estrategia Nacional establece que la infraestructura verde tiene dimensión espacial y estará referida, en todas las escalas, a la denominada "*matriz territorial*", es decir, al conjunto del territorio o paisaje como expresión y organización territorial de los ecosistemas, en la que se incluyen tanto las teselas de hábitat como el resto de los elementos y cubiertas presentes en el espacio geográfico, y por su carácter espacial y multifuncional, la formulación e implementación de la Estrategia adopta un carácter multiescalar, como red ecológicamente coherente implica la coordinación y cooperación entre las diferentes Administraciones y actores con competencias en el territorio, desde el nivel europeo hasta el ámbito local (por tanto, el nivel europeo y, a nivel interno, el peninsular e insular, el regional y comarcal, el municipal y el nivel urbano y de barrio).

Más específicamente, la Estrategia Nacional se concibe como como un instrumento encaminado a promover e implementar un cambio en el modelo de ordenación y planificación territorial, enmarcado en un proceso hacia la transición ecológica del modelo de desarrollo.

Su finalidad es identificar, desarrollar, mantener y reforzar una infraestructura verde para el territorio español a través de la definición de unos objetivos específicos y un conjunto de orientaciones que, apoyadas en un diagnóstico general de la realidad territorial y medioambiental, impulsen su establecimiento y sirvan de referencia para la elaboración de las correspondientes estrategias autonómicas, y, para alcanzar este objetivo, establece, de acuerdo con el carácter básico del art. 15 de la Ley de Patrimonio Natural y Biodiversidad, criterios comunes para la identificación, conservación y restauración de la infraestructura verde en todas las Comunidades Autónomas.

Los objetivos generales que establece la Estrategia son: 1.º) aplicar herramientas de planificación y gestión territorial diseñadas desde un planteamiento que vincule lógicamente las actuaciones con los resultados esperados de conservación de la biodiversidad, de mantenimiento y restauración de la conectividad y la funcionalidad de los ecosistemas y sus servicios; planificación y gestión que se apoyarán en la evaluación sistemática de los resultados como fuente de información para la mejora continua, con lo que se contribuirá (con un cierto carácter buenista) a la mitigación de los efectos y presiones que los actuales modelos de desarrollo generan sobre el medio ambiente, así como a la adaptación ante cambios globales y difícilmente eludibles como el cambio climático; 2.º) fortalecer la coordinación efectiva entre las distintas Administraciones Públicas y sus respectivos órganos con el fin de implantar con éxito la infraestructura verde; 3.º) maximizar la integración transversal de los conceptos, objetivos y planteamientos de la infraestructura verde en los distintos niveles de la planificación territorial; la cual se alcanzará mediante la actuación de equipos humanos transdisciplinares adecuadamente formados y capacitados, el establecimiento de protocolos de priorización, la implementación de procedimientos adecuados de información y participación pública y el impulso y reconocimiento de las contribuciones propuestas o apoyadas por la sociedad civil, y 4.º) promover la mejora del conocimiento, la investigación y la transferencia de información, así como la difusión de información a todos los niveles de la sociedad, con el fin de conseguir una adecuada sensibilización acerca de la relevancia de la infraestructura verde como instrumento de conservación medioambiental.

Seguidamente, y de nuevo con un cierto grado de buenismo (por cierto, sin explicar por qué, escrito en cursiva), no muy propio de estos textos, la Estrategia plantea una situación-objetivo futura, para 2050, de una España en la que la infraestructura verde se ha consolidado a escala nacional, señalando los instrumentos que han permitido tal éxito (la restauración de ecosistemas degradados, la aplicación de soluciones basadas en la naturaleza, la integración de políticas sectoriales estratégicas, etc.).

De acuerdo con las prescripciones de la Ley de Patrimonio Natural y Biodiversidad de 2007, especialmente después de su modificación en 2015, de carácter básico a efectos constitucionales y competenciales, y teniendo en cuenta el marco conceptual y el diagnóstico de la infraestructura verde, ya mencionados, la Estrategia Nacional establece varias Metas Estratégicas, que constituyen el contenido sustantivo y esencial de la misma, al señalarse objetivos específicos y medidas de actuación y orientaciones (cuyo resumen se prevé en el Anexo II del texto).

Las Metas Estratégicas previstas son:

1.ª) Meta 0. Identificar y delimitar espacialmente la red básica, a diferentes escalas, de la infraestructura verde en España.

Esta Meta es esencial, el punto de partida de la propia Estrategia y de la protección de sus elementos. La Ley de Patrimonio Natural y Biodiversidad (art. 15-2.º) incluye, como sabemos, una lista no exhaustiva de los elementos de la infraestructura verde, aunque debe tenerse en cuenta que no se han identificado completamente todos sus elementos aún, no se han establecido con claridad las características y criterios que deben reunir los mismos para integrarlos en la infraestructura verde, y además no existe a nivel nacional una cartografía de la misma, incluyendo todos sus elementos

Los objetivos específicos propuestos son: armonizar los procesos de identificación, selección y declaración de los elementos integrantes de la infraestructura verde, teniendo en cuenta su carácter multiescalar; evaluar los elementos integrantes de la infraestructura verde en cuanto a su estado de conservación, su contribución a la conectividad y provisión de servicios de los ecosistemas y sus necesidades de restauración, y mejorar el conocimiento sobre los elementos y sus interrelaciones, susceptibles de formar parte de la misma a diferentes escalas.

Las líneas de actuación y orientaciones previstas son:

- 0.1. Identificar los elementos que podrán formar parte de la infraestructura verde a las distintas escalas (estatal, autonómica y local), previendo elaborar una guía para la identificación y cartografía de los mimos, y clasificarlos según escalas territoriales e institucionales y según su funcionalidad (una primera aproximación a dicha caracterización se incluye en el Anexo III), así como desarrollar la cartografía correspondiente.

- 0.2. Selección y declaración oficial de los elementos de la infraestructura verde. Una vez identificados los elementos de la misma, se hará una selección de los mismos y se procederá a su declaración formal por las Administraciones Públicas, dotándola así de reconocimiento oficial.
- 0.3. Evaluar los elementos integrantes de la infraestructura verde en cuanto a su estado de conservación, su contribución a la conectividad y provisión de servicios de los ecosistemas y sus necesidades de restauración, previéndose la diferenciación entre zonas para conservación, que son las áreas que proporcionan funciones ecológicas clave, y las zonas para restauración, que comprenden espacios que proporcionan funciones ecológicas importantes, pero su capacidad podría mejorarse mediante restauración.
- 0.4. Mejorar el conocimiento sobre los elementos, y sus interrelaciones, susceptibles de formar parte de la infraestructura verde a diferentes escalas.

2.ª) Meta 1. Reducir los efectos de la fragmentación y de la pérdida de conectividad ecológica ocasionados por cambios en los usos del suelo o por la presencia de infraestructuras. Constituye asimismo uno de los ejes esenciales de la filosofía y del contenido de la infraestructura verde, y por ello las redes y los corredores ecológicos se prevén tanto en la Ley de Patrimonio Natural y Biodiversidad como, p. ej., en la Ley de Protección del Medio Marino.

Una vez repasadas las carencias actuales en este ámbito (carencias de información, falta de coherencia en los criterios para el diseño de las redes, ausencia de un marco coordinado estatal para la definición y protección de los conectores y falta de coordinación y planificación de las acciones de fomento de la conectividad), se fijan los objetivos específicos: mejorar la conectividad, a diferentes escalas, mediante la identificación de corredores ecológicos y áreas críticas encaminadas a asegurar la permeabilidad, coherencia e integración de los espacios protegidos y de las especies y hábitats de interés, evaluando su efectividad; establecer unas directrices comunes de actuación para fortalecer, mejorar y prevenir la pérdida de la conectividad en espacios terrestres, fluviales, en el ámbito litoral y marino y medio urbano, y mejorar el conocimiento científico sobre la conectividad ecológica.

Líneas de actuación y directrices:

- 1.01. Identificar áreas clave para la conectividad de las especies y tipos de hábitat de interés encaminadas a asegurar la permeabilidad de la matriz territorial.
- Fortalecer y mejorar la conectividad, así como prevenir su pérdida: 1.02, en espacios terrestres; 1.03, en espacios fluviales; 1.04, en el espacio litoral; 1.05, en el ámbito marino, y 1.06, en el medio urbano.
- 1.07. Desarrollar un sistema de seguimiento de la conectividad ecológica y de los procesos de fragmentación que permita evaluar la eficacia de las medidas adoptadas, mediante la elaboración por cada Administración competente de planes de seguimiento y vigilancia para comprobar el funcionamiento correcto de los mismos y que son respetados por las políticas sectoriales.
- 1.08. Promover la investigación y mejorar el conocimiento sobre conectividad ecológica y su relación con la conservación de la biodiversidad.

3.ª) Meta 2. Restaurar los hábitats y ecosistemas de áreas clave para favorecer la biodiversidad, la conectividad o la provisión de servicios de los ecosistemas, mediante soluciones basadas en la naturaleza, sobre la base de considerar la restauración ecológica como el proceso por el cual se promueve el restablecimiento de un ecosistema que ha sido degradado, dañado o destruido. Actividad de restauración esencial para la Estrategia nacional, que se encuentra prevista tanto en la Ley de Patrimonio Natural y Biodiversidad, como en otros textos legales (Ley de Evaluación Ambiental, Ley de Montes, Legislación de Aguas, etc.).

Los objetivos específicos son: identificar las necesidades de restauración ecológica de los hábitats y ecosistemas de áreas claves para favorecer la conectividad, la biodiversidad o los servicios de los ecosistemas; consensuar metodologías con criterios comunes para diseñar y desarrollar proyectos de restauración ecológica en el marco del desarrollo de la infraestructura verde; identificar y promover soluciones para la restauración ecológica entre áreas urbanas y periurbanas; implementar la necesidad de estudios de seguimiento de proyectos de restauración ecológica, y mejorar el conocimiento científico sobre la restauración ecológica, tanto en el medio terrestre como marino.

Líneas de actuación y directrices:

- 2.1. Identificar, por las Administraciones Públicas, de acuerdo con sus competencias, las necesidades de restauración ecológica para contribuir, al menos, a la restauración del 15% de los ecosistemas degradados, siguiendo las directrices de la Comisión Europea (actuando de mayor a menor degradación), y la guía elaborada por la Fundación Biodiversidad en la materia.

- 2.2. Identificar las necesidades de restauración ecológica para la recuperación de los valores de biodiversidad del territorio, a partir de considerar las áreas claves por sus valores de biodiversidad (espacios protegidos, hábitats en peligro de desaparición, etc.).

- 2.3. Identificar las necesidades de restauración ecológica para la mejora de la conectividad y permeabilidad del territorio, a partir de la identificación de las áreas críticas para la conectividad por las Administraciones competentes, y utilizando diversos criterios para priorizar las acciones de restauración (como el grado de rareza-singularidad y amenaza-colapso, características relevantes de biodiversidad, etc.).

- 2.4. Identificar las necesidades de restauración ecológica para la recuperación de la funcionalidad de los ecosistemas y sus servicios.

- 2.5. Diseñar y ejecutar proyectos de restauración ecológica basados en el desarrollo de metodologías con criterios comunes, incluyendo recomendaciones concretas, y detalladas, para la restauración ecológica en áreas protegidas, en áreas afectadas por infraestructuras lineales, de montes, de agrosistemas, de espacios mineros, de ecosistemas dunares, fluvial, de humedales y del medio marino.
- 2.6. Identificar y promover soluciones para la restauración ecológica en áreas urbanas y periurbanas, entre cuyas orientaciones se incluye el fomento de acuerdos de custodia del territorio, del desarrollo de Bancos de Conservación de la Naturaleza[15] y de la recuperación de las actividades tradicionales sostenibles que favorezcan la conectividad.
- 2.7. Implementar la necesidad de estudios de seguimiento de los proyectos de restauración ecológica.
- 2.8. Promover la investigación y mejorar el conocimiento sobre restauración ecológica y su relación con la conservación de la biodiversidad en el contexto de cambio global y provisión de servicios de los ecosistemas.

4.ª) Meta 3. Mantener y mejorar la provisión de servicios de los ecosistemas de los elementos de la infraestructura verde, en el marco de la Estrategia de la UE sobre biodiversidad hasta 2020, al constatarse la existencia de falta de conocimiento en este ámbito.

De acuerdo con lo anterior, los objetivos específicos previstos son: identificar, cartografiar y valorar adecuadamente los servicios de los ecosistemas en relación con el desarrollo de la infraestruc-

---

15 López Ramón, F. "La trayectoria española de los bancos de conservación", en García-Álvarez, G. (Dir.), y otros, *Mecanismos económicos y de mercado para la protección ambiental, op. cit.*, pp. 57-73, y De Guerrero Manso, M.ª T. "Claves para una adecuada implantación de los bancos de conservación de la biodiversidad en España", en García-Álvarez, G. (Ed.), y otros, *Instrumentos territoriales para la protección de la Biodiversidad*, obra citada, pp. 85-114.

tura verde, teniendo en cuenta su carácter multiescalar; evaluar el estado de conservación, gestionar adecuadamente y, en su caso, restaurar los servicios de los ecosistemas de los elementos ligados al desarrollo de la infraestructura verde, y mejorar el conocimiento sobre los servicios de los ecosistemas y el desarrollo de la infraestructura verde a distintas escalas.

Líneas de actuación y orientaciones:

- 3.1. Identificar, clasificar y cartografiar las áreas clave para la provisión de servicios de los ecosistemas de los elementos de la infraestructura verde.
- 3.2. Promover la valoración de los servicios de los ecosistemas, incluyendo su valoración económica, e integrarla en la toma de decisiones sobre ordenación y gestión terrestre y marina, desde una perspectiva participativa.
- 3.3. Evaluar el estado de conservación, gestionar adecuadamente y, en su caso, restaurar los ecosistemas y sus servicios asociados de la infraestructura verde; debiendo diferenciarse en la cartografía de esta las zonas para conservación y las zonas para la restauración.
- 3.4. Mejorar el conocimiento sobre los servicios de los ecosistemas y el desarrollo de la infraestructura verde a distintas escalas, tanto en el medio terrestre como en el marino.

5.ª) Meta 4. Mejorar la resiliencia de los elementos vinculados a la infraestructura verde favoreciendo la mitigación y adaptación al cambio climático, al considerarse la misma una de las más extensas herramientas aplicables, económicamente viables y efectivas para combatir los impactos del cambio climático y ayudar a las personas a adaptarse o mitigar los efectos adversos del mismo.

Teniendo en cuenta el Plan Nacional de Adaptación al Cambio Climático, los objetivos específicos previstos son: contribuir a la mitigación del cambio climático a través de la infraestructura verde del territorio; promover la adaptación al cambio climático y la resiliencia de los ecosistemas mediante la conservación y restauración de los elementos que componen la infraestructura verde del territorio.

En este contexto, se proponen estas líneas de actuación y directrices:

- 4.1. Fomentar la mitigación del cambio climático mediante la creación y conservación de sumideros naturales de carbono asociados a la infraestructura verde.
- 4.2. Contribuir a la reducción de los riesgos naturales derivados de los efectos del cambio climático mediante la conservación y restauración de los elementos vinculados a la infraestructura verde del territorio y por medio de la aplicación de soluciones basadas en la naturaleza.
- 4.3. Favorecer la conservación de la biodiversidad mediante el mantenimiento y restauración ecológica de elementos y áreas estratégicas, que permitan a las especies y hábitats silvestres realizar las dispersiones longitudinales y latitudinales que precisan en el actual contexto de cambio climático.
- 4.4. Promover la capacidad de adaptación de los ecosistemas y fomentar el mantenimiento de los servicios que proveen, a través de la mejora de su resiliencia y de la aplicación de soluciones basadas en la naturaleza; poniendo en valor los de aquellos elementos de la infraestructura verde que se encuentren en buen estado y avanzar en la evaluación y análisis de las soluciones basadas en la naturaleza y de la recuperación y restauración de tales elementos.
- 4.5. Mejorar la capacidad de mitigación y adaptación de las ciudades y áreas metropolitanas por medio de la infraestructura verde urbana y periurbana y a través de soluciones basadas en la naturaleza (p. ej., mitigando los efectos urbanos de la isla térmica, mediante la utilización de nuevos materiales y elementos en la construcción de edificios, in-

cluyendo cubiertas verdes, arquitectura bioclimática o la infraestructura verde urbana)[16].

– 4.6. Mejorar los conocimientos sobre las opciones de mitigación y adaptación al cambio climático en la gestión de los ecosistemas y su restauración, así como en soluciones basadas en la naturaleza.

6.º) Meta 5. Garantizar la coherencia territorial de la infraestructura verde mediante la definición de un modelo de gobernanza que asegure la coordinación entre las diferentes escalas administrativas e instituciones implicadas, ya que la cooperación y coordinación entre las diferentes Administraciones Públicas responsables en materia de biodiversidad, territorio y otras políticas sectoriales que pueden influir en la biodiversidad, se considera imprescindible para abordar eficazmente el reto de conservarla mediante la creación y el mantenimiento de la infraestructura verde. Debe resaltarse que, a efectos sustantivos, sólo existirá una única infraestructura verde, conformada por las distintas escalas estatal, autonómica y local, que a su vez formará parte de la infraestructura verde europea.

Con la finalidad de alcanzarla, se establecen los siguientes objetivos específicos: establecer una colaboración eficaz entre las Administraciones Públicas a todas las escalas, que permita la coordinación en el desarrollo de las estrategias de infraestructura verde en los distintos niveles; asegurar la coherencia territorial multiescalar en la implementación de la misma, y planificar y movilizar adecuadamente los fondos públicos y privados que permitan una adecuada implementación de la infraestructura verde a diferentes escalas.

Líneas de actuación y directrices:

– 5.1. Impulsar y asegurar la continuidad territorial en el desarrollo de la infraestructura verde: 5.1, a escala internacional

---

[16] Pozo, C. del, y Rey Mellado, R. (2016). *Planificación y diseño de la infraestructura verde urbana para la adaptación al cambio climático y la mejora de la resiliencia en las ciudades* (Síntesis temática II) (inédito).

(contribuyendo al desarrollo de la Estrategia Europea de Infraestructura Verde), y, 5.2, a escala estatal, regional y local.

- 5.3.Establecer mecanismos de cooperación eficaces entre la Administración General del Estado, las Comunidades Autónomas y las Entidades Locales para el desarrollo coordinado de la infraestructura verde a distintas escalas (destacando el Grupo de Trabajo de Infraestructura Verde, creado en el Comité de Espacios Naturales Protegidos, adscrito a la Comisión Estatal para el patrimonio Natural y la Biodiversidad, que, presidido por el representante del Estado, está compuesto por miembros de las tres Administraciones territoriales).
- 5.4. Desarrollar las Estrategias Autonómicas de Infraestructura Verde y de la Conectividad y Restauración Ecológicas en cumplimiento del artículo 15-4.º de la Ley de Patrimonio Natural y Biodiversidad, basándose en las directrices de la Estrategia Nacional, previéndose, incluso, los contenidos mínimos de las diferentes Estrategias regionales: objetivos generales de la Estrategia; metas y líneas de actuación de la Estrategia Nacional aplicadas al ámbito autonómico; indicadores y metodología utilizados para la identificación de los elementos integrantes de la Infraestructura Verde; identificación y cartografía de los elementos integrantes de la Infraestructura Verde a escala autonómica, y programa de acciones
- 5.5. Planificar y movilizar adecuadamente los fondos públicos y privados que permitan una adecuada implementación de la infraestructura verde a diferentes escalas.

7.º) Meta 6. Incorporar de forma efectiva la infraestructura verde, la mejora de la conectividad y la restauración ecológicas en las políticas sectoriales, especialmente en cuanto a la ordenación territorial y la ordenación del espacio marítimo y la evaluación ambiental.

Teniendo en cuenta que la insuficiente integración territorial y coordinación de las políticas sectoriales y la falta de conectividad son, entre otros, algunos de los aspectos negativos a destacar en los espacios naturales protegidos de España, se considera prioritario incorporar al sector político, administrativo y profesional de la planificación urbanística y territorial al enfoque de la infraestructura verde, de forma que se alcance una mejor coordinación entre las políticas, la planificación y la gestión ambiental, urbanística, territorial y de infraestructuras, así como en otras políticas relacionadas con el medio ambiente, la naturaleza o la biodiversidad.

Debe tenerse en cuenta que el desarrollo de la infraestructura verde está regulado fundamentalmente por políticas sectoriales con elevada incidencia territorial, como las de infraestructuras de transporte, urbanística y agraria, y que tradicionalmente se ha constatado en España una insuficiente coordinación entre los instrumentos de ordenación territorial, sectorial y urbanística y las políticas de conservación de la naturaleza.

Por lo tanto, se hace necesario la integración de la infraestructura verde en los distintos instrumentos de planificación territorial y sectorial, y las distintas políticas sectoriales que intervienen en el territorio deben incorporar los conceptos, objetivos y planteamientos de la infraestructura verde, de modo que este nuevo modelo de gestión territorial integre los aspectos económico, social y ambiental (lo que supone un acercamiento al concepto de desarrollo sostenible, tal como se concibe en la Unión Europea y en sus Estados Miembros)[17]. Cuestión que ya incorpora la Agenda Urbana Española de 2019, en el objetivo relativo a ordenar el suelo de manera compatible con su entorno territorial, incluyendo líneas de actuación.

---

17 EUROPEAN COMMISSION. (2019). "EU guidance on integrating ecosystems and their services into decision-making", Staff Working Document-SWD 305 final, 3 parts, Brussels, 18.7.2019 https://ec.europa.eu/environment/nature/ecosystems/pdf/SWD_2019_305_F1_STAFF_WORKING_PAPER_EN_V2_P1_1042629.PDF. Recuperado el 31 de enero de 2024.

Los objetivos específicos son: garantizar y reforzar el desarrollo e implantación de la infraestructura verde mediante la correcta y completa integración de ésta en los distintos instrumentos estratégicos, de planificación y gestión de las diferentes políticas sectoriales; integrar la infraestructura verde y sus objetivos generales en el planeamiento urbanístico municipal, y garantizar el adecuado mantenimiento y mejora de la infraestructura verde los procedimientos de evaluación ambiental de planes, programas y proyectos y en el procedimiento de responsabilidad ambiental.

Líneas de actuación y directrices:

- Integrar la infraestructura verde en los instrumentos estratégicos relativos a: 6.1, planificación y gestión del sector industrial; 6.2, planificación y gestión del sector hidráulico y de la gestión del agua; 6.3, planificación y gestión del sector de las infraestructuras de transporte, energéticas y de telecomunicación; 6.4, planificación y gestión del sector relativo a la conservación del patrimonio histórico-cultural; 6.5, planificación y gestión del sector agropecuario y de desarrollo rural; 6.6, planificación y la gestión del sector forestal; 6.7, planificación y gestión del medio marino y litoral, y, 6.8, planificación y gestión de otras políticas de conservación del patrimonio natural.
- 6.9. Integrar la infraestructura verde en la planificación territorial y la legislación de ordenación del territorio y el suelo de las comunidades autónomas.
- 6.10. Integrar la infraestructura verde en el planeamiento urbanístico municipal.
- 6.11. Integrar la infraestructura verde en todas las fases del procedimiento de evaluación ambiental de planes, programas y proyectos.
- 6.12. Integrar la infraestructura verde en el procedimiento para la responsabilidad medioambiental.

8.º) Meta 7: Asegurar la adecuada comunicación, educación y participación de los grupos de interés y la sociedad en el desarrollo de la infraestructura verde.

Para alcanzarla, se prevén los siguientes objetivos específicos: crear y fortalecer de forma continua la información sobre la infraestructura verde, su calidad y el acceso a la misma para implicar a los distintos agentes sociales relacionados con el desarrollo y conservación de la misma; conseguir unos técnicos formados, así como una sociedad informada y concienciada con la infraestructura verde, y conseguir el adecuado consenso social en el desarrollo de la infraestructura verde mediante la inclusión de procesos participativos de éxito.

Líneas de actuación y directrices:

- 7.1. Crear y fortalecer de forma continua la información sobre la infraestructura verde, su calidad y el acceso a la misma.
- 7.2. Disponer y asegurar en el tiempo herramientas para la sensibilización y formación específica dirigida a los distintos perfiles de profesionales y público en general.
- 7.3. Impulsar la participación de las instituciones, de los agentes sociales y económicos y de la sociedad, utilizando las herramientas más adecuadas, en el desarrollo y mantenimiento de la infraestructura verde.

La parte 10.ª de la Estrategia está dedicada a gobernanza, seguimiento y evaluación de esta, en la que se definen las responsabilidades de cada Administración Pública en la implementación de la infraestructura verde, remarcando la importancia de que sólo existirá una única infraestructura verde, conformada por las distintas escalas estatal, autonómica y local, que a su vez formará parte de la infraestructura verde europea.

En general, cada Administración Pública deberá asumir sus responsabilidades en lo que respecta a la identificación, cartografía y protección de la infraestructura verde, y de sus elementos, y al fortalecimiento y mejora de la conectividad y la restauración ecológicas.

Más concretamente, se prevén las competencias de cada una de las Administraciones Públicas territoriales:

* Administración General del Estado: le corresponderá prioritariamente la integración territorial de la infraestructura verde española con las iniciativas de escala europea y las funciones de coordinación, garantizar el cumplimiento de criterios comunes, cooperación e integración de las acciones emprendidas en materia de protección de la misma, conectividad y restauración ecológicas por parte de las Comunidades Autónomas, y la implantación y gestión de la infraestructura verde en el territorio nacional;
* Comunidades Autónomas: les corresponde la elaboración de sus propias Estrategias Autonómicas de Infraestructura Verde y de la Conectividad y Restauración Ecológicas, con la conformación de redes ecológicas funcionales, así como la coordinación, cooperación e integración de las acciones emprendidas por parte de las Entidades locales, preferiblemente a través de las Federaciones de Municipios regionales, y
* Administraciones Locales: corresponderá a los Ayuntamientos y a otras entidades locales como Cabildos, Consejos insulares y Diputaciones Provinciales, en su caso, la delimitación e identificación de los elementos de la infraestructura verde en sus ámbitos de actuación, su planificación y gestión, y su coordinación intermunicipal, y, asimismo, se permite que la gestión podrá ser delegada en entidades privadas bajo acuerdos de custodia del territorio y, en su caso, la Administración ejercerá un papel de tutela.

Seguidamente, la Estrategia Nacional prevé un sistema de seguimiento de aplicación, incluyendo un plan de seguimiento, con informes de seguimiento anuales, de evaluación trienales e intermedios en 2030 y 2040, en un horizonte temporal hasta 2050, en que se elaborará el informe oficial (según el esquema previsto).

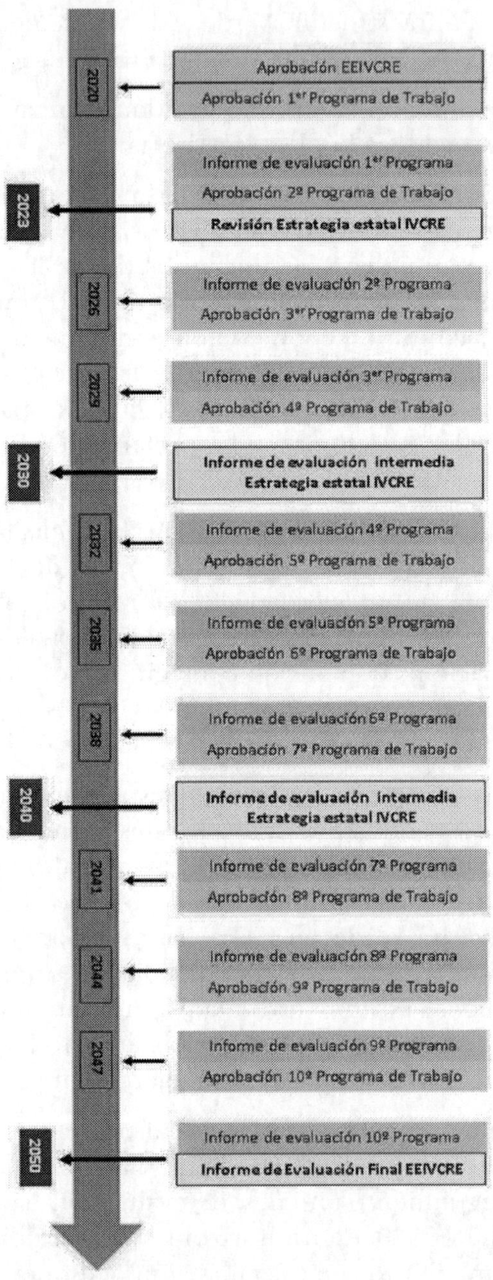
2020
Aprobación EEIVCRE
Aprobación 1er Programa de Trabajo
2023
Informe de evaluación 1er Programa
Aprobación 2º Programa de Trabajo
Revisión Estrategia estatal IVCRE
2026
Informe de evaluación 2º Programa
Aprobación 3er Programa de Trabajo
2029
Informe de evaluación 3er Programa
Aprobación 4º Programa de Trabajo
2030
Informe de evaluación intermedia Estrategia estatal IVCRE
2032
Informe de evaluación 4º Programa
Aprobación 5º Programa de Trabajo
2035
Informe de evaluación 5º Programa
Aprobación 6º Programa de Trabajo
2038
Informe de evaluación 6º Programa
Aprobación 7º Programa de Trabajo
2040
Informe de evaluación intermedia Estrategia estatal IVCRE
2041
Informe de evaluación 7º Programa
Aprobación 8º Programa de Trabajo
2044
Informe de evaluación 8º Programa
Aprobación 9º Programa de Trabajo
2047
Informe de evaluación 9º Programa
Aprobación 10º Programa de Trabajo
2050
Informe de evaluación 10º Programa
Informe de Evaluación Final EEIVCRE

La última parte de la Estrategia se dedica a la financiación[18], si bien se inicia con bastante cautela al reconocer que resulta muy complejo hacer una estimación global de las necesidades de financiación que puede conllevar la implementación de una infraestructura verde, por un lado porque la cuantía total dependerá de las alternativas elegidas por las distintas Administraciones Públicas y de factores contextuales cuyo alcance e implicaciones son desconocidos en la fecha de la Estrategia, y por otro porque se dispone de muy poca información acerca de los costes directos e indirectos que pueden implicar las actuaciones ambientales. Además, en la actualidad han de tenerse en cuenta los resultados de la aprobación de la Estrategia, con previsiones financieras, en su caso, y la incidencia del impacto de la crisis del coronavirus, tanto a nivel sanitario (con la preferencia de inversiones consiguiente) como, especialmente, económico-financiero, así como otros acontecimientos que producen incertidumbre hacia el futuro.

A continuación, el texto repasa los instrumentos financieros en esta materia, comenzando por el Fondo para el Patrimonio Natural y Biodiversidad y otras medidas, previstos en la Ley de Patrimonio Natural y Biodiversidad (arts. 75 a 78), aunque incluyen más finalidades, y no solo la infraestructura verde. Seguidamente, reconociendo que no existen aún líneas generales de financiación pública nacional específicas para fomentar la conectividad ecológica, incluso a nivel regional, aplicables al mantenimiento y conservación de zonas o redes de conectividad identificadas como prioritarias a nivel espacial, el Borrador repasa, sin mencionar cantidad alguna, los instrumentos financieros españoles (como el Plan de Impulso al Medio Ambiente para la Adaptación al Cam-

---

18 Jiménez, T. (2019). "La Estrategia de infraestructura verde, sin presupuesto", *El Economista-Agua y Medio Ambiente,* (64), 6-9. https://kiosco.eleconomista.es/e-paper/viewer.aspx?publication=Agua&date=02_07_2019&tpuid=1204#page/5. Recuperado el 31 de enero de 2024. En general, ver Rodríguez, F., Rodríguez, G., y Alfaya, V. (2016). "Dimensión económica y financiera", Documentos de apoyo para la elaboración del documento *Bases científico-técnicas,* citados (no publicado).

bio Climático en España-PIMA Adapta) y de la Unión Europea (p. ej., el Fondo Europeo de Desarrollo Regional-FEDER, el Fondo Europeo Agrícola de Desarrollo Rural-FEADER y el programa LIFE, e incluso el nuevo Instrumento de Recuperación, frente a las crisis actuales). Finalmente, el texto resalta la importancia en esta materia de la financiación privada y pública-privada, incluyendo el pago por servicios ambientales (incentivos para retribuir las externalidades positivas en espacios naturales, *ex* art. 73 de la Ley de Patrimonio Natural y Biodiversidad), los bancos de conservación de la naturaleza (instrumentos de mercado que permiten la transacción de créditos ambientales para compensar los débitos generados por daños ambientales derivados de actividades económicas) y otras iniciativas innovadoras[19].

Ciertamente, la Estrategia Nacional es un texto ambicioso, con mucho sentido común ambiental, pero, al mismo tiempo, muy complejo y para cuyo cumplimiento es necesario una adecuada cooperación entre todas las Administraciones Públicas (cuestión no muy proclive dada la delicada situación constitucional actual, en enero de 2024, derivada de los pactos de investidura entre el partido socialista y los partidos secesionistas y de la proposición de ley de amnistía), siendo imprescindible que las Administraciones regionales y locales cumplan las previsiones de la Estrategia Nacional, en cuya redacción participaron. Asimismo, debe de haber una importante intervención del sector privado, y no solo de carácter financiero, sino en sectores económicos que inciden o

---

19 Ver Alfaya, V., Bendito, C., y De La Calle, M. Á. (2012). "¿Tienen sentido los bancos de hábitats en España? Reflexiones en torno a la implantación de los bancos de hábitats y su utilidad para monetizar el capital natural", *Ecosostenible (Grupo Wolters Kluwer)*, (18), 19-35; Álvarez García, D., y González Alcalde, I. (2014). Fundación Biodiversidad. *Bancos de conservación de la naturaleza.* Ministerio de Agricultura, Alimentación y Medio Ambiente; Prieto, F. (2012). "Bancos de hábitats: una visión crítica. Incertidumbre y principio de precaución ante una nueva herramienta de mercado". *Ecosostenible (Grupo Wolters Kluwer)*, (18), 39-49.

pueden incidir en la infraestructura verde, como el sector de la construcción y urbanístico, sobre infraestructuras, etc.

Por otra parte, las actuaciones del Ministerio para Transición Ecológica no han sido muy importantes en el desarrollo de la Estrategia. Sin perjuicio de algunos trabajos relacionados con esta, pero anteriores a su aprobación (como, p. ej., el grupo de Trabajo sobre Fragmentación de Hábitats causada por Infraestructuras de Transporte, creado en 1999), quizás el texto más importante sea la *Guía metodológica para la identificación de los elementos de infraestructura verde de España,* así como el proyecto *Construyendo la Infraestructura Verde en España,* que incluye varios instrumentos cartográficos digitales y visores sobre la misma[20].

Finalmente, algunas Comunidades Autónomas ya han recogido y regulado sus propias estrategias de infraestructura verde y conectividad y restauración, como la Comunidad de Galicia, que aprobó (aunque antes de que fuera aprobada la Estrategia Nacional) la Ley 5/2019, de 2 de agosto, del Patrimonio Natural y de la Biodiversidad (DOG del 7), cuyo art. 86 prevé la elaboración y aprobación de la estrategia gallega de infraestructura verde y de la conectividad y restauración ecológicas, con la finalidad de garantizar la conectividad ecológica y la restauración del territorio gallego, que se elaborará una vez aprobada la estrategia nacional, y previéndose que incluirá, al menos, los objetivos contenidos en la estrategia estatal (de manera constitucionalmente muy adecuada), y la Comunidad de La Rioja, que asimismo aprobó la Ley 2/2023, de 31 de enero, de Biodiversidad y Patrimonio Natural (BOR del 8 de febrero), cuyo art. 146 prevé la elaboración y aprobación de la estrategia riojana de infraestructura verde y de la conectividad y restauración ecológicas, con la finalidad de "*ga-*

---

20 Los enlaces son: https://www.miteco.gob.es/content/dam/miteco/es/biodiversidad/temas/ecosistemas-y-conectividad/guia_metod_inf_verde_tcm30-531071.pdf y https://www.esri.es/es-es/descubre-los-gis/casos-de-exito/medio-ambiente/portal-infraestructuraverde-miteco-cs. Recuperados el 31 de enero de 2024.

rantizar la conectividad ecológica y la restauración del territorio riojano y español", y que se elaborará en los términos establecidos por la Ley 42/2007, de 13 de diciembre, del Patrimonio Natural y de la Biodiversidad (asimismo, de manera constitucionalmente muy adecuada).

El futuro reglamento de restauración: un instrumento para el impulso de la conectividad

Iñigo Sanz Rubiales
Catedrático de Derecho Administrativo
Universidad de Valladolid

SUMARIO: 1. JUSTIFICACIÓN. 1.1. Conectividad y restauración: justificación de este estudio. 1.2. El reglamento "restauración" o la constancia del fracaso de la normativa ambiental protectora. 1.3. ¿Por qué un Reglamento? De las directivas "cuasireglamentarias" a los reglamentos "cuasidirectivos". 2. EL CONCEPTO DE RESTAURACIÓN. 2.1. El concepto de restauración utilizado en el Reglamento. 2.2. El cambio climático y el concepto de hábitat. La resiliencia como límite de la biodiversidad autóctona restaurable. 3. ENFOQUE. 3.1. Principios rectores de la restauración según el Reglamento. 3.2. De las directrices estratégicas a las normas reglamentarias: la positivización de las obligaciones. 3.3. Competencias: ¿qué entidad pública asume la obligación de restaurar? 4. CONTENIDO: RESTAURACIÓN SECTORIAL Y PROGRESIVA. 4.1. Tramitación: los elementos polémicos. A. La restauración agrícola. B. Restauración de zonas susceptibles de instalaciones de energía renovable. 4.2. Breve mención de los objetivos de restauración en cada sector. A. Medidas sectoriales. B. Medidas horizontales. 5. EL INSTRUMENTO CLAVE DE LAS OBLIGACIONES DE RESTAURACIÓN: LOS PLANES NACIONALES DE RESTAURACIÓN. 6. RECAPITULACIÓN.

1. JUSTIFICACIÓN

1.1. Conectividad y restauración: justificación de este estudio

Puede sorprender que en una monografía dedicada a la conectividad se dedique todo un capítulo a la restauración de la biodiversidad, o más en concreto, al Reglamento europeo sobre restauración, actualmente en tramitación (Propuesta de Reglamento del Parlamento Europeo y del Consejo *sobre la restauración de la naturaleza,* COM(2022) 304 final, Bruselas, 22 de junio de

2022). Y más, teniendo en cuenta que está teniendo una accidentada tramitación, con una fuerte contestación en el Parlamento Europeo y en la calle.

Sin embargo, la relación entre ambos conceptos es directa: la restauración promociona la conectividad, o incluso se puede decir que constituyen la "técnica" que más contribuye. Los ecosistemas restaurados promueven por sí mismos la conectividad, o incluso más contribuye a la conectividad. No se busca solo conectar, sino restaurar íntegramente[1].

Por eso, donde hay hábitats ya restaurados, las necesidades técnicas de conexión se reducen: la correcta aplicación de este reglamento dejaría sin sentido algunas de las propuestas de conectividad, en bastante medida.

Por otra parte, el propio Reglamento (o propuesta) de restauración alude en diversos momentos a la conectividad y se justifica como promotor de esta; así, entiende que el objetivo de la restauración del 30% de las áreas degradadas en 2030 busca, entre otras cosas, la conectividad ecológica (cdo 4); afirma con carácter general que uno de los fines de la restauración es mejorar la conectividad (*idem*, cdo 31); por otra parte, desde una perspectiva sectorial alude específicamente a la necesidad de conectividad entre los hábitats de las Directivas Hábitats y aves silvestres (cdos 28 y 31) y a la conectividad de las turberas (cdo 55), y muestra cómo la restauración de los ríos debe buscar su conectividad natural (cdo 45, art. 7): en el caso de las corrientes de agua se identifican totalmente restauración y conectividad; asimismo, la conectividad

---

1 Como recuerda Alenza, el concepto de corredor ecológico tiene connotaciones de "linealidad", pero en la LPNB (**TOL1.210.868**) se incluyen como corredores otras formaciones, siempre que actúen como puntos de enlace: Alenza García, J. (2023b), "Corredores ecológicos", VV.AA., *Diccionario jurídico de la biodiversidad*, Tirant lo Blanch, págs. 101-102. Por eso, los territorios restaurados constituyen *per se* enlaces de los ecosistemas limítrofes. Como señala F.J. Villar Rojas en su aportación a esta misma obra colectiva, "los espacios naturales son corredores ecológicos en sí mismos" (1.1.).

forestal constituye uno de los indicadores de la restauración (cdo 57, art. 10.2 a)) y de los objetivos de la plantación de tres mil millones de árboles antes de 2030 en la UE (art. 10 bis); lo mismo ocurre con las vías pecuarias, aunque no están reguladas por el reglamento europeo: constituyen auténticos corredores ecológicos[2]. Son muchas más las alusiones a la conectividad contenidas en el proyecto de Reglamento, pero bastan estas para mostrar la relación entre ambos conceptos[3].

1.2. El reglamento "restauración" o la constancia del fracaso de la normativa ambiental protectora

La aprobación en ciernes —polémica, difícil y compleja— del reglamento de restauración constituye la constatación de un fracaso: el de las políticas de protección y conservación ambiental en Europa[4]. Frente a los instrumentos preventivos, de protección y conservación de la naturaleza, característico de los decenios anteriores (evaluaciones de impacto, autorizaciones ambientales integradas, protección de hábitats y de aves silvestres, etc.), la cons-

---

2 *Vid.*, *infra*, la aportación de B. Lozano Cutanda sobre las vías pecuarias en esta misma obra. F.J. Alenza desarrolla esta función de las vías pecuarias, reconocida incluso en su Ley básica 3/1995, de 23 de marzo: "han de ser consideradas las vías pecuarias —dice la Exposición de Motivos— como auténticos «corredores ecológicos», esenciales para la migración, la distribución geográfica y el intercambio genético de las especies silvestres"; y ello, sin perjuicio de otros servicios ambientales de acogida, de protección, de configuración paisajística y educativos: cfr. Alenza García, J.F. (2023a) "Restauración y conectividad ecológica", en García Ureta, A., y Soro Mateo, B., *Restauración y compensación ecológica: la perspectiva jurídica,* Iustel, pág. 307.

3 Arts. 11 b), 11.4, 11.5 (referida a la conectividad forestal), etc.

4 Como dicen las primeras líneas de la Exposición de Motivos de la Propuesta: "A pesar de los esfuerzos de la UE e internacionales, la pérdida de biodiversidad y la degradación de los ecosistemas continúan a un ritmo alarmante, lo que perjudica a las personas, la economía y el clima". En sentido similar al afirmado aquí, véase la aportación de JC Alli Turrillas a esta obra colectiva, n. 1 *in fine.*

tatación de la insuficiencia de estos está llevando a la UE a insistir en las medidas restauradoras. Ya se hacía alusión a la insuficiencia de las técnicas de prevención y conservación en el VII Programa de Acción en medio ambiente (2013-2020)[5], pero es ya bajo la vigencia del VIII Programa (2021-2030) cuando la plasmación normativa de este programa se está empezando a desarrollar. La propia propuesta de Reglamento alude a esta insuficiencia cuando recuerda (cdo 9) que "en sus Conclusiones de 23 de octubre de 2020, el Consejo reconoció que la prevención de un mayor deterioro del estado actual de la biodiversidad y la naturaleza será esencial, pero no suficiente, para reintegrar la naturaleza en nuestras vidas. El Consejo reafirmó que es necesario mostrar más ambición en lo que respecta a la recuperación de la naturaleza (...)".

Con la restauración se pretende volver a la naturaleza prístina; recuperar los hábitats de forma que la biodiversidad destruida por la actividad humana se recupere. Este reglamento viene a alcanzar el objetivo no alcanzado por las normas de "policía" ambiental europeas, que no han servido para mantener la biodiversidad, porque ha continuado la desaparición de especies a pesar de todo.

El último impulso al reglamento vino dado por la Conferencia sobre el futuro de Europa, que se celebró entre abril de 2021 y mayo de 2022 y en la que participaron diversos representantes de la sociedad civil europea, y cuyo Informe final incluye varias propuestas sobre biodiversidad: los ciudadanos pidieron, en particular, medidas con vistas a crear, restaurar, gestionar mejor y ampliar las zonas protegidas para la conservación de la biodiversidad y a

---

5 Como señalaba el VII Programa de Acción en medio ambiente aprobado por Decisión n. 1386/2013/UE del Parlamento Europeo y del Consejo de 20 de noviembre de 2013 (nn. 17-18): "Una parte sustancial de la legislación de la Unión (...) está dirigida a la protección, conservación y mejora del capital natural. (...). No obstante, estudios recientes indican que la Unión sigue perdiendo biodiversidad y que la mayoría de los ecosistemas están gravemente degradados, debido a presiones de diversas clases (...)".

establecer, entre otros, objetivos nacionales vinculantes en todos los estados miembros de la UE para la reforestación de árboles autóctonos y flora local, teniendo en cuenta las diferentes situaciones y especificidades nacionales.

Ahora bien, la restauración de hábitats supone una fuerte limitación de las actividades económicas y la aceptación del instrumento reglamentario no está siendo fácil.

1.3. ¿Por qué un Reglamento? De las directivas "cuasireglamentarias" a los reglamentos "cuasidirectivos"

De ordinario, el instrumento utilizado por la UE en materia ambiental es la Directiva. Se trata, como es sabido, de un instrumento más flexible que el Reglamento y que permite a los Estados miembros un amplio margen de decisión a la hora de seleccionar los medios para alcanzar los objetivos marcados.

La justificación de la elección del Reglamento es, fundamentalmente, la urgencia, como reconoce la propia Exposición de Motivos de este: "para garantizar la consecución del objetivo a largo plazo, es necesario un enfoque legislativo, frente a uno no legislativo. La mejor forma de lograr los objetivos de la presente propuesta es a través de un Reglamento que garantice la aplicación directa de la legislación. (...) Al contrario de lo que sucede con las directivas, los reglamentos no exigen la trasposición a la legislación nacional, por lo que las medidas de restauración podrían comenzar antes sobre el terreno". Por si lo anterior no fuese suficiente, la propuesta añade que "a diferencia de las directivas, los reglamentos no solo indican el objetivo que deben alcanzar los Estados miembros, sino que también determinan con mayor precisión los requisitos legales y los medios necesarios para alcanzar dicho objetivo". Esto último es cuestionable. Sobre todo, porque en la materia "medio ambiente" estamos acostumbrados a directivas minuciosas y detalladas, que dejan escaso margen a los Estados en su transposición. De hecho, los Estados deberán aprobar sus planes de acción y gozan de un amplio margen de elección de los hábitats que van a ser objeto de restauración. No hay más que leer el art. 1, definidor del contenido general del Reglamento:

> "El presente Reglamento establece un marco en el que los Estados miembros establecerán medidas de restauración eficaces y basadas en zonas con el fin de cubrir conjuntamente, como objetivo de la Unión, todas las zonas y ecosistemas comprendidos en el ámbito de aplicación definido en el artículo 2, de aquí a 2030, al menos el 20 % de las zonas terrestres y el 20 % de las marinas y, de aquí a 2050, todos los ecosistemas que necesiten restauración".

Es manifiesto el estilo "de Directiva": el Reglamento se dirige a los Estados (no a los ciudadanos europeos) y establece objetivos cuantificados de restauración, para lograr los cuales, los Estados "establecerán medidas de restauración eficaces". Sustantivamente es una Directiva[6]. Formalmente, un Reglamento. De las directivas "cuasireglamentarias" hemos pasado a los reglamentos "cuasidirectivos".

2. EL CONCEPTO DE RESTAURACIÓN

2.1. El concepto de restauración utilizado en el Reglamento

El art. 3.3 del Reglamento[7], reformado tras su primer paso por el PE y el Consejo, afirma lo siguiente:

> «restauración»: el proceso de contribuir activa o pasivamente a la recuperación de un ecosistema para mejorar su estructura y fun-

---

6 Según el art. 288 TFUE, La directiva obliga al Estado destinatario en cuanto al resultado, pero deja a la libre elección de los Estados la elección de la forma y los medios para lograrlo.

7 Las citas a los preceptos reglamentarios, salvo que se diga otra cosa, lo son al texto provisional de compromiso aprobado el 22 de noviembre de 2023 tras la reunión informal de representantes del Consejo, de la Comisión y del Parlamento el 9 de noviembre. Este texto ha sido enviado al Parlamento para que emita su posición en primera lectura, de acuerdo con el art. 294.3 TFUE, tal y como establece la carta del Presidente del Comité de Representantes permanentes.

ciones con el objetivo de conservar o aumentar la biodiversidad y la resiliencia del ecosistema. La restauración de ecosistemas a efectos del presente Reglamento se consigue mejorando un tipo de hábitat hasta que se encuentre en buen estado y restableciéndolo hasta alcanzar la superficie de referencia favorable, y mejorando el hábitat de una especie hasta alcanzar una calidad y cantidad suficientes, de conformidad con el art. 4, apdos 1, 2 y 3, y con el art. 5, apdos 1, 2 y 3, así como cumpliendo los objetivos y obligaciones con arreglo a los arts. 6 y 10, en particular logrando niveles satisfactorios de los indicadores a que se refieren el art. 8, apdo 1, el art. 9, apdo 2, y el art. 10, apdo 2,

De acuerdo con esta definición, cabe señalar lo siguiente:

- La restauración es un proceso; no es un concepto estático sino dinámico: el Reglamento no habla de hábitats restaurados, sino de procesos de restauración de ecosistemas. La naturaleza es resiliente, pero es lenta en esa recuperación. La acción de restaurar supone, por eso, "apoyar"[8], "contribuir a", iniciar un proceso (mejorar el tipo de hábitat de una especie) para que la propia naturaleza —las especies involucradas— alcancen una cantidad suficiente. Por tanto, en este proceso se implica la actividad humana y la propia regeneración vital de la naturaleza.
- La restauración, según el Reglamento debe promover, igualmente, la resiliencia de los ecosistemas y de las especies; no se trata simplemente de restaurar un hábitat, sino de fortalecerlo. Se precisan soluciones técnicas (derivadas del conocimiento científico) que aporten el elemento "resiliencia", a priori contrario en muchas ocasiones a una restauración "pura". La restauración, así, debe facilitar la adaptación al cambio climático (incremento de temperaturas, aumento de los periodos de sequía y de lluvias torrenciales, etc.).

---

8 Torre-Schaub, M. (2023), "Restauración", VV.AA., *Diccionario jurídico de la biodiversidad*, Tirant lo Blanch, pág. 345.

- De acuerdo con el principio de intervención mínima en la biodiversidad, la restauración pasiva se centra en eliminar o minimizar las perturbaciones causantes de la degradación, dejando que el ecosistema degradado pueda recuperar por sí mismo su estructura y funcionalidad[9], mientras que la actividad restauradora activa (que incide directamente sobre la estructura del ecosistema) solo se actúa —con carácter subsidiario— cuando la naturaleza no es capaz de autorregenerarse a pesar de eliminar las presiones sobre ella[10].
- La restauración tiene por objeto restaurar los recursos naturales pero también los servicios ambientales; por eso, la definición alude a la estructura (recursos) y a las funciones (servicios) [11].
- La restauración debe mejorar el hábitat de una especie en cantidad y calidad suficientes. Con excepciones (p. ej., polinizadores), no parece incluir la traslocación de individuos de especies infrarrepresentadas o extintas: solo esta-

---

9 P. ej., la reducción o eliminación de la pesca puede facilitar la restauración de un ecosistema marino; la caza de especies alóctonas pueden contribuir a la recuperación de un ecosistema, etc.

10 Cfr., MINISTERIO PARA LA TRANSICIÓN ECOLÓGICA Y EL RETO DEMOGRÁFICO, *Estrategia Nacional de Infraestructura Verde y de la conectividad y restauración ecológicas* (2021), Resumen ejecutivo, pág. 15. https://www.miteco.gob.es/content/dam/miteco/es/biodiversidad/temas/ecosistemas-y-conectividad/eniv_2021_tcm30-515864.pdf.

11 En el ordenamiento español destaca esa doble faceta García García, S. (2022), *Los servicios ambientales en el Derecho español*, Tirant lo Blanch, p. 227. En contra, Conde Antequera tiene una visión exclusivamente funcional, que deja de lado la estructural, por lo que la corrección implica "la restauración de la interacción o interrelación ecológica, de la funcionalidad ambiental que los elementos ambientales dañados han dejado de aportar a consecuencia del daño": Conde Antequera, J. (2004), *El deber jurídico de restauración ambiental*, Comares, pág. 94.

blecer el marco vital de las diversas especies[12]. La lectura de los Anexos del Reglamento confirma que no se prevé la restauración de especies animales autóctonas (solo la eliminación de las alóctonas), aunque no se prohíbe, lógicamente.

2.2. *El cambio climático y el concepto de hábitat. La resiliencia como límite de la biodiversidad autóctona restaurable*

Al margen de la actuación directa del hombre (incendios intencionados, emisiones o vertidos, etc.), el cambio climático, aunque antropogénico, tiene un papel evidente en la evolución de los ecosistemas, porque les afecta de forma progresiva y global, con manifestaciones no homogéneas sobre estos.

Ante esta situación, es igualmente claro que las dos grandes actitudes que deben adoptarse por los poderes públicos y sujetos privados son, por una parte, la lucha contra el cambio climático (reducción de GEI en la atmósfera) y por otra, la adaptación a esta inevitable situación.

Esa misma dualidad de actuaciones se plasma en el Reglamento de restauración, que debe hacer un esfuerzo por restaurar los ecosistemas (repristinar) pero también debe actuar facilitando la adaptación a la inevitable evolución de estos como consecuencia del cambio climático.

Por eso mismo, los ecosistemas no constituyen una foto fija. El equilibrio ecosistémico refleja una evolución debida a la acción del cambio climático. En ocasiones, la necesaria adaptación a este

---

12 La reintroducción de especies autóctonas extintas (que es una evidente manifestación de la restauración de hábitats, pero que no parece tener cabida en el reglamento) tiene su regulación específica en el art. 22 a) de la Directiva "Hábitats" y en el art. 55 LPNB (**TOL1.210.868**). Un análisis crítico de los elementos positivos y negativos de esta técnica puede verse en Barrena Medina. A.M. (2014), *La protección in situ de las especies silvestres*, Thomson-Reuters Aranzadi, págs. 283 ss.

limitará la acción restauradora imponiendo elementos alóctonos o no originales precisamente por su resiliencia.

La restauración, en definitiva, ha cambiado y ya no puede realizarse según las pautas caracterizadoras de la biodiversidad en su situación previa al fenómeno del cambio climático, porque esta no solo no existe, sino que no puede existir en cuanto tal. La "resiliencia" matiza, limita y en ocasiones, se impone a la biodiversidad autóctona. De hecho, el propio Reglamento así lo asume, cuando hace referencia al concepto de restauración en sus definiciones (art. 3.2): «restauración»: "el proceso de contribuir activa o pasivamente a la recuperación de un ecosistema *para mejorar su estructura y funciones con el objetivo de conservar o aumentar la biodiversidad y la resiliencia del ecosistema*"; se aprecia, además, en otras excepciones a la restauración de la biodiversidad autóctona pura que recoge el Reglamento: así, el art. 10 bis, relativo a la plantación de árboles, establece que debe asegurarse "la garantía de la diversidad de especies y de la estructura de edad, dando prioridad a las especies de árboles autóctonos, excepto, en casos y condiciones muy específicos, *especies no-nativas adaptadas al suelo local, al contexto climático y ecológico y a las condiciones del hábitat que desempeñan un papel en el fomento de una mayor resiliencia al cambio climático*".

3. ENFOQUE

3.1. Principios rectores de la restauración según el Reglamento

a) El principio de corrección es el directamente involucrado, hasta el punto que puede decirse que corrección y restauración son conceptos identificables, sin perjuicio de las posibles causas de degradación del ecosistema. La restauración de un hábitat o de un ecosistema constituye una manifestación indudable de la corrección en la fuente misma, como exige el art. 191.2 TFUE; es una corrección *in situ*. Como señala la Directiva de responsabilidad medioambiental (Anexo III, n. 1), las medidas de reparación del daño tienen una finalidad restauradora[13]. Y como hemos visto más arriba —y señala el reglamento— la restauración hace referencia a la recuperación de un ecosistema en sus funciones y estructuras (art. 3.2), esto es, a recursos y servicios (vid. *supra,* 2.1).

b) Es la insuficiencia de los efectos del principio preventivo la causa de la restauración, como dice la EM de la Propuesta de Reglamento: "(...) Hasta la fecha, la UE no ha logrado detener la pérdida de biodiversidad (...). Las perspectivas de la biodiversidad y los ecosistemas son poco alentadoras y muestran que el modelo actual no funciona".

Por otra parte, la función restauradora es siempre preventiva, en la medida de que "un recurso contaminado es un recurso contaminante"[14]. La única manera de evitar que un recurso degradado altere los ecosistemas de los que forma parte es, precisamente, corrigiéndolo.

Y la sinergia viene también de la mano de las medidas conservativas, que en algunos casos desencadenan por si solas los procesos restauradores. El Reglamento recuerda que hay zonas —dentro de los ecosistemas a restaurar— en las que la conservación equivale a restauración[15]. Destaca lo que señala el cdo 10: "(...) Es el caso, en particular, de las zonas que pueden recuperarse de manera natural si se detiene o limita parte de la presión que ejercen las actividades humanas. En algunos casos, colocar estas zonas,

---

13 Cfr., Lozano Cutanda, B. (2023). *Derecho Ambiental y Climático,* 2.ª edic., Dykinson, pág. 162.

14 Femenías Salas, J.A (2017). *La responsabilidad por daño ambiental,* Ediciones UC, Santiago de Chile, pág. 102. Como señala Sara GARCÍA, "El mandato impuesto por el principio de corrección se concreta, por un lado, en la obligación de reparar el daño realizado a la naturaleza y, por otro, en la necesidad de actuar directamente sobre la fuente (la actividad) que genera ese daño, como medida de prevención de futuros menoscabos". (García García, S. (2022), *Los servicios...,* cit., págs. 226 ss. 227).

15 Entre otras, la pág. 2, párr. 2.º de la exposición de motivos de la propuesta; los considerandos 39 y 42, la referencia del art. 12.3.3 a las poblaciones de peces y ecosistemas marinos..., etc.

también las del medio marino, bajo una protección estricta será suficiente para lograr la recuperación de los valores naturales que albergan".

c) El principio "quien contamina, paga" determina el reparto de responsabilidades respecto del deterioro de la naturaleza y, por tanto, la financiación de la recuperación o restauración.

La UE no se ha planteado dictar ninguna norma complementaria o específica respecto de la restauración; esto supone que entiende que son suficientes las normas vigentes, tanto en el propio Derecho de la UE —Directiva-ley de responsabilidad medioambiental— como en el Derecho de los Estados miembros (regímenes civiles y administrativos de responsabilidad por daños).

Por otra parte, sí deja claro —y así lo recoge en los considerandos de la propuesta— que no debe utilizarse dinero público para subvencionar actividades que perjudiquen el ambiente, pero implícitamente asume la necesidad en todo caso de financiación pública, y por eso estimula los instrumentos de mercado (etiquetas ambientales, mercados de derechos, bancos de conservación, etc.) y las técnicas de presupuestación ecológica, indispensables para el correcto funcionamiento de los instrumentos de mercado (valoración de servicios ambientales, costes del ciclo de vida, uso del denominado "capital natural)[16], pero prohíbe echar mano de la PAC, la Política Pesquera Común o de otras fuentes de financiación de las actividad privadas agrícolas o pesqueras[17].

---

16 Así lo expresa el n. 74: "En consonancia con el compromiso contraído en el Octavo Programa de Acción en materia de Medio Ambiente hasta 2030, los Estados miembros deben eliminar progresivamente las subvenciones perjudiciales para el medio ambiente a escala nacional, utilizando de la mejor manera posible los instrumentos de mercado y las herramientas de presupuestación ecológica, incluidos los que resultan imprescindibles para garantizar una transición socialmente justa, y ayudando a las empresas y otras partes interesadas a desarrollar prácticas contables normalizadas para el capital natural".

17 Art. 11.5b. "La aplicación del presente Reglamento no implicará la obligación para los Estados miembros de reprogramar ninguna finan-

En efecto, lo desmedido del coste de la restauración impide cargar sobre los privados su financiación: sin una adecuada compensación, la imposición de la restauración puede ser ablatoria[18]; por eso el Reglamento habilita la creación, en su caso, de líneas de ayuda en este sentido, tanto públicas como privadas: "Los Estados miembros podrán promover el despliegue de sistemas de apoyo públicos o privados en beneficio de las partes interesadas que apliquen medidas de restauración definidas en los artículos 4 a 10 bis, incluidos administradores y propietarios de tierras, agricultores, silvicultores y pescadores" (art. 11.5 c)[19].

d) En cuanto al principio de no regresión, la previsión restauradora parte de la base de una situación material del ambiente ya degradada, pero al margen de eso, se ajusta perfectamente a su contenido, porque no supone en ningún caso reducir la protección ambiental normativa; tampoco reduce la protección material, que según la jurisprudencia más reciente, constituye otra ma-

---

ciación en el marco de la Política Agrícola Común (PAC), la Política Pesquera Común (PPC) u otros programas e instrumentos de financiación agrícola y pesquera en el marco del plan financiero plurianual. marco 2021-2027". Esta previsión, incluida por el PE, busca eliminar las reticencias de agricultores, ganaderos y pescaderos, que temen que la aplicación de este Reglamento suponga una reducción de fondos para su actividad.

18 Como señala la EM de la Propuesta, "los posibles costes a corto plazo relacionados con la pérdida de ingresos que pueden experimentar determinados grupos de población —como los agricultores, los propietarios de bosques o los pescadores— durante la transición hacia prácticas más sostenibles podrían cubrirse parcial o totalmente con financiación de la UE y de otras fuentes" (1.4.2).

19 Los sistemas de apoyo responden a que la restauración de ecosistemas es rentable también para los propietarios de los terrenos afectados. Como señala la EM de la Propuesta, "se ha demostrado que la restauración de los ecosistemas es rentable (los beneficios superan con creces los costes), pero requiere una inversión que genera costes financieros y de oportunidad para los administradores de tierras y recursos naturales, que pueden ser compensados mediante incentivos de los gobiernos y los compradores de servicios ecosistémicos".

nifestación del principio de no-regresión, sino justamente todo lo contrario: como señala plásticamente Alli Aranguren, utilizando un concepto de reversión ambiental de orden material y ajeno al principio señalado, lo que la restauración conlleva es la "reversión al momento biológicamente idóneo"[20].

e) Finalmente, subyace también en el Reglamento el principio (no positivizado) de intervención mínima o subsidiaria, que tiende a reducir la actuación humana sobre la biodiversidad (para corregirla o mejorarla) a lo estrictamente indispensable. Este principio, básico de los procesos de restauración[21], responde, precisamente, a la necesidad de asegurar el equilibrio de los ecosistemas a través de su propia capacidad de autorregeneración y se plasma en diversos preceptos reglamentarios: por una parte, la consideración de la restauración como un proceso que hay que poner en marcha (art. 3.3). Por otra parte, como se vio *supra*, en ocasiones basta con la conservación —eliminación de presiones— para que el proceso de restauración se realice por si solo (cfr., cdo 10), y por eso el art. 3.3 alude a la contribución activa "o pasiva" a esa regeneración.

No obstante lo anterior, es necesario considerar las peculiaridades de algunos ecosistemas fuertemente humanizados y en los que la eliminación del papel del hombre podría generar —como lo está haciendo— daños inconmensurables. Me estoy refiriendo,

---

20 Alli Aranguren, J.C. (2016), *La protección de la biodiversidad. Estudio jurídico de los sistemas para la salvaguarda de las especies naturales y sus ecosistemas*, Dykinson, Madrid, pág. 64.

21 Aunque se deduce del Reglamento comunitario (vid., *infra*), con idénticos términos lo define la *Guía Práctica de Restauración ecológica* del Ministerio para la Transición ecológica, Madrid Fundación Biodiversidad, 2018, pág. 9: "Intervención mínima: al identificar los procesos ecológicos clave que rigen el funcionamiento del ecosistema y actuar sobre ellos, se desencadena la expresión de la memoria y se activa la capacidad de auto-regeneración de los ecosistemas. Por ello, se deben tener en cuenta los procesos dinámicos que permitan establecer mecanismos de mínima intervención en la gestión futura".

entre otros, a la actividad silvícola, que en la España seca conlleva la limpieza de los montes, como expresión de la multifuncionalidad: los servicios que generan los montes requieren su limpieza, sus podas habituales, su utilización como fuente alimenticia del ganado, etc. de forma que se reduzca el riesgo de incendio (vid. infra). Se debe buscar el equilibrio entre la biodiversidad y la subsistencia a largo plazo y la experiencia de muchos siglos nos muestra la necesidad de sacrificar en cierto sentido biodiversidad a cambio de seguridad y funcionalidad.

3.2. De las directrices estratégicas a las normas reglamentarias: la positivización de las obligaciones

El reglamento modifica y "normativiza" o convierte en obligatorios los objetivos de la Estrategia de la UE sobre biodiversidad en cuanto a la restauración (en este caso, "protección jurídica estricta").

Como se puede deducir del cdo 11, las previsiones de la Estrategia de la UE sobre biodiversidad de aquí a 2030 constituyen el punto de referencia objetivo y porcentual de los mandatos incluidos en el Reglamento de Restauración, aunque no hay una identidad completa, al menos desde el punto de vista porcentual.

El considerando 11 del Reglamento trae a colación una previsión de la Estrategia Europea de la UE (recogida en el punto 2.2 de esta), lo que viene a reconocer su alineación con esta:

> 11 "La Estrategia de la UE sobre la biodiversidad de aquí a 2030 establece el objetivo de velar por que no se produzca ningún deterioro en las tendencias y el estado de conservación de las especies y los hábitats protegidos y que al menos el 30 % de las especies y hábitats que en la actualidad no presenten un estado favorable alcancen ese estado o muestren una decidida tendencia positiva hacia dicho estado de aquí a 2030".

Este porcentaje coincide con el recogido por el art. 4 del Reglamento (en su versión de 23.11.2023):

"Los Estados miembros adoptarán las medidas de restauración necesarias para mejorar y dejar en buenas condiciones las zonas de los tipos de hábitat enumerados en el anexo I que no se encuentren en buenas condiciones. Se adoptarán tales medidas: a) al menos el 30 % de aquí a 2030 de la superficie total de todos los tipos de hábitat enumerados en el anexo I que no esté en buenas condiciones, cuantificada en el plan nacional de restauración a que se refiere el artículo 12; b) en al menos el 60 % de aquí a 2040 y al menos el 90 % de aquí a 2050 de la superficie de cada grupo de tipos de hábitat enumerados en el anexo I que no se encuentre en buenas condiciones, cuantificada en el plan nacional de restauración a que se refiere el artículo 12. A efectos del presente apartado, los Estados miembros darán, según proceda, hasta 2030 prioridad a las medidas de restauración en zonas situadas en lugares Natura 2000".

El art. 1.2 del Reglamento parece contradecir los porcentajes del art. 4, que delinean la progresividad de los hitos. "(...) los Estados miembros pondrán en marcha medidas de restauración efectivas y basadas en la superficie con la finalidad de abarcar conjuntamente como objetivo de la Unión en las zonas y ecosistemas incluidos en el ámbito de aplicación definido en el artículo 2, al menos el 20 % de las zonas terrestres y el 20 % de las zonas marítimas de aquí a 2030 y, de aquí a 2050, todos los ecosistemas que necesiten restauración"[22].

Como se puede apreciar, en el objetivo de 2030 no coinciden exactamente porcentajes y términos, porque la Estrategia se refiere al 30% y a la reversión de tendencias de la situación de especies

[22] Este objetivo ambicioso fue matizado por el art. 1.2 bis, introducido por una enmienda PE pero eliminado por el Acuerdo entre las tres instituciones, que decía: "El presente Reglamento debe crear sinergias y ser coherente con la legislación vigente, teniendo en cuenta las competencias nacionales y garantizar la pertinencia y la coherencia con el Derecho de la Unión en materia de, entre otras cosas, las energías renovables, los productos fitosanitarios, las materias primas fundamentales, la agricultura y la silvicultura". [Enmienda. 116]. Esta "coherencia" buscaba neutralizar las previsiones reglamentarias de acuerdo con las fuertes limitaciones reglamentarias sobre las materias señaladas: *vid.* infra.

y hábitats, mientras que —con carácter general— a la restauración del reglamento alude al 20% de zonas terrestres y de zonas marítimas.

3.3. Competencias: ¿qué entidad pública asume la obligación de restaurar?

Como es sabido, el derecho comunitario no entra en las cuestiones del reparto interno de competencias, por lo que el Reglamento no puede determinar qué entidades, dentro del Estado, son las responsables de aplicar sus mandatos.

Sin perjuicio de lo anterior, a efectos de distribución interna del poder en España, en la materia "medio ambiente" la legislación básica corresponde al Estado (art. 149.1. 23.° CE) y la legislación de desarrollo y la ejecución, a las Comunidades Autónomas, según sus respectivos Estatutos.

Ahora bien, tratándose de un reglamento, no hay que trasponerlo, sino aplicarlo. Pero en esta aplicación hay que distinguir entre la elaboración de los planes de restauración y la efectiva ejecución material.

Los Planes de Restauración previstos en el art. 11 deben ser elaborados por la Administración del Estado. Así se deduce del propio Reglamento, que habla de "planes nacionales". Además, el Reglamento exige expresamente la participación de las autoridades regionales y locales en la preparación del Plan (art. 11.11) y que el Estado responda de él ante las Instituciones comunitarias (arts. 13 y 14).

Ahora bien, una vez fijados los contenidos del Plan y que este sea aprobado por la Comisión Europea, la ejecución en concreto de las medidas de restauración pasa a ser responsabilidad de las Entidades competentes en el Derecho interno en cada materia ambiental. En concreto, de las medidas de restauración de las corrientes de agua deberán responsabilizarse los organismos de cuenca (estatales, fundamentalmente, y marginalmente autonómicos), de acuerdo con las competencias del art. 149.1. 22.º CE y la Ley de Aguas (**TOL231.223**); la restauración del dominio público marítimo-terrestre corresponde igualmente al Estado (art. 132 CE y Ley de Costas), como también la restauración de la biodiversidad marina, con base en el art. 6.1 LPNB (**TOL1.210.868**). En principio, de la restauración de los demás ecosistemas y sectores deberán responsabilizarse las Comunidades Autónomas: ecosistemas forestales, agrícolas, etc....; incluso de la biodiversidad marina cuando exista continuidad ecológica del ecosistema marino con el espacio natural terrestre objeto de protección (art. 6.4 LPNB (**TOL1.210.868**)).

4. CONTENIDO: RESTAURACIÓN SECTORIAL Y PROGRESIVA.

Dentro del porcentaje de espacio destinado a la restauración en el objetivo temporal de 2030 —20% en ecosistemas terrestres, 20% en ecosistemas marinos— el Reglamento va concretando los objetivos de restauración en cada uno de los ecosistemas afectados.

El Reglamento utiliza una perspectiva progresiva, que pone el objetivo último de las medidas en el año 2050, haciéndolo coincidir con el momento del objetivo de neutralidad climática de la Ley europea del Clima.

Cabe, así, distinguir entre la restauración de ecosistemas terrestres, costeros y de agua dulce (art. 4), de los ecosistemas marinos (art. 5), de los ecosistemas urbanos (art. 6), de la conectividad natural de los ríos y de las funciones naturales de las llanuras aluviales correspondientes (art. 7), de las poblaciones de polinizadores (art. 8), de ecosistemas agrícolas (art. 9) y de ecosistemas forestales (art. 10).

Ahora bien, ¿cuándo un hábitat necesita ser restaurado? O lo que es lo mismo, ¿cuándo estamos ante un hábitat degradado a efectos del reglamento de restauración? El Reglamento no dice nada. El Parlamento incluyó una definición de "deterioro" (art. 3.7 bis), que posteriormente el Consejo se ha encargado de eliminar, y que aludía al carácter "significativo" del daño y, con él, a las definiciones de la regulación de responsabilidad medioambiental[23].

4.1. Tramitación: los elementos polémicos

La propuesta de Reglamento sobre la restauración de la naturaleza continúa con su tramitación tras pasar, con más o menos éxito, por el Parlamento Europeo en primera lectura (12 de julio de 2023) y alcanzar un acuerdo entre el Consejo, la Comisión y el propio Parlamento (9 de noviembre de 2023).

La necesidad de restauración masiva de la naturaleza ya se había expresado en el VIII Programa de Acción Ambiental (Decisión (UE) 2022/591 del Parlamento Europeo y del Consejo, de 6 de abril de 2022, relativa al Programa General de Acción de la Unión en materia de Medio Ambiente hasta 2030). En concreto, el quinto objetivo del VIII Programa es muy explícito cuando alude a la recuperación de hábitats:

> Art. 2.2: "El VIII PMA tendrá los siguientes seis objetivos prioritarios temáticos interrelacionados para el período que finaliza el 31 de diciembre de 2030: e) la protección, conservación y recuperación de la biodiversidad marina, terrestre y de las aguas interiores dentro y fuera de las zonas protegidas, entre otras acciones, deteniendo e invirtiendo la pérdida de biodiversidad y mejorando el estado de los ecosistemas, sus funciones y los servicios que prestan y mejorando el estado del medio ambiente, en particular el aire,

---

[23] 7 bis) «*deterioro*»: el hecho de causar un efecto adverso neto a los tipos de hábitats y hábitats de especies contemplados en el artículo 4, apartados 6 y 7, y en el artículo 5, apartados 6 y 7, en la medida en que dicho efecto pueda ser *significativo* en relación con el objetivo general de los artículos 4 y 5 de mantener o restablecer dichos tipos de hábitats y hábitats de especies en un estado de conservación favorable a nivel nacional y, dependiendo del tipo de hábitat o del hábitat de una especie de que se trate, a nivel biogeográfico".

el agua y el suelo, así como luchando contra la desertificación y la degradación del suelo".

Esta relación de recursos naturales objeto de restauración se ha concretado en el Reglamento en diversos tipos de acciones. Se señalan a continuación los ámbitos más polémicos durante la tramitación, algunos de los cuales han visto desaparecer o modificar las previsiones reglamentarias a lo largo de su (corta en trámites, pero larga en tiempo) tramitación.

A. La restauración agrícola

Hace ya más de treinta años, se podía reconocer que la contaminación del suelo y de las aguas por las actividades agropecuarias podía asimilarse, en gravedad, a la contaminación de origen industrial[24]. Resulta paradójico, por ello, que la restauración de los suelos agrícolas se haya eliminado del proyecto de reglamento en el trámite parlamentario, aunque se ha recuperado parcialmente por acuerdo del Consejo. Sorprendentemente, no fue el Consejo, sino el propio Parlamento (más "ambientalista", de ordinario) el que lo eliminó en primera vuelta[25]. Así, el ámbito en el que el Reglamento tenía "más que hacer", en el que se le exigía una especial contundencia, no se sabe si va a ser tratado, a expensas de los siguientes trámites. Por eso cabe plantear si realmente merece la pena seguir una muy accidentada tramitación para lograr objetivos mucho más raquíticos que los iniciales: para este viaje no necesitamos alforjas, pueden decir.

En todo caso, a día de hoy (diciembre 2023), el proyecto de Reglamento ha recuperado la obligación cuantificada de restau-

---

24 OCDE, *Pollution des eaux par des engrais et pesticides*, 1986, págs. 14 ss.

25 Véanse las enmiendas aprobadas por el Parlamento Europeo el 12 de julio de 2023 sobre la propuesta de Reglamento del Parlamento Europeo y del Consejo sobre la restauración de la naturaleza (COM (2022)0304 – C9-0208/2022 – 2022/0195(COD) (Procedimiento legislativo ordinario: primera lectura).

rar los suelos agrícolas, pero solo las turberas, y respecto del resto de los suelos agrícolas, las obligaciones que se imponen están descritas en términos genéricos, escasamente coactivos (alcanzar en 2030 una "tendencia creciente" en indicadores determinados: (a) índice de mariposas de pastizales; b) reservas de carbono orgánico en suelos minerales de tierras de cultivo; c) proporción de tierras agrícolas con características paisajísticas de alta diversidad). Además, se ha incluido una cláusula de salvaguardia que permite suspender la aplicación del reglamento en materia agrícola: el llamado "freno regulatorio de emergencia" (art. 22 a)).

Según este "freno de emergencia", en casos de acontecimientos imprevisibles, excepcionales y no provocados que estén fuera del control de la UE, con graves consecuencias para garantizar una producción agrícola suficiente para el consumo de alimentos de la UE, la Comisión adoptará actos de ejecución que sean necesarios, que pueden implicar la suspensión por un plazo de hasta un año, aunque renovable, las previsiones del art. 9.

A esta limitación se añaden las prohibiciones de financiación de la restauración a cargo de los presupuestos de la PAC o de la PPC: para hacer frente a las fortísimas críticas de los agricultores, el Reglamento deja claro también (art. 11.5b) que su aplicación "no implicará la obligación para los Estados miembros de reprogramar ninguna financiación en el marco de la Política Agrícola Común (PAC), la Política Pesquera Común (PPC) u otros programas e instrumentos de financiación agrícola y pesquera en el marco del plan financiero plurianual. marco 2021-2027".

Puede verse así que ha sido preciso relajar las exigencias de restauración agrícola para recuperar este sector en la regulación reglamentaria[26].

---

26 Artículo 9. Restauración de ecosistemas agrícolas.
1. Los Estados miembros adoptarán las medidas de restauración necesarias para mejorar la biodiversidad en los ecosistemas agrícolas, además de las zonas sujetas a medidas de restauración con arreglo al artículo 4, apartados 1, 2 y 3, teniendo en cuenta el cambio climático, las ne-

De forma paralela a esta rebaja, la propuesta de reglamento complementario, "sobre el uso sostenible de productos fitosanitarios", aprobada a la vez que la del de "restauración", fue, no "mutilada", sino rechazada de plano por el Parlamento Europeo en primera lectura (22 de noviembre de 2023)[27] y la presidenta de la Comisión Europea, Ursula von der Leyen, ha anunciado recientemente que ante las protestas del campo, el deterioro de la situación y la falta de apoyo tanto en el Parlamento Europeo como en

cesidades sociales y económicas de las zonas rurales y la necesidad de garantizar una producción agrícola sostenible en la Unión.
2. Los Estados miembros adoptarán medidas destinadas a lograr una tendencia creciente a nivel nacional de al menos dos de los tres indicadores siguientes en los ecosistemas agrícolas, tal como se especifica en el anexo IV, medidos en el período comprendido entre la fecha de entrada en vigor del presente Reglamento hasta el 31 de diciembre de 2030, y posteriormente cada seis años, hasta que se alcancen los niveles satisfactorios, identificados de conformidad con el artículo 11, apartado 3:
(a) índice de mariposas de pastizales;
b) reservas de carbono orgánico en suelos minerales de tierras de cultivo;
c) proporción de tierras agrícolas con características paisajísticas de alta diversidad.
3. Los Estados miembros adoptarán medidas de restauración destinadas a garantizar que el índice de aves agrícolas comunes a nivel nacional basado en las especies especificadas en el anexo V, indexado el... [OP, insértese la fecha = el primer día del mes siguiente 12 meses después de la fecha de entrada en vigor del presente Reglamento] = 100, alcanza los siguientes niveles:
a) 110 de aquí a 2030, 120 de aquí a 2040 y 130 de aquí a 2050, para los Estados miembros enumerados en el anexo V con poblaciones de aves agrícolas históricamente más mermadas;
b) 105 de aquí a 2030, 110 de aquí a 2040 y 115 de aquí a 2050, para los Estados miembros enumerados en el anexo V con poblaciones de aves agrícolas históricamente menos mermadas.
4. Los Estados miembros adoptarán medidas destinadas a restaurar suelos orgánicos de uso agrícola que constituyan turberas drenadas. (...)".

27 El Reglamento fue rechazado con 299 votos en contra y solo tuvo 207 votos a favor: véase https://www.europarl.europa.eu/doceo/document/TA-9-2023-0424_ES.html. Recuperado el 31 de enero de 2024.

el Consejo piensa retirar la propuesta de Reglamento[28]. Se trataba de la propuesta de reglamento del Parlamento Europeo y del Consejo *relativo al uso sostenible de los productos fitosanitarios y por el que se modifica el Reglamento (UE) 2021/2115*, Bruselas, 22.6.2022, COM (2022) 305 final; pretendía este reglamento reducir la utilización de los fitosanitarios químicos y muy peligrosos en un 50% en el año 2030 (art. 4). Perdió en buena medida su razón de ser al suprimir la agricultura del reglamento de restauración aunque el acuerdo de 9 de noviembre por el que se recupera parcialmente la agricultura en el reglamento de restauración no ha sido suficiente para sostener su tramitación[29].

Son malos momentos para la restauración agrícola, malos momentos para la "renaturalización" de los espacios productivos agropecuarios. La propuesta del Reglamento de restauración, con esta nueva circunstancia, nace ya viciada y coja y en el mejor de los casos va a ser una restauración muy limitada.

B. Restauración de zonas susceptibles de instalaciones de energía renovable

Como dice el cdo 61, el Reglamento pretende hacer compatible la fuerte extensión de la generación renovable (exigida por el Acuerdo de Paris y la "Ley europea del clima"[30], norma europea,

---

28 "Bruselas retira la regulación de reducción de pesticidas para aplacar la ira del campo: "Se ha convertido en símbolo de polarización", *El Mundo,* 6 de febrero de 2024.

29 La Comisión defendía que se podría aplicar cuidadosamente este reglamento sin que afectase a la producción de alimentos (al referir la reducción de plaguicidas a los cultivos no alimentarios), porque los Estados tenían libertad para decidir cómo aplicarlo, pero dicha argumentación resultaba engañosa, porque venía a reconocer la incidencia de la reducción de dichos productos en la producción agrícola.

30 Reglamento (UE) 2021/1119 del Parlamento Europeo y del Consejo, de 30 de junio de 2021, por el que se establece el marco para lograr la neutralidad climática y se modifican los Reglamentos (CE) n. 401/2009 y (UE) 2018/1999 («Legislación europea sobre el clima»), cdo 11: "Ha-

que pretende la descarbonización prácticamente total en 2050) con la restauración: "Las actividades de restauración y el despliegue de proyectos de energía renovable pueden combinarse, siempre que sea posible, incluso en áreas de aceleración de energías renovables y áreas de red dedicadas. "(…) Los Estados miembros deberían designar un subconjunto de dichas áreas como áreas de aceleración de las energías renovables. Se trata de lugares … en los que no se espera que el despliegue de un tipo específico de energía renovable tenga impactos ambientales significativos, habida cuenta de las particularidades del territorio seleccionado. Los Estados miembros deben dar prioridad a las superficies artificiales y construidas, como tejados y fachadas de edificios, infraestructuras de transporte y sus alrededores directos, zonas de aparcamiento, granjas, vertederos, polígonos industriales, minas, masas de agua interiores artificiales, lagos o embalses y, en su caso, lugares de tratamiento de aguas residuales urbanas, así como terrenos degradados no utilizables para la agricultura".

Con base en esta justificación, el art. 5 a), introducido por el Parlamento y modificado durante la tramitación, presume el interés público superior de las renovables y sus redes, que podrán ser eximidos por los Estados miembros de la obligación de justificar que no hay soluciones menos perjudiciales (art. 4.8 y 4.8 bis, art. 5.8 y 5.8 bis) cuando se haya llevado a cabo una evalua-

bida cuenta de la importancia de la producción y el consumo de energía para el nivel de emisiones de gases de efecto invernadero, resulta esencial efectuar una transición hacia un sistema energético fiable, sostenible, asequible y seguro, basado en la utilización generalizada de energías renovables, en un mercado interior de la energía que funcione correctamente y en la mejora de la eficiencia energética"; art. 1: "El presente Reglamento establece un objetivo vinculante de neutralidad climática en la Unión de aquí a 2050, con el fin de alcanzar el objetivo a largo plazo referente a la temperatura establecido en el artículo 2, apartado 1, letra a), del Acuerdo de París, y proporciona un marco para avanzar en la consecución del objetivo global de adaptación contemplado en el artículo 7 de dicho Acuerdo (…)".

ción medioambiental estratégica (Directiva 2001/42/CE) o una evaluación de impacto ambiental de proyectos (Directiva (UE) 2011/92).

4.2. Breve mención de los objetivos de restauración en cada sector

A. Medidas sectoriales

Con carácter general, los diversos ecosistemas deben alcanzar niveles satisfactorios de restauración. Estos niveles satisfactorios no están definidos, curiosamente, en el art. 3, sino en el art. 11.3, que establece:

> "Los Estados miembros fijarán, a más tardar en 2030, niveles satisfactorios para cada uno de los indicadores a que se refiere el art. 8.1, y el art. 10.2, para cada uno de los indicadores elegidos en el art. 9.2, para cada uno de los indicadores del art. 10.2 bis, y para los espacios verdes urbanos a que se refiere el art. 6.2, y para la cobertura de copas de árboles urbanos a que se refiere el art. 6.3, mediante un proceso y una evaluación abiertos y eficaces, basados en las pruebas científicas más recientes, el marco rector a que se refiere el art. 17.9 bis, y, si está disponible, el marco rector a que se refiere el art. 17.9".

a) Ecosistemas terrestres, costeros y de agua dulce (art. 4)

El Reglamento establece objetivos temporales de restauración, que se imponen a los Estados miembros, respecto de los hábitats establecidos en el Anexo I. En concreto, como mínimo, en el 30 % de la superficie total de todos los tipos de hábitat que no esté en buenas condiciones hasta 2030; en el 60 % hasta 2040 y en el 90 % antes de 2050 de la superficie de cada grupo de hábitats "anexo I" que no se encuentre en buenas condiciones, cuantificada en el plan nacional. En este caso, los Estados miembros darán, según proceda, hasta 2030 prioridad a las medidas de restauración en zonas situadas en lugares Natura 2000, por la necesaria celeridad de las medidas, facilitada por la identificación de estos espacios. Sin perjuicio de esta previsión, la elección de las zonas a restaurar responderá a criterios técnico-científicos.

Además, estas medidas de restauración deben tener en cuenta la necesidad de mejorar la conectividad entre los tipos de hábitat del anexo I (art. 4.5)[31].

En todo caso, conviene tener en cuenta la existencia en España, de específicos corredores ecológicos, no contemplados por el Reglamento europeo: las vías pecuarias, reguladas por la Ley 3/1995, de 23 de marzo, de Vías Pecuarias y por diversas leyes autonómicas, configuradas como dominio público autonómico, necesitadas sin duda alguna de una intensa restauración en su mayor parte y tratadas *in extenso* por Blanca Lozano en otro capítulo de esta obra colectiva.

b) Ecosistemas marinos (art. 5)

El Reglamento establece obligaciones (cuantificadas, diversificadas según los tipos de hábitats y pautadas, en su caso, mediante los hitos de 2030, 2040 y 2050), de restauración de los hábitats marinos previstos en el Anexo II del Reglamento. Las medidas de restauración tendrán en cuenta la necesidad de mejorar la coherencia ecológica y la conectividad entre los tipos de hábitat enumerados en el anexo II (art. 5.3 y 5.5).

c) Ecosistemas urbanos (art. 6)

Los Estados deben asegurar que no se produzca una pérdida neta *en la superficie total nacional* de espacio verde urbano ni de cubierta arbórea urbana *en zonas de ecosistemas urbanos* en 2030. A partir de entonces deben lograr una tendencia creciente de la superficie total nacional del espacio verde urbano, en particular mediante la *integración de espacios verdes urbanos en edificios e infraes-*

---

[31] Esta mejora de la conectividad deberá realizarse a través de la restauración de las áreas de interés conector en los hábitats fragmentados. Además, en algunos casos, la restauración de un área debe dirigirse específicamente a recuperar la deficiente conectividad: son los casos en los que los espacios protegidos han visto deteriorada su función conectora: Alenza García, J.F. (2023a), "Restauración y conectividad ecológica", cit., pág. 297.

tructuras en zonas de ecosistemas urbanos, y de cubierta verde arbórea medidas cada seis años a partir del 31 de diciembre de 2030, hasta alcanzar un nivel satisfactorio, fijado por el propio Estado, de acuerdo con lo previsto por el art. 11[32].

d) Restauración de la conectividad natural de los ríos y de las funciones naturales de las llanuras aluviales correspondientes (art. 7)

En este supuesto, el Reglamento busca de forma expresa la conectividad, en este caso, hidrológica (longitudinal y lateral). La conectividad de los ríos se obtiene, en buena medida, mediante la eliminación de presas; el objetivo es conseguir 25000 km. libres de presas en 2030. Ahora bien, el gran problema de las presas es que cumplen importantísimas funciones económicas (en España, específicamente el riego; pero, además, en general, el abastecimiento de poblaciones o la generación hidroeléctrica, energía "limpia", no emisora de gases de efecto invernadero).

En nuestro país —a diferencia de otros Estados miembros—, esta previsión deberá aplicarse con muchísima prudencia, habida cuenta de que se trata de un país árido, de precipitaciones irregulares y decrecientes, en el que la economía gira, en un porcentaje no pequeño, sobre la agricultura de regadío, y el abastecimiento de las ciudades depende, ordinariamente, de reservorios capaces. Por su capacidad, las presas constituyen una indudable protección frente a las inundaciones; además, son fuente de energía renovable y no emisora (y en ocasiones, con capacidad de almace-

---

32 "Los Estados miembros fijarán, a más tardar en 2030, niveles satisfactorios para cada uno de los indicadores a que se refiere el art. 8.1, y el art. 10.2, para cada uno de los indicadores elegidos en el art. 9.2, para cada uno de los indicadores del art. 10.2 bis, y para los espacios verdes urbanos a que se refiere el art. 6.2, y para la cobertura de copas de árboles urbanos a que se refiere el art. 6.3, mediante un proceso y una evaluación abiertos y eficaces, basados en las pruebas científicas más recientes, el marco rector a que se refiere el art. 17.9 bis, y, si está disponible, el marco rector a que se refiere el art. 17.9".

namiento energético). E incluso, muchas presas, en España, han generado hábitats peculiares, susceptibles de ser declarados espacios protegidos, como ZEPAS[33] u otros. En todos estos casos no es planteable la "eliminación de barreras" que están configurando el paisaje económico y ambiental del país[34].

Esta circunstancia impone una cuidadosa selección de las presas que deben derruirse. Por eso, el propio Reglamento establece que, en la eliminación de barreras, los Estados "deberán ocuparse principalmente" de las barreras *obsoletas* que hayan dejado de ser necesarias para las funciones señaladas arriba. El criterio, por tanto, es la obsolescencia y no la mayor o menor incidencia ambiental.

e) Restauración de ecosistemas agrícolas (art. 9)

Este sector es, sin duda alguna, el más cuestionado (vid. *supra*): se eliminó durante la tramitación parlamentaria, se recuperó, "descafeinado" por el Consejo... Lo cierto es que la regulación ahora vigente alude a la necesidad de que la restauración de la biodiversidad agrícola sea compatible con las necesidades sociales y económicas de las zonas rurales y garantice una producción agrícola sostenible en la Unión (cfr. Art. 9.1).

En este sector, los Estados deben asegurar una tendencia creciente de dos sobre tres indicadores posibles de la biodiversidad

---

33 Es el caso, p. ej., del embalse de Valdecañas, en Cáceres, declarado ZEPA en 2003. Este embalse, o más bien, la "isla"-península dentro de él ha sido objeto de un importante conflicto judicial, zanjado por el Tribunal Supremo, por razón de una urbanización de lujo construida en ella.

34 A estos efectos, el Reglamento establece que los Planes Nacionales de Restauración deben incluir "el inventario de barreras y las barreras identificadas para su eliminación de conformidad con el artículo 7, apartado 1, el plan para su eliminación de conformidad con el artículo 7, apartado 2, y la longitud estimada de los ríos de flujo libre que se alcanzarán mediante la eliminación de dichas barreras de 2020 a 2030 y 2050" (art. 12.2 e). Cfr., Alenza García, J.F. (2023a), *op. cit.*, pág. 302.

hasta 2030 y a partir de ese momento, con controles cada seis años, hasta que se alcancen los "niveles satisfactorios". Los indicadores son los siguientes: (a) índice de mariposas de pastizales; b) reservas de carbono orgánico en suelos minerales de tierras de cultivo; c) proporción de tierras agrícolas con características paisajísticas de alta diversidad[35]. Además de ello, debe asegurarse lograr el correspondiente índice de aves agrícolas a nivel estatal. Sin perjuicio de lo anterior, que tiene un alcance general, aplicable a todos los Estados, la segunda parte del precepto dedica varios párrafos a la restauración de turberas, características del norte de Europa, pero de escasa aplicación en la zona mediterránea.

f) Restauración de ecosistemas forestales (art. 10)

El Reglamento exige la restauración de los ecosistemas forestales, pero tras el acuerdo del Consejo de noviembre de 2023, se impone que esta restauración tenga en cuenta "los riesgos de incendios forestales". Esta previsión, por fin, permite que en los países más áridos (España, Grecia) se pueda llevar a cabo la restauración mediante una "estudiada ruptura de la continuidad física de las masas forestales y la necesaria limpieza de los montes para reducir el impacto de los incendios forestales"[36].

Asimismo, los Estados deben asegurar una tendencia creciente de seis sobre siete indicadores posibles de la biodiversidad hasta 2030 y a partir de ese momento, con controles cada seis años, hasta que se alcancen los "niveles satisfactorios". Los indicadores, en este caso, son: (a) madera muerta en pie; (b) madera muerta tendida; c) proporción de bosques con estructura de edades desiguales; (d) conectividad forestal; e) existencias de carbono orgánico; f) proporción de bosques dominados por especies de árboles nativos; g) diversidad de especies de árboles. No es difícil comprobar la incompatibilidad de algunos de estos indicadores

---

35 Sobre la relación entre conectividad y diversidad paisajística, véase Alenza García, J.F. (2023a), *op. cit.*, pág. 302.

36 Conclusiones Congreso de conectividad. Véase asimismo la contribución de Blanca Rodríguez Chaves a esta obra colectiva.

con la limpieza y ruptura de la continuidad de masas forestales en los casos de riesgo de incendio. Por eso, deben evitarse —en las zonas más propensas a los incendios— masas forestales continuas excesivamente amplias, y para ello deben crearse barreras para el fuego (pero no para la biodiversidad). En estas mismas zonas deberá limitarse, en su caso, la madera muerta, que puede actuar como catalizador de los incendios.

B. Medidas horizontales

a) Restauración de las poblaciones de polinizadores (art. 8)

Es conocida la drástica reducción del número de abejas y, en general, de polinizadores en los últimos años. Sin perjuicio de la lucha contra las causas (que se plantea en otros instrumentos normativos europeos[37]), se hace preciso potenciar el crecimiento del número de individuos[38].

La polinización es absolutamente esencial para el éxito de la producción agrícola, sin perjuicio de los servicios vinculados a la actividad apícola y del papel de los polinizadores en el funcionamiento de los demás ecosistemas. Por su carácter "transversal", el Reglamento promueve la restauración de estos insectos como un sector autónomo, que se añade a las medidas adoptables en los demás sectores.

---

37 Como señala Pérez de los Cobos Hernández, E., (2023) "Restauración de las poblaciones de polinizadores", en García Ureta, A., y Soro Mateo, B., *Restauración y compensación ecológica: la perspectiva jurídica*, Iustel, págs. 280 ss), el declive de los polinizadores responde a motivos "multifactoriales", pero en el actual estado de la ciencia se puede afirmar el papel decisivo de la utilización de fitosanitarios.

38 La preocupación de la UE sobre el declive de los polinizadores en los últimos años ha dado lugar a la *Iniciativa de la UE sobre los polinizadores* [COM (2018) 395], modificada en 2023, Bruselas, 24.1.2023, COM(2023) 35 final.

Los Estados deben poner en marcha *medidas adecuadas y eficaces, mejorar la diversidad de los polinizadores e* invertir el declive de las poblaciones de aquí a 2030 y, a partir de entonces, deberán alcanzar una tendencia creciente, que se medirá cada *seis* años a partir de 2030.

Muestra de la importancia que tiene el servicio ambiental de polinización para la UE es (además del precepto reglamentario dedicado exclusivamente a ella) la previsión de ayuda de la Comisión y de las agencias europeas competentes en medio ambiente (EEA), seguridad alimentaria (EFSA) y sustancias químicas (ECHA) a los Estados miembros que lo soliciten, tal y como lo dispone el art. 8.3 b) del Reglamento[39].

b) La plantación de tres mil millones de árboles (art. 10)

Estamos ante una actuación cuantificada y medible dirigida a la conectividad ecológica[40]. En vía parlamentaria se introdujo esta previsión, mantenida posteriormente a lo largo de la tramitación. Viene a ser una medida horizontal, en cuanto afecta a diversos hábitats de los incluidos en la Ley: exige que las especies objeto de reforestación sean "sostenibles" y, en los hábitats urbanos, que sirvan a la ecologización; en principio, los árboles deben ser de especies autóctonas[41], salvo que se trate, excepcionalmente, de especies bien adaptadas y preparadas para el cambio climático. El horizonte temporal de la medida es 2030.

---

39 EEA (European Environment Agency); EFSA (European Food Safety Autority); ECHA (European Chemicals Agency).

40 Estos árboles no constituyen sustitución de árboles talados en el futuro inmediato, sino que son "adicionales", esto es, incrementan el número de los hoy existentes (art. 10 bis.1).

41 Según el reglamento (9 bis) «especie arbórea autóctona» es "una especie arbórea presente dentro de su área de distribución (pasada o presente) y su potencial de dispersión naturales (es decir, dentro del área de distribución que ocupa de forma natural o que podría ocupar sin introducción, directa ni indirecta, ni cuidado por parte de los seres humanos)".

Se trata de una actuación de indudable eficacia a efectos de asegurar la conectividad; como dice el precepto, tiene como objetivo "aumentar la conectividad ecológica". Sin embargo, hay un "pero": no está concretada, ni su pautación cronológica, ni su distribución por Estados miembros o por hábitats... se corre por ello el riesgo de que la medida quede en agua de borrajas por falta de concreción.

5. EL INSTRUMENTO CLAVE DE LAS OBLIGACIONES DE RESTAURACIÓN: LOS PLANES NACIONALES DE RESTAURACIÓN

Todas las obligaciones sectoriales determinadas por el Reglamento se articulan a través de los Planes Nacionales de Restauración, que deben elaborar los Estados miembros (con participación de la sociedad y de las Entidades territoriales infraestatales regionales y locales). Estos planes cuantifican las superficies a restaurar en función de cada tipo de hábitat y de otras variables[42], determinan las medidas necesarias para la restauración, fijan los "niveles satisfactorios" para cada uno de los indicadores de biodiversidad previstos en el Reglamento, identifican y cartografían las zonas agrícolas y forestales más necesitadas de restauración, la coordinan con las zonas aptas para la instalación de renovables, etc[43]. De hecho, aunque el Reglamento concreta en algunos casos los porcentajes de los hábitats que deben ser restaurados (p. ej., biodiversidad marina), la determinación de cuáles son en concre-

---

42 Entre otras, "la conectividad necesaria entre los hábitats para que las poblaciones de especies puedan prosperar" (art. 11.2 b)); cfr., Alenza García, F.J. (2023a), *op. cit.*, pág. 303.

43 Sería aconsejable que, en la regulación española, se coordinasen con los Planes de recuperación de especies amenazadas de fauna y flora (art. 59 LPNB (**TOL1.210.868**)) porque una parte esencial de la restauración de ecosistemas es, sin duda alguna, reforzar las poblaciones de las especies en peligro de extinción. Estos planes, no obstante, responden también al objetivo conservacionista, como señala Barrena Medina. A.M. (2014), *La protección in situ de las especies silvestres*, cit., págs. 239 ss.

to, lo que se restaurarán corresponde a una decisión discrecional, política (basada en los costes económicos, en la mayor o menor degradación, en las prioridades, etc.) plasmada en estos Planes.

Una vez elaborado el Plan, cada Estado debe someter ese proyecto a la evaluación de la Comisión Europea, cuyas observaciones deben incorporarse al texto definitivo del Plan que apruebe el Estado.

Desde el punto de vista temporal, el plan nacional de recuperación abarcará el período que concluye en 2050, con hitos intermedios correspondientes a los objetivos y obligaciones previstos en los artículos 4 a 10.

6. RECAPITULACIÓN

Es previsible que la conectividad ecológica en el ámbito europeo reciba un importante impulso gracias al nuevo Reglamento de restauración. Pero el alcance de este impulso dependerá del resultado de la tramitación (que está siendo polémica y complicada) y de su efectiva aplicación, que se guiará por los Planes Nacionales de Restauración que deberán aprobar los Estados miembros.

Este Reglamento, que funcionalmente responde a las características de una Directiva, se dicta para suplir las insuficiencias de las medidas conservativas, y prevé la restauración progresiva de hábitats y de diversos recursos naturales con el objetivo de alcanzar una restauración prácticamente completa en 2050. Están siendo especialmente cuestionadas la restauración agrícola (sobre todo por razones de necesidades alimentarias, acrecentadas por la guerra de Ucrania) y la promoción de renovables (garantizada y priorizada expresamente por esta norma).

El Reglamento no prevé la forma de financiar este ambicioso objetivo: únicamente impide su financiación a través de la PAC o de la PPC, aunque promueve la utilización de instrumentos de mercado y de su redacción se deduce el protagonismo público en dicha financiación: son los Estados miembros los responsables de ella.

De la utopía a la necesidad: conectividad ecológica y constitucionalismo global

MIKEL DÍEZ SARASOLA*
Profesor Ayudante-Doctor. Constitución y Globalización
Universidad del País Vasco / Euskal Herriko Unibertsitatea

SUMARIO: 1. INTRODUCCIÓN. EL SUEÑO COSMOPOLITA CONVERTIDO EN EXPRESIÓN DE LA *REALPOLITIK.* 2. CONECTIVIDAD ECOLÓGICA EN LA ÉPOCA DEL ANTROPOCENO. 1.1. La época del Antropoceno como contexto. 2.2. Conectividad ecológica. Significado y contornos jurídicos. 3. CONSTITUCIONALISMO GLOBAL MEDIOAMBIENTAL COMO HERRAMIENTA LEGAL Y POLÍTICA. 3.1. Constitucionalismo global. Una formulación posibilista. 3.2. Constitucionalismo global medioambiental. Un ejercicio de concreción práctica. 4. CONECTIVIDAD ECOLÓGICA Y CONSTITUCIONALISMO GLOBAL EN ACCIÓN. 5. CONCLUSIONES.

1. INTRODUCCIÓN. EL SUEÑO COSMOPOLITA CONVERTIDO EN EXPRESIÓN DE LA *REALPOLITIK*

Se cuenta que fue Diógenes el Cínico quien preguntado por su lugar de procedencia respondió con una sola palabra: *kosmopolitês,* "ciudadano del mundo". Esa respuesta en aquel momento, ficticio o no, constituye el acto fundacional de una importante tradición de pensamiento político que sigue viva a día de hoy y que defiende una aproximación moral a la política basada en la igual valía de todos los seres humanos[1]. El origen de esta doctrina que

---

* Grupo de Investigación del Sistema Vasco IT1733-22. Este trabajo ha sido realizado en el ámbito del Proyecto de Investigación PID2021-128599NB-100, financiado por el Ministerio de Ciencia e Innovación.

fue defendida por los cínicos y los estoicos en la Antigüedad tiene, por lo tanto, un profundo carácter ético que parte de considerar a todos los seres humanos como moralmente iguales.

En la Modernidad, Kant sacó la ética cosmopolita de la esfera privada de la moralidad de cada individuo y la propuso como principio regulativo del progreso de la humanidad en su marcha hacia una integración universal, la cual suponía la realización del destino natural de los individuos. En este sentido, Kant considera que la naturaleza de los seres humanos únicamente puede realizarse plenamente en una sociedad civil donde la justicia pueda ser administrada de manera universal[1]. Ante la fragmentación de múltiples estados y la eventualidad de que los estados más poderosos privaran de libertad a los más pequeños, Kant predijo que la naturaleza humana conduciría de manera indefectible a la creación de un orden internacional con leyes universales y una constitución política perfecta que garantizaran los derechos de todos y cuyo cumplimiento fuera salvaguardado por una gran federación mundial (*Foedus Amphictyonum*)[2].

En los tiempos actuales de Postmodernidad, aparecen nuevos elementos discursivos que proponen la articulación cosmopolita del mundo no como una propuesta ética o como el destino indefectible del ser humano, sino como la única alternativa de pragmática política que puede lograr la subsistencia de la especie humana en la Tierra. Esta nueva configuración de la filosofía cosmopolita es sugerida por autores como Ulrich Beck, el cual describe la sociedad contemporánea como una sociedad de riesgo mundial que justifica su consideración como sociedad cosmopoli-

---

1 Nussbaum, M. C. (2020). *La tradición cosmopolita: un noble e imperfecto ideal.* Ediciones Paidós, 5.

1 Kant, I. (1991). *Perpetual Peace. Political Writings,* ed. De Hans Reiss, Cambridge University Press, 45.

2 *Id.* 47

ta[3]. El riesgo que afecta a todos los seres humanos independientemente de su condición social, económica o nacional tendría que ver con la amenaza letal que el modelo de desarrollo de la civilización industrial supone a las condiciones de vida del planeta. Asimismo, el pensador alemán observa cómo el cambio climático supone una "catástrofe emancipatoria", en el sentido de que obligaría a los seres humanos a cambiar el mundo a mejor, hacia un mundo cosmopolita que provocara de manera necesaria la cooperación, la inclusión de todas las personas y sociedades, superando las naciones y, en fin, el establecimiento de nuevas condiciones que propiciaran una mayor justicia social y económica[4].

Así las cosas, este nuevo paradigma cosmopolita dirigido a garantizar la subsistencia del ser humano en la Tierra, vendría a diluir o relativizar la tradicional dicotomía que se establecía en el ámbito del ejercicio de la política entre las aproximaciones utópicas o ideológicas, tildadas en ocasiones con cierto desdén como ingenuas o "bienintencionadas", y la *realpolitik* como aquella manera de hacer política o diplomacia que reivindica un ejercicio desnudo del poder, un poder basado principalmente en la consecución de los intereses nacionales y desprendido de cualquier consideración ideológica, ética o moral. El Constitucionalismo global y la pretensión de inaugurar una época en la que el conjunto de la humanidad y de las relaciones internacionales estén gobernadas por la llamada "trinidad"[5], es decir, por el imperio de la ley, el respeto de los derechos humanos y el carácter demo-

---

3 Beck, U. (1996). "World Risk Society as Cosmopolitan Society? Ecological Questions in a Framework of Manufactured Uncertainties". *Theory, culture & society*, 13(4), 1-32.

4 Beck, U. (2014). "How Climate Change might save the World." *Development and Society* (43-2), 183. Ver al respecto, Beck, U. (2016). *The metamorphosis of the world: How climate change is transforming our concept of the world.* John Wiley & Sons.

5 Wiener, A., Lang, A. F., Tully, J., Maduro, M. P., Kumm, M. (2012). "Global Constitutionalism: Human Rights, Democracy and the Rule of Law". *Global constitutionalism, 1*(1), 1-15.

crático de la toma de decisiones colectivas, es hijo de este *nomos* global, de una época en la que se suceden propuestas académicas que pretenden concretar y materializar en qué consistiría jurídicamente un mundo atravesado por este nuevo paradigma.

En el momento en que se escriben estas líneas, enero de 2024, con una guerra, la de Ucrania, en el corazón de Europa y con un conflicto, el de Gaza, con un potencial de violencia y destrucción sin límite, parece descabellado aventurar que se esté gestando un mundo cosmopolita. No obstante, al margen de coyunturas históricas y políticas, algunas de las cuales revelan los aspectos más siniestros y autodestructivos de la naturaleza humana, es esa misma naturaleza humana la que, de manera a veces contradictoria, promueve la búsqueda de caminos y soluciones que eviten la extinción de la vida en la tierra. En este sentido, el Constitucionalismo Global se configura como una disciplina que aborda tanto el análisis de hechos empíricos como la elaboración de ideales normativos[6] que den coherencia al propósito último de crear una estructura de gobernanza cosmopolita basada en los principios antes mencionados. Dentro de esta tarea, son precisamente las razones medioambientales, las que de manera más poderosa interpelan a la elaboración de construcciones jurídicas globales que aborden las amenazas más graves a las que se enfrenta la sociedad.

En este contexto, garantizar la conectividad ecológica, es decir, el movimiento sin trabas de las especies y el flujo de los procesos naturales que sustentan la vida en la Tierra, ilustra de manera concreta y precisa la necesidad de adoptar un enfoque global que transcendiendo las fronteras nacionales, promueva no solo la necesaria implementación de medidas a nivel mundial[7], sino la

---

6 Lang, A., and Antje W. (2017). "A Constitutionalizing Global Order: An Introduction". *Handbook on Global Constitutionalism Lang.* Edward Elgar Publishing, 1-20.

7 Estrategia Nacional de Infraestructura Verde y de la Conectividad y Restauración Ecológicas. *Vicepresidencia cuarta del Gobierno, Ministerio para la transición ecológica y el reto demográfico.* https://www.miteco.gob.es/es/

creación de una comunidad epistemológica y social, una comunidad de práctica que ponga las condiciones de una cooperación real y efectiva en este importante ámbito. Así, la protección del medioambiente y, en particular, las políticas de conectividad ecológica se presentan de manera natural como materias propias de los propósitos del Constitucionalismo global.

En este sentido, la justificación y el análisis de los contornos de la conectividad ecológica dentro del Constitucionalismo global requiere abordar los siguientes aspectos que serán tratados en las respectivas secciones del presente artículo. En primer lugar, resulta preciso examinar el significado de la conectividad ecológica como fenómeno que surge en la época del Antropoceno, una nueva época geológica caracterizada por el impacto del hombre sobre la Tierra. En segundo lugar, se deben explorar los rasgos y la razón de ser del Constitucionalismo global para responder a los retos contemporáneos, así como los argumentos y contenidos concretos de un Constitucionalismo global medioambiental que incluya la conectividad ecológica como uno de sus ejes de actuación. En tercer lugar, se describirán algunos casos concretos relacionados con la conectividad ecológica que sugieren los principales rasgos del Constitucionalismo global.

2. CONECTIVIDAD ECOLÓGICA EN LA ÉPOCA DEL ANTROPOCENO

A la hora de analizar el sentido y la necesidad de garantizar la conectividad ecológica desde un punto de vista jurídico, es imprescindible conocer cuál es el problema al que trata de dar solución y el contexto en el que surge. En este sentido, en primer lugar, se examinará brevemente el significado del Antropoceno como una nueva época geológica de la Tierra marcada por la ac-

---

biodiversidad/temas/ecosistemas-y-conectividad/infraestructura-verde/infr_verde.html. Recuperado el 4 de enero de 2024. p.11

ción del hombre en la misma. Una vez establecido el contexto del problema, se analizarán en segundo lugar, las características y la configuración jurídica de la conectividad ecológica. A modo de nota preliminar, se hace necesario indicar que las cuestiones estudiadas manejan y utilizan como premisas dadas los desarrollos y afirmaciones efectuadas por otras ciencias como la biología, la geología, la física o la climatología, cuya verdad y certeza resultan ajenas al análisis y tratamiento jurídico de las mismas.

2.1. La época del Antropoceno como contexto

Una de las principales notas que caracterizan la época contemporánea es la de la crisis socio ecológica que atraviesa el planeta. Son innumerables los datos empíricos que alertan sobre los efectos que la actividad del hombre está teniendo en la Tierra. Tal y como se señalaba anteriormente, no es objeto de la presente reflexión de naturaleza jurídica verificar y analizar los datos que arrojan las ciencias naturales al respecto, pero resultan suficientemente reveladores los informes que con carácter anual elabora el Grupo Intergubernamental de Expertos sobre el Cambio Climático (IPCC)[8]. Según el Informe aprobado por el Panel de la 58.° Sesión celebrada en Interlaken, Suiza durante los días 13 al 19 de marzo de 2023, las actividades humanas, principalmente a través de las emisiones de gases de efecto invernadero, han causado inequívocamente el calentamiento global, con una temperatura de la superficie del planeta que, si lo comparamos con la segunda mitad del siglo XIX, se ha incrementado 1,1 °C por encima en 2011-2020. Las emisiones mundiales de gases de efecto invernadero han seguido aumentando, con contribuciones desiguales históricas y actuales derivadas del uso insostenible de la energía, el uso

---

8 Este grupo fue creado en 1988 para facilitar evaluaciones integrales del estado de los conocimientos científicos, técnicos y socioeconómicos sobre el cambio climático, sus causas, posibles repercusiones y estrategias de respuesta. Más información en https://www.ipcc.ch/. Recuperado el 8 de enero de 2024.

de la tierra y el cambio de uso de la tierra, los estilos de vida y los patrones de consumo y producción entre regiones, entre países y dentro de ellos, y entre individuos[9].

Estos informes indican que la acción humana está alterando de manera significativa los ciclos biogeoquímicos o elementos tales como el nitrógeno, el fósforo y el azufre que resultan fundamentales para la vida. Asimismo, está provocando cambios sin precedentes en los ciclos del agua, la energía y la biología. Estas graves alteraciones de las condiciones materiales ecológicas en que se sustenta la vida marcan el inicio de un nuevo periodo geológico conocido como Antropoceno[10]. El Antropoceno, que vendría a sustituir al Holoceno, constituiría así la primera vez en la historia del planeta en que los seres humanos son agentes geológicos capaces de cambiar la Tierra y los sistemas naturales de la misma manera en que lo puede hacer otros fenómenos naturales como, por ejemplo, un meteorito.

Si bien el término de Antropoceno empezó a ser utilizado en los 80 por el ecologista Eugene Stormer[11], su uso empezó a generalizarse en este siglo gracias en buena parte, al premio Nobel de química Paul Crutzen, quien considera que la acción humana desde la Revolución Industrial había generado un impacto geológico

---

9 Lee, H., Calvin, K., Dasgupta, D., Krinner, G., Mukherji, A., Thorne, P. & Park, Y. (2023). *IPCC, 2023: Climate Change 2023: Synthesis Report, Summary for Policymakers. Contribution of Working Groups I, II and III to the Sixth Assessment Report of the Intergovernmental Panel on Climate Change* [Core Writing Team, H. Lee and J. Romero (eds.)]. IPCC.https://www.ipcc.ch/report/ar6/syr/resources/spm-headline-statements/. Recuperado el 8 de enero de 2024.

10 Steffen, W., Grinevald, J., Crutzen, P., & McNeill, J. (2011). "The Anthropocene: Conceptual and Historical Perspectives". *Philosophical Transactions of the Royal Society A: Mathematical, Physical and Engineering Sciences, 369* (1938), 842-867.

11 Syvitski, J. (2015). "Anthropocene: An Epoch of Our Making". *Global Change, 78 (11).*

significativo inaugurando una nueva era geológica[12]. Sin perjuicio de las críticas suscitadas[13] y de que no haya sido todavía oficialmente adoptada por la Comisión Internacional de Estratigrafía, que es a la sazón el órgano competente para definir las diferentes etapas geológicas, la caracterización del Antropoceno como una nueva época geológica implica un nuevo paradigma que entraña importantes consecuencias para los sistemas legales y las categorías jurídicas y constitucionales tradicionales.

Las premisas filosóficas y antropológicas que han caracterizado los sistemas legales y constitucionales de las democracias liberales se fundamentan en la igualdad moral de los individuos y en la consecución de la libertad de los mismos como fundamento del orden político. La comunidad política ya no es un órgano que trasciende la voluntad de los individuos, sino que es más bien una construcción humana que, desde una visión *mecanicista,* depende de la voluntad y de la decisión de los individuos integrantes de la misma[14]. En esta configuración jurídica propia de la tradición constitucional liberal, el individuo es la pieza fundamental básica de todo el sistema y centro de imputación de derechos en un sistema que en ningún momento se plantea la finitud del planeta. Buena muestra de ello es la configuración de los derechos funda-

---

12 Steffen, W., Grinevald, J., Crutzen, P., McNeill, J. (2011). "The Anthropocene: conceptual and historical perspectives". *Philosophical Transactions of the Royal Society A: Mathematical, Physical and Engineering Sciences, 369*(1938), 842-867.

13 Se argumenta que el registro estratigráfico correspondiente a este corto intervalo temporal es extremadamente reducido y que se trata más de una conceptualización política que una evidencia científica. Una crítica que ha sido replicada de manera vehemente por un número importante de científicos. Ver al respecto, Zalasiewicz, J., Waters, C. N., Wolfe, A. P., Barnosky, A. D., Cearreta, A., Edgeworth, M., *et al.* (2017). "Making the Case for a Formal Anthropocene Epoch: an Analysis of Ongoing Critiques". *Newsletters on Stratigraphy,* Vol. 50/2 (2017), 205–226.

14 Garrorena Morales, Á. (2020). *Derecho constitucional: teoría de la Constitución y sistema de fuentes.* Centro de Estudios Políticos y Constitucionales, 32-33.

mentales como ejes fundamentales de los sistemas constitucionales, los cuales, salvo algunas excepciones, son titularidad exclusiva de las personas concebidas como únicos sujetos de derechos.

No obstante, el Antropoceno evidencia que la organización de las relaciones sociales y de la convivencia de la que se encargan los órdenes jurídicos no pueden desconocer que la realidad humana se encuentra embebida en el medio natural. La dicotomía entre el ámbito subjetivo del hombre donde se desenvuelve su libertad y el ámbito objetivo de su realidad material circundante, es decir, la relación sujeto-objeto entre el hombre y los elementos materiales y naturales se ve superada por el nuevo paradigma, el Antropoceno, el cual muestra a un ser humano irremediable e inescindiblemente incrustado en un medio natural del que forma parte y del que depende. Los seres humanos y el medio natural no pueden seguir siendo tratados como dos planos distintos en los que el ser humano sea sujeto dominante de su objeto[15].

La nueva aproximación epistemológica propiciada por el Antropoceno exige una reformulación de algunas de las instituciones jurídicas y constitucionales más arraigadas. Se produce además la circunstancia de que, a diferencia de otras etapas geológicas, en el Antropoceno es la especie humana la única que puede revertir o modificar el rumbo de su impacto; un cambio de rumbo que, sin duda, deberá contar con instrumentos jurídicos apropiados. Por lo tanto, son muchas las materializaciones jurídicas y constitucionales que deben dar respuesta al reto planteado por este nuevo paradigma y su gobernanza. En este sentido, además de la conectividad ecológica que se aborda en estas páginas, resulta destacable el surgimiento de una nueva generación de derechos medioambientales[16] que son difícilmente enmarcables dentro de

---

15 Grear, A. (2015). "Deconstructing Anthropos: A Critical Legal Reflection on 'Anthropocentric' law and Anthropocene 'Humanity'". *Law and critique, 26,* 225-249.

16 Gellers, J. C. (2017). *The Global Emergence of Constitutional Environmental Rights.* Taylor & Francis.

las categorías tradicionales de derechos subjetivos. Relacionado con lo anterior, es importante llamar la atención igualmente sobre algunas construcciones jurídico-constitucionales de gran interés que se han desarrollado sobre todo en el neoconstitucionalismo latinoamericano y que reivindican La naturaleza como sujeto de derechos[17].

2.2. Conectividad ecológica. Significado y contornos jurídicos

La desazón de la nueva etapa geológica surge ante la constatación de que, a resultas de la acción humana, se están traspasando algunos de los indicadores, y límites planetarios que determinan la capacidad de autorregulación del sistema terrestre[18]. En particular, de los nueve límites planetarios, se calcula que ya se han cruzado tres: el cambio climático, el índice de pérdida de biodiversidad y el ciclo del nitrógeno. Pues bien, de esos tres indicadores que se encuentran en situación grave, la denominada conectividad ecológica está estrechamente vinculado con dos: con el cambio climático y con el índice de pérdida de biodiversidad.

Si bien el término de conectividad ecológica se empezó a acuñar en los años 60 del siglo pasado[19] relacionado con la teoría de la biogeografía de las islas, se trata de un concepto en evolución que ha cobrado una creciente importancia en la última década, siendo a día de hoy un elemento clave en el contexto de diferentes políticas públicas de protección medioambiental, especialmente

---

17 Estupiñán Achury, L., Storini, C., Martínez Dalmau, R., & Carvalho Dantas, F. A. D. (2018). *La naturaleza como sujeto de derechos en el constitucionalismo democrático*. Grupo de Investigación en Estudios Constitucionales y de la Paz. Universidad Libre.

18 Rockström, J., Steffen, W., Noone, K., Persson, Å., Chapin III, F. S., Lambin, E., *et al.* & Foley, J. (2009). "Planetary Boundaries: Exploring the Safe Operating Space for Humanity". *Ecology and society, 14*(2).

19 López Ramón, F. (2016). "Conectividad y corredores ecológicos en la experiencia española". *Revista Aragonesa de Administración Pública,* (16), 37.

pero no sólo, las que tienen que ver con la ordenación del territorio, el urbanismo y la protección de espacios naturales. El análisis acerca de la conectividad ecológica tiene lugar en espacios, ecosistemas y hábitats que han sido alterados por la actividad humana. A este respecto, además de la pérdida a gran escala de hábitats naturales a resultas de la intervención humana, surge el reto de mantener y conservar la biodiversidad en paisajes dominados por el uso humano de la tierra, también la de espacios especialmente protegidos y aislados. Por lo tanto, el de la conectividad ecológica se trataría de una respuesta a un reto global que tiene que ver con la destrucción, fragmentación y aislamiento en paisajes dominados por el hombre[20].

La motivación que justifica el análisis desde la conectividad ecológica es la presunción de que el mantenimiento y la salud de los ecosistemas y de la biodiversidad requieren de la existencia de espacios y paisajes en los que se propicie el desplazamiento, la dispersión y el intercambio genético de las especies, así como los flujos de materia y energía tanto animales como vegetales[21]. Un flujo y un intercambio de especies y otros elementos que se ven amenazados por la intervención humana en forma de cambios en el uso del suelo (usos agrícolas o ganaderos) o, la construcción de paredes o muros (urbanizaciones, infraestructuras etc.) que fragmenten el *continuum* de la naturaleza. Por lo tanto, la conectividad ecológica se referiría al grado de interconexión de los espacios y paisajes intervenidos o dominados por el hombre. Con ello, se trata, en primer lugar, de evitar menoscabos a la biodiversidad de un determinado ecosistema y, en segundo lugar, se pretende articular un sistema de defensa frente al cambio climático, ya que se considera que una conectividad ecológica adecuada es clave

---

20 Bennett, A. F. (2003). *Linkages in the Landscape: the Role of Corridors and Connectivity in Wildlife Conservation* (No. 1). IUCN. The World Conservation Union, 3.

21 Estrategia Nacional de Infraestructura Verde y de la Conectividad y Restauración Ecológicas, *op. cit.*, (8), 13.

para la adaptación de los hábitats, ecosistemas y especies a las nuevas condiciones climáticas[22].

La conectividad ecológica se utiliza con un propósito doble: por un lado, a modo de prevención como indicador necesario a la hora de planificar una intervención en el espacio y, así, evitar o minimizar los daños a la biodiversidad y, por otro lado, como técnica reparadora para implementar medidas que faciliten la conectividad ecológica y contribuyan a recuperar la biodiversidad y los ecosistemas perdidos o debilitados. Los beneficios de la conectividad no siempre se logran a través de la construcción de corredores, los cuales pueden a su vez entrañar riesgos (facilitando la transmisión de enfermedades, incendios, el tránsito de predadores o de especies invasoras etc.[23]), por lo que partiendo de la necesidad de garantizar la conectividad de los ecosistemas, será preciso analizar en detalle las necesidades y características de cada ecosistema terrestre o marino donde se pretendan implantar medidas que contribuyan a la conectividad ecológica.

Desde un punto de vista legal, el legislador ha ido incorporando de manera paulatina el concepto de la conectividad ecológica a la normativa medioambiental, dotándole de una definición y de unos contornos jurídicos concretos que van variando a medida que las ciencias empíricas arrojan nuevas evidencias al respecto. Como ejemplo de este reconocimiento de la conectividad ecológica por parte del legislador, la Ley española de Patrimonio Natural y Biodiversidad[24] incorpora la conectividad ecológica como característica que debe reunir la Red Natura 2000 junto con otros aspectos como la coherencia ecológica o la funcionalidad

---

22 Opdam, P., & Wascher, D. (2004). "Climate Change meets Habitat Fragmentation: Linking Landscape and Biogeographical Scale Levels in Research and Conservation". *Biological conservation,* (117–3), 285-297.

23 Simberloff, D., & Cox, J. (1987). "Consequences and Costs of Conservation Corridors". *Conservation biology,* (1-1), 66-68.

24 Ley 42/2007, de 13 de diciembre, del Patrimonio Natural y de la Biodiversidad (**TOL1.210.868**).

(Preámbulo de la Ley y art. 46). Igualmente, se invoca la conectividad ecológica como objetivo que deben lograr los Planes de los Recursos Naturales (art. 16) y las acciones de establecimiento o restablecimiento de corredores (art. 20). Desde una perspectiva comparada, la conectividad ecológica constituye uno de los elementos clave a la hora de evaluar el impacto ecológico en diferentes legislaciones medioambientales que regulan las diversas actuaciones de intervención humana en los ecosistemas[25].

La conectividad ecológica también viene contemplada por el "legislador global" en forma de normas supranacionales e internacionales. La definición de la conectividad como "el movimiento sin restricciones de las especies y el flujo de los procesos naturales que sustentan la vida sobre la tierra" fue aprobada por la Conferencia de las Partes de la Convención sobre la Conservación de las Especies Migratorias de Animales Silvestres (CMS) o Convenio de Bonn[26] en su 13.ª Reunión en la Resolución 12.26 (Rev.COP13) sobre la Mejora de las Formas de Abordar la Conectividad en la Conservación de las Especies Migratorias[27]. Asimismo, es indispensable referirse al "Marco Mundial de Biodiversidad de Kunming-Montreal" (MMB)[28], el cual fue

---

25 Sin pretender ser exhaustivo, cabe mencionar las National Environmental Policy Act of 1969, 42 U.S.C. §§ 4321-4347 (1970) Endangered Species Act of 1973, 16 U.S.C. §§ 1531-1544 de Estados Unidos; la Species at Risk Act, S.C. 2002, c. 29 de Canadá; la Environment Protection and Biodiversity Conservation Act 1999, No. 91 de Australia; el Código Florestal, Lei No. 12.651, de 25 de maio de 2012 de Brasil o; National Environmental Management: Biodiversity Act, No. 10 of 2004 de Sudáfrica. Todas las normas citadas y, en particular su normativa de desarrollo contempla instrumentos de evaluación del impacto que tiene en cuenta la conectividad ecológica.

26 Convención de 23 de junio de 1979 sobre la Conservación de las Especies Migratorias de Animales Silvestres, hecho en Bonn. (**TOL696.308**).

27 UNEP/CMS/Resolución 12.26 (Rev.COP13). Recuperado el 11 de enero de 2024.

28 Marco mundial Kunming-Montreal de la diversidad biológica, Decisión 15/4, ONU Doc. CBD/COP/DEC/ (2022). https://www.cbd.int/doc/

aprobado durante la segunda parte de la decimoquinta reunión de la Conferencia de las Partes del Convenio sobre Diversidad Biológica[29] (CDB) en diciembre de 2022 (COP15) en Montreal. Bajo el lema "Vivir en armonía con la naturaleza", la Sección G del MMB establece como Objetivo A la de mantener, aumentar o restablecer "la integridad, la conectividad y la resiliencia de todos los ecosistemas, aumentando sustancialmente la superficie de los ecosistemas naturales para 2050". En este mismo sentido, la sección H del MMB propone como Meta 2 la de mejorar, entre otras, la conectividad ecológica. Más adelante, en su Meta 12 se propone la de "aumentar significativamente la superficie, la calidad y la conectividad de los espacios verdes y azules en las zonas urbanas y densamente pobladas [...]". El MMB viene integrado asimismo por otros cinco documentos fundamentales, también adoptados durante la COP-15: la estrategia de movilización de recursos; el reparto de beneficios de la utilización de la información digital de secuencias de recursos genéticos (DSI); el marco de seguimiento; el mecanismo para seguimiento, informes y revisión; y la decisión sobre creación y desarrollo de capacidades y cooperación científica y técnica. En definitiva, el MMB se erige como una pieza fundamental que establece los rasgos principales de un nuevo orden global constitucional en el ámbito de la conectividad ecológica.

3. CONSTITUCIONALISMO GLOBAL MEDIOAMBIENTAL COMO HERRAMIENTA LEGAL Y POLÍTICA

La organización política de las sociedades en torno a los Estados-Nación se ha visto fuertemente alterada por las fuerzas de

c/2c37/244c/133052cdb1ff4d5556ffac94/cop-15-l-25-es.pdf. Recuperado el 12 de enero de 2024.

29 Convenio sobre diversidad biológica, de 5 de junio de 1992. (**TOL227.025**).

la globalización[30], las cuales comprometen seriamente el marco constitucional nacional y la habilidad de los gobiernos nacionales a la hora de ordenar y regular las condiciones materiales y simbólicas del espacio territorial y el tejido social donde ejercen su soberanía. Los avances en el ámbito de las tecnologías de comunicación e información y factores complejos de índole político y epistemológico han puesto las bases materiales e ideológicas para el surgimiento de un mercado global de matriz capitalista y la creación de nuevas redes de interacción social cuyo funcionamiento y desarrollo requieren de nuevas normas y mecanismos de gobernanza globales[31].

No obstante, a diferencia de la mayoría de los procesos de globalización que en gran parte derivan de decisiones previas que responden a una voluntad política deliberada (apertura de fronteras, establecimiento de un régimen de comercio mundial, creación de estructuras supranacionales como la UE) y que, sin perjuicio de los costes económicos, políticos, sociales y de otra naturaleza, permiten mecanismos de salida o aislamiento (véase, por ejemplo, el caso de Corea del Norte), los

---

[30] Es ingente y difícilmente abordable la literatura científica que analiza el fenómeno de la globalización y su repercusión en los modelos políticos en torno a los Estados-Nación. Por su carácter seminal y referencial, resulta preciso mencionar las siguientes: Beck, U. (1998). *¿Qué es la globalización?: falacias del globalismo, respuestas a la globalizacion.* Paidós; Rodrik, D. (2012). *La paradoja de la globalización: Democracia y el futuro de la economía mundial.* Barcelona, España: Antoni Bosch Editor. Desde un análisis de Economía Política, los nuevos tiempos caracterizados por la denominada globalización se analizan en detalle en Britton-Purdy, J., Grewal, D. S., Kapczynski, A., & Rahman, K. S. (2019). "Building a Law-and-Political-Economy Framework: Beyond the Twentieth-Century Synthesis". *Yale LJ, 129,* 1784. Desde un punto de vista más filosófico y holístico, merece ser mencionado la obra de Marramao, G. (2007). *Pasaje a Occidente-Filosofia y Globalizacion.* Katz Editores.

[31] Véase al respecto, Atienza, M. (2010). "Constitucionalismo, globalización y derecho" en *El canon neoconstitucional,* 264. Trotta; Loughlin, M. (2016). "The Erosion of Sovereignty". *Neth. J. Legal. Phil.,* (45), 57.

fenómenos medioambientales globales no responden a una voluntad política previa (resultan, en muchas ocasiones consecuencias no deseadas de la misma), ni permiten soluciones individualizadas (comunidad de riesgo). En este sentido, es posible afirmar que los problemas y retos globales derivados de fenómenos medioambientales son los únicos genuinamente globales, ya que afectan a toda la humanidad independientemente de su voluntad y únicamente pueden ser abordados desde una concertación global.

El Derecho no ha permanecido indiferente a este nuevo paradigma. Además de tener que adaptar los sistemas legales internos a fenómenos globales que trastocan sus fundamentos y su operativa, los retos y problemas derivados de la globalización han propiciado el surgimiento de propuestas jurídicas que tratan de ordenar y resolver los desequilibrios de un orden global que se antoja incierto. De estas construcciones jurídicas, merece una especial atención aquellas que se inscriben en el denominado Constitucionalismo global, un marco jurídico de análisis ambicioso que, tal y como se verá a continuación, reúne unas características particulares en relación con los fenómenos medioambientales globales que lo hacen especialmente idóneo para abordar retos medioambientales globales como el de la conectividad ecológica.

3.1. Constitucionalismo global. Una formulación posibilista

De una manera simplificada y prescindiendo de los múltiples matices, disensos y consideraciones que se han desarrollado en torno a su conceptualización, es posible advertir dos dimensiones en el Constitucionalismo global: descriptiva y normativa. Desde una perspectiva descriptiva, el Constitucionalismo global examinaría las cuestiones empíricas de carácter legal que evidencian la configuración progresiva del orden y del Derecho internacional sobre bases constitucionales. Mientras que hay autores que defienden que el Constitucionalismo global es ya una realidad que se refleja en la existencia de una Constitución formal global[32], otros autores consideran que nos encontramos en un proceso de constitucionalización gradual del Derecho internacional[33]. Desde un plano normativo, el Constitucionalismo global defendería la traslación a la esfera global de mecanismos y figuras constitucionales propias desde el ámbito estatal o doméstico[34]. La pretensión última del Constitucionalismo global sería la de ordenar y someter a normas superiores las dinámicas globales dominadas por las relaciones de poder y los intereses de los actores más poderosos mediante la extrapolación de los referidos mecanismos constitucionales. De esta manera, se compensaría en primer lugar, la "deconstitucionalización" de amplias áreas de decisión colectiva que han sido asumidas por actores globales[35] y, en segundo lugar, se limitaría paulatinamente la soberanía externa de los Estados, entendida ésta como un ámbito de ejercicio de poder discrecional a la hora de actuar en la comunidad internacional; una comunidad internacional que se sitúa en un estado de naturaleza hobbesiano regido por la ley del más fuerte[36].

---

32 Fassbender, B. (1998). "The United Nations Charter as constitution of the International Community." *Colum. J. Transnat'l L.*, (36), 529.

33 Delbrück, J. (1999). "Laws in the Public Interest"–Some Observations on the Foundations and Identification of erga omnes Norms in International Law". Volkmar Götz (eds) *Liber amicorum Günther Jaenicke–Zum*, (85), Springer, 17-36.

34 Para una disquisición en profundidad de las diferentes dimensiones y aproximaciones al Constitucionalismo global véase Schwöbel, C. E. (2011). *Global Constitutionalism in International Legal Perspective* (Vol. 4). Brill. La autora disecciona cuatro dimensiones del Constitucionalismo global que se corresponden con los cuatro ejes de atención en las contribuciones de los estudiosos del tema: Constitucionalismo social (donde se presta especial atención a la coexistencia de la comunidad internacional); institucional (gobernanza a través de las instituciones); normativo (normas fundamentales) y; analógico (analogías entre el Constitucionalismo regional y doméstico).

35 Peters, A. (2009). "The Merits of Global Constitutionalism". *Ind. J. Global Legal Stud.*, *16*, 405.

36 Ferrajoli, L. (1998). "Más allá de la soberanía y la ciudadanía: un constitucionalismo global." *Isonomía. Revista de teoría y Filosofía del Derecho*, (9), 174-175.

La primera dificultad con que se encuentra el Constitucionalismo global a la hora de erigirse en un instrumento de análisis y transformación válido y efectivo es la de la viabilidad de su traslación desde el ámbito estatal a la esfera global. Se argumenta que, aunque conceptualmente autónomos, el Constitucionalismo y el Estado son elementos hipostáticos que imposibilitan su aplicación más allá del Estado. En particular, se observa con escepticismo la aplicación del Constitucionalismo más allá del Estado por considerarla una idea inapropiada (los mecanismos constitucionales han sido históricamente diseñados para solventar los problemas del Estado), inconcebible (el constitucionalismo se basa en una visión del mundo que presupone el ejercicio del poder político por parte de los estados), improbable (los Estados como estructuras de ejercicio del poder político no van a permitir una autoridad constitucional que no sea una mera delegación estatal a resultas de acuerdos entre estados soberanos) y, por lo tanto, ilegítimo[37].

Partiendo de la base de que no existe un Estado o gobierno mundial, surge un debate legítimo acerca de si es posible hablar de sistema constitucional cuando no se replican todas las condiciones propias del Constitucionalismo ligado históricamente al Estado. A este respecto, se plantea la pregunta de si es posible una interpretación gradual del Constitucionalismo o si constituye una condición *sine qua non* una implementación integral del fenómeno constitucional[38] en todas sus partes. Frente a estas importantes y fundadas objeciones, resulta preciso destacar en primer lugar, que no hay ni ha habido en la historia ningún sistema constitucional en el mundo que materializara de manera absolutamente fiel la totalidad de premisas ontológicas del Constitucionalismo. Con numerosos altibajos, crisis y penumbras, los sistemas políticos y legales constitucionales se encuentran de manera permanente

---

37 Estas objeciones son las expuestas y analizadas en detalle por Walker, N. (2008). "Taking Constitutionalism Beyond the State". *Political Studies*, *56* (3), 519-543.

38 *Id.* 538.

en un proceso perfectible de realización de la "promesa constitucional".

En segundo lugar, en defensa del Constitucionalismo Global, es necesario señalar que su formulación no deja de ser más que otra manifestación previsible de *bricolaje* legal[39] a la que han recurrido los juristas a lo largo de toda la historia de la humanidad, es decir, rehacer de forma imaginativa fórmulas y materiales conocidos para afrontar retos nuevos y desconocidos. Así, a través del Constitucionalismo global se pretendería proyectar un marco político legítimo, coherente, estructurado y cierto para un orden internacional que se percibe como caótico, insostenible y amenazante. En concreto, el objeto del Constitucionalismo global sería doble: en primer lugar, el de ordenar y someter a un marco legal y político legítimo las relaciones de poder y los procesos decisorios que, situándose más allá del Estado, tienen afecciones y consecuencias globales y; en segundo lugar, establecer un sistema de gobernanza multinivel global[40] que permitiera la adopción de estrategias y decisiones de una manera integrada. En este sentido, algunos autores diferencian entre lo que sería el Constitucionalismo con "C" mayúscula (aquel surgido en el seno y en el contexto de los Estados nacionales) del Constitucionalismo global con "c" minúscula[41], el cual pretendería una aplicación incremental y, si se prefiere, selectiva de aquellos mecanismos y figuras constitucionales que permitan lograr un orden global estructurado o, en definitiva, un "buen" orden global.

Por lo tanto, una vez aceptado su marco conceptual, la segunda tarea del Constitucionalismo Global estriba en identificar aquellos

---

39 La idea de bricolaje legal ha sido concebida por Koskenniemi a partir del concepto del *bricolage* desarrollado por Lévi-Strauss en el ámbito de la antropología. Koskenniemi, M. (2021). *To the Uttermost Parts of the Earth: Legal imagination and international Power 1300–1870.* Cambridge University Press, 2.

40 Peters, A. (2009). "The Merits of Global Constitutionalism", *op. cit.*, (35), 404.

41 Kumm, M. (2013). "The Cosmopolitan Turn in Constitutionalism: an Integrated Conception of Public Law". *Ind. J. Global Legal Stud.*, (20), 607-612.

elementos propios del Constitucionalismo cuya aplicación y adaptación sería predicable en el orden internacional. Con carácter previo, cabe preguntarse si existe una Constitución global escrita. Además de algunas opiniones doctrinales que señalan la Carta de las Naciones Unidas como la norma constitucional por excelencia en el ámbito global[42] y algunas propuestas más mediáticas que realistas[43], lo cierto y verdadero es que no existe a día de hoy un texto constitucional ni ha existido un momento constitucional "We the People" que fuera fruto de un proceso constituyente solemne al uso que dotara a la humanidad de una norma suprema.

Ante esta carencia, se sugieren por parte de la doctrina dos propuestas que vendrían a sustituir el hueco dejado por la ausencia de una Constitución global formal. En primer lugar, algunos autores defienden que a nivel global no existiría un único texto constitucional codificado sino diversas normas constitucionales en plural, al modo de lo que sucede en Israel o Reino Unido, es decir, un "conglomerado constitucional" integrado por ámbitos constitucionales estatales y transnacionales[44]donde se integraría, por ejemplo, la Carta de Naciones Unidas junto con otras normas constitucionales nacionales e internacionales de naturaleza constitucional como las normas *jus cogens*. En segundo lugar, y complementando y especificando el anterior planteamiento, se argumenta que la autoridad constitucional de algunas normas no vendría derivado de una determinada autoridad constituyen-

---

42 Fassbender, B. (1998). "The United Nations Charter as constitution of the international community". *Op. cit.*, 32.

43 Un ejemplo de ello sería la denominada "Constitución de la Tierra" del autor italiano Ferrajoli que incluso ha propiciado entrevistas en la prensa española. Ferrajoli, L. (2022). *Por una Constitución de la Tierra: La humanidad en la encrucijada.* Trotta.

44 De Wet, E. (2006). "The International Constitutional Order". *International & Comparative Law Quarterly, 55(1)*, 51-76. En el contexto del ámbito digital, Celeste, E. (2021). "The Constitutionalisation of the Digital Ecosystem: Lessons from international Law." *Max Planck Institute for Comparative Public Law & International Law (MPIL) Research Paper,* (16).

te o factor ajeno al Derecho, sino del propio Derecho y de una concepción circular del mismo, el cual se crea, se modifica o se adapta a través de la práctica legal, es decir, a través de procesos de contestación, interpretación, aplicación, adjudicación o *constitucionalización* continuas de la norma por parte de los operadores jurídicos y de los sujetos que interactúan dentro de ese marco normativo[45].

En relación con los mecanismos e instituciones constitucionales que son susceptibles de tener una traslación al ámbito global, resulta de utilidad el enfoque adoptado por la principal revista sobre la materia (*Global Constitutionalism*) en el análisis de las condiciones que deben reunir las normas, procesos, instituciones y órganos de carácter global que supongan un ejercicio de autoridad legítimo. En este sentido, observan sus editores que las normas fundamentales y constitutivas se encargan de las cuestiones del ejercicio de la autoridad y del poder, los cuales para ser legítimos conllevan un compromiso con el imperio de la ley, el régimen de derechos humanos y la democracia[46], es decir, la "trinidad". Mientras que el imperio de la ley entendido en su sentido formal[47] (es decir, el que rige en aquellas sociedades en las que sus miembros cumplen con las prescripciones legales y conforman su conducta de acuerdo con las mismas) y el régimen de los derechos humanos (como el reconocimiento de derechos inherentes a las personas por su condición humana) son intuitivamente trasladables al ámbito global, proyectar procesos decisorios democráticos al ámbito global presenta mayores dificultades.

---

45 Brunnée, J., & Toope, S. J. (2017). "13 Interactional Legal Theory, the International Rule of Law and Global Constitutionalism". Lang, A. F., & Wiener, A. (Eds.) *Handbook on global constitutionalism.* Edward Elgar Publishing, 170-182.

46 Kumm, M., Lang, A. F., Tully, J., & Wiener, A. (2014). "How Large is the World of Global Constitutionalism?". *Global Constitutionalism,* (3-1), 1-4.

47 Raz, J. (2017). "The Rule of Law and its Virtue". *The Rule of Law and the Separation of Powers.* Routledge, 77-94.

Además de formar parte de la categoría de conceptos esencialmente en disputa[48], la democracia es un concepto antes político que legal. Al igual de lo que sucedía con la idea de un gobierno mundial o de un poder constituyente global, no parece realista sugerir la posibilidad de procesos de toma de decisiones que fueran ratificadas por el sufragio activo universal del conjunto de la humanidad. No obstante, y partiendo de la base que a través del carácter democrático del ejercicio de la autoridad se busca la legitimidad de los procesos decisorios, los sistemas de democracia deliberativa se antojan como los más aptos a la hora de formular un Constitucionalismo global medioambiental realista.

De raíces habermasianas[49]el modelo de democracia deliberativa global propone la democratización de la gobernanza global a través de la deliberación de argumentos razonados en espacios tanto formales como informales, es decir, a través del intercambio de opiniones razonadas en una deliberación no coercitiva, recíproca, y accesible por parte de todas las personas, se busca el mejor argumento que pueda justificarse en términos racionales ante todos los individuos y actores afectados[50]. La idea de democracia deliberativa abre la puerta a un tipo de gobernanza global que requiere la participación de actores distintos a los Estados o a las organizaciones internacionales, así como actores de distintos niveles (local, nacional, internacional). En este sentido, el carácter democrático de las decisiones con afectación global pasaría por procesos de deliberación de decisiones en las que participarían igualmente ciudades, autoridades locales, gobiernos regionales, ONG, empresas, universidades, comunidades epistemológicas

48 Gallie, W. B. (1955). "Essentially Contested Concepts". *Proceedings of the Aristotelian society*. Aristotelian Society, Wiley, (56), 167-198.

49 Habermas, J. (1987). *Teoría de la Acción Comunicativa*. Taurus.

50 Kuyper, J. (2016), "Global Democracy", *The Stanford Encyclopedia of Philosophy*, Edward N. Zalta. https://plato.stanford.edu/archives/win2016/entries/glbal-democracy/. Recuperado el 15 de enero de 2024.

y otros actores (*stakeholders*[51]) representativos de intereses en la gobernanza global, así como una eventual sociedad civil global que algunos autores consideran naciente[52]. Asimismo, la operatividad de la democracia deliberativa exige procedimientos de transparencia, de participación abierta e inclusiva y, finalmente, de evaluación y de rendición de cuentas. En cualquier caso, la mejor manera de ilustrar estas categorías ciertamente abstractas propuestas en torno al Constitucionalismo global es examinarlas en un ámbito concreto como es el medioambiental, que constituye un terreno especialmente fértil para la innovación jurídica y de gobernanza y al que se dedica la próxima sección.

3.2. Constitucionalismo global medioambiental. Un ejercicio de concreción práctica

Una vez analizada a grandes rasgos la propuesta del Constitucionalismo global resulta especialmente interesante examinar su traslación al ámbito medioambiental. En este sentido, los retos medioambientales son en muchas ocasiones retos globales cuya solución trasciende las fronteras de los estados nación. Asimismo, la complejidad de los problemas medioambientales requiere la implicación y la concertación de actores diversos en niveles de actuación de diferente escala territorial y funcional. Por último, una adecuada gestión de los problemas medioambientales requiere de un conocimiento técnico que únicamente puede ser proporcionado por la comunidad científica en un diálogo global. Igualmente, desde la dimensión descriptiva de la disciplina, es preciso llamar la atención sobre cómo las necesidades y dinámicas surgidas en torno al gobierno de los retos medioambientales reflejan de manera nítida ejemplos prácticos ilustrativos de en qué consiste el Constitucionalismo global.

---

51 MacDonald, T. (2008). *Global Stakeholder Democracy: Power and Representation Beyond Liberal States.* OUP Oxford.

52 Dryzek, J. S. (2012). "Global Civil Society: The Progress of Post-Westphalian Politics". *Annual Review of Political Science,* (15), 101-119.

A la pregunta acerca de si existe una norma concreta que pueda ser considerada como la Constitución medioambiental, no resulta extraño a la vista de lo comentado anteriormente, que la respuesta sea negativa[53]. Sin perjuicio del Programa de las Naciones Unidas para el Medio Ambiente (PNUMA) que se autoproclama como la autoridad global en la materia, lo cierto es que no existe un órgano específico que pueda considerarse como tal a nivel global a diferencia de lo que sucede, por ejemplo, con la Organización Mundial del Comercio. Tampoco ha tenido lugar formalmente un proceso constituyente que, partiendo de una quiebra del orden político existente (una revolución, final de una guerra, final de una dictadura, proceso de independencia etc.), haya culminado en un texto constitucional de efectos globales.

No obstante, es posible defender que existe un proceso de constitucionalización de las normas medioambientales. A la hora de examinar esta constitucionalización ambiental, es necesario precisar dos cuestiones: en primer lugar, la naturaleza del reto medioambiental no puede reducirse a la creación de otro régimen internacional sectorial y fragmentado, sino que se trata de una cuestión transversal que debe impregnar el conjunto del marco legal y de los mecanismos de gobernanza global. En segundo lugar, aunque no existe un *momentum* constitucional donde se aprueben con carácter solemne unas normas constitucionales medioambientales, el Antropoceno, como nuevo marco cognitivo, cuenta con el potencial suficiente para modificar el actual paradigma de comprensión del mundo, de tal manera que se dan las condiciones para una transformación jurídica y del orden internacional que incluyan el surgimiento de normas constitucionales e instituciones de carácter global[54]. Sin duda, este proceso "constituyente" es un proceso gradual y lento que se plasma en

---

53 Bodansky, D. (2009). "Is there an International Environmental Constitution?". *Indiana Journal of Global Legal Studies*, (16-2), 565-584.

54 Kotzé, L. J. (2016). *Global Environmental Constitutionalism in the Anthropocene*. Bloomsbury Publishing, 182-83.

cada vez más ámbitos no sólo legales, sino también sociales, económicos, políticos y culturales. En este sentido, muchos de los actuales tratados y las normas medioambientales internacionales constituyen el marco de nuevas prácticas, compromisos y convenciones medioambientales, erigiéndose en un elemento integrante de esa constitución global medioambiental no escrita.

Una muestra del carácter gradual pero incesante de este proceso constituyente sería el representado por la Convención Marco de Naciones Unidas sobre el Cambio Climático (CMNUCC)[55]. La CMNUCC junto con la CDB y la Convención de Naciones Unidas de Lucha contra la Desertificación[56] suponen tres de los principales pilares jurídicos globales que se crearon tras la Cumbre de la Tierra, en Río de Janeiro, en 1992. En el seno de la CMNUCC se celebran de manera anual las Conferencias de las Naciones Unidas sobre el Cambio Climático (la última, la COP 28 que se celebró en Dubai en 2023). Las COP cada vez concitan una mayor atención mediática y política, habiendo sido el origen de importantes avances en el ámbito medioambiental como los que representan el Protocolo de Kioto[57] para establecer obligaciones legalmente vinculantes en la reducción de emisiones de gases de efecto invernadero o el Acuerdo de París[58], que pretende la adopción de medidas que limiten el aumento de la temperatura global promedio a 1.5 °C.

---

55 Instrumento de Ratificación de 16 de noviembre de 1993 de la Convención Marco de 9 de mayo de 1992 de las Naciones Unidas, sobre el cambio climático, hecho en Nueva York. TOL618.974.

56 Convención de las Naciones Unidas de lucha contra la desertificación en los Países afectados por sequía grave o desertificación, en particular en África, hecha en Paris el 17 de junio de 1994. (**TOL618.975**).

57 Instrumento de Ratificación del Protocolo de Kyoto al Convenio Marco de las Naciones Unidas sobre el Cambio Climático, hecho en Kyoto el 11 de diciembre de 1997. (**TOL545.267**).

58 Instrumento de Ratificación del Acuerdo de París, hecho en París el 12 de diciembre de 2015. (**TOL5.945.195**).

En este sentido, desde una concepción formal del imperio de la ley que examina la capacidad del Derecho para que sus destinatarios adapten su conducta al cumplimiento de las prescripciones normativas, los importantes convenios internacionales referidos y la numerosa, aunque dispersa normativa medioambiental internacional, cumplirían en gran parte los requisitos de generalidad, publicidad, carácter prospectivo, inteligibilidad, practicabilidad, generalidad, estabilidad y congruencia que se predican como necesarios para afirmar la existencia del imperio de la ley[59]. Sin embargo, desde un punto de vista procedimental[60], es decir, desde una concepción del imperio de la ley que contemple las necesarias garantías para que los derechos y las normas sean efectivas y se cumplan a nivel global, el imperio de la ley es todavía un objetivo cuya consecución es parcial. Por su parte, desde un punto de vista sustantivo, es decir, una concepción del imperio de la ley que se vincule a valores sustantivos tales como la democracia, la libertad, el respeto de los derechos humanos etc.[61]existen diversas propuestas que merecen ser destacadas como la de vincular el imperio de la ley medioambiental a los principios y valores de la Carta de la Tierra[62]o la de un imperio de la ley que garantice la integridad ecológica[63].

Dentro del Constitucionalismo global, el régimen de los derechos humanos (una *Bill of rights* global) constituye uno de sus pilares fundamentales. No obstante, en lo que respecta a los derechos fundamentales y el medioambiente, su relación es compleja y, en

---

59 Fuller, L. L. (1964). *The Morality of Law.* Yale University Press.

60 Waldron, J. (2011). The rule of law and the importance of procedure en Fleming, J. E. *Getting to the Rule of Law: NOMOS L* (31). NYU Press, 3-6.

61 *Id.* 7.

62 Se trata de una carta con 16 principios que tratan de guiar la transformación del mundo en clave ecológica. https://earthcharter.org/read-the-earth-charter/. Recuperado el 15 de enero de 2024.

63 Garver, Geoffrey. (2013) "The Rule of Ecological Law: The Legal Complement to Degrowth Economics". *Sustainability* (5-1), 316-337.

ocasiones, conflictiva. En efecto, si se parte que la sostenibilidad del planeta exige una transformación de una organización social (y también legal) excesivamente antropocéntrica y centrada en el individuo, las soluciones de naturaleza colectivista que algunos proponen[64] pueden, en ocasiones, resultar incompatibles con el paradigma implícito del régimen de los derechos humanos de cuño liberal, que coloca los intereses individuales en la cúspide del sistema legal. Asimismo, medidas protectoras del medioambiente pueden perjudicar en ocasiones, los derechos de los sectores más desfavorecidos de la sociedad[65]. Además de que, debido al tiempo histórico en que fueron alumbrados, no existen menciones explícitas a un derecho humano global al medioambiente[66], una de las exigencias más acuciantes en la actualización del régimen de los derechos humanos en el ámbito medioambiental es su toma en consideración de las condiciones materiales y ecológicas que hacen posible la vida en la tierra. De esta manera, no se descarta que el ámbito de aplicación de los derechos humanos se pudiera extender a todos aquellos seres no humanos[67] que integran las

---

64 Novy, A. (2022). "The Political Trilemma of Contemporary Social-ecological Transformation–lessons from Karl Polanyi's The Great Transformation". *Globalizations,* (19-1), 59-80.

65 Por cuestión de espacio y alcance, resulta inabordable el interesante debate acerca de la compatibilidad entre los derechos humanos y la protección del medioambiente que, por otra parte, ha sido analizado de manera perspicaz por estudiosos de la materia. Véanse entre otros: Petersmann, M. C. (2022). *When Environmental Protection and Human Rights Collide.* Cambridge University Press; Kang, S., Havercroft, J., Eisler, J., Wiener, A., & Shaw, J. (2023). "Climate Change and the Challenge to Liberalism". *Global Constitutionalism,* (12-1), 1-10.

66 Turner, S. (2013). *A Global Environmental Right.* Routledge. La ONU trata de suplir esa carencia de la formulación de un derecho humano a la salud en diferentes ámbitos. A este respecto, resulta importante mencionar la Resolución 76/300 aprobada por la Asamblea General el 28 de julio de 2022 (A/76/L.75 y A/76/L.75/Add.1) titulada "El derecho humano a un medio ambiente limpio, saludable y sostenible."

67 Woods, K. (2017). "Environmental Human Rights". *The Routledge Handbook of Environmental Justice.* Routledge, 149-159.

condiciones materiales y orgánicas de los ecosistemas que hacen posible la vida en la tierra.

Por último, el establecimiento de espacios y de prácticas de deliberación democrática en el ámbito del Constitucionalismo global medioambiental adquiere un significado especialmente relevante a resultas de la complejidad y número de actores relevantes en los procesos de decisión con afecciones medioambientales. Un punto de partida fundamental para la puesta en marcha de sistemas de gobernanza complejos que operan sobre la base de criterios deliberativos es el constituido por el Convenio sobre el acceso a la información, la participación del público en la toma de decisiones y el acceso a la justicia en materia de medio ambiente (Convenio de Aarhus).[68] El Convenio de Aarhus establece así las bases procedimentales de un sistema de gobernanza global que debe de estar acompañado de iniciativas concretas transnacionales.

Un sistema de gobernanza que parece especialmente adecuado a la hora de abordar cuestiones medioambientales y, en concreto, de conectividad ecológica, es la denominada "Gobernanza Experimental"[69]. La Gobernanza Experimental se caracteriza por abordar cuestiones que no pueden ser gestionadas adecuadamente por los tradicionales medios de decisión estatales y que requieren procesos dinámicos, cambiantes y continuos de información y decisión (de deliberación). A partir de un diagnóstico ampliamente compartido sobre la existencia de un problema transnacional, la Gobernanza Experimental propone el establecimiento de una serie de objetivos, un proceso decisorio participativo abierto a todos los actores relevantes públicos-privados/locales-globales

---

68 Instrumento de Ratificación del Convenio sobre el acceso a la información, la participación del público en la toma de decisiones y el acceso a la justicia en materia de medio ambiente, hecho en Aarhus (Dinamarca), el 25 de junio de 1998 (**TOL554.933**).

69 De Burca, G., Keohane, R. O., & Sabel, C. (2012). "New Modes of Pluralist Global Governance". *NYUJ Int'l L. & Pol.*, (45), 723.

(*stakeholders*) donde cobran especial relieve los actores locales con conocimiento concreto sobre el terreno; un diálogo y un intercambio de información y evaluación continuo; y la elaboración de normas y prácticas de comportamiento que están permanentemente abiertas a su revisión y reconsideración por actores no directamente involucrados[70].

4. CONECTIVIDAD ECOLÓGICA Y CONSTITUCIONALISMO GLOBAL EN ACCIÓN

La conectividad ecológica se erige en uno de los instrumentos fundamentales de las políticas de protección del medioambiente. Asimismo, es uno de los ámbitos donde las soluciones propuestas por el Constitucionalismo global resultan especialmente apropiadas. Concebido como un desarrollo concreto de la Agenda 2030[71] (Sección D del MMB), y de los tres objetivos del CDB (conservación de la diversidad biológica, el uso sostenible de sus componentes y el reparto justo y equitativo de los recursos genéticos), el MMB constituye uno de los ejes constitucionales globales principales en relación a la conectividad ecológica.

---

[70] *Id.* 780. Como ejemplo de Gobernanza Experimental, se analiza la Comisión Interamericana del Atún Tropical (CIAT) cuyo objetivo es la conservación y ordenación de los atunes, especies afines, especies asociadas y sus ecosistemas en todo el Océano Pacífico oriental y que aborda interesantes cuestiones de conectividad ecológica marina. https://www.iattc.org/. Recuperado el 16 de enero de 2024.

[71] Resolución 70/1, de 25 de septiembre de 2015, "Transformar nuestro mundo: la Agenda 2030 para el Desarrollo Sostenible", en la que adoptó un amplio conjunto de Objetivos de Desarrollo Sostenible (ODS). La conectividad ecológica, con vocación transversal, estaría estrechamente relacionada con los ODS 9 (Industria, Innovación e Infraestructuras), ODS 11 (Ciudades y Comunidades Sostenibles), ODS 12 (Producción y Consumo responsable), ODS 13 (Acción por el clima), ODS 14 (Vida submarina) y ODS 15 (Vida de ecosistemas terrestres).

La conveniencia de contar con un marco constitucional global en este ámbito se deriva de tres tipos de motivaciones: en primer lugar, la importancia de tener una visión, misión, unos objetivos y unas metas generales y globales compartidos (Sección C del MMB) para abordar un fenómeno que no entiende de fronteras, tal y como ha señalado de manera precisa la ONU[72]. En segundo lugar, resulta extremadamente importante abordar la complejidad de la biodiversidad y de la conectividad ecológica desde una gramática globalmente estandarizada que permita que los actores relevantes en todos los niveles (local, regional, nacional e internacional) compartan información, desarrollen conocimiento, deliberen desde la transparencia, midan el progreso o deterioro de los avances, y cuenten con instrumentos de acción fiables y contrastados para que cada actor desde su cultura y sus sistemas axiológicos particulares aporte respuestas sobre el terreno a los retos de conectividad ecológica (Meta 15, Meta 16, Meta 20 y Meta 21 del MMB). En tercer lugar, resulta imprescindible contar con un sistema de gobernanza global donde se incardinen de manera inclusiva, participativa y coherente las acciones de una red multinivel de actores y agentes diversos (letra c) de la Sección C del MMB).

El MMB aborda el reto global de la biodiversidad y de la conectividad ecológica, y lo hace sistematizando el trabajo y las aportaciones previas desde unas premisas que bien pueden ser consideradas propias del Constitucionalismo Global. En efecto, el MMB menciona de manera explícita el acervo normativo (*rule of law*) y constitucional en que se enmarca su aplicación (letras (j) y (k) de la Sección C, entre otras). Asimismo, se establece que la implementación del MMB deberá realizarse a partir de un enfoque basado en el respeto de los derechos humanos. No

---

72 Resolución 75/271 aprobada por la Asamblea General el 16 de abril de 2021, "La naturaleza no conoce fronteras: la cooperación transfronteriza, un factor clave para la conservación, la restauración y la utilización sostenible de la diversidad biológica".

sólo el derecho humano a un medioambiente sostenible, limpio y saludable (letra (g) de la Sección C), sino también con respeto al derecho al desarrollo (letra f) de la Sección C), a la equidad intergeneracional (letra (n) sección C), igualdad de género (letra (h) de la Sección C) y, especialmente los derechos de los pueblos indígenas y las comunidades locales (letra (a) Sección C). Por último, el MMB pone las bases para la creación de una gobernanza multiactor y multinivel que operen en diálogo de una manera sistemática y coordinada con el objetivo de lograr unos objetivos y metas concretas y medibles (principalmente la conservación de al menos el 30% de las zonas terrestres, de aguas continentales y costeras y marinas y la restauración del 30% de los ecosistemas degradados).

Sin perjuicio de los retos que deberá enfrentar para su implementación efectiva[73], el MMB constituye un marco válido que da cabida a los múltiples actores e iniciativas puestas en marcha hasta la fecha y que encuentran en el MMB un marco de juego y una hoja de ruta válida para una mejor consecución de los objetivos propuestos. Además de todos los actores de carácter local, regional y nacional, tanto del sector público como privado, a nivel global es importante mencionar algunos de los organismos que funcionan como autoridades epistémicas en el ámbito de la conectividad y que aportan elementos importantes para la evaluación, comprensión y coordinación del resto de actores relevantes. En este sentido, es necesario referirse a la Unión Internacional para la Conservación de la Naturaleza (UICN) formada por más de 1.400 organizaciones gubernamentales y de la sociedad civil y más de 15.000 expertos, que a partir de un enfoque científico proporciona a las organizaciones públicas, privadas y no gubernamentales el conocimiento, las herramientas y los proyectos (fatos, evaluaciones, análisis, foros de discusión etc.) que "permiten a

---

[73] Li, Q., Ge, Y., & Sayer, J. A. (2023). "Challenges to Implementing the Kunming-Montreal Global Biodiversity Framework". *Land*, (12), 2166.

las sociedades, las economías y la naturaleza prosperar juntas"[74]; el IPBES[75], o Plataforma Intergubernamental Científico-Normativa sobre Diversidad Biológica y Servicios de los Ecosistemas, que es un organismo intergubernamental constituido en Panamá en 2012 por 94 Estados y que evalúa el estado de la diversidad biológica y los servicios de los ecosistemas a nivel mundial o; el Centro Mundial de Vigilancia de la Conservación del Programa de las Naciones Unidas para el Medio Ambiente (PNUMA-WCMC)[76] que es un centro mundial sobre la biodiversidad y la contribución de la naturaleza a la sociedad y la economía.

Por otra parte, si bien estos instrumentos globales tienen una aplicación tanto local, regional como nacional, existen igualmente proyectos de conectividad ecológica transnacionales. Además de la Comisión Interamericana del Atún Tropical (CIAT) o de la Red Natura 2000 antes citados, los cuales son fruto de un importante liderazgo público, existen numerosos ejemplos de planteamientos y planes de conservación de conectividad ecológica que transcienden las fronteras nacionales y que parten de un impulso de la sociedad civil. Un ejemplo de los mismos es la Iniciativa para la Conservación de la conectividad ecológica en el espacio entre Yellowstone y Yukon, la espina dorsal de las Montañas Rocosas entre los Estados Unidos y Canadá. El promotor de esta iniciativa es una organización conjunta sin ánimo de lucro canadiense-estadounidense que desde 1993 ha logrado implicar a más de 400 entidades diferentes para garantizar la conectividad ecológica del espacio donde viven numerosas comunidades indígenas. Entre ellas hay ONG, grupos conservacionistas, terratenientes locales, gobiernos, pueblos y organizaciones indígenas, empresas, agencias gubernamentales, financiadores y donantes, y científicos.

---

74 https://www.iucn.org/ Este organismo ha elaborado un documento importante que recoge las Directrices para conservar la conectividad mediante redes y corredores ecológicos, disponible en https://portals.iucn.org/library/node/49061. Recuperado el 23 de enero de 2024.

75 https://www.ipbes.net/. Recuperado el 23 de enero de 2024.

76 https://www.unep-wcmc.org. Recuperado el 23 de enero de 2024

Las prioridades de conservación de esta iniciativa van desde la protección de zonas importantes para la biodiversidad y la restauración y el mantenimiento de zonas entre áreas protegidas para la conectividad ecológica, hasta evitar el desarrollo de actividades humanas de las zonas de importancia biológica, promoviendo con ello que las personas y la fauna vivan en armonía en todo el espacio. Tal y como declaran en su página web[77], su actuación está basada en la mejor información científica disponible, incluyendo en ella los conocimientos indígenas y locales. Asimismo, tratan de garantizar una conservación duradera promoviendo un marco político sólido de leyes y prácticas para impulsar los objetivos políticos no partidistas en todos los niveles de gobierno, incluidos el indígena, el federal, el estatal, el provincial, el territorial y el global. Con el apoyo de la ciencia y de los conocimientos indígenas, colaboran con las comunidades y los responsables de la toma de decisiones y les ofrecen la capacidad de influir en toda la región de Yellowstone a Yukón.

El caso de la iniciativa de Yellowstone a Yukon resulta especialmente interesante, ya que aborda muchas de las cuestiones y de los enfoques recogidos en el MMB y de las categorías del Constitucionalismo global. No obstante, este caso es únicamente una muestra de los muchos ejemplos similares que existen a lo largo del planeta. Según las recomendaciones de un estudio de 2019[78] que ha analizado 109 iniciativas públicas y privadas (muchos liderados por universidades y ONG) similares, el éxito de estas iniciativas dependerá en gran medida en la implicación de los principales actores interesados en todo momento; en la existencia de políticas y leyes que respalden, contemplen y faciliten la aplicación y fomenten la financiación necesaria; en la continuidad en el liderazgo y; en un enfoque científico transparente.

---

77 https://y2y.net/https://y2y.net/. Recuperado el 24 de enero de 2024.

78 Keeley, A. T., Beier, P., Creech, T., Jones, K., Jongman, R. H., Stonecipher, G., & Tabor, G. M. (2019). "Thirty years of connectivity conservation planning: An assessment of factors influencing plan implementation". *Environmental Research Letters,* (14-10), 103001, 10-12.

5. CONCLUSIONES

La crisis ecológica en que se encuentra inmersa la humanidad amenaza de manera seria las condiciones materiales que hacen posible su vida en la Tierra. Los orígenes de esta situación tienen que ver con la acción del ser humano en el planeta; con un modelo de desarrollo productivo y social que, iniciado en la Revolución industrial, altera los ciclos biogeoquímicos y convierte al hombre en agente geológico capaz de modificar los sistemas naturales del planeta e inaugurar así un nuevo periodo geológico, el Antropoceno. Esta nueva etapa geológica ha conllevado, entre otras, alteraciones significativas y palpables sobre el cambio climático y la biodiversidad que afectan profundamente los modos de vida de los seres humanos y del resto de seres.

El Antropoceno supone retos genuinamente globales para la humanidad. Son globales porque afectan a todos los seres humanos que habitan la Tierra independientemente de su condición social, económica o nacional. Son genuinos porque a diferencia de otros fenómenos globales, no son el resultado de una decisión política o jurídica previa (liberación del mercado, expansión de las vías de comunicación etc.), sino que constituyen consecuencias indeseadas derivadas del modelo civilizatorio de las sociedades humanas. Esta situación no permite salidas individualizadas ni su solución está en manos de un único Estado o actor, sino que requiere la cooperación del conjunto de la comunidad internacional. Así las cosas, las tesis cosmopolitas de la Antigüedad cobran una nueva relevancia como paradigma necesario que pueda abordar adecuadamente la comunidad de riesgo compartida que entraña el reto medioambiental.

El Constitucionalismo global se erige como la construcción jurídica que, fruto de una operación intelectual de bricolaje legal, pretende la proyección internacional de mecanismos constitucionales sobre bases cosmopolitas. La propuesta del Constitucionalismo global de ordenar el sistema internacional bajo los principios establecidos por el imperio de la ley, el respeto a los derechos humanos y la democracia constituyen un poderoso ideal regulativo que también describe los procesos de constitucionalización de algunas prácticas normativas y políticas internacionales. El ámbito medioambiental se presenta como un campo propicio para la aplicación normativa de los principios del Constitucionalismo global. Asimismo, es en este escenario donde se están llevando a cabo iniciativas que reflejan y sugieren ese proceso de constitucionalización global en ciernes. En este sentido, la conciencia ecológica impregna el *nomos* global de la época actual, siendo capaz de aunar voluntades políticas diversas y de generar importantes cambios en las estructuras políticas, económicas y jurídicas de la sociedad internacional.

La conectividad ecológica es un instrumento fundamental de las políticas medioambientales de la actualidad. A través de la conectividad ecológica se pretende recuperar y conservar la biodiversidad de las especies y facilitar que los ecosistemas se adapten a las nuevas condiciones provocadas por el cambio climático. La aplicación de las categorías propias del Constitucionalismo global a la conectividad ecológica crea numerosas inercias beneficiosas para los propósitos de la misma. En este sentido, la conectividad ecológica requiere un marco global y jurídico de orden constitucional que permita establecer a nivel global el diagnóstico y los objetivos de una problemática que es de carácter global; que establezca una esfera pública de intercambio de información, experiencias y métodos que fortalezcan las comunidades epistemológicas globales; que avance en un sistema de gobernanza global deliberativa de abajo a arriba en el que se estructuren vías de colaboración multinivel y multiactor en el que las comunidades locales sean protagonistas como actores con un acceso privilegiado al terreno; que las medidas y prácticas puestas en marcha dentro de líneas normativas de actuación sean respetuosas con los derechos humanos de todas las personas, especialmente de aquellas pertenecientes a los sectores más subyugados de la sociedad.

En la actualidad existen iniciativas de conectividad ecológica que responden y que operan bajo las premisas antes mencionadas, convirtiéndose así, en ejemplos de la validez del esquema político y jurídico propuesto por el Constitucionalismo global y epitomizando espacios de buenas prácticas constitucionales globales que enriquecen y apuntalan el proyecto constitucional global. Todo lo anterior justifica el empeño académico en seguir indagando y desarrollando una propuesta política y jurídica que, hundiendo sus raíces en el cosmopolitismo, se presenta como la única forma viable de salvaguardar las condiciones que hacen posible la vida de la Tierra para una humanidad que aspira a vivir en paz y dignidad.

El interés a salvaguardar por la conectividad ecológica: la funcionalidad de los ecosistemas

SARA GARCÍA GARCÍA
PDI Postdoctoral Margarita Salas
Universidad de Valladolid

SUMARIO: 1. INTRODUCCIÓN. 2. LOS CONCEPTOS CLAVE VISTOS DESDE EL DERECHO: 2.1. Conectividad. 2.2. La funcionalidad de los ecosistemas o coherencia ecológica. La relación entre los recursos naturales y los servicios ambientales que debe atender y reparar la conectividad: A. Un concepto para una categoría que atienda a las funciones o procesos del ecosistema. B. El régimen y protección que se desprende de esa categoría. C. La traslación de este régimen al ámbito concreto de la conectividad. 3. LA CONECTIVIDAD ENTENDIDA COMO HERRAMIENTA DE GESTIÓN DE RECURSOS NATURALES Y CONSERVACIÓN Y RESTAURACIÓN DE SERVICIOS AMBIENTALES: 3.1. La conectividad de los hábitats y el hábitat como servicio ambiental: A. Elementos esenciales de la relación: el tamaño y el movimiento. Los llamados MABES y la figura del corredor ecológico. B. Clases de conectividad: estructural y funcional. Marina, forestal y fluvial. 3.2. La necesidad de incluir estos elementos en los instrumentos jurídicos de planificación y ordenación del territorio. 4. CONCLUSIONES.

1. INTRODUCCIÓN

El ser humano y la naturaleza están *condenados a entenderse.* No es posible pretender que el primero deje de usar y adaptar la naturaleza a sus intereses y necesidades, como tampoco se puede mantener el abuso, más que uso, que se venía haciendo de la misma. Eso, básicamente, es el fin del desarrollo sí, pero sostenible, que tiene como objetivo el Derecho ambiental desde los años sesenta[1].

---

1 Cfr. Menéndez Sebastián, E.M. (2006). "La Carta del medio ambiente: la importancia del desarrollo sostenible". *RGDA,* (11), 1-6.

Uno de los últimos planteamientos que, más recientemente, vienen intentando pacificar esa relación y equilibrar su contenido lo aporta el conocido como *enfoque por ecosistemas,* un cambio de óptica en la protección ambiental[2]. Este enfoque pretende lograr un manejo integrado de la tierra, el agua y los recursos vivos que promueva su conservación y uso sostenible de manera equitativa.[3] Con su implantación se pretende alcanzar un equilibrio entre la conservación y el uso sostenible de los recursos naturales, reconociendo que los humanos y su diversidad cultural son un componente más de muchos ecosistemas[4].

El gran *producto,* por así decirlo, de este enfoque socio-ecológico es la juridificación del llamado *servicio ambiental* o *ecosistémico,* desde el momento en que el enfoque por ecosistemas actualiza el «*antiguo paradigma de los límites* (...) *que se centraba en los recursos de objetivo*»[5] e incluye también a las funciones de esos recursos, que son los servicios. Bajo este nuevo concepto se asume la existencia de «*valores, fenómenos y procesos naturales, sociales y culturales, que condicionan en un espacio y momento determinados, la vida y el desarrollo de organismos y el estado de los elementos inertes, en una conjunción inte-*

---

2 Se habla del enfoque ecosistémico desde la quinta reunión de la Conferencia de las partes en el Convenio sobre la Diversidad Biológica celebrada en Nairobi en el año 2000. Son muchos los autores y documentos que atribuyen la consideración de un nuevo enfoque para el Derecho, el ecosistémico, a lo dispuesto en esta reunión en el marco del Convenio sobre la Diversidad Biológica de las Naciones Unidas: *vid.* Smith, R.D. et Maltby, E. (2003). *Using the Ecosystem Approach to implement the Convention on Biological Diversity: key issues and case studies.* Switzerland and Cambridge: IUCN, 9; o Redford, K.H. et alii. (2003). "Mapping Conservation Approaches". *Conservation Biology,* (17), 116-131, *vid.* pp. 117 y ss.

3 *Vid.* Millennium Ecosystem Assessment. (2005). *Ecosystems and Human Well-being: Synthesis.* Island Press, p. 52.

4 *Ibidem.*

5 Comunicación de la Comisión sobre *el papel de la PPC en la aplicación de un enfoque ecosistémico a la ordenación del medio ambiente marino*: COM (2008) 187 final, de 11 de abril de 2008, p. 3.

gradora, sistemática y dialéctica de relaciones de intercambio con el hombre y entre los diferentes recursos»;[6] esos valores desplegados por cada recurso, reconocidos ya expresamente, son los llamados servicios. El enfoque por ecosistemas pretende cubrir así la necesidad de introducir en la regulación y protección jurídica de la naturaleza a las necesidades, tanto del ser humano, como del ecosistema. De este modo, los servicios ambientales serían un elemento más del medio ambiente, junto a los recursos, que se debe proteger: se deben proteger a los recursos naturales y a los servicios, que son las necesidades, tanto de la persona como de la naturaleza que, como se verá más adelante, se traducen en los intereses generales identificados en el medio ambiente.

Otra de las características de este enfoque, que conviene destacar en estas líneas, es que este prioriza a la biodiversidad como recurso natural esencial de todo ecosistema y de esa relación ser humano-naturaleza; en definitiva, este enfoque partiría de interpretar esa relación como una *convivencia* entre distintos organismos,[7] lo que exige un avance en su protección que atienda adecuadamente a las funciones e intereses de esos organismos a través de la conservación de los servicios ambientales[8].

---

6 STS de 2 de febrero de 2001, (ECLI:ES:TS:2001:646) (**TOL4.964.737**), FD 5.º.

7 Secretaría del Convenio sobre la Diversidad Biológica. (2004). *Enfoque por ecosistemas. Directrices del CDB.* Secretaría, *vid.* p. 1. Ahí mismo, en la p.2, se deja claro cómo «*el enfoque por ecosistemas no excluye otros enfoques de gestión y conservación, y, de hecho, puede compaginarse y ser compatible con estos enfoques. Entre los más conocidos están el de gestión basada en los ecosistemas, ordenación sostenible de los bosques, gestión integrada de cuencas hidrográficas, gestión integrada de áreas costeras y marinas, y pesca responsable. Estos enfoques pueden dar apoyo al enfoque por ecosistemas en distintos sectores y biomas. Otros enfoques afines, como el de reservas de la biosfera, áreas protegidas, y programas de conservación de especies únicas, así como otros enfoques que se aplican en virtud de los marcos legislativos y de política nacionales, pueden integrarse en el contexto del enfoque por ecosistemas para hacer frente a situaciones complejas*».

8 Delangue, J. (2015). "Services écologiques: de quoi parle-t-on?". *Espaces naturels,* (52), 25.

En este contexto, la conectividad ecológica se encuentra inevitablemente ligada a este nuevo enfoque, así como al servicio ambiental. La conectividad ecológica trata de reequilibrar el estado de un ecosistema que se ha visto fragmentado por las necesidades de los seres humanos, poniendo en el centro la protección de la biodiversidad[9]. La conectividad, podría decirse, es el enfoque ecosistémico hecho planeamiento y como tal, debe tener como contenido a los recursos naturales, pero también a sus servicios ambientales.

2. LOS CONCEPTOS CLAVE VISTOS DESDE EL DERECHO

2.1. Conectividad

El concepto de conectividad, como protagonista de esta obra, se encuentra ampliamente estudiado a lo largo y ancho de todas las reflexiones aquí presentadas, por lo que resultaría tautológico y, por tanto, innecesario desarrollar en este momento un análisis amplio del mismo, más allá de destacar los elementos de esta noción que resulten útiles para la presente investigación. Por este motivo, baste decir que *conectividad ecológica* es un término de contenido técnico que en última instancia hace referencia a la capacidad de movimiento (movimiento biótico y abiótico), especialmente de la biodiversidad, pero de todo recurso natural a lo largo de un hábitat[10].

Con esa referencia, el Derecho ha asumido este mismo término entendiéndolo como un fin —permitir ese movimiento— que toda gestión o planificación debe procurar alcanzar tras un proce-

---

9 Cfr. García Álvarez, G. (2016). "Instrumentos territoriales y protección de la biodiversidad: una perspectiva jurídica". *Monografías de la Revista Aragonesa de Administración Pública* (XVI), 11-31.

10 Keeley, A. et al. (2022). "Governing ecological connectivity in cross-scale dependent systems". *Bioscience,* (72), n.º4, 372-386.

so de fragmentación del territorio. Y es que el ser humano adapta la naturaleza a sus necesidades y por ello, en ocasiones, fragmenta parte del territorio sobre el que se encuentra esa naturaleza. Fundamentalmente se habla de fragmentación ante modificaciones del entorno dirigidas a realizar grandes infraestructuras de movilidad (carreteras, ferrocarriles, por ejemplo) y también para la adopción de usos especiales de los recursos, como el agua (presas, pantanos...) o el suelo (uso agrícola, principalmente).

La conectividad trata de minimizar los efectos que esa fragmentación tiene para la naturaleza, especialmente para la biodiversidad, principal afectada por estos cambios[11]. Básicamente, las medidas de conectividad ecológica tratan de gestionar la relación entre la transformación del entorno para el ser humano y la conservación adecuada de los hábitats naturales; y todo ello mediante la búsqueda de lo que se conoce como la *coherencia ecológica*[12] de un hábitat que se ha visto alterado por necesidades antrópicas; un fin propio y complementario de la regulación y mecanismos de planificación del uso del suelo y ordenación del territorio y, por tanto, propio del marco establecido por los principios preventivos[13].

---

11 «*La conexión de los espacios naturales es uno de los elementos fundamentales para la conservación de la biodiversidad*»: García Álvarez, G. "Instrumentos territoriales y protección de la biodiversidad: una perspectiva jurídica", *op. cit.*

12 *Vid.* López Ramón, F. (2016). "Conectividad y corredores ecológicos en la experiencia española". *Revista Aragonesa de Administración Pública*, (16), 33-61.

13 La conectividad ecológica es un término u objetivo que suele ir ligado al de restauración de la naturaleza, pero si bien son conceptos próximos, estos tienen diferencias, tal y como advierte la Estrategia Nacional de Infraestructura Verde y de la Conectividad y Restauración Ecológicas (en adelante EIV). Cfr. aportación de Sanz Rubiales, I. a esta obra sobre la Propuesta de Reglamento del Parlamento Europeo y del Consejo sobre la Restauración de la Naturaleza. Por restauración se entiende «*el proceso de contribuir activa o pasivamente a la recuperación del buen estado de un ecosistema, de un tipo de hábitat, para que alcance el mejor estado posible y*

La *coherencia ecológica* a la que aspira la conectividad hace referencia a los procesos ecológicos que se producían en un espacio que se ha visto fragmentado, procesos que es necesario recuperar o mantener[14]. Por eso, las medidas conectivas tienen como fin reestablecer la conexión entre espacios tras un proceso de fragmentación, con el fin de que no se rompa el correcto funcionamiento de ese ecosistema.

Cuando se habla del *ecosistema* se hace de un *complejo dinámico* de recursos naturales; es decir, de elementos que *interactúan como una unidad funcional*[15]. El ecosistema son los recursos y sus funciones, que juntos conforman una red de procesos que garantizan la vida en ese determinado territorio. Pues bien, esas funciones o procesos han sido identificadas por el Derecho bajo el término *servicio ambiental*. De esta forma, si con conectividad ecológica se hace referencia al conjunto de medidas dirigidas a recuperar la coherencia del ecosistema alterada tras un proceso de fragmentación y esta coherencia requiere de la garantía de una adecuada relación de los recursos naturales y sus funciones, la conectividad tiene como fin la *reconexión* de los recursos naturales de un espacio para que en él se mantengan las funciones o procesos (los servicios) de todo el ecosistema fragmentado.

---

su superficie de referencia favorable, de un hábitat de una especie, hasta alcanzar unos niveles de cantidad y calidad suficientes, o de poblaciones de especies hasta niveles satisfactorios, como medio para conservar o mejorar la biodiversidad y la resiliencia de los ecosistemas»: Propuesta de Reglamento de Restauración COM (2022) 304. Es un concepto más amplio que tiene como fin recuperar el *buen estado* de un ecosistema que, se presume, ha sido dañado; restauración es un objetivo más propio de la normativa sobre daños y responsabilidad medioambiental y puede incluir o no medidas conectivas.

14 Con carácter general el término *coherencia ecológica* suele ir referido a la Red Natura, pero es aplicable a cualquier ecosistema. Sobre esta coherencia habla profundamente la profesora Aragão en esta misma obra.

15 *Vid.* art. 3.10 Ley 42/2007, de 13 de diciembre, del Patrimonio Natural y de la Biodiversidad (en adelante LPNB) (**TOL1.210.868**).

2.2. La funcionalidad de los ecosistemas o coherencia ecológica. La relación entre los recursos naturales y los servicios ambientales que debe atender y reparar la conectividad

A. Un concepto para una categoría que atienda a las funciones o procesos del ecosistema

La Ley 26/2007, de 23 de octubre, de Responsabilidad Medioambiental (en adelante LRMA) define en su artículo 2.18 los servicios ambientales como «*las funciones que desempeña un recurso natural en beneficio de otro recurso o del público*». Esta es, sin duda, una definición empapada del enfoque antes mencionado, pues pretende llamar la atención sobre las necesidades —o beneficios— que requieren del ecosistema tanto los humanos como la propia naturaleza, aunque no resulta ser un concepto de gran alcance jurídico. En este sentido, los servicios ambientales deben cumplir, para ser calificados y protegidos como tal, dos presupuestos o condiciones necesarias: primero, deben ser producto de una función o un proceso de un ecosistema que se produzca de forma natural[16]; segundo, esa función o proceso debe ser útil o beneficioso para el ser humano[17].

---

16 El servicio ambiental se desprende de las funciones de los ecosistemas bajo las que subyacen unas estructuras y procesos biofísicos determinados [*vid.* Jourdain, P. (Coord.). (2018) *La responsabilité environnementale.* Bruylant Université Paris 1, Panthéon Sorbonne, pp. 396 y ss]. Estas funciones desarrolladas por los recursos son procesos naturales cuyos efectos son ciertos y su existencia no depende de la intervención humana [*vid.* Wallis, C., Blancher, P., Séon-Massin, N., Martini, F. et Schouppe, M. (2011). *Mise en oeuvre de la directive cadre sur l'eau quand les services écosystémiques entrent en jeu. 2ème séminaire «Quand les sciences de l'eau rencontrent les politiques publiques»*. Les Recontres de l'onema, p.15].

17 Lamarque, P., Quétier, F. et Lavorel, S. (2011). "The diversity of the ecosystem services concept and its implications for the assessment and management". *C. R. Biologies,* (334), 441-449, p. 444. Conviene apuntar la existencia de lo que se podrían llamar *funciones no beneficiosas* que por tanto no obtendrían la calificación de servicio ambiental. Piénsese en el caso en que un conjunto de recursos naturales o un ecosistema

Esta utilidad que encuentra el ser humano en ese proceso natural puede ser *objetiva,* es decir, demostrada por la ciencia —piénsese, por ejemplo, en la absorción de CO2 que realiza la naturaleza—, o *subjetiva,* dependiente de la apreciación de una determinada comunidad[18], —como podría ser el paisaje, calificado como servicio ambiental por la ONU a través de su Evaluación de los Ecosistemas del Milenio—[19]. La utilidad que encierra el servicio puede ser *directa* para el ser humano, de forma que ese servicio se presenta imprescindible para la vida o bienestar de la persona; o *indirecta,* tratándose en este segundo caso de un requisito esencial para que la naturaleza mantenga su adecuado funcionamiento y, así, el ser humano pueda seguir obteniendo sus beneficios directos[20].

Con todo lo dicho, más recientemente se está extendiendo una definición alternativa y quizás más completa de los *servicios* que los califica como «*las contribuciones directas e indirectas del ecosistema al ser humano*».[21] Otro concepto de servicio, muy primitivo

---

fuese, de forma natural perjudicial para el ser humano o el propio entorno; así ocurría, por ejemplo, con el Lago Monoun, de Camerún: *vid.* Sigurdsson, H. et alii. (1987). "Origin of the lethal gas burst from Lake Monoun, Camerun". *Journal of Volcanology and Geothermal Research,* (31), 1-6.

18 Como ocurriría, por ejemplo, con el paisaje: Percival, R.V., Schroeder, C.H. et alii. (2006). *Environmental regulation: law, science and policy.* ASPEN Publishers: cfr. p. 35. y cfr. Commissariat Général au Développement Durable (Ministère De L'écologie, De L'énergie Du Développement Durable Et De La Mer Française). (2010). "Vers des indicateurs de functions écologiques liens entre biodiversité, functions et services". *Le Point Sur,* (51), 1.

19 Millennium Ecosystem Assessment. (2005). *Ecosystems and Human Well-being: Synthesis.* Island Press, p.10.

20 Para conocer un análisis más profundo de esta cuestión y, en general, del servicio ambiental *vid.* García García, S. (2022). *Los servicios ambientales en el Derecho español.* Valencia. Tirant lo Blanch.

21 El art. 2.14 del Reglamento (UE) 2020/852 del Parlamento Europeo y del Consejo de 18 de junio de 2020 relativo al establecimiento de un marco para facilitar las inversiones sostenibles y por el que se mo-

además, pero de mayor trascendencia jurídica, los describía como «*los posibles usos del entorno, natural o biofísico, que resultan útiles para los humanos*»[22].

B. El régimen y protección que se desprende de esa categoría

El ordenamiento lleva décadas intentando proteger adecuadamente esa utilidad derivada de las contribuciones o *funciones* de la naturaleza; una tarea llena de dificultad porque el contenido de los intereses que encierran esas funciones o valores es abstracto y considerado, a priori, indeterminable, siendo *todos* los terceros interesados, así como las generaciones futuras[23]. Esta indeterminación del interés que específicamente debe ser protegido y la generalidad de sus interesados ha impedido al Poder público, hasta ahora, concretar adecuadamente el objeto a proteger y, así, la mejor forma de garantizar la función ejercida por el recurso, lo que repercute en una protección incompleta e inadecuada al medio ambiente en general. El hecho de identificar contribuciones o funciones específicas en la naturaleza permite concretar su valor y procurar las condiciones necesarias para su adecuada conservación.

Función, beneficio, interés, usos del entorno. En definitiva, distintas facetas de una misma realidad englobada bajo la categoría del servicio, que se concreta en el beneficio obtenido al hacer uso (o aprovechamiento) de las funciones de los recursos natu-

---

difica el Reglamento (UE) 2019/2088 (**TOL8.115.381**) define *servicio ambiental* como las «*contribuciones directas e indirectas de los ecosistemas a los beneficios económicos, sociales, culturales y de otro tipo que las personas obtienen de dichos ecosistemas*».

22 Hueting, R. et alii. (1998). "The concept of environmental function and its valuation". *Ecological Economics*, (25), 31-39, *vid.* p. 32.

23 La propia LPNB establece que las Administraciones competentes deben garantizar «*que la gestión de los recursos naturales se produzca con los mayores beneficios para las generaciones actuales, sin merma de su potencialidad para satisfacer las necesidades y aspiraciones de las generaciones futuras, con independencia de su titularidad o régimen jurídico*»: Preámbulo LPNB.

rales; un beneficio que manifiesta el objeto del interés que el ser humano tiene en la naturaleza y, por tanto, la causa que encuentra para protegerla. De este modo, servicio ambiental es la figura creada para denominar al interés o beneficio, directo o indirecto, que el ser humano encuentra en la existencia y funcionamiento de los recursos naturales.

Esa función del recurso natural adquiere relevancia jurídica cuando interesa ser recibida, es decir, la protección de esos servicios o funciones beneficiosas se justifica en el interés que el ser humano tiene en los resultados que de ellas se obtienen. Es más, tan importante resulta ser el beneficio objeto del servicio que su pérdida podría implicar la desaparición del interés público presente en el recurso natural y, por tanto, el fin de la protección de ese recurso por el ordenamiento[24]. El interés que representa el servicio, recuérdese, puede ser tanto directo como indirecto, en función de si la persona (o la sociedad) tiene interés en recibirlo ella misma o a esta le interesa que ese beneficio sea recibido por un determinado ecosistema con el fin de mantener las condiciones necesarias para la producción de los beneficios directos.

En términos jurídicos un beneficio no es más que una ventaja, una utilidad o aprovechamiento[25]; y la figura jurídica por la que la persona recibe un beneficio como el descrito es el uso[26]. Con

---

24 Esto puede desprenderse de la STC 233/2015, FJ 3 (**TOL5.584.859**). En esta Sentencia se elabora una justificación sobre la extracción del dominio público y, por tanto, de su especial protección, de un elemento ambiental material, concretamente una duna, al haberse convertido «*en un elemento geológico muerto, sin actividad alguna para el entorno ni para sí misma, de forma que nada recibe de su periferia ni ésta nada de aquella*»; en definitiva, al perder su utilidad por haber sido dañado el servicio de manera irreversible: *vid.* apartado c) del FJ 3.

25 *Vid.* Diccionario del Español Jurídico.

26 El uso es una institución jurídica nacida en el ámbito del Derecho privado entendida como una facultad propia de un *derecho real*, un poder directo de un sujeto sobre un bien, cfr. Serrano Alonso, E. y Serrano Gómez, E. (2008). *Manual de derechos reales.* Edisofer, S.L. p. 23. Define

esto en mente, lo anterior se traduce en que el servicio ambiental implica un uso del recurso natural, siendo este mismo uso el objeto del interés que existe en protegerlo: ya sea un uso dirigido a obtener la utilidad por el propio usuario (servicio directo) o el interés existente en garantizar el mantenimiento de la posibilidad de realizar tal uso en el futuro (servicio indirecto).

Esta identidad uso-servicio puede implicar que la recepción de ciertos servicios esté limitada a los titulares del uso del recurso (si este es especial o privativo); no obstante, el servicio en sí o la posibilidad abstracta de obtener los beneficios de un recurso natural, debe ser protegida en todo caso, con independencia del régimen jurídico que recaiga sobre el recurso, debido a la utilidad pública o interés general que encierra este servicio.[27] Desde el momento en que la recepción del beneficio objeto del servicio implica un uso universal del recurso, lo que interesa proteger es, tanto la re-

---

uso el CC en el art. 524 como aquel que «*da derecho a percibir de los frutos de la cosa ajena los que basten a las necesidades del usuario y de su familia, aunque ésta se aumente*». En Derecho administrativo se habla de *derecho de uso* fundamentalmente en relación con el dominio público; un uso que se acompaña de la *facultad de disfrutar los bienes*, entendida como el poder de obtener todo lo que ellos producen: cfr. González Pérez, J. (1989). *Los derechos reales administrativos.* 2a ed. Civitas, pp. 40 y 41. El disfrute y aprovechamiento de los bienes públicos implica la utilización de estos, ahora bien, este uso deberá ser común, es decir, realizado por todos los ciudadanos sin impedir el uso de los demás, vid. art. 85 de la Ley 33/2003 del Patrimonio de las Administraciones públicas (en adelante LPAP) (**TOL315.498**) y Capítulo IV del Real Decreto 1372/1986, de 13 de junio, por el que se aprueba el Reglamento de Bienes de las Entidades Locales (**TOL255.041**). Cuando la utilización del bien dificulte el disfrute de este por el resto, deberá obtenerse la correspondiente autorización o concesión administrativa (arts. 91 a 103 LPAP).

27 Téngase en cuenta que aquí estamos haciendo referencia al interés o valor presente, despojado de otra consideración, en las funciones de la naturaleza; cosa distinta es el régimen de regulación del uso con el que cuenta cada recurso natural organizado, en general, en *usos comunes especiales* y *usos privativos*: vid. al respecto el análisis realizado en Embid Irujo, A. (Dir.). (2007). *Diccionario de derecho de aguas.* Iustel, 949-952.

cepción de dicho beneficio directo (servicios directos), como la posibilidad de ejercer ese uso (servicios indirectos). Por esto, el uso que se realice del recurso (para obtener el beneficio directo) estará limitado por la necesidad de permitir ese uso del recurso en el futuro (beneficio indirecto); es decir, el límite al uso del recurso dirigido a la obtención del servicio directo tiene como fin garantizar la recepción de los servicios por la propia naturaleza, los servicios indirectos.

La labor de garantizar esa recepción del objeto del servicio por el público (el beneficio directo) y por la naturaleza (el beneficio indirecto) corresponde a la Administración Pública. El mandato de garantía de la recepción del servicio impuesto a la Administración implica,[28] al tiempo, una garantía de la potencialidad futura de ese servicio; la Administración debe permitir el uso (general o no) del recurso natural, pero hasta el límite que marque la conservación futura de ese mismo servicio. En este sentido, el servicio se convierte en el componente del medio ambiente cuya conservación determina hasta dónde puede llegar el aprovechamiento sobre el entorno, porque si en todo caso debe garantizarse el servicio futuro del recurso, esa garantía limitará el aprovechamiento actual que se haga del mismo. El servicio se convierte en el elemento definitorio de la determinación y distribución, temporal y espacial, de las actividades y usos que se realicen sobre el medio ambiente.[29] Esto se traduce en que el propietario de un recurso natural se verá, en todo caso, limitado en el uso y disfrute de su propiedad por la necesidad de proteger o conservar los servicios ambientales presentes en su recurso.

---

28 Recordemos cómo la propia LPNB establece en su Preámbulo que «*las Administraciones competentes garantizarán que la gestión de los recursos naturales se produzca con los mayores beneficios para las generaciones actuales, sin merma de su potencialidad para satisfacer las necesidades y aspiraciones de las generaciones futuras, con independencia de su titularidad o régimen jurídico*».

29 Cfr. FARÌ, A. (2013) *Beni e funzioni ambientali: contributo allo studio della dimensione giuridica dell' ecosistema.* Jovene Editore, 77 y ss.

El servicio es así el objeto o interés protegido a través de la función social de esos bienes, la cual incluye en sí misma determinaciones medioambientales y que, como tal, no estarán sujetas a indemnización cuando supongan un límite no ablatorio al derecho del particular.[30] Es más, la relevancia del componente ambiental de la función social, representado por el servicio, es tal que el incumplimiento de estas obligaciones de protección y conservación de los servicios ambientales podría llegar a ser causa de utilidad pública para la expropiación forzosa por la Administración del recurso que los genere[31]; es decir, la defensa que del servicio deba aplicar la Administración pública será independiente de la titularidad o régimen jurídico que recaiga sobre el recurso natural que lo provee hasta el punto de poder llegar, en su caso, a ser causa de utilidad pública para una eventual expropiación forzosa del recurso, sobre la base del contenido que estos servicios dan a la función social de los bienes recursos naturales.

C. La traslación de este régimen al ámbito concreto de la conectividad

En este sentido, las medidas conectivas deben ir dirigidas tanto sobre los recursos naturales como sus servicios. El mandato obligatorio que ostentan las Administraciones competentes para «*elaborar y aprobar los planes ambientales o de ordenación de los recursos naturales*» por el que deben incluir todas las medidas conectivas necesarias[32] debe estar impregnado de una cuidada atención a

---

30 *Vid.* Barnés Vázquez, J. "El componente ambiental de la función social de la propiedad privada y la expropiación forzosa" en Argullol i Murgadas, E. (Dir.) (2004). *La dimensión ambiental del territorio frente a los derechos patrimoniales. Un reto para la protección efectiva del medio natural.* Tirant lo Blanch, 52-85.

31 En relación con lo explicado inmediatamente antes, vid. nota al pie 308, el propio Barnés Vázquez califica esta expropiación como «*la insuficiencia o el fracaso de la función* social»: Barnés Vázquez, J. (1988). *Op. cit.*, p. 379.

32 Cfr. López Ramón, F. (2016). "Conectividad y corredores ecológicos en la experiencia española". *Revista Aragonesa de Administración Pública,* (16), 33-61, p. 45.

ambos elementos. Con lo dicho, el recurso natural es el presupuesto de la existencia del servicio, mientras que la existencia presente y futura de dicho servicio es el criterio que marca las medidas a imponer sobre el recurso; es por este motivo por el que únicamente una gestión conectiva adecuada sobre los recursos naturales repercutirá en un hábitat cuidado y en una adecuada presencia de servicios ambientales.

En definitiva, las medidas de conectividad deben recaer sobre el recurso natural con el fin de proteger al servicio[33].

3. LA CONECTIVIDAD ENTENDIDA COMO HERRAMIENTA DE GESTIÓN DE RECURSOS NATURALES Y CONSERVACIÓN Y RESTAURACIÓN DE SERVICIOS AMBIENTALES

Conforme recoge la propia LPNB en su artículo 15, al establecer el marco estratégico de la Infraestructura Verde y la conectividad ecológica, el objetivo final que debe perseguir toda actuación en este ámbito es asegurar la *conectividad ecológica y la funcionalidad de los ecosistemas.* Es la propia Ley, por tanto, la que relaciona de forma directa ambas realidades: tanto la conectividad como las funciones del ecosistema, que son los servicios ambientales. Esta relación es positivizada por la norma, pero se fundamenta en la base misma de ambos conceptos:

En primer lugar, y atendiendo a lo expuesto con anterioridad, el concepto de conectividad implica el remedio de los efectos per-

---

33 La Estrategia, de acuerdo con lo que establece el artículo 15 de la LPNB y plantea la UE (COM (2013) 249 final), concibe la Infraestructura Verde como «*una red de zonas naturales y seminaturales y de otros elementos ambientales, planificada de forma estratégica, diseñada y gestionada para la prestación de una extensa gama de servicios de los ecosistemas. Incorpora espacios verdes (o azules en el caso de los ecosistemas acuáticos) y otros elementos físicos de espacios terrestres (incluidas las zonas costeras) y marinos. En los espacios terrestres, la Infraestructura Verde está presente en los entornos rurales y urbanos*»: EIV, p. 119.

judiciales derivados de la fragmentación de un territorio; territorio que se traduce en un hábitat[34]. El hábitat es un servicio ambiental en sí mismo considerado, como se defiende en el siguiente apartado, con lo que la conectividad entendida como reparación de un hábitat se traduce directamente en una conectividad como reparación o conservación de servicios, lo que deja clara la estrecha relación entre las figuras protagonistas de este trabajo.

Por otro lado, esta relación entre conectividad y servicios se ha observado atendiendo a las diferentes tipologías de conectividad de las que habla la literatura científica. Para empezar, la conectividad ataja los efectos perjudiciales que, sobre el hábitat, sobre los servicios ambientales de un determinado espacio, produce la ruptura o fragmentación de un territorio, que es la ruptura o afectación al conjunto de recursos naturales presentes en un determinado lugar y, por tanto, a sus correspondientes servicios. Los efectos de esa fragmentación, como se viene defendiendo, recaen sobre el propio espacio, sobre los recursos naturales, pero tienen su reflejo en los servicios ambientales ahí presentes. Sobre esta base, la conectividad deberá buscar *recuperar la conexión que existía entre ese espacio y sus funciones,* debiendo hablar entonces de dos modalidades o ámbitos de la conectividad: la *conectividad estructural o espacial,* que deberá *tender puentes* —incluso físicos— entre los terrenos fragmentados, y la *conectividad funcional,* que deberá hacer lo propio a nivel de los servicios ecosistémicos presentes en el área fragmentada.[35] Sólo un adecuado equilibrio entre esas dos dimensiones de la conectividad puede garantizar *la conservación y funcionalidad del hábitat afectado a largo plazo.*[36] Finalmente, y atendiendo a las características específicas del espacio físico o tipo de

---

34 Cfr. López Ramón, F. "Conectividad y corredores ecológicos en la experiencia española", *op. cit.*, quien habla directamente de la conectividad de los hábitats.

35 Egerer, M. et Anderson, E. (2020). "Social-ecological connectivity to understand ecosystem service provision across networks in urban landscapes". *Land,* (9), 14 pp.

36 *Ibidem.*

hábitat sobre el que se produce la fragmentación, se podría hablar fundamentalmente de tres tipos de conectividad: la llamada *conectividad marina,* la *conectividad forestal* y la *conectividad fluvial* o *hidrológica.*[37] En todos los casos, y del modo en que se desarrolla más adelante, parece integrarse la necesidad de equilibrar la estructura física, espacial o de recursos naturales con las funciones o servicios presentes o derivables de ellos en cada caso, siendo la restauración específica de los servicios propios o concretos de esos espacios determinados el objetivo a alcanzar mediante las medidas de conectividad.

3.1. La conectividad de los hábitats y el hábitat como servicio ambiental

El *hábitat* es el ecosistema en sí mismo, el entorno necesario para la supervivencia de las especies y donde estas desarrollan sus relaciones; así el hábitat es el resultado de la interrelación entre los componentes bióticos (especies vegetales, animales y microorganismos) y abióticos (componentes no vivos) de un entorno y juntos conforman una unidad funcional esencial[38]. Un individuo o una especie fuera de su hábitat corre el riesgo de desaparecer al perder la red de funciones y relaciones que se dan en ese espacio y sobre las que sostiene su forma de vida y supervivencia.[39]

---

37 Mitchell, M., González, A. et Bennett, E.M. (2013). "Linking landscape connectivity and ecosystem service provision: current knowledge and research gaps". *Ecosystems,* (16), 894-908. Hace especial hincapié en la conectividad fluvial (*conectividad longitudinal y lateral de las aguas superficiales,* como dice expresamente) y forestal la llamada Ley de Restauración de la Naturaleza de la UE (COM (2022) 304 final), en sus artículos 7 y 10 respectivamente.

38 «*Complejo dinámico de comunidades, vegetales, animales y microorganismos y su medio no viviente que interactúan como una unidad funcional*», así define el hábitat Martin Mateo en Martín Mateo, R. (1977). *Derecho Ambiental.* Instituto de Estudios de Administración Local, p. 43.

39 «*El deterioro que sufren los hábitats naturales y seminaturales en la actualidad, debido a las actividades humanas, es responsable de la progresiva y creciente*

Precisamente por esa red de funciones esenciales que reúne un hábitat, la normativa sobre responsabilidad medioambiental califica expresamente a todo hábitat como un *servicio ambiental;* más concretamente, esta normativa habla del *servicio de acogida o de hábitat* que prestan los recursos naturales a las especies silvestres[40].

Esta afirmación realizada por el RDLRMA en su artículo 18 responde a un contexto muy específico como es el de la significatividad del daño ambiental. Brevemente, por ser un asunto que se escapa al contenido específico del presente estudio, se debe apuntar que lo que hace el RDLRMA en este punto es introducir, entre otros, un criterio subsidiario para la determinación de la significatividad de dicho daño cuando esta no sea posible a través de las disposiciones más generales; de esta manera, se habla de *daño significativo* (lo refiere, en concreto, a las aguas o el suelo) cuando la afección de que se trate ocasione daños «*al servicio de acogida o de hábitat que tales recursos prestan a las especies silvestres*»[41]. La escasa

---

pérdida de biodiversidad»: Secretaría General De Agricultura y Alimentación. MAPA. (2005). *Guía de la condicionalidad de la Política Agraria Común (I).* Ministerio de Agricultura, pesca y alimentación, p. 56.

40 Así aparece recogido en el art. 18 del Real Decreto 2090/2008, de 22 de diciembre, por el que se aprueba el Reglamento de desarrollo parcial de la Ley 26/2007, de 23 de octubre, de Responsabilidad Medioambiental (en adelante RDLRMA) (**TOL1.405.956**)*: «Art. 18. Otros criterios para la determinación de la significatividad del daño. Cuando no resulte posible determinar la significatividad del daño con arreglo a los criterios establecidos en los artículos 16 y 17, o cuando el suelo tuviera la calificación de contaminado, el carácter significativo de los daños ocasionados a las aguas y al suelo podrá establecerse analizando la afección que el daño haya ocasionado al servicio de acogida o de hábitat que tales recursos prestan a las especies silvestres. A tal efecto, se presumirá que los daños a las aguas y al suelo tienen carácter significativo cuando el daño que experimenten las especies silvestres que habitan en tales recursos como consecuencia de la acción del mismo agente puedan ser calificados de significativos».*

41 Recordemos lo dispuesto sobre el hábitat como servicio y no como recurso en el Capítulo I de este trabajo, apartado 2.2.4.c). Completando lo ahí dispuesto con el resto del estudio realizado hasta ahora, es posible considerar el hábitat como un servicio ambiental indirecto (de

doctrina que se percata de esta disposición trata su contenido de «*criterio residual*»[42]; y lo es, pero la realidad es que esta previsión del RDLRMA no sólo arroja herramientas para reducir la indeterminación de un concepto como el manejado (herramientas basadas en la figura del servicio ambiental), sino que está calificando al hábitat como un servicio ambiental esencial para las especies silvestres[43].

La importancia demostrada del hábitat y la relación directa que el Derecho reconoce a su afección sobre la base del régimen de los daños ambientales deja clara la necesidad de reparar y recuperar este servicio ambiental o, más bien, este conjunto específico de servicios ambientales. Si, como se ha apuntado antes, el objetivo final que impone la LPNB en materia de conectividad es asegurar *la funcionalidad de los ecosistemas*, esto se traduce necesariamente en proteger el servicio de hábitat, en garantizar la conservación y adecuación de los servicios ambientales que ahí se producen.

Este hábitat, como conjunto de funciones de un ecosistema, reúne en si servicios tanto directos como indirectos. Conforme relata la literatura científica, los efectos de la fragmentación, contra los que lucha la conectividad, son especialmente negativos sobre los servicios ambientales indirectos, pudiendo llegar a potenciar o beneficiar a algunos servicios directos[44]; esto es así dado que este carácter de *directos* se reconoce a los servicios, como se ha dicho anteriormente, en atención al beneficio o utilidad que estos aportan al ser humano, la cual puede verse facilitada o incrementada por la fragmentación, que no es sino el resultado de adaptar las

---

base, siguiendo la clasificación aceptada por el RDLRMA). Un servicio ambiental tan esencial, que su alteración es criterio de consideración automática de daño ambiental.

42 Guerrero Zaplana, J. (2010). *La responsabilidad medioambiental en España*. La Ley, p. 133.

43 Cfr. García García, S. (2022), *op. cit.*

44 Mitchell, M. et al. (2015). "Reframing landscape fragmentation's effects on ecosystem services". *Trends in Ecology & Evolution*, (30), 190-198.

características del entorno natural a las necesidades —especialmente de comunicación o movilidad— del ser humano.

Dicho lo anterior, en este punto es posible extraer las siguientes conclusiones: toda medida de conectividad debe atender al conjunto de servicios ambientales, directos e indirectos, que se desarrollan en cada hábitat procurando su conservación, restauración o, incluso, potenciación. Dentro de estas medidas, la conectividad debe ofrecer una atención específica sobre estos servicios indirectos para proteger o recuperar adecuadamente la funcionalidad del hábitat. Especialmente para este último caso, los mismos estudios científicos alegados anteriormente, arrojan que los servicios que se ven especialmente afectados por la fragmentación son aquellos que dependen fundamentalmente del movimiento de los recursos naturales, tanto bióticos como abióticos, y del tamaño del espacio por el que esos recursos naturales y sus propios servicios pueden desplegar dicho movimiento,[45] por lo que incorporar medidas dirigidas a paliar los efectos sobre este tamaño y movimiento es tarea esencial de la conectividad.

A. Elementos esenciales de la relación: el tamaño y el movimiento. Los llamados MABES y la figura del corredor ecológico

Toda acción en materia de conectividad e infraestructura verde acoge ya, con mayor o menor acierto, la protección y conservación de los servicios ambientales[46]. El esfuerzo en este punto debe centrarse entonces en seguir aclarando la figura del servicio y facilitando su incorporación en el sistema jurídico. Ahora bien,

---

45 Así se desprende, entre otros, de Mitchell, M., Gonzalez, A. et bennett, E.M. "Linking landscape connectivity and ecosystem service provision: current knowledge and research gaps" *op. cit.*, Mitchell, M et al. "Reframing landscape fragmentation's effects on ecosystem services" *op. cit.* o Egerer, M. et Anderson, E. "Social-ecological connectivity to understand ecosystem service provision across networks in urban landscapes", *op. cit.*

46 EIV, pp. 80 y ss.

la adecuada conservación de una parte importante de esos servicios depende, en este caso concreto, de la garantía de dos elementos esenciales que se ven alterados por la fragmentación a la que atiende la conectividad. Esos elementos, como anuncia el título del epígrafe, son el tamaño y el movimiento y son especialmente importantes para garantizar la conservación de los servicios prestados o disfrutados por la biodiversidad; todo ello en coherencia con la relevancia que una adecuada conexión de los espacios naturales tiene, como se ha adelantado ya, para la conservación de la biodiversidad en su conjunto[47], ya que «*la fragmentación genera fenómenos de pérdida, reducción y aislamiento del hábitat que repercuten negativamente sobre las poblaciones y comunidades de fauna y flora al decrecer las oportunidades de movimiento* (...) *siendo la mayor vulnerabilidad de las poblaciones animales y vegetales afectadas el principal efectos derivado de la fragmentación del hábitat*»[48].

El movimiento es un elemento clave para la conectividad: favorecer y mejorar el movimiento humano es un interés protegido y la causa, en muchos casos, de la fragmentación cuyos efectos sobre la naturaleza debe paliar la conectividad; efectos que reduce permitiendo que se garantice el adecuado movimiento de los recursos naturales por el espacio fragmentado y, así, el flujo de servicios ambientales por la zona. En definitiva, el fin de toda medida de conectividad debe ser apaciguar o equilibrar la relación entre movimiento humano y procesos biológicos[49]. Como bien explica el profesor LÓPEZ RAMÓN, son dos los factores esenciales que garantizan ese equilibrio: *el tamaño de la superficie* que resulta tras la fragmentación, de la que harían uso las especies y el resto de recursos naturales, y *la distancia* que existe entre zonas o espacios disponibles, lo que se traduce en la capacidad de movimiento con

---

47 García Álvarez, G. "Instrumentos territoriales y protección de la biodiversidad: una perspectiva jurídica", *op. cit.*, *vid.* p. 16.

48 López Ramón, F. "Conectividad y corredores ecológicos en la experiencia española", *op. cit.*, p. 39.

49 Anderson, E. "Social-ecological connectivity to understand ecosystem service provision across networks in urban landscapes", *op. cit.*

la que estas cuentan[50]. La ciencia ha demostrado que, a menor tamaño, menor provisión de servicios por la reducción de la capacidad de movimiento de recursos naturales[51], por eso tamaño y movimiento son elementos claves a atender por la conectividad.

La literatura científica reúne a estos servicios ambientales cuya adecuada y suficiente prestación depende del movimiento de la biodiversidad y otros recursos bajo una categoría de servicios, de construcción reciente, a la que denominan comúnmente como MABES, por sus siglas en inglés, procedente de *mobile agent-based ecosystem services,* cuyo significado viene a ser *servicios ambientales basados o dependientes de agentes móviles,* estos últimos también denominados por otros autores como *agentes ecológicos*[52]. El MABES más citado por la doctrina científica es la polinización, un servicio ambiental esencial e individualmente considerado y protegido, cuyos *agentes* son, esencialmente, las abejas, si bien no sólo estas favorecen la distribución de polen o semillas[53]. Otros MABES igualmente esenciales serían el control de plagas o regulación de

---

50 *Vid.* López Ramón, F. "Conectividad y corredores ecológicos en la experiencia española", *op. cit.*

51 MITCHELL, M et al. "Reframing landscape fragmentation's effects on ecosystem services", *op. cit.*

52 Kremen, C. et al. (2007). "Pollination and other ecosystem services produced by mobile organisms: a conceptual framework for the effects of land-use change". *Ecology Letters,* (10), 299-314. Asimismo, estos MABES se estudian en Zhenzhen, Z., Meerow, S., Newell, J.P. et Lindquist, M. (2019). "Enhancing landscape connectivity through multifunctional green infrastructure corridor modelling and desing". *Urban forestry & Urban Greening,* (38), 305-317, o MitchelL, M., Gonzalez, A. et Bennett, E.M. "Linking landscape connectivity and ecosystem service provision: current knowledge and research gaps", *op. cit.*, entre otros.

53 *Vid.* Kremen, C. et al. "Pollination and other ecosystem services produced by mobile organisms: a conceptual framework for the effects of land-use change" op. cit. y cómo se les ofrece una protección específica a estos polinizadores desde la UE sobre la base de la Comunicación de la Comisión sobre la iniciativa de la Unión Europea sobre los polinizadores, COM (2018) 395.

pestes, todos producidos por agentes cuyo comportamiento individual y de su población favorece una distribución espacial de recursos naturales que permite o facilita la provisión de estos servicios ambientales[54]. Estos *agentes* son normalmente individuos o poblaciones de fauna, pero también otros recursos como el agua requieren de una capacidad de movimiento suficiente para generar debidamente sus servicios. Por ejemplo, un adecuado movimiento de las aguas favorece la provisión de servicios esenciales como el agua dulce, la regulación del agua o regulación del propio clima… sin olvidar servicios culturales como los relacionados con la recreación o el ecoturismo[55]. En definitiva, estos MABES se sostienen sobre la base de un espacio suficiente sobre el que se garantice la presencia de redes o conexiones funcionales —de servicios— cuyos agentes requieren para garantizar y realizar su movimiento y, así, la provisión (o favorecerla) de estos mismos servicios. Es necesario, por ello, tener presente en el planeamiento sobre la gestión y uso de estos espacios, así como en el diseño de medidas conectivas, la necesidad de proteger especialmente a estos *agentes,* su riqueza y abundancia, y unir los espacios fragmentados de forma que se construya una red de tamaño suficiente que facilite su movimiento y dispersión con el fin de garantizar los servicios ambientales de ese hábitat (especialmente, en este caso, los MABES)[56].

La solución propuesta para reequilibrar estos factores llega de la mano de la figura del corredor ecológico, un remedio clave

---

54 Kremen, C. et al. "Pollination and other ecosystem services produced by mobile organisms: a conceptual framework for the effects of land-use change", *op. cit.*

55 *Vid.* Mitchell, M et al. "Reframing landscape fragmentation's effects on ecosystem services", *op. cit.*, p. 192 y 194 y Anexo I RDLRMA.

56 Cfr. Lindquist, M. "Enhancing landscape connectivity through multifunctional green infrastructure corridor modelling and design", *op. cit.*, p. 305 y Kremen, C. et al. "Pollination and other ecosystem services produced by mobile organisms: a conceptual framework for the effects of land-use change", *op. cit.*, p. 302.

para crear o restaurar redes que permitan una mayor dispersión y movimiento de especies y otros recursos y, por tanto, de sus servicios[57]. La LPNB define esta figura como un «*territorio, de extensión y configuración variables, que, debido a su disposición y a su estado de conservación, conecta funcionalmente espacios naturales de singular relevancia para la flora o la fauna silvestres, separados entre sí, permitiendo, entre otros procesos ecológicos, el intercambio genético entre poblaciones de especies silvestres o la migración de especímenes de esas especies*».[58] Como puede verse, la concepción existente en torno a la figura del corredor, clave en materia de conectividad, centraría su atención en la biodiversidad como principal recurso afectado por la fragmentación y, por tanto, habría que pensar en los servicios directos *prestados* por esa biodiversidad que pudiesen verse afectados, así como en los servicios indirectos que esa biodiversidad requiere para su adecuado bienestar y supervivencia. La *conexión* que realiza, por tanto, el corredor ecológico es espacial, es decir, conecta físicamente recursos naturales —su objeto son los recursos naturales—; pero también es o debe ser *funcional*, es decir, debe tener como objetivo la protección y conservación de servicios ambientales. Esta conexión que favorecen los corredores permite, por tanto, la adecuada provisión de servicios ambientales, aunque también, hay que decirlo, puede entrañar ciertos riesgos al permitir igualmente la transmisión o comunicación de enfermedades o incendios, entre otros riesgos, como advierte también el profesor LÓPEZ RAMÓN[59]; riesgos que se deben evitar o minimizar mediante una adecuada gestión y planeamiento.

Los corredores son así, como se ha adelantado, figuras clave para la conectividad porque permiten mitigar los efectos de la fragmentación de un hábitat, especialmente facilitando el movimiento de la biodiversidad y otros recursos, aumentando así el tamaño del

---

57 Lindquist, M. "Enhancing landscape connectivity through multifunctional green infrastructure corridor modelling and design", *op. cit.*

58 Art. 3.8 LPNB.

59 López Ramón, F. "Conectividad y corredores ecológicos en la experiencia española", *op. cit.*, p. 37.

espacio disponible para esta y, por tanto, el flujo de sus servicios ambientales, tanto MABES, como el resto de funciones del ecosistema. El movimiento de los recursos naturales a través de un espacio, también llamados *agentes*, es un prerrequisito para muchos procesos ecológicos, un movimiento que puede verse mal dirigido u obstaculizado por un paisaje fragmentado; la conectividad debe atender así a lo físico o estructural, para garantizar lo funcional sabiendo que la forma, distribución y las funciones del espacio afectado son características clave para el correcto y adecuado funcionamiento de un ecosistema o para la protección de un hábitat[60].

B. Clases de conectividad: estructural y funcional. Marina, forestal y fluvial

La fragmentación contra la que lucha la conectividad afecta de forma directa al propio espacio natural y sus características, dificultando el funcionamiento normal del hábitat o ecosistema y el movimiento de los agentes ecológicos, lo que se traduce esencialmente en una disminución o afectación de servicios ambientales. Es sobre la base de esta premisa, y de la forma ya adelantada, que la doctrina científica habla de dos *patrones* o clases de conectividad: la *conectividad estructural*, que «*se equipara con la continuidad del hábitat* (...) *sin considerar los requerimientos de los organismos*»[61], por lo que puede ser entendida como aquella que atiende o debe atender al espacio en sí mismo, a la reparación o compensación de los efectos físicos producidos sobre el espacio o el ecosistema afectado; y la *conectividad funcional*, que haría lo propio sobre los servicios ambientales, pues esta atiende a «*la respuesta de los organismos*» frente a los cambios en el hábitat[62], al ejercicio de sus funciones naturales, que son los servicios.

---

60 Anderson, E. "Social-ecological connectivity to understand ecosystem service provision across networks in urban landscapes", *op. cit.*

61 EIV, p. 44.

62 Cfr. Anderson, E. "Social-ecological connectivity to understand ecosystem service provision across networks in urban landscapes" *op. cit.* y EIV, p. 44.

Todo plan o acción que pretenda restaurar los efectos de esa fragmentación debe tener en cuenta ambos tipos de conectividad; el apartado segundo del artículo 15 LPNB impone, de la forma ya señalada, que «(...) *la planificación territorial y sectorial que realicen las Administraciones públicas permita y asegure la conectividad ecológica y la funcionalidad de los ecosistemas, la mitigación y adaptación a los efectos del cambio climático, la desfragmentación de áreas estratégicas para la conectividad y la restauración de ecosistemas degradados*». No sólo es necesario atender a ambos tipos de conectividad, sino que, sobre la base de la ciencia y la reflexión jurídica adelantada, sólo una adecuada conectividad estructural garantiza y permite una correcta conectividad funcional. Una conectividad funcional en la que debe atenderse con especial hincapié en este caso a los llamados MABES, así como, en general, a todo servicio indirecto y directo, bajo la aplicación de un enfoque socio-ecológico que atienda tanto a las necesidades del hábitat como de las personas en la búsqueda de ese equilibrio entre el movimiento humano y la conservación de la naturaleza.[63] Para todo ello, y dada la complejidad de esta empresa, el diseño más eficiente de estos dos patrones de conectividad exige que la Administración pública y el resto de agentes implicados en el cuidado de la naturaleza se apoyen en la ciencia para obtener así un mayor entendimiento del funcionamiento de los ecosistemas, de forma que se puedan ofrecer las mejores soluciones físicas que permitan obtener el mayor y mejor número de servicios ambientales (soluciones funcionales)[64].

---

63 Sobre el mencionado enfoque *vid.* Anderson, E. "Social-ecological connectivity to understand ecosystem service provision across networks in urban landscapes" *op. cit.* También la EIV, p. 76 y ss. En esta última se afirma que «*los análisis científicos de las consecuencias de la gestión/restauración en la provisión de SEs deben contrastarse con los intereses de la población, a las diferentes escalas de gestión. La multiplicidad de intereses que pueden existir entre los actores sociales en la valoración y priorización de los SEs se deben abordar a través de procesos participativos en los que sea posible consensuar las opciones de máximo beneficio común e identificar los actores sociales más vulnerables a la pérdida de SEs específicos*».

64 Cfr. López Ramón, F. "Conectividad y corredores ecológicos en la experiencia española", *op. cit.*, pp. 38 y 39, así como la EIV.

Otro criterio que permite distinguir diferentes modalidades de conectividad es aquel que la clasifica en función del tipo de hábitat o ecosistema fragmentado, destacando de esta manera las características y diferentes necesidades o servicios prestados en cada caso. De este modo, se puede hablar de conectividad marina, forestal o fluvial, principalmente; todo ello teniendo en cuenta que cuando se habla de *conectividad*, sin mayores especificaciones, se hace de la conectividad territorial o de paisaje.[65] La LPNB, habla de la *conectividad ecológica del territorio*, un concepto en el que no podemos entender incluida únicamente a la conectividad espacial, sino también la funcional, tal y como puede desprenderse del propio artículo 21 *in fine* cuando exige la conservación, mediante esta planificación, de «*los valores paisajísticos* (que, por cierto, el paisaje es calificado como servicio ambiental cultural) (...) *y ambientales*», es decir, funcionales.

La conectividad marina es diferenciada de la territorial por la EIV debido a que tiene «*diferentes connotaciones con respecto a los ecosistemas terrestres*», ya que la mayor parte de la biodiversidad marina «*posee escasa o nula capacidad de movimiento en el estado adulto y su dispersión queda generalmente limitada a las etapas iniciales del ciclo de vida*»; ahora bien, especialmente en la zona litoral, de conexión tierra-mar, «*el medio marino está sujeto a importantes amenazas generadas por la actividad humana*», especialmente afectada por las infraestructuras costeras que desvían o alteran corrientes y hábitats del entorno. Las peculiaridades de estos espacios y de la afectación de las actividades humanas desarrolladas en ellos, obliga a que las medidas conectivas sean especiales y deban atender a amenazas y factores propios.[66] El mismo proceso de adaptación y especializa-

65 Anderson, E. "Social-ecological connectivity to understand ecosystem service provision across networks in urban landscapes", *op. cit.*

66 EIV, pp. 61 y 62. Dentro de esas amenazas a la biodiversidad marina generadas por la actividad humana a las que debe hacer frente una adecuada planificación la Estrategia destaca; «*alteración y destrucción de hábitats. Sobreexplotación de recursos. Eutrofización. Contaminación. Invasión de especies alóctonas*, *vid.* p. 62.

ción se exigiría ante las especialidades propias de otros cursos de agua como los ríos (conectividad fluvial) o los bosques (conectividad forestal). Sobre esta última, la Ley de Montes 43/2003 es muy clara al hablar de la *multifuncionalidad de los montes*, es decir, de sus servicios ambientales, como «*elementos fundamentales de la conectividad ecológica y del paisaje*»[67]. La Unión Europea, a través de su propuesta de Reglamento de Restauración de la naturaleza, pone el foco especialmente en estas últimas, destacando la conectividad forestal como una de las medidas esenciales para la restauración de este tipo de ecosistemas[68] o imponiendo importantes obligaciones sobre la necesidad de eliminar lo que denomina *barreras a la conectividad longitudinal y lateral de las aguas superficiales* (pensemos en presas o pantanos, por ejemplo); barreras que, según diría el propio texto, *deben eliminarse con el fin de mejorar las funciones naturales* (los servicios) *de las llanuras aluviales correspondientes*, especialmente – o solo si, debería ser – si estas se encuentran ya obsoletas o apartadas de usos específicos como la navegación, producción de energías renovables o suministro de agua potable[69].

3.2. La necesidad de incluir estos elementos en los instrumentos jurídicos de planificación y ordenación del territorio

La implementación de una correcta conectividad que atienda adecuadamente a la infraestructura verde y, en general, a los hábitats o ecosistemas del territorio del Estado exige «*una planificación*

---

67 Art. 4 de la Ley 43/2003, de 21 de noviembre, de Montes (**TOL319.216**).

68 Art. 10 Propuesta de Reglamento.

69 Art. 7 de la Propuesta. Hay que decir que este precepto habla de la eliminación de barreras exceptuando de tales aquellas sometidas a determinados usos o utilidades humanas (art. 4 apartados 3, 5 y 7 de la Directiva marco del agua 2000/60/CE (**TOL231.216**) y art. 15 del Reglamento (UE) n.º 1315/2013 del Parlamento Europeo y del Consejo, de 11 de diciembre de 2013, sobre las orientaciones de la Unión para el desarrollo de la Red Transeuropea de Transporte, y por el que se deroga la Decisión n.º 661/2010/UE (**TOL4.052.755**).

temporal y espacial y de un diseño integrado en los procesos de planificación y ordenación del territorio»[70]. Esa planificación, como se viene defendiendo con diversos argumentos desde el inicio de este Capítulo, solo será completa y adecuada si atiende debidamente a recursos y servicios; es decir, si alcanza una adecuada conectividad espacial y funcional. En este sentido, esas medidas conectivas que deben ser completas deben serlo en todos los instrumentos de planeamiento u ordenación que se utilicen.

El instrumento más importante al efecto es el plan de ordenación de los recursos naturales, conocido como PORN. La importancia de estos planes, regulados por la LPNB, radica en tres aspectos: por un lado, en la protección que ofrecen tanto a recursos como a servicios en un determinado territorio; por otro, en la capacidad con la que cuentan de establecer corredores ecológicos dirigidos a restaurar la funcionalidad y conectividad de los ecosistemas pero, especialmente, por la primacía que se les otorga respecto del resto de «*instrumentos de ordenación territorial, urbanística, de recursos naturales y, en general, física, existentes resulten contradictorios con los Planes de Ordenación de Recursos Naturales*»[71]. Así, sobre la base de lo dispuesto por la LPNB, todo plan de ordenación de los recursos naturales deberá prever mecanismos para lograr la conectividad ecológica del espacio afectado, «*con independencia de que tengan la condición de espacios naturales protegidos*»[72]. En este caso, la LPNB confía el establecimiento (o restablecimiento) de corredores como principal medida conectiva, junto con otros esenciales como el fortalecimiento de las vías pecuarias o riberas de los cursos fluviales si son aplicables, figuras que tienen como fundamento el dominio público[73], técnica que se ha demostrado esencial en la protección de la na-

---

70 EIV, p. 7.

71 López Ramón, F. "Conectividad y corredores ecológicos en la experiencia española", *op. cit.*, p. 54 y art. 19 LPNB.

72 Art. 21 LPNB.

73 López Ramón, F. "Conectividad y corredores ecológicos en la experiencia española", *op. cit.*

turaleza[74]. Lo dicho sobre estos planes es aplicable a cualquier otro plan equivalente de acuerdo con la normativa autonómica (como los planes de ordenación de los recursos forestales, estos últimos sobre la base de la Ley de Montes, o los futuros planes de ordenación del Espacio Marítimo)[75].

En definitiva, y en especial en materia de conectividad, debe implementarse un modelo de ordenación y planificación territorial centrado en garantizar la protección a los dos elementos del medio ambiente: recursos y servicios. Para ello deben trabajar al unísono todas las Administraciones públicas y estas hacerlo mano a mano con el apoyo de la ciencia[76].

4. CONCLUSIONES

Los servicios ambientales pueden definirse, como ya hizo en su momento el jurista americano HUETING como los posibles usos

---

74 Desde su aparición en el Derecho romano, la teoría del dominio público ha estado íntimamente ligada a la protección de los recursos naturales, siempre sobre la base de la necesidad de proteger el interés colectivo en ellos presente. Dominio público y medio ambiente son así dos nociones íntimamente conectadas; una conexión que parte de la propia Constitución a través de la relación establecida entre los arts. 132, en cuanto que incluye determinados bienes de dominio público natural en el concepto de medio ambiente, y el art. 45, en cuanto que alude a los recursos naturales: cfr. Darnaculleta i Gardella, M.M. (2000). *Recursos naturales y dominio público: el nuevo régimen del demanio natural.* Cedecs, 133 y ss.; Tejedor Bielsa, J. "Bienes públicos y medio ambiente". López Ramón, F. et Escartín Escudé, V. (Coords.). (2013) *Bienes públicos, urbanismo y medio ambiente.* Marcial Pons, 73-89. *Vid.* p. 76.

75 Cfr. EIV, p. 186. En concreto, la Ley de Montes especifica en el apartado 8 de su artículo 31 sobre los planes de ordenación de los recursos forestales, que, si existe PORN o plan equivalente sobre el mismo territorio forestal, «*la parte forestal de estos planes podrá tener el carácter de PORF, siempre y cuando cuenten con el informe favorable del órgano forestal competente*».

76 Cfr. García Álvarez, G. "Instrumentos territoriales y protección de la biodiversidad: una perspectiva jurídica".

del entorno que resultan útiles para los humanos. Esa utilidad puede ser directa, de forma que ese servicio se presenta imprescindible para la vida o bienestar de la persona; o indirecta, tratándose de un requisito esencial para que la naturaleza mantenga su adecuado funcionamiento y, así, el ser humano pueda seguir obteniendo sus beneficios directos. Ese beneficio que representa el servicio es un bien en sí mismo y manifiesta el objeto del interés que el ser humano tiene en la naturaleza y, por tanto, la causa para protegerla.

Toda medida conectiva debe proteger la recepción de ambos tipos de servicios; todo ello sobre la base de principios básicos del Derecho como el de función social o *salva rerum substantia*. De este modo, el servicio se convierte en el elemento para la determinación y distribución, temporal y espacial de las actividades y usos que se realicen sobre el medio ambiente.

Los efectos de la fragmentación contra los que lucha la conectividad son especialmente negativos sobre los servicios indirectos, por un lado, y los conocidos como MABES (*mobile agent-based ecosystem services*), por otro. Estos últimos son aquellos servicios cuya provisión depende del movimiento de la biodiversidad y de otros recursos. A modo de ejemplo, el MABES más citado es la polinización y su agente ecológico principal son las abejas, aunque no solo. A menor tamaño del espacio, menor provisión de servicios, por eso toda medida conectiva debe atender, en general, al conjunto de servicios de la zona fragmentada, pero en especial a los indirectos, así como a los agentes ecológicos que permiten los MABES; resulta esencial garantizar su riqueza y abundancia y unir los espacios fragmentados de forma que se construya una red de tamaño suficiente que facilite su movimiento y dispersión, con el fin de garantizar todos los servicios de ese hábitat

Finalmente, de esta relación entre conectividad y servicios respectivamente, si bien únicamente una medida de conectividad que atienda a ambos equilibrios (el físico y el funcional) es una medida adecuada. En este mismo sentido también se puede hablar de la conectividad territorial o de paisaje, conectividad marina, conectividad forestal y conectividad fluvial o hidrológica, en función de los servicios ambientales claves en esos espacios y que, como tal, deben atender con más atención las medidas conectivas. En este último caso, en el proceso de planeamiento de esos espacios será necesario ponderar distintos intereses afectados; los servicios, como intereses que son, participarán de esa ponderación, debiendo ser suficientemente respetados en pro de una adecuada protección y conservación del espacio natural.

Enfoque eco-jurídico sobre la conectividad ecológica: taxonomía de corredores ecológicos y principios jurídicos aplicables

Alexandra Aragão
Profesora Titular
Universidad de Coimbra. Portugal

SUMARIO: 1. IMPORTANCIA RELATIVA DE LOS CORREDORES ECOLÓGICOS. 2. LA FUNCIÓN MULTIPLICADORA DE LOS CORREDORES. 3. PERSPECTIVA DE ANÁLISIS: UN ENFOQUE ECO-JURÍDICO DE LOS CORREDORES. 4. CRITICAS ECO-JURÍDICAS AL DERECHO DE LOS CORREDORES ECOLÓGICOS. 5. FUNCIONES ECOLÓGICAS DE LOS CORREDORES: UNA TAXONOMÍA DE COLORES. 5.1. ¿Son realmente "corredores"? 5.2. ¿Son realmente verdes? 5.3. Enlaces multicolores. 5.3.1. Corredores verdes. 5.3.2. Corredores azules. 5.3.3. Corredores marrones. 5.3.4. Corredores negros. 5.3.5. Corredores trasparentes. 5.3.6. Corredores grises. 5.4. Enlaces multicolores en el Derecho europeo. 6. *RATIO IURIS* DE LOS CORREDORES: UNA TAXONOMÍA DE RAZONES Y SUS PRINCIPIOS INSPIRADORES. 7. PRINCIPIOS JURÍDICOS DEL RÉGIMEN DE LOS CORREDORES ECOLÓGICOS. 8. DE LOS CORREDORES VERDES OPCIONALES A LOS ENLACES MULTICOLORES FUNDAMENTALES.

1. IMPORTANCIA RELATIVA DE LOS CORREDORES ECOLÓGICOS

Este capítulo sobre los corredores ecológicos tiene como objetivo contestar la pregunta: ¿por qué son tan importantes los corredores ecológicos? En otras palabras: ¿por qué es tan fundamental la existencia de puntos de enlace en el territorio para la conservación de la biodiversidad?

Sencillamente, porque las áreas geográficas reservadas para la conservación de la naturaleza son escasas, insuficientes para las necesidades de las especies y exiguas para asegurar el estado de conservación de los hábitats. Los corredores ecológicos, sin ocupar demasiado espacio natural, permiten la coviabilidad.

La coviabilidad es un concepto que exprime la compatibilidad entre actividades humanas y dinámicas no humanas en el mismo territorio[1]. El grado de coviabilidad es un indicador sobre la posibilidad de coexistencia de especies o, al contrario, sobre los riesgos de conflictos[2] entre el mundo social y el mundo natural[3].

Preservar, con determinación y responsabilidad, los espacios naturales y a las especies silvestres exige que se amplíe el espacio no urbanizado, agrícola, de pesca, etc., y que se eliminen o reduzcan mucho las interferencias humanas nocivas.

Aunque la restauración de ecosistemas degradados esté prevista en el Marco mundial Kunming-Montreal de la Diversidad Biológica[4], en la Estrategia Europea de Biodiversidad de 2020[5], en el Re-

---

1 Barrière, O. et al. (2019.) *Coviability of Social and Ecological Systems: Reconnecting Mankind to the Biosphere in an Era of Global Change* Vol. 1*: The Foundations of a New Paradigm.* Springer. https://link.springer.com/content/pdf/bfm:978-3-319-78497-7/1?pdf=chapter%20toc. Recuperado el 30 de enero de 2024.

2 Habitualmente los conflictos pueden resultar en perjuicio de la naturaleza que se degrada por las perturbaciones humanas, pero también pueden resultar en perjuicio de las personas, como ocurre cuando hay ataques de grandes carnívoros. Ver, por ejemplo, Trouwborst, A. (2018. "Wolves not welcome? Zoning for large carnivore conservation and management under the Bern Convention and EU Habitats Directive". *RECIEL,* (27), 306–319. https://onlinelibrary.wiley.com/doi/10.1111/reel.12249. Recuperado el 30 de enero de 2024.

3 Bosselmann, K. (1995). *When Two Worlds Collide: Society and Ecology,* RSVP.

4 El nuevo Marco de la biodiversidad se aprobó durante la Conferencia de las partes del Convenio sobre la Diversidad Biológica en Montreal, Canadá, 7 a 19 de diciembre de 2022 CBD/COP/15/L.25 18 de diciembre de 2022 https://www.cbd.int/doc/decisions/cop-15/cop-15-dec-04-es.pdf. Recuperado el 30 de enero de 2024.

5 Comunicación de la Comisión Europea sobre la Estrategia de la UE sobre la biodiversidad de aquí a 2030 *Reintegrar la naturaleza en nuestras vidas*

glamento europeo de restauración de la naturaleza[6], y en directivas vigentes desde hace décadas, reintegrar la naturaleza en nuestras vidas [7] no es un objetivo de fácil cumplimiento en países altamente urbanizados, industrializados e infra-estructurados[8] como son los Estados Miembros de la Unión Europea. El plan europeo de Recuperación y Resiliencia va a suponer más fuentes de energía renovable, más vías de comunicación[9], más transvases, desaladoras y otras infraestructuras hidráulicas, las cuales son necesarias para la transición ecológica defendida por el Pacto Ecológico Europeo, pero

---

(COM(2020) 380 final Bruselas, 20.5.2020. https://eur-lex.europa.eu/resource.html?uri=cellar:a3c806a6-9ab3-11ea-9d2d-01aa75ed71a1.0007.02/DOC_1&format=PDF. Recuperado el 30 de enero de 2024.

6 La tramitación del reglamento desde la propuesta de la Comisión Europea en 2022 se puede consultar en línea https://ec.europa.eu/info/law/better-regulation/have-your-say/initiatives/12596-Proteger-la-biodiversidad-objetivos-de-restauracion-de-la-naturaleza-en-el-marco-de-la-estrategia-de-la-UE-sobre-biodiversidad_es. Recuperado el 30 de enero de 2024. El acuerdo final entre el Parlamento y el Consejo, también está disponible en línea https://www.consilium.europa.eu/es/press/press-releases/2023/11/09/nature-restoration-council-and-parliament-reach-agreement-on-new-rules-to-restore-and-preserve-degraded-habitats-in-the-eu/. Recuperado el 30 de enero de 2024.

7 Este es el título de la Estrategia Europea de la Biodiversidad, aprobada en 2020 para aplicarse hasta 2030. La idea de traer de vuelta la naturaleza no es nueva. Véase, por ejemplo, Houck, O. A. (2009). *Taking Back Eden: Eight Environmental Cases that Changed the World.* Island Press.

8 Muchas de las infraestructuras son servicios en red. Sobre los conflictos entre las redes de infraestructuras y la red ecológica ver Aragão, A. (2025). "Red Ecológica y Servicios de los Ecosistemas". *Estudios jurídicos Hispano-Lusos de los servicios en red (energía, telecomunicaciones, y transportes).* González Ríos, I.(coord.). Dykinson.

9 En Suiza, un referendo realizado en 1994 tuvo como resultado la introducción, en la Constitución, de una prohibición de construcción de nuevas carreteras en la región alpina. Articulo 84 n.1 3. La capacidad de las rutas de tránsito en la región alpina no podrá aumentarse. (...) (una versión en español está disponible en https://www.bcn.cl/procesoconstituyente/comparadordeconstituciones/constitucion/che). Recuperado el 30 de enero de 2024.

que pueden desequilibrar todavía más la repartición equitativa del territorio entre los espacios naturales y los espacios transformados.

En el gráfico de abajo se puede ver que España está un poco por encima de la media Europa en cuanto a la proporción relativa del territorio dedicada a la conservación terrestre, lo que corresponde a un 28% del mismo.

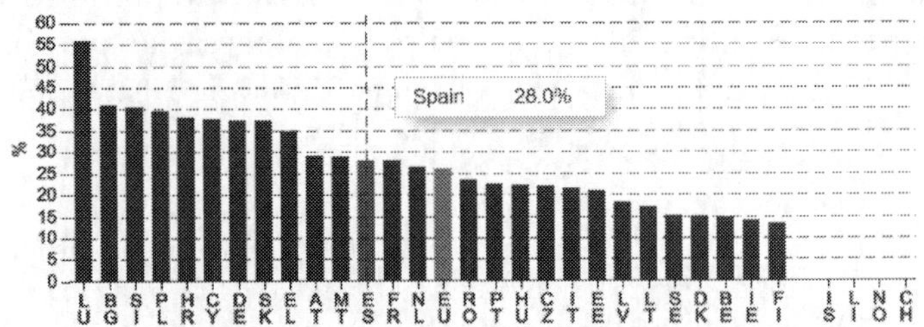

Figura 1: Área terrestre protegida | % del área total [10]

En números absolutos, España tiene la segunda mayor área terrestre de conservación, con 141,623Km2, lo que corresponde exactamente a su posición como segundo mayor país de la Unión Europea[11], después de Francia y antes de Suecia, Alemania, Polonia y Finlandia[12].

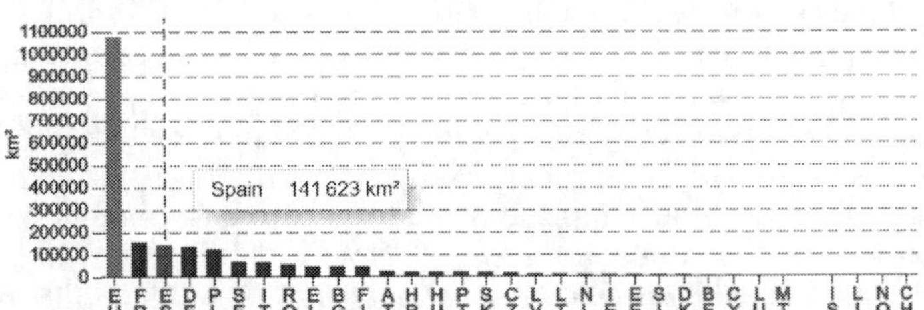

Figura 2: Área terrestre protegida | área total en km2 [13]

[10] Datos de la Agencia Europea del Ambiente actualizados hasta 2021 y disponibles en Eurostat https://ec.europa.eu/eurostat/web/products-eurostat-news/-/edn-20220521-1. Recuperado el 30 de enero de 2024.

[11] Si se considera solamente el territorio terrestre.

[12] Datos y cifras de Eurostat sobre la vida en la Unión Europea. https://european-union.europa.eu/principles-countries-history/key-facts-and-figures/life-eu_es. Recuperado el 30 de enero de 2024.

[13] Datos de la Agencia Europea del Ambiente actualizados hasta 2021 y disponibles en Eurostat. https://ec.europa.eu/eurostat/web/pro-

La presencia de seres humanos ya sea cuando desarrollan actividades intencionalmente depredadoras de otras especies de la biodiversidad (como la caza, la pesca, la cosecha, la recogida, por ejemplo), ya sea en otras actividades fuera del contexto natural, siempre origina perturbaciones en el equilibrio de los ecosistemas.

La lista de actividades humanas capaces de causar daños laterales e indeseados a la naturaleza es casi infinita: la alimentación, el suministro de agua, la habitación, los cuidados de salud, la minería; el transporte; la producción de energía, la gestión de residuos, el turismo, el deporte. Esto viene a explicar las estadísticas sobre la desaparición de espacios naturales en Europa bajo la presión de la urbanización de las superficies comerciales y polígonos industriales, de las infraestructuras energéticas, de transportes etc.[14].

El índice de impermeabilización del suelo es un buen indicador de la expansión de actividades humanas y de la retracción de los espacios naturales disponibles para las dinámicas ecológicas.

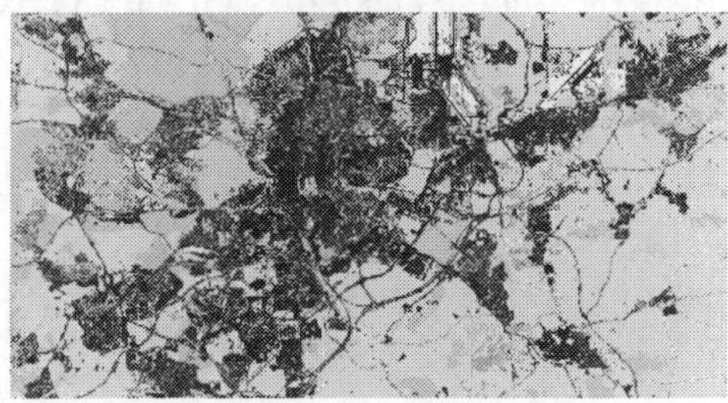

Figura 3 (izq). Impermeabilización en la Península
Figura 4 (dcha). Impermeabilización en Madrid [15]

---

ducts-eurostat-news/-/edn-20220521-1. Recuperado el 30 de enero de 2024.

14 Datos de la Agencia Europea del Ambiente actualizados hasta 2015. https://www.eea.europa.eu/data-and-maps/daviz/percentage-sealing-by-country-1#tab-chart_5. Recuperado el 30 de enero de 2024.

15 Datos del Satélite Europeo *Copernicus* actualizados hasta 2015. https://land.copernicus.eu/en/products/high-resolution-layer-imperviousness. Recuperado el 30 de enero de 2024.

Por todo esto, los corredores ecológicos son la solución viable, pero no son más que un sucedáneo. Ellos son la alternativa posible a lo que idealmente sería deseable: la ampliación de los espacios dedicados a la protección de la naturaleza en dimensión absoluta, en número y en calidad. En países donde la dimensión de las áreas dedicadas a la conservación de la naturaleza es muy expresiva, como Bulgaria, los corredores ecológicos no son tan importantes. Pero en países más pequeños, donde las áreas naturales están dispersas y fragmentadas por proyectos lineales, como en Portugal, tienen una importancia fundamental.

A través de la técnica de establecer puntos de enlace entre lugares naturales, se permite que las especies silvestres y los elementos biológicos, geológicos, químicos y otros, característicos de los ecosistemas (polen, semillas, agua, arena, minerales, luz solar) puedan fluir a través de un territorio más amplio.

Eso hace que los corredores sean tan especiales. Sin ocupar demasiado espacio geográfico, ellos permiten transformar un conjunto de lugares aislados en una verdadera red que virtualmente permite a las especies presentes circular entre puntos distantes y originalmente desconectados en beneficio de áreas de dispersión exponencialmente mayores.

En pocas palabras, los corredores proporcionan servicios ecosistémicos de soporte de biodiversidad y contribuyen para la regulación de los ciclos naturales[16].

2. LA FUNCIÓN MULTIPLICADORA DE LOS CORREDORES

Los corredores ecológicos son una parte crucial de la Red Natura 2000 y de cualquier red ecológica de espacios de conserva-

---

16 Sobre los servicios ambientales, ver García García, S. (2022). *Los Servicios Ambientales en el Derecho Español.* Tirant lo Blanch.

ción de la naturaleza, ya que producen un efecto de ampliación exponencial del territorio.

La distribución geográfica de las especies y el espacio vital disponible para sus diferentes funciones ecológicas (funciones metabólicas, como la respiración, la alimentación, la digestión, la defecación o el sueño; o funciones de relación entre individuos de la misma o de diferentes especies, como cazar, huir, refugiarse, comunicar, enseñar, jugar, reproducirse), condicionan fuertemente su estado de conservación. De esta manera, los corredores aumentan el acervo o reserva genética de las especies (permitiendo una diversificación genética favorable a la supervivencia), y aumentan el espacio disponible para las especies.

Ahora bien, los corredores ecológicos no se limitan a *sumar* espacio a la red. En realidad, lo que hacen los corredores es *multiplicar* el espacio.

¿Por qué?

Porque no solamente lo agrandan, sino que también lo convierten en un espacio más robusto, operando un cambio cualitativo en beneficio del estado de conservación de las especies y de los hábitats.

Por eso se puede afirmar que, al crear corredores ecológicos, el espacio territorial disponible para cada especie, o para cada proceso ecológico, se multiplica. La desfragmentación hace que el todo sea mayor que la suma de sus partes[17].

---

[17] Al contrario, los efectos negativos de la fragmentación se pueden ver detalladamente en el informe de la Agencia Europea del Ambiente. (2011). *Landscape fragmentation in Europe Joint EEA-FOEN report EEA Report No 2/2011.* https://www.eea.europa.eu/publications/landscape-fragmentation-in-europe. Recuperado el 30 de enero de 2024.

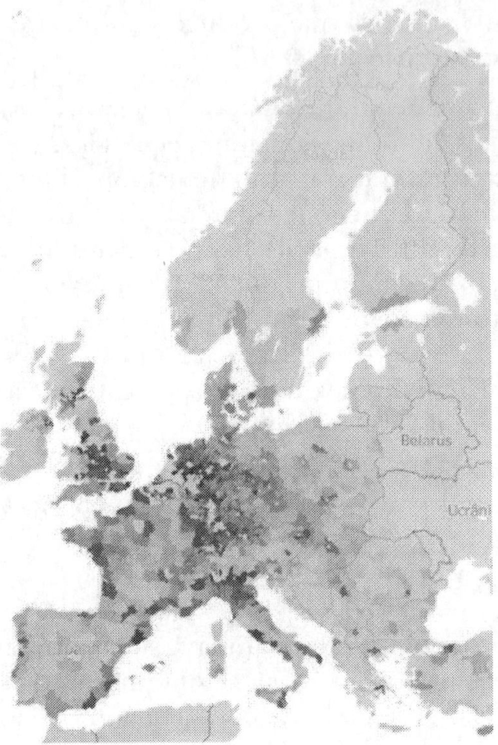

Figura 5. Fragmentación del paisaje en Europa[18]

En suma, por su función de desfragmentación de los espacios naturales y, al mismo tiempo, por su especial fragilidad, al ser estrechas líneas o pequeños puntos, los corredores ecológicos son merecedores de un nivel de protección todavía más elevado que el que reciben dichos espacios[19].

---

18 Datos de la Agencia Europea del Ambiente actualizados hasta 2021 https://www.eea.europa.eu/data-and-maps/data/data-viewers/landscape-fragmentation-in-europe. Recuperado el 30 de enero de 2024.

19 Según Alenza García, J. F. (2023). *Restauración y Compensación Ecológica: la perspectiva jurídica.* García Ureta, A. y Soro Mateo, B (dirs.). Iustel, en algunas comunidades autónomas los corredores tienen a lo mejor el mismo estatuto de protección que los sitios naturales clasificados.

3. PERSPECTIVA DE ANÁLISIS: UN ENFOQUE ECO-JURÍDICO DE LOS CORREDORES

Sin embargo, la comprensión plena de la importancia ecológica de los corredores, y el entendimiento del régimen jurídico adecuado a su protección, exigen la adopción de un enfoque eco-jurídico. De hecho, la comprensión de la *ratio iuris* y del régimen aplicable a los corredores no es compatible con una visión jurídica superficial, que considera los corredores de manera uniforme en sus características y de manera homogénea en cuanto a sus funciones[20]. Solamente si se comprende, desde la perspectiva de los ecólogos, la heterogeneidad, complejidad y diversidad de los distintos corredores, se puede enseguida aspirar a la construcción, interpretación y aplicación de un régimen jurídico que garantice un nivel de protección adecuado y que asegure, de manera efectiva, las funciones que se propuso cumplir, basado en un conjunto de principios que estructuran el derecho de los corredores ecológicos.

Este es el camino que se tomará para el mejor discernimiento del derecho de los corredores ecológicos.

A continuación, utilizando argumentos eco-jurídicos, se va a demostrar que la configuración jurídica de los corredores ecológicos es frágil porque es conceptualmente imprecisa, y le falta densidad normativa.

---

20 La dificultad de controlar, regular, o proteger, situaciones en movimiento es un reto jurídico que ha sido estudiado teóricamente por Bergé, J.S. (2021). *Les situations en mouvement et le droit.* Dalloz, que estudia fenómenos dinámicos, como los movimientos de bienes y personas a través de territorios, pero también los movimientos ambientales y ecológicos, como las dinámicas permitidas por los corredores.

4. CRITICAS ECO-JURÍDICAS AL DERECHO DE LOS CORREDORES ECOLÓGICOS

La decisión del Tribunal de Justicia en el caso de la Comisión Europea contra España[21] a propósito de la protección del oso pardo y del urogallo en la región Cantábrica es emblemática, al demostrar la necesidad de un régimen de protección más fuerte, no solamente de las áreas núcleo, sino también de los corredores ecológicos. Este caso demuestra también que la dinámica de poblaciones de especies protegidas (y además, "ca-

---

[21] La Sentencia del Tribunal de Justicia de 24 de noviembre de 2011, en el asunto C404/09 Comisión Europea contra España (**TOL2.283.378**) es muy clara: "193 El Reino de España, basándose a este respecto en el análisis contenido en el informe de 2005, invoca razones imperiosas de interés público de primer orden para mantener las explotaciones mineras, a saber, la seguridad del abastecimiento energético, el mantenimiento del empleo y el carácter definitivo de las autorizaciones, así como propuestas de medidas encaminadas a mejorar el hábitat del oso pardo, concretamente medidas de reforestación del corredor de Leitariegos".
"194 No obstante, del artículo 6, apartado 4, párrafo segundo, de la Directiva sobre los hábitats se desprende que, cuando el lugar considerado albergue un tipo de hábitat natural y/o una especie prioritarios, únicamente se podrán alegar consideraciones relacionadas con la salud humana y la seguridad pública, o relativas a consecuencias positivas de primordial importancia para el medio ambiente, o bien, previa consulta a la Comisión, otras razones imperiosas de interés público de primer orden".
"195 Así pues, dado que la presente imputación se refiere al oso pardo en cuanto especie prioritaria protegida en virtud de la clasificación del Alto Sil como LIC desde 2004, y puesto que el Reino de España no ha invocado consideraciones de la misma naturaleza que las contempladas en el artículo 6, apartado 4, párrafo segundo, de la Directiva sobre los hábitats, las perturbaciones que se han hecho constar en el apartado 191 de la presente sentencia no pueden justificarse en virtud de un procedimiento nacional que establezca una excepción, análogo al previsto en la citada disposición". https://curia.europa.eu/juris/document/document.jsf?text=&docid=115208&pageIndex=0&doclang=ES&mode=lst&dir=&occ=first&part=1&cid=4466805. Recuperado el 30 de enero de 2024.

rismáticas"[22]), a lo largo de corredores ecológicos, se ve negativamente afectada por perturbaciones que no son visibles en los mapas, como el ruido y las vibraciones.

Demuestra, finalmente, que los Estados invocan muy fácilmente argumentos desproporcionados, como "razones imperiosas de interés público de primer orden" para mantener y ampliar las actividades económicas que destruyen, fragmentan y ejercen presión sobre los hábitats.

Esto ocurre por las debilidades del derecho de los corredores ecológicos.

La primera debilidad empieza en el Derecho Europeo[23], donde la creación de corredores ecológicos se presenta como una simple facultad de los Estados[24]. Eso puede explicar que, en la transposición nacional del Derecho de la Unión Europea, se tenga consagrado un régimen poco desarrollado e incompleto[25].

---

22 Ducarme F., Luque,G., Courchamp. F. (2013). *What are "charismatic species" for conservation biologists?* https://www.researchgate.net/publication/302596828_What_are_charismatic_species_for_conservation_biologists#fullTextFileContent. Recuperado el 30 de enero de 2024. Krause, M., Y Robinson, K. (2017). "Charismatic Species and Beyond: How Cultural Schemas and Organisational Routines shape Conservation". *Conservation and Society*, (15-3), 313–321. http://www.jstor.org/stable/26393299. Recuperado el 30 de enero de 2024.

23 Verschuuren, J. (2015) exprime la misma opinión en "Connectivity: is Natura 2000 only an ecological netweork on paper?". *The Habitats Directive in its EU Environmental Law Context European Nature's Bast Hope?*.Born, Ch.H., Cliquet, A., Schoukens, H., Misonne, D., Van Hoorick, G. Routledge.

24 Dispone el artículo 10 de la Directiva Hábitats que "cuando lo consideren necesario, los Estados miembros, en el marco de sus políticas nacionales de ordenación del territorio y de desarrollo y, especialmente, para mejorar la coherencia ecológica de la red Natura 2000, se esforzarán por fomentar la gestión de los elementos del paisaje que revistan primordial importancia para la fauna y la flora silvestres" (Directiva 92/43 de 21 de mayo de 1992 relativa a la conservación de los hábitats naturales y de la fauna y flora silvestres) (**TOL223.898**).

25 Sobre el régimen europeo de los espacios protegidos, ver Sadeleer De, N. y Born, CH. H. (2004). *Droit International de la biodiversité*. Dalloz.

En consecuencia, los aplicadores del Derecho son inducidos a considerar que los espacios naturales protegidos que verdaderamente interesan, son solamente las categorías nacionales o europeas de áreas clasificadas según la Ley del Patrimonio Natural y de la Biodiversidad: parques, reservas naturales, áreas marinas protegidas, monumentos naturales y paisajes protegidos (artículo 30); lugares de importancia comunitaria, zonas especiales de conservación, y zonas de especial protección para las aves, (artículo 42)[26]. Estas áreas clasificadas, designadas de manera expresiva como "áreas núcleo"[27] sí gozan de un régimen jurídico especifico, establecido en la Ley general del Estado y más desarrollado, todavía, a nivel autonómico.

Por el contrario, los corredores, a pesar de que son áreas esenciales a la conectividad, son tratados como secundarios o accesorios. Su designación a menudo equívoca —corredores verdes— y su escasa reglamentación, pueden perjudicar la realización de su función crucial: permitir la coexistencia armoniosa de personas y naturaleza en el mismo territorio, o sea, la coviabilidad.

La crítica siguiente, que es común a los ordenamientos jurídicos europeo, español, francés y portugués, es la relativa a la designación de "corredores verdes". "Corredores verdes", lingüísticamente, es una sinécdoque, porque refiere la parte por el todo. En realidad, no todos los corredores son verdes.

No obstante, la expresión corredores "verdes", no configura un error ni científico ni jurídico, sino una simplificación de la comunicación. Como se explicará más delante, la simplificación sería tolerable, si no tuviera consecuencias jurídicas.

---

26 Sin olvidar las áreas protegidas por instrumentos internacionales. Sobre todas ellas, ver Lozano Cutanda, B. (2023). *Derecho Ambiental y Climático.* Dykinson, página 281 y ss.

27 Cuyos criterios de selección se encuentran en la Estrategia Nacional de Infraestructura Verde y de la Conectividad y Restauración Ecológicas bajo el título "4.1.3. Conectividad en el territorio nacional" (**TOL8.503.402**), pág. 83280

La última crítica, esta sí, jurídica, es el déficit de reglamentación. El derecho de los corredores no esta tan desarrollado como sería deseable desde una perspectiva eco-jurídica. Se explicará cómo corregirlo recurriendo a principios jurídicos de derecho medioambiental que se aplican a una taxonomía de corredores ecológicos con implicaciones prácticas para el derecho de protección de los mismos.

5. FUNCIONES ECOLÓGICAS DE LOS CORREDORES: UNA TAXONOMÍA DE COLORES

La designación vulgarizada de "corredores verdes" se encuentra, a nivel europeo, en la Comunicación de la Comisión europea sobre la Infraestructura verde del 2013[28] igual que en la Estrategia Española de Infraestructura Verde y de la Conectividad y Restauración Ecológicas del 2021[29].

La misma expresión a menudo se encuentra en pliegos[30], estudios de impacto medioambiental[31], contratos[32] y otros documentos con valor jurídico.

---

28 Comisión Europea, Comunicación sobre *Infraestructura verde: mejora del capital natural de Europa* COM(2013) 249 final. https://eur-lex.europa.eu/resource.html?uri=cellar:d41348f2-01d5-4abe-b817-4c73e6f1b2df.0008.03/DOC_1&format=PDF. Recuperado el 30 de enero de 2024.

29 Orden PCM/735/2021, de 9 de julio. (**TOL8.503.402**).

30 Pliego de condiciones del Corredor Verde del Río Aranda. https://contrataciondelestado.es/wps/wcm/connect/b71c5c1c-8e59-4852-b3cb-303f65b044e3/DOC20190923102007PLIEGO+PTP.pdf?MOD=AJPERES. Recuperado el 30 de enero de 2024.

31 Evaluación de impacto medioambiental del cruce del Guadalquivir Dos Hermanas-Coria https://www.mitma.gob.es/carreteras/actuaciones-cerrar-autovia-se_40-sevilla. Recuperado el 30 de enero de 2024.

32 Contrato de servicios consistente en eliminación de cañas y otras especies invasoras del barranco de Beniopa. https://planderecuperacion.gob.es/como-acceder-a-los-fondos/convocatorias/PLC/13562181/contrato-de-servicios-consistente-en-eliminacion-de-canas-y-otras-especies-invasoras-del-barranc-de-beniopa-en-el-contexto-del-proyecto-rena-

Esta opción de lenguaje utilizando el color "verde" como sinónimo de "ecológico" es criticable, no por la metáfora del color, sino porque es reduccionista y puede inducir a error a los más incautos, al crear una inclinación inconsciente para el reconocimiento de una importancia mayor a los corredores vegetales, despreciando los acuáticos, los del suelo, etc.

Es importante reconocer que algunos corredores no tienen hojas, algas, musgos u otros vegetales con clorofila, y tampoco son caminos estrechos o pasillos. Pero en el imaginario colectivo, los corredores no son más que delgados trazos verdes en un mapa, donde lo más importante son los polígonos.

La crítica a la utilización de la expresión "corredor verde" tampoco es una reacción contra un supuesto error jurídico del derecho legislado. La Estrategia Española de Infraestructura Verde y de la Conectividad y Restauración Ecológicas deja bien claro que no ignora que su composición no es solamente de vegetación. La Estrategia de Infraestructura Verde, en sus objetivos, metas y líneas de actuación, no deja fuera los hábitats, ecosistemas o biomas con naturaleza ecológica diferente de los corredores vegetales, o verdes en sentido estricto. Por ejemplo, los corredores azules para los ecosistemas acuáticos son citados ocho veces por la Estrategia Nacional. Tampoco se omiten en la Ley de protección del medio marino[33].

Además, la Estrategia Española de Infraestructura Verde y de la Conectividad y Restauración Ecológicas está informada por las

---

turalizacion-y-mitigacion-de-los-efectos-de-las-inundaciones-en-el-corredor-verde-del-barranc-de-beniopa-en-la-ciudad-de-gandia-next-generation. Recuperado el 30 de enero de 2024.

33 La Ley 41/2010, de 29 de diciembre, en su artículo 25 establece los objetivos de la Red de Áreas Marinas Protegidas de España que tiene como objetivo "fomentar la conservación de corredores ecológicos y la gestión de aquellos elementos que resulten esenciales o revistan primordial importancia para la migración, la distribución geográfica y el intercambio genético entre poblaciones de especies de fauna y flora marinas".

"Bases Científico-técnicas", editadas en 2017 por el Ministerio de Agricultura y Pesca Alimentación y Medio Ambiente[34]. Este extenso trabajo científico de base ha sido producido con la colaboración de más de 150 expertos (algunos del área jurídica) en los papeles de autores, revisores y coordinadores.

5.1. ¿Son realmente "corredores"?

En la Ley del Patrimonio Natural y de la Biodiversidad se encuentra la definición legal de corredor ecológico. Según el artículo 3 n.8 de la Ley, un corredor es un "territorio, de extensión y configuración variables, que, debido a su disposición y a su estado de conservación, conecta funcionalmente espacios naturales de singular relevancia para la flora o la fauna silvestres, separados entre sí, permitiendo, entre otros procesos ecológicos, el intercambio genético entre poblaciones de especies silvestres o la migración de especímenes de esas especies".

Resulta claro de la definición, que los corredores no son obligatoriamente un pasillo largo de vegetación. No es difícil imaginar un espacio tendencialmente circular, como un estanque, que pueda realizar funciones similares a un corredor ecológico. Para especies voladoras, el estanque, con su configuración redondeada, les permite reposar, encontrar refugio, o alimentarse, durante su trayectoria de desplazamiento a lo largo del territorio.

La definición de corredores en la Directiva europea de hábitats[35] justamente presenta dos ejemplos de corredores que no tie-

---

34 Un trabajo científico de más de 350 páginas dirigido por Rafael Hidalgo y coordinado por Fernando Valladares Ros, Paula M. Gil Hernández y Alicia Forner Sales, disponible en línea. https://www.miteco.gob.es/content/dam/miteco/es/biodiversidad/temas/ecosistemas-y-conectividad/basescientifico-tecnicaseeivcre_tcm30-479558.pdf. Recuperado el 30 de enero de 2024.

35 Artículo 10 de la Directiva 92/43 de 21 de mayo de 1992 relativa a la conservación de los hábitats naturales y de la fauna y flora silvestres. (**TOL223.898**).

nen estructura lineal ni continua como estrechos pasillos: "aquellos elementos que (...) por su papel de puntos de enlace (como los estanques o los sotos) resultan esenciales para la migración, la distribución geográfica y el intercambio genético de las especies silvestres".

Los ejemplos de estanques y sotos, que no están presentes en la legislación española de transposición, dejan más claro que la configuración de un corredor en el territorio no es siempre una estructura lineal y tampoco tiene que acoplarse físicamente en los lugares que interconecta. La expresión *stepping stones*, o camino de piedras[36], utilizada solamente en la versión inglesa de la directiva, y traducida al español como puntos de enlace, puntos de paso o estriberones[37], ayuda a visualizar mentalmente corredores atípicos, como unas pocas rocas que facilitan la travesía, por ejemplo, de una línea de agua o de un pantano.

La expresión *continuités écologiques*, o continuidades ecológicas, utilizada en la ley francesa de transposición[38] expresa mejor la idea de que no se trata de una continuidad física ni geográfica sino ecológica.

Aun así, se seguirá utilizando la expresión corredores, que está profundamente arraigada en el pensamiento jurídico y en la legislación (por ejemplo, es empleada 93 veces en la Estrategia Nacional de Infraestructura Verde del 2021).

---

36 En la Estrategia Nacional de Infraestructura Verde y de la Conectividad y Restauración Ecológicas (página 83281 del BOE) son traducidos como "refugios de paso". (**TOL8.503.402**).

37 Estrategia Nacional de Infraestructura Verde y de la Conectividad y Restauración Ecológicas, página 83275. (**TOL8.503.402**).

38 Artículo 85 de la *Loi n° 2016-1087 du 8 août 2016 pour la reconquête de la biodiversité, de la nature et des paysages.* https://www.legifrance.gouv.fr/download/pdf?id=JO53V_65dij67lRvMQoMmJ9zMW9r0VCLrkV8AmAAT3o=. Recuperado el 30 de enero de 2024.

5.2. ¿Son realmente verdes?

Aunque en la Estrategia Nacional de Infraestructura Verde y de la Conectividad y Restauración Ecológicas se encuentren referencias a los "corredores marinos", y a los "corredores migratorios de vuelo"[39] la expresión verde está utilizada en sentido más amplio, como sinónimo de ecológico, ya que en realidad se reconoce que estos corredores pueden tener naturalezas diferentes[40]. En Portugal, igualmente están generalizados los corredores verdes[41],

---

39 En la Línea de Actuación 1.01.: "Identificar áreas clave para la conectividad de las especies y tipos de hábitat de interés encaminadas a asegurar la permeabilidad de la matriz territorial".

40 En la Estrategia Nacional se afirma que "Aunque la denominación más extendida es la de corredores ecológicos o corredores de biodiversidad, los corredores pueden ser de diferente naturaleza dependiendo de la función que ejerzan, englobándose todos ellos bajo el término de conector ecológico. Así, se habla de corredores biológicos (que facilitan procesos inherentes a los seres vivos), corredores ecológicos (que facilitan procesos en los que están implicadas, principalmente, las relaciones entre elementos bióticos (seres vivos) y abióticos (inertes) y cualesquiera que consideremos de interés para un fin específico; podría hablarse de corredores atmosféricos, por ejemplo, en otro ámbito de cosas, o corredores ecoculturales. En el caso de los corredores ecológicos, su objetivo es facilitar el flujo genético entre poblaciones, aumentando la probabilidad de supervivencia a largo plazo de las comunidades biológicas y, en última instancia, de los procesos ecológicos y evolutivos. Entre estas formas de conexión destacan los mosaicos de hábitat o corredores lineales: largas franjas de vegetación tales como setos, franjas de bosque o la vegetación que crece en márgenes de ríos y arroyos, los *stepping stones* o refugios de paso, lugares adecuados, pero de extensión reducida, intercalados en una matriz de condiciones desfavorables, que permiten "el salto" a otro refugio de paso o bien a un lugar o hábitat adecuado; y, por último, los corredores de hábitat, corredores paisajísticos o territoriales constituidos por franjas de territorio, elementos del paisaje sin interrupciones, cuyos hábitats permiten la reproducción, la invernada y el desplazamiento de especies silvestres", página 83281. (**TOL8.503.402**).

41 Por ejemplo, Lisboa tiene un plan de los corredores verdes (https://www.lisboa.pt/cidade/ambiente/estrutura-ecologica/corredores-ver-

pero en Francia se habla de la *trame verte et bleue*[42] o la "red verde y azul", lo que es una alusión, simultáneamente a los corredores verdes y a los corredores azules, que integran una red ecológica fundamental.

Sin embargo, esto no es suficiente. La definición de los corredores por un solo color (el verde) o, como máximo, dos (el verde y el azul) en los títulos y en la redacción de las normas contribuye a invisibilizar algunos elementos naturales que pueden resultar esenciales para la protección de la red ecológica fundamental. Se trata de elementos que, en sentido estricto, no son ni vegetales (verdes), ni de agua (azules).

De una manera similar a lo que pasa con la invisibilización de ciertos grupos sociales minoritarios que exigen el debido reconocimiento[43] también la omisión de la referencia normativa a los

---

des) donde el más antiguo es el de Monsanto. https://www.lisboa.pt/cidade/ambiente/estrutura-ecologica/corredores-verdes/monsanto. Recuperado el 30 de enero de 2024. En Guimarães, con el apoyo del Programa REACT-UE (Ayuda a la Recuperación para la Cohesión y los Territorios en Europa) se hizo el Corredor Verde Veiga de Creixomil. https://labpaisagem.pt/projetos/corredor-verde-da-veiga-de-creixomil/. Recuperado el 30 de enero de 2024. En cuatro municipios del norte de Portugal se ha creado el corredor verde del Leça (Matosinhos Maia, Valongo y Santo Tirso con apoyo de la UE a través del FEDER), un proyecto ambiental y de movilidad, con fuerte carácter cultural, económico, turístico y social, que permitirá la puesta en valor paisajística y ambiental del río Leça y sus riberas, y contribuirá a la cohesión territorial, uniendo la costa con el interior. https://www.cm-matosinhos.pt/servicos-municipais/ambiente/corredor-verde-do-leca-58. Recuperado el 30 de enero de 2024.

42 La red verde y azul (TVB) tiene como objetivo preservar y restaurar una red de continuidades ecológicas para que las especies animales y vegetales puedan circular, alimentarse, reproducirse y descansar, asegurando así su ciclo de vida. https://www.ecologie.gouv.fr/trame-verte-et-bleue. Recuperado el 30 de enero de 2024.

43 Por ejemplo, la designación enumerativa utilizada para referir las diferentes expresiones de género, como en Ley 4/2023, de 28 de febrero, para la igualdad real y efectiva de las personas trans y para la garantía

corredores ecológicos de diferentes colores, además del verde, puede impedir una protección integral de la red ecológica.

El hombre es una especie muy visual, que asimila mucha de la información de su entorno por el sentido de la visión. Otras especies tienen otros sentidos mucho más apurados que la visión, por ejemplo, el oído. Esta inclinación antropocéntrica para considerar solamente lo que se puede aprehender visualmente, en la limitada paleta de colores capturada por el ojo humano[44], oculta los perniciosos efectos de actividades humanas profundamente perturbadoras para las especies que producen ruido, vibración, olores, sabores, calor, radiación electromagnética, campos magnéticos, presión, etc.

Un ejemplo de un enfoque eco-jurídico de la diversidad de los daños de origen antropogénico causados a los elementos naturales, es el informe producido en Francia después de un amplio procedimiento de consulta coordinado por dos académicos, Gilles Martin y Laurent Neyret sobre la nomenclatura de los perjuicios ambientales[45].

Actualmente, las ventajas de seguir utilizando colores como metáforas de la multifuncionalidad de los enlaces ecológicos, en la comunicación entre ecólogos y no ecólogos y entre juristas y no juristas, no pueden ser ignoradas[46].

---

de los derechos de las personas LGTBI, tiene como finalidad no invisibilizar a ninguna de las múltiples y variadas expresiones personales posibles (**TOL9.421.382**).

44 El libro de Yong, E. (2022). *An Immense World: How Animal Senses Reveal the Hidden Realms Around Us.* Vintage Publishing, trae una infinidad de ejemplos de cómo el ambiente está repleto de texturas, sonidos, vibraciones, olores, sabores, campos eléctricos y magnéticos que solo pueden ser percibidos por los animales y no por el hombre. Los animares tienen capacidades sensoriales únicas, percibiendo el mundo de diferentes maneras.

45 Martin, G.J y Neyret, L. (2012). *Nomenclature des préjudices environnementaux,* LGDJ.

46 Desde una perspectiva de arquitectura y urbanismo, ver, por ejemplo, Jiménez Jiménez, M. (2013). "Corredores verdes y corredores ecológicos

Por eso, se propone una ampliación doctrinal de la designación de los corredores. Más allá de los intuitivos corredores verdes, vegetales y de los corredores azules, acuáticos, se deben considerar igualmente otros corredores en cuya designación se seguirá utilizando la metáfora del color, para facilitar la comunicación. Corredores marrones, en el suelo, incluyendo los humedales; los corredores negros, o áreas sin iluminación artificial por la noche, a los cuales van a menudo asociados los corredores silenciosos, sin ruidos perjudiciales para la realización de funciones de las especies como la comunicación o la alimentación; los corredores transparentes, que son espacios aéreos sin obstáculos físicos u otras interferencias (como humos, radiación, olores, sombras), para las especies voladoras, o los elementos de la biodiversidad que se desplazan con el viento; corredores grises, para los elementos no naturales también utilizados para la conectividad.

Los corredores ecológicos están muchas veces compuestos por elementos de naturaleza no "carismática"[47] u ordinaria[48], los cuales pueden cumplir funciones vitales y quizás más importantes que los de naturaleza carismática. Como se demostrará a conti-

---

en la planificación espacial. Historias y encuentros". *Planificación espacial y conectividad ecológica: los corredores ecológicos*, Instituto Universitario de Urbanística de la Universidad de Valladolid. https://iuu.uva.es/publicaciones/dossier-ciudades/planificacion-espacial-y-conectividad-ecologica-corredores-ecologicos/. Recuperado el 30 de enero de 2024.

47 La designación de *carismático*, aplicada a las especies o a los ecosistemas tiene una connotación algo peyorativa. Se trata de un elemento natural que recibe más atención de la que merece por su papel en el ecosistema pero que es considerado muy importante en la opinión pública. Duarte, C.M., Dennison, W.C., Orth, R.J.W. et al. (2008). "The Charisma of Coastal Ecosystems: Addressing the Imbalance". *Estuaries and Coasts*, (31), 233–238 https://doi.org/10.1007/s12237-008-9038-7.

48 La naturaleza ordinaria está compuesta por elementos naturales no carismáticos. Godet, L. (2010). "La 'nature ordinaire' dans le monde occidental» *L'Espace géographique*", (39), 295-308. https://doi.org/10.3917/eg.394.0295. Recuperado el 30 de enero de 2024.

nuación, la conservación basada en la conectividad[49] necesita de todos los corredores ecológicos, incluidos los ordinarios.

5.3. Enlaces multicolores

Bajando al detalle de la diversidad de corredores representados por los "colores" asociados, se puede percibir la importancia de ir más allá de una visión superficial. Solo el entendimiento profundo de las tipologías y las funciones de los corredores permite buscar un régimen de protección efectivo. Utilizando la metáfora de los colores, se presentarán seis tipos de corredores: los verdes, los azules, los marrones, los negros, los transparentes y los grises.

5.3.1. Corredores verdes

Los corredores verdes, están compuestos esencialmente por vegetación natural y autóctona. Normalmente enlazan lugares con características forestales o de bosques. Los corredores verdes no son muy diferentes los elementos biológicos vegetales presentes en los lugares que interconectan. Las actividades perjudiciales para los corredores verdes son, sobre todo, las que conllevan la eliminación de la cubierta vegetal existente (por ejemplo la limpieza o desbroce para la prevención de fuegos forestales), pero también aquellas actividades de construcción de infraestructuras lineales[50], que no exigen una deforestación muy amplia pero que producen un efecto barrera, seccionando el corredor ecológico

---

49 Burhenne, F., Lausche, B., Farrier, D., Verschuuren, J., La Viña, A., Trouwborst, A.; Born, Ch.-H., Aug, L. (2013). *The Legal Aspects of Connectivity Conservation. A concept Paper.* IUCN. https://portals.iucn.org/library/efiles/documents/eplp-085-001.pdf. Recuperado el 30 de enero de 2024.

50 Iglesias Merchán, C., Días Varela, E., Cuenca Lozano, J. (2013). "Conectividad ecológica e infraestructuras lineales: el caso histórico del Parque Natural de Despeñaperros". *Planificación espacial y conectividad ecológica: los corredores ecológicos.* Instituto Universitario de Urbanística de la Universidad de Valladolid. https://iuu.uva.es/publicaciones/dossier-ciu-

y fragmentando, todavía más, el hábitat, como por ejemplo, carreteras, canales de irrigación, gasoductos, líneas de trasporte de electricidad, etc.[51]

5.3.2. Corredores azules

Los corredores azules son corredores acuáticos, los cuales pueden ser fluviales, lacustres, marinos, u oceánicos. Estos corredores tridimensionales son particularmente difíciles de identificar porque son más inaccesibles que los hábitats terrestres. Las actividades que perturban a los corredores azules son actividades de construcción (por ejemplo, de embalses, puertos, diques, muelles y otras infraestructuras de protección costera) pero también actividades no edificatorias, como por ejemplo la pesca, la minería submarina, la explotación de petróleo o el tránsito de navíos o buques con motores de combustión. De hecho, el ruido es una de las grandes causas de contaminación marina que perjudica la capacidad de comunicación de especies que hacen vocalizaciones, como los cetáceos, que se comunican entre sí a distancias de millares de kilómetros de un hemisferio al otro. Más allá de las dificultades de comunicación, existen estudios sobre alteraciones hormonales asociadas al estrés provocado por el ruido marino en los cetáceos. La interrupción de todo el tráfico marino, después del ataque terrorista del 11 de septiembre de 2001, permitió a los científicos hacer mediciones y estudios sobre niveles de ruido y los efectos en las especies acuáticas.

Las particularidades de los corredores fluviales justifican una referencia especial. De hecho, los ríos son estructuras ecológicas cuyo elemento principal es el agua, que fluye unidireccional y gravitacionalmente en un cauce. Incluso si es un río intermitente

---

dades/planificacion-espacial-y-conectividad-ecologica-corredores-ecologicos/. Recuperado el 30 de enero de 2024.

51 González Ríos, I. (coord.). (2015). *Estudios jurídicos Hispano-Lusos de los servicios en red (energía, telecomunicaciones y transportes)*. Dykinson.

(que desaparece durante la sequía del verano) su esencia o característica intrínseca es facilitar el desplazamiento del agua y de dos elementos bióticos y no bióticos asociados a los ecosistemas fluviales. Sin embargo, los ríos no son corredores estáticos a través de los cuales las especies transitan de un lugar a otro. Al contrario, los ríos funcionan como "cintas transportadoras" que trasladan materiales sólidos, como minerales, nutrientes, y elementos biológicos en la corriente, desde la naciente, aguas abajo, hasta la desembocadura. Este desplazamiento es esencial para las especies que se han adaptado a un hábitat con un dinamismo extremo (por ejemplo, los peces que migran río arriba, hasta el manantial, para desovar). Además, la vegetación de los márgenes de los ríos, si existe y está en buen estado de conservación, es un ejemplo de un corredor ecológico verde de gran efectividad para la migración de las especies. En suma, por el valor ecológico de los ríos, las llanuras aluviales y los ecosistemas asociados, la Ley europea de restauración de la naturaleza[52], al igual que la Estrategia Europea de Biodiversidad, establece la meta de restauración de por lo menos 25 000km de ríos libres, con el deber de remover barreras obsoletas, hasta 2030.

5.3.3. Corredores marrones

Los corredores marrones, se refieren a los hábitats edáficos y a las funciones del suelo[53]. El suelo es el hábitat natural de especies de tálpidos, insectos, invertebrados, hongos, bacterias, y otras

---

52 Articulo 7 n.1. y 14 n.2 c) de la propuesta de Reglamento sobre la restauración de la naturaleza [COM(2022) 304 final] Bruselas, 22.6.2022. https://eur-lex.europa.eu/legal-content/ES/TXT/?uri=CELEX%3A52022PC0304). Recuperado el 30 de enero de 2024.

53 Aragão, A. y Azul, M. (2020). "Natural and Sociolegal Dimensions of Soil for Ecosystems Sustainability and Human Health". *Encyclopaedia of the UN Sustainable Development Goals. Life on land*, Springer, pp. 1-15. https://link.springer.com/referencework/10.1007/978-3-319-95981-8. Recuperado el 30 de enero de 2024.

especies para las cuales también deben existir corredores ecológicos. El suelo, con sus características de textura, porosidad y materia orgánica, puede ser más o menos favorable a la biodiversidad, al almacenamiento de agua, a la filtración de contaminantes, al almacenamiento de carbono y regulación del clima, al ciclado de nutrientes, a la productividad vegetal, al control de plagas, a la estabilidad estructural. Exactamente como los corredores verdes y azules, tampoco los corredores marrones pueden tener obstáculos si se desea que la función de permitir la movilidad de especies y elementos naturales se cumpla. La construcción de caminos asfaltados, pozos artesianos, apertura de minas, prospección de hidrocarburos, instalación de cables eléctricos o de fibra óptica, instalación de redes de alcantarillado, construcción de túneles de metro o de depósitos de almacenamiento subterráneo de combustibles líquidos o gas natural, son ejemplos de actividades con efectos negativos en los corredores marrones. Pero pueden igualmente producirse perjuicios a las funciones ecosistémicas del suelo sin ninguna construcción. La compactación del suelo por el pasaje de maquinaria pesada o por el simple pisoteo de animales pesados como vacas o toros, puede derivar en pérdida de productividad agrícola y agravamiento del riesgo de inundación. La libre movilidad del agua en el suelo es importante, tanto para la recarga de acuíferos como para la reducción de los efectos de las crecidas de los ríos. La contaminación radioeléctrica, como los campos electromagnéticos generados alrededor de antenas retransmisoras de señal móvil, o de líneas eléctricas de alta tensión, son formas de contaminación invisible que pueden afectar a la microbiodiversidad del suelo, la cual utiliza el magnetismo terrestre como sistema de orientación en sus desplazamientos en el suelo[54].

[54] Levitt, B. B., Lai, H. C. and Manville, A.M. (2022). "Effects of non-ionizing electromagnetic fields on flora and fauna, Part 2 impacts: how species interact with natural and man-made EMF". *Reviews on Environmental Health*, vol. 37(3), pp. 327-406. https://doi.org/10.1515/reveh-2021-0050. Recuperado el 30 de enero de 2024.

5.3.4. Corredores negros

También existen los corredores negros, que son espacios sin luz que permiten la traslación de las especies más activas durante la noche (como los búhos, los murciélagos, las ginetas, los erizos, las lechuzas, algunos sapos, escarabajos y arañas). Los corredores negros pueden ser una característica más que se añade a otros corredores ecológicos, como, por ejemplo, los verdes, azules, o marrones. Naturalmente, la contaminación lumínica puede perjudicar a todos los ecosistemas naturales, pero es más perjudicial para aquellos donde existan especies nocturnas en peligro, o vulnerables. Las fuentes de contaminación lumínica son la iluminación pública, la iluminación residencial, la publicidad, la señalización luminosa, la iluminación deportiva, las luces de los vehículos, etc.

A menudo la contaminación lumínica y sonora van asociadas. Por esta razón, los corredores de silencio pueden estar asociados a los corredores negros. Los corredores de silencio son espacios sin ruidos ni vibraciones que puedan perjudicar no solo la comunicación de las especies que hacen muchas vocalizaciones (como, por ejemplo, las aves[55]), sino también la capacidad de buscar comida de las especies con una capacidad acústica muy elevada[56]. Al igual que la oscuridad, también la característica del silencio se puede añadir a los corredores de otras tipologías, fortaleciendo la permeabilidad del territorio. La permeabilidad es la facilidad con la que las especies y elementos naturales abióticos pueden moverse en el territorio, sin obstáculos ni perturbaciones.

---

55 Nemeth E., Pieretti, N., Zollinger S. A., Geberzahn N., Partecke J., Miranda A. C. y Brumm, H. (2013). "Bird song and anthropogenic noise: vocal constraints may explain why birds sing higher-frequency songs in cities". *Proceedings of the Royal Society B.* http://doi.org/10.1098/rspb.2012.2798. https://royalsocietypublishing.org/doi/full/10.1098/rspb.2012.2798. Recuperado el 30 de enero de 2024.

56 Luo, J., Siemers, B.M.y Koselj, K. (2015). "How anthropogenic noise affects foraging". *Global Change Biology,* (21), 3278-3289. https://doi.org/10.1111/gcb.12997. Recuperado el 30 de enero de 2024.

5.3.5. Corredores trasparentes

No se pueden olvidar los corredores a los que se puede llamar "transparentes", de los que son un ejemplo los "corredores migratorios de vuelo", referidos en la Estrategia de Infraestructura Verde y de la Conectividad y Restauración Ecológicas. Pero hay otros. Los corredores transparentes son espacios aéreos que sirven a la vez a las especies que se desplazan en el aire volando, como las aves, algunos mamíferos voladores e insectos[57], y a las especies y otros componentes biológicos que se hacen transportar por el viento como hongos, microorganismos, polen, semillas, esporas. Además, los corredores transparentes sirven igualmente para la dispersión y transporte, a través de los vientos, de otros elementos naturales no biológicos, como la arena, humedad, elementos químicos como el fosforo[58], o la radia-

57 La autopista de abejas de Oslo (*bee highway*) es un proyecto de la ciudad de Oslo, Noruega, que ha empezado en 2014, y ha sido diseñado para proporcionar un corredor amigable para las abejas y otros polinizadores urbanos. Este concepto busca crear un hábitat continuo y conectado para las abejas a través del área urbana, permitiéndoles moverse y realizar sus funciones de polinización en la ciudad, utilizando tejados con vegetación, jardines y espacios públicos con plantas específicamente seleccionadas para beneficiar a las abejas, además de colmenas estratégicamente ubicadas https://www.visitnorway.com/places-to-go/eastern-norway/oslo/the-bee-highway/. Recuperado el 30 de enero de 2024. En 2023 la ciudad de Milano acogió un proyecto *Life* con el mismo propósito https://www.europarc.org/wp-content/uploads/2023/03/Tech-Report-Bee-highway.pdf. Recuperado el 30 de enero de 2024. En España, entre 2019 y 2021, la Asociación de Naturalistas del Sureste — ANSE, ejecutó un proyecto en el Sureste Ibérico con el objetivo más vasto de protección de los polinizadores tanto en ambientes agrícolas como urbanos. https://www.asociacionanse.org/proyectos/polinizadores-cc/. Recuperado el 30 de enero de 2024.

58 Yu, H., Chin, M., Yuan, T., Bian, H., Remer, L.M., Prospero, J.M., Omar, A., Winker, D., Yang, Y., Zhang, Y., Zhang, Z., y Zhao, C. (2015). "The fertilizing role of African dust in the Amazon rainforest: A first multiyear assessment based on data from Cloud-Aerosol Lidar and Infrared Pathfinder Satellite Observations" *Geophysical Research Letters,* (42), 1984–1991. doi: 10.1002/2015GL063040. https://agupubs.onlinelibrary.wiley.com/doi/full/10.1002/2015GL063040). Recuperado el 30 de enero de 2024.

ción solar. Las perturbaciones que pueden afectar a los corredores transparentes son obstáculos físicos, tanto edificados, (como rascacielos, líneas de transporte de electricidad, torres eólicas, o líneas de suspensión de puentes), como no edificados, como actividades aeronáuticas, el despegue o aterrizaje de aviones o la utilización de drones. Las fuentes de emisiones son también actividades perturbadoras relevantes que no pueden dejar de considerarse al proteger los corredores transparentes. Por ejemplo, fuentes puntuales de contaminación atmosférica, como chimeneas; fuentes de contaminación sonora, como altavoces; fuentes de contaminación lumínica como las luces de postes altos; fuentes de contaminación térmica, como ventiladores extractores de aire acondicionado; fuentes de contaminación radioeléctrica, como torres de comunicación o antenas de transmisión de radiofrecuencia o de *Wi-Fi* de largo alcance.

5.3.6. Corredores grises

Finalmente, los corredores grises pueden ser infraestructuras de apoyo a actividades humanas (como la agricultura o el pastoreo) que, por su localización en un entorno natural, son utilizadas por las especies en sus desplazamientos en el territorio. El ejemplo de la legislación europea son los muros de deslinde de tierras que sirven de refugio a pequeños roedores, reptiles, anfibios, etc. permitiéndoles transitar con seguridad entre tierras agrícolas. En la Estrategia Nacional se encuentran otros ejemplos, como vías pecuarias, ferrocarriles en desuso, caminos de canales, caminos rurales y caminos forestales. Pero también pueden ser corredores totalmente artificiales, que nada tienen de natural en su composición o aspecto. Estos corredores son soluciones técnicas para reconectar los espacios naturales fragmentados. Algunos ejemplos son: las escaleras de cemento en los embalses para permitir a los peces subir la corriente en dirección a la

---

Nogueira, J., Evangelista, H., Valeriano, C.M. *et al.* (2021). "Dust arriving in the Amazon basin over the past 7,500 years came from diverse sources", Communications Earth & Environment, (2), 5. https://www.nature.com/articles/s43247-020-00071-w. Recuperado el 30 de enero de 2024.

naciente[59], los túneles enterrados perpendicularmente bajo las carreteras para el cruce de especies, los módulos de cemento a lo largo de la costa que funcionan como arrecifes artificiales, etc.

5.4. Enlaces multicolores en el Derecho europeo

El concepto de corredores ecológicos fue introducido por primera vez en la Directiva Hábitats en 1992. Ahí es donde se encuentra su definición y su régimen europeo. El más reciente acto jurídico de Derecho de la Unión sobre la biodiversidad es la llamada "Ley" de restauración de la naturaleza, un Reglamento sobre el cual el Parlamento Europeo y el Consejo han logrado alcanzar un acuerdo en noviembre de 2023 y que fue definitivamente aprobado en junio de 2024[60]. Esta Ley es actualmente el pilar donde asientan las principales obligaciones de los Estados miembros hacia la naturaleza, una de las cuales es la conectividad.

Los artículos de la Ley tienen reglas sobre la conectividad en el medio marino[61], fluvial[62], forestal[63] y agrícola[64].

---

59 Las escaleras de peces permiten el paso de los peces con tasas de mortalidad variable según la especie. Hermoso, V., Filipe, A.F., Segurado, P., Beja, P. (2018) "Freshwater conservation in a fragmented world: Dealing with barriers in a systematic planning framework". *Aquatic Conservation: Marine Freshwater Ecosystems,* (28), 17–25. https://doi.org/10.1002/aqc.2826. Recuperado el 30 de enero de 2024.

60 Reglamento Europeo sobre la restauración, aprobada por el Consejo el 17 de junio de 2024 https://data.consilium.europa.eu/doc/document/ST-15907-2023-INIT/en/pdf. https://data.consilium.europa.eu/doc/document/PE-74-2023-INIT/es/pdf Recuperado el 11 de junio de 2024.

61 Artículo 5 n.5, del Reglamento sobre restauración de los ecosistemas marinos (ver anexo I de este capítulo).

62 Artículo 9, del Reglamento, sobre restauración de la conectividad natural de los ríos y funciones naturales de las llanuras aluviales relacionadas (ver anexo I de este capítulo).

63 El Anexo VI del Reglamento, presenta una metodología apropiada para medir la conectividad forestal prevista en el artículo 12, sobre Restauración de ecosistemas forestales. Esa metodología está basada en una lista de indicadores de biodiversidad para los ecosistemas forestales, desarrollada por Vogt, P., *et al.* (2019), para FAO intitulada *State of the World's Forests: Forest*

Más aún, en la lista ejemplar de medidas de restauración[65] del anexo VII, se encuentran referencias muy evidentes a los diferentes tipos de corredores.

Corredores verdes:

(9) Establecer protecciones ribereñas, por ejemplo, bosques, franjas de protección, prados o pastos ribereños.

(13) Utilizar modelos de silvicultura «cercana a la naturaleza» o de «cobertura continua»; introducir especies arbóreas autóctonas.

Corredores azules:

(5) Restablecer los meandros de los ríos y reconectar los meandros cortados artificialmente o los brazos muertos.

(6) Eliminar las barreras longitudinales y laterales (como los diques y presas), dar más espacio a la dinámica fluvial y restaurar tramos fluviales de flujo libre.

(26) Proporcionar estructuras o sustratos para fomentar la vuelta de la vida marina, por ejemplo, arrecifes de corales, ostras y cantos.

Corredores marrones:

(8) Restaurar los procesos de sedimentación natural

Corredores trasparentes:

(20) Eliminar plantaciones en antiguos sistemas dinámicos de dunas interiores para reactivar las dinámicas eólicas naturales en favor de hábitats abiertos.

Fragmentation. JRC Technical Report, Publications Office of the European Union, Luxembourg. Disponible en https://publications.jrc.ec.europa.eu/repository/handle/JRC118594). Recuperado el 30 de enero de 2024.

64 Artículo 11 del Reglamento, sobre elaboración de los planes nacionales de restauración (ver anexo I de este capítulo).

65 La lista se encuentra en el Anexo VII que densifica al artículo 11, apartado 8 del mismo Reglamento.

Corredores negros:

(30) Detener, reducir o corregir la contaminación procedente de los productos farmacéuticos, los productos químicos peligrosos, las aguas residuales urbanas e industriales y otros residuos, incluidos los desechos y los plásticos, así como la luz en todos los ecosistemas.

Corredores grises:

(15) Introducir elementos paisajísticos de gran diversidad en las tierras de cultivo y pastizales de uso intensivo, como franjas de protección, lindes de campo con flores autóctonas, setos, árboles, bosques pequeños, muros de terrazas, estanques, corredores de hábitats y pasarelas de piedras, etc.

El punto alto de la lista es la cláusula general de conectividad del ejemplo n.21, que deja bien claras las cuatro razones por las cuales los estados miembros deberán mejorar la conectividad entre los hábitats: "para permitir el desarrollo de poblaciones de especies y permitir un intercambio individual o genético suficiente, así como la migración de las especies y su adaptación al cambio climático".

6. *RATIO IURIS* DE LOS CORREDORES: UNA TAXONOMÍA DE RAZONES Y SUS PRINCIPIOS INSPIRADORES

Después de la comprensión de las funciones ecológicas de los enlaces territoriales multicolores, se pueden buscar las razones directas que justifican la clasificación o restauración[66] de los distintos corredores.

El conocimiento de las *ratione iuris* de la creación de tales corredores y las finalidades que justifican su protección, permite

---

66 Sobre la restauración de los corredores ecológicos ver Alenza García, J. F. (2023). *Restauración y Compensación Ecológica: la perspectiva jurídica.* García Ureta, Agustín y Soro Mateo, Blanca (dir.). Iustel.

escoger niveles de protección más o menos reforzada. En la práctica, el nivel de protección puede significar la mayor o menor tolerancia a actividades ocupacionales desarrolladas fuera (las cuales pueden generar ruido, vibraciones, luz, sombra, olores, radiación, pisoteo, etc.), y la exigencia de un área de amortiguación más ancha o más estrecha.

La creación de taxonomías permite buscar el régimen más adecuado para la protección eficaz de los corredores, lo que se hará con la ayuda de principios jurídicos.

Se utilizarán los principios que inspiran la Ley de Patrimonio Natural y Biodiversidad (artículo 2.º). Es posible una correspondencia directa entre una taxonomía doctrinal de corredores y los principios inspiradores de la Ley[67].

Los primeros son característicos de un escenario maximalista de protección sistemática de la naturaleza, los siguientes son típicos de un escenario de conservación minimalista y de emergencia. Dentro del espíritu de intensificar la expresividad de la comunicación se utilizará una designación simplificada y una imagen icónica.

1. Corredores ancla son los corredores naturales recién clasificados o restaurados ejecutando un plan para enlazar áreas núcleo preexistentes y consolidadas.	
Articulo 2 a) d) La conservación y preservación de la variedad, singularidad y belleza de los ecosistemas naturales, de la diversidad geológica y del paisaje.	
2. Corredores de expansión son los corredores naturales clasificados o restaurados para enlazar nuevas áreas núcleo recién clasificadas o recién restauradas, ejecutando un plan.	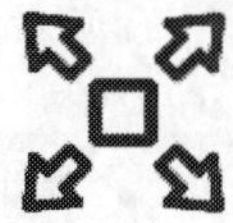

67 No serán considerados los principios que solo están relacionados con el proceso de clasificación y gestión de espacios naturales: el derecho de acceso a la información (párrafo h) y el derecho de participación (párrafo k).

Articulo 2 b) La conservación y restauración de la biodiversidad y de la geodiversidad mediante la conservación de los hábitats naturales y de la fauna y flora silvestres. Las medidas que se adopten para ese fin tendrán en cuenta las exigencias económicas, sociales y culturales, así como las particularidades regionales y locales.
3. Corredores-rótulo son espacios naturales que simplemente son objeto de clasificación, sin medidas de restauración. 
Articulo 2 a) El mantenimiento de los procesos ecológicos esenciales y de los sistemas vitales básicos, respaldando los servicios de los ecosistemas para el bienestar humano.
4. Corredores turísticos son los que también sirven como rutas de acceso para actividades humanas no necesarias a la conservación de la naturaleza, pero compatibles con ella, como la visita turística, el recreo, o el bienestar[68]. 
Articulo 2 j) La contribución de los procesos de mejora en la sostenibilidad del desarrollo asociados a espacios naturales o seminaturales.
5. Corredores potenciales son espacios que tienen características adecuadas para ser restaurados y servir como corredores en el futuro. 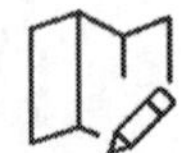
Articulo 2 e) La integración de los requisitos de la conservación, uso sostenible, mejora y restauración del patrimonio natural y la biodiversidad en las políticas sectoriales y, en particular, en la toma de decisiones en el ámbito político, económico y social, así como la participación justa y equitativa en el reparto de beneficios que se deriven de la utilización de los recursos genéticos.
6. Corredores redundantes son los corredores naturales que resultan de una restauración planificada con el objetivo precautorio de crear alternativas de conectividad cuando los corredores principales están en riesgo. 
Articulo 2 g) La precaución en las intervenciones que puedan afectar a espacios naturales o especies silvestres.

68 Gstaettner, A.M., Lee, D. y Rodger, K. (2018). "The concept of risk in nature-based tourism and recreation – a systematic literature review". *Current Issues in Tourism,* (21-15), 1784-1809, DOI: 10.1080/13683500.2016.1244174.

7. Corredores puente son los corredores, naturales o artificiales, diseñados específicamente para reducir el efecto barrera de algunas infraestructuras.	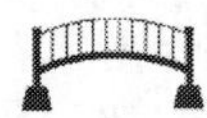
Articulo 2 f) La prevalencia de la protección ambiental sobre la ordenación territorial y urbanística y los supuestos básicos de dicha prevalencia.	
8. Corredores-rescate son los corredores naturales que resultan de restauración urgente de la naturaleza cuando los indicadores sobre el estado de conservación de las especies y de los hábitats están desfavorables.	
Articulo 2 f) La prevalencia de la protección ambiental sobre la ordenación territorial y urbanística y los supuestos básicos de dicha prevalencia.	
9. Corredores de emergencia son corredores artificiales de carácter urgente que son construidos para superar una crisis como un desastre natural (ex. una inundación) o industrial (ex. una fuga de contaminantes).	
Articulo 2 i) La prevención de los problemas emergentes consecuencia del cambio climático, la mitigación y adaptación al mismo, así como la lucha contra sus efectos adversos.	
10. Corredores-parche son los corredores naturales que resultan de restauración obligatoria después de un daño ecológico generado por una actividad ocupacional en las situaciones previstas en la Ley de responsabilidad por daños medioambientales[69].	
Articulo 2 c) La utilización ordenada de los recursos para garantizar el aprovechamiento sostenible del patrimonio natural, en particular, de las especies y de los ecosistemas, su conservación, restauración y mejora y evitar la pérdida neta de biodiversidad.	

Figura 6. Tipología de corredores y principios inspiradores (elaboración propia)

7. PRINCIPIOS JURÍDICOS DEL RÉGIMEN DE LOS CORREDORES ECOLÓGICOS

En la Ley que enmarca los corredores ecológicos, su régimen jurídico no está descrito con el nivel de detalle que sería deseable.

---

69 La Ley 26/2007, de 23 de octubre, de Responsabilidad Medioambiental. (TOL4.391.571).

En algunas comunidades autónomas, se aplica a los corredores el mismo régimen de los espacios naturales protegidos por el Derecho europeo. Pero no en todas.

En algunas leyes especiales, como la Ley de vías pecuarias[70] o la Ley de Montes[71] sí tienen un régimen más detallado. Pero tampoco cubren todas las tipologías de corredores, ni según su naturaleza (o "color"), ni según su *ratio iuris.*

La insuficiencia normativa del régimen jurídico de protección de los puntos de enlace ecológico puede ser colmada con apoyo en principios jurídicos específicos aplicables al derecho de la biodiversidad.

Estos principios jurídicos son herramientas de ponderación muy útiles a la hora de decidir sobre el "sí o no", el "dónde" y el cómo" permitir el desarrollo de actividades ocupacionales fuera de los corredores ecológicos[72]. Concretamente, los principios guían las ponderaciones inherentes a la evaluación estratégica de planes y programas, a los estudios de impacto medio ambiental y a las licencias ambientales.

Pero los principios se aplican igualmente a las actividades y decisiones sobre la gestión de la naturaleza dentro de los espacios ecológicos, en actividades como la clasificación de nuevos lugares para la conservación (competencia autonómica), en la reglamentación (planos de gestión de espacios protegidos), en la vigilancia y control (por el Servicio de Protección de la Naturaleza-Seprona), o la restauración (ya presente en la Ley de Patrimonio Natural y Biodiversidad y en la Estrategia Nacional de Infraestructura Verde y de la Conectividad y Restauración Ecológicas).

---

70 Ley 3/1995, de 23 de marzo, de Vías Pecuarias. (**TOL121.804**).

71 Ley 43/2003, de 21 de noviembre, de Montes. (**TOL5.206.100**).

72 García Ureta, A. (2023). "El derecho Europeo de la Biodiversidad en el contexto actual de lucha contra el cambio climático". *Estudios sobre la efectividad del derecho de la biodiversidad y del cambio climático,* Alvares Carreño, S., Soro Mateo, B. (dir.) Tirant lo Blanch.

¿Qué principios jurídicos son esos? Vamos a destacar los más importantes y específicos, dejando atrás otros principios que podrían también ser aplicables como el de precaución, de prevención, de responsabilidad común pero diferenciada, etc.

Son los principios del nivel elevado de protección, de coherencia, de integración, de no causar perjuicio significativo[73].

El **principio del nivel elevado de protección**[74], supone una comparación de dos niveles y la elección del más alto. Este principio presenta una doble dimensión: una, retrospectiva o de freno, que impide la regresión[75]; otra, prospectiva o de acelerador, que impone el progreso. La no regresión prohíbe la perturbación de los corredores existentes y, muy especialmente, de los corredores que han sido anteriormente restaurados. Estas dos dimensiones asumen igualmente una naturaleza de principios, pero de ámbito más reducido. Según el subprincipio de no regresión, se

---

73 Para un estudio detallado de los principios jurídicos aplicables a la biodiversidad, ver García Ureta, A. (2010). *Derecho Europeo de la Biodiversidad. Aves Silvestres, hábitats y especies de flora y fauna.* Gómez-Acebo & Pombo.

74 El principio del nivel elevado de protección está consagrado en el artículo 191 n.2 del Tratado del funcionamiento de la Unión Europea ("La política de la Unión en el ámbito del medio ambiente tendrá como objetivo alcanzar un nivel de protección elevado, teniendo presente la diversidad de situaciones existentes en las distintas regiones de la Unión") en el artículo 37 de la Carta Europea de Derechos Fundamentales (En las políticas de la Unión se integrarán y garantizarán, conforme al principio de desarrollo sostenible, un nivel elevado de protección del medio ambiente y la mejora de su calidad) y, en cierta medida, en el párrafo 7 del preámbulo de la Ley de Patrimonio Natural y biodiversidad ("han permitido alcanzar un nivel relativamente adecuado en la necesaria conservación del patrimonio natural y de la biodiversidad española").

75 Aragão, A. (2012). "Le fondement européen de la prohibition de régression: le niveau élevé de protection de l'environnement". *Le principe de non régression en Droit de l'environnement.* Prieur, M. y Sozzo, G. (coord.). Bruylant, pp. 347–364.

puede considerar un abuso de poder, en la modalidad de *venire contra factum proprium*, permitir la degradación de corredores recién restaurados. Según el subprincipio del progreso, se debe acordar prioridad o prevalencia en el ordenamiento territorial a la protección de la biodiversidad y de los equilibrios de los ecosistemas, sobre otras opciones de utilización del territorio, siempre que las condiciones ecológicas lo justifiquen. El subprincipio del progreso sugiere nuevas clasificaciones y nuevas restauraciones de corredores.

El **principio de coherencia**[76], se aplica a la elección de corredores para su clasificación o restauración. Es la coherencia ecológica la que justifica la ubicación geográfica, la dimensión y la naturaleza (o color) de los corredores. Las decisiones sobre la gestión y ampliación de la red ecológica a través de corredores ecológicos deben basarse en información científica sólida, completa y actualizada para que se produzcan los deseados efectos de conectividad y desfragmentación del territorio. La información sobre las especies que podrán beneficiar de los nuevos espacios vitales, sobre los hábitats cuya ampliación sería benéfica para la desfragmentación y el equilibrio ecológico de la red, y sobre las dinámicas naturales que influyen en los equilibrios ecológicos (viento, sedimentación, infiltración, exposición al sol), permiten escoger con seguridad los mejores corredores que se van a clasificar o restaurar. La consideración de las dimensiones multicolores de los enlaces es la mejor estrategia para la concretización del principio de coherencia ecológica de la red.

---

[76] El principio de coherencia se encuentra en el artículo 47 de la Ley de Patrimonio Natural y biodiversidad: "Con el fin de mejorar la coherencia ecológica y la conectividad de la Red Natura 2000, las Administraciones, teniendo en cuenta lo dispuesto en el artículo 15, fomentarán la conservación de corredores ecológicos y la gestión de aquellos elementos del paisaje y áreas terrestres y marinas que resultan esenciales o revistan primordial importancia para la migración, la distribución geográfica y el intercambio genético entre poblaciones de especies de fauna y flora silvestres, teniendo en cuenta los impactos futuros del cambio climático.

El **principio de integración**[77] obliga a tener en cuenta la existencia de corredores multicolores y su fragilidad en las tomas de decisión sobre diferentes políticas: agrícola, de pesca, de transporte, de urbanización, de comunicaciones, etc. Las decisiones sobre planes, programas, proyectos, o actividades, siempre deberán considerar obligatoriamente los riesgos de perturbación de los corredores directa o indirectamente, a corto, medio y largo plazo. Los corredores ecológicos se deben tener en consideración siempre, con o sin previa evaluación de impacto medioambiental, con o sin o evaluación estratégica, con o sin o licencia ambiental u otro acto administrativo de autorización. Asimismo, la integración es la herramienta que asegura la permeabilidad de los corredores asegurando que las dinámicas ecológicas no son interrumpidas por perturbaciones de ningún tipo.

El **principio de no causar perjuicio significativo**[78] impone la realización de ponderaciones sistemáticas y estructuradas sobre lo que se puede o no hacer en el territorio, y en qué condiciones. Este principio se aplica a actividades que tienen, al mismo tiempo, efectos positivos y negativos sobre el ambiente, los ecosistemas o el clima. El principio de no causar perjuicio significativo y el principio de integración son dos caras de la misma moneda. El

---

[77] El principio de integración está consagrado en el artículo segundo de la Ley de Patrimonio Natural y biodiversidad: e) La integración de los requisitos de la conservación, uso sostenible, mejora y restauración del patrimonio natural y la biodiversidad en las políticas sectoriales y, en particular, en la toma de decisiones en el ámbito político, económico y social, así como la participación justa y equitativa en el reparto de beneficios que se deriven de la utilización de los recursos genéticos.

[78] El principio de no causar perjuicio significativo fue consagrado como un eje central en el Reglamento europeo 2020/852 de 18 de junio de 2020 relativo al establecimiento de un marco para facilitar las inversiones sostenibles (**TOL8.115.381** y fue densificado por las guías técnicas de la Comisión Europea sobre sobre su aplicación (Comunicación 2021/C 58/01). https://www.boe.es/buscar/doc.php?id=DOUE-Z-2021-70014; (Comunicación C/2023/111). https://www.boe.es/doue/2023/111/Z00001-00033.pdf. Recuperado el 30 de enero de 2024.

principio de integración requiere considerar los efectos negativos de actividades económicas, que no tienen fines ambientales y son capaces de perjudicar los corredores. El principio de no causar perjuicio significativo se aplica a actividades que tienen al menos algunos objetivos benéficos para la biodiversidad o el ambiente. Por eso se puede afirmar que el principio de no causar perjuicio significativo es una manifestación del principio de eco-proporcionalidad[79]

En conclusión, la eficacia de los enlaces ecológicos multicolores depende de:

- la coherencia de la red,
- el nivel de protección (progreso y no regresión),
- la integración de las políticas, y
- acciones que no causen perjuicio significativo.

Entre los cuatro principios hay una relación lógica. El siguiente esquema permite visualizar las condiciones de aplicación y las relaciones entre los principios.

Figura 7. Relación entre los principios jurídicos aplicables (elaboración propia)

79 Winter, G. (2013). "Ecological proportionality. An emerging principle of law for nature?". *Rule of Law for Nature.* Christina Voigt. Cambridge University Press.

8. DE LOS CORREDORES VERDES OPCIONALES A LOS ENLACES MULTICOLORES FUNDAMENTALES

Para ampliar la red ecológica fundamental, la estrategia preferible seria la protección de amplios territorios naturales gracias al abandono de actividades humanas extensivas que transforman profundamente la naturaleza, como la agricultura, silvicultura, pesca o minería, seguida de la renaturalización y transformación en lugares protegidos.

Si tales medidas no son posibles, crear corredores puede ser una estrategia sucedánea eficaz.

Sin embargo, por su designación imprecisa, por su definición limitada, por su escasa densificación normativa y por la reducida área geográfica ocupada, los corredores ecológicos parecen simples piezas accesorias en el *tablero de juego* de la conservación *in situ* de la biodiversidad y de los ecosistemas.

Teniendo en cuenta su papel crucial en los equilibrios ecológicos, los corredores merecen un lugar de mayor dignidad en el ranking de las figuras jurídicas de protección de la naturaleza. Por eso, es exigible la aplicación de un régimen de protección más fuerte, que considere incompatibles un conjunto de actividades humanas que hasta ahora eran consideradas inocuas.

La insistencia en los múltiples colores de la infraestructura ecológica y de los corredores no se explica por simple rigor terminológico, sino por la urgencia de sustituir una visión reduccionista de la protección de la naturaleza, limitada a los elementos naturales y a los ecosistemas terrestres más carismáticos, dejando al lado la protección de la naturaleza ordinaria.

En un tiempo en el cual la restauración de la naturaleza asume una innegable centralidad en el derecho medioambiental en cuanto táctica para la mitigación y adaptación al cambio climático, de promoción de la productividad agrícola a largo plazo, de garantía del bienestar y de la salud humana, una apuesta fuerte por la restauración de corredores ecológicos, que no exigen mucho espacio en el territorio, pero generan efectos multiplicadores significativos, es una estrategia inteligente.

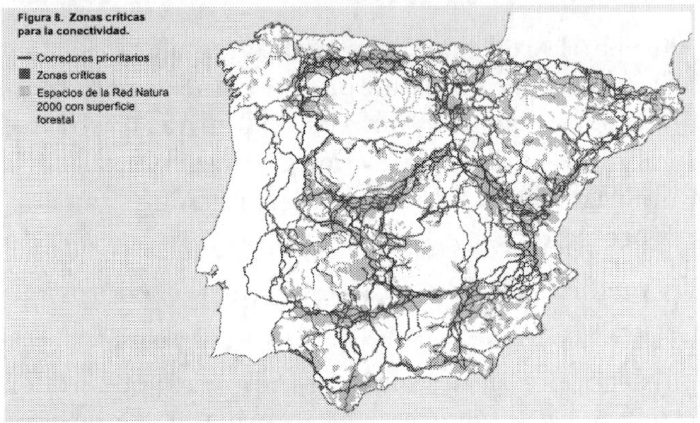

Figura 8. Propuesta de Red Estratégica de Corredores Ecológicos entre espacios Red Natura 2000 [80].

Anexo I.—Artículos de la Ley de restauración de la naturaleza sobre la conectividad

Artículo 5. Restauración de los ecosistemas marinos

"5. Las medidas de restauración a que se refieren los apartados 1 y 2 tendrán en cuenta la necesidad de mejorar la coherencia ecológica y la conectividad entre los tipos de hábitat enumerados en el anexo II y tendrán en cuenta los requisitos ecológicos de las especies a que se refiere el apartado 3 que se encuentran en esos tipos de hábitat".

Artículo 7. Restauración de la conectividad natural de los ríos y funciones naturales de las llanuras aluviales relacionadas

"1. Los Estados miembros harán un inventario de las barreras artificiales a la conectividad de las aguas superficiales y, teniendo en cuenta sus funciones socioeconómicas, identificarán las barreras

---

[80] Mateo Sánchez, M.C., Fuente De la Martín, B., Gastón González, A. y Saura Martínez de Toda, S. (1018). *Autopistas salvajes – Propuesta de WWF España para una Red Estratégica de Corredores Ecológicos entre espacios Red Natura 2000.* Estudio realizado en colaboración con Mava y Montes.

que deben eliminarse para contribuir a la consecución de los objetivos de restauración establecidos en el artículo 4 del presente Reglamento y del objetivo de restaurar al menos 25 000 km de ríos en ríos de corriente libre en la Unión de aquí a 2030, sin perjuicio de la Directiva 2000/60/CE, en particular el artículo 4, apartados 3, 5, y 4. 7) del mismo, y el Reglamento 1315/2013, en particular su artículo 15.

2. Los Estados miembros eliminarán las barreras artificiales a la conectividad de las aguas superficiales basándose en el inventario previsto en el apartado 1 del presente artículo, de conformidad con el plan para su eliminación a que se refiere el artículo 12, apartado 2, letras e) y f). Al eliminar barreras, los Estados miembros abordarán principalmente las barreras obsoletas, que son aquellas que ya no son necesarias para la generación de energía renovable, la navegación interior, el suministro de agua, la protección contra inundaciones u otros usos.

3. Los Estados miembros complementarán la eliminación de las barreras a que se refiere el apartado 2 con las medidas necesarias para mejorar las funciones naturales de las llanuras aluviales relacionadas.

3a. Los Estados miembros garantizarán que se mantengan la conectividad natural de los ríos y las funciones naturales de las llanuras aluviales relacionadas restauradas de conformidad con los apartados 2 y 3."

Artículo 11 Planes nacionales de restauración.

"1. Los Estados miembros prepararán planes nacionales de restauración y llevarán a cabo el seguimiento y la investigación preparatorios necesarios para identificar las medidas de restauración necesarias para cumplir los objetivos y obligaciones establecidos en los artículos 4 a 10 bis y contribuir a los objetivos generales de la Unión establecidos en Artículo 1, teniendo en cuenta las últimas pruebas científicas. (...)

4. Los Estados miembros identificarán y mapearán las zonas agrícolas y forestales que necesitan restauración, en particular las zonas que, debido a la intensificación u otros factores de gestión, necesitan una mayor conectividad y diversidad paisajística".

SEGUNDA PARTE

INSTRUMENTOS Y FÓRMULAS PARA LA CONECTIVIDAD ECOLÓGICA

La coafectación de las vía pecuarias a la conectividad ecológica del territorio

BLANCA LOZANO CUTANDA
Catedrática de Derecho Administrativo en CUNEF
Consejera Académica de Gómez-Acebo & Pombo

A la memoria de Jesús Garzón Heydt, ecologista de vanguardia que dedicó su vida a la protección de la Naturaleza y de la Trashumancia

SUMARIO: 1. LA COAFECTACIÓN AMBIENTAL DE LAS VÍAS PECUARIAS A LA CONECTIVIDAD DEL ECOLÓGICA. 2. LAS VÍAS PECUARIAS: ¿BIEN DE DOMINIO PÚBLICO NECESARIO O POR AFECTACIÓN? 3. LA DESPROTECCIÓN DEL DOMINIO PÚBLICO PECUARIO COMO CONSECUENCIA DEL INCUMPLIMIENTO POR LAS ADMINISTRACIONES AUTONÓMICAS DE SU DEBER DE DESLINDE. 4. MEDIDAS *DE LEGE DATA* Y *DE LEGE FERENDA* PARA GARANTIZAR LA FUNCIÓN DE CONECTIVIDAD ECOLÓGICA QUE PRESTA EL DEMANIO PECUARIO. 5. EL ACTUAL PROYECTO DE REAL DECRETO POR EL QUE SE DESARROLLA LA RED NACIONAL DE VÍAS PECUARIAS. 6. CONCLUSIONES.

1. LA COAFECTACIÓN AMBIENTAL DE LAS VÍAS PECUARIAS A LA CONECTIVIDAD ECOLÓGICA

El término coafectación en relación con las vías pecuarias lo utiliza Darnaculleta I Gardella, M.[1], partiendo de su definición como "la superposición de afectaciones sobre un mismo bien de dominio público". La coafectación de los bienes demaniales no está expresamente prevista en la legislación estatal de Patrimonio del Estado, pero sí aparece reconocida en muchas leyes relativas a

---

1 Darnaculleta i Gardella, M. (2000). *Recursos Naturales y Dominio Público: el Nuevo Régimen del Demonio Natural.* CEDECS, 178, notas 379 y 191.

bienes demaniales, como la Ley de Costas (art. 2) (**TOL3.711.543**) y el articulado de la Ley de Aguas (**TOL231.223**). Por su parte, las leyes de Patrimonio de diversas comunidades autónomas regulan expresamente la posibilidad de que un mismo bien de dominio público, sin mutación del destino determinado por la afectación principal, sea objeto de dos o más afectaciones secundarias de análoga naturaleza. Esta autora, como otros muchos autores, ha puesto de relieve que, a la vista de la Ley 3/1995, de 23 de marzo, de Vías Pecuarias (en lo sucesivo, "Ley de Vías Pecuarias") (**TOL121.804**), "no existe ninguna duda, pues, que las vías pecuarias son bienes de dominio público, sobre los que recae una coafectación a las finalidades que, según el TC, son propias del dominio público natural"[2].

En efecto, de forma muy avanzada para la época, la ley afirma en su Exposición de Motivos que las vías pecuarias "han de ser consideradas (...) como auténticos «corredores ecológicos», esenciales para la migración, la distribución geográfica y el intercambio genético de las especies silvestres". Y también indica su parte lúdica, pues "atendiendo a una demanda social creciente, las vías pecuarias pueden constituir un instrumento favorecedor del contacto del hombre con la naturaleza y de la ordenación del entorno medioambiental". Estos usos compatibles y complemen-

---

2 Véase, entre otros, Franco Castellanos, C. (2000). "El régimen jurídico de los usos ambientales de las vías pecuarias", en Sosa Wagner, F. (coord.), *El Derecho Administrativo en el umbral del siglo XXI: homenaje al profesor Dr. D. Ramón Martín Mateo.* Tirant lo Blanch, pp. 3833-3898; Jiménez Mellado, E. (2003). "Vías pecuarias, municipios y desarrollo local", en *Revista Interdisciplinar de Gestión Ambiental,* (55), 27 y ss.; Merino García, J. y Alier Gándaras, J.L. (2004). "La multifuncionalidad de las vías pecuarias españolas en el marco del desarrollo rural", en *Tecnología y desarrollo,* (2), 1 y ss.; Carrillo Donaire, J.L. (2009). "Vías pecuarias", en González García J.F. (coord.). (2013). *Derecho de los bienes públicos.* Tirant lo Blanch, 703-742; Herráiz Serrano, O. (2013). "Vías pecuarias, urbanismo y medio ambiente". López Ramón, F. y Escartín Escudé, V. (coords.). *Bienes Públicos, urbanismo y medio ambiente.* Marcial Pons, 527-568.

tarios que reconoce la ley las convierten "en un instrumento más de la política de conservación de la naturaleza" y, junto con sus elementos culturales anexos, "en un legado histórico de interés capital, único en Europa» cuya preservación, sin embargo, no garantizaba "en modo alguno la legislación vigente".

La afectación de estos bienes de dominio público a la protección de la naturaleza y, en particular, a la conectividad ecológica estaba, por tanto, en la mente del legislador y se refleja también en el texto de la ley cuando establece, entre los fines de la actuación de las Comunidades Autónomas sobre las vías pecuarias, el de asegurar su adecuada conservación, "así como de otros elementos ambientales o culturalmente valiosos, directamente vinculados a ellas, mediante la adopción de las medidas de protección y restauración necesarias".

Se echa en falta en esta ley, sin embargo, un reconocimiento expreso de esta coafectación en la definición de los usos de estos bienes de dominio público[3]. Ello se explica porque la ley de 1995 se promulgó en pleno "cambio de paradigma", como dice José Francisco Alenza[4], de su tradicional limitación a su funcionalidad para el tránsito ganadero al reconocimiento de su valor medioambiental para la conectividad ecológica.

Era todavía predominante, por tanto, la concepción de las vías pecuarias como vías afectadas únicamente al tránsito ganadero[5].

---

3 En su art. 16, la ley únicamente prevé como usos complementarios los recreativos; en concreto, "el paseo, la práctica del senderismo, la cabalgada y otras formas de desplazamiento deportivo sobre vehículos no motorizados". Por su parte, como usos compatibles, este precepto contempla "los usos tradicionales que, siendo de carácter agrícola y no teniendo la naturaleza jurídica de la ocupación, puedan ejercitarse en armonía con el tránsito ganadero" y "las plantaciones lineales, cortavientos u ornamentales, cuando permitan el tránsito normal de los ganados".

4 Alenza García, J.F. (2001). *Vías Pecuarias*. Civitas, Capítulo V, pp. 265 y ss.

5 Sobre la regulación histórica de las vías pecuarias anterior a la Ley de 1995 y la jurisprudencia véase, por todos: Martín-Retortillo Baquer, L. (1966). "El proceso de apropiación por el Estado de las vías pecuarias",

En este fin radica, ciertamente, el origen de este bien demanial y todavía hoy la afectación, pasada o presente, a dicho fin determina la inclusión de las vías pecuarias en el dominio público con base en la "garantía institucional" que ha supuesto su reconocimiento por el art. 149.1.23 de la Constitución. Este ya no es, sin embargo, su único fin prioritario. Como pone de relieve el profesor Alenza, en nuestros días "el tránsito ganadero es el uso prioritario de las vías pecuarias. Pero junto a él, y prácticamente al mismo nivel, se encuentra la nueva función ecológica que la LVP reconoce a las vías pecuarias. Estas dos funciones condicionarán cualquier otro uso o aprovechamiento que se quiera pretenda hacer de las mismas".[6]

Hoy, con base en la competencia básica estatal en materia de protección del medio ambiente (que reconoce el mismo precepto: art. 149.1.23 CE), las leyes y los planes no solo pueden, sino que deben utilizar esta red demanial de valor único para la conectividad ecológica. No parece casual, en este sentido, que la mención de la competencia sobre las vías pecuarias se sitúe junto a la de la protección ambiental y a la de los montes. Hay que destacar, en este punto, la importancia de esta referencia constitucional a las vías pecuarias pues, sin ella, es muy probable que el legislador estatal no se hubiera preocupado de aprobar una nueva ley básica en la materia, hoy necesitada, por cierto, de una urgente revisión.

La coafectación de las vías pecuarias a la protección ambiental tuvo un primer precedente, como destaca. Alenza[7], en la Ley 11/1994, de 27 de diciembre, de Espacios Naturales Protegidos de la Comunidad Valenciana. Fue esta una norma muy avanzada puesto que, junto con los espacios naturales *strictu sensu*, previó la "protección de otras áreas" entre las que se incluyen "aquellas vías

---

en *Revista de Administración Pública,* (51), y Manteca Valdelande, V. (1995). "Las vías pecuarias: evolución y normativa actual", en *Agricultura y Sociedad,* (76).

6 *Vías Pecuarias,* cit., pág. 277.

7 *Vías Pecuarias,* cit., pág. 274.

pecuarias que resulten de interés para fines de conservación de la naturaleza, educativos o recreativos, *y, en particular, las que puedan servir para conectar los distintos espacios naturales protegidos en el ámbito de la Comunidad Valenciana*" (art. 17.1).

Pero será en 2015 cuando se reconozca ya, a nivel de legislación básica estatal, que todas las vías pecuarias desempeñan una función esencial como corredores ecológicos. Así lo hizo la Ley 33/2015, de 21 de septiembre, de modificación de la Ley 42/2007, del Patrimonio Natural y de la Biodiversidad (en lo sucesivo, "Ley 42/2007") (**TOL5.431.730**).

Es importante destacar que esta ley se dictó al amparo, exclusivamente, de la competencia para dictar la legislación básica sobre medio ambiente reconocida en el art. 149.1.23 (disposición final segunda), lo que prueba que, al igual que en otras materias conexas con la protección del medio ambiente, el Estado puede intervenir con base en distintos títulos competenciales que incluyen no solo el más específico sino también el de la protección ambiental cuando sea el predominante (véase, entre otros, el caso de la protección del litoral: disposición final segunda de la Ley 2/2013, de protección y uso sostenible del litoral) (**TOL3.711.543**). En el caso que nos ocupa, el Estado puede intervenir sobre la base de su competencia para dictar la legislación básica sobre vías pecuarias o bien fundándose en la relativa a la protección del medio ambiente.

Pues bien, tras la reforma llevada a cabo por esta Ley 33/2015, las vías pecuarias se incluyen como uno de los corredores ecológicos a los que se debe otorgar un "carácter prioritario". Así resulta de su art. 21.1 que, por su importancia, conviene reproducir:

> "Las Administraciones Públicas preverán, en su planificación ambiental o en los Planes de Ordenación de los Recursos Naturales, mecanismos para lograr la conectividad ecológica del territorio, *estableciendo o restableciendo corredores, en particular entre los espacios protegidos Red Natura 2000 y entre aquellos espacios naturales de singular relevancia para la biodiversidad. Para ello se otorgará un papel prioritario* a los cursos fluviales, *las vías pecuarias,* las áreas de montaña y otros elementos del territorio,

> lineales y continuos, o que actúan como puntos de enlace, con independencia de que tengan la condición de espacios naturales protegidos".

Se reconoce así expresamente el papel de las vías pecuarias como corredor ecológico, esto es, como "territorio, de extensión y configuración variables, que, debido a su disposición y a su estado de conservación, conecta funcionalmente espacios naturales de singular relevancia para la flora o la fauna silvestres, separados entre sí, permitiendo, entre otros procesos ecológicos, el intercambio genético entre poblaciones de especies silvestres o la migración de especímenes de esas especies" (art. 2 de la Ley 42/2007).

Por su parte, la nueva redacción del art. 15 de la ley, dedicado al "Marco estratégico de la Infraestructura Verde y de la conectividad y restauración ecológicas", mandata al Ministerio con competencias en materia de medio ambiente, con la colaboración de las comunidades autónomas, para que elabore una Estrategia estatal de infraestructura verde y de la conectividad y restauración ecológicas que "tendrá en especial consideración, entre otros, los espacios protegidos, hábitats en peligro de desaparición y de especies en peligro de extinción, áreas de montaña, cursos fluviales, humedales, *vías pecuarias,* corrientes oceánicas, cañones submarinos, las rutas migratorias que faciliten la conectividad, y los sistemas de alto valor natural originados como consecuencia de las buenas prácticas aplicadas por los diferentes sectores económicos (...)".

Este mandato de la ley se ha cumplido con la Estrategia Nacional de Infraestructura Verde y de la Conectividad y Restauración Ecológicas, aprobada por Orden de 9 de julio de 2021, que incluye a las vías pecuarias entre "los elementos del paisaje que cumplen la función de corredores ecológicos" (apartado 4.1.3)[8].

---

8 Véase, Fernández de Gatta Sánchez, D. (2023). *Actividad pública y privada en materia de recursos naturales y rurales: la infraestructura verde y la custodia del territorio.* Ratio Legis.

Por su parte, de forma aún más reciente, el Plan Forestal Español 2022-2032, aprobado por el Consejo de Ministros el 20 de diciembre de 2022, pone su foco en este elemento de la conectividad ecológica. El Plan prevé, como medida prioritaria para la restauración ecológica e infraestructura verde, "la aprobación del Real Decreto de la Red Nacional de Vías Pecuarias" así como diversas actuaciones para su protección a las que haremos referencia más adelante.

Sobre la coafectación de las vías pecuarias a la conectividad ecológica se ha pronunciado también la jurisprudencia. Cabe destacar, en este sentido, la Sentencia del Tribunal Supremo, Sala 3.ª, de fecha 12.3.2010 (recurso de casación núm. 1022/2006, ponente. D.ª María del Pilar Teso Gamella) (**TOL1.808.470**) que destaca su afectación ambiental de forma muy clara:

"No está de más recordar que las vías pecuarias aunque mantengan, ahora de modo tenue en contraste con el que antaño tuvieron, el servicio a la cabaña ganadera, su preservación tiene indudable trascendencia para el mantenimiento de razas autóctonas y por ser consideradas como auténticos «corredores ecológicos», esenciales para la migración, la distribución geográfica y el intercambio genético de las especies silvestres, como expresa la exposición de motivos de la Ley 3/1995, de 23 de marzo, de Vías Pecuarias. *De manera que la vertiente medioambiental de estas zonas se incrementa significativamente y resulta, en la actualidad, y como sucede con las propiedades especiales, imprescindible para su mantenimiento y conservación.* Acorde con tal significación resulta obligada su decidida caracterización como bien de carácter demanial, siguiendo una tradición centenaria, aunque ahora su titularidad se atribuya a las Comunidades Autónomas en la expresada Ley 3/1995, que es norma básica en la materia, al haber sido dictada al amparo del artículo 149.1.23 de la CE".

La coafectación de las vías pecuarias a la conectividad ecológica ha adquirido así carta de naturaleza como elemento de la conectividad ecológica. De hecho, el carácter de dominio público de las vías pecuarias las convierte en *uno de los elementos más sólidos de la infraes-*

tructura verde. Nótese, en este sentido, que el resto de los elementos de conectividad que enuncia el art. 21 de la Ley 34/2007 no son bienes de dominio público, salvo en el caso de los cauces fluviales. Por ello, como afirma en su exposición de motivos la Ley 3/2014, de 11 de julio, de Vías Pecuarias de la Comunitat Valenciana (**TOL4.434.048**), el patrimonio de las vías pecuarias "ha devenido en uno de los principales activos medioambientales" con los que contamos.

La importancia vital de establecer o restablecer los corredores ecológicos con el fin de conectar funcionalmente espacios naturales de singular relevancia para la flora o la fauna silvestre resulta hoy de la imperiosa necesidad de favorecer los movimientos migratorios y dispersivos de las especies para permitir su adaptación al cambio climático y ralentizar así el proceso de extinción de las especies. Como pone de relieve la Estrategia Nacional de Infraestructura Verde y de la Conectividad y Restauración Ecológicas, existe consenso científico en que "la conectividad ecológica es un aspecto clave para la adaptación al cambio climático dado que numerosas especies de fauna y flora silvestres, tanto terrestres como dulceacuícolas y marinas, habrán de realizar desplazamientos para adaptar sus áreas de distribución en respuesta a los cambios en las condiciones climáticas locales y en la composición de la cubierta vegetal (Opdam y Wascher, 2004)".

Elisabeth Colbert señala, en este sentido, que "una de las características del Antropoceno es que los cambios que se producen en el mundo empujan a las especies a desplazarse, al tiempo que se crean barreras (carreteras, talas rasas, ciudades) que se lo impiden" y cita las palabras del conservacionista Tom Lovejoy (a quien se le atribuye la introducción del término "diversidad biológica"): "ante el cambio climático, aunque fuera un cambio climático natural, la actividad humana ha creado una carrera de obstáculos para la dispersión de la biodiversidad cuyo resultado podría ser una de las mayores crisis bióticas de todos los tiempos"[9]. No es

9 Colbert, E. (2014). *La Sexta Extinción. Una historia nada natural*. Premio Pulitzer 2015, Crítica. La cita de T. LOVEJOY proviene de "Biodiversity: What

ésta una afirmación alarmista ni exagerada. Como señala en su presentación la última edición del indicador *Living Planet Index* (LPI) de 2022, la naturaleza, simplemente, "se está desmoronando": se detecta una disminución media del 68% (rango entre 73% y 62%) de las poblaciones de especies silvestres estudiadas entre 1970 y 2016[10].

En el caso de las vías pecuarias, es urgente desplegar, en la línea marcada por el Plan Forestal, todas las medidas normativas y administrativas posibles para la protección de este elemento clave de la conectividad ecológica que ha llegado casi de milagro hasta nuestros días y cuya integridad sigue estando en serio peligro.

Ello es así debido a la a todas luces deficiente protección jurídica de las vías pecuarias, a pesar de su naturaleza de bien demanial al que se le aplican los principios "de inalienabilidad, imprescriptibilidad e inembargabilidad" (art. 132.1 CE). Para justificar esta afirmación basta con señalar, a título de ejemplo, dos graves atentados a la integridad de estos bienes de dominio público que han tenido lugar de forma reciente.

El primero, de tipo legislativo, lo ha "perpetrado" la Ley 7/2021, de 1 de diciembre, de impulso para la sostenibilidad del territorio de Andalucía (conocida como "LISTA") (**TOL8.655.511**), cuya disposición adicional cuarta, titulada "desafectación de vías pecuarias sujetas a planeamiento urbanístico" establece que se entenderá que han sido objeto de desafectación implícita de los tramos de vías pecuarias que hubieran adquirido las característi-

---

is It", en Kudla, M.L., Wilson, D.E. y Wilson, E.O. (1997). *Biodiversity II: Understanding and Protecting Our Biological Resources.* Joseph Henry Press.

10 The *Living Planet Report* hace un seguimiento de la abundancia de casi 21.000 poblaciones de mamíferos, aves, peces, reptiles y anfibios en todo el planeta utilizando datos de las poblaciones silvestres. Se elabora bianualmente por el Fondo Mundial para la Naturaleza (WWF) en colaboración con la Sociedad Zoológica de Londres. El informe completo y un resumen pueden consultarse en: https://www.livingplanetindex.org/. Recuperado el 31 de enero de 2014.

cas de suelo urbano definidas en la Ley 7/2002, de Ordenación Urbanística de Andalucía (**TOL2.407.869**), a su fecha de entrada en vigor y que hayan sido calificados como urbanos por el planeamiento, precisando que "la previa clasificación de la vía no impide la desafectación implícita regulada en el apartado anterior, que conllevará la desclasificación automática de los tramos afectados".

Como el propio precepto reconoce, ello supone exceptuar —*a posteriori*— la aplicación de la protección urbanística otorgada al dominio público pecuario por el Reglamento de Vías Pecuarias de la Comunidad Autónoma de Andalucía, aprobado por Decreto 155/1998. (**TOL7.580.617**). Este Reglamento establece, de forma taxativa, que "las vías pecuarias, por las características implícitas que les reconoce la Ley de Vías Pecuarias y el presente Reglamento, tendrán la consideración de suelo no urbanizable de especial protección" (art. 39.1).

Estamos, por tanto, ante una convalidación legislativa de normas de planeamiento que eran nulas de pleno derecho por haber declarado urbanos terrenos que tenían la calificación de no urbanizables de especial protección. Nótese, además, que la adquisición de la característica de urbanos de estos terrenos no se debió a ninguna necesidad urbanística sino a una pura y simple ocupación de suelos de especial protección dado que el citado Reglamento prevé un procedimiento para cohonestar el planeamiento urbanístico con la preservación del dominio público de las vías pecuarias, permitiendo que, cuando sea necesaria la alteración de su trazado, "el instrumento de ordenación que se elabore tendrá que contemplar un trazado alternativo a las mismas y su forma de ejecución", adquiriendo en tal caso los terrenos de nuevo trazado "la consideración de suelo no urbanizable de protección especial".

Esta previsión de la LISTA contradice la legislación básica estatal y podría incurrir, por ello, en inconstitucionalidad por vulneración del sistema constitucional de distribución de competencias, porque si bien la Ley 3/1995 admite la desafectación de terrenos de las vías pecuarias, establece como condición necesaria para ello "que no sean adecuados para el tránsito del ganado ni sean susceptibles de los usos compatibles y complementarios a que se refiere el Título II de esta Ley" (art. 10).

El segundo caso de atentado a la integridad del dominio público pecuario ha tenido lugar, de forma aún más reciente, en la Comunidad Autónoma de Madrid. Ocurre que la Modificación Puntual del Plan General de Ordenación Urbana de Madrid aprobado por el Consejo de Gobierno de la Comunidad Autónoma en relación al proyecto de desarrollo conocido como "Madrid Nuevo Norte" ha declarado la ausencia de dominio público pecuario asociado al Cordel de la Carretera de Miraflores a pesar de que la existencia de la vía pecuaria era indubitada (está incluida en la cartografía pecuaria de esta Comunidad, en Informes del área de Vías Pecuarias y en el Fondo Documental del Estado), y de que en el procedimiento de evaluación ambiental estratégica el Documento de Alcance exigía garantizar su continuidad.

Se trata éste de un caso paradigmático del peligro que conlleva que la Administración revista la doble condición de garante y de amenaza de las vías pecuarias —"el lobo que cuida de las ovejas"—. Como defendía en toda razón la asociación ecologista recurrente, dadas las incontestables pruebas documentales del Cordel de la Carretera de Miraflores, la Comunidad de Madrid no podía ignorar la existencia de la vía pecuaria y, bajo el pretexto de que la clasificación que se tramitó en el año 1925 no fue completada, pretender que tal vía no existía; máxime cuando la Ley 8/1998, de Vías Pecuarias de esta Comunidad Autónoma (**TOL74.309**) estableció, en su disposición final cuarta, la obligación de clasificar las vías pecuarias *en el plazo de un año desde su entrada en vigor.* La Administración no puede beneficiarse de su propia torpeza y perjudicar con ello el interés público.

La pérdida de esta vía pecuaria fue avalada por la Sentencia del Tribunal Superior de Justicia de Madrid núm. 461/2020, de 10 de febrero de 2023 (**TOL9.394.019**), con base en el carácter constitutivo del acto de clasificación de las pecuarias, con lo que un cordel cuya anchura, según la Ley de Vías Pecuarias, está entre los 20 y los 37,5 metros, será sustituido por un "itinerario histórico pecuario» de apenas 9 metros, en atención a sus "*antecedentes que atestiguan el tránsito ganadero*". Nótese el sinsentido que supone no calificar como vía pecuaria terrenos en los que expresamente se reconoce su dedicación histórica al tránsito ganadero, cuando es éste precisamente el elemento determinante de su demanialización.

Esta desprotección de las vías pecuarias se explica —que no justifica—, por la prevalencia en nuestra sociedad, como señala Alenza, de una concepción histórica, e incluso "romántica", de las vías pecuarias "como caminos de ganado y como fuente de ingresos cuando dejaran de ser útiles para el tránsito pecuario (única finalidad que podía justificar su existencia)"[11]. Hoy, sin embargo, hemos visto que la ley básica estatal del Patrimonio Natural y de la Biodiversidad reconoce expresamente la coafectación de las vías pecuarias a la protección del medio ambiente como elementos prioritarios de la conectividad ecológica. Esta concepción no ha calado en absoluto, sin embargo, en nuestra cultura hasta el punto de que, como he podido comprobar, la posibilidad de que la protección de un bien del dominio público pecuario hubiera podido dilatar la aprobación del Plan Nuevo Norte resulta incomprensible en determinados círculos jurídicos.

Por ello, con este trabajo pretendo concienciar a la doctrina y a los aplicadores del derecho sobre la actual coafectación de las vías pecuarias a la protección del medio ambiente como corredores ecológicos, así como proponer algunas posibles soluciones normativas que permitirían reforzar su preservación y evitar que situaciones como la expuestas se repitan en el futuro.

2. LAS VÍAS PECUARIAS: ¿BIEN DE DOMINIO PÚBLICO NECESARIO O POR AFECTACIÓN?

Comencemos por recordar que, atendiendo a la forma en que adquieren su carácter demanial, se distinguen dos tipos de bienes dominicales:

---

[11] Alenza, J.F. *Vías pecuarias,* cit. pp. 266 y 267.

a) los bienes de dominio público de carácter natural o necesario, que son aquellos cuya afectación proviene de la aplicación de un precepto de carácter general que establezca esta condición para todo un género de bienes y de la circunstancia de que en el bien concreto se den las características físicas que permitan considerarlo incluido en aquél; y,

b) los bienes de dominio público artificial, cuya integración en el demonio requiere una actividad administrativa de carácter constitutivo[12].

En el caso de las vías pecuarias, su definición legal como "las rutas o itinerarios por donde discurre o ha transcurrido tradicionalmente el tránsito ganadero" (art. 1.2 de la Ley de Vías Pecuarias) hace dudar sobre si deben adscribirse a la primera o a la segunda categoría.

Si, según parece indicar esta definición, basta con demostrar que una vía se utiliza o se ha utilizado para el tránsito del ganado trashumante para calificarla como de dominio público, estaríamos ante un bien demanial por naturaleza, en el que únicamente sería necesaria una actividad administrativa de comprobación o deslinde de la vía. En cambio, si no basta con esta circunstancia para integrar una vía en el dominio público pecuario, sino que es necesario un acto de afectación expresa al mismo, estaríamos ante un bien de dominio público artificial.

Tradicionalmente, como señala Alenza recopilando la doctrina existente al respecto, la categoría de las vías pecuarias "solía incluirse entre el dominio público artificial, dando la impresión de que se hacía por descarte, es decir, por no tratarse de los clásicos bienes dominicales por naturaleza (dominio público marítimo-terrestre, aguas), o bien como una especie menor del dominio público viario"[13].

---

12 Véase, por todos, Parada Vázquez, R. (2002). *Derecho Administrativo III. Bienes Públicos. Derecho Urbanístico,* 9.ª ed. Marcial Pons, 67 y ss. y LÓPEZ RAMÓN, F. (2012). *Sistema jurídico de los bienes públicos,* Aranzadi, 143 y ss.

13 *Vías Pecuarias,* cit., pág. 322.

De forma más reciente, sin embargo, un importante sector doctrinal ha defendido que las vías pecuarias deberían calificarse como un bien demanial necesario o por naturaleza.

Especialmente interesante resulta, en este sentido, la interpretación que hace J. V. González García[14] por cuanto considera que "la protección del medio ambiente es el elemento determinante que hoy debe utilizarse para concretar los bienes de demonio natural, partiendo del mandato que el art. 45 de la Constitución dirige a los poderes públicos y del hecho de que "las normas reguladoras del dominio público natural han construido con particular empeño un régimen jurídico de especial protección, con el fin de evitar que se produzcan nuevos daños y de evitar los causados, y las Administraciones públicas han permitido mejoras sustanciales en algunas de sus parcelas, como puede ser el demonio marítimo-terrestre o en la efectividad de sus aprovechamientos, como ocurre con el dominio público hidráulico".

Desde esta óptica, el autor se plantea si las vías pecuarias entrarían no en este grupo y su respuesta es que sí. La primera razón que aduce para ello es que "se trata de un conjunto de bienes demanializado por ley que no ha sido el resultado de una obra pública y que se encuentra en el medio ambiente natural". Además, en el momento de la creación de estas vías para el tránsito de ganado trashumante fue la dificultad mayor o menor del terreno lo que determinó el trazado y produjo que se comenzara a circular por un sitio determinado. Este trazado, fijado por los propios animales, se fue consolidando por la utilización continua, traduciéndose en que la vía pecuaria no es resultado de una obra pública, sino que, por el contrario, se trata del resultado de un uso continuado cuya determinación en cada uno de los puntos es el fruto de las condiciones naturales del terreno, esto es, nos podemos encontrar ante un verdadero "itinerario de la naturaleza",

---

14 *La titularidad de los bienes del dominio público.* Marcial Pons, 1998, pp. 196 y ss.

como reconoce la Exposición de Motivos de la propia Ley 3/1995, de Vías Pecuarias.

Y la segunda razón, que aquí interesa especialmente, es que "las vías pecuarias constituyen, como señala su ley reguladora, «auténticos corredores ecológicos» esenciales para la migración, la distribución geográfica y el intercambio genético de las especies «silvestres». A esta tesis se adscribe también Darnaculleta, para quien "no existe duda, pues, que las vías pecuarias son bienes de dominio público sobre los que recae una coafectación a las finalidades que, según el TC, son propias del dominio público natural".

Ello es así, explica esta autora, porque la actual Ley de Vías Pecuarias reconoce, entre los usos compatibles y complementarios con la trashumancia ganadera, "el respeto al medio ambiente, al paisaje y al patrimonio natural y cultural" y porque concurren los demás elementos que caracterizan el dominio público natural, señalando, en este sentido, "que la tradicional destinación de estos bienes al tránsito de ganado, así como el extenso periodo de tiempo de aplicación de las normas, consuetudinarias o escritas, que determinan sus características físicas y su denominación, permiten afirmar que la vigente demanialización se produce *ex lege*. Es decir, la LVP ofrece un concepto de vías pecuarias, a través de una clasificación de las mismas, y procede a afectar todos los caminos que posean las características previstas en dicha definición, sin que se requiera ningún acto de afectación singular. La actividad administrativa posterior es una actividad de delimitación en la que, además de las tradicionales facultades de deslinde y amojonamiento, destaca el acto de clasificación, que no posee, en principio, efectos constitutivos"[15].

Compartimos esta posición, que coincide con nuestra tesis sobre la "demanialización como técnica de protección ambiental"[16] que

---

15 (2000). *Recursos naturales y dominio público: el nuevo régimen del demonio natural.* CEDECS, pp. 189 y ss.

16 (2010). *Derecho Ambiental Administrativo.* La Ley, pp. 433 y ss.

encuentra apoyatura, a nuestro juicio, en la doctrina del Tribunal Constitucional que considera que la calificación por el legislador de determinadas categorías de recursos naturales, como las aguas o las costas, como bienes de dominio público estatal "es una técnica dirigida primordialmente a excluir el bien afectado del tráfico jurídico privado, protegiéndolo de esta exclusión mediante una serie de reglas exorbitantes de las que son comunes en dicho tráfico privado. El bien de dominio público es así ante todo *res extra commercium*, y su afectación, que tiene esa finalidad esencial, puede perseguir distintos fines», entre los que uno de los que resultan prioritarios es el de "garantizar la gestión y utilización controlada o equilibrada de un recurso esencial" (Sentencia 227/1988, de 29 de noviembre, sobre la Ley 29/1985, de Aguas) (**TOL80.074**).

No impediría esta caracterización de las vías pecuarias como bienes de dominio público necesario la previsión por el art. 132.2 de la Constitución de que "son bienes de dominio público *estatal* los que determine la ley" pues, como señala Germán Fernández Farreres[17], "aunque el art. 132.2 CE sólo se refiere al dominio público adscrito a la titularidad del Estado, ello no determina que corresponda en exclusiva al Estado la incorporación de cualquier bien al dominio público, ni que, por tanto, todo bien que se integre en el demanio deba considerarse de titularidad estatal" pues, tal como ha interpretado el Tribunal Constitucional, el art. 132.2 CE no es en sí mismo una norma una norma de distribución de competencias, ni traza nítidamente la frontera entre un dominio público estatal y otro autonómico" (Sentencia 227/1988, sobre la Ley de Aguas ya citada y, en el mismo sentido, Sentencia 149/1991, sobre la Ley de Costas) (**TOL599.944**).

Tampoco sería un óbice para esta caracterización el hecho de que las vías pecuarias no constituyan un recurso natural con unas características físicas diferenciadas, como ocurre con las aguas o las costas, pues en este caso, como señala J. V. GONZÁLEZ GARCÍA, "nos encontraríamos ante una especie de "creación de con-

---

17 (2018). *Sistema de Derecho Administrativo II*, 4.ª ed., Civitas, pág. 385.

diciones físicas por el uso» creada por el paso continuo de ganado por estas vías"[18].

Pero parece, además, que esta caracterización de las vías pecuarias como bienes de dominio público natural o necesario fue la querida por la Ley de Vías Pecuarias, si se toman en consideración, conjuntamente, los siguientes preceptos:

- El art. 2, que declara que son vías pecuarias "las rutas o itinerarios por donde discurre o ha transcurrido tradicionalmente el tránsito ganadero", todas ellas, por tanto, sin distinción.
- El art. 7, que define la clasificación como "el acto administrativo *de carácter declarativo* en virtud del cual se determina la existencia, anchura, trazado y demás características físicas generales *de cada vía pecuaria*".
- El art. 10, sobre la desafectación, que únicamente la permite cuando estos bienes de dominio público pierdan tanto el elemento funcional que las define como sus usos compatibles y complementarios: "Las Comunidades Autónomas, en el ejercicio de las facultades conferidas por el artículo 5, apartado e), podrán desafectar del dominio público los terrenos de vías pecuarias *que no sean adecuados para el*

---

18 *La titularidad de los bienes públicos,* cit., pág. 202, nota 20. El autor ofrece un símil adecuado cuando afirma que "la situación recuerda, en alguna manera, a la de los estrechos en el Derecho internacional público. En el primero de los supuestos, para que podamos hablar de estrecho es preciso que nos encontremos ante un elemento geográfico (paso natural en el medio marino, que constituye una contracción de las aguas afectadas y separa dos espacios terrestres, poniendo en conexión dos áreas de mar), un elemento funcional (que sea utilizado para la navegación internacional, que fue el elemento esencial resaltado por el Tribunal Internacional de Justicia) y un elemento jurídico. En todo caso es precisa la concurrencia de los tres elementos para determinar si, para el Derecho internacional, esa separación de dos brazos de tierra por el agua es o no estrecho, con el ánimo de permitir el paso inocente".

tránsito del ganado ni sean susceptibles de los usos compatibles y complementarios a que se refiere el Título II de esta Ley".

– La disposición adicional primera de la ley, que dice: "*las vías pecuarias no clasificadas conservan su condición originaria* y deberán ser objeto de clasificación con carácter de urgencia".

De estos preceptos se colige con claridad que la Ley de Vías Pecuarias pretende que se adscriban *per se* al dominio público de las vías pecuarias todos aquellos terrenos *en los que concurre un elemento funcional intrínseco*, como es su afectación actual o tradicional al tránsito ganadero, siendo el acto de clasificación meramente declarativo y obligado para la Administración cuando este elemento resulte acreditado, con el objeto de declarar su existencia, anchura, trazado y demás características de la vía.

– Y otro argumento adicional, indiscutible, lo encontramos en el art. 8, cuando en la regulación del deslinde se incluye el reconocimiento —que únicamente se da en este caso y en la Ley de Costas de 1988—, de que "la resolución de aprobación del deslinde será título suficiente para rectificar, en la forma y condiciones que se determinen reglamentariamente, las situaciones jurídicas registrales contradictorias con el deslinde. Dicha resolución será título suficiente para que la Comunidad Autónoma proceda a la inmatriculación de los bienes de dominio público cuando lo estime conveniente". A pesar de que el precepto no ha ido acompañado del desarrollo reglamentario previsto, esta disposición legal solo se explica por la consideración legal de las vías pecuarias como bienes de dominio público necesario o por naturaleza pues, como es obvio, de revestir la clasificación carácter constitutivo en ningún caso podrían verse afectadas, por el deslinde que le sigue, las propiedades de particulares inscritas en el Registro de la Propiedad con anterioridad. Esta previsión denota, además, como ha señalado el Tribunal Supremo, la trascendencia que para el legislador tiene la preservación de las vías pecuarias como bien demanial (Sentencia de 12 de marzo de 2010) (**TOL1.808.470**).

En la legislación autonómica sobre vías pecuarias encontramos también algún precepto que corrobora su naturaleza de bien de dominio público necesario. Cabe citar, en este sentido el art. 13 de la Ley de Vías Pecuarias de la Comunidad Valenciana (**TOL4.434.048**), dedicado a "la clasificación y sus efectos», en el que se establece que "procederá la revisión y actualización de la clasificación de las vías pecuarias *en aquellos casos en los que se aprecien errores en cuanto a sus características físicas, o a la realidad histórica de la Comunitat Valenciana,* siempre que dichos errores se acrediten de conformidad con los antecedentes documentales e históricos".

Pero esta inequívoca voluntad del legislador de 1995 no ha calado en la jurisprudencia. La razón estriba, sin duda, en el hecho, apuntado incidentalmente por el Tribunal Supremo, de que las vías pecuarias se diferencian de otros bienes de dominio público por naturaleza y, en particular, del dominio público marítimo-terrestre, "en cuanto que en los primeros la demanialidad se anuda a la concurrencia de determinadas características geomorfológicas en los terrenos, lo que no ocurre en las vías pecuarias" (STS de 15 de julio de 2011, rec. 392/2008).

Aunque esta afirmación solo es parcialmente cierta[19], los tribunales se han decantado hasta el momento —no hay aún Sentencia

---

19 En realidad, sólo en una porción de los bienes del demonio marítimo terrestre, como son el mar territorial y las aguas interiores, las playas o las dunas, se aprecian unas características geomorfológicas que los distinguen, a "simple ojos vista", de los terrenos colindantes. Para el resto de los terrenos que integran este dominio público reconocido por el art. 132 de la Constitución, es necesario llevar a cabo un deslinde que determine su extensión debido a la indefinición del criterio previsto en la Ley de Costas y su remisión expresa a "los criterios técnicos que se establezcan reglamentariamente".

del Tribunal Supremo que siente doctrina— por considerar las vías pecuarias como dominio público por afectación al otorgar carácter constitutivo al acto de clasificación. Así lo han reiterado los Tribunales Superiores de Justicia de las Comunidades Autónomas (véanse, entre otras, las Sentencias del TSJ de Castilla y León, Burgos, núm. 413/2012, de 14 de septiembre, **TOL2.682.075**; del TSJ de Extremadura núm. 578/2007, de 19 de junio, **TOL1.636.982**; del TSJ de Andalucía, Granada, núm. 870/2023, de 22 de diciembre[20], y la ya citada Sentencia del TSJ de Madrid de 10 de febrero de 2023). También lo interpreta así la jurisdicción civil, como lo prueba las Sentencias de la Audiencia Provincial de Granada núm. 14/2012, de 20 de enero y núm. 297/2014, de 25 de julio, **TOL4.520.264**[21].

---

20 En estas sentencias se reitera la siguiente doctrina: "A estos efectos ha de tenerse en cuenta que respecto de las vías pecuarias, a diferencia de otros supuestos (como por ejemplo la zona marítimo-terrestre), la condición de "dominio público" no deriva de la "naturaleza" (por ejemplo geográfica) del bien, sino de una apreciación llevada a cabo por la propia Administración, a través del acto de la clasificación, de que genéricamente la vía que luego se habrá de deslindar (es decir, concretar sobre el terreno) fue utilizada tradicional o históricamente para tránsito del ganado, pues, con independencia de que en el momento presente los usos de las vías pecuarias puedan ser alternativos, lo cierto es que conforme a su definición legal han de reunir ese requisito histórico que sólo a través de un expediente administrativo puede apreciarse. Dicho de otro modo, el acto de clasificación es necesario para que la vía pecuaria sea jurídicamente considerada como de dominio público, y mientras que esa clasificación no se haya producido, no serán de aplicación las reglas jurídicas de protección especial del dominio público».

21 Destacamos el siguiente párrafo: "Considerábamos en Sentencia de esta misma Sala de veinticuatro de julio de dos mil nueve que el acto de clasificación es necesario para que la vía pecuaria sea jurídicamente considerada como de dominio público, y mientras que esa clasificación no se haya producido, no serán de aplicación las reglas jurídicas de protección especial del dominio público, sin que en absoluto pueda considerarse que los derechos privados consolidados con anterioridad a dicho acto se extinguen automáticamente por la mera declaración administrativa. De este modo, en definitiva, habrá que distinguir se-

Esta doctrina jurisprudencial sobre el carácter constitutivo de la clasificación de las vías pecuarias, unida a la inactividad de la Administración en cumplir su deber de calificarlas y deslindarlas, pone en serio peligro la integridad de este bien demanial —como lo demuestra la reciente Sentencia del Tribunal Superior de Justicia de Madrid citada— dado que, por muy conocida que sea la existencia de una cañada, un cordel o una vereda, hasta que esta condición no se aprecie mediante el expediente administrativo de afectación se verán desprovistas por completo de las garantías que le confiere su pertenencia al dominio público.

Creemos que puede apuntalar esta protección la aplicación por la Administración y por los Tribunales de lo dispuesto en la citada disposición adicional primera de la ley, en virtud de la cual "*las vías pecuarias no clasificadas conservan su condición originaria y deberán ser objeto de clasificación con carácter de urgencia*".

Este precepto, debido quizás a su ubicación en la ley, ha sido pasado por alto por los Tribunales y, sin embargo, resulta crucial

gún que los actos de adquisición alegados por los particulares se hayan producido antes o después de la clasificación administrativa de la vía pecuaria. Lo mismo ocurre con la eficacia de la fe pública registral. Si antes de la fecha de la clasificación algún particular adquirió con todos los requisitos del artículo 34 de la Ley Hipotecaria, es decir, adquirió de quien constaba en el Registro como titular y con facultades para transmitir, a título oneroso, de buena fe, e inscribiendo a su nombre), entonces su adquisición seria mantenida a pesar de la clasificación posterior, gozando también de protección, en consecuencia, sus causahabientes posteriores (herederos, compradores, etc.). Nótese que en este caso ya no está haciéndose prevalecer "la inscripción» sobre el acto de deslinde, sino el «derecho adquirido» no por la inscripción, sino por el mecanismo de protección de la fe pública registral establecido en el artículo 34 de la Ley Hipotecaria. Pero si esa misma adquisición con los requisitos de dicho artículo se produce después de la clasificación, ha de prevalecer la protección reforzada de lo que ya tiene consideración de dominio público, sin necesidad alguna de inscripción registral, y sin perjuicio, desde luego, de las eventuales acciones civiles del adquirente contra el transmitente por evicción."

para la protección de las vías pecuarias. Su inclusión se debe posiblemente a la voluntad del legislador de 1995 de configurar las vías pecuarias como un bien público necesario o natural, pero el hecho de que esta interpretación no haya sido confirmada hasta ahora por la jurisprudencia no le resta valor, sino que la convierte en una medida cautelar, establecida *ex lege*, que impide cualquier acto de disposición patrimonial, público o privado, sobre una vía pecuaria documentada hasta tanto se proceda a su clasificación.

3. LA DESPROTECCIÓN DEL DOMINIO PÚBLICO PECUARIO COMO CONSECUENCIA DEL INCUMPLIMIENTO POR LAS ADMINISTRACIONES AUTONÓMICAS DE SU DEBER DE DESLINDE

No basta con clasificar una vía pecuaria para conferirle plena protección jurídica; una vez clasificada, debe procederse a su deslinde, que es el procedimiento contradictorio que define sus límites de conformidad con lo establecido en el acto de clasificación y declara la posesión y la titularidad demanial a favor de la Comunidad Autónoma. El deslinde va seguido del amojonamiento o señalización de la vía y de su inscripción registral a favor de la Administración titular. Sin embargo, en contra de lo que parece razonable, a la resolución de clasificación de una vía pecuaria no siempre va seguida del correspondiente procedimiento de deslinde y amojonamiento. Pues bien, el incumplimiento del deber de deslinde de las vías pecuarias no es una cuestión menor por dos razones que pasamos a exponer.

En primer lugar, el hecho de que la vía pecuaria no esté deslindada impide a la Administración sancionar las ocupaciones ilegales y exigir la reparación de los daños. Cabe citar, en este sentido, la Sentencia del Tribunal Supremo 2851/1998, de 20 de abril de 1998 (**TOL5.112.595**), que confirmó la anulación por la sentencia apelada de la orden de derribo de un muro y de la sanción administrativa impuestas a un particular por ocupar terreno perteneciente a una vía pecuaria con el argumento de que no podía determinarse su ocupación, temporal o permanente, al no haberse procedido al deslinde de dicha vía y no estar, por tanto, geográficamente determinada[22].

En segundo lugar, porque aunque la vía pecuaria esté clasificada, el incumplimiento por la Administración de su deber de deslindarla podría impedir, según la cuestionable doctrina que mantiene actualmente la Dirección General de Seguridad Jurídica y Fe Publica, que se extiendan notas registrales sobre la clasificación de la vía y la pendencia de su deslinde. La colindancia con la vía pecuaria constará, en estos casos, en la descripción de la finca, pero esta Dirección General es contraria a que se extienda una nota marginal sobre la calificación de la vía pecuaria y la afectación de la finca a un futuro deslinde.

---

22 En su recurso de la sentencia de instancia, el Abogado del Estado puso de relieve que, estando la vía pecuaria clasificada como de dominio público con su dirección, anchura, longitud y superficie, era un error otorgar tanta relevancia a un trámite administrativo de carácter material o fáctico, como es el deslinde; lo esencial, decía, era la clasificación y, a falta de delimitación, podía mantenerse que las características de las vías pecuarias eran conocidas por todos, por lo que, acreditada la invasión ilícita, era procedente la orden de demolición y la sanción impuestas.
El Tribunal Supremo desestimó, sin embargo, el recurso por considerar que "poder determinar si el muro construido ha invadido o no el bien de dominio público, ha de saberse dónde está situado éste y los límites de su superficie: si no hay datos sobre el terreno destinado a vía pecuaria y su delimitación con la finca privada colindante, la afirmación de que ha invadido el terreno de dominio público, carece de base, y más cuando, como se dice en las resoluciones administrativas, al rechazar la justificación sobre posible prescripción y contenido de los actos propios de la Administración, tal terreno estaba siendo usado por el sancionado". La Sentencia corrige, sin embargo, el pronunciamiento de la sentencia apelada que decía que las construcciones están realizadas en parcela propiedad del recurrente, por considerar que «las cuestiones sobre propiedad corresponden a la jurisdicción civil y no han de quedar decididas en este proceso».

Hay que citar, en este sentido, tres resoluciones recientes de esta Dirección General de Seguridad Jurídica y Fe Pública publicadas en el BOE de 18 de enero de 2023. En la primera de ellas, de 14 de diciembre de 2023, se niega la inscripción de la nota marginal que pretendía la Junta de Castilla-La Mancha en su recurso contra la nota de calificación, que era del siguiente tenor: "La finca colinda con la vía pecuaria denominada (…) clasificada con anchura de 75,22 metros. Esta vía será deslindada en un futuro, resultando que parte del terreno ocupado por la finca quede afecto, inequívocamente, al dominio público; tomando así, la Junta de Comunidades de Castilla-La Mancha, posesión de él".

La resolución de la Dirección General señala que "la nota marginal previa al inicio del expediente del deslinde no está prevista en la normativa reguladora de las vías pecuarias, ni tampoco se prevé en la normativa general de las administraciones públicas" por cuanto la Ley 33/2003 de Patrimonio de las Administraciones Públicas únicamente contempla la publicidad registral una vez iniciado el deslinde. Frente al argumento de la recurrente (Junta de Castilla-La Mancha) de que a través de esta nota marginal se protege el demonio público frente a la aparición de terceros protegidos por el art. 34 de la Ley Hipotecaria, la resolución afirma que "si realmente estamos ante una finca que invade una vía pecuaria, la obligación de la Administración Pública es iniciar el expediente de deslinde, anotando preventivamente su incoación en el Registro de la Propiedad".

En idéntico sentido se pronuncia esta Dirección General en su resolución de 14 de diciembre de 2023. Esta resolución niega que la clasificación permita practicar la nota marginal porque "en ella, el titular registral no ha tenido ninguna intervención en el procedimiento: no se le ha dado el preceptivo trámite de audiencia, previo a cualquier resolución que le afecte y no se le ha notificado la resolución a fin de que interponga los recursos pertinentes" y "como se deduce de los artículos 20 y 38 de la Ley Hipotecaria al objeto de hacer constar en el Registro de la Propiedad una resolución administrativa en los términos que pretende la Administración recurrente, deberá realizarse mediante el correspondiente procedimiento Administrativo en el que haya sido parte el titular registral o sus causahabientes, lo cual es aplicación concreta del principio constitucional de interdicción de la indefensión (artículo 24 de la Constitución)". En el mismo sentido se pronuncia también la Resolución de 15 de noviembre de 2023.

Esta interpretación que mantiene la Dirección General de Seguridad Jurídica y Fe Pública notarial no es conforme, sin embargo, con el carácter constitutivo que la jurisprudencia reconoce al acto de calificación, que la incorpora al domino público y determina, como dice la Ley de Vías Pecuarias, "la existencia, anchura, trazado y demás características físicas generales de cada vía pecuaria (art. 7) y con la protección que el Registro debe prestar al dominio público". No es cierto, además, que el titular registral no tenga participación en los procedimientos de clasificación de las vías pecuarias. En ellos se abre siempre un periodo de exposición pública y audiencia a los posibles interesados y afectados particulares; en el caso de la Comunidad Autónoma de Castilla-La Mancha a la que se refieren estas resoluciones así lo regula el art. 11.2 de la Ley 9/2003, de 20 de marzo, de Vías Pecuarias.

Así lo han confirmado los Tribunales. Pueden citarse en este sentido, la Sentencia núm. 46/2022, del Juzgado de Primera Instancia núm. 8 de Guadalajara, de 9 de febrero de 2023 y la sentencia núm. 45/2023, del Juzgado de Primera Instancia núm. 2 de Cuenca, que estiman las demandas interpuestas contra esta Dirección General y declaran la procedencia de inscribir la nota al margen solicitada en la que se advertía sobre la colindancia de la finca con una vía pecuaria clasificada y pendiente de deslinde, advirtiendo por ello que en un futuro deslinde, al posesión de la totalidad o parte de la finca podría ser atribuida a la Junta de Comunidades de Castilla-La Mancha.

Como señala la segunda de las Sentencias citadas, esta nota al margen "tiene por objeto de evitar que un tercero pueda adquirir de buena fe una finca que tras un procedimiento de deslinde podría ser atribuida en todo o en parte a la entidad titular de la vía pecuaria. Por lo que es conveniente, para la salvaguarda del dominio público, así como para evitar que se pongan en el tráfico jurídico bienes con carácter *extra commercium*, que quede constancia de esta circunstancia a través de una nota marginal. Teniendo, además en cuenta que los terrenos de fincas colindantes con vías pecuarias sin deslindar están representados en la cartografía catastral con una anchura inferior a la anchura legal que figura en su clasificación".

En apoyo de que se practique esta anotación marginal, la Sentencia cita diversos preceptos de la legislación estatal que prevén el deber de colaboración del personal de la Administración, en general, y de los Registradores, en particular, en la defensa del dominio público y termina con un párrafo muy esclarecedor que conviene reproducir:

> "Por otro lado, el Registro tiene una finalidad concreta, la seguridad del tráfico inmobiliario, y el hecho de que se reflejen el Registro la nota pretendida no hace sino contribuir a dotar de una mayor seguridad jurídica a los aspectos relacionados con el régimen de propiedad, instrumentando con ello un mecanismo de publicidad que aumenta la eficacia y aplicación de las normas, reforzando la seguridad jurídica del tráfico inmobiliario. En este sentido, y en cumplimiento de esta finalidad no existe razón por la cual no se deba practicar la anotación e informar con las garantías del Registro, al propietario y a terceros de buena fe, de la afectación de esa vía pecuaria a las fincas colindantes. Afectación ya existente pues la existencia de la vía pecuaria es real y efectiva como así se deduce de la Clasificación de ellas por la Orden Real de 1925. Esa anotación marginal no viene a constituir un nuevo derecho ni a modificar los existentes, simplemente informa y advierte a los colindantes de la existencia de dominio público cuyo deslinde pudiera afectar a su propiedad."

A estas razones hay que añadir el mandato que contiene el art. 53 de la Ley 52/2007, tras su modificación en 2015, de que se incorpore la información perimetral de las vías pecuarias incluidas en el Inventario Español del Patrimonio Natural y de la Biodiversidad al sistema de información geográfica de la finca registral. Esto supone que las vías pecuarias incluidas en el Inventario que son, como veremos, todas las que hayan sido declaradas por un acto de clasificación, deben estar inscritas en el Registro de la Propiedad.

Este precepto exige, además, por si cupiera alguna duda sobre la necesidad de practicar notas marginales, que "en toda información registral, así como en las notas de calificación o despacho referidas a fincas, que según los sistemas de georreferenciación de fincas registrales, intersecten o colinden con ámbitos espaciales sujetos a algún tipo de determinación medioambiental, conforme a la documentación recogida en el apartado anterior, se pondrá de manifiesto tal circunstancia como información territorial asociada y con efectos meramente informativos, recomendando en cualquier caso, además, la consulta con las autoridades ambientales competentes".

En todo caso, las citadas resoluciones de la Dirección General, por mucho que se corrijan por los tribunales, evidencian la desprotección en la que se halla el dominio público de las vías pecuarias, incluso una vez clasificadas, cuando la Administración incumple con su deber de deslindarlas e inscribirlas en el Registro de la Propiedad.

Este incumplimiento es muy elevado. Por lo que atañe a Castilla-La Mancha, en los antecedentes de una de las resoluciones de la Dirección General citadas[23], la Administración reconoce que "la situación actual, en cuanto a la defensa de la propiedad de las vías pecuarias en Castilla-La Mancha, es aproximadamente la siguiente:

- Vías Pecuarias Clasificadas: 14.500Km (56.000 ha).
- Vías Pecuarias Deslindadas: 3.200Km (17.800 ha).

---

[23] Así lo señaló la Junta de Castilla-La Mancha en sus motivos para oponerse a la inmatriculación mientras no se hiciera constar en el asiento la circunstancia de la posible invasión de una vía pecuaria clasificada y, por tanto, de dominio público, tal como lo reproduce la Resolución de la Dirección General de 15 de diciembre de 2023 citada.

– Vías Pecuarias digitalizadas, en proceso de actualización catastral: 2.200Km (14.200 ha).
– Sólo un 6 % de la superficie de las Vías Pecuarias de Castilla-La Mancha (3.200 ha) está inscrita en los Registros de la Propiedad".

Igual de alarmantes son los datos que publica el último informe de "Diagnóstico ambiental 2022" de la Comunidad de Madrid. Este informe, tras indicar que las vías pecuarias de la Comunidad "totalizan 4.109 kilómetros de longitud y más de 13.000 hectáreas de superficie", señala que, según los datos del Inventario de las Vías Pecuarias de la Comunidad de Madrid, sobre este total únicamente están deslindadas un 33% y amojonadas un 18% (pág. 385).

Estas cifras se corresponden con los porcentajes que, a nivel nacional, publica el último Indicador de Vías Pecuarias del Inventario Español del Patrimonio Natural y de la Biodiversidad (indicador 45)[24] según el cual, en 2022, del 85% de las vías pecuarias que están clasificadas, solo están deslindadas un 26%.

Es urgente corregir este grave déficit de protección del dominio público. Para ello, el Plan Forestal Español 2022-2023 prevé una línea de actuación dirigida al "Refuerzo a la protección, defensa y seguridad jurídica del Dominio Público Pecuario mediante la clasificación, deslinde y amojonamiento de vías pecuarias" que deberá, a su vez, "reforzarse", con la adscripción de los fondos nacionales o europeos que resulten necesarios para su financiación; no hay que olvidar, en este sentido, la previsión contenida en el art. 3.2 de la Ley de Vías Pecuarias, que dispone que, "con el fin de cooperar con las Comunidades Autónomas en el aseguramiento de la integridad y adecuada conservación del dominio público de las vías pecuarias [el Ministerio con competencias en

---

24 Publicado en la web del MITECO.https://www.miteco.gob.es/es/biodiversidad/temas/inventarios-nacionales/inventario-espanol-patrimonio-natural-biodiv/sistema-indicadores/descarga-datos-abiertos.html. Recuperado el 31 de enero de 2024.

medio ambiente] podrá instrumentar ayudas económicas y prestar asistencia técnica" para la defender su integridad y asegurar su adecuada conservación.

4. MEDIDAS *DE LEGE DATA* Y *DE LEGE FERENDA* PARA GARANTIZAR LA FUNCIÓN DE CONECTIVIDAD ECOLÓGICA QUE PRESTA EL DEMANIO PECUARIO

Como hemos expuesto, la Ley 42/2007, del Patrimonio Natural y de la Biodiversidad, tras la modificación introducida en 2015, reconoce que el dominio público de las vías pecuarias está actualmente coafectado a la protección ambiental como elemento clave de la conectividad ecológica al que han de atender las Administraciones en la planificación ambiental.

Es importante también la incorporación de las vías pecuarias al Inventario Español del Patrimonio Natural y de la Biodiversidad (IEPNB), también llamado Banco de la Naturaleza y regulado en el art. 9 de la Ley 42/2007. La finalidad del Inventario es, como dice el Real Decreto 556/2011, de 20 de abril, que lo desarrolla, "disponer de una información objetiva, fiable y comparable, lo más actualizada posible, en todo el ámbito territorial, que permita identificar y conocer el Patrimonio Natural y la Biodiversidad, su estado y tendencias" para poder elaborar y aplicar políticas de conservación y gestión y servir como fuente de información (art. 3). A este fin, el Inventario se configura como un "instrumento público, donde se integran los inventarios, catálogos, listados e indicadores que recogen la distribución, abundancia, estado de conservación y utilización de los elementos terrestres y marinos integrantes del Patrimonio Natural y la Biodiversidad, así como el sistema integrado de información, los informes generados y toda aquella información adicional que considere relevante el Comité del Inventario" (art. 2). El sistema integrado de información resulta de la aplicación de las actuales tecnologías de la información a los elementos que integran el inventario, lo que permite el acceso, las relaciones entre sus elementos y la interoperabilidad del sistema.

Si bien el art. 9 de la Ley 42/2007 no incluyó las vías pecuarias entre los componentes que, como mínimo, deben formar parte de este Inventario, su incorporación la llevó a cabo el citado Real Decreto 556/2011. Este Real Decreto incluye en el Inventario la “Red de vías pecuarias” integrada por el “conjunto de vías pecuarias que hayan sido declaradas por un acto de clasificación» (5.f). En el Inventario debe constar su “información cartográfica, con geografía de líneas y base de datos alfanumérica y documental asociada” que debe ser objeto de una actualización continua. Además, como otra información relevante que debe hacerse constar sobre las vías pecuarias en el Inventario, se alude a: “inclusión en la Red de Vías Pecuarias y otras categorías singulares según la normativa autonómica”; deslindes y amojonamientos; desafectación demanial; intrusiones; cuantificación de su longitud y superficie”. Todo ello, añade el precepto, “permitirá determinar la localización y estado de las vías pecuarias por parte de ganaderos trashumantes y otros usuarios particulares, así como de administraciones públicas, particularmente ayuntamientos”.

Veamos, a continuación, cuáles han sido los instrumentos adoptados para la protección de las vías pecuarias al amparo de las previsiones introducidas en la Ley del Patrimonio Natural y de la Biodiversidad por la Ley 33/2015.

En primer lugar, dando cumplimiento con mucho retraso al mandato del art. 15 de la ley, en 2021 se aprobó la Estrategia Nacional de Infraestructura Verde y de la Conectividad y Restauración Ecológicas, que incluye a las vías pecuarias entre “los elementos del paisaje que cumplen la función de corredores ecológicos” (apartado 4.1.3). Sin embargo, las indicaciones de este elemento de planificación se limitan a este reconocimiento y a un resumen del contenido de la Ley de 1995.

En segundo lugar, y de forma más reciente, el Plan Forestal Español 2022-2032, aprobado por el Consejo de Ministros el 20 de diciembre de 2022, presta mayor atención a este elemento clave de la conectividad ecológica.

En concreto, el Plan Forestal prevé, dentro del Eje I, dedicado a la "conservación y mejora del Patrimonio Natural, la Biodiversidad y la Conectividad", las siguientes medidas:

a) En la línea de actuación I.2 sobre la "Restauración ecológica e infraestructura verde. Actuaciones en dominios públicos. Restauración de riberas", se incluye:

Iniciativas legislativas, medidas de desarrollo normativo e instrumental.	
I.2. A.01	"Aprobación del Real Decreto de la Red Nacional de Vías Pecuarias". La responsabilidad se atribuye al MITECO y el plazo se fija en 2025.
Procedimientos de coordinación administrativa; mecanismos de colaboración institucional, cooperación y participación sectorial.	
I.2. B. 01	"Establecimiento de mecanismos de colaboración entre los órganos competentes de la AGE y las CC. AA. encargados de la tutela del Dominio Público Forestal, Pecuario e Hidráulico para la creación de una Red estratégica de áreas núcleo y corredores ecológicos forestales constituida por infraestructura verde clave para la conectividad (hábitats forestales y agroforestales, vías pecuarias y márgenes fluviales) en el marco de la ENIVCRE." La responsabilidad se atribuye al MITECO y comunidades autónomas y e plazo se fija en 2025.

En esta línea de actuación se acoge la propuesta de WWWF España para crear una Red Estratégica de Corredores Ecológicos entre espacios Red Natura 2000[25].

b) En la línea de actuación V.6. sobre la "defensa, seguridad jurídica y mejora del conocimiento del dominio público forestal y otros patrimonios forestales. Dinamización de la propiedad forestal privada", se incluye:

---

25 WWF España (2018). "Autopistas Salvajes: Propuesta de WWF España para una Red Estratégica de Corredores Ecológicos entre espacios Red Natura 2000". https://conservationcorridor.org/cpb/Mateo-Sanchez_2018.pdf. Recuperado el 31 de enero de 2024.

V.6. C.02	"Refuerzo a la protección, defensa y seguridad jurídica del Dominio Público Pecuario mediante la clasificación, deslinde y amojonamiento de vías pecuarias con especial énfasis en la Red Nacional de Vías Pecuarias e incluyendo, en su caso, los elementos auxiliares para su utilización por la ganadería extensiva, como los abrevaderos, descansaderos y majadas". La responsabilidad de la ejecución de estas actuaciones se atribuye al Ministerio para la Transición Ecológica y el Reto Demográfico, a las Comunidades Autónomas y a las Entidades Locales

c) Por su parte, en la Evaluación y Seguimiento del Plan Forestal, se establecen los siguientes indicadores, parámetros y líneas de actuación en relación con las vías pecuarias:

Nombre del indicador	Parámetros	Líneas de actuación implicadas
Recuperación de vías pecuarias	Km. de vías pecuarias clasificadas, deslindadas y amojonadas.	V.6. Defensa, seguridad jurídica y mejora del conocimiento del dominio público forestal y otros patrimonios forestales. Dinamización de la propiedad privada.

Más allá de estas previsiones de la planificación, la nueva caracterización de las vías pecuarias como dominio público coafectado a la conectividad ecológica no se ha traducido todavía en un régimen jurídico de protección que incorpore esta vertiente ambiental y adopte medidas que refuercen su protección.

De *lege ferenda* sería necesario, sobre todo, actualizar la Ley de Vías Pecuarias con el fin de incorporar y poner en valor su coafectación ambiental como corredores ecológicos. Para ello, sin alterar su definición vinculada al tránsito ganadero (que es el objeto de la "garantía institucional" como dominio público que le otorga el art. 149.1.23 de la Constitución), debería reconocerse esta coafectación a la conectividad ecológica como uno de los fines prioritarios que deben perseguir las Administraciones públicas titulares de este bien demanial.

Una previsión de este tipo se ha incluido, de forma reciente, en la Ley 9/2003, de 20 de marzo, de Vías Pecuarias de Castilla-La Mancha mediante la modificación llevada a cabo por la Ley 4/2023, de 24 de febrero. Esta ley ha "ecologizado" en cierta medida la regulación del dominio público pecuario al añadir a los fines que debe perseguir la Comunidad Autónoma de Castilla-La Mancha el de "consolidar una red de corredores naturales en las vías pecuarias". Como medios para la consolidación de esta red, la ley prevé "actuaciones de creación, ampliación y recuperación» de las vías pecuarias y señala que "llevan aparejada la declaración de utilidad pública a efectos expropiatorios de los bienes y derechos afectados". Esta ley apunta, a nuestro juicio, en la buena dirección.

La coafectación a la conectividad de las vías pecuarias debería también ganar relevancia en la regulación e la desafectación, de tal manera que a la previsión actual, contenida en el art. 10 de la Ley de Vías Pecuarias de que las Comunidades Autónomas podrán desafectar los terrenos de las vías pecuarias "que no sean adecuados para el tránsito del ganado ni sean susceptibles de los usos compatibles y complementarios" se añada la previsión de que no sirvan para conservar o conectar entre sí espacios naturales protegidos o de la Red Natura 2000.

Algunas leyes autonómicas prevén la posibilidad de declarar vías pecuarias de interés natural a aquéllas que revistan un destacado valor natural o que puedan servir para preservar o conectar entre sí a los espacios naturales protegidos y de la Red Natura 2000[26]. La inclusión de las vías pecuarias en esta categoría tiene como efecto dificultar o impedir su desafectación. En este sentido, la Ley de Vías Pecuarias de Castilla-La Mancha dificulta su desafectación, al disponer que "los tramos de vías pecuarias decla-

---

26 Una previsión de este tipo figura en las leyes de vías pecuarias de la Comunidad de Madrid (Ley 8/1998, de 15 de junio, art. 9) y de Castilla-La Mancha (Ley 9/2003, de 20 de marzo, de arts. 6.3 y 15.1). En la Comunidad Valenciana esta previsión ha pasado de la Ley de Vías Pecuarias a la Ley 11/1995, de 27 de diciembre, de Espacios Naturales Protegidos (art. 17).

rados de Especial Interés mantendrán prioritariamente sus fines específicos, no pudiendo proceder a su desafectación excepto en aquellos casos en que esta se efectúe mediante un procedimiento de prevalencia, siempre y cuando se garanticen las valores que motivaron su declaración" (art. 15.1). Más drástica es la Ley de Espacios Naturales Protegidos de la Comunidad Valenciana, que prohíbe por completo su desafectación: "No podrán declararse innecesarias, ni, por consiguiente, enajenarse o dedicarse a otros usos, las vías pecuarias que hayan sido designadas de interés natural con arreglo a lo previsto en el párrafo anterior, aún en el supuesto de haber perdido su utilidad para el tránsito de ganado o las comunicaciones agrarias." (art. 17.2)[27].

Hay que plantearse, en este punto, la conveniencia de incluir un precepto de este tenor en la legislación básica estatal que prevea el supuesto y remita la declaración de las vías pecuarias de interés natural a las Comunidades Autónomas. Sin embargo, lo cierto es que estas previsiones de las leyes autonómicas no han ido seguidas de los actos de declaración de las Administraciones competentes y se han quedado, por tanto, en agua de borrajas. ¿Cómo vamos a pretender que las Administraciones declaren las vías pecuarias de interés natural cuando ni siquiera han completado el deslinde de la mayoría de ellas? Por ello, como repite mi amigo, el catedrático de civil Ángel Carrasco, las medidas más efectivas son las que se prevén con carácter leyes "autoaplicativo" en la ley, sin necesidad de ulteriores actuaciones administrativas.

---

27 Hay que mencionar también la previsión contenida en el art. 26 de la Ley 8/1998, de 26 de junio, de Conservación de la Naturaleza y de Espacios Protegidos de Extremadura, que prevé que "las cañadas y otras vías pecuarias, atendiendo, entre otros criterios, a su ubicación, grado de conservación, utilización originaria y usos alternativos, podrán tener la consideración de Corredores Ecoculturales (o Ecoitinerarios). En tal caso se desarrollarán las medidas tendentes a su delimitación, conservación y uso sostenible sin menoscabo de las competencias a que hubiera lugar en cada caso, en virtud de su legislación específica".

Es preferible, por esta razón, la declaración *ex lege* de determinadas vías pecuarias como de interés natural. Para ello, con el fin de respetar el régimen competencial en la materia, la modificación de la Ley de Vías Pecuarias podría establecer que las leyes de las Comunidades Autónomas declararán de interés natural las vías pecuarias que posean valores naturales dignos de conservación y, en particular, todas aquellas que sirvan para conectar entre sí los espacios naturales protegidos y los espacios de la Red Natura 2000, estableciendo respecto de ellas la prohibición de su desafectación aún en el caso de haber perdido su utilidad para el tránsito ganadero o las comunicaciones agrarias.

En relación con la Red Nacional de Vías Pecuarias a las que aludiremos a continuación a propósito del Proyecto de Real Decreto en curso, a nivel de ley sería conveniente introducir algún precepto que permita una mayor intervención estatal en su protección. Convenimos con Alenza en la conveniencia de declarar el carácter vinculante del informe del Ministerio para la Transición Ecológica y el Reto Demográfico en los expedientes de desafectación de vías pecuarias incluidas en la red ya que, como pone de relieve este autor, "se trata de un acto que puede dar lugar a la desaparición de una cañada que, por su carácter histórico o por comunicar varias Comunidades Autónomas, sea de interés nacional. Piénsese además que a las Comunidades Autónomas vecinas no se les concede participación alguna en la ley estatal (tampoco en las autonómicas) y que pueden ver seriamente afectada la funcionalidad de sus vías pecuarias si desaparecen los tramos que discurren por otra Comunidad Autónoma."[28]

Muy importante es, también, arbitrara medidas para preservar las vías pecuarias de los procesos urbanizadores (que ya han acabado con tantas de ellas). La Ley de Vías Pecuarias no abordó esta cuestión, pero la mayoría de las leyes de vías pecuarias y las normas urbanísticas autonómicas las califican como suelo no urbanizable dotado de algún tipo de protección. La modificación de la Ley de

---

28 *Las Vías Pecuarias,* cit., pág. XX.

Vías Pecuarias debería incorporar esta previsión, con un precepto similar al contenido en la Ley 10/2005, de 11 de noviembre, de vías pecuarias de Aragón. El art. 27 de esta ley dispone que "los nuevos instrumentos de planeamiento urbanístico calificarán las vías pecuarias como suelo no urbanizable especial cuyo régimen de protección se asimilará, a los efectos de la aplicación de la legislación urbanística, al propio de los espacios naturales protegidos, excepto aquellas vías pecuarias que se encuentren en suelo urbano o en suelo que haya sido clasificado como urbanizable delimitado por instrumentos de planeamiento urbanístico ya aprobados y vigentes en el momento de entrada en vigor de la presente Ley". Por su parte, para los tramos de las vías pecuarias que transcurran por suelo urbano o urbanizable, el precepto prevé que los Ayuntamientos insten la modificación de su trazado por otros alternativos que transcurran por suelo no urbanizable, "siempre que quede asegurada la continuidad de la vía pecuaria y garantizados el tránsito ganadero y los otros usos establecidos en esta Ley".

En cuanto a los usos de las vías pecuarias, la previsión, contenida en el art. 17 la Ley de Vías Pecuarias, de permitir como usos complementarios "el paseo, el senderismo, la cabalgada, el cicloturismo y cualquier otra forma de desplazamiento deportivo sobre vehículo no motorizado" debería ir acompañada, además de la necesidad de respetar la prioridad del tránsito ganadero, de la cautela, contenida en el art. 28 de la Ley 3/2014, de 11 de julio, de Vías Pecuarias de la Comunidad Valenciana, de que estos usos complementarios puedan ser objeto de restricciones cuando "puedan suponer incompatibilidad con la protección de ecosistemas sensibles, masas forestales con alto riesgo de incendio y especies protegidas". Esta restricción debería poder acordarse con carácter temporal o permanente —la Ley de la Comunidad Valenciana solo la prevé con carácter temporal—, previa tramitación, en este segundo caso, de un procedimiento abierto a la información pública en el que se justifique adecuadamente la necesidad de la restricción.

Por último, otra medida que consideramos conveniente para reforzar la protección de las vías pecuarias es la modificación del art. 35 de la Ley 21/2013, de 9 de diciembre, de Evaluación Ambiental sobre el contenido del Estudio de Impacto Ambiental, a fin de incluir en la información mínima que debe contener la relativa a la identificación y análisis de los posibles efectos del proyecto sobre vías pecuarias clasificadas o documentadas existentes con el objetivo de garantizar su preservación de conformidad con lo establecido en la Ley de Vías Pecuarias.

5. EL ACTUAL PROYECTO DE REAL DECRETO POR EL QUE SE DESARROLLA LA RED NACIONAL DE VÍAS PECUARIAS

La medida prevista en el Plan Forestal Español 2022-2023 relativa a la aprobación de un Real Decreto por el que se desarrolla la Red Nacional de Vías Pecuarias (línea de actuación I.2. A.01) se ha puesto ya en marcha; en la página web del Ministerio para la Transición Ecológica y el Reto Demográfico puede consultarse el borrador del Proyecto de Real Decreto[29].

La Red Nacional de Vías Pecuarias fue creada por el art. 18 de la Ley de Vías Pecuarias. Como dice este precepto, en ella "se integran todas las cañadas y aquellas otras vías pecuarias que garanticen la continuidad de las mismas, siempre que su itinerario discurra entre dos o más Comunidades Autónomas y también las vías pecuarias que sirvan de enlace para los desplazamientos ganaderos de carácter transfronterizo", sin perjuicio de que puedan incorporarse también "a petición de las Comunidades Autónomas, otras vías pecuarias que, discurriendo por sus territorios respectivos, estén comunicadas con dicha Red".

Esta Red Nacional de Vías Pecuarias aparece representada, con los kilómetros que ocupan cada una de sus cañadas reales y vías

---

29 https://www.miteco.gob.es/content/dam/miteco/es/biodiversidad/participacion-publica/informacion_publica/proyecto-rd-rnvp.pdf. Recuperado el 31 de enero de 2024.

que la integran, en el siguiente cuadro (incluido en el Indicador sobre Vías Pecuarias del último Inventario Español del Patrimonio Natural y la Biodiversidad[30]).

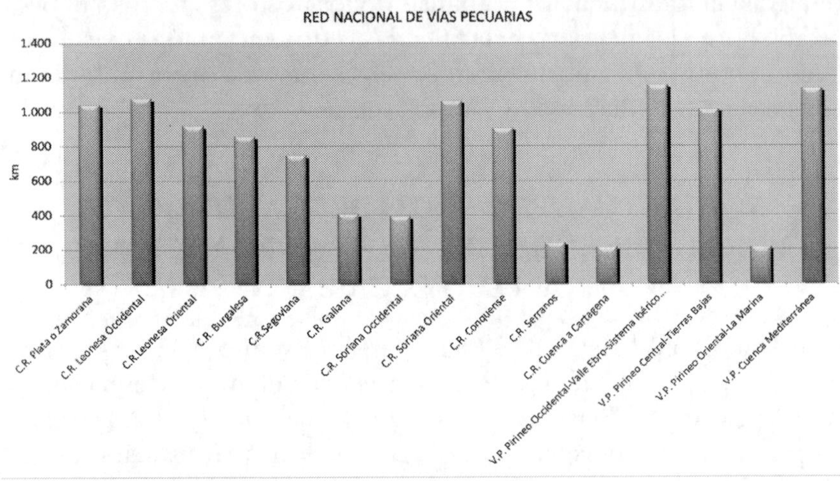

El Proyecto de Real Decreto realza en su Preámbulo el componente de conectividad ecológica de las vías pecuarias si bien, debido a su carácter de norma reglamentaria de ejecución de la Ley de Vías Pecuarias, este objetivo no se refleja suficientemente en su articulado, al verse constreñido por el contenido de la ley que desarrolla. Nada impediría, sin embargo, que la norma se dictase también en desarrollo de los preceptos de la Ley 42/2007, del Patrimonio Natural y de la Biodiversidad, que reconocen el carácter de corredor ecológico que pueden revestir las vías (conforme a la habilitación para el desarrollo reglamentario contenida en su disposición final primera) basándose, para ello, en el título competencial de legislación básica para la protección del medio ambiente del art. 149.1.23 de la Constitución.

30 https://www.miteco.gob.es/es/biodiversidad/temas/inventarios-nacionales/inventario-espanol-patrimonio-natural-biodiv/sistema-indicadores/descarga-datos-abiertos.html. Recuperado el 31 de enero de 2024.

El Preámbulo dice, en este sentido, que con la determinación y regulación de la Red Nacional de Vías Pecuarias se persigue "el fin de aunar criterios a nivel nacional y garantizar la continuidad y coherencia de estas vías que ya se reconocían en dicho texto como «corredores ecológicos», esenciales para el tránsito ganadero, la migración, la distribución geográfica y el intercambio genético de las especies silvestres." Más adelante, se hace referencia al reconocimiento de esta Red de vías pecuarias "como un componente de la conectividad dentro de la Estrategia Nacional de Infraestructura Verde y de la Conectividad y Restauración Ecológicas, que da cumplimiento al mandato legal del artículo 15 de la Ley 42/2007, de 13 de diciembre, del Patrimonio Natural y la Biodiversidad", y se destacan, también, las medidas dirigidas a reforzar la protección del Dominio Público Pecuario incluidas en el Plan Forestal Español 2022-2023.

El Proyecto de Real Decreto pretende otorgar mayor relevancia a la Red Nacional de Vías Pecuarias y, con ella, a las competencias estatales para la protección de este dominio público. De acuerdo con la Ley de 1995, como destaca ALENZA, las competencias que se le reconocen al Estado son "únicamente dos y no muy relevantes", a saber:

> "1.ª Informe previo y preceptivo (aunque no vinculante) del Ministerio competente (actualmente el Ministerio para la Transición Ecológica y el Reto Demográfico) en los procedimientos de desafectación y de expropiación, y en los negocios jurídicos de adquisición que afecten a terrenos de las vías pecuarias integradas en la Red Nacional, cuya resolución es competencia de las Comunidades Autónomas.
>
> 2.ª Gestión de un Fondo Documental de Vías Pecuarias por parte del Ministerio, al que se incorporarán la clasificación y demás actos administrativos que afecten a las vías pecuarias integradas en la Red Nacional."

Lo limitado de estas competencias lleva al autor citado a afirmar que "la Red Nacional no pasa de ser poco más que una entelequia. Su conservación sigue estando en manos de las Comunidades Autónomas, dado que las funciones estatales no son vinculantes. Por otro lado, tampoco existen directrices que uniformicen la gestión de la Red"[31].

Con tan escasos mimbres, sin embargo, el Proyecto de Real Decreto trata de construir un sistema más efectivo de protección estatal del dominio público pecuario, basado en la adecuada definición, coordinación, documentación e información de la Red Nacional. Para ello, se apoya en instrumentos de conocimiento y coordinación introducidos por otras leyes posteriores a la Ley de Vías Pecuarias.

Pasamos a destacar, a continuación, algunas de las aportaciones que hace el Proyecto de Real Decreto respecto de la regulación contenida en la Ley de Vías Pecuarias.

Por lo que respecta a su concepto y delimitación, el art. 4 del Proyecto, tras reiterar la definición de la Red Nacional de Vías Pecuarias contenida en la Ley de 1995, precisa que "se integran en la Red Nacional las vías pecuarias que se detallan en los anexos I y II del presente Real Decreto, sin perjuicio de las modificaciones que se aprueben con posterioridad"[32].

El contenido de los anexos del Real Decreto es el siguiente: el anexo I es un listado de las ciento cincuenta y cinco "Vías Pecuarias pertenecientes a la Red Nacional": el anexo II consiste en una relación de los "Tramos de Vías Pecuarias Pertenecientes a la Red Nacional" y el anexo III enuncia los seis "Pasos Interfronterizos de la Red Nacional". Estos pasos interfronterizos forman parte también de la Red (art. 18.1 de la Ley de Vías Pecuarias de 1995), por lo que el hecho de que el art. 4 no cite este anexo III se debe, sin duda, a un error.

---

31 *Vías Pecuarias,* cit., pp. 285 y 286.

32 Estas modificaciones, según precisa la disposición adicional tercera del Proyecto, se podrán llevar a cabo mediante Resolución de la Dirección General de Biodiversidad, Bosques y Desertificación del MITECO cuando se produzca la incorporación o exclusión de la Red Nacional de vías pecuarias según los procedimientos previstos en el Real Decreto.

El Proyecto amplía la posibilidad de incorporar nuevas vías a la Red Nacional. Así, prevé que se puedan incorporar a la Red, a petición de las Comunidades Autónomas, además de vías pecuarias que estén comunicadas con dicha Red a pesar de discurrir por sus territorios respectivos, aquellas otras vías pecuarias que, aunque no cumplan el requisito de la conexión, se justifique su inclusión "por las razones de interés histórico, patrimonial, ecológicas o de otro tipo de que lo justifiquen".

De esta forma, se permite que se integren en la Red Nacional aquellas vías pecuarias que resulten de valor para la conectividad ecológica por servir para conectar espacios naturales significativos.

En cuanto a los objetivos de la Red, el art. 6 del Proyecto de Real Decreto incluye entre sus fines los de "garantizar la conectividad ecológica" y el de mejorar "la diversidad biológica y los procesos de intercambios ganaderos", si bien, a nuestro entender, estos objetivos deberían calificarse también como uno de sus fines prioritarios como consecuencia de su actual coafectación a la conectividad ecológica por la legislación estatal básica de protección del medio ambiente a la conectividad ecológica. El Proyecto desconoce este nuevo valor de las vías pecuarias por cuanto reconoce únicamente como prioridad "la defensa del tránsito ganadero en las vías pecuarias incluidas en ella" y configurar la conectividad como un simple uso complementario, al mismo nivel que otros muchos (p.ej., preservar las razas ganaderas autóctonas y los pastos asociados o facilitar el ecoturismo).

En materia de coordinación y cooperación interadministrativas, cabe destacar tres previsiones:

a) Se crea el *Comité de Vías Pecuarias* como comité especializado de la Comisión Estatal para el Patrimonio Natural y la Biodiversidad (disposición final primera por la que se modifica el Real Decreto 1424/2008, que determina la composición y funciones de esta Comisión Estatal). Este Comité estará integrado por un representante de cada Comunidad Autónoma, por al menos una persona representante del Ministerio para la Transición Ecológica y el Reto Demográfico y por dos representantes del Ministerio de Agricultura, Pesca y Alimentación. Corresponde a este comité coordinar las cuestiones en materia de vías pecuarias, con especial atención a las incluidas en la Red Nacional de Vías Pecuarias, así como analizar técnicamente y elevar a la Comisión Estatal propuestas en relación con esta materia.

b) Tras reiterar la posibilidad de que el Ministerio acuerde "la prestación de ayuda técnica y económica", se prevé que promueva, con las administraciones que corresponda, la clasificación de las vías pecuarias en aquellos términos municipales donde no haya sido aprobada o requiera de modificación, de deslinde, amojonamiento u otras actuaciones.

c) Se crea el Programa de acción de la Red Nacional de Vías Pecuarias como "instrumento de planificación y coordinación, técnico y jurídico, a través del cual el Ministerio establece el diagnóstico, el conjunto de previsiones y objetivos estratégicos, las medidas para alcanzarlos recogidas en las líneas de actuación y las prioridades a aplicar sobre la Red Nacional de vías pecuarias" (art. 13.1). El Programa será elaborado por la Dirección General de Biodiversidad, Bosques y Desertificación del Ministerio para la Transición Ecológica y el Reto Demográfico con la participación de las Comunidades Autónomas, el Ministerio de Agricultura, Pesca y Alimentación, así como el resto de las administraciones y organizaciones afectadas.

El Proyecto afirma que el objetivo principal del Programa de Acción de la Red Nacional es consolidar la Red "y potenciar la incorporación de otras vías pecuarias, preservando el tránsito ganadero y la trashumancia". Aquí, de nuevo, se ignora la coafectación del dominio público pecuario a la conectividad ecológica, que debería incluirse como uno de los objetivos fundamentales para la preservación de esta Red.

En el capítulo relativo a la "difusión de la Red Nacional" (que mejor debería denominarse "información, inventario y difusión de la Red Nacional"), se prevé la incorporación de la información de la Red Nacional de Vías Pecuarias al sistema integrado de información del Inventario Español del Patrimonio Natural y la Biodiversidad (IEPNB) (art. 17). Esta previsión no constituye, sin embargo, una novedad, pues como hemos expuesto, la incorporación de la información sobre la Red de Vías Pecuarias al Inventario Español del Patrimonio Natural y de la Biodiversidad ya se previó por el Real Decreto 556/2011 que desarrolló el Inventario.

Por último, el Proyecto de Real Decreto dedica un precepto al "Fondo Documental de Vías Pecuarias" que fue creado por la Ley de Vías Pecuarias. Este fondo depende del Ministerio para la Transición Ecológica y el Reto Demográfico y, tomando como unidad básica el término municipal, dispone actualmente, como señala en su página web, de "una copiosa información compuesta por antecedentes históricos, expedientes y documentos relativos a la gestión y administración general de las vías pecuarias"[33], El Proyecto de Real Decreto parece acotar la función de este Fondo "al inventario de documentación de todas las vías pecuarias clasificadas, deslindadas y amojonadas por las administraciones competentes", pero su utilidad radica igualmente, e incluso más, en la información que aporta sobre vías pendientes de clasificación y deslinde, haciendo prueba de su existencia a los efectos de que la Administración cumpla con su deber de clasificación y deslinde.

6. CONCLUSIONES

La Ley del Patrimonio Natural y de la Biodiversidad, tras su modificación por la ley 33/2015, ha reconocido la coafectación

---

33 https://www.miteco.gob.es/es/biodiversidad/temas/politica-forestal/vias-pecuarias/rvp_fondo_documental.html. Recuperado el 31 de enero de 2024.

ambiental del dominio público de las vías pecuarias a la conectividad ecológica al reconocer que pueden formar parte de los corredores ecológicos a los que la planificación de la infraestructura verde debe otorgar un "carácter prioritario" (art. 21.1 y art. 15).

La importancia vital de establecer o restablecer estos corredores para conectar funcionalmente espacios naturales de singular relevancia para la flora o la fauna silvestre resulta hoy de la imperiosa necesidad de favorecer los movimientos migratorios y dispersivos de las especies con el fin de permitir su adaptación al cambio climático y de ralentizar así el proceso de extinción de las especies (Estrategia Nacional de Infraestructura Verde y de la Conectividad Ecológica).

Es urgente, por tanto, desplegar todas las medidas normativas y administrativas posibles para la protección de este elemento clave de la conectividad ecológica cuya integridad sigue estando en serio peligro a pesar de su naturaleza de bien demanial. Así lo demuestran dos ejemplos recientes: a) la convalidación legislativa de la ocupación ilegal de vías pecuarias calificadas que ha llevado a cabo la Ley 7/2021, de impulso para la sostenibilidad de Andalucía, y b) la aprobación de la Modificación Puntual del Plan General de Ordenación Urbana de Madrid para el desarrollo del proyecto "Madrid Nuevo Norte", que incorpora al proceso urbanizador —salvo un "itinerario histórico" de 9 metros de anchura—, el cordel de la Carretera de Miraflores cuya existencia estaba documentada, bajo el pretexto de su falta de calificación (imputable solo a la desidia de la Administración autonómica).

Del articulado de la Ley de Vías Pecuarias resulta claramente, como se expone en este trabajo, la voluntad del legislador de caracterizarlas como bien demanial necesario o por naturaleza, pero los tribunales superiores de justicia —no hay aún Sentencia del Tribunal Supremo que siente doctrina— se han decantado por considerar las vías pecuarias como dominio público por afectación al conferir carácter constitutivo al acto de clasificación.

Esta interpretación, unida a la inactividad de la Administración en cumplir su deber de calificar y deslindar las vías pecuarias, pone en serio peligro la integridad de este bien demanial. Es importante, por ello, que se conozca y aplique la medida cautelar prevista en la Ley de Vías Pecuarias conforme a la cual "*las vías pecuarias no clasificadas conservan su condición originaria y deberán ser objeto de clasificación con carácter de urgencia*" (disposición adicional primera).

Pero, incluso las vías pecuarias ya clasificadas siguen sin tener plena protección jurídica hasta que la Administración no lleva a cabo su deslinde. Así lo demuestra la negativa de la Dirección General de Seguridad Jurídica y Fe Pública Notarial a que en estos casos se extiendan notas marginales sobre la clasificación de la vía y la pendencia de su deslinde para evitar la aparición de terceros protegidos por el art. 34 de la Ley Hipotecaria. Afortunadamente, los Tribunales están corrigiendo esta interpretación por ser claramente contraria al carácter constitutivo que la jurisprudencia reconoce al acto de clasificación y a la protección que el Registro debe prestar al dominio público, que en el caso de las vías pecuarias cuenta, además, con una previsión expresa en el art. 53 de la Ley del Patrimonio Natural y de la Biodiversidad.

Resulta alarmante el elevado grado de incumplimiento del deber de deslindar las vías pecuarias por parte de las Administraciones autonómicas: según los datos del IEPNB de 2022, del 85% de las vías pecuarias que están clasificadas, solo están deslindadas un 26%. Es urgente corregir este déficit de protección del dominio público. Para ello, el Plan Forestal Español 2022-2023 prevé una línea de actuación dirigida al "Refuerzo a la protección, defensa y seguridad jurídica del Dominio Público Pecuario mediante la clasificación, deslinde y amojonamiento de vías pecuarias".

En este trabajo hacemos varias propuestas de *lege ferenda* para actualizar la Ley de Vías Pecuarias con el fin de incorporar y poner en valor su coafectación ambiental como corredores ecológicos. El primer paso para ello es incorporar el reconocimiento de esta coafectación a la conectividad ecológica como uno de los fines prioritarios que deben perseguir las Administraciones públicas titulares de este bien demanial.

La posibilidad de desafectar las vías pecuarias debería también atender a esta coafectación ambiental, de tal forma que para que las Comunidades Autónomas puedan desafectar los terrenos de las vías pecuarias sea necesario probar, además de su inadecuación al tránsito ganadero, que no sirven para conservar o conectar entre sí espacios naturales protegidos o de la Red Natura 2000. Para reforzar la protección podría, además, preverse que las leyes de las Comunidades Autónomas declaren de interés natural las vías pecuarias que posean valores naturales dignos de conservación y, en particular, todas aquellas que sirvan para conectar entre sí los espacios naturales protegidos y los espacios de la Red Natura 2000, estableciendo respecto de ellas la prohibición de su desafectación aún en el caso de haber perdido su utilidad para el tránsito ganadero o las comunicaciones agrarias.

Por otro lado, con el fin de preservar las vías pecuarias de los procesos urbanizadores sería conveniente introducir a nivel de legislación básica la calificación de las vías pecuarias como suelo no urbanizable con un régimen de protección asimilado al de los espacios naturales protegidos. Para los tramos de vías pecuarias que transcurran por suelo urbano o urbanizable podría contemplarse la posibilidad de que los Ayuntamientos instasen a modificación de su trazado por otro alternativo siempre que se asegure la continuidad de la vía pecuaria y, en su caso, de la conectividad ecológica que desempeña.

Otra medida que consideramos conveniente para reforzar la protección de las vías pecuarias es la modificación de la Ley de Evaluación Ambiental a fin de incluir en la información mínima que debe contener el Estudio de Impacto Ambiental la relativa a la identificación y análisis de los posibles efectos del proyecto sobre vías pecuarias clasificadas o documentadas existentes con el objetivo de garantizar su preservación de conformidad con lo establecido en la Ley de Vías Pecuarias

En el último epígrafe del trabajo se analiza el borrador de Proyecto de Real Decreto por el que se desarrolla la Red Nacional de Vías Pecuarias, exponiendo sus principales aportaciones respecto de la regulación contenida en la Ley de 1995. En relación a este proyecto normativo señalamos también la necesidad de poner en valor el papel que puede desempeñar la Red Nacional para la conectividad ecológica. Además, con el fin de garantizar la integridad de la Red Nacional, consideramos conveniente que, tal como ha apuntado Alenza, la Ley de Vías Pecuarias declare el carácter vinculante del informe del Ministerio competente en materia de medio ambiente en los expedientes de desafectación de vías pecuarias incluidas en ella, teniendo en cuenta que esta desafectación puede determinar la desaparición de una vía pecuaria que sea de interés nacional por comunicar varias Comunidades Autónomas o servir a la conectividad ecológica.

POST SCRIPTUM: LA SENTENCIA DEL TRIBUNAL CONSTITUCIONAL 25/2024 RECONOCE LA ADSCRIPCIÓN A LA PROTECCIÓN AMBIENTAL DE LA COMPETENCIA BÁSICA ESTATAL EN MATERIA DE VÍAS PECUARIAS

Una vez redactado y enviado el presente capítulo, la Sentencia del Tribunal Constitucional 25/2024, de 13 de febrero de 2024 ha declarado la inconstitucionalidad de diversos preceptos de la Ley del Parlamento de Andalucía 7/2021, de 1 de diciembre, de impulso para la sostenibilidad del territorio de Andalucía («LISTA»). Por lo que aquí interesa, la Sentencia del Tribunal Constitucional declara, en la línea aquí defendida, la nulidad parcial de los preceptos autonómicos que permiten la desafectación de vías pecuarias sujetas a planeamiento urbanístico por vulnerar el régimen constitucional de distribución de competencias. En concreto, la Sentencia declara inconstitucionales, por vulnerar la ley básica estatal de protección de las vías pecuarias, los apartados 1 y 2 de la disposición adicional cuarta LISTA que ordenan *ope legis* la desafectación implícita de determinadas vías pecuarias que hubieran adquirido la condición de suelo urbano.

La Sentencia comienza por recordar que el artículo 1 de la Ley de Vías Pecuarias la define «por su vinculación tradicional con el tránsito ganadero (apartado 2), sin perjuicio de admitir su posible destino, asimismo, "a otros usos compatibles y complementarios en términos acordes con su naturaleza y sus fines, dando prioridad al tránsito ganadero y otros usos rurales, *e inspirándose en el desarrollo sostenible y el respeto al medio ambiente, al paisaje y al patrimonio natural y cultural*" (apartado 3). A continuación, destaca que «en tanto bienes de dominio público de las comunidades autónomas, su art. 2 las declara «inalienables, imprescriptibles e inembargables», estableciendo su art. 3 los fines de la actuación autonómica sobre las vías pecuarias, entre otros, garantizar su uso público «tanto cuando sirvan para facilitar el tránsito ganadero como cuando se adscriban a otros usos compatibles o complementarios» [apartado c)] y «[a]segurar la adecuada conservación de las vías pecuarias, así como de otros elementos ambientales o culturalmente valiosos, directamente vinculados a ellas, mediante la adopción de las medidas de protección y restauración necesarias» [apartado d)], para lo que podrán «[e]jercer las potestades administrativas en defensa de la integridad de las vías pecuarias» [apartado b)].».

Por lo que respecta a su desafectación, el Tribunal Constitucional afirma que «aunque la Ley de vías pecuarias se orienta principalmente a la conservación y defensa de las vías pecuarias, otorga a las comunidades autónomas, en virtud de su art. 5 e), la decisión sobre su posible desafectación, admitiendo, en el art. 10, la de los terrenos de vías pecuarias que no sean adecuados para el tránsito del ganado ni susceptibles de los usos compatibles y complementarios a que se refiere el título II de la Ley.»

Sin embargo, esta competencia que la ley básica estatal confiere a las Comunidades Autónomas no es incondicionada, pues, como dice la Sentencia, no puede ejercerse «al margen de la condición de bienes de dominio público que el legislador estatal ha atribuido a las vías pecuarias, con la consiguiente imposibilidad de hacer factible una suerte de desafectación tácita derivada de actos de calificación del suelo en los instrumentos de planeamiento y prescindiendo de toda formalidad procedimental, entre ellas, las relativas a la clasificación y el deslinde previstos en los arts. 7 y 8 LVP. Preceptos que también han de ser considerados básicos en cuanto encaminados a la protección y definición de este tipo de bienes de dominio público. En similar sentido, la jurisprudencia del Tribunal Supremo tiene establecido que la clasificación del suelo opera únicamente como causa para poder proceder a la desafectación prevista en el art. 10 LVP, pero en ningún caso hace innecesario el deslinde, pues la alteración de la demanialidad del suelo por el que transcurre una vía pecuaria está sujeta a la tramitación del procedimiento legalmente establecido, sin que pueda pretenderse que por la concurrencia de una situación fáctica el legislador andaluz pueda disponer esa desafectación tácita o implícita.»

En consecuencia, la Sentencia declara que «los apartados 1 y 2 de la disposición adicional cuarta de la LISTA, al ordenar *ope legis* la desafectación implícita de determinadas vías pecuarias que hubieran adquirido la condición de suelo urbano, entran en colisión con la legislación básica estatal. Infringen, así, el título competencial del art. 149.1.23 CE, al disminuir el nivel de protección establecido con carácter común para todas las vías pecuarias que discurren por el territorio estatal, siendo, por tanto, inconstitucionales y nulos.»

Esta Sentencia del Tribunal Constitucional reviste especial importancia para la protección jurídica del dominio público de las vías pecuarias y su adscripción a la protección ambiental. Ello es así, en primer lugar, por cuanto reconoce la existencia de un «*régimen de protección establecido con carácter común*» por la Ley de Vías Pecuarias que el legislador autonómico no puede contradecir o menoscabar, proscribiendo, en particular, cualquier tipo desafectación tácita o implícita, aunque se pretenda establecer por una norma con rango de ley. Y, en segundo lugar, porque reconoce por primera vez, de forma expresa, que la competencia básica estatal en materia de vías pecuarias se adscribe, desde el punto de vista material, a la competencia para la protección del medio ambiente. En palabras de la Sentencia, «respecto a los preceptos legales cuya vulneración se denuncia, los arts. 10 a 12 LVP son formalmente básicos de conformidad con la disposición final primera de la Ley; y *también deben ser así considerados desde la perspectiva material, por cuanto fijan una norma mínima de protección ambiental,* además de establecer condiciones básicas para el ejercicio de potestades públicas en relación con el patrimonio demanial de las vías pecuarias.»

Este pronunciamiento del Tribunal Constitucional declara, por tanto, que la competencia estatal para establecer la legislación básica en materia de vías pecuarias se inscribe en la de protección del medio ambiente del artículo 149.1.23 de la Constitución, tal como lo entendió ya la Ley 42/2007, del Patrimonio Natural y de la Biodiversidad al reconocer a las vías pecuarias como elemento clave de la conectividad ecológica.

Explorando instrumentos para la conexión dinámica de especies naturales (en particular de las especies migratorias)[1]

JUAN-CRUZ ALLI TURRILLAS
Catedrático de Derecho Administrativo
Universidad Nacional de Educación a Distancia

SUMARIO: 1. INTRODUCCIÓN: LA CONECTIVIDAD ECOLÓGICA COMO MARCO EXISTENCIAL. 2. EL ESTADO DE LA CUESTIÓN. LA CONECTIVIDAD COMO ELEMENTO CRUCIAL EN LA PROTECCIÓN DE LA BIODIVERSIDAD. 2.1. La base: la insuficiencia del sistema protector. 2.2. El desarrollo: exigencias para la conectividad como elemento dinámico. 2.3. En particular, la dinamicidad y conectividad en las especies migratorias y nómadas. 3. LA REMODELACIÓN DEL SISTEMA DE PROTECCIÓN DE LA CONECTIVIDAD ECOLÓGICA DE LAS ESPECIES NATURALES. 3.1. Las bases del actual modelo regulador bajo una perspectiva crítica. 3.2. El necesario cambio de perspectiva con respecto a la protección conectiva de la biodiversidad. 4. EN CONCLUSIÓN: EXPLORANDO NUEVOS INSTRUMENTOS JURÍDICOS DE PROTECCIÓN DE LA CONECTIVIDAD DINÁMICA DE ESPECIES MIGRATORIAS Y NÓMADAS.

1. INTRODUCCIÓN: LA CONECTIVIDAD ECOLÓGICA COMO MARCO EXISTENCIAL

Dado que ya ha sido expuesto a lo largo de los trabajos precedentes, no parece necesario volver a describir de manera completa qué sean tanto la conectividad ecológica como, en particular,

---

1 Este capítulo se ha realizado bajo el auspicio de la investigación llevada a cabo en el marco del proyecto "Hacer las paces con la naturaleza para que la naturaleza sea clave para la Paz" (*Pax Natura 1*), PID2022-142484NB-C21, del Ministerio de Ciencia, innovación y Universidades, programa 2023-2026, del cual el autor es investigador.

los corredores ecológicos[2]. Daré por supuesto que a estas alturas del texto se conoce lo suficiente de ambas para seguir avanzando. Me basaré, por tanto, en que tal conectividad *"hace posible el flujo de materia, energía y organismos, entre diversos ecosistemas, hábitats o comunidades"* (…), *de manera que no debe pensarse únicamente en la idea de corredores como estructuras lineales más o menos estrechas que conectan dos espacios"*[3]. En tal sentido,

> *"La conectividad puede definirse también como el parámetro del paisaje que mide en qué medida las subpoblaciones se encuentran conectadas y por tanto funcionan como una unidad, la metapoblación, o desde una visión más global como la capacidad del territorio para favorecer flujos de especies o conjuntos de estas por el paisaje (Taylor et al., 1993). Desde una visión más integradora, la conectividad es la conexión funcional del hábitat existente en el territorio; esta conectividad puede derivar de una conexión física o estructural o derivada de las habilidades de las especies para moverse por los distintos elementos del paisaje"*[4].

En cualquier caso, nos encontramos ante un elemento central en la protección de los ecosistemas y la ordenación del territorio desde una perspectiva antropomórfica (aunque ecológica). Siendo uno de los componentes principales a la hora de proteger tanto las especies como los espacios que las cobijan, constituyendo, precisamente, el conector relacional entre ambas. Así, aunque todavía falten elementos científico-técnicos para conocer sus conexiones en

---

2 Así como, recientemente, en otros lugares: García Ureta, A. y Soro García, B. (dirs.) (2023). *Restauración y compensación ecológica: la perspectiva jurídica.* Iustel y Agencia Estatal de Investigación, *in toto.*

3 Y continúa: "Particularmente, en el paisaje mediterráneo persiste un mosaico heterogéneo formado por coberturas del suelo con grados intermedios de intervención o incluso espacios en rosario con hábitats bien conservados, que pueden tener especial importancia en la conectividad": Martínez Alandi, C., Múgica de la Guerra, M., Castell Puig, C. y De Lucio Fernández, J.V. (2009). *Conectividad ecológica y áreas protegidas. Herramientas y Casos.* Monografía 02. EUROPARC, 11.

4 *Conectividad* Martínez Alandi et aliq. (2009). *Conectividad ecológica y áreas protegidas,* cit., 11-12.

toda su dimensión y realidad —y aún no siendo el único elemento a tener en cuenta cuando pensamos en protección del medio natural—, el parámetro de la conectividad constituye el *prius* científico, consolidado y aceptado como factor sustancial para la preservación de los hábitats y del sistema natural completo[5]. Por lo tanto, no es solo un elemento del paisaje, un simple conector ocasional o un factor más de los muchos a tener en cuenta en la protección de los espacios. No es una mera línea o vector, en un mapa o una norma, entre espacios. Sino que estamos ante un elemento existencial, en cuanto vertebrador, de los ecosistemas y, así, del medioambiente y, por tanto, de su regulación. De tal manera que, obviamente, la legalidad protectora debe atender específicamente a este componente o elemento desde ese ángulo más radical y profundo.

De esta forma, si como se mantiene, la protección de las especies y los espacios y, por tanto, de los hábitats que componen los ecosistemas son la manifestación más básica a la hora de proteger la biodiversidad; y si, además, la conectividad entre los ecosistemas es un elemento crucial en la propia idea de biodiversidad, como concepto abstracto que recoge tales elementos[6], entonces, la protección de su conectividad se convierte en una prioridad en la propia salvaguarda de esa biodiversidad[7].

Tal y como Nieto muestra, dar pasos de lo científico-técnico a lo jurídico-social exige, como juristas, un proceso de transformación en otra lógica; de realidad científica (ecológico-biológica), a "concep-

---

5 Alenza García, J.F. (2023). "Restauración y conectividad ecológica", García Ureta, A & Soro Mateo, B. (dirs.). *Restauración y compensación ecológica: la perspectiva jurídica.* Iustel y Agencia Estatal de Investigación, cit., 295-297.

6 Potthast, T. (2014). "The values of biodiversity: philosophical considerations connecting theory and practice", Lanzerath, D. y Friele, M. (dirs.). *Concepts and values in biodiversity.* Routledge, 155-156.

7 Sobre las conexiones lógicas aplicadas en materia ambiental, véase: Norton, B. (1989). "Commodity, Amenity and Morality: The limits of quantification Valuing biodiversity". E.O. Wilson (Ed.). *Biodiversity.* Smithsonian Institution, 200-205.

tos jurídicos, gracias a los cuales 'del caos surge un cosmos' (...)"[8], creando, así, representaciones conceptuales hermenéuticas que, luego, nos permitan acceder a la realidad para ordenarla, regularla, y, así, perseguir las conductas ilícitas; posibilitando, entonces, su recuperación con criterios de justicia, proporcionalidad y plausibilidad. Factor que, bajo la perspectiva ambientalista, exige poner este criterio *junto a*, o *por encima de*, según algunos autores, los criterios meramente económicos o sociales; pues resulta ser su *prius* existencial[9].

Como, desde muy temprano, nos señalara el gran maestro ambiental, MARTÍN MATEO, llegar a la antedicha conclusión sobre la relación entre conectividad y biodiversidad y plasmarla en términos jurídicos, exige, antes, dar los pasos para justificar sus elementos ontológicos[10]. En este caso, es necesario primero determinar por qué las conexiones o redes ecológicas son tan importantes en términos biológico-científicos; segundo, por qué, derivadamente, estos exigen una protección específica; lo que, en tercer lugar, se plasma en su caso en una o varias fórmulas de protección jurídica específica. En efecto, toda justificación del *deber ser*, como demanda la lógica y es necesario para evitar caer en la falacia naturalista, exige determinar el sentido ontológico del *ser*[11]. Y el ser, en términos de Derecho ambiental, exige aproximarse, lo mejor posible, a los mejores criterios científicos disponibles para atender tales, en cuanto a sus garantías jurídicas, en aras de la creación de una legalidad sólida[12].

---

8 Nieto García, A. (2001). *Las limitaciones del conocimiento jurídico.* UCM.

9 Loperena Rota, D. (1999). "Los derechos al Medio ambiente adecuado y a su protección". *Medioambiente y Derecho: Revista electrónica de Derecho ambiental,* (3), 8. También, en un terreno menos jurídico y más conceptual, véase, Borrás Tetinat, S. (2014). "Del derecho humano a un medio ambiente sano al reconocimiento de los derechos de la naturaleza". *Revista Vasca de Administración Pública* (99-100), 668 y ss. De todo ello hay una enorme literatura que no podemos evaluar en este lugar.

10 Martín Mateo, R. (1977). *Derecho Ambiental.* IEAL, 63-65.

11 Potthast. T. (2014). "The values of biodiversity...", cit., 155-156.

12 Álvarez Carreño, S. M. (2019). "El Derecho ambiental entre la ciencia, la economía y la sociología: reflexiones introductorias sobre el valor

Para responder a las preguntas apuntadas y que sus respuestas nos conduzcan al análisis particularizado de los instrumentos que existen o se necesita introducir y, en particular, a su relación con las peculiaridades que presentan las especies migratorias y nómadas, necesitamos dar unos pasos atrás. Pasos que, como veremos, nos conducen a apreciar los pobres resultados que, en términos de conservación de la biodiversidad, ofrece el estado del planeta[13].

Este paradigma de la protección debemos enmarcarlo, además, dentro de la perspectiva de la restauración ecológica. Lo cual parte de la premisa, muy presente, de que no ha bastado con la conservación protectiva, ni con la recuperación desde la mera quietud, sino que son necesarios nuevos planteamientos más completos, exigentes y holísticos; como los que propone, en cierta medida, la Ley europea de la restauración ecológica[14].

2. EL ESTADO DE LA CUESTIÓN. LA CONECTIVIDAD COMO ELEMENTO CRUCIAL EN LA PROTECCIÓN DE LA BIODIVERSIDAD

2.1. *La base: la insuficiencia del sistema protector*

El punto inicial del que debemos partir —el cual exigiría, aunque sea aceptado, mucho más detalle y justificación, que no puede hacerse por no ser este un estudio focal de la conectividad como elemento global[15]— es la consideración general sobre

---

normativo de los conceptos extrajurídicos". *Revista Catalana de Dret Ambiental,* (10-1), 1-26.

13 PNUMA (2019). *Geo 6 (Perspectivas del Medioambiente global).* ONU, 141-168 (particularmente).

14 Algunas ideas sobre su concreta deriva participatoria en: Fernández de Gatta, D. 2024). *Actividad pública y privada en materia de recursos naturales y rurales: la infraestructura verde y la custodia del territorio.* Ratio Legis, *in toto.*

15 Para todo su análisis y recorrido jurídico, véase: Fernández de Gatta, D. (2018). "La Estrategia estatal de infraestructura verde y de la conectivi-

cómo nuestro ordenamiento jurídico-ambiental, en consonancia con la tendencia general hasta fechas recientes, se ha configurado de un modo excesivamente preservador y un tanto estático en su manera de enfocar la protección de la naturaleza.

En particular, ha utilizado un modelo de protección de ecosistemas, a través de la conservación de espacios naturales, caracterizado inicialmente por su carácter esteticista y pasando, luego, a estar basado en la mera preservación de ecosistemas como elementos intangibles[16]. Los cuales, así formulados, resultaron en "redes" modulares de ecosistemas; no tanto en sistemas encadenados y sistémicos de tales, sino más bien en cadenas segmentadas e, incluso, atomizadas y, por eso, desconectadas. Creando, por tanto, un sistema de red que no es tal, pues más bien muestra una cierta incoherencia, tanto en su linealidad, como en su categorización y su conectividad jurídico-formal[17].

También ha sido estático en cuanto a la conservación de especies, habitualmente bajo paradigmas de singularidad y endemismo, como recoge la LPNB (**TOL1.210.868**) en su tipología de riesgo y/o peligro más o menos claro para la subsistencia de las especies a proteger. La normativa recoge las especies y los espacios; frecuentemente lo hace desde criterios de "representatividad" sobre los ecosistemas, más que de una forma integrativa y mixta; por esto no cuida de las especies que no son importantes en términos de su simbolismo, pero sí lo son, sin embargo, como parte esencial de una determinada cadena trófica (por ejemplo), que exige así su mantenimiento en cifras sostenibles suficientes.

---

dad y restauración ecológicas: un nuevo instrumento para proteger la biodiversidad". *Actualidad Jurídica Ambiental* (81), 57-120.

16 López Ramon, F. (1980). *La conservación de la naturaleza. Los espacios naturales protegidos.* Studia Albornotiana; y Alli Turrilas, J.C. (2016). *La protección de la biodiversidad. Estudio jurídico de los sistemas para la salvaguarda de las especies naturales y sus ecosistemas.* Dykinson, 115 y ss.

17 Mulero Mendigorri, A. (2017). "Territorio y áreas protegidas en España y Portugal: dos modelos de intervención en una geografía compartida". *Boletín de la Asociación de Geógrafos Españoles*, (74), 205-227.

Además, y desde los años setenta del siglo pasado, todo el modelo de protección de espacios y especies, apenas se ha movido desde fórmulas construidas entonces: listados, catálogos, delimitación de espacios naturales; y sistemas tradicionales del Derecho administrativo: licencias, prohibiciones, sanciones, expropiaciones, etc. Más aún, incluso la integratividad entre todos esos elementos ha dejado que desear en su dinámica[18]. Puede que avance en su tecnificación y categorización, pero no en sus parámetros regulatorios.

A continuación, y como lógica consecuencia de esta visión, el ordenamiento jurídico protector actúa desde una dirección eminentemente reactiva y pasiva, a través de un clásico sistema de daños, sanciones penales o administrativas y factores derivados y admitiendo, en ciertos casos, la posibilidad de reposición o recuperación[19]. Pero no existen mecanismos y técnicas particularizadas y concretadas de carácter precautorio, como mandarían tantos principios que se supone integrados en el ordenamiento. No se va más allá de estos sistemas clásicos; en gran medida porque no se busca acometer las causas profundas. Así, por ejemplo, cuando pretende actuar contra las "especies alóctonas invasoras" como amenaza externa y sobrevenida a los ecosistemas, el ordenamiento las contempla en cuanto elemento de riesgo *activo* —en el sentido de que se sale de la cadena preservadora de espacios y especies—, sin embargo, no acomete el problema de por qué aparecen y resultan tan "invasoras". Es decir, por qué existen los vacíos ecológicos a través de los cuales se introducen y prosperan, siendo tan acomodaticias; y así, tampoco tiene en cuenta su conexión con el fenómeno del cambio climático como vector de transformación radical del sistema ecológico general[20].

---

18 Mata Olmo, R. et aliq. (2005). *Integración de los espacios naturales protegidos en la ordenación del territorio*. EUROPARC-España, *in toto.*

19 Lo cual tampoco ha avanzado demasiado. Alenza García, J.F. (2023), cit., 295-297.

20 Hopkins, J.J, Allinson, H.M., Walmleys, C.A., Gaywood, M. y Thurgate, G. (2007). *Conserving biodiversity in a changing climate: guidance on buil-*

Derivada y consecuencialmente, el ordenamiento jurídico-ambiental de protección de la biodiversidad puede calificarse, todavía, como rígido, reactivo, estático, conservador y, así, un tanto débil, tanto en su sentido socio-jurídico como en su funcionalidad biológico-ecológica. Lo es, tanto en el número de disposiciones normativas, como el propio contenido de los artículos sobre estos elementos clásicos de la protección de especies/espacios. Así, por ejemplo, la parquedad de contenido desarrollado que tienen los artículos 21 y 47 dedicados a corredores y conectividad, frente a los dedicados a las especies, a los planes tipo PORNA o PRUG, nos permite entender cómo el haz de instrumentos técnicos y jurídicos para proteger la dinamicidad de los ecosistemas, y de las especies y espacios que la componen, son bastante pobres.

Es cierto que se puede alegar que el hecho de que en la LPNB (**TOL1.210.868**) recoja la conexión y los corredores en cierto modo los puede excepcionar de tal juicio. Pero, aunque su mera regulación sea interesante, como señalo, su parquedad y ese valor jurídico tan leve apenas da sentido a la protección que pretende; operando en el terreno de los "libros blancos", más que incluso en el *soft law*. Estamos ante un limitado artículo sobre la conectividad y los pasillos verdes del que ha derivado, insisto, un sistema blando de planes y programas estratégicos sobre espacios y espacies (terrestres y aéreas)[21], sin apenas desarrollo posterior.

Se podría juzgar de un modo menos severo la normativa europea, en particular la que creara la Red Natura 2000. Pero si bien esta era una de sus intenciones, su virtualidad ha quedado algo superada por la lentitud y la modelización tenue con que los países, en especial algunos, la han traspuesto. Por lo cual re-

---

ding capacity to adapt. DEFRA, i*n toto.* En general, el completo y reciente análisis general de Moreno Molina, A.M. (2023). *El Derecho del cambio climático: Retos, instrumentos y litigios.* Tirant lo Blanch, *in toto.*

21 Alenza, J.F. (2023), cit., 300-303.

querirá una vuelta de tuerca modernizadora, si fuera posible y tras treinta años de vigencia sin ninguna transformación sustancial. Además, y una vez más, el juicio sobre su implementación, desarrollo y aplicación en España ha dejado un tanto que desear. De modo que su pretendido carácter dinámico y su operatividad en tal sentido se ha diluido como un azucarillo en un vaso de agua caliente[22].

También pudiera haber sido ese el propósito más dinámico y operativo el que tuviera, desde otro punto de vista diferente, la Ley 26/2002 de Responsabilidad ambiental. Pero de nuevo puede decirse que sus mejores intenciones, en algún punto recogidas en su tenor literal, apenas ha tenido el efecto transformador que su visión pre-responsabilizadora parecía tener y que hubiera permitido un juicio más benevolente en cuanto a la dinamicidad del sistema protector general[23].

Finalmente, la propia Estrategia de infraestructura verde y conectividad, además de su carácter no-normativo y los problemas derivados de partir de un órgano dotado de competencias insuficientes y poca capacidad jurídico-administrativa para coordinar la

---

22 Ha sido particularmente crítico, habiéndolo estudiado profundamente a lo largo del tiempo: García Ureta, A. (2010). *Derecho europeo de la biodiversidad Aves silvestres, hábitats y especies de flora y fauna.* Iustel, *in toto.* También Revuelta Pérez, I. (2019). "La controvertida desclasificación de los espacios de la Red Natura 2000 en España". *Revista de Administración Pública,* (197-3), 219-255.

23 García Amez, J. (2015). "La Ley de Responsabilidad Ambiental: una visión crítica y balance de su aplicación", *Revista Aranzadi de Derecho ambiental* (30-I), 439-459. Durante tres cursos académicos (2020-2023), los alrededor de 25-30 alumnos del Master de Derecho administrativo de la UNED, asignatura de Derecho ambiental que, por año, han solicitado, como ejercicio evaluatorio vía Ley de Información ambiental o normas de transparencia, que sus respectivas CCAA les enviaran los datos sobre casos de demandas a entidades bajo la LRMA (**TOL4.391.571**) se pueden contar con los dedos de una mano y sobran dedos. No es una prueba concluyente, pero resulta muy indiciara de su inoperancia.

acción de las CCAA, está demasiado centrada en la conectividad estructural o estática y, derivadamente, en la planificación de ordenación del territorio mediante su plasmación en planes, también estáticos, sobre factores concurrentes tipo recursos: minas, bosques, usos acuíferos, zona marítimo-costera. De tal modo que se limita, prácticamente, a establecer criterios estáticos y orientaciones para *ser tenidas en cuenta* en la planificación lineal del territorio. Pero que estarían necesitadas de un posterior desarrollo autonómico y aplicación ejecutivo-administrativa; y eso, aunque haga incidencia particular en las "redes" de espacios naturales como, evidentemente, el elemento central de la conectividad[24].

En términos de estructuración jurídico-política, el desarrollo profundamente desequilibrado e ineficiente del modelo Estado-CCAA, tampoco no ha facilitado la integración de estos sistemas[25], fueran estáticos o dinámicos y, en consecuencia, no ha puesto tampoco fácil la conectividad ecológica. Si no existe conectividad política, tampoco existirá la jurídica y ambas dificultaran que los ecosistemas, aún conocidos científicamente, vengan a ser realidad tal y como una naturaleza única, conectada y en peligro exigen[26]. Particularmente,

---

24 Todo lo cual, no obstante, no obedece al espíritu que alienta las VV.AA. (2017). *Bases científico-técnicas para la Estrategia estatal de infraestructura verde y de la conectividad y restauración ecológicas.* MAPAMA, cuya visión es mucho más dinámica y funcional.

25 López Ramón, F. (2009). *Política ecológica y pluralismo territorial. Ensayo sobre los problemas de articulación de los poderes públicos para la conservación de la biodiversidad.* Marcial Pons, *in toto.*

26 Algunos datos para ratificar estas afirmaciones en: Solís Trapero, E. y Mohino Sanz, I. (2020). "Los convenios de colaboración y acuerdos de cooperación entre Comunidades Autónomas. Pensar y actuar sobre nuevos territorios". *Ciudades,* (23), 95-114. Así lo he puesto de relieve, en general, a la vista de la corta cooperación horizontal entre CCAA en todos los ámbitos, manifestada en convenios acordes (en particular en temas de medioambiente): Alli Turrilas, J.C (2022). "La cooperación horizontal entre Comunidades Autónomas: algunas consideraciones sobre los convenios y acuerdos como forma de cooperación interautonómica". *La LORAFNA 40 años después: historia, balance y propuestas para*

además, el concreto factor de la conectividad está regulado de un modo disperso e incompleto; por tanto, incoherente[27].

2.2. *El desarrollo: exigencias para la conectividad como elemento dinámico*

Dicho todo lo anterior, podemos apuntar algunas ideas que pueden considerarse a la hora de pensar en la conectividad como factor crucial para la dinamicidad propia de los ecosistemas y sus componentes.

En primer lugar, debemos aceptar, como juristas, que las normas deben atender tal adaptabilidad derivada del carácter naturalmente vivo que, en su sentido más estricto, tienen todos los elementos que componen la biodiversidad. Es una realidad que los ecosistemas —como la biodiversidad en general— están en un proceso continuo de adaptación dinámica. Como lo están, por tanto, las propias funciones y servicios que presta la biodiversidad para sí misma y para que nosotros podamos prosperar[28]. Dinámicas son gran parte de las especies y de su genética, dinámicas son las interacciones y todavía más dinámica se muestra la climatología en la que se ubican los diversos ecosistemas; así como los cambios que se van produciendo sobre ellos[29].

Dicho de un modo que amplía el foco de la anterior afirmación: si los elementos que componen la biodiversidad son los genes, las especies y los ecosistemas, con los procesos y funciones dinámicas que se producen entre todos ellos y permiten su subsis-

---

una reforma, Jimeno Aranguren, R. (dir.) Gobierno de Navarra & Aranzadi, 479-506.

27 Alenza, J.F. (2023). cit., 297-299.

28 Mitchell, M.G.E, Bennett, E.M. y González, A. (2013). "Linking landscape connectivity and ecosystem service provision: Current knowledge and research gaps". *Ecosystems,* (16-5), 895.

29 Hannat, L. et al. (2002). "Conservation of biodiversity in a changing climate". *Conservation Biology,* (16.1), 264-268.

tencia, entonces casi se puede decir, como una característica *per se nota* de la concepción de la biodiversidad[30], que la gestión de todo ello tiene que ser realizada de un modo que haga concurrir la dinamicidad que exigen sus relaciones[31].

Misión primaria será la de conocerlo para adaptarse a esa realidad y protegerla adecuadamente según unos parámetros de conservación que atiendan dicha dinamicidad. Esto exige primero contemplar y atender el carácter sistémico, reticular y —se conozca mejor o peor— su dinamicidad sistémica. Y, después, como se viene remarcando, establecer un modelo reticular suficientemente bien conectado mediante corredores científica-biológicamente sólidos.

En tal sentido, por tanto, la protección legal de esa dinamicidad pasa por atenderla y, particularmente, por tener en cuenta, precisa y particularmente, las conexiones que permiten y promueven tal dinamicidad, de tal manera que las conexiones devienen en el factor clave en la conservación. Lo son de la conservación meramente estática de especies y espacios, de hábitats y, así, por tanto, de la propia biodiversidad. No hay biodiversidad sin conectividad, por lo que, entonces, tampoco hay conectividad, evidentemente, sin corredores ecológicos y sistemas integrados de espacios y especies que la permitan[32].

De esta forma, como conclusión determinante en este punto, la combinación de la naturaleza dinámica, sistémica, reticular y conectiva de la biodiversidad —como concepto integrador de sus componentes— y el hecho de que esa conectividad sea, así, un elemento clave de la biodiversidad, convierte tales elementos y procesos conectivos (los corredores, etc.) no tanto o no solo

---

30 Potthast, T. (2014). "The values of biodiversity...", cit., 146.

31 Massol, F. et aliq. (2014). "Linking community and ecosystem dynamics through spatial ecology". *Ecol. Lett.*, (14-3), 313–323.

32 Brose, U. y Hillebrand, H. (2016). "Biodiversity and ecosystem functioning in dynamic landscapes". *Philosophical Transactions of the Royal Society B: Biological Sciences*, (37-1694), 1-9.

en un instrumento o un conjunto de instrumentos, cuanto en su elemento crucial, sistémico, como parte de la biodiversidad. De tal manera que los corredores no son, que también, simples mecanismos, sino un elemento dinámico holístico e integrador de todo el sistema; con su haz de relaciones específicas, complejas e integrales[33].

2.3. *En particular, la dinamicidad y conectividad en las especies migratorias y nómadas*

Tales corredores y, en general, toda la conectividad ecológica, tiene especial importancia para aquellas especies cuya nota esencial o existencial de su existencia es, precisamente, el tránsito vital por diversos ecosistemas. Me refiero, básica y simplificadamente, a los tres conjuntos de especies naturales del reino animal, principalmente —pero, en algún caso y bajo otros parámetros, también vegetales—, que se califican y categorizan bajo su carácter migratorio, nómada y/o dispersivo[34].

Estas especies se caracterizan por su carácter abundante, masivo, transitorio entre espacios. Siendo depositarias de biodiversidad precisamente en su naturaleza particularmente móvil y transitoria. Y lo son, tanto las especies migratorias, las cuales lo hacen de un modo genéticamente aprehendido y convertido en una dinámica rutinaria bajo diversas formas a lo largo de sus ciclos vitales (en una o en muchas ocasiones), como las especies

---

33 Brose, U y Hillebrand, H. (2016). "Biodiversity and ecosystem...", cit., *in toto.*

34 Es importante destacar que existen diferencias biológicas entre los comportamientos migratorios —en todos sus rangos y formas— y los comportamientos nomádicos; aunque entre ellos, en ocasiones, se asemejen. También está ocurriendo que el nomadismo se está extendiendo en zonas y en especies y comportamientos, debido, principalmente, al cambio climático y la antropización de territorios: Teitelbaum, C.S y Mueller, T. (2019). "Beyond Migration: Causes and Consecuences of Nomadic Animal Movements". *Trends in Ecology & Evolution,* (34-6), 569-581.

nómadas que, de modo estacional o puntual, por diversos factores externos; algunos de estos factores aparecen, precisamente, por exigencias climáticas, de intervención humana, de pérdida de masa de biodiversidad, etc.[35].

Frente a la mayor parte de las especies, de carácter residente, los dos grupos anteriores comparten como característica su movimiento *dinámico* y *cíclico* y por tanto la necesidad de quedar protegidas encuentra en este factor dinámico y conectivo precisamente su factor determinante. Es decir, son protegibles porque son elementos vivos de un ciclo biológico que sirve para y se sirve de —protege a la postre—, precisamente, los ecosistemas por los que transita en su forma de biodiversidad, con independencia, por lo tanto, de su vulnerabilidad, de su singularidad endémica o incluso de su representatividad[36]; lo cual hace que sean un factor esencial en la protección de tales ecosistemas por tal sentido.

Estas especies son, pues, en sí mismas un ecosistema —o diversos conjuntos o bucles ecosistemas— particularmente complejo y dinámico. Necesitan la red, la conexión y la regulación completa y no precaria de tales sistemas. Y si no ocurre así, entonces, también dañan la propia dinamicidad, aparentemente menor, de los espacios y especies comunes y residentes, a las que bridan servicios ecosistémicos que sirven para la salvaguarda del todo. Por eso, también, son los primeros que sufren la falta de una regulación de esta conectividad dinámica.

También, por otro lado, la adecuada supervisión técnico-científica y jurídica de las redes y la conectividad sirve como valladar

---

35 Alli Turrillas, J.V. (2021). La protección jurídica de las especies migratorias en el reenfoque de la salvaguarda de la biodiversidad". *Revista Aranzadi de Derecho ambiental*, (50), 145-226.

36 Dejo, por tanto, de lado por este momento, el debate sobre el valor intrínseco o innato de cualquier especie natural o elemento ecológico, bajo parámetros de ética. Al respecto, véase Oksanen, M. (1997). "The Moral value of Biodiversity". *Ambio*, (26-8), 541-545; y Alli Turrillas, J.C. (2016). *La protección de la biodiversidad*, cit., 41-54.

ante la proliferación de especies exóticas invasoras, las cuales, dada su oportunismo y adaptabilidad a los nichos que se crean, se aprovechan muchas veces y precisamente de la desaparición de especies autóctonas y los vacíos que esto produce. Generan, en consecuencia, cambios ecosistémicos y efectos dañinos y/o transformadores más o menos intensos (es el caso, actual, de las avispas de origen asiático con las colonias de abejas europeas).

Por lo tanto y, en definitiva, todas las especies altamente "móviles" —migratorias, nómadas, dispersivas— requieren, de manera particularmente acuciante la protección de la conectividad en sí misma y a través de sus sistemas y mecanismos. En la medida en que tales especies son factores móviles en tal conectividad, conforman precisamente la biodiversidad, la cual permite la vida de todos los ecosistemas por los que transitan (se conozcan o no sus efectos). Resultan, así, fundamentales precisamente porque tales especies hacen, en sí mismas, de conectores de biodiversidad. Dinamicidad y conectividad, en las especies que ahora veremos, son así factores concurrentes y envolventes.

La realidad funcional de los hábitats y ecosistemas —de la biodiversidad toda— es, como se señaló antes, dinámica, permeable y está interaccionada entre todos sus elementos. Unas veces se conoce científicamente, otras se intuye y demasiadas veces se desconoce en toda o parte de su profundidad. En todo caso, se ha ido mejorando mucho en el conocimiento de esta interconectividad, tanto en lo local como en lo regional y general, como en una especie o en su conjunto (y de estas con su medio).

Este parámetro de conectividad debe aplicarse para todos los ecosistemas, especies y genes, pues puede decirse que es el factor clave de las relaciones y/o funciones entre todos ellos. Relaciones positivas o negativas, pero casi nunca neutras (aunque sean desconocidas). Y esto, referido tanto a aquellos elementos que, como se ha señalado, tienen preeminencia bajo nuestra formulación clásica de tipo "conservador" y estáticamente proteccionista —cobijados en los parámetros señalados (endemismo, riesgo-amenaza por vulnerabilidad a su singularidad, carácter representativo, etc.)[37]—, como a otros que no están contemplados de manera específica por ser espacios y especies generales, cual es el caso de los que acabo de analizar[38].

En definitiva, todas las especies altamente "móviles" —migratorias, nómadas, dispersivas— requieren, de manera particularmente acuciante la protección de la conectividad en sí misma y a través de sus sistemas y mecanismos. En la medida en que tales especies son factores móviles en tal conectividad, conforman la biodiversidad, la cual permite la vida de todos los ecosistemas por los que transitan (se conozcan o no sus efectos). Resultan, así, fundamentales precisamente porque tales especies hacen, en sí mismas, de conectores de biodiversidad. Dinamicidad y conectividad, en las especies que ahora veremos, son así factores concurrentes y envolventes.

Por lo tanto, estas especies se constituyen en factor de conectividad ecológica en sí mismos y, además, requieren de tal conectividad y sus corredores como elementos cruciales de esa su función/servicio esencial en la conservación dinámica de la biodiversidad.

3. LA REMODELACIÓN DEL SISTEMA DE PROTECCIÓN DE LA CONECTIVIDAD ECOLÓGICA DE LAS ESPECIES NATURALES

3.1. Las bases del actual modelo regulador bajo una perspectiva crítica

Todo lo expuesto, en términos resumidos que tratan de recoger el consenso científico derivado de numerosos estudios disponibles, aunque dispersos, exige, a continuación, localizar cuál es el apoyo jurídico con que cuenta en la normativa y en el resto del ordenamiento jurídico.

---

37 Gaston, K.J. (2011). "Common ecology". *BioScience,* (61), 354-362.

38 Patterson, C. et al. (2022). "Treatment of ecological connectivity in environmental assessment: A global survey of current practices and common issues". *Impact Assessment and Project Appraisal,* (40-6), 460-474.

Nos encontramos con el hecho de que la normativa jurídico-ambiental de protección de ecosistemas, especies y protección de la biodiversidad y de conectividad, está todavía aquejada de esa fragmentación y desconexión entre la dinamicidad exigible y la realidad estática. Además, como apunté, la protección del carácter migratorio y sus efectos conectivos en el marco de los corredores ecológicos es algo vacua.

Desde tal base, y viéndolo en su necesaria remodelación, es exigible una transformación que permita el traslado del peso desde el mero establecimiento de uno o varios instrumentos específicos (corredores verdes, redes de conectividad) —e incluso pase del terreno de la planificación paisajística o de la ordenación del territorio—, hacia una mayor concreción normativa de instrumentos y de principios en este ámbito. Sería de esperar que, además de la Estrategia u otros planes, se promulgaran normas reglamentarias suficientes que, en consecuencia, fueran el marco normativo para los planes y programas (PORN, PRUG, la EIA, y el resto de planes de infraestructuras terrestres, energéticas, agropecuarias, marítimas, etc.).

Es decir, se trata de transformar esta parte del ordenamiento jurídico ambiental en un modelo en el que los elementos y procesos/funciones de los ecosistemas que permiten que los tres componentes de la biodiversidad puedan mantenerse, queden contemplados expresamente en las normas reguladoras, haciéndolo en términos de jerarquía y rango normativo, complitud y exactitud como para que no sean simples añadidos en la planificación que suponen las estrategias, *roadmaps*, libros blancos, e incluso directrices. No se trata, evidentemente, de retirarlos de esos lugares, sino, más bien, de darles la entidad sustantiva que requieren desde el plano integral que ha sido descrito.

Veamos cuáles son los apoyos en los que sostener y justificar las siguientes propuestas. Primero las de tipo principial y normativo. Luego las de carácter más técnico (aunque necesitadas de un cierto rango jurídico).

Podemos hablar, en primer lugar, del conjunto de disposiciones de política legislativa que, en materia ambiental han ido surgiendo en el ámbito, principalmente, de la sensibilidad ecológica de la UE, las cuales, luego, han impregnado, en mayor o menor medida, las legislaciones de los Estados miembros. En tal dirección nos encontramos, así, con el marco estratégico, no tanto jurídico, que en sentido orientador y de manera más convincente viene de la Estrategia Europea en su Programa VIII de acción en materia ambiental, hasta 2030 (aprobado en 2022)[39]. Bajo el amparo de los principios establecidos en su artículo 2 b) y e), particularmente, el artículo 3 q) señala que las autoridades que corresponda,

> *aprovechen plenamente los enfoques relacionados con los ecosistemas y las infraestructuras verdes, incluidas las soluciones basadas en la naturaleza, garantizando al mismo tiempo que su aplicación restablezca la biodiversidad y mejore la integridad y la conectividad de los ecosistemas, genere claros beneficios colaterales para la sociedad —lo que requiere una colaboración total con los pueblos indígenas y las comunidades locales y el consentimiento de estos— y no sustituya ni menoscabe las medidas adoptadas para proteger la biodiversidad o reducir las emisiones de gases de efecto invernadero dentro de la Unión;*

Este plano se establece, a su vez, en otro marco más amplio, el de los objetivos globales del milenio. Estos han servido de orientación, pero requieren de una implementación bajo parámetros normativos mucho más concretos que la Directiva Hábitats debería considerar en su necesaria remodelación. Es cierto que, en esta dirección y en este plano normativo, puede enmarcarse la Ley de restauración de la naturaleza, todavía por estudiar en profundidad en el ámbito científico (y, lógicamente, por evaluar en los primeros efectos que tendrá)[40].

---

39 Decisión (UE) 2022/591 del Parlamento Europeo y del Consejo de 6 de abril de 2022 relativa al Programa General de Acción de la Unión en materia de Medio Ambiente hasta 2030: http://data.europa.eu/eli/dec/2022/591/oj (octubre 2023). Recuperado el 27 de enero de 2024.

40 https://ec.europa.eu/commission/presscorner/detail/es/ip_22_3746. Recuperado el 27 de enero de 2024.

En segundo lugar, el futuro regulador se apoyaría, de manera general, bajo el conjunto de principios rectores, construidos en, para y desde el Derecho ambiental: 1) bajo el principio de precaución o cautela aplicado desde el ser más profundo del Derecho administrativo. Tal prevención sirve como valladar, precisamente de garantía de interferencia sobre los procesos que, como los que están en la conectividad ecológica, no se conocen suficientemente[41]; 2) bajo el principio *standstill*, según el cual no debería aceptarse una situación de desprotección venidera en espacios/especies y hábitats en general que, en un momento dado, han estado conectados y amenazan con quedar fragmentados por la acción humana[42]; y 3) bajo el principio de alcanzar un nivel de protección lo más elevado posible, dentro del rango de intuición y certidumbre científica disponible, exige la normativa europea.

En tercer y último lugar, esta vez ya en el plano normativo algo más estricto nos encontramos con el apoyo hilvanado de las disposiciones imperativas generales y previas que recoge la orientación restaurativo-conectiva de la Directiva de Hábitats de la UE que tiene una eminente fuerza jurídica, y cuyo artículo 10 señalara:

> *"los Estados miembros, en el marco de sus políticas nacionales de ordenación del territorio y de desarrollo y, especialmente, para mejorar la coherencia ecológica de la red Natura 2000, se esforzarán por fomentar la gestión de los elementos del paisaje que revistan primordial importancia para la fauna y la flora silvestres. Se trata de aquellos elementos que, por su estructura lineal y continua (como los ríos con sus correspondientes riberas o los sistemas tradicionales de deslinde de los campos), o por su papel de puntos de enlace (como los estanques o los sotos) resultan esenciales para la migración, la distribución geográfica y el intercambio genético de las especies silvestres".*

---

41 Schmidt-Assmann, B. (1998). *La teoría general del Derecho administrativo como sistema.* Marcial Pons, 131-133.

42 Prieur, M. y Garver, G. (2012). "Non-regression in environmental protection: a new tool for implementing the Rio principles". *Future Perfect, Rio+20.* ONU, 30-32.

Derivado de ello, y con un valor jurídico pleno, el artículo 2 a) de la LPNB (**TOL1.210.868**), proclama *"el mantenimiento de los procesos ecológicos esenciales y de los sistemas vitales básicos (…) para el bienestar humano*". Además, y aunque esté centrado en la Red Natura 2000, también el artículo 47 constituye un fundamento especial:

> *Con el fin de mejorar la coherencia ecológica y la conectividad de la Red Natura 2000, las Administraciones, teniendo en cuenta lo dispuesto en el artículo 15, fomentarán la conservación de corredores ecológicos y la gestión de aquellos elementos del paisaje y áreas terrestres y marinas que resultan esenciales o revistan primordial importancia para la migración, la distribución geográfica y el intercambio genético entre poblaciones de especies de fauna y flora silvestres, teniendo en cuenta los impactos futuros del cambio climático.*

Ambos conjuntos normativos, aunque necesitados de mayor desarrollo, contienen un claro efecto normativo y directivo. De ellos deriva, a su vez, la Estrategia verde y de interconectividad, preconizada por lo establecido tanto en el artículo 15 como en el 21, ambos de la LPNB (**TOL1.210.868**), que constituyen su diseño más específico. Así, de estas disposiciones se deriva el texto orientador-estratégico —aunque de naturaleza un tanto lábil— emanado mediante la Orden PCM/735/2021, de 9 de julio, por la que se aprueba la Estrategia Nacional de Infraestructura Verde y de la Conectividad y Restauración Ecológicas. Basándose en las directrices de la Estrategia estatal, las CCAA desarrollarán, en un plazo máximo de tres años a contar desde la aprobación de dicha Estrategia estatal, sus propias estrategias, que incluirán, al menos, los objetivos contenidos en la estrategia estatal.

A futuro, el Reglamento europeo de restauración está llamado a tener un papel de norma transcendental, de obligatorio cambio de paradigma a la hora de proteger la conectividad y a las especies que la transitan y la necesitan y de las energías biológicas que esta permita[43], así como del resto de elementos funcionales y servicia-

---

[43] https://eur-lex.europa.eu/legal-content/ES/TXT/HTML/?uri=CELEX:52022PC0304. Recuperado el 27 de enero de 2024.

les de la biodiversidad a cuyo fin protector y recuperador el reglamento se aprueba. Lo cual se traduce en un sinnúmero de complejas obligaciones que van a marcar la agenda medioambiental europea, en todos los ámbitos, en los próximos treinta años.

Como consideración final de este punto, además de las notas expuestas y, por tanto, de su necesaria implementación normativa, debo concluir que, no obstante su apariencia, esa regulación resulta un tanto precaria por las siguientes razones:

1) No acaban de contemplar jurídicamente la dinamicidad sistémica de las relaciones entre los elementos de la biodiversidad. En particular, no prestan demasiada atención a los procesos funcionales entre espacios. De tal manera que tan solo recogen los espacios de un modo estructural, acumulativo y, como se ha dicho, "conservador".

2) En particular, tales normas no recogen instrumentos específicos más allá de los corredores y las estrategias para su determinación, o su inclusión orientadora como elementos espaciales en otros instrumentos jurídicos específicos, como el PORNA y el PRUG. O, incluso, como factor a tener en cuenta en la determinación de la Red Natura 2000. Pero no establecen medidas propias, específicas y más sólidas para su aplicabilidad.

3) No recogen, tampoco, su integración, precisamente, en y con aquellos elementos que constituyen su (posible) mayor amenaza: vías de comunicación y transporte, infraestructuras energéticas e industriales, contaminación general y, especialmente contaminación marítima, infraestructuras urbanas y marinas, cambio climático, fertilizantes y otros productos fitosanitarios, espectro electromagnético, etc.

4) Finalmente, no contemplan, específicamente, un sistema singularizado para las especies migratorias, nómadas y dispersivas y su carácter de conectivo esencial en las redes

y corredores; o elementos centrales, precisamente, de la propia "conectividad ecológica".

Llama poderosamente la atención la alta calidad de la evaluación científica y el nivel global que se aprecia tanto en las bases de la Estrategia como en la propia Estrategia, conforme a la vaguedad posterior de la regulación que debe hacer válida tal Estrategia. Lo cual dificulta, bajo nuestro punto de vista, que la actuación preventiva de la Administración, en sus actos particulares, como generales, así como los planes con fuerza jurídica (EIA; PORNA y PRUG), puedan, en consecuencia, integrar debidamente estos criterios estratégicos en su propio contenido.

De esta manera, la ciencia consolidada sobre la materia solo serviría como peritaje jurídicamente válido en caso de conflicto judicial ex post facto y ante los daños hechos, cuando, en puridad y bajo los principios, tanto de prevención y cautela, cuanto de mejor conocimiento científico disponible e, incluso, de no-regresión, los mecanismos por lo que se aboga deberían servir como valladar previo; es decir, para ser aplicados antes del daño y de que la opción por una posible recuperación y reversión del objeto dañado, fuera precisa[44].

3.2. El necesario cambio de perspectiva con respecto a la protección conectiva de la biodiversidad

Antes de pasar al análisis específico de la propuesta final de este texto, debemos proponer algunos parámetros que, sin ser novedosos, pretenden integrar las propuestas científicas ya apun-

---

44 Según un autor: *"De cualquiera de las maneras es importante transmitir la idea de que el principio no actúa como algo que coarta, que paraliza, que frena la acción. Al contrario, genera nuevas soluciones, nuevas posibilidades, nuevas alternativas. En todo caso se esgrime para intentar evitar aquello que, según los indicios disponibles y los valores compartidos, debe ser evitado":* Cózar Escalante, J.M. de. (2005). "Principio de precaución y medioambiente". *Revista Española de Salud Pública,* (792), 133-144.

tadas con las jurídicas, con el fin de explorar esta nueva conectividad bajo el paradigma de la dinamicidad, funcionalidad e integratividad con y para la biodiversidad, otorgándoles una mayor fuerza en su nivel jurídico.

En efecto, el panorama descrito demanda, por tanto, la creación de un nuevo paradigma protector, tal y como se señala en las bases científicas que se elaboraron como fundamento de la de la Estrategia de infraestructura verde, *es necesario profundizar en cómo los procesos de antropización e intensificación del uso del suelo* [añado: de cualquier uso/aprovechamiento o actuación sobre el medio natural, en general] *favorecen la fragmentación del territorio y afectan a la vulnerabilidad de los hábitats naturales, la conservación de la biodiversidad y la oferta de bienes y servicios ecosistémicos desde escalas regionales a escalas nacionales, donde la planificación de cambios en la ocupación y uso del suelo debe surgir. Es necesario, por tanto, desarrollar nuevas herramientas de planificación que dirijan y modulen los procesos de transformación, e incorporen las redes territoriales de conservación, más allá de la simple declaración de espacios protegidos, y favorecer la integración de las políticas sectoriales en aras de mejorar la capacidad de adaptación y reducir la vulnerabilidad del territorio*[45].

Conectividad y restauración son los elementos clave para la provisión de servicios ecosistémicos y para la propia biodiversidad[46]. Así, también, la restauración ecológica se producirá, como resultado y como medio, solo cuando se mejoren los servicios ecosistémicos y estos, en pro de la biodiversidad, cuando la conectividad de verdad funcione[47].

---

45 VV.AA. (2017). *Bases científico-técnicas para la Estrategia estatal de infraestructura verde y de la conectividad y restauración ecológicas*, cit., 202.

46 Bullock, J.M., Arinson, J., Newton, A.C., Pywell, R.F. y Rey Benayas, J.M. (2011). "Restoration of ecosystem services and biodiversity: conflicts and opportunities". *Trends in Ecology and Evolution,* (26), 541-549.

47 VV.AA. (2017). *Bases científico-técnicas para la Estrategia estatal...*, cit., 22-23. Véanse, en este sentido, las aportaciones de Sara García García y de Iñigo Sanz Rubiales a esta obra colectiva.

Solo una visión holística de la conectividad con respecto a la biodiversidad (y al cambio climático) permitirá que los componentes de la biodiversidad —especies, ecosistemas y genes— mantengan sus procesos y servicios/funciones, tanto hacia sí mismos, como sistemas, como hacia la propia sostenibilidad con la actividad humana[48]. Así, la combinación de áreas protegidas, con ecosistemas correctamente conservados, facilitan la resiliencia de las especies y sus genes específicos. Lo cual, bien conectado, favorece la permeabilidad de conexiones y la capacidad de los ecosistemas o hábitats que los acogen, por tanto, para resistir y/o adaptarse a los cambios, como el cambio climático. Esto permite, a su vez, que las poblaciones tengan mayor capacidad adaptativa y traslativa, en su caso[49].

Esto es así porque, en gran medida, numerosas funciones, procesos y servicios de la biodiversidad tienen, precisamente en la conectividad, su particular "cuello de botella"; por lo que los servicios de los ecosistemas encuentran, en tal conexión una razón y una prueba a la vez[50]. Lo cual es particularmente claro en el caso de las especies migratorias y nómadas, por razones atadas a su naturaleza propia, como ha sido expuesto[51]: son factor de conectividad y necesitan de esta para ser así.

Veamos, ahora, algunos elementos que se pueden considerar a la hora de mejorar la protección conectiva:

1) En primer lugar, resulta imprescindible una mayor inversión en el conocimiento del entramado profundo entre especies y espacios, en el cual se sitúa la conectividad ecológica, particularmente de sus aspectos funcionales y/o dinámicos, tanto en cada

---

48 Niesebanbaum, R.A. (2019). "The integration of Conservation, Biodiversity, and Sustainability". *Sustainability*, (11-17), 1-11.

49 Hopkins, J.J. et aliq. (2017). *Conserving biodiversity in a changing climate*, cit., *in toto*.

50 VV.AA. (2017). *Bases científico-técnicas para la Estrategia*, cit., 14-16.

51 Alli Turrillas (2021). "La protección jurídica de las especies migratorias...", cit., 160-162.

nivel territorial como de modo global[52]; y sin quedarse solo en los aspectos lineales que provienen de la mera suma de elementos estructurales o estáticos que ya están protegidos, a modo de corredores preestablecidos (que son más o menos conocidos). En tal sentido, resultan interesantes los análisis que vinculan biodiversidad con servicios ecosistémicos y conectividad[53].

Aunque el grado de conocimiento científico, general como específico, sobre determinados elementos es grande y permite entender que todos los elementos deben combinarse para una perspectiva mucho más holística de la protección del medioambiente en su biodiversidad conectada. Se necesitan, por tanto, programas específicos de financiación, dentro de los fondos dedicados a la biodiversidad y a ser posible entre todos los territorios, para la investigación científica y la ordenación posterior de dicho conocimiento sobre la base de los elementos funcionales o dinámicos y su permeabilidad en todos los espacios[54]:

- Crear modelos de observación y catalogación de todos los procesos, atendiendo particularmente a los no-visibles: polinización, corrientes de agua, calidad del agua en superficie (marismas, humedales, ríos), corrientes aéreas.

---

52 Numerosos de los estudios que vamos a ir citando tienen que ver, precisamente, con inversión pública y privada en conocimiento de procesos y funciones. Es decir, en conocimiento profundo de los sujetos y los objetivos que exigen, luego, su mejor protección. Solamente tal conocimiento permite medir y, así, establecer los mecanismos técnicos y jurídicos más adecuados para la gestión: Feest, A., Aldre, T.D y Katrin Jedamzik, K. (2010). "Biodiversity quality: A paradigm for biodiversity". *Ecological Indicators,* (10-6), 1077-1082.

53 Mitchell, M.G.E., Bennett, E.M., y González, A. (2013). "Linking landscape connectivity and ecosystem service provision: Current knowledge and research gaps", *cit.*, 894–908.

54 Lo cual exige modelos uniformes y, a ser posibles, homogéneos y comparables, como algunos propuestos en el texto y recogidos en los cuadros visibles al final del estudio.

- Consolidar dichos procesos y valorarlos de manera conjunta con los factores de cambio climático y las transformaciones que estos están derivando en los itinerarios, circuitos, demarcaciones, ciclos, etc.
- En particular, analizar los elementos invisibles que, como barreras, dificultan la coherencia estructural (energía e hiperluminosidad, ruido ambiental, campos magnéticos, redes y barreras invisibles, redes de transporte, aviación y autopistas marinas, etc.).

Dado que no hay conocimiento aprendido sin evaluación final, cualquier análisis completo debe llevar unida una estimación de los objetivos conforme a los resultados; según modelos de proporcionalidad de los esfuerzos que estén programados y preconfigurados conforme a criterios científicos homologables.

2) En segundo lugar y derivadamente, es preciso ampliar el foco con mapeo mucho más completo desde la perspectiva de red coherente, integrada, funcional, dinámica y permeable entre espacios y especies, genes y funciones/servicios ecosistémicos[55]; paisajes permeables; corredores puros o lineales; puntos de paso; corredores difusos. Todo ello necesita una modelización homogénea y coherente, y a ser posible única por cada jurisdicción nacional, al menos (lo mejor sería en espacios ecológicos más grandes)

Esto exige poner el foco operativo en los conectores, pero también en los disruptores posibles: zonas urbanas, vías de transporte/ comunicación, planificación hidrológica, redes e instalaciones energéticas, instalaciones portuarias y aeroportuarias, principalmente.

3) En tercer y último lugar, tales bases, vinculadas a lo que veremos a continuación, deben llevar a una determinación más precisa de los instrumentos jurídico-administrativos más directamente vinculados a su protección. No basta con los mecanismos típicos que el

---

[55] En la línea de buscar una medida integrada propuesta, Feest, A., Aldred, T.D. y Katrin Jedamzik, K. (2010). "Biodiversity quality: A paradigm for biodiversity", cit., *in toto.*

Derecho administrativo ha utilizado. Es preciso explorar e introducir nuevas fórmulas de intervención, más adaptadas al entorno de las figuras que presentamos y de la dinamicidad que exigen.

Tal y como se ha ido exponiendo —y dado no se trata solo de la estructuración o delimitación jurídico-formal de espacios naturales— esta debe ser la matriz de otros instrumentos jurídico-administrativos. Pero el cambio debe producirse hacia modelos dinámicos de protección de espacios y especies, con sus adecuados mecanismos[56]. De otro modo no acompañará a la realidad presente ni estará a la altura de la restauración exigida.

4) Finalmente, dado que no hay conocimiento aprendido sin evaluación final, cualquier análisis completo debe llevar unida una estimación de los objetivos conforme a los resultados; según modelos de proporcionalidad de los esfuerzos que estén programados y preconfigurados conforme a criterios científicos homologables.

4. EN CONCLUSIÓN: EXPLORANDO NUEVOS INSTRUMENTOS JURÍDICOS DE PROTECCIÓN DE LA CONECTIVIDAD DINÁMICA DE ESPECIES MIGRATORIAS Y NÓMADAS

Tal y como expuse y ahora retomo, una nueva modelización de sistemas protectores dinámicos y conectivos de la biodiversidad y, en especial, de y para las especies migratorias, nómadas y dispersivas deberá tener en cuenta su naturaleza propia, específicamente necesitada de interconexiones permeables, dinámicas, adaptativas y mucho más coherentes y completas; funcionales además de lineales y/o estructurales[57].

---

56 Johste, K., Drechesler, et aliq. (2011). "Biodiversity conservation in dynamic landscapes: trade-offs between number, connectivity and turnover of habitat patches". *Journal of Applied Ecology*, (48), 1234-1235.

57 Así lo señala la Estrategia española: *"Se requieren medidas a nivel mundial, y la propia UE tiene que esforzarse más y mejor a favor de la naturaleza*

A partir de esa premisa, este análisis inicia su fase exploratoria y abierta que pretende exponer algunos puntos a considerar por la normativa; algunos de los cuales han sido ya explorados, incluso con experimentos de campo, por experiencias científicas y son también indicados entre las muchas posibilidades que ofrece la Estrategia y las bases científicas que se prepararon para la misma.

– En primer lugar, y como se dijo arriba, es precisa la creación de modelos de análisis y estudio, como es el caso de algunos sistemas propuestos para la evaluación y trabajo en la protección de estas especies de forma dinámica, por tanto, en esta dirección[58] (algunos han sido recogidos esquemáticamente al final de este estudio).

  Tales modelos tienen como elemento de unión el doble factor que ya ha sido expuesto. De un lado, se trata de buscar fórmulas dinámicas, funcionales, y dotarlas de carácter jurídico suficiente para garantizar que se puede aplicar e imponer en planes, programas y normas subsidiarias de ordenación del territorio (y actividades antrópicas de todo tipo). De otro lado, se pretende vincular estas posibles técnicas establecidas por indicación científica y convertidas, así, en

---

y para construir una Red Transeuropea de Espacios Naturales auténticamente coherente y resiliente, para lo que será importante crear corredores ecológicos que eviten el aislamiento genético, propicien la migración de especies y mantengan y mejoren los ecosistemas sanos. En este contexto, deben fomentarse y apoyarse las inversiones en infraestructura verde y azul y la cooperación transfronteriza entre los Estados miembros, también a través de la cooperación territorial europea": Ministerio para la Transición Ecológica y el Reto Demográfico, *Estrategia de Infraestructura verde y conectividad,* cit., p. 43.

58 Nightingale, J. Gill, J.A., Pórisson, B., Potts, P.M, Gunnarsson, T.G. y Alves, J.A (2023). "Conservation beyond Boundaries: Using animal movement networks in Protected Area assessment", *Animal Conservation.* https://doi.org/10.1111/acv.12868. Recuperado el 27 de enero de 2024; Allen, A.M. y Singh, N.J. (2016). "Linking Movement Ecology with Wildlife Management and Conservation". *Front. Ecol. Evol.*, (3-155). doi: 10.3389/fevo.2015.00155. Recuperado el 27 de enero de 2024.

instrumentos jurídicos, a la protección específica de las especies migratorias y nómadas, consideradas como vectores de biodiversidad específica en la propia y necesaria conectividad ecológica como elemento sistémico de la ecosfera.

– En segundo lugar, se deben buscar nuevos mecanismos jurídicos. La mera catalogación de espacios naturales protegidos, con las correspondientes prohibiciones y limitaciones derivadas de su categoría y, derivadamente, de la planificación imperativa que en su caso tengan (PORN, PRUG), aunque resultan instrumentos necesarios, por lineales y estructurales, resultan insuficientes para las especies migrantes y nómadas[59]. La mera apropiación por las autoridades de terrenos en dichos lugares, convertidos así bien en terrenos públicos, bien en terrenos privados en mano pública, supone la adquisición de los derechos de propiedad, pero no garantiza, completamente, ni determina su finalidad específica.

Buscando, pues, modelos algo más prácticos, útiles y dúctiles, se han implantado, en otras jurisdicciones, mecanismos nuevos con fórmulas mucho más operativas, como estos a modo de ejemplo:

a) En ciertos casos se producen expropiaciones temporales de usos en las propiedades privadas. Para su necesaria implementación indemnizatoria se utilizan fondos obtenidos mediante procesos de colaboración público-privada, tipo trust, mediante pagos por los servicios ecosistémicos que se producen (usos turísticos, avances científicos, servicios producidos por las especies protegidas, etc.). Se trata de *adquirir* derechos, en vez de comprar terreno, favoreciendo, a la par, el desarrollo local mediante servicios ecosistémicos "sostenibles": usos tradicionales, turismo verde, deporte sostenible, agricultura ecológica, etc.

---

[59] Alli Turrillas, J.C. (2021). "La protección jurídica de las especies migratorias...", cit., *in toto.*

b) También se han establecido prohibiciones de uso y aprovechamiento durante los periodos de migración de determinadas especies[60]. Para su protección se hace partícipe a toda la comunidad local mediante, por ejemplo, la custodia y otras alternativas de pastizaje y/o cultivo en el caso de los pastos necesarios para las migraciones nomádicas de grandes mamíferos esteparios.

c) En otros lugares se concreta en la prohibición de determinados usos y cultivos en circunstancias especiales, con posibles retrasos en su cosecha. Así, en periodos de sequía o cambios de gradientes climáticas, determinados tipo de cultivos y/o periodos de cosecha pueden favorecer que sean refugio conectivo para las especies migratorias y nómadas[61]. Se han utilizado cultivos que permitan el paso de aves migratorias, las cuales requieren determinados ropajes vegetales (por ejemplo, gramíneas que no deberían ser recolectadas o cosechadas), sustituyéndose con fórmulas como cosechas en tierras comunales, reparto de lotes de leña, cultivos sostenibles en zonas desplazadas, etc.

Su prohibición de aprovechamiento exige, obviamente, indemnizaciones que tendrían que tener una naturaleza y operatividad similar, aunque mejorada, a las indemnizaciones que, por daños al ganado, se ofrecen cuando algunas especies protegidas (osos, lobos, etc.) atacan al ganado para su natural predación[62].

---

60 Lo que, lógicamente, exige conocer previamente, como hemos advertido, dichas situaciones mediante el mapeo y el rastreo de las especies. SINGH, N.J. y MILNER-GULLAND, E. J. (2011). "Conserving a moving target: planning protection for a migratory species as its distribution changes". *Journal of Applied Ecology*, (48), 35-46.

61 Véase, por ejemplo, este caso: https://www.noticiasdenavarra.com/sociedad/2023/07/16/sequia-primavera-peninsula-provoca-aumento-7056271.amp.html (octubre 2023). Recuperado el 27 de enero de 2024.

62 "Here, we provide evidence that a dynamic approach, when coupled with precise information about the species' distributions and habitat,

d) Se han utilizado cierres específicos, en el nivel operativo y en el jurídico de lugares de producción energética, o límites a la iluminación y el tránsito ruidoso en fechas y horas, de determinadas infraestructuras urbanas, industriales, energéticas, de aviación, puertos y telegráficas. Tal protección pretende favorecer el tránsito natural de especies animales e insectos y el anidamiento en determinados periodos que así lo requieren[63]. Se han ensayado estas fórmulas con aeropuertos en USA y UK, en autovías muy iluminadas en Alemania, o en parques periurbanos en Bélgica y Holanda. Lógicamente esto exige que sea un parámetro central de cualquier sistema de AAI, EIA y EAE.

e) La focalización del esfuerzo protector y las medias más efectivas en términos de coste/beneficio mediante garantías suficientes de nivel jurídico-administrativo, de los lugares que sean los cuellos de botella en los procesos migratorios[64]. Esto permite un refuerzo específico y focal de medidas específicas en dichos lugares[65], utilizando el régimen de autorizaciones —e incluso prohibiendo absolutamente— de determinadas actividades; o por la vía de

---

can be a cost-effective, scalable, and adaptable conservation strategy for migratory birds. We conducted our study in the Sacramento Valley, the northernmost region of the Central Valley of California (USA), with rice farmers who were paid to create temporary habitat for migratory shorebirds, a globally declining group of species (24) that have unmet habitat needs in our study area". Reynolds, M.D. et aliq. (2017). "Dynamic conservation for migratory species". *Science Advances*, (3-8), 1.

63 Albers, H. et Aliq. (2023). "How Ecological Characteristics of Seasonal Migratory Species Influence Conservation Threats and Policy Needs". *Review of Environmental Economics and Policy*, (17).

64 Kati, V. et aliq. (2004). "Hotspots, complementarity or representativeness? designing optimal small-scale reserves for biodiversity conservation". *Biol. Conserv.*, (120), 471–480.

65 Buechley, E. et aliq. (2018). "Identifying critical migratory bottlenecks and high-use areas for an endangered migratory soaring bird across three continents". *Journal of Avian Biology*, (49), 1-13.

una integración en las correspondientes EIA en la instalación de redes de comunicación, transporte, marítimas, energéticas y, por supuesto, en las autorizaciones urbanísticas. Lógicamente, los cambios de escenario jurisdiccional (fronteras entre países o zonas ecológicas), resultan especialmente sensibles y necesitados de atención.

f) Se han introducido, complementariamente, mecanismos para la contratación temporal de observadores, guardas y protectores de espacios y especies que, en colaboración con las autoridades, velen por tales lugares y tránsitos, que generan, así, concurrentemente algo de riqueza local en zonas despobladas, por la custodia del territorio y el tránsito de las especies en dichos lugares y alertan, en su caso, de manera preventiva de epizootias, usos fraudulentos y/o capturas y caza ilegales, etc. Esto no se debe hacer mediante fórmulas subvencionales, para evitar que se "capture" laboralmente a dichos sectores, sino con fórmulas de cooperación asociativa de grupos locales que conocen el lugar y son sus principales custodios a largo plazo[66], evitando así que pudieran ver sus derechos de uso limitados por los sistemas antes expuestos y, por tanto, que se generara hostilidad hacia tales fines[67].

g) Se han ensayado fórmulas de protección "temporal" de las especies migratorias precisamente bajo tal *status*, particularmente en los periodos sensibles de su ciclo vital, con el fin de favorecer su protección en tales momentos y lugares sensibles. Tales especies no suelen estar de por sí protegidas, dado su carácter abundante y masivo, acumulado en un determinado momento (y por eso no visible como

---

66 En la línea de cooperación e integración por la que, desde muy temprano, aboga Martín Mateo, R., (2003). *Manual de Derecho Ambiental*. Thomson-Aranzadi, 50-52.

67 Allen, A.M. y Singh, N.J. (2016). "Linking Movement Ecology with...", cit., 6.

fenómeno endémico, sino como masa capturable). Pues bien, el sistema convierte su tránsito o estancia en determinados momentos en una suerte de "espacios naturales" dinámicos, vitales y móviles, de tal manera que esa categorización acompaña, vitalmente, a tal especie en ese proceso nómada o migrante, aunque no esté en sí misma, insisto, en peligro de extinción[68]. Esto evita que el efecto "masa abundante" que es propio de estas especies, pre-determine su aprovechamiento; en cambio, por el contrario, presupone su necesaria limitación: se trata de proteger ese carácter de masa durante sus periodos de vulnerabilidad migratoria para, así, garantizar su futuro y los servicios ecosistémicos que estas producen.

La cantidad de estudios y evidencias científicas, así como de posibles modelos de estudio y categorización de las especies migratorias y nómadas, en relación con la conectividad que estas demandan, marcan un claro camino a recorrer si pretendemos que la conectividad y, por tanto, los corredores, sean radicales, holísticos, dinámicos, permeables y sistémicos.

Tal y como se ha podido intuir, muchas de las líneas propuestas lo son en un sentido de política pública y posterior desarrollo mediante un rango normativo suficiente; por lo tanto, con necesidad de impulsar la financiación del conocimiento científico previo, ordenarlo, sistematizarlo y establecerlo según modelos que, luego, conduzcan a una mayor inversión pública en este concreto aspecto de la conectividad ecológica, aplicada específicamente a las especies migratorias y nómadas. Dicho conocimiento, como también se ha dicho, resulta un elemento esencial en la trama de la biodiversidad.

---

68 Bull. J.W. et aliq. (2013). "Conservation when nothing stands still: moving targets and biodiversity offsets". *Frontiers in Ecology and the Environment,* (11-4), 203–210. Allen, A.M. y Songh, N.J. (2016). "Linking Movement Ecology with Wildlife Management and Conservation", *cit.,* 3, 6.

Estas propuestas han sido realizadas, en consecuencia, de *lege ferenda* y con la vista puesta en que los conocimientos científicos que, con diversos grados de prueba, deben ser integrados de una manera mucho más sólida en nuestro ordenamiento. Bajo los principios de máxima protección y de mejores técnicas científicas disponibles, así como de precaución, resulta exigible una mayor concreción normativa, que debe atenerse especialmente a la conectividad específica de las especies migratorias y nómadas como eslabón fundamental para la preservación de la biodiversidad.

Algunos ejemplos de modelos de evaluación del impacto ambiental en los elementos de la biodiversidad, según sistemas de evaluación

Table 2 Protection-focused and impact-focused applications of network analysis to conservation problems

Aspect	(a) Protection footprint	(b) Impact footprint	Data/ analysis
1. Population	What % of population is protected?	What % of population is impacted?	Counts, resightings
2. Area	What is the wider area used by the protected population?	What is the wider area used by the impacted population?	Movement
3. Connectivity	Which sites contribute most to population connectivity?	How does impact affect population connectivity?	Network
4. Policy	Are populations/ habitats protected?	Are populations/ habitats impacted?	Review

For four key aspects of PA function (1. use by a population of interest; 2. coverage of the area used by that population; 3. connectivity with the wider landscape used by that population; and 4. contribution to population protection), network analysis can inform a series of questions to interrogate (a) protection by, or (b) impact of developments on, the PA and its populations, requiring differing data and analytical approaches.

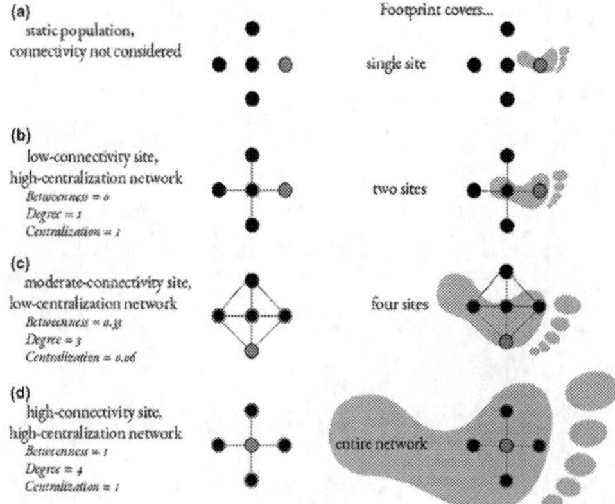

Figure 1 The size of an impact/protection footprint depends on both the connectivity of impacted sites and the configuration of the entire network. Environmental Impact Assessments typically assume (a) a static population, ignoring connectivity: in such cases the footprint only covers the site(s) directly impacted (red circles). When individual movements are also considered, the size of the footprint may increase, encompassing also any site(s) to which individuals move from the impacted area (black circles with red outlines; (b–d)). A network with dense connections, such as (c), will typically result in a greater footprint then a sparsely connected network (b). Similarly, an impact on a central site (d) results in a larger footprint than an impact on a peripheral site (b). For scenarios (b–d) we report the normalized betweenness and degree of the impacted site, and centralization of this simple network (see Table 1 for more information on metrics).

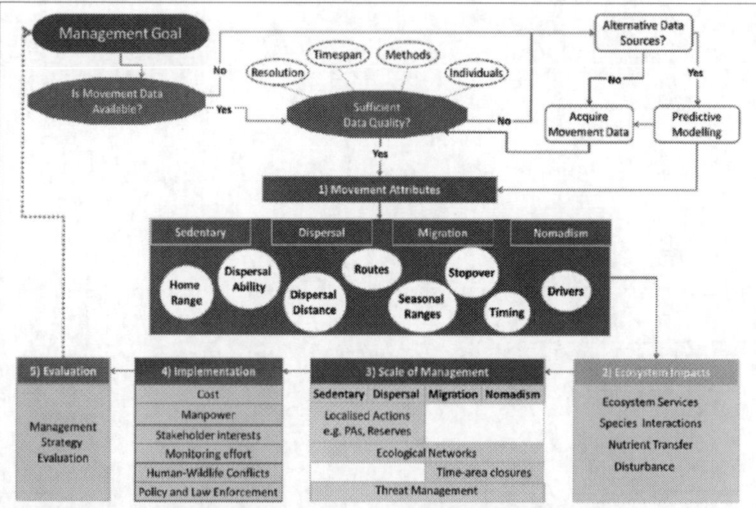

FIGURE 1 | Movement-management framework. Movement-Management framework that provides a workflow for incorporating movement ecology into decision-making processes. Before applying the framework, one must consider the quality of the movement data and whether it is appropriate for achieving the management goal. This includes questions like resolution, sample size, and the type of methods that will be used. Data may also be available from alternative sources, such as expert opinion or presence data, which can be combined with predictive modeling. Once appropriate movement data is available, the first step of the framework concerns understanding the *movement attributes* occurring in a study population or system. This includes the movement types that exist in a population that include "migration," "dispersal," "sedentary," and "nomadism." It is important to understand the characteristics of these movements, for example, movement pathways, home ranging patterns, or the timing of movements. The second step is to determine the ecosystem *impacts* and services resulting from movements. The knowledge gained from the first two steps guides the decision making process and identifies potential management actions that complement existing management plans. These may include actions that are flexible in space and time, such as time-area closures, which require detailed knowledge of species movements. The fourth step considers the *implementation* of the proposed actions, including considerations like available knowledge, cost, stakeholder interests and how these influence the effectiveness and feasibility of proposed actions. The final step evaluates the effectiveness of management actions, thereby creating an adaptive management cyclical process whereby the outcomes of the evaluation guide management objectives and future actions.

Custodia del territorio y conectividad

CARLOS JAVIER DURÁ ALEMAÑ
Investigador del Centro Internacional de Estudios en Derecho Ambiental. CIEDA-CIEMAT. Investigador Ramón y Cajal del Instituto de Estudios Sociales Avanzados. IESA. CSIC.

SUMARIO: 1. INTRODUCCIÓN. 2. LA CUSTODIA DEL TERRITORIO EN EL ÁMBITO INTERNACIONAL. 2.1. Situación en los Estados Unidos. 2.2. Las servidumbres de conservación como herramienta para conectar espacios naturales y hábitats de especies amenazadas. 2.3. Ejemplos del empleo de las servidumbres de conservación para favorecer la conectividad entre espacios naturales. 2.4. *The Sempervirens Fund.* 3. LA CUSTODIA DEL TERRITORIO EN ESPAÑA. 3.1. La custodia del territorio como complemento al sistema español de espacios naturales protegidos. 3.2. Análisis sobre el desarrollo de la custodia del territorio en España. 3.3. Ejemplos de proyectos de custodia del territorio para la conectividad de espacios naturales o hábitats de especies amenazadas. 3.4. El caso del oso pardo cantábrico (*Ursus arctos*). Fundación oso pardo. 3.5. Recuperación de las poblaciones de lince ibérico (*Lynx pardina*). *Life Lynx Connect.* 3.6. El urogallo cantábrico (*Tetrao urogallus cantabricus*). 4. CONCLUSIONES

1. INTRODUCCIÓN

La legislación de espacios naturales y resto de normas sectoriales (caza, pesca, protección animal, etc.), pone a disposición de los poderes públicos diversas herramientas que les permiten cumplir el mandato constitucional de velar por el uso racional de los recursos naturales. A pesar de ello, para lograr los objetivos de conservación de la biodiversidad, es necesario ir más allá de los instrumentos tradicionales de elaboración normativa, o de declaración de espacios naturales[1]. La conservación privada de la naturaleza y dentro de

---

1 Álvarez Carreño S. M. y Hernández López, S. M. (2011). "*La custodia del territorio como instrumento complementario para la protección de espacios naturales*". *Revista Catalana de Dret Ambiental,* (2-1).

esta, la custodia del territorio, adquieren un peso cada vez mayor en las estrategias conservacionistas de muchos países del mundo, entre ellos España, y se presentan como un mecanismo complementario a las herramientas públicas tradicionales desarrolladas por los distintos gobiernos. Paralelamente, favorecen la implementación de la gobernanza territorial al hacer partícipe a un amplio y complejo conjunto de actores públicos y privados en la protección de la biodiversidad. A su vez, las sociedades más avanzadas y activas exigen que se complementen las políticas públicas de conservación mediante mecanismos novedosos que permitan involucrar a todos los sectores implicados: propietarios, usuarios (cazadores, agricultores, ganaderos, turistas, etc.), Administración y ONG[2].

En el presente artículo, se pretende mostrar las oportunidades que brindan estas herramientas de cooperación público-privada ante los nuevos retos de lucha contra el cambio climático y la pérdida de biodiversidad. Esto se realiza con la posibilidad de emplear la custodia del territorio como instrumento para facilitar la conectividad de los distintos espacios naturales fragmentados entre sí y los hábitats de especies amenazadas. Al mismo tiempo se revisará el papel destacado de estas herramientas en distintos países. Mientras en aquellos de cultura anglosajona estas "nuevas" herramientas de conservación presentan un desarrollo y reconocimiento verdaderamente importantes, con figuras legales como las servidumbres de conservación que permiten la conservación de millones de hectáreas, en otros como España, es desde hace unos pocos años cuando se ha comenzado a reconocer institucionalmente su relevancia, empleando para ello las múltiples figuras legales que establece el derecho privado y también las más incipientes desarrolladas por el derecho público[3].

---

2 Sabaté, X., Basora, X., O'Neil, C. y Mitchell, B. (2013). *Conservar la naturaleza entre todos. La custodia del territorio, una herramienta para implicar la sociedad en la gestión del patrimonio natural en Europa.* Documentos LandLife.

3 Durá Alemañ, C. J., Sánchez Zapata, J. A. y Nebot i Cerdá, J. (2011). *La custodia del territorio: herramientas de apoyo para implantar medidas agroecológicas.* Fundación Félix Rodríguez de la Fuente.

Una de las primeras definiciones conceptuales conocidas en España, fue la realizada por Brent Mitchell, director de la *Quebec Labrador Foundation/Atlantic Center for the Environment*, responsable del Grupo de especialistas en Conservación Privada de la UICN durante su participación en las II Jornadas Estatales sobre la Custodia del Territorio (CEMACAM, Murcia 2006). Se trata de entender que existen distintas maneras de afrontar una misma realidad común a países diferentes: "*Todo modelo de conservación de los valores naturales y culturales de un territorio que se fundamente en crear, nutrir y posibilitar la responsabilidad de los propietarios y usuarios para gestionar y proteger la tierra y sus recursos naturales*". "*En Estados Unidos existe un modelo propio de entender y trabajar en cuestiones de custodia del territorio, al igual que en Canadá y otros países, y sin duda alguna en España y sus distintas comunidades tendrán su propio modelo de custodia*", "*pero en todos ellos, custodia significa, sencillamente, que la gente tiene cura (cuidado) de la tierra*"[4].

Ese mismo año, otros autores como Basora y colaboradores, recogieron en el primer manual práctico sobre la aplicación de la custodia en España otra definición: "*conjunto de estrategias e instrumentos que pretenden implicar a los propietarios y usuarios del territorio en la conservación y el buen uso de los valores y los recursos naturales, culturales y paisajísticos. Para conseguirlo, promueve acuerdos y mecanismos de colaboración continua entre propietarios, entidades de custodia y otros agentes públicos y privados. Se entiende por acuerdo de custodia el procedimiento voluntario entre un propietario y una entidad de custodia para pactar el modo de conservar y gestionar un territorio (pacto que puede ser verbal o escrito*".[5]

---

4 Durá Alemañ, C.J. (2015). "*La Custodia del Territorio*". *Cuadernos de Sostenibilidad y patrimonio natural.* Fundación Banco Santander, (23).

5 Basora Roca, X. y Sabaté i Rotés, X., (2006). *Custodia del territorio en la práctica. Manual de introducción a una nueva estrategia participativa de conservación de la naturaleza y el paisaje.*Fundació Territori i Paisatge, Obra Social Caixa Catalunya, Xarxa de Custòdia del Territori, http://custodiaterritori.org/mm/xct_castella_web.pdf. Recuperado el 31 de enero de 2024.

Gracias al esfuerzo del movimiento social de custodia del territorio emergente en España a principios de este siglo, se consiguió la primera definición de custodia recogida en una norma escrita, concretamente en la Ley 42/07 de 13 de diciembre, de conservación del patrimonio natural y la biodiversidad. En su artículo 3.9. establece que la Custodia del territorio es: "*el conjunto de estrategias o técnicas jurídicas a través de las cuales se implican a los propietarios y usuarios del territorio en la conservación y uso de los valores y los recursos naturales, culturales y paisajísticos*".

Hoy en día, se puede afirmar que las herramientas legales de conservación de la biodiversidad en todos los países del mundo son prácticamente similares. Se han regulado prácticamente por todos los países de la comunidad internacional, a través del Convenio de Diversidad Biológica los aspectos de sus políticas públicas ambientales. A pesar de esto, solo ha sido recientemente cuando se ha reconocido de manera oficial por la comunidad internacional a la conservación privada. La custodia del territorio ha tenido un reconocimiento incluso todavía más tardío[6].

Uno de los principales organismos internacionales como es la Unión Internacional para la Conservación de la Naturaleza (UICN) también expresa el potencial de la custodia del territorio y de la conservación privada de la Biodiversidad en diversos informes[7].

Por otro lado, el Real Decreto 1274/2011, de 16 de septiembre, aprobó el anterior Plan Estratégico del patrimonio natural y de la biodiversidad[8]. Este Plan insta a promover la participación de la

---

6 Durá Alemañ, C. J. *Op. cit.* (2015).

7 Stolton, S.; Redford, K.; H.; Duddley N. (2014). Áreas bajo protección privada: mirando al futuro. UICN. Dudley, N. (2008). *Directrices para la aplicación de las categorías de gestión de áreas protegidas*, UICN.

8 Real Decreto 1274/2011, de 16 de septiembre, por el que se aprueba el Plan estratégico del patrimonio natural y de la biodiversidad 2011-2017, en aplicación de la Ley 42/2007, de 13 de diciembre, del Patrimonio Natural y de la Biodiversidad. (**TOL2.231.400**).

sociedad en la conservación de la biodiversidad y emplazó al Ministerio de medio ambiente a crear el Registro estatal de entidades de custodia del territorio, a que se determinen las tipologías y condiciones de las entidades de custodia, así como de los acuerdos de custodia y formas de gestión concertada de la biodiversidad. Esta tarea se llevó a cabo a través de la Plataforma para el impulso de la custodia del territorio de la Fundación Biodiversidad[9].

Como refuerzo a lo anterior, el nuevo Plan Estratégico aprobado el pasado 27 de diciembre de 2022[10] también trata de desarrollar esta herramienta prestando atención a su dimensión social y su contribución a la lucha contra la despoblación, e insiste en la idea de crear un Inventario de Iniciativas de custodia del territorio. También prevé fomentar las iniciativas de custodia en el ámbito terrestre y costero enfocadas a la restauración ecológica y como complemento a acciones llevadas a cabo por la Administración. Como novedad, plantea desarrollar instrumentos para facilitar la financiación de entidades de custodia y la generación de sinergias entre los distintos sectores sociales con el fin de apoyar la financiación de iniciativas de custodia del territorio.

2. LA CUSTODIA DEL TERRITORIO EN EL ÁMBITO INTERNACIONAL

2.1. Situación en los Estados Unidos y resto de países

Las primeras figuras legales públicas de conservación en el planeta, tienen su origen en el año 1872 con la creación del pri-

---

9 Véase en el siguiente enlace: https://fundacion-biodiversidad.es/proyectos_ficha/plataforma-de-custodia-del-territorio/. Recuperado el 30 de enero de 2024.

10 Real Decreto 1057/2022, de 27 de diciembre, por el que se aprueba el Plan estratégico estatal del patrimonio natural y de la biodiversidad a 2030, en aplicación de la Ley 42/2007, de 13 de diciembre, del Patrimonio Natural y de la Biodiversidad. (**TOL9.339.026**).

mer espacio natural protegido mediante una ley *ad-hoc.* Se trata del conocido Parque Nacional de Yellowstone en los EE.UU. Este acontecimiento marcó un momento verdaderamente histórico en la conservación de la naturaleza. Desde entonces, la práctica totalidad de herramientas para la conservación y el uso sostenible de la diversidad biológica han tendido a asemejarse todas ellas entre sí en los distintos países, con pocas variantes entre ellos.

Los orígenes del movimiento de la custodia del territorio se remontan a finales del siglo XIX en Estados Unidos, de manera prácticamente coetánea al nacimiento de las primeras figuras públicas de conservación. Se trata de un movimiento muy vinculado al concepto ético y filosófico de *land stewardship,* en torno al cual se formalizan los *land trust* (entidades de custodia) y los *conservation easements* (servidumbres de conservación). Desde entonces, este movimiento se ha ido extendiendo fundamentalmente por Canadá, América Latina y Europa, aunque se conocen experiencias de custodia del territorio en numerosos países del resto de continentes[11].

La custodia del territorio se expresa de manera trasversal y adaptada a las distintas circunstancias de cada país: ecología, historia, derecho, desarrollo de los distintos sectores sociales, economía, etc. Ha tenido un desarrollo internacional, todo ello a pesar de las diferencias anteriormente expuestas. En todos los países hay una serie de denominadores en común: importancia de la propiedad privada de la tierra, insuficiencia de las iniciativas públicas tradicionales de conservación y un tercer sector social, con distinto desarrollo[12].

---

11 Barreira, A. (coord.) *et al.* (2010). *Estudio jurídico sobre la custodia del territorio,* Plataforma de Custodia del Territorio de la Fundación Biodiversidad. http://www.custodia-territorio.es/content/se-ha-publicado-elestudio-jur%C3%ADdico-sobre-la-custodia-del-territorio. Recuperado el 31 de enero de 2024.

12 Montesdeoca de la Fuente, M. (2014). "*La custodia del territorio como estrategia de protección del medio ambiente*". *Actualidad Jurídica Ambiental.*

Este tipo de iniciativas constituye un movimiento muy extendido desde finales del siglo XIX, principalmente en los países anglosajones. En ellos, la función de la filantropía está mucho más desarrollada que en otros países. A partir de la segunda mitad del siglo XX es cuando en los Estados Unidos este movimiento se expande con mucha mayor velocidad gracias a la presión de los *land trust* estadounidenses. En concreto, se creó un entramado estratégico de incentivos tributarios favorables a la creación de servidumbres de conservación, la principal herramienta de conservación privada del mundo[13].

Hoy día, algunas de las mayores entidades conservacionistas (sirvan de ejemplo *The Nature Conservancy* —TNC— en los EE.UU. y *The National Trust* en Reino Unido) cuentan sus socios en millones y gozan de un amplio reconocimiento público. Tienen miles de trabajadores contratados en sus respectivas plantillas y realizan importantes informes en colaboración con instituciones científicas de prestigio. Junto al desarrollo experimentado en los países anglosajones, en la práctica totalidad de países de Latinoamérica tienen innumerables iniciativas de custodia del territorio con importantes marcos legales para facilitar su expresión. Cada país tiene su propia red estatal de custodia del territorio. A nivel interestatal están unidos a través de la Red de Alianzas de la Sociedad Civil[14]. En Europa, además del Reino Unido, destacan países como Francia, Portugal, Italia, Alemania, Republica Checa, Polonia, etc. Los países en vías de desarrollo como algunos del África

---

13 Ruiz, A.; Navarro, A.; Sánchez, A. Libro blanco. (2018). *Construyamos el futuro de la custodia del territorio*. Foro de Redes y Entidades de Custodia del Territorio. Disponible en: https://www.custodiaterritorio.es/sites/default/files/recursos/libro-blanco_cdt.pdf. (Recuperado el 15 de noviembre de 2023.

14 Chacón, C. M. (ed.) et ál. (2008). *Voluntad de conservar. Experiencias seleccionadas de conservación por la sociedad civil en Iberoamérica*. The Nature Conservancy, Fundación Biodiversidad. http://www.cedaf.org.do/Eventos/LandTrust/Voluntad_Conservar.pdf. Recuperado el 31 de enero de 2024.

negra, Kenia, Tanzania, Uganda, Namibia, etc., y países asiáticos como India, Bután, etc. También tienen iniciativas gracias principalmente a entidades norteamericanas como *Conservation International* (CI), The Nature Conservancy (TNC) y otras muchas. Para ello fundamentalmente han empleado metodologías basadas en canjes de deuda externa a cambio de conservación de la naturaleza, entre otras[15].

2.2. *Las servidumbres de conservación como herramienta para conectar espacios naturales*

Los *conservation easements* o servidumbres de conservación constituyen el instrumento jurídico de conservación privada más importantes del mundo[16]. En Estados Unidos, a un *conservation easement* también se le denomina pacto o restricción de conservación. Como toda servidumbre, se trata de un *ius in re aliena,* un derecho sobre una propiedad ajena, por su procedencia originaria del derecho romano. Para entender fácilmente su funcionamiento, un ejemplo ilustrativo es el de la servidumbre de paso, de luces o de vistas. El propietario del fundo sirviente tiene derecho a utilizar la finca contigua (fundo dominante) para ejercer su derecho de paso para acceder a su finca. En lo que a la conservación se refiere, se trata de una transferencia de derechos de uso o desarrollo que se crea mediante un acuerdo de conservación de la tierra legalmente vin-

---

15 Clemente Oliveira Do Prado, R. (2011). "*Las Reservas Particulares do Patrimonio Natural (RPPN) de Brasil y la Xarxa de Custòdia del Territori (XCT) de Catalunya como herramientas comunes para el desarrollo sostenible*", *Veredas do Direito.* Belo Horizonte, (8–15).
Véase Lozano Cutanda, B. y Rábade Blanco J. M. (2013). "*El pago por servicios ambientales para el desarrollo sostenible del medio rural: los contratos territoriales*". Sanz Larruga, F. J., García Pérez, M. y Pernas García, J. J. (dirs.), *Libre mercado y protección ambiental. Intervención y orientación ambiental de las actividades económicas.* INAP.

16 National Conservation Easement Database [NCED]. (2020). *How complete is the NCED?* https://www.conservationeasement.us/completeness/.

culante entre un propietario y una tercera persona, física o jurídica[17]. Puede tratarse también de un organismo perteneciente a la Administración, o de una organización conservacionista del tercer sector. A estas, en los Estados Unidos se las denomina *land trust* o fideicomiso de tierras, cuyo objetivo es que la propiedad tenga como fin la conservación de la biodiversidad. El acuerdo regula e implica alguna restricción en los usos productivos (agrícolas, ganaderos, etc.), comerciales (madera, caza), industriales (determinadas obras o infraestructuras de servicios) o urbanísticos (construcción de viviendas, etc.) de la finca en cuestión[18].

El carácter voluntario es una de las principales características a tener en cuenta a la hora de decidir establecer una servidumbre de conservación sobre una propiedad. Se trata de establecer restricciones a la propiedad, las cuales, una vez puestas en marcha, quedan vinculadas a la tierra de manera que resultan de obligado cumplimiento para futuros propietarios. Por consiguiente, conllevan una reducción del valor económico de la propiedad, por lo que constituyen un derecho real, no suponen derechos de crédito[19]. Las restricciones se detallan en un documento legal que se inscribe en los registros locales de la propiedad de la tierra, y la servidumbre se convierte en una condición o carga vinculada al título mismo de la propiedad. Tanto la valoración de la servidumbre como de los acuerdos financieros entre las partes, los propietarios de tierras y el tercero (normalmente la entidad de custodia y/o la Administración), se formalizan mediante un contrato privado[20].

---

17 York, A.; Janssen, M.; Carlson, L. (2005). "*Diversity of incentives for private forest landowners: An assessment of programs in Indiana*". *Land Use Policy*, (23-4).

18 Durá Alemañ C. J. (2015). "La custodia del territorio y sus nuevas técnicas para la conservación del patrimonio natural, el paisaje y la biodiversidad". Fundación Banco Santander. *Cuadernos de sostenibilidad,* (23).

19 European Commission (2015). *Alternative ways to support private land conservation.*

20 Eagles, P. *et al.* (2012). "*Non government organization member´s perceptions of governance: a comparison between Ontario and British Columbia provincial parks management models*". *Leisure/Loisir.* (Vol. 36) (3-4), 269-287.

Los criterios para seleccionar tierras donde implantar estas herramientas de conservación, se basan principalmente en razones relacionadas con su función ecológica: las tierras agrícolas, los recursos forestales y otros recursos naturales valiosos, como el hábitat de determinada fauna, el agua, el aire, los espacios abiertos o los valores paisajísticos de una determinada zona. La gran diferencia respecto a "nuestras" servidumbres es que la protección se logra, principalmente, mediante la separación de los derechos. Por un lado, el propietario que renuncia a estos derechos de posibles desarrollos continúa con la función de administrar la tierra y se puede ver compensado por la pérdida de capital o renta mediante ventajas fiscales significativas por parte del Estado, por haber constituido la servidumbre de conservación[21]. Otro de los aspectos más destacados es que el propietario contribuye al interés general y al bien público mediante la preservación de los valores asociados a su tierra para las generaciones venideras. Al aceptar la servidumbre de conservación, el propietario de la finca tiene la responsabilidad de controlar los futuros usos de la tierra para asegurar el cumplimiento de los términos de la servidumbre[22].

Las servidumbres de conservación gozan de gran popularidad en los Estados Unidos, de manera especial por los numerosos incentivos fiscales establecidos en relación con su constitución. Debemos tener presente que el coste por la tenencia de la tierra, el equivalente a lo que en España sería el impuesto de contribución rústica, en los Estados Unidos es especialmente alto y gravoso, quedando exentos de su pago en el momento de constituir una servidumbre de conservación[23]. Su origen data de los años treinta,

---

21 Van Sant. (2021) L. "Conserving what? Conservation easements and environmental justice in the coastal US South". *Human Geography* (14–1), 31–44.

22 Merenlender, AM. *et al.* (2004). "Land trusts and conservation easements: who is conserving what for whom?". *Conservation Biology*, (18–1), 65–76.

23 Owley J and Rissman AR. (2016). "Trends in private land conservation: increasing complexity, shifting conservation Purposes and allowable private land uses". *Land Use Policy*, (51),76–84.

cuando fueron impulsadas por el Gobierno Federal (el equivalente al Gobierno Estatal o Central en España) con el fin de proteger paisajes de gran belleza y funcionalidad ecológica. Posteriormente, su uso se extendió para proteger otro tipo de ecosistemas, como bosques, pastizales, humedales o para conectar espacios de gran valor natural o hábitats de especies amenazadas. Además, también se emplean por parte de la Administración para gestionar Parques Nacionales u otro tipo de figuras de conservación de la biodiversidad como los Parques Tribales[24].

Para llevar a cabo el desarrollo de estas figuras legales ha sido necesario adaptar su implantación. Originariamente, esta forma de transmitir derechos no estaba reconocida en el derecho anglosajón. Sin embargo, el carácter flexible del *Common Law* a la hora de adaptarse a las evoluciones sociales ha sido fundamental para su desarrollo[25]. Sin embargo, en Europa, el derecho continental civil europeo es mucho más rígido a la hora de adaptar estas figuras a los tiempos y necesidades actuales. También es necesario resaltar que en América Latina existe un uso de las servidumbres verdaderamente importante, y si bien el sistema legal de Estados Unidos es distinto del de países de Latinoamérica, en materia de servidumbres las reglas son muy parecidas en las dos regiones. El derecho romano es el origen institucional de ambos tipos de servidumbres. La exigencia en ambos casos que el derecho romano requería era que una servidumbre se estableciera sobre una propiedad (denominado predio sirviente) en beneficio de otro (denominado predio dominante) de manera directa[26].

Respecto a las cuestiones técnicas, la norma no reconocía que una servidumbre fuera capaz de beneficiar a la sociedad en general (a través de las entidades de custodia) en lugar de beneficiar

---

[24] Weldon, A. (2010). "Conserving habitat through the federal farm bill. A guide for land trust and landowners". *Defenders of the wild.*

[25] López Ramón, F. (2018). *La trayectoria española de los bancos de conservación.* Revista aragonesa de administración pública, (19).

[26] Durá Alemañ. C. J., *op. cit.* 2015.

solamente al propietario del predio dominante, como sucede en términos generales con las servidumbres. O cuando lo hacía, a través de servidumbres legales, se imponían sin compensación y con un uso totalmente obligatorio. La pretensión de las Administraciones y los *land trust* de los Estados Unidos era poder reconocer la transmisión de una servidumbre total a una ONG con el fin de que tuvieran un vínculo con la conservación a perpetuidad, o a largo plazo, a pesar incluso de que la propiedad vuelva a transmitirse posteriormente[27].

Tras su aprobación por el Gobierno Federal, han sido muchos los Estados federados que han aprobado leyes que otorgan a las entidades privadas el derecho de disfrutar de servidumbres sin fundo o predio beneficiario, sino en beneficio de la colectividad por la labor de conservación que prestan.

Otra de las principales diferencias entre el *Common Law* de los países anglosajones y el derecho civil europeo es el carácter a perpetuidad. Este es el principal obstáculo para el desarrollo de iniciativas de custodia en Europa basadas en el derecho privado. En nuestro modelo de derecho continental civil, el carácter de perpetuidad está prohibido. Las sociedades liberales en la Europa del siglo XVIII prohibieron a través de sus respectivos códigos civiles que se pudiera vincular la tierra a determinado uso o fin a perpetuidad. Se trataba de evitar que las clases aristócratas, y en especial la iglesia, con un importante patrimonio adquirido mediante herencias y donaciones, fueran acumulando patrimonio de manera improductiva (lo que años más tarde generó numerosas desamortizaciones)[28].

La motivación principal para el uso de las servidumbres de conservación reside en los importantes beneficios fiscales que reciben los propietarios tras acordar y registrar una servidumbre

---

27 Graves R., *et al.* (2019). *Quantifying the contribution of conservation easements to large-landscape conservation. Biological Conservation*, (232),83–96.

28 Durá Alemañ. C. J., *op. cit.* (2015).

de conservación. Algunos ejemplos de impuestos afectados son el impuesto de sucesiones y donaciones, los impuestos sobre la tenencia de la tierra o en el de transmisión de propiedad mediante compraventa[29].

2.3. Ejemplos del empleo de las servidumbres de conservación para favorecer la conectividad entre espacios naturales

Como ya se ha avanzado anteriormente, las servidumbres de conservación constituyen la principal herramienta de la custodia del territorio en Estados Unidos. Aunque algunas están limitadas en su duración hasta los 20, 30 o 40 años, otras están diseñadas para perdurar a perpetuidad, si bien es cierto que esta característica es objeto de un fuerte debate y disputa judicial por las quejas recibidas de sectores más desarrollistas, que ven en ellas un problema para el futuro económico en Estados Unidos: plantean que obras de desarrollo de infraestructuras de comunicación, desarrollos industriales pueden verse perjudicadas[30].

Aunque las servidumbres de conservación tuvieron su origen en Estados Unidos, su uso se ha ido expandiendo hacia América Latina, el Caribe y Canadá, en gran parte gracias a la influencia norteamericana. También se han desarrollado iniciativas en Australia. Desde el punto de vista de la conectividad de espacios naturales, en Latinoamérica existen multitud de iniciativas dentro de Parques Nacionales[31]. El motivo es que en esta región la mayoría de los Parques Nacionales se ubican en territorios de titularidad privada. Por ejemplo, en Brasil o Costa Rica, un gran porcentaje de tierras declaradas como Parques Nacionales son propiedad privada. Todo lo contrario que en los Estados Unidos. En este país, la

---

29 Van Sant. L., *op. cit.* (2021).

30 Van Sant. L., *op. cit.* (2021).

31 Hardy RD, et al. (2016). "Prioritizing conservation easement recruitment efforts: a policy-informed conservation assessment of private land". *Southeastern Geographer,* (56-1) (81–100).

gran mayoría de los Parques Nacionales se ubican en terrenos de propiedad del Gobierno Federal.

Precisamente, el Gobierno Federal, dentro de sus programas del uso de las servidumbres con incentivos establecidos a través de la Ley Agrícola norteamericana (*Farm Bill*), ha establecido servidumbres con propietarios de zonas húmedas en Estados como Colorado, Utah, Texas o Arizona. De esta forma, el Gobierno Federal puede llevar a cabo la gestión de un espacio mucho mayor con un coste económico asumible por la Administración Federal.

Según datos de *The Land Trust Alliance*, la red de entidades de custodia del territorio en los Estados Unidos, incluye más de 1700 entidades de conservación o *Land Trust*. Entre ellas, algunas de las más destacadas en el empleo de las servidumbres son *The Nature Conservancy*, *The Reedwoods League* o *The Sempervirens Fund*[32].

2.4. *The Sempervirens Fund*

Esta ONG se constituyó en el año 1900. Se trata de la entidad conservacionista más antigua del Estado de California. Tiene como fin social la protección de los bosques de secuoyas gigantes *(Sequoiadendron giganteum)* de las montañas de Santa Cruz, California. Para ello trató de preservar el espacio natural denominado Big Basin, Posteriormente este espacio fue declarado como el primer Parque Estatal de California en el año 1902[33].

La práctica totalidad de los bosques de secuoyas de las montañas de Santa Cruz fueron talados y los bosques que quedan, en su mayoría, no tienen ningún tipo de figuras de conservación. Para llevar a cabo ese propósito, se pretendía impulsar la colaboración con otras organizaciones de conservación y organismos públicos, con el fin de realizar compras estratégicas de tierras para ampliar

32 Véase https://landtrustalliance.org/. Recuperado el 6 de enero de 2024.
33 Véase https://sempervirens.org/. Recuperado el 6 de enero de 2024.

y unir los pequeños bosques existentes y facilitar la conexión entre ellos.

Para la conservación de este espacio, esta entidad empleó diversas herramientas legales, por un lado, adquirió terrenos y posteriormente los transfirió a distintos departamentos de la Administración de Espacios Naturales con el fin de que se incorporasen a los espacios naturales ya declarados para facilitar la conectividad entre ellos o su ampliación. Además, también ha empleado las servidumbres de conservación para conectar ecológicamente parques y reservas marinas litorales en el Estado de California.

Hasta la fecha, desde su creación han conseguido conservar mediante las figuras anteriormente expuestas un total de 41.000 hectáreas de bosques de secuoyas. Además, han realizado programas de reforestación, y dotar a estos espacios de herramientas para el uso público. En concreto han diseñado y realizado una red de más de 60 kilómetros de senderos para la práctica del *trekking*.

3. LA CUSTODIA DEL TERRITORIO EN ESPAÑA

3.1. La custodia del territorio como herramienta para favorecer la conectividad entre espacios naturales

La normativa de la Unión Europea, concretamente la Directiva 92/43/CEE, o Directiva Hábitats, regula el desarrollo de la red de espacios protegidos Natura 2000, y emplaza a perfeccionar la coherencia ecológica de ésta mediante la conectividad de la estructura del paisaje[34]. Con esto se pretenden favorecer aspectos de la biología de la conservación de las especies: su intercambio genético, distribución geográfica[35]. La Estrategia Territorial

---

34 González, J.J. (2008). *Propuesta metodológica para el análisis de la pérdida de conectividad debido a planes y proyectos en un espacio de la Red Natura 2000: La propuesta. 2008.* Congreso Nacional de Medio Ambiente.

35 Kettunen, M., Terry, A., Tucker, G. y Jones A. (2007). "Guidance on the maintenance of landscape features of major importance for wild flora

Europea (CEMAT, 1999) y la Estrategia para la Biodiversidad al 2030[36] establecen también la necesidad de evitar el aislamiento entre los espacios protegidos para detener la pérdida de biodiversidad. Por su parte, la Ley 42/2007 del Patrimonio Natural y de la Biodiversidad insta a las administraciones públicas a prever en su planificación mecanismos para lograr la conectividad ecológica del territorio, estableciendo corredores ecológicos[37], de manera especial entre los espacios protegidos que integran la Red Natura 2000 y entre aquellos espacios naturales sin protección, pero de especial significado para la biodiversidad[38].

En el sentido expuesto, la custodia del territorio cobra un papel decisivo para lograr la conexión de estos espacios gracias a su carácter ecléctico y adaptativo. Las primeras iniciativas que se conocen en España se remontan a la década de los años 60 y 70. Se trata de los casos de la constitución de la reserva de Doñana (Huelva, 1968) mediante la adquisición por compraventa de diversas fincas en el corazón del actual Parque Nacional. Esta iniciativa fue llevada a cabo gracias a una captación internacional de fondos, liderada por José Antonio Valverde, persona clave en la conservación del espacio de Doñana. La otra iniciativa fue el acuerdo de colaboración llevado a cabo entre el WWF/Adena (hoy día WWF/España), y el Ayuntamiento de Montejo de la Vega (Segovia 1974) que sigue vigente a día de hoy[39].

---

and fauna". *Guidance on the implementation of Article 3 of the Birds Directive (79/409/EEC) and Article 10 of the Habitats Directive (92/43/EEC).* Institute for European Environmental Policy (IEEP).

36 https://environment.ec.europa.eu/strategy/biodiversity-strategy-2030_en#:~:text=The%20EU's%20biodiversity%20strategy%20for,-contains%20specific%20actions%20and%20commitments. Recuperado el 31 de enero de 2024.

37 Europarc-España. (2009). *Conectividad ecológica y áreas protegidas. Herramientas y casos prácticos.* Fundación Fernando González Bernáldez.

38 De Lucio, M. Et al. (2012). *Integración territorial de espacios naturales protegidos y conectividad ecológica en paisajes mediterráneos.* Junta de Andalucía, 89-103.

39 Durá Alemañ. C. J. "La custodia del territorio. Introducción al concepto". Observatorio Políticas Ambientales. (OPAM). *Actualidad Jurí-*

Un denominador común existente en la conservación de la biodiversidad es el conflicto. Esto sucede en el momento de buscar soluciones a los problemas de conservación y gestión de espacios y especies, y de los límites a la propiedad privada o la función social de la propiedad. Precisamente, la custodia del territorio es un proceso de negociación[40]. Permite implantar mecanismos para conocer las necesidades de cada sector implicado y clarificar la percepción de cada uno de ellos sobre dichos conflictos y también sobre sí mismos. Por ejemplo, con la implementación de las herramientas de gestión de los espacios naturales protegidos y los límites a la libre disposición por parte de la propiedad o con la recuperación de las poblaciones de los grandes carnívoros europeos como el oso pardo, el lobo, el lince o el glotón[41].

Por otro lado, estas iniciativas se implementan principalmente a través de las entidades de custodia pertenecientes al tercer sector social. Estas pueden actuar de formas tan diversas como una asociación de vecinos, una organización conservacionista, una fundación, un ayuntamiento, un consorcio u otro tipo de ente público[42].

---

dica Ambiental. (2019). https://www.actualidadjuridicaambiental.com/wp-content/uploads/2010/06/2019-OPAM-on-line.pdf. Recuperado el 31 de enero de 2024.

40 Pallarés Serrano, A., "El recurs a la custòdia del territori i els acords voluntaris en l'àmbit del patrimoni natural i la biodiversitat". *Revista Catalana de Dret Públic,* (41), 2010.

41 Durá Alemañ C. J. "Principales avances de la custodia en España en el periodo 2021-22". Observatorio Políticas Ambientales (OPAM). *Actualidad Jurídica Ambiental.* (2022) https://www.actualidadjuridicaambiental.com/wp-content/uploads/2022/11/2022-OPAM.pdf. Recuperado el 31 de enero de 2024.
– "La mediación como herramienta para la resolución del conflicto en torno al lobo". *Actualidad Jurídica Ambiental,* (95), 151-153.
Werth, S. (2020). *Plataforma de la Unión Europea para la coexistencia de personas y grandes carnívoros.* Ministerio para la Transición Ecológica y el Reto Demográfico.https://www.miteco.gob.es/es/red-parques-nacionales/boletin/personascarnivoros.aspx. Recuperado el 31 de enero de 2024.

42 Durá Alemañ, C. J. (2020). "La custodia del territorio como herramienta de resolución de conflictos ambientales". Observatorio Políticas Ambientales (OPAM). *Actualidad Jurídica Ambiental.* 2020.

Otra coordenada de gran importancia es la estructura de la propiedad: los distintos tipos de estructura de la propiedad. En España podemos encontrar bienes de propiedad pública, propiedad privada, colectiva o comunal. La propiedad es una institución clave para comprender las bases socioeconómicas del sistema jurídico occidental[43]. La titularidad de la tierra es un aspecto determinante en la conservación de la naturaleza y su uso sostenible, porque es necesario el concurso y la colaboración de los propietarios privados para lograr los objetivos de gestión. Según el tipo de propiedad que nos encontremos, emplearemos unas u otro tipo de figuras jurídicas para conseguir los acuerdos de custodia[44].

Nuestro ordenamiento jurídico establece en el artículo 33.1 de la Constitución el derecho a la propiedad privada y en el artículo 33.2 determina que la función social delimitará su contenido, conforme a lo establecido con las leyes. La custodia del territorio plantea precisamente una manera de entender la gobernanza en las políticas de conservación de manera más cooperativa. Se trata de facilitar al gestor la gestión del territorio[45]. Se pretende aportar nuevas herramientas con el fin de implicar en la conservación a los agentes en el territorio y especialmente a la propiedad. Se distinguen tres concepciones para clasificar la participación de la propiedad privada en la conservación: la concepción de "conservación privada", las "áreas privadas protegidas" y la "custodia del territorio"[46].

---

43 Karrera Egialde, M.M. (2015). "Derecho de montes y propiedad privada". *Derecho agrario y alimentario.*

44 Durá Alemañ C.J. (2021). "Principales proyectos, avances legislativos, y jurisprudenciales relacionados con la custodia del territorio". Observatorio Políticas Ambientales (OPAM). *Actualidad Jurídica Ambiental.*

45 Durá Alemañ. C. J. López Precioso, B. (2019). *Análisis y diagnóstico de la evolución de los espacios naturales protegidos y la custodia del territorio. Informe sobre la situación en la Comunidad Valenciana.* Universidad de Valencia.

46 Durá Alemañ C. J. Capdepon. M. (2018). "Introducción al concepto de conservación privada. *Nuevas herramientas de protección de la biodiver-*

Estas últimas constituyen una tipología dentro de la conservación privada en las que se presta atención a la gestión privada de determinadas áreas que están orientadas a la conservación a largo plazo y permiten la permanencia de los compromisos de conservación. La custodia del territorio se encuentra dentro de la categoría general de conservación privada, donde participan distintos actores como propietarios, gestores y usuarios, y por los acuerdos de custodia del territorio generados y alcanzados con entidades de custodia del territorio de forma voluntaria[47].

En cuanto a la implementación de la custodia del territorio en España, es preciso mencionar la creación de las Jornadas Estatales de Custodia del Territorio en el año 2004, y posteriormente en los años 2006, 2008 y 2010 su celebración bajo la gestión de la Cátedra UNESCO de Territorio y Medio Ambiente de la Universidad Rey Juan Carlos en colaboración con el CEMACAM-Torregüil en Murcia. Posteriormente fue el Foro Estatal de Redes y Entidades de Custodia del Territorio (FRECT) gracias al apoyo económico de la Fundación Biodiversidad quien tomara el relevo en la organización de estas jornadas.

Estos encuentros permitieron reunir por primera vez en España a las entidades que empleaban esta misma estrategia de conservación y tuvieron una importancia decisiva para la creación de distintas iniciativas que permitieron impulsar la custodia del territorio en nuestro país: por un lado, la creación de la Plataforma para el impulso de la Custodia del Territorio por la Fundación Biodiversidad, por otro lado, la constitución del Foro Estatal de Redes y Entidades de Custodia, y la constitución de diversas redes autonómicas de custodia del territorio, como Avinença en la comunidad valenciana, Ínsulas en Andalucía, la red transcantábrica

---

siddad". *Ciudad y Territorio.* https://recyt.fecyt.es/index.php/CyTET/article/view/76713. Recuperado el 31 de enero de 2024.

47 Guille, J. (2014). "La custodia del territorio como instrumento de preservación ambiental y desarrollo socioeconómico". *Revista Catalana de Dret Ambiental,* (V-2),1–49

o la red gallega de custodia del territorio. Además, fueron decisivas para incidir políticamente en el desarrollo de la Ley 42/07, de 13 de diciembre, de Conservación del Patrimonio Natural y la Biodiversidad, la cual recoge por primera vez la definición de custodia del territorio e incorpora varios artículos para incentivar su aplicación. La Cátedra UNESCO de Territorio y Medio Ambiente de la Universidad Rey Juan Carlos fue la institución que realizó la interlocución entre el Ministerio de Medio Ambiente y el entonces incipiente movimiento de custodia. Así, destacamos los siguientes artículos que consiguieron implantarse:

El artículo 3.9 define el concepto de custodia como el conjunto de estrategias o técnicas legales para implicar a propietarios y usuarios en la conservación de los recursos naturales, culturales y paisajísticos. El 3.37 define la entidad de custodia como la organización pública o privada, sin ánimo de lucro, que realize entre sus actividades la puesta en marcha de acuerdos de custodia. El artículo 4 establece que, en la planificación y gestión de espacios protegidos, hábitats y especies, se fomentarán los acuerdos de custodia entre propietarios, usuarios y la sociedad civil.

El artículo 5 establece como deberes públicos, en su apartado c), la promoción de iniciativas privadas de conservación de la naturaleza. El artículo 76 trata de aumentar su promoción por las Administraciones públicas, especialmente cuando las Administraciones sean titulares de terrenos sitos en espacios naturales, mediante acuerdos de cesión de su gestión a entidades de custodia. El artículo 77 incentivará las externalidades positivas en el ámbito de los acuerdos de custodia, especialmente en espacios naturales protegidos o donde existan acuerdos de custodia, y el 78 creará un fondo de restauración ecológica y resiliencia, donde tendrán cabida aquellos lugares que hayan sido objeto de acuerdos de custodia.

Estos artículos de la Ley han servido de orientación para que muchas Comunidades Autónomas desarrollaran sus respectivos marcos legislativos permitiendo expresar dicha filosofía de conservación. Sin embargo, no pudo incluirse ningún artículo que permitiera a los propietarios de terrenos establecer sobre ellos una figura de conservación. Ahora bien, esto sí ocurre en legislaciones de algunas Comunidades Autónomas en España. Es el ejemplo de la reserva natural concertada, en Andalucía; las microrreservas, los refugios de fauna silvestre o los parajes naturales municipales en la Comunidad Valenciana, o la reserva natural privada, en Galicia, entre otras muchas. Lo mismo sucede en algunos países como el Reino Unido (a través de la *National Trust Act*), los EE.UU., Países Bajos, Francia, etc[48]. Sin embargo, el derecho privado no permite a los propietarios de fincas vincular a largo plazo la conservación de estos espacios privados; varias resoluciones de la Dirección General del Registros y el Notariado así lo corroboran[49].

3.2. Análisis de resultados sobre el desarrollo de la custodia del territorio en España

Según información de la Plataforma Estatal de Custodia del Territorio de la Fundación Biodiversidad, perteneciente al sexto inventario de iniciativas de custodia del territorio, con fecha de 2019[50], se localizan un total de a 577.915 hectáreas. El análisis pormenorizado de estos datos indica que el 72 % de dicho incremento respecto al inventario anterior (149.103 hectáreas) es aportado por dos entidades: la Fundación de Amigos del Águila Imperial y el Lince Ibérico, con 56.813 hectáreas y la Fundación para la Conservación del Quebrantahuesos, con 92.290 hectáreas. Si bien es cierto que esta cantidad podría ser muy superior al no estar contabilizada la totalidad de iniciativas existentes en el Estado español.

---

48 European Commission (2015). *Alternative ways to support private land conservation.* http://ec.europa.eu/environment/life/publications/lifepublications/generalpublications/documents/support_land_conservation.pdf. Recuperado el 31 de enero de 2024.

49 Durá Alemañ, C.J. (2015), *op. cit.*

50 https://custodia-territorio.es/sites/default/files/recursos/6o_inventario_ct_def.pdf. Recuperado el 1 de enero de 2024.

En cuanto a la evolución de la superficie por comunidades autónomas, Extremadura es la comunidad autónoma con mayor extensión en custodia con casi 110.000 ha, seguida de Castilla y León, con más de 85.000 ha, Castilla-La Mancha y el Principado de Asturias, con casi 72.000 ha cada una.

Respecto a los tipos legales de acuerdos de custodia recogidos en el sexto inventario, se han clasificado en ocho categorías diferentes. De los 3.100 acuerdos existentes en el 2019, existe una gran incertidumbre en 27 de ellos, pues no se indica la tipología concreta del mismo. El tipo más común vuelve a ser el acuerdo escrito de custodia del territorio con 1.742 casos (56 %). Los convenios territoriales suman 340 casos. Se trata principalmente de convenios firmados por Administraciones autonómicas (Junta de Extremadura, Generalitat Valenciana y Junta de Andalucía) con propietarios privados. En tercer lugar, están los acuerdos verbales con 286 casos. Los acuerdos de cesión de uso por un tiempo determinado son aproximadamente el 8 %; el contrato de arrendamiento suma el 7 % al igual que la compra de terrenos. En último lugar, los derechos reales de aprovechamiento parcial y los derechos reales de usufructo suman nueve y siete casos respectivamente sin llegar al 1 % del total.

3.3. Ejemplos de proyectos de custodia del territorio para la conectividad de espacios naturales o hábitats de especies amenazadas

De manera general, la custodia del territorio apenas se solía integrar en las políticas de planificación territorial sobre las especies de fauna amenazadas. Sin embargo, en las últimas décadas, un número importante de proyectos han ido integrando la custodia del territorio entre sus instrumentos de gestión, lo cual está suponiendo un cambio paulatino de dicha situación.

En este marco de la Biología de la Conservación, conseguir la conectividad entre poblaciones es un aspecto prioritario que se ha incorporado en los planes de conservación de ciertas especies amenazadas con poblaciones fragmentadas[51]. Dentro de la fauna ibérica, destacan al menos tres especies emblemáticas en peligro de extinción donde la custodia del territorio se está mostrando muy eficaz, el oso pardo (*Ursus arctos*), el lince ibérico (*Lynx pardinus*) y el urogallo (*Tetrao urogallus*), si bien existen también otros taxones afectados por problemas de conectividad de poblaciones.

3.4. El caso del oso pardo cantábrico (Ursus arctos). Fundación oso pardo

Esta Fundación se constituyó en el año 1992 con el objetivo de contribuir al estudio y conservación del oso pardo, de su hábitat y de su entorno cultural. El objetivo del trabajo de la FOP se basa en desarrollar experiencias de gestión que demuestren que es viable la coexistencia entre las actividades humanas y la especie.

El oso pardo cantábrico se encuentra en situación de peligro de extinción. En la actualidad, la población cantábrica ronda los 350 ejemplares. En este momento, la fragmentación del hábitat es, junto con la mortalidad directa por el hombre, la principal causa de la desaparición o disminución de muchas poblaciones de oso pardo. La destrucción de hábitat favorable es debido a la construcción de carreteras y grandes infraestructuras. Estas son algunas de las causas de fragmentación de sus poblaciones y provoca que puedan aislar núcleos reproductores, impedir el intercambio demográfico y genético en la población osera y, en definitiva, amenazar la viabilidad de las poblaciones[52].

---

[51] Gurrutxaga, M., Lozano, P.J. y Del Barrio, G. "GIS-based approach for incorporating the connectivity of ecological networks into regional planning". *Journal for Nature Conservation*, (18) 318-326.

[52] Martín, B., Ballesteros, F., Blanco, J.C., Nores, C. y Palomero, G. (2008). *Estudio del corredor entre las poblaciones cantábricas de oso pardo.* Fundación Biodiversidad, Fundació Territori i Paisatge, Fundación Oso Pardo, Junta de Castilla y León & Gobierno del Principado de Asturias. Inédito.

Hasta hace unos años, la población cantábrica se encontraba totalmente dividida desde hacía más de un siglo en dos subpoblaciones relativamente aisladas y separadas por un territorio importante, en torno a los 40 km de anchura. Durante las últimas décadas, el principal reto de conservación es lograr la unión efectiva de ambas, asegurando el movimiento de osos que ya ha empezado a producirse a través de ese corredor natural creado entre ambas poblaciones. Es el objetivo del Proyecto Life Desfragmentación Oso.

Las medidas concretas sobre el hábitat se han desarrollado en aquellos lugares más importantes para la conectividad. Para ello se han plantado más de 180 bosquetes con especies autóctonas. Para la adecuada preparación de estas acciones de conservación se plantea la firma de convenios de colaboración con las administraciones locales y la redacción de diversos documentos técnicos. Parte de las acciones de plantación de bosquetes se realizarán en fincas adquiridas por la FOP para el proyecto y el resto en fincas y terrenos bajo acuerdos de Custodia del Territorio con sus propietarios.

3.5. Recuperación de las poblaciones de lince ibérico (Lynx pardina). Life Lynx Connect

El lince ibérico estuvo considerado como el felino más amenazado sobre la tierra por la Unión Internacional para la Conservación de la Naturaleza (UICN). Uno de sus principales problemas fue la pérdida de hábitat y la fragmentación de sus poblaciones. Desde el año 2006, se vienen ejecutando distintos proyectos *Life Conservación* y reintroducción del lince ibérico en Andalucía y para la conectividad de sus poblaciones. Proyecto coordinado por la Junta de Andalucía y en los que han participado otras adminis-

---

Véase https://fundacionosopardo.org/proyecto-life-corredores-oso/ https://fundacionosopardo.org/el-proyecto-life-desfragmentacion-oso/. Recuperado el 31 de enero de 2024.

traciones públicas y entidades privadas. Entre sus objetivos prioritarios está comunicar, en primera instancia, los dos núcleos de población de la Sierra de Andújar y en Doñana. Los problemas genéticos derivados del aislamiento de las poblaciones de Doñana y Sierra Morena se están afrontando mediante el refuerzo con ejemplares criados en cautividad. Una vez superada esta primera fase, se han reintroducido ejemplares en otras Comunidades Autónomas como Castilla La Mancha, Murcia, Extremadura y en breve se prevé en Castilla y León. Portugal también ha formado parte de este ambicioso proyecto. La custodia del territorio ha tenido un papel decisivo pues la mayor parte de fincas son propiedad privada.[53] Las estipulaciones de esos acuerdos han consistido en la colaboración realizando mejoras de hábitat en las fincas privadas —refuerzo de las poblaciones de conejo, principal presa del lince ibérico—, y en el apoyo a la propiedad privada en todas aquellas cuestiones que consideren ambas partes.

3.6. El urogallo cantábrico (Tetrao urogallus cantabricus)

Se trata de una de las especies más amenazadas de la fauna ibérica. Una de las razones fundamentales es la pérdida de calidad de hábitat y por la fragmentación forestal de su territorio (Quevedo et al., 2006). En la Estrategia nacional para su conservación, aprobada en 2004, se insta a delimitar las zonas de conexión o corredores entre los núcleos de población, identificando los elementos que puedan actuar como barrera y contemplando planes de conservación o restauración de los corredores. Desde el año 2008 la SEO/BirdLife ha llevado a cabo actuaciones de mejora del hábitat en distintas zonas de la cordillera cantábrica[54]. Para facilitar el desarrollo de estas medidas se han empleado acuerdos de custodia del territorio con los propietarios implicados[55].

---

53 Véase https://lifelynxconnect.eu/. Recuperado el 31 de enero de 2024.

54 Véase https://www.lifeurogallo.es/. Recuperado el 31 de enero de 2024.

55 EUROPARC-España (2010). *Mecanismos financieros innovadores para la conservación de la biodiversidad.* Fundación Fernando González Bernál-

4. CONCLUSIONES

Actualmente, se ha constatado que el desarrollo de la custodia del territorio juega un papel importante en la gestión y conservación de espacios naturales en un número importante de países. En España existen numerosas iniciativas donde se integran criterios en materia de conectividad ecológica en la planificación espacial, especialmente en la recuperación de hábitats de especies amenazadas como el oso, el lince o el lobo. En la revisión realizada se pone de manifiesto que las iniciativas de custodia del territorio en materia de conectividad ecológica desarrolladas en Estados Unidos y en otros países como en España muestran una tendencia creciente.

Se constata además que existen instrumentos y oportunidades relacionadas con la custodia para implementar adecuadamente la conectividad ecológica en la planificación territorial de espacios naturales. En los Estados Unidos destaca la herramienta jurídica de las servidumbres de conservación, mientras en España destacan las figuras legales clásicas del código civil, así como algunas incipientes del derecho público. Hasta ahora, la financiación de estas iniciativas de custodia se ha realizado gracias a fondos Life de la Unión Europea, líneas de ayudas de entidades privadas. De manera paralela, se presentan nuevas oportunidades para seguir fortaleciendo el trabajo de las entidades de custodia, especialmente realizando trabajos de restauración ecológica y por consiguiente, de conectividad ambiental.

La política agrícola comunitaria[56], y la Ley de Restauración de la naturaleza[57] se atisban como instrumentos jurídico económicos para afrontar la recuperación de los paisajes y los ecosistemas de-

---

dez.

56 Navarro, A. López-Bao JV. (2018). "Towards a greener common agricultural policy", *Nature ecology & evolution.*

57 https://environment.ec.europa.eu/topics/nature-and-biodiversity/nature-restoration-law_en. Recuperado el 31 de enero de 2024.

gradados de la Unión Europea. Si bien es cierto que, en su última versión, la Ley de Restauración de la naturaleza ha quedado bastante edulcorada respecto a la versión inicial, hay motivos para la esperanza. La propuesta tiene como objetivo principal restaurar ecosistemas, hábitats y especies en todas las zonas terrestres y marítimas de la UE con el fin de permitir la recuperación sostenida y a largo plazo de la naturaleza, contribuir a la consecución de los objetivos de mitigación y adaptación al clima de la UE y, por último, cumplir compromisos internacionales de conservación[58].

Agradecimientos.

CJDA fue apoyado en este estudio gracias a una ayuda del programa Ramón y Cajal RYC2022-036600-I.

---

[58] En sus múltiples variables: custodia fluvial, custodia marina, custodia cinegética, custodia agrícola, etc.

Contratación pública y conectividad ecológica

Xavier Codina García-Andrade
Profesor Contratado Doctor de Derecho Administrativo y Derecho de la UE
CUNEF Universidad

SUMARIO: 1. INTRODUCCIÓN. 2. LOS CONTRATOS DE CONECTIVIDAD ECOLÓGICA. 3. CONECTIVIDAD Y LOS CONTRATOS EN EJECUCIÓN. 4. LA UTILIZACIÓN DE LAS CONDICIONES ESPECIALES DE EJECUCIÓN DEL CONTRATO. REFLEXIÓN A LA LUZ DE LA SOLUCIÓN PLANTEADA POR LA ESTRATEGIA NACIONAL 2021. 5. CONCLUSIONES.

1. INTRODUCCIÓN

En la Estrategia Nacional de Infraestructura Verde y de la Conectividad y Restauración Ecológicas, aprobada por Orden PCM/735/2021 (**TOL8.503.402**) se define la infraestructura verde como "*una red ecológicamente coherente y estratégicamente planificada compuesta por un conjunto de áreas naturales y semi-naturales, elementos y espacios verdes rurales y urbanos, y áreas terrestres, dulceacuícolas, costeras y marinas*" [1]. Es el instrumento sobre el que pivotan "*la conservación de la biodiversidad y los servicios de los ecosistemas, la conectividad y la restauración ecológicas*"[2].

---

1 La Estrategia Nacional se aprueba en cumplimiento del mandato legal contenido en el artículo 15 de la Ley 42/2007, de 13 de diciembre, del Patrimonio Natural y de la Biodiversidad (**TOL1.210.868**), en la redacción dada al mismo por la Ley 33/2015, de 21 de septiembre (**TOL5.431.730**).

2 Preámbulo de la Orden PCM/735/2021 que aprueba la Estrategia Nacional de 2021. Doctrinalmente, sobre infraestructura verde véase Fer-

Además, como señala la Comisión Europea, la red que conforma la infraestructura verde presta una extensa gama de servicios ecosistémicos[3]. Según la Estrategia Nacional 2021, los servicios de los ecosistemas, ecosistémicos o ambientales, son aquellas contribuciones directas e indirectas de los ecosistemas al bienestar humano. La *Common classification of ecosystem services* (CICES), elaborada por Haines-Young, R. y M.B. Potschin (2018) en el marco de la Agencia Europea del Medio Ambiente, identifica tres grupos de servicios del ecosistema: (i) servicios de abastecimiento; (ii) servicios de regulación y mantenimiento; y (iii) servicios culturales. Algunos de estos servicios cumplen funciones que vendrían a coincidir con funciones propiamente administrativas. Por ejemplo, la transformación de residuos, reducción de olores, protección contra el fuego.

Por su parte, respecto a la conectividad ecológica la Estrategia Nacional 2021 señala que "*se refiere a la configuración de los paisajes y cómo ésta afecta al desplazamiento y dispersión de las especies, tanto animales como vegetales, favoreciendo además los flujos de materia y energía*"[4]. El concepto de conectividad se define en el Diccionario de la RAE como la "capacidad de conectarse o hacer conexiones"[5]. Esa capacidad o cualidad de estar conectado, que en este trabajo se predica de los paisajes y ecosistemas, no está ni mucho menos garantizada.

Según las *Bases científico-técnicas de la Estrategia Estatal de Infraestructura Verde y Conectividad y Restauración Ecológicas* (Valladares y otros, 2017) esa conectividad se ve amenazada, entre otros factores, por la pérdida y fragmentación de los hábitats y el efecto

---

nández de Gatta (2018) y del mismo autor, una evolución normativa (2023: 33).

3 Comunicación de la Comisión Europea "Infraestructura Verde: mejora del capital natural de Europa", de 6 de mayo de 2013, COM (2013) 249 final.

4 La Estrategia Nacional 2021 se apoya en EUROPARC (2009).

5 Diccionario de la lengua española, 23.ª ed., 2014.

barrera a ello asociado. Uno de los fenómenos que provoca esa situación es la existencia de infraestructuras de transporte que afectan a la permeabilidad del paisaje (Valladares y otros, 2017: 28). Esas *Bases* se han visto plasmadas en la Estrategia Nacional 2021, que persigue marcar las directrices para dos objetivos diferentes: (i) la identificación y conservación de los elementos del territorio que componen la infraestructura verde; y (ii) que la planificación territorial y sectorial que realicen las Administraciones públicas permita y asegure la conectividad ecológica y la funcionalidad de los ecosistemas, la mitigación y adaptación a los efectos del cambio climático, la desfragmentación de áreas estratégicas para la conectividad y la restauración de ecosistemas degradados[6].

Pues bien, el presente trabajo tiene por objeto analizar la intersección entre la conectividad ecológica y la contratación del sector público. En particular, la utilidad que puede tener esta última para alcanzar los objetivos de la primera.

La existencia de una relación entre ambos conceptos ha sido explicitada ya en la Estrategia Nacional 2021. Ahora bien, entre las líneas de actuación que identifica la Estrategia Nacional 2021, las referencias a los contratos del sector público son muy limitadas. De hecho, la mención expresa de la contratación del sector público se limita a una de las metas, la número 6, dedicada a "*Incorporar de forma efectiva la Infraestructura Verde, la mejora de la conectividad ecológica y la restauración ecológica en las políticas sectoriales, especialmente en cuanto a la ordenación territorial y la ordenación del espacio marítimo y la evaluación ambiental*". Allí se contemplan, entre otras, las siguientes líneas de actuación:

(i) Tener en cuenta la existencia de la Infraestructura Verde y sus requerimientos de conservación en los contratos que regulan la construcción y gestión de infraestructuras y de otros bienes públicos, en régimen de concesión u otras

---

6 Art. 1 de la Orden PCM/735/2021 que aprueba la Estrategia Nacional de 2021.

fórmulas de partenariado público-privado. Ello a través de fomentar la incorporación de especificaciones sobre especies y hábitats a conservar o restaurar, mantenimiento de la conectividad ecológica del territorio y sobre el fomento de los servicios de los ecosistemas, junto con los estándares que permitan verificar su adecuado cumplimiento, para favorecer así la Infraestructura Verde como herramienta que incentive la inversión de las empresas en conservación de biodiversidad (Línea de actuación 6.01).

(ii) Integrar en los pliegos de prescripciones técnicas particulares de las licitaciones del sector público referidas a actividades que puedan modificar el territorio y que estén sometidas a Evaluación Ambiental, la obligación de incluir en el inventario ambiental, tanto el análisis de la Infraestructura Verde como los procesos e interacciones ecológicas o ambientales clave, principalmente aquellas relacionadas con la conectividad y con los servicios de los ecosistemas. En el caso de que la actividad no se contemplara en los supuestos anteriores, y tampoco puedan afectar de forma directa o indirecta a elementos de la Red Natura 2000, se sugiere que se incluya una cláusula ambiental al amparo del apartado 2 del artículo 202 de la Ley 9/2017 de Contratos del Sector Público (LCSP) (**TOL6.414.318**), que regula las llamadas "*Condiciones especiales de ejecución del contrato de carácter social, ético, medioambiental o de otro orden*", donde se mencione expresamente que se deberá realizar un análisis de la Infraestructura Verde, así como de los procesos e interacciones ecológicas o ambientales clave, proponiendo las medidas necesarias para su mantenimiento o la mitigación de los efectos negativos basadas en la metodología de la restauración ecológica (Línea de actuación 6.11).

Como se aprecia, el enfoque de la Estrategia Nacional 2021 respecto a la contratación pública está limitado tanto a nivel temporal como objetivo. Desde un punto de vista temporal, las previsiones sobre contratos en la Estrategia Nacional 2021 solo se refieren a licitaciones futuras, pero no a contratos ya formalizados. Y desde un punto de vista objetivo. la Estrategia solo se refiere a la inclusión de consideraciones específicas en los documentos contractuales de licitaciones cuyo objeto principal no es el de la conectividad. Se obvia, sin embargo, que los contratos puedan ser, en sí mismos, instrumentos de gestión de soluciones de conectividad ecológica. Ello tiene especial relevancia si tenemos en cuenta que la conectividad ecológica permite una mayor y mejor provisión de servicios de los ecosistemas.

Este trabajo se centra, precisamente, en las carencias observadas. Por un lado, la posibilidad de formalizar contratos cuyo objeto sea, precisamente, la creación o gestión de un medio de conectividad ecológica. Por otro lado, se analiza la viabilidad jurídica de incorporar las soluciones previstas en la Estrategia Nacional 2021 a los contratos ya existentes a través del mecanismo de su modificación. Esto es particularmente relevante si se atiende al hecho de que muchos de los contratos en los que este tipo de intervenciones tiene sentido son contratos de concesión adjudicados a muy largo plazo por lo que de no incorporarse estas previsiones a través de su modificación habrá que esperar a su terminación y nueva adjudicación.

Por último, el trabajo analizará si una de las soluciones propuestas por la Estrategia Nacional 2021, consistente en incluir condiciones especiales de ejecución cuyo objeto sea la conectividad ecológica, es una opción totalmente discrecional o está condicionada a cumplir ciertos requisitos.

La puesta en marcha de los aspectos analizados en este texto solo tiene sentido una vez que se hayan identificado las infraestructuras verdes y los concretos puntos en los que interesa reforzar la conectividad ecológica, ya sea para su conservación o restauración[7].

---

[7] Ello es relevante si se tiene en cuenta que actualmente no se cuenta con un diagnóstico global y completo de la conectividad del territorio

Debe advertirse que en este trabajo se aborda únicamente la conexión de la conectividad con los contratos del sector público. Otras figuras del ordenamiento jurídico-administrativo pueden (y en ocasiones deben) utilizarse para la creación, gestión y financiación de instrumentos que posibilitaran la conectividad ecológica[8]. Así ocurre, por ejemplo, con la actividad de planificación, con instrumentos basados en dominio público, o con incentivos de la actividad privada[9].

2. LOS CONTRATOS DE CONECTIVIDAD ECOLÓGICA

Como hemos visto, la Estrategia Nacional 2021 identifica varias líneas de actuación encaminadas a incluir criterios relativos a la conectividad ecológica como parámetros de la contratación de bienes y servicios del sector público. Así, se pretende "*tener en consideración la existencia de la Infraestructura Verde*" en los contratos de construcción y gestión de infraestructuras (Línea de actuación 6.01) e incluir un análisis de impacto de las actuaciones

---

en España, tal y como pone de manifiesto la Estrategia Nacional 2021. De hecho, una de las líneas de actuación de la Estrategia Nacional 2021 consiste en «identificar áreas clave para la conectividad de las especies y tipos de hábitat de interés encaminadas a asegurar la permeabilidad de la matriz territorial» (Línea de actuación 1.01).

8 Sobre la recepción normativa de la conectividad ecológica véase López Ramón (2016). El autor afirma que "*Desde la Ley del Patrimonio Natural de 2007, las exigencias derivadas en esta materia de la Directiva de Hábitats de 1992 pueden considerarse ya cumplidas, disponiéndose de instrumentos adecuados, especialmente los planes de ordenación de los recursos naturales, los procedimientos de evaluación del impacto ambiental de las grandes infraestructuras y los directos compromisos ambientales de la legislación del dominio público. De manera adicional, los planes territoriales y urbanísticos pueden ser perfectamente utilizados para integrar y potenciar los corredores ecológicos y las demás previsiones de conectividad que deriven de los instrumentos anteriores e incluso de las propias valoraciones de los correspondientes planificadores. El reto ahora es el de aplicar efectivamente todas esas técnicas*" (2016: 56).

9 No solo incentivos financieros. También figuras *ad hoc* como como los contratos de custodia que analiza Fernández de Gatta (2023: 149).

en la infraestructura verde "*proponiendo las medidas necesarias para su mantenimiento o la mitigación de los efectos negativos basadas en la metodología de la restauración ecológica*" (Línea de actuación 6.11).

Así pues, la conectividad ecológica en su vinculación con la contratación pública aparece para la Estrategia Nacional 2021 como un aspecto complementario de otras actuaciones de contratación principales. Por ejemplo, se propone que se realice un análisis de conectividad para la construcción de infraestructura o para la provisión de otros bienes. Pero ¿caben contratos del sector público que tengan por objeto específico la conectividad ecológica o algunos de sus conceptos conexos (como la permeabilidad)?

Desde un punto de vista conceptual la utilización de los contratos del sector público puede ser una medida a tener en consideración para la creación, protección y gestión de espacios de conectividad. Como hemos indicado al comienzo de este trabajo, la conectividad tiene, entres sus finalidades, reforzar la infraestructura verde que, como se ha dicho, presta una extensa gama de servicios ecosistémicos. En ese sentido, debe advertirse que no pocos servicios de los ecosistemas tienen una estrecha relación con servicios púbicos competencia de la Administración[10]. Por ejemplo, el conjunto de servicios de ecosistemas que se refiere a la transformación de residuos, sustancias tóxicas o bioquímicos de origen antropogénico a través de procesos vivos (códigos 2.1.1.1 y 2.1.1.2 de CICES). O la reducción de ruido a través de cinturones arbóreos (código 2.1.2.2 CICES). O la protección frente al fuego (código 2.2.1.5 CICES). No todos los servicios de los ecosistemas son susceptibles de ser objeto de un contrato del sector público, claro está. Habrá que analizar caso a caso si es una posibilidad viable o aconsejable.

Existe otros ejemplos todavía más evidentes de posibles contratos de conectividad, como son la construcción de infraestructuras o la gestión de terrenos con la finalidad específica de servir de

---

10 Fernández de Gatta (2023: 27) observa que "*no parece que jurídicamente pueda hablarse de la categoría de servicio público ambiental, sino más bien de ámbitos relacionados con el medio ambiente que se consideran servicios públicos, p. ej., el agua*".

corredor ecológico que permita o refuerce la conectividad. Sirva aquí recordar que los corredores ecológicos son definidos como "*territorio, de extensión y configuración variables, que, debido a su disposición y a su estado de conservación, conecta funcionalmente espacios naturales de singular relevancia para la flora o la fauna silvestres, separados entre sí, permitiendo, entre otros procesos ecológicos, el intercambio genético entre poblaciones de especies silvestres o la migración de especímenes de esas especies*"[11]. Desde un punto de vista conceptual, nada impediría a una Administración que licite la construcción y gestión de un paso elevado en una infraestructura, o la gestión de una vía pecuaria con la finalidad de potenciar su finalidad como elemento de conectividad[12].

Por tanto, un contrato cuyo objeto principal sea precisamente una actuación de conectividad no resultaría extraño a la finalidad de esta institución. Tampoco la Estrategia Nacional 2021 impediría dar ese paso más allá y situar a la conectividad ecológica en el epicentro de la decisión de contratación.

---

[11] Art. 3 de la Ley 42/2007, de 13 de diciembre, del Patrimonio Natural y de la Biodiversidad. Esta norma incorporó como precepto de carácter básico la obligación de incluir criterios de conectividad en las normas de espacios protegidos (véase el mandato contenido en su art. 46 dirigido a las Comunidades Autónomas). Como señalan Valladares y otros (2017: 64), los corredores ecológicos "*tienen por objeto mantener la conectividad ecológica mediante nexos físicos entre las áreas núcleo*". Estos autores identifican tres tipos de corredores dentro de la infraestructura verde: (i) Los corredores lineales: largas franjas de vegetación tales como setos, franjas de bosque o la vegetación que crece en márgenes de ríos y arroyos; (ii) *Stepping stones*: una serie de pequeños teselas, no conectadas, que favorece a la fauna los desplazamientos de un lugar a otro; (iii) Los corredores paisajísticos o territoriales: franjas de territorio, elementos del paisaje sin interrupciones, cuyos hábitats permiten la reproducción, la invernada y el desplazamiento de especies silvestres. son ejemplos de ellos las vías y cinturones verdes o los elementos artificiales, como pasos de fauna, o puentes verdes.

[12] Sobre las vías pecuarias y la conectividad ver en esta misma obra el capítulo de la profesora Blanca Lozano.

Ahora bien, para la utilización de la figura de los contratos del sector público para satisfacer un interés público como la conectividad ecológica resulta imprescindible dar respuesta a varios interrogantes que se plantean desde la óptica de la regulación de los contratos del sector público.

Primero, habrá que determinar cuál es la naturaleza del contrato de conectividad. Ello dependerá principalmente de quién es la entidad licitadora. Si lo es una Administración Pública, el contrato será administrativo y disfrutará de un régimen más intenso de potestades administrativas. En caso de que la entidad licitadora no sea Administración Pública, el contrato será siempre de derecho privado. A mi juicio, los contratos de conectividad pueden ser de cualquiera de los dos tipos. La Administración bien podría decidir aglutinar este tipo de actuaciones en alguna de sus entidades instrumentales, quedando así configurado el contrato como un contrato privado de un poder adjudicador no Administración Pública.

Segundo, habrá que determinar el tipo contractual que se utiliza para estas actuaciones. Ello dependerá de las actuaciones concretas se pretendan llevar a cabo y su subsunción en los contratos típicos de los artículos 12 a 18 LCSP[13]. Si se trata de actuaciones de construcción, el contrato será de obras. Si a ello se añade la gestión del espacio, entonces podrá interesar configurar el con-

---

[13] En caso de ser licitados por una Administración, y en función de cuál sea su concreto objeto, podría configurarse el contrato como contrato administrativo especial, de los regulados en el art. 25.1.b) LCSP. Este precepto establece que son contratos administrativos especiales "Los contratos declarados así expresamente por una Ley, y aquellos otros de objeto distinto a los expresados en la letra anterior [los contratos típicos], pero que tengan naturaleza administrativa especial por estar vinculados al giro o tráfico específico de la Administración contratante o por satisfacer de forma directa o inmediata una finalidad pública de la específica competencia de aquella". Sin embargo, como observa Vázquez (2017), el objeto de estos contratos administrativos especiales puede muchas veces quedar absorbido por uno de los contratos típicos.

trato como una concesión, sea de obras o de servicios. Por ejemplo, pensemos en la construcción de una zona verde cuya finalidad principal sea evitar la erosión del terreno sin perjuicio de que tenga usos auxiliares (Código 2.2.1.1 CICES). Podría configurarse como un contrato de obras si su mantenimiento y conservación pueden quedar incorporados a las tareas ordinarias de la Administración. En cambio, si ello no es posible por falta de capacidad personal o técnica, resultaría interesante analizar la conveniencia de una concesión, atribuyéndole al contratista una retribución en función de la demanda o de la disponibilidad.

Tercero, el tipo de esquema retributivo adoptado. Nuevamente, ello dependerá mucho de la actuación a realizar y el tipo contractual elegido. Si se trata de un contrato de obras o de servicios será suficiente con el pago de un precio[14]. Sin embargo, cuando se trate de una concesión de obra o de servicios, el pago del precio debe venir acompañado del derecho a explotar la obra o los servicios objeto del contrato[15]. Por ejemplo, puede estudiarse la licitación de la construcción de un puente que sirva como corredor ecológico que permita superar una carretera o una vía ferroviaria, cuya retribución dependa de los vehículos o trenes que transiten. A su vez, la Administración podría introducir esa externalidad en el esquema retributivo de la construcción y gestión de la infraestructura.

En cualquier caso, ese esquema de retribución habrá que combinarlo con otros mecanismos innovadores de financiación como los incentivos basados en el principio de "quien provee, cobra", o el pago a través de la concesión de créditos ambientales.

En definitiva, la utilización de contratos del sector público para la creación y gestión de espacios de conectividad resulta una opción jurídicamente viable que resulta conveniente explorar caso a caso.

---

14 Artículos 13 y 14 CSP.

15 Artículos 15 y 17 LCSP.

3. CONECTIVIDAD Y LOS CONTRATOS EN EJECUCIÓN

La Estrategia Nacional 2021 no plantea la posibilidad de introducir aspectos que favorezcan la conectividad ecológica en contratos que estén ya en ejecución. Su reflexión principal se refiere a los contratos que se adjudiquen a partir de entonces. Ahora bien, cabe preguntarse si, dado que la conectividad ecológica es ya un bien jurídico digno de protección, resultaría posible modificar los contratos actualmente en ejecución para incluir actuaciones que refuercen esa conectividad ecológica. Obviamente, no quedarían afectados todos los contratos, sino solo a aquellos donde fuese necesaria una actuación de este tipo y no fuese conveniente esperar a la terminación y re-licitación del contrato.

Por ejemplo, si en el análisis de infraestructura verde que se lleve a cabo bajo el marco de la Estrategia Nacional 2021 se detectase que en determinadas zonas la conectividad queda afectada por una infraestructura, y el contrato de prestación de servicios o de concesión no venciera hasta dentro de varios ejercicios (a veces, décadas), puede resultar conveniente introducir modificaciones en tal contrato para adelantar en el tiempo la protección de la conectividad y lo que ello representa.

Se recogen a continuación algunas reflexiones que alcanzan a una mayoría de contratos del sector público. Ahora bien, adviértase que las normas de modificación de los contratos varían en función del tipo de contrato que se esté ejecutando. Existirán diferencias si se trata de un contrato privado o de un contrato administrativo; y si se trata de un contrato adjudicado por una entidad del sector público que no es poder adjudicador o si se trata de un contrato adjudicado por un poder adjudicador, sea Administración Pública o lo que se conoce como poder adjudicador no Administración Pública ("PANAP")[16].

---

16 Sobre la modificación de los contratos del sector público Vázquez (2015) o Codina (2019).

El núcleo de la regulación de la modificación de los contratos del sector público se recoge en los arts. 203 a 206 LCSP. Estos preceptos establecen los supuestos en los que se puede acordar la modificación (aplicables tanto a modificaciones unilaterales como de mutuo acuerdo). Este régimen tiene su origen en el ordenamiento europeo y, en particular, en el art. 72 de la Directiva 2014/24/UE del Parlamento Europeo y del Consejo, de 26 de febrero de 2014, sobre contratación pública (la "Directiva 2014/24"). La razón de ser detrás de este régimen es "*garantizar el respeto de los principios de transparencia de los procedimientos* [de licitación] *y de igualdad de trato de los licitadores. En efecto, estos principios impiden que, con posterioridad a la adjudicación de un contrato público, el poder adjudicador y el adjudicatario modifiquen las estipulaciones de ese contrato de tal modo que estas pasen a presentar características sustancialmente diferentes de las del contrato inicial*"[17]. Se trata, en definitiva, de una aproximación licitocéntrica que orilla la consecución de otros objetivos que podrían alcanzarse con una regulación de la modificación más flexible (Codina, 2019: 125).

El análisis parte de dos presunciones: que una actuación encaminada a reforzar los objetivos de la Estrategia Nacional 2021 es siempre una actuación por razones de interés público (requisito exigido a la modificación de los contratos administrativos *ex* art. 203 LCSP) y que los pliegos no preveían estas actuaciones por lo que resulta inviable acudir a la figura de la modificación prevista (regulada en el art. 204 LCSP). Nos queda, pues, revisar los límites establecidos en el artículo 205 LCSP para las modificaciones imprevistas.

Respecto a los límites del artículo 205 LCSP, el primero de ellos es el requisito general para todas las modificaciones imprevistas: solo se admiten aquellas que se limiten "*a introducir las variaciones estrictamente indispensables para responder a la causa objetiva que la*

---

[17] Sentencia del Tribunal de Justicia de la Unión Europea, de 7 de diciembre de 2023, asuntos acumulados C441/22 y C443/22, Obshtina Razgrad, ECLI:EU:C:2023:970, ap. 61.

haga necesaria" (art. 205 LCSP)[18]. Pero ¿necesaria para qué? ¿Para ejecutar el contrato como inicialmente estaba previsto? (concepción estricta de la modificación); ¿o una modificación necesaria para satisfacer el interés público, aunque ello vaya más allá del diseño inicial del contrato? (concepción amplia de la modificación). Ni el legislador ni los tribunales han dado una respuesta clara y pacífica a esta cuestión. Y ello es vital para el objeto de este trabajo: si se abraza una concepción estricta, ninguna modificación encaminada a incorporar actuaciones de conectividad sería posible porque esas actuaciones no resultarían necesarias para ejecutar el contrato en sus términos iniciales.

Asumiendo que se opta por el enfoque amplio de la modificación, debemos entonces atender a los concretos límites recogidos en los distintos apartados del art. 205.2 LCSP. En particular, interesan los supuestos de modificaciones por circunstancias imprevisibles (205.2.b LCSP) y modificaciones no sustanciales (art. 205.2.c LCSP).

El principal límite de las modificaciones por circunstancias imprevisibles es que "*la necesidad de la modificación se derive de circunstancias que una Administración diligente no hubiera podido prever*". Sin perder de vista la interpretación cada vez más estricta que se predica de este motivo de modificación[19], resulta razonable sostener que, si se aprobase una disposición de carácter general, de rango legal o reglamentario, que obligase a los titulares de las vías a adoptar medidas de conectividad (y, por tanto, que estos obligasen a su adopción a los operadores que estuvieron gestionando tal vía), ello podría calificarse como de circunstancia imprevisible. Por ejemplo, una modificación legal que obligase a los titulares de carreteras a elaborar un análisis de conectividad para valorar el "efecto barrera", esto es, la merma que producen las infraes-

---

[18] La referencia a la "necesidad" de la modificación también se encuentra en el art. 203 LCSP.

[19] Sobre la imprevisibilidad y su interpretación restrictiva véase Cano Campos (2023: 115).

tructuras en la capacidad de la fauna de desplazarse a través del territorio. Y, tras esa valoración, adoptar las medidas oportunas para mitigar el efecto. Esa medida de carácter general obligaría a los titulares de la vía a introducir modificaciones en los contratos de gestión indirecto que hubieran licitado. Modificaciones por una causa que es, hoy por hoy, imprevisible[20].

A mi juicio, el hecho de que se haya aprobado la Estrategia Nacional 2021 y se haya previsto la necesidad general de proteger y potenciar la conectividad ecológica no es un hecho lo suficientemente determinado como para afirmar que a partir de ahora toda actuación en este campo era previsible. La previsibilidad exige cierto estándar por el órgano de contratación (haber sido capaz de prever) que no se cumple cuando ni siquiera se conocen las concretas actuaciones materiales que deben llevarse a cabo en materia de conectividad.

Estas modificaciones por circunstancias imprevisibles podrían alcanzar hasta un 50% del precio inicial del contrato.

Un umbral menor se permite en las modificaciones no sustanciales recogidas en el art. 205.2.c) LCSP. Así, se consideran como no sustanciales aquellas modificaciones que —de manera simplificada— cumplan una o varias de las siguientes condiciones: (i) que introduzcan condiciones que, de haber figurado en el procedimiento de contratación inicial, habrían permitido la selección de candidatos distintos de los seleccionados inicialmente o la aceptación de una oferta distinta a la aceptada inicialmente o habrían atraído a más par-

---

20 Lo anterior tiene un encaje adecuado en la doctrina del *factum principis*. Como observa Fernández-Figueroa (2012) el *factum principis* "se refiere más bien a intervenciones administrativas de tipo general, no referidas exclusivamente a un contrato, pero que suponen un cambio en las condiciones externas (económicas, fiscales, sociales) de ejecución de éste; no se produce aquí alteración alguna en los elementos esenciales del contrato cuyo contenido íntimo queda formalmente inalterado, pero sí un desequilibrio en la valoración económica de las prestaciones, haciendo ésta, para el contratista, mucho más onerosas".

ticipantes en el procedimiento de contratación; (ii) alteren el equilibrio económico del contrato; y (iii) amplíen de forma importante el contrato, entendiéndose que este supuesto concurre con modificaciones de más del 15 por ciento del precio inicial en contratos de obras o del 10 por ciento en los demás. Esta puede ser una buena alternativa para incluir actuaciones de conectividad sencillas, que no exigieran una clasificación del contratista distinta y que se presentaran como actuaciones auxiliares de las que ya fueran licitadas.

Una restricción adicional proviene de la interpretación estricta que se viene sosteniendo por la doctrina administrativa. Me refiero aquí a aquella que considera que la LCSP prohíbe cualquier modificación sustancial. Esa corriente interpretativa viene ilustrada por la Resolución del Tribunal Administrativo Central de Recursos Contractuales núm. 436/2022, de 7 de abril, que expresamente afirma que "*es preciso analizar si con la modificación operada en el objeto del contrato se ha producido una modificación de carácter sustancial, en cuyo caso no podrá llevarse a cabo la modificación aun cuando ésta responda a circunstancias sobrevenidas imposibles de prever en el momento en el que tuvo lugar la licitación*"[21]. El razonamiento de esa decisión se refería a una modificación del precio, pero su *ratio decidendi* (la prohibición de sustancialidad) podría extenderse a otros supuestos.

Pues bien, a mi juicio esa interpretación restrictiva es infundada. La no sustancialidad de la modificación es solo uno de los supuestos en los que se puede modificación un contrato (art. 205.2.c LCSP). Pero ello no obsta a que, si ese criterio no se cumple, pueda modificarse el contrato si se subsume la modificación en alguno de los otros supuestos (art. 205.2.a y. b LCSP).

En definitiva, aunque habrá que estudiarse caso a caso, no debe descartarse la posibilidad de adelantar la persecución de fines de conectividad ecológica a supuestos de contratos en fase de ejecución.

---

21 Esta interpretación se recoge también en el informe de la Junta Consultiva de Contratación del Estado, de 10 de diciembre de 2018.

4. LA UTILIZACIÓN DE LAS CONDICIONES ESPECIALES DE EJECUCIÓN DEL CONTRATO. REFLEXIÓN A LA LUZ DE LA SOLUCIÓN PLANTEADA POR LA ESTRATEGIA NACIONAL 2021

La Estrategia Nacional 2021 plantea una conexión muy limitada entre contratación del sector público y conectividad. En este apartado se quiere reflexionar sobre una de las opciones allí planteadas.

En particular, en relación con la mención del artículo 202 LCSP que se recoge en la Línea de actuación 6.11. Allí se plantea que, en actuaciones que modifiquen el territorio y estén sometidas a Evaluación Ambiental, se incluya en los pliegos de prescripciones técnicas particulares de las licitaciones "*la obligación de incluir en el inventario ambiental, tanto el análisis de la Infraestructura Verde como los procesos e interacciones ecológicas o ambientales clave, principalmente aquellas relacionadas con la conectividad y con los servicios de los ecosistemas*". En cambio, si se trata de actividades que no modifican el territorio ni están sometidas a Evaluación Ambiental se sugiere introducir condiciones especiales de ejecución del contrato sobre la base del art. 202 LCSP, cuyo objeto sea "*realizar un análisis de la Infraestructura Verde, así como de los procesos e interacciones ecológicas o ambientales clave, proponiendo las medidas necesarias para su mantenimiento o la mitigación de los efectos negativos basadas en la metodología de la restauración ecológica*".

Pues bien, tal conclusión exige un análisis siquiera breve de las posibilidades que presenta la utilización de condiciones especiales de ejecución del contrato. Como se verá, no siempre será posible incluir tales condiciones especiales de ejecución.

Estas condiciones "*son obligaciones incorporadas a los pliegos o al contrato que el órgano de contratación ha considerado, por su importancia, elementos esenciales de la fase de ejecución del contrato y cuyo incumplimiento merece consecuencias jurídicas más severas. Obviamente, no inciden en la evaluación de las proposiciones de los licitadores y despliegan su eficacia en la fase de ejecución del contrato*"[22]. Son instrumentos al servicio de la utilización de la contratación como palanca para implementar políticas sociales, medioambientales o de innovación.

Las condiciones especiales de ejecución se regulan tanto en la norma española (el ya citado art. 202 LCSP) como en la normativa europea en la materia (art. 70 y considerando 104 de la Directiva 2014/24/UE). Ambas normas permiten la inclusión de condiciones de tipo medioambiental y no establecen un listado cerrado de condiciones de ejecución que puedan adoptarse (el art. 202 LCSP se limita a recoger un listado ejemplificativo de posibles condiciones de ejecución). Ahora bien, como observa la profesora De Guerrero (2018: 156), la principal diferencia entre los dos niveles normativos es que en el ámbito nacional la inclusión de estas condiciones es una obligación legal y no una opción del órgano de contratación.

Veamos, pues, si resulta conforme a estos preceptos incluir como condición especial de ejecución el realizar un "*análisis de la Infraestructura Verde, así como de los procesos e interacciones ecológicas o ambientales clave, proponiendo las medidas necesarias para su mantenimiento o la mitigación de los efectos negativos basadas en la metodología de la restauración ecológica*".

La decisión de incluir una condición de ejecución debe ir precedida de un análisis de su coste. No solo coste económico para el contratista sino también en términos de dificultad de contar con un tercero para ejecutar la condición especial, posiblemente una entidad dedicada a proyectos de carácter medioambiental. Debe valorarse si la imposición de tal condición es proporcionada (De Guerrero, 2018: 158).

El principal requisito de validez de las condiciones especiales de ejecución es que estén vinculadas al objeto del contrato. Como señala Herce (2022: 91), las condiciones de ejecución "*deben afec-*

---

22 Informe núm. 1/20 de la Junta Consultiva de Contratación Pública del Estado.

tar de manera significativa a la ejecución de la prestación que constituye el objeto del contrato tal y como se ha definido en las especificaciones técnicas".

La profesora De Guerrero (2023: 303) observa que los tribunales especiales y juntas consultivas están realizando una interpretación estricta de este requisito y exigen una vinculación "directa" con el objeto del contrato[23]. Un ejemplo de lo anterior es la Resolución núm. 44/2017, de 1 de marzo, del Tribunal Catalán de Contratos de Sector Público, que afirma que estas cláusulas incorporan actuaciones que "*deben ser realizadas por el licitador seleccionado dentro del mismo suministro o servicio que se realiza en la administración contratante, ya que es un elemento incorporado intrínsecamente a la prestación que se satisface y que se considera beneficiosa para el interés público, como utilizar autobuses con energía verde o materiales ecológicos o que el servicio objeto del contrato lo presten personas con dificultades de inserción, o bien la propia realización objeto del contrato influye directamente sobre aquello que se quiere potenciar cómo puede ser la reforestación de determinadas zonas que actúan sobre la política medioambiental*"[24].

En vista de esa interpretación restrictiva, surgen dudas de cómo podrán alcanzarse objetivos de conectividad ecológica en contratos que nada tengan que ver con ello. Parece que podrán ser utilizadas si su finalidad es mantener o mejorar los valores de conectividad del terreno que pudieran verse deteriorados por la actuación pública contratada. Pero habrá otros casos, cuando ese impacto no se produzca, que obligar a un contratista a asumir esa prestación como una condición especial pudiera ser ajeno al

---

23 Interpretación que la misma autora considera incorrecta si se atiende a la remisión que hace el artículo 202 LCSP al 145 LCSP y la aclaración que se contiene en el apartado sexto de este último, donde se recoge que "*se considerará que un criterio de adjudicación está vinculado al objeto del contrato cuando se refiera o integre las prestaciones que deban realizarse en virtud de dicho contrato, en cualquiera de sus aspectos y en cualquier etapa de su ciclo de vida*".

24 Traducción propia. El texto original, en catalán.

objeto del contrato según la interpretación estricta que se viene manteniendo de este concepto.

Por último, en caso de que se opte por introducir una condición especial de ejecución como la descrita, deberá decidirse si se considera como obligación esencial (susceptible entonces de dar lugar a la resolución del contrato) o no[25].

5. CONCLUSIONES

El presente artículo ha pretendido profundizar en las relaciones que pueden existir entre la conectividad ecológica y la figura de los contratos del sector público. Como ha quedado acreditado, esa relación es más estrecha de lo que parece a simple vista. Así, la principal conclusión de este trabajo es que los contratos del sector público pueden desarrollar un papel no menor que contribuya a impulsar la creación y gestión de la red que compone la infraestructura verde y, en particular, las actuaciones de conectividad.

La Estrategia Nacional 2021 no es ajena a esta realidad y se refiere en algunas ocasiones a la figura de los contratos del sector público. Sin embargo, tal y como se ha evidenciado, esas referencias son muy limitadas y apenas profundizan en la interrelación entre conectividad y contratos del sector público. El trabajo parte, de hecho, de identificar las limitaciones que al respecto contiene la Estrategia Nacional de 2021 para luego profundizar en ellas.

---

25 El art. 202.3 LCSP establece que "3. Los pliegos podrán establecer penalidades, conforme a lo previsto en el apartado 1 del artículo 192, para el caso de incumplimiento de estas condiciones especiales de ejecución, o atribuirles el carácter de obligaciones contractuales esenciales a los efectos señalados en la letra f) del artículo 211. Cuando el incumplimiento de estas condiciones no se tipifique como causa de resolución del contrato, el mismo podrá ser considerado en los pliegos, en los términos que se establezcan reglamentariamente, como infracción grave a los efectos establecidos en la letra c) del apartado 2 del artículo 71". Al respecto véase De Guerrero (2018: 171).

Por un lado, se concluye que, conceptualmente, pueden existir contratos de conectividad ecológica, esto es, contratos del sector público cuyo objeto principal sea, precisamente, una actuación de conectividad. Ahora bien, resulta imposible pre-determinar cuáles son las concretas características de esos contratos ya que las actuaciones de conectividad que pueden cubrirse con ellos son muy heterogéneas. Así, las características del contrato dependerán del tipo de actuación que se quiera llevar a cabo.

Por otro lado, se ha examinado la posibilidad de incluir aspectos relativos a la conectividad en contratos en ejecución. Ello no es categóricamente inviable, si bien habrá que estar a un análisis caso a caso. Este aspecto cobra mucha relevancia en aquellas actuaciones que deban realizarse en conexión con contratos (sobre todo de concesión) a los que resten años, incluso décadas, para su finalización.

Por último, se ha analizado brevemente la posibilidad identificada por la propia Estrategia Nacional 2021 (la utilización de las condiciones especiales de ejecución). Como se ha evidenciado, bajo una interpretación restrictiva tal solución podría enfrentarse a problemas de aplicación ya que no siempre las cuestiones de conectividad ecológica guardarán relación con el objeto del contrato.

La incorporación de estándares para la conectividad ecológica: una reflexión desde la práctica del urbanismo

FRANCISCO GARCÍA SÁNCHEZ
Dr. Arquitecto-Urbanista
Universidad de Cantabria

SUMARIO: 1. PLANTEAMIENTO TEÓRICO Y METODOLÓGICO. 2. LA CONECTIVIDAD ECOLÓGICA EN LA PRÁCTICA DEL PLANEAMIENTO MUNICIPAL. 3. HERRAMIENTAS DISPONIBLES EN EL PLANEAMIENTO PARA EL SUELO URBANO Y URBANIZABLE. 3.1. Cesiones de suelo para Sistemas Generales y Locales de Zonas Verdes y Espacios Libres. 3.2. La Normativa Urbanística como instrumento eficaz para la definición de la infraestructura verde en el ámbito urbano. 4. LAS CERTIFICACIONES DE CALIDAD COMO BASE PARA INCORPORAR LA CONECTIVIDAD AL PLANEAMIENTO. 5. CONCLUSIONES.

1. PLANTEAMIENTO TEÓRICO Y METODOLÓGICO

Dentro del marco jurídico español, en consonancia con las determinaciones establecidas en el planeamiento, las actividades humanas han ido configurando nuevos paisajes en una suerte de simbiosis entre lo rural y lo urbano, en ocasiones de manera acertada y en otras, con impactos severos sobre el medio circundante. Como resultado de la acción antrópica sobre el territorio municipal, la fragmentación de hábitats ha sido una constante, especialmente en las últimas décadas (García Alvarado *et al.*, 2020; Concepción Cuevas, 2022). La restauración de los hábitats degradados y su conectividad ecológica ha irrumpido entre los objetivos de ordenación en el ámbito legislativo, pero necesita de un conjunto de herramientas técnicas y jurídicas que garanticen la idoneidad de las intervenciones y faciliten su aplicación en la práctica del planeamiento de desarrollo.

La conectividad ecológica es un término adscrito inicialmente a la Ecología y Biología, difundido en la literatura científica por el ecólogo Gray Merriam en la década de 1980. A pesar de su escaso recorrido temporal, el término ha sido objeto de un exhaustivo análisis que ha permitido ratificar la característica fundamental detectada por el autor: la continuidad de los hábitats depende no solo de los atributos de las especies que lo habitan sino también de la continuidad de los elementos que configuran el territorio (Merriam, 1984; Taylor *et al.*, 1993). Por tanto, la conectividad ecológica es un elemento clave en la ordenación espacial y su alteración puede corregirse mediante la incorporación de los *elementos del territorio* que necesitan las especies para facilitar su movilidad (Bennet y Blanch, 2004).

Cuando la ordenación espacial, a través de sus herramientas de planificación, ha afectado sustancialmente a la conectividad ecológica, la necesaria incorporación de los *elementos del territorio* para corregir estas situaciones requiere del desarrollo de un marco jurídico que dé soporte legal a estos elementos. Y surge como respuesta a esta práctica urbanística, primero en la literatura científica y, más recientemente en la legislación sobre ordenación del territorio y urbanismo, el término "infraestructura verde", que engloba los elementos del territorio necesarios para la restauración de las áreas fragmentadas.

La Comunicación de la Comisión Europea sobre la Infraestructura Verde definió esta última como una herramienta de gestión que aporta beneficios ecológicos, económicos y sociales y contribuye a la restauración y conectividad ecológicas. En definitiva, se trata de una red de áreas naturales y seminaturales planificada de forma estratégica, diseñada y gestionada para la prestación de una extensa gama de servicios ecosistémicos (Comisión Europea, 2013, p. 3). El aumento de las zonas urbanizadas, en especial durante el periodo expansivo producido en España en la primera década de nuestro siglo, dificulta el desplazamiento de las especies y se traduce en una dispersión de los hábitats con la consecuente merma en la capacidad de interacción de las poblaciones (Rullán Salamanca, 2012). Será el planeamiento urbanístico el que, dentro de sus atribuciones de ordenación del espacio municipal, defina el régimen jurídico de los elementos del territorio necesarios para la conectividad ecológica.

Así, la conectividad ecológica se asume como un aspecto relevante de la planificación urbana, dado que son sus determinaciones normativas las que pueden configurarse como un medio para aumentar la fragmentación o mejorar la interrelación de los diferentes hábitats. En este capítulo abordaremos, desde la perspectiva de la ejecución práctica del planeamiento, las implicaciones que tiene la infraestructura verde a escala municipal y cómo las determinaciones y herramientas del planeamiento urbanístico pueden contribuir a reducir la fragmentación de los hábitats.

Para afrontar este análisis, con el objetivo de dotar de instrumentos de regulación de la conectividad ecológica en el planeamiento municipal, se propone, en primer lugar, la revisión de las herramientas disponibles para este fin en nuestro sistema jurídico. Para ello, se realizará un estudio comparado de las legislaciones de suelo de las comunidades autónomas con el propósito de comprender el alcance de los estándares de zonas verdes y espacios libres. También se comprobará la pertinencia de la normativa zonal como instrumento eficaz para la aplicación de estándares de conectividad ecológica, a partir del análisis de un caso de estudio.

En segundo lugar, se analizan otros instrumentos y parámetros de referencia que pueden ser de aplicación para la reducción de la fragmentación de los hábitats y que están actualmente fuera del marco normativo. Para ello, la segunda parte del capítulo propone una revisión de indicadores y parámetros asumidos en certificaciones internacionales de urbanismo sostenible en el ámbito de la conectividad ecológica, comprobando la viabilidad de la incorporación de estas variables de referencia al sistema urbanístico español.

2. LA CONECTIVIDAD ECOLÓGICA EN LA PRÁCTICA DEL PLANEAMIENTO MUNICIPAL

Más allá del marco jurídico que permite afrontar los problemas de conectividad de la infraestructura verde a escala territorial, la aplicación práctica del marco legislativo en el planeamiento urbanístico requiere de técnicas de ordenación espacial que deben apoyarse sobre criterios lógicos de utilización del suelo municipal (García Álvarez, 2016). Prueba de ello son las serias dificultades que tienen los equipos redactores para abordar en el suelo urbano y el urbanizable la integración de la infraestructura verde y su conectividad con el suelo rústico, otorgando a los instrumentos de ordenación territorial un papel más efectivo que el planeamiento urbanístico (Uriarte Ricote, 2014). Sin embargo, la definición de los espacios libres y zonas verdes en el ámbito urbano requiere de un nivel de precisión que solo es posible definir a través de las determinaciones de los Planes Generales de Ordenación Urbana. Con el objetivo de generar un territorio municipal protegido y que preserve sus características naturales, se hace imprescindible un adecuado proceso de análisis de la realidad municipal desarrollado en el documento informativo de los planes generales de ordenación, lo que permitirá detectar los sectores con riesgo o con evidencias de discontinuidad de los hábitats.

De esta manera, se garantiza el principio de desarrollo sostenible, tal y como recoge el artículo 3.2 del Real Decreto Legislativo 7/2015, del texto refundido de la Ley de Suelo y Rehabilitación Urbana (**TOL5.534.477**) por medio del uso racional de los recursos y la protección del medio ambiente a través de la conservación de la naturaleza y "la preservación de los valores del suelo innecesario o inidóneo para atender las necesidades de transformación urbanística". En la misma línea, la Agenda Urbana Española recoge este principio entre sus objetivos estratégicos, indicando que la planificación municipal debe ordenar el territorio con un uso racional del suelo, para conservarlo y protegerlo (AUE, 2019).

En el contexto de estos principios y objetivos, el planeamiento a escala municipal debe preservar los valores del suelo mediante unas determinaciones de obligado cumplimiento, algunas de las cuales tienen una incidencia directa sobre la conectividad ecológica y la infraestructura verde. Si bien el planeamiento urbanístico en España se rige por las diferentes legislaciones que sobre suelo han desarrollado las comunidades autónomas, disponemos de un marco estratégico de referencia a nivel estatal que permite establecer unas pautas para ser incorporadas en la planificación urbana.

Además de la Ley de Suelo estatal y la Agenda Urbana Española, la Orden PCM/735/2021 (**TOL8.503.402**), por la que se aprueba la Estrategia Nacional de Infraestructura Verde y de la Conectividad y Restauración Ecológicas, prioriza la conectividad ecológica de la infraestructura verde y asume sus implicaciones con el planeamiento urbanístico. Reconocida como un instrumento esencial para la planificación sostenible del territorio, la Orden PCM/735/2021 asume entre sus líneas de actuación las implicaciones que para el planeamiento urbanístico supone garantizar la conectividad ecológica y reducir la fragmentación de los hábitats. Entre sus objetivos específicos se indica la necesidad de integrar la infraestructura verde en el planeamiento, lo que supone un desafío para las personas responsables de la planificación a la hora de acomodar en la ordenación urbanística la integración de los distintos elementos de la infraestructura verde.

Asimismo, dentro del ámbito competencial municipal, la Estrategia promueve medidas para la conservación y gestión de la infraestructura verde a escala de barrio en los instrumentos de planeamiento. En dichos instrumentos se anima a mejorar las condiciones medioambientales evitando la pérdida neta de diversidad biológica y, fomentando entre otros, la permeabilidad y conectividad del territorio. Por tanto, en el esfuerzo colectivo de reducir la fragmentación de los ecosistemas debemos idear nuevas técnicas y soluciones normativas que permitan incrementar la conectividad ecológica en los suelos urbanizados o por urbanizar.

Esta necesidad se evidencia en casos como el del Parque Regional del Sureste en Madrid (Figura 1), donde Rivas-Vaciamadrid y Arganda del Rey, lejos de suponer un cuello de botella para el curso natural del río Jarama, son lugares de oportunidad para mantener la conectividad ecológica.

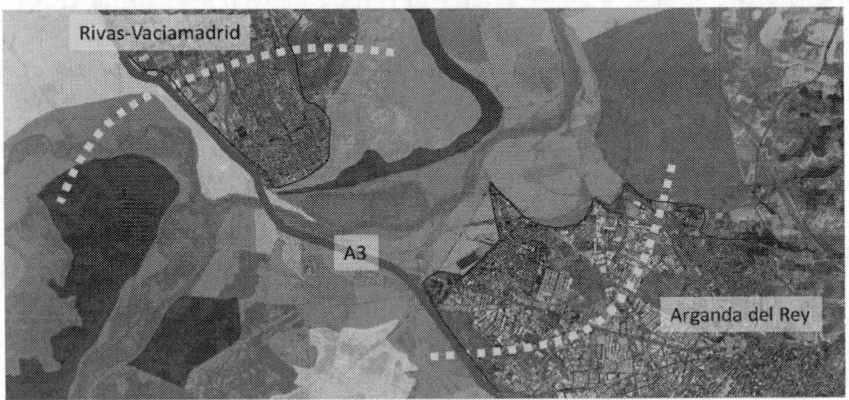

Fig. 1. Impulso a la conectividad ecológica a través del suelo urbano.
Fuente: Elaboración propia a partir de la cartografía del Parque Regional del Sureste, Comunidad de Madrid.

En el caso que se presenta, las determinaciones del Parque Regional del Sureste no alcanzan a establecer regulaciones específicas para los suelos urbanos. Por tanto, la garantía de la conectividad ecológica queda en manos de las determinaciones del planeamiento municipal. En este caso, la necesaria regulación de la infraestructura verde depende de la evolución propia de las normativas municipales en las revisiones del planeamiento, donde tienen la oportunidad de reflejar como objetivo la necesidad de aprovechar la inercia natural de los corredores fluviales y considerar el desarrollo de una infraestructura verde de carácter urbano (Figura 1). Este caso muestra como la ordenación del territorio municipal debe superar el hecho de que la ciudad sea barrera para convertirse en un nuevo lugar de oportunidad y favorecer la conectividad ecológica.

Dentro del marco competencial municipal y desde el punto de vista de la planificación urbana, la infraestructura verde, como elemento estructural de la conectividad ecológica puede ser identificada dentro o fuera de los ámbitos urbanizados.

En los espacios rurales, por contraposición a lo urbano, desde la práctica del urbanismo podemos delimitar y caracterizar los suelos con precisión en función de los análisis territoriales desarrollados en los documentos informativos, definiendo aquellos que tienen valores o condiciones suficientes para ser preservados, así como los susceptibles de ser protegidos de nuevas actividades o usos que se propongan (López Ramón, 2017). Por tanto, las zonas donde se detecte la fragmentación ecosistémica pueden ser susceptibles de un tratamiento acorde a sus valores, con delimitación y designación de proyectos específicos de restauración ambiental. Estos proyectos, con los recursos económicos necesarios y la voluntad de todas las partes intervinientes, pueden restablecer sus condiciones iniciales, con las limitaciones propias que impongan especialmente las grandes redes lineales de comunicaciones, como las autovías o los ferrocarriles (Gobierno de España, 2023).

Las diversas categorías en la clasificación del suelo rústico que han desarrollado las comunidades autónomas en sus legislaciones de suelo muestran un amplio abanico de posibilidades que garantizan la adecuada protección de los hábitats. A este respecto, es oportuno retomar los criterios de la Estrategia definida en la Orden PCM/735/2021, que recoge en la línea de actuación 6.10 la necesidad de establecer unas clasificaciones del suelo acordes con la infraestructura verde y desarrollar una regulación de usos que contribuya a mantener y mejorar sus condiciones iniciales.

Sin embargo, en el medio urbano, no sólo la oportunidad de desarrollar instrumentos específicos es más complicada, sino que también la situación de partida representa un problema más complejo. En el suelo urbano, la ocupación predominante del espacio urbanizado, con usos y actividades ya asentados, dificulta enormemente la restauración de las condiciones iniciales. Además, la limitada superficie destinada a usos públicos, viales y espacios libres no facilita la conectividad de las zonas urbanas con los relictos naturales de la periferia. Es en este ámbito donde el reto de la planificación de la infraestructura verde para la conectividad ecológica es mayor, y para el que se revisan en los apartados siguientes las posibilidades de su regulación a través, primero del análisis de las herramientas o instrumentos jurídicos disponibles; y después a través del estudio de los parámetros de control empíricamente probados en casos internacionales.

3. HERRAMIENTAS DISPONIBLES EN EL PLANEAMIENTO PARA EL SUELO URBANO Y URBANIZABLE

Entre la disponibilidad de recursos con los que cuenta el planeamiento municipal para favorecer la conectividad ecológica, dos son las herramientas principales y más efectivas para la gestión de la infraestructura verde. Por un lado, contamos con los *sistemas generales y locales* de zonas verdes y espacios libres, regulados a partir de la definición estricta de estándares de referencia y, por otro, las disposiciones establecidas en las *normas urbanísticas* en cuanto a las determinaciones sobre edificabilidad y grado de ocupación de lo construido en la parcela, así como en la forma y gestión del espacio libre (público y privado) vinculado a la infraestructura verde.

3.1. Cesiones de suelo para Sistemas Generales y Locales de Zonas Verdes y Espacios Libres

Dentro del marco regulatorio del planeamiento municipal en España, los *sistemas generales y locales de zonas verdes y espacios libres*, que alguna legislación autonómica denomina *red primaria y red secundaria dotacional*, permiten, a través de un estándar de superficie destinada a espacios ajardinados, garantizar determinados niveles de calidad ambiental. El objetivo de los estándares urbanísticos de espacios libres y zonas verdes es garantizar unas mínimas dotaciones de espacios ajardinados en las actuaciones urbanizadoras y son, en sí mismos, un recurso estratégico para definir no solo las superficies de equipamientos públicos necesarios sino, también, una red de infraestructura verde urbana interconectada.

Si en los años 70, los estándares urbanísticos de espacios libres para parques y jardines apenas alcanzaban los 1,25 m^2 por habitante, situando a la legislación urbanística española en una esfera muy distante de los países de nuestro entorno (de Esteban Alonso, 1979), los valores actuales superan con creces las determinaciones iniciales establecidas en los reglamentos.

En un ejercicio de análisis comparado de los valores de cesiones para sistemas generales y locales de zonas verdes y espacios libres (Tabla 1) permite identificar la cuantía establecida de estas dotaciones en las diferentes comunidades autónomas.

Aplicando los valores definidos en las diferentes leyes de suelo y reglamentos a un sector medio de 10 hectáreas de uso predominante residencial y con una edificabilidad media-alta, se obtienen las cesiones que establece la legislación. Salvo algunas diferencias podemos indicar que la mayoría de las comunidades autónomas españolas han reglamentado unas cesiones en torno a 12 m^2 por habitante, excepto la Comunidad del País Vasco cuya cifra aumenta hasta los casi 20 m^2 por habitante.

Tabla 1. Comparativa estatal en la distribución de espacios libres por habitante

Superficies de Espacios Libres (EL) de Sistemas Generales (SG) y Locales (SL)					
Hipótesis de Cálculo:		Sector: 10 ha (100.000 m^2 suelo)			
Edificabilidad: 0,75 m^2/m^2 (75.000 m^2 construidos) Tamaño viviendas: 90 m^2 (833 viv.)					
Número de habitantes: 2,5 hab/vivienda (2.083 habitantes)					
Ley del Suelo		**SG EL**	**SL EL**	**Total EL**	**m^2/hab**
Galicia (1)	2016	11.250	13.500	24.750	11,88
Principado de Asturias (2)	2004	10.415	15.000	25.415	12,20
Cantabria (3)	2022	10.415	15.000	25.415	12,20
País Vasco (4)	2006	10.415	30.000	40.415	19,40
Navarra (5)	2017	10.415	15.000	25.415	12,20
Aragón (6)	2014	10.415	14.994	25.409	12,20

Ley del Suelo		SG EL	SL EL	Total EL	m²/hab
Cataluña (7)	2010	15.000	15.000	30.000	14,40
Baleares (8)	2017	10.415	16.660	27.075	13,00
La Rioja (9)	2006	10.415	15.000	25.415	12,20
Castilla y León (10)	1999	10.415	15.000	25.415	12,20
Madrid (11)	2001	9.750	11.250	21.000	10,08
Castilla-La Mancha (12)	2023	11.250	13.500	24.750	11,88
Murcia (13)	2015	15.000	7.500	22.500	10,80
Com. Valenciana (14)	2021	10.415	11.250	21.665	10,40
Andalucía (15)	2021	20.830	7.500	28.330	13,60
Extremadura (16)	2018	10.415	10.415	20.830	10,00
Canarias (17)	2017	10.415	15.000	25.415	12,20
Media estatal					**11,69**

(1) Ley 2/2016 (**TOL5.657.476**) y Decreto 143/2016 Reglamento (**TOL5.862.277**)
(2) Decreto Legislativo 1/2004 (**TOL363.778**) y Decreto 63/2022 Reglamento (**TOL9.274.849**)
(3) Ley de Cantabria 5/2022 (**TOL9.138.152**)
(4) Ley 2/2006 (**TOL962.853**) y el Decreto 128/2019 de Directrices de Ordenación (**TOL7.489.570**)
(5) Decreto Foral Legislativo 1/2017 (**TOL6.319.471**) y Decreto Foral 85/1995 (**TOL75.974**)
(6) Decreto-Legislativo 1/2014 (**TOL4.435.464**)
(7) Decreto Legislativo 1/2010 (**TOL1.904.055**) y Decreto 305/2006 Reglamento (**TOL962.932**)
(8) Ley 12/2017 (**TOL6.464.272**)
(9) Ley 5/2006 (**TOL868.104**)
(10) Ley 5/1999 (**TOL6.982**) y Decreto 22/2004 Reglamento (**TOL337.345**)
(11) Ley 9/2001 (**TOL75.963**)
(12) Decreto Legislativo 1/2023 (**TOL9.424.741**) y Decreto 34/2011 Reglamento (**TOL2.084.759**)
(13) Ley 13/2015 (**TOL4.797.749**)
(14) Decreto Legislativo 1/2021 (**TOL8.507.769**)
(15) Ley 7/2021 (**TOL8.655.511**) y Decreto 550/2022 Reglamento (**TOL9.303.990**)
(16) Ley 11/2018 (**TOL6.963.403**) y Decreto 143/2021 Reglamento (**TOL8.702.451**)
(17) Ley 4/2017 (**TOL6.206.855**) y Decreto 181/2018 Reglamento (**TOL7.307.663**)

Fuente: Elaboración propia

Los resultados observados en el caso de Euskadi coinciden con las buenas prácticas urbanísticas observadas en sus municipios, siendo exponente de ello la ciudad de Vitoria, ejemplo mundial de conectividad ecológica. Si bien arrastra una larga experiencia en la integración normativa de los espacios libres, se añade más recientemente la concepción integradora de la infraestructura verde en el corpus normativo. Así, el artículo 4.2. del Anexo I del Decreto 128/2019, de Directrices de Ordenación Territorial del País Vasco (**TOL7.489.570**), señala en la definición de los elementos que configuran la infraestructura verde que "tendrán un carácter inclusivo, flexible y estratégico, que garantice la conectividad ecológica del territorio, frene la pérdida de biodiversidad y mitigue los efectos de la fragmentación territorial producida por los asentamientos humanos y las infraestructuras grises". Una visión que tiene implicaciones directas sobre el planeamiento, estableciendo los requisitos para la conexión de la infraestructura verde territorial hasta el nivel local. En este contexto normativo, los equipos redactores no pueden establecer entre sus determinaciones una ubicación de los sistemas de espacios libres ajena a las orientaciones que la ordenación territorial impone.

Caso similar encontramos en el Decreto Legislativo 1/2021 de la Comunidad Valenciana (**TOL8.507.769**) donde, en su artículo 4.2, asume que la infraestructura verde municipal en el suelo urbano y urbanizable integra los espacios libres y las zonas verdes públicas más relevantes, así como los itinerarios que permitan su conexión. La progresión hacia un concepto más amplio de las cesiones de suelo para los espacios verdes conlleva, en el propio término de infraestructura verde, un cambio de modelo en el que la correcta ubicación de esta infraestructura dentro de la trama urbana es ahora decisiva para garantizar la conectividad que establece la legislación autonómica.

A la luz de estos avances autonómicos, comprobamos que no es suficiente la determinación de un estándar de superficie para garantizar un mínimo de calidad ambiental. Es posible superar la regulación a través de estándares meramente cuantitativos, progresando hacia estándares más cualitativos, que definan la idónea localización de esas superficies y cómo pueden optimizarse los servicios que ofrecen para que sean verdaderos elementos que garanticen la conectividad ecológica.

Estas incorporaciones reglamentarias en materia de suelo buscan corregir prácticas hasta ahora comunes en la redacción de los instrumentos de planificación urbana. En general, la ubicación de estas superficies ha quedado a merced de la capacidad técnica del proyectista quien, a su vez, se ve condicionado por unas tipologías que limitan su capacidad de acción. La escasa variedad de alternativas de espacios libres recogidos en los reglamentos se muestra en el léxico utilizado, limitándose a términos ya caducos como parques, jardines, áreas de juego o espacios libres genéricos. Como decimos, los elementos del territorio que configuran una red de infraestructura verde son muy variados y conllevan casuísticas muy diversas. Por tanto, tenemos el reto de regular estructuras más complejas definiendo en la norma estándares más flexibles que permitan generar los tan necesarios "elementos del territorio" en forma de corredores verdes, bulevares arbolados, alamedas, refugios climáticos, elementos de la infraestructura azul, etc.

3.2. La Normativa Urbanística como instrumento eficaz para la definición de la infraestructura verde en el ámbito urbano

Las normativas urbanísticas, a través de sus regulaciones de detalle, son instrumentos eficaces para facilitar la conectividad ecológica en los espacios urbanizados, incluso estableciendo un estándar "privado". Es con este instrumento con el que la práctica del urbanismo da forma a la ciudad. A través de la regulación de aspectos como la edificabilidad o el grado de ocupación parcelaria es posible liberar parte del suelo, con el objeto de aumentar la superficie destinada a la infraestructura verde.

Entra aquí la oportunidad que ofrece la compacidad urbana como variable para organizar el volumen edificatorio y su relación con el espacio que ocupa sobre la superficie urbana (AUE, 2019). En función del grado de ocupación parcelaria y la edificabilidad se pueden obtener en el entorno de los edificios o en sus alineaciones a viales, las superficies susceptibles de ser integradas en la red de espacios libres y zonas verdes. Esta variable, por tanto, optimiza la gestión de uno de los recursos naturales esenciales para el desarrollo de la infraestructura verde, la disponibilidad de suelo.

La compacidad urbana se puede introducir como estándar urbanístico con unos parámetros de referencia a partir de la suma de la superficie construida total de un sector urbano y dividido entre la superficie de suelo urbano disponible (AUE, 2019, p. 25). Tanto en los suelos de titularidad pública como privada, los retranqueos en bordes de parcela o en el frente de su alineación a calle obligan a compensar la edificabilidad con el incremento en altura de la edificación. Esta técnica, para ciertas zonas en las que se considere necesario, permite complementar al espacio público de los viales, el privativo de cada parcela o el espacio público de uso restringido, generando así una solución mixta que permite desarrollar las redes de conexión de la infraestructura verde.

Fig. 2. Conectividad ecológica a través del suelo urbano en Santander. Fuente: Elaboración propia. Cartografía del proyecto Santander Capital Natural (Universidad de Cantabria).

Una aplicación práctica de este modelo se ha detectado en la ciudad de Santander (Figura 2). En el desarrollo del Plan de Adaptación de la ciudad, proyecto financiado por el Ministerio para la Transición Ecológica, se ha podido cartografiar los espacios verdes privados que están funcionando como una auténtica red para la conectividad ecosistémica.

Desde el sector sureste de la ciudad con el barrio de El Sardinero, que responde inicialmente a un modelo de ciudad jardín histórico transformado hacia una mayor compacidad (que facilita la existencia de extensos espacios ajardinados), se han desarrollado conexiones ecosistémicas a través del entramado urbano hacia los nuevos barrios residenciales del norte de la ciudad. Nos encontramos con los desarrollos recientes de Cueto-Valdenoja, con densidades elevadas, pero grados de ocupación en parcela relativamente bajos que favorecen la creación de grandes espacios verdes privados.

El caso de Santander ejemplifica cómo la Normativa Urbanística a través de la regulación de edificabilidades y ocupación parcelaria, es un instrumento eficaz para la constitución de una infraestructura verde conectada. Este instrumento regulatorio, sumado con las oportunidades que ofrecen las cesiones vinculadas a la creación de los sistemas generales y locales de espacios libres, se muestra como una herramienta capaz para dotar de contenido y dar solución a la conectividad ecológica en el planeamiento.

4. LAS CERTIFICACIONES DE CALIDAD COMO BASE PARA INCORPORAR LA CONECTIVIDAD AL PLANEAMIENTO

Las guías, directrices y certificaciones del urbanismo sostenible se presentan como un recurso complementario a las determinaciones urbanísticas establecidas en la legislación. El desarrollo de indicadores de sostenibilidad en el medio urbano aporta parámetros útiles probados para la implementación de nuevos estándares de espacios libres y zonas verdes. Desde el punto de vista de la tarea de la planificación urbanística, las certificaciones son de gran interés pues concretan numéricamente las directrices relacionadas con la conectividad ecológica.

Algunas características de los indicadores se relacionan con aspectos como la cantidad de árboles necesarios para que se mantenga la conectividad, el número de conexiones con la infraestructura verde rural y urbana, o los límites de protección a considerar en el medio urbano para conectarse con la infraestructura verde exterior. Se revisan a continuación, con el fin de definir tanto los indicadores empleados para valorar la conectividad o cualificarla, como los parámetros de referencia aportados en los contenidos de los siguientes documentos: la Guía Metodológica de Certificación del Urbanismo Ecológico (Gobierno de España, 2012); STAR (2016); CASBEE *for Urban Development* de Japón (2015); BREEAM (adaptada por el ITG español en 2023); y LEED (USGBC, 2018).

La Guía Metodológica del Urbanismo Ecológico (Gobierno de España, 2012), diseñada para la medición, certificación y auditoría de estándares de calidad urbana y sostenibilidad, supuso un impulso decidido para la aplicación práctica en el urbanismo de la investigación realizada hasta ese momento. El documento aporta diversas variables de interés que favorecen la conectividad ecológica en el ámbito urbano.

Entre las variables más directamente relacionadas destaca el indicador *EVB.05.29 Corredores verdes urbanos,* que relaciona los viales considerados como corredores verdes en función del total de la superficie viaria. Así pues, a escala urbana, se establece un valor mínimo de un 5% de calles equipadas con infraestructura verde, siendo deseable superar el 10% del total.

Así mismo, para garantizar una infraestructura verde sólida, la Guía incorpora el indicador *CTX.04.23 Déficit de espacio verde,* considerando deseable elevar el valor medio de superficie verde por habitante en el planeamiento de desarrollo hasta los 14 m2 y, el indicador *EVB.05.28 Densidad de arbolado,* con el objeto de asegurar un mínimo de árboles por tramo de calle, con una ratio ≥0,2 árboles por metro en más del 50% de la propia calle.

Estas variables resultan de gran interés para modificar la escasa capacidad que tiene el planeamiento actual de generar la conectividad ecológica tan deseada, si bien aún no se han articulado los mecanismos necesarios para impulsar su integración en la legislación urbanística.

Por otro lado, el marco de evaluación STAR integra los aspectos económicos, ambientales y sociales de la sostenibilidad y proporciona a los municipios un sistema basado en menús para personalizar su enfoque en función de las condiciones y prioridades locales. De este modo, los municipios pueden perseguir los objetivos más importantes o relevantes, con un sistema de clasificación organizado por metas, objetivos y medidas de evaluación. Relacionados con la infraestructura verde y la conectividad ecológica destaca el parámetro de referencia basado en la definición de perímetros de seguridad de ecosistemas básicos, definiendo zonas de protección en torno a 60–70 m dentro de los nuevos desarrollos urbanos (STAR, 2016).

CASBEE *for Urban Development* es un método de evaluación con una larga tradición en Japón. El documento se estructura en dos categorías de evaluación: calidad, donde se valora la calidad ambiental, y carga, donde se evalúan los aspectos negativos medioambientales que tiene el proyecto de urbanización. Son especialmente relevantes los indicadores relacionados con ecosistemas, donde expresamente se incluyen los corredores verdes. Este método establece dos criterios orientadores bajo el objetivo de la protección de hábitats. Los parámetros de referencia de calidad ambiental proponen generar y proteger al menos el 3% de la superficie del ámbito y la existencia de corredores ecológicos conectados a anillos verdes (CASBEE, 2015).

BREEAM es una herramienta ajustada a las condiciones territoriales de la Península Ibérica para la evaluación de la sostenibilidad de los edificios que fue adaptado posteriormente a los proyectos de urbanización. En la última versión publicada se incorporan aspectos relacionados con la infraestructura verde y la protección del valor ecológico del emplazamiento. Se ha avanzado a un concepto más integrador, en el que el término "infraestructura verde" aparece incorporado en la evaluación de diversos apartados, entre ellos el "Uso del Suelo y Ecología", concretamente con la variable USE 04: Mejora del Valor Ecológico. (ITG, 2023, p. 109).

Esta variable cita expresamente el valor ecológico mediante "la mejora o la creación de corredores verdes en el emplazamiento a través de la conexión de hábitats de fauna y flora nuevos o existentes situados en el propio emplazamiento o en sus inmediaciones".

En el sistema de evaluación y certificación LEED para desarrollos urbanos no se establecen valores de referencia que puedan ser trasladados como estándares urbanísticos. Sin embargo, aborda el problema desde una visión consecuente con la protección de los hábitats situados en el borde urbano indicando la necesidad de establecer franjas de protección o zonas de amortiguamiento durante el proceso urbanizador (USGBC, 2018, p. 8). Las zonas de amortiguamiento a hábitats se establecen con un mínimo de 30 metros de distancia, evidenciando la necesidad de facilitar la conectividad del borde urbano con su entorno natural inmediato.

Por tanto, con estos y otros recursos disponibles que no se han integrado aún en la legislación urbanística, podemos afirmar que el planeamiento urbanístico puede avanzar hacia nuevos requisitos que garanticen la conectividad, tanto para la ciudad consolidada como para las nuevas urbanizaciones promovidas en el planeamiento de desarrollo. La transformación de estas variables en estándares de planeamiento, y en especial en la gestión de los sistemas generales y locales de zonas verdes y espacios libres, significaría una nueva manera de gestionar los problemas de fragmentación de hábitats en el entorno urbano y la solución a las numerosas deficiencias relacionadas con la conectividad ecológica; en definitiva, unos nuevos estándares de espacios libres que reconozcan en sus determinaciones a la infraestructura verde y la conectividad de todos sus elementos.

5. CONCLUSIONES

La legislación urbanística municipal tiene por delante el reto de desarrollar herramientas para la integración de la infraestructura verde y la conectividad ecológica entre las determinaciones del planeamiento local. El encorsetado sistema de cesiones de suelo para el desarrollo de los sistemas generales y locales de zonas verdes y espacios libres, apoyados en unos estándares básicos y cuantitativos, debe flexibilizarse y ampliar su naturaleza a otros aspectos relacionados con la ubicación de estos espacios en el entramado urbano y su grado de conectividad con los recursos medioambientales existentes en el suelo rústico.

La identificación del problema, y de la posible solución en la fusión de instrumentos legales con indicadores elásticos no es nueva. Indicaba el profesor de Urbanística D. Manuel Ribas que "...Existen en la práctica dos clases de indicadores de niveles óptimos: aquellos que son de obligatoria aplicabilidad porque su fuerza de obligar reside en una Ley o Reglamento que las prescribe; y aquellos otros derivados de una experiencia o una investigación y como tal aconsejados como un elemento más en el planeamiento. Los primeros *standards* legales, las más de las veces son números estrictos y de aplicación irracional y fija; los segundos, (...) elásticos en su aplicación" (Ribas Piera, 1982, p. 6). Cuatro décadas han pasado desde la publicación de esta reflexión y poco se ha avanzado en la reformulación de unos estándares urbanísticos de espacios libres que puedan adaptarse al contexto territorial. Seguimos armados de un marco regulatorio limitado a indicadores cuantitativos de obligado cumplimiento, pero también disponemos de herramientas fruto de la investigación y la experiencia.

Partiendo de estos recursos queda, todavía, dar el paso para generar una regulación normativa que integre las dos clases de indicadores a las que el profesor Ribas hacía referencia. En esta aportación se ha mostrado su eficacia en la aplicación de ello ya en algunas comunidades autónomas que, en el marco de sus atribuciones, han incorporado algunas tácticas para forzar al planeamiento municipal a contemplar la infraestructura verde más allá de las cesiones de suelo para sistemas generales y locales de espacios libres. La generalización de estos cambios será la oportunidad de convertir la conectividad ecológica en una realidad, ajustada a un marco reglamentario consecuente con los nuevos "elementos del territorio" que nos rodean.

TERCERA PARTE

ANÁLISIS DE CASOS CONCRETOS DE CONECTIVIDAD ECOLÓGICA

Humedales urbanos como mecanismo de protección de la conectividad ecológica

ROSA FERNANDA GÓMEZ GONZÁLEZ*
Profesora de Derecho Administrativo
Universidad de los Andes, Chile.

SUMARIO: 1. INTRODUCCIÓN. 2. MARCO NORMATIVO DE PROTECCIÓN DE HUMEDALES EN CHILE COMO ECOSISTEMAS DE RELEVANCIA AMBIENTAL. 2.1. Inexistencia de una regulación específica. 2.2. Protección de humedales en Chile mediante tratados internacionales. 2.3. Protección de humedales mediante normas generales de carácter o contenido ambiental. 2.4. Protección de humedales mediante la Ley N.° 19.300, sobre Bases Generales del Medio Ambiente. 3. ANÁLISIS DE LA LEY N.° 21.202, QUE MODIFICA DIVERSOS CUERPOS LEGALES CON EL OBJETIVO DE PROTEGER LOS HUMEDALES URBANOS. 3.1. El origen y objeto de la iniciativa. 3.2. Concepto de humedal urbano. 3.3. Declaración de humedales urbanos. 3.4. Aspectos relevantes de la Ley N.° 21.202 y su Reglamento. a) Efectos de la declaratoria. b) Concepto de humedal y su relación con la conectividad ecológica. c) Sobre los criterios mínimos para la sustentabilidad de los humedales urbanos. d) SEIA y protección específica a los humedales. e) Incidencia de los humedales urbanos en la normativa urbanística. f) Deberes impuestos a los municipios. 3.4. Comentarios críticos a la normativa. 4. CRITERIOS ESTABLECIDOS POR LA JURISPRUDENCIA EN MATERIA DE HUMEDALES. 4.1. Criterios previos a la dictación de la Ley N.° 21.202. 4.2. Criterios posteriores a la dictación de la Ley N.° 21.202. a) Criterios contenidos en la jurisprudencia de Contraloría General de la República. b) Criterios contenidos en la jurisprudencia de la Corte Suprema. c) Criterios contenidos en la jurisprudencia de los tribunales ambientales. d) Criterios contenidos en la jurisprudencia del Tribunal Constitucional. 5. CONCLUSIONES.

---

* Esta investigación cuenta con el apoyo del Proyecto FONDECYT de Iniciación N.° 11230414 "Análisis dogmático de los mecanismos de protección de la legalidad urbanística en Chile en: revisión y sistematización de las medidas de prevención, restablecimiento de la legalidad y sanción".

1. INTRODUCCIÓN

La fragmentación de territorio es un fenómeno global que compromete los hábitats de diversas especies vegetales y animales, lo cual constituye una amenaza para la mantención de la biodiversidad. La importancia de la conectividad radica en que a través de dichos ecosistemas se garantizan, entre otros, ciclos reproductivos, migratorios y la adaptación al cambio climático. El fenómeno también comprende a la actividad humana atendida su relevancia en los flujos de recursos naturales como el agua o el desarrollo de actividades ancestrales.

De ahí la necesidad e importancia de establecer un esquema de protección que permita garantizar su protección y conciliarla con el desarrollo de diversas actividades económicas como el uso de suelo e infraestructura como carreteras, líneas de ferrocarril, embalses, proyectos de ERNC, desarrollos inmobiliarios, etc.

Ahora bien, en nuestro ordenamiento jurídico la protección de los ecosistemas se encuentra sumamente atomizada, toda vez que aun cuando existen diversos mecanismos de protección que buscan asegurar la conectividad ecológica, no existe una comunicación directa entre ellos y operan como silos, sometiéndose a regulaciones sectoriales disimiles, a una tramitación ante servicios públicos diversos y sin la debida observancia del principio de coordinación.

En este sentido, uno de los casos que ha generado mayor interés y debate en el último tiempo ha sido el de los humedales, particularmente, aquellos ubicados en áreas urbanas, ello debido a su masivo deterioro por la intervención humana y la ausencia de una regulación de protección específica.

Existe consenso en cuanto a que los humedales son sumamente importantes para la vida: cubren alrededor de 12 millones de km2 en el planeta[1] y proporcionan el 40% de los servicios eco-

---

1 Equivalente a 16 veces el territorio continental chileno aproximadamente.

sistémicos[2], a saber: provisión (*v. gr.* productos obtenidos de los humedales, como comida, agua), regulación (*v. gr.* purificación del agua, regulación climática, protección contra desastres naturales), culturales (*v. gr.* el enriquecimiento cultural, recreación, ecoturismo, educación) y soporte (*v. gr.* productividad primaria, ciclo de nutrientes)[3]. Se estima que a nivel mundial se ha perdido un 87% de estos ecosistemas[4], los cuales son principalmente amenazados por elementos físicos, químicos o biológicos[5].

De estas amenazas no se encuentra exento Chile, en donde la afectación y/o pérdida de humedales es dramática[6], lo cual se explica no solo por la precaria regulación, sino también por el desconocimiento en cuanto a su importancia[7], la cual, en muchos casos ha sido conocida sólo una vez que se ha producido una intervención severa a su ecosistema[8].

---

2 Zedler y Kercher (2005).

3 Rodríguez *et al.* (2020), p. 14. Según Figueroa *et a*l. (2009), es necesario dar protección a "[...] *todos los humedales disponibles*" así como también a "[...] *la funcionalidad de estos que aseguran la mantención de la estructura biológica los servicios ambientales que ejercen.*", p. 92.

4 Davidson (2014).

5 Rodríguez *et al* (2020), p. 14.

6 Un detalle sobre la bibliografía en torno a las amenazas que afectan a los humedales se puede ver en el Anexo A del Informe Final Propuesta de criterios mínimos para la sustentabilidad de humedales urbanos, pp. 124 y siguientes.

7 Según Figueroa *et al.* (2009), p. 86, los impactos detectados son variados, tales como basuras visibles en la mayor parte de ellos, la presión humana por urbanizaciones, incluyendo vertidos orgánicos, la transformación del uso del suelo (destino forestal), entre otros. Además, dan cuenta de su limitado grado de protección y de la dificultad de análisis de su estado de conservación, dado que muchos de ellos están ubicados en propiedades privadas. Por su parte, Peña-Cortes *et al* (2006), en un estudio sobre de antropización de los humedales de la cuenca del Budi, sostuvieron que el 98% de la superficie total de los humedales pertenecientes a dicha cuenca presentan altos grados de alteración, determinados por su inestabilidad y fragilidad.

8 *V. gr.* el daño ambiental ocasionado al humedal Santuario de la Naturaleza del Río Cruces (Valdivia), en Sepúlveda-Luque *et al.* (2019), pp.

Si bien diversas políticas públicas[9] y disposiciones normativas han procurado brindar protección a los humedales, su regulación se ha caracterizado por su dispersión, limitada protección y descoordinación institucional[10]. De este modo, la inexistencia de un reconocimiento legal adecuado ha dificultado avanzar hacia su protección efectiva[11].

Atendida la importancia de estos ecosistemas, en este trabajo se analizará, en primer término, el marco normativo de protección de los humedales en Chile como ecosistemas de relevancia ambiental, dando cuenta de la dispersión normativa que existe y de la diversidad órganos competentes sobre la materia (2); enseguida, se analizan los aspectos más relevantes de la Leyes N.°s. 21.202 y 21.600, normas que contienen disposiciones específicas para la protección de los humedales (3); luego se revisan los criterios más relevantes establecidos por la jurisprudencia en relación con los humedales (4) para terminar con unas reflexiones finales sobre la materia, dando cuenta de que los humedales urbanos en Chile son un mecanismo que tiene por objeto proteger la conectividad ecológica, evitando la fragmentación del territorio y los efectos negativos que de ello se derivan (5).

---

5 y ss. Sobre el particular se puede ver la SCS Rol N.° 1853-2005, en la cual la Corte Suprema rechaza la acción de protección de deducida, en lo formal, por extemporáneo y, en cuanto al fondo, por inexistencia de un nexo de causalidad entre la Planta de Celulosa Arauco S.A. y la contaminación del río Cruces (Santuario de la Naturaleza Carlos Andwandter).

9 Los humedales comenzaron a ser reconocidos como objeto de la política ambiental desde 2005, cuando la Comisión Nacional del Medio Ambiente (CONAMA), elaboró la primera "*Estrategia Nacional para la conservación y uso racional de los humedales en Chile*", instrumento que dio cuenta de nueve Sitios Ramsar en Chile, p. 9.

10 Por su parte, la doctrina sostiene que poco se conoce sobre los humedales, en qué consisten, cuáles son sus características, su relevancia y los medios establecidos para su protección y conservación, en Bravo (2010), p. 91.

11 Sepúlveda-Luque *et al.* (2019), p. 7.

2. MARCO NORMATIVO DE PROTECCIÓN DE HUMEDALES EN CHILE COMO ECOSISTEMAS DE RELEVANCIA AMBIENTAL

2.1. Inexistencia de una regulación específica[12]

A nivel comparado, en España el artículo 3.8 de la Ley 42/2007, de 13 de diciembre, del Patrimonio Natural y de la Biodiversidad, regula y define "Corredor ecológico" como aquel "[...] territorio, de extensión y configuración variables, que, debido a su disposición y a su estado de conservación, conecta funcionalmente espacios naturales de singular relevancia para la flora o la fauna silvestres, separados entre sí, permitiendo, entre otros procesos ecológicos, el intercambio genético entre poblaciones de especies silvestres o la migración de especímenes de esas especies".

Esta disposición se complementa con lo dispuesto en el Real Decreto 1057/2022, de 27 de diciembre, que establece el Plan Estratégico Estatal del Patrimonio Natural y de la Biodiversidad a 2030, el cual aplica la norma anterior y contiene diversas referencias a los corredores ecológicos, dando cuenta de la necesidad de conservar y ampliar su protección.

Por su parte, en Chile no existe una norma que regule o haga referencia a los "corredores ecológicos", sin perjuicio de ello, existe la manifiesta necesidad de proteger de aquellos espacios de significativa relevancia ecológica para la flora y fauna silvestres, especialmente para efectos de armonizar dicha protección con el desarrollo de actividades económicas.

Bajo tal contexto, es posible dar cuenta de que históricamente se han adoptado diversas medidas específicas de protección, pero sin una vocación de generalidad, así como tampoco sin un análisis profuso de la importancia de los ecosistemas objeto de protección.

---

12 Un análisis sobre la evolución regulatoria de protección de los humedales en Chile se puede ver en Gómez (2021), pp. 185 y ss.

A continuación, se dará cuenta de las normas más relevantes que han procurado dar protección a diversos ecosistemas en Chile, siendo los humedales uno de los ecosistemas que solo en el último tiempo goza de una más profusa regulación dado que se ha puesto de relieve su importancia como activo ambiental[13].

2.2. *Protección de humedales en Chile mediante tratados internacionales*

Si bien diversas convenciones internacionales establecen de manera indirecta un cierto ámbito de protección para los humedales[14], una de las principales normas de protección en Chile es la "Convención Relativa a las Zonas Húmedas de Importancia Internacional Especialmente como Hábitat de las Aves Acuáticas" de 1971, comúnmente denominada como la Convención de Ramsar.

El artículo 1.1 de la Convención define los humedales como aquellas extensiones de marismas, pantanos y turberas, o superficies cubiertas de aguas, sean estas de régimen natural o artificial, permanentes o temporales, estancadas o corrientes, dulces, salobres o saladas, incluidas las extensiones de agua marina cuya profundidad en marea baja no exceda de seis metros.

Chile ratificó esta Convención en 1981, mediante el Decreto Supremo N.° 771, de 1981, Ministerio de Relaciones Exteriores.

---

13 Tales como control de inundaciones, reposición de aguas subterráneas, estabilización de costas, protección contra tormentas, retención y exportación de sedimentos y nutrientes, depuración de aguas, reservorios de biodiversidad, valor cultural y turístico, mitigación del cambio climático, entre otros. Véase a Hunter (2023), p. 379, especialmente la nota 636. Asimismo, véase a Delgado (2021), pp. 545-570 y Montenegro (2021).

14 *V. gr.* el Decreto N.° 1963, de 1995, del Ministerio de Relaciones Exteriores, que promulga el convenio sobre diversidad biológica; Decreto N.° 2065, de 1998, del Ministerio de Relaciones Exteriores, que promulga la Convención de Naciones Unidas de lucha contra la desertificación de los países afectados por la sequía grave o desertificación, en particular en África.

Si bien es considerado el primer y único cuerpo legal vigente en Chile en relación con los humedales[15], la definición proporcionada ha sido criticada por cuanto no se ajusta al tenor literal de la Convención. Así, por ejemplo, esta definición excluiría de dicha protección a los ecosistemas de turberas[16], bastante característicos en nuestro país.[17]

Por su parte, en relación con los efectos de esta Convención, la Contraloría General de la República sostuvo que su suscripción no compromete al Estado de Chile a someter determinadas áreas a la protección oficial de que se trata, puesto que dicho instrumento establece que la salvaguarda de las zonas o áreas o poblaciones a que se refiere debe provenir de la normativa nacional[18].

De esta manera, solo los humedales reconocidos como tales gozarán de la protección establecida en la Convención. En tal sentido, mediante la "*Estrategia Nacional para la Conservación y Uso Racional de los Humedales en Chile*"[19], aprobada por el Consejo Directivo de la Comisión Nacional del Medio Ambiente, se creó, en cumplimiento de lo previsto en la aludida Convención, un Listado de Sitios que incluye las zonas húmedas situadas en el territorio nacional. De conformidad con este instrumento, a octubre de 2018, Chile contaba con 13 Humedales de Importancia Internacional o Sitios Ramsar, los cuales comprendían una superficie total aproximada de 361.760 hectáreas[20]; sin embargo, se estima

---

15 Sepúlveda-Luque *et al.* (2019), p. 7, nota 6.

16 Vivanco (2017).

17 En este sentido, el Ministerio del Medio Ambiente ha anunciado una Hoja de Ruta para la conservación y gestión sustentable de estos ecosistemas en Chile. *Vid.* https://mma.gob.cl/ministerio-del-medio-ambiente-anuncia-hoja-de-ruta-de-turberas/. Recuperado el 31 de enero de 2024.

18 Dictamen N° 13.432, de 2008.

19 Disponible en http://metadatos.mma.gob.cl/sinia/articles-35208_estr_humedales.pdf. Recuperado el 31 de enero de 2024.

20 *Vid.* Plan Nacional de Protección de Humedales 2018-2022. Disponible en: https://mma.gob.cl/wp-content/uploads/2018/11/Plan_hume-

que en nuestro país existen aproximadamente 40 mil humedales sin protección específica[21].

Ahora bien, la misma Entidad de Control ha señalado que los humedales declarados sitios Ramsar constituyen áreas colocadas bajo protección oficial para efectos de lo dispuesto en la letra p) del artículo 10 de la ley N° 19.300[22].

Sin perjuicio de lo anterior, para que un proyecto esté obligado a someterse al SEIA debe, además, tratarse de proyectos o actividades capaces de causar impacto ambiental, correspondiéndole al SEA, en su carácter de organismo técnico en la materia, pronunciarse sobre la pertinencia de que un determinado proyecto o actividad, o su modificación, sean sometidos al indicado procedimiento de calificación ambiental[23].

2.3. Protección de humedales mediante normas generales de carácter o contenido ambiental

En este nivel, es posible encontrar diversas normas que de manera directa o indirecta establecen elementos y/o criterios de protección o sustentabilidad de los humedales.

En primer término, a nivel constitucional existen diversos preceptos que nos permiten establecer un ámbito de protección de los humedales. Así, el artículo 19 N.° 8 regula el derecho a vivir en un medio ambiente libre de contaminación mientras que el artículo 19 N.° 24 inciso 2.° señala que el derecho de propiedad se encuentra subordinado a la función social del mismo, la cual se comprende, entre otros, la conservación del patrimonio am-

---

dales_Baja_confrase_VERSION-DEFINITIVA.pdf. Recuperado el 31 de enero de 2024. Este inventario se actualiza periódicamente, véase: http://humedaleschile.mma.gob.cl/. En la actualidad son 14.

21 Parra (2020), p. 611.

22 Dictámenes N°s. 48.164, de 2016 y 25.713, de 2019, entre otros.

23 Dictámenes N°s. 26.138, 75.620 y 78.847, todos de 2012; 52.493, de 2013; 25.269, de 2014 y 25.713, de 2019, entre otros.

biental, lo que permite establecer ciertos límites o prohibiciones a este derecho. Ambos derechos se encuentran amparados por la acción constitucional de protección (artículo 20), la cual ha sido de suma relevancia para controlar las acciones u omisiones que han afectado a los humedales, como se verá *infra*.

Enseguida, diversas leyes contemplan preceptos que configuran ámbitos de protección de los humedales, como la Ley N.° 17.288 (1970), sobre monumentos nacionales, que crea categoría de protección dentro de la cual se localizan humedales, como los santuarios de la naturaleza; Ley N.° 18.695 (1988), Orgánica Constitucional de Municipalidades; la Ley N.° 19.473 (1996), de caza; Ley N.° 19.525 (1997), que regula sistemas de evacuación y drenaje de aguas lluvias; la Ley N.° 20.256 (2008), que establece normas sobre pesca recreativa; Ley N.° 20.283 (2008), sobre recuperación del bosque nativo y fomento forestal; Ley N.° 21.075 (2018), que regula la recolección, reutilización y disposición de aguas grises. A lo cual cabe agregar un listado de normas reglamentarias que también persiguen en mayor o menor medida este objetivo protector[24].

2.4. Protección de humedales mediante la Ley N.° 19.300, sobre Bases Generales del Medio Ambiente

Una de las normas de mayor relevancia ambiental en Chile es la Ley N.° 19.300, sobre Bases Generales del Medio Ambiente, la cual estableció un sistema básico de protección de humedales.

El artículo 34 de la norma indica que el Estado administrará un Sistema Nacional de Áreas Silvestres Protegidas (SNASP), con objeto de asegurar la diversidad biológica, tutelar la preservación de la naturaleza y conservar el patrimonio ambiental. Agrega que

---

24 Un detalle más acabado en torno a la regulación normativa nacional en materia de humedales se puede ver en el Anexo D del Informe Final Propuesta de criterios mínimos para la sustentabilidad de humedales urbanos, pp. 140 y siguientes.

formarán parte del referido Sistema, entre otras, los cursos de agua, pantanos y otros humedales, situados dentro de su perímetro.

Sin embargo, solo en agosto de 2023 se publicó la Ley N.º 21.600, que crea el Servicio de Biodiversidad y Áreas Protegidas y el Sistema Nacional de Áreas Protegidas, la cual entrega un concepto de humedal (artículo 3 N.º 18), establece diversas medidas de gestión de los humedales como inventarios (artículos 24 y 39), planes de manejo para su conservación en caso de tratarse de ecosistemas amenazados (artículo 31), criterios para su uso sustentable (artículo 40) y permiso para su alteración física (artículo 41); establece además que formarán parte de las áreas protegidas (artículo 106); regula prohibiciones en los humedales (artículo 108) y dispone de infracciones y sanciones para quienes alteren físicamente un humedal (artículo 116 letra d)). Sin embargo, la reciente entrada en vigor de la norma y el próximo establecimiento del Servicio y del Sistema, impiden dar cuenta de los avances que en materia de protección puede generar esta nueva institucionalidad.

Por su parte, se debe tener en consideración que una reciente reforma a la Ley N.º 19.300 dispuso en su artículo 10 letra p) que deben ingresar al sistema de evaluación de impacto ambiental la ejecución de obras, programas o actividades en áreas que formen parte del Sistema Nacional de Áreas Protegidas, humedales urbanos y en otras áreas colocadas bajo protección oficial, en los casos en que la legislación respectiva lo permita[25].

En tanto, de acuerdo con el artículo 11 letra d) de la Ley N.º 19.300, los titulares de los proyectos requerirán elaborar un Estudio de Impacto Ambiental (EIA) si generan o presentan a lo menos uno de los efectos, características o circunstancias que allí se enumeran, tales como la localización o proximidad a humedales protegidos, susceptibles de ser afectados. Por ende, si la actividad

---

25 Modificación incorporada por el artículo 144 de la Ley N.º 21.600.

es capaz de generar una afectación a un humedal, requerirá la elaboración de un EIA[26].

No obstante, la existencia de múltiples competencias específicas aplicables y el reciente establecimiento de un órgano encargado de coordinar su protección han generado un resguardo deficiente de humedales, lo que en muchos casos ha tenido como consecuencia una afectación significativa de estos ecosistemas.

Es bajo tal contexto que surge la Ley N° 21.202, con la finalidad de establecer una protección efectiva y específica de los humedales ubicados en el área urbana, atendida la alta incidencia humana en los mismos.

3. ANÁLISIS DE LA LEY N.° 21.202, QUE MODIFICA DIVERSOS CUERPOS LEGALES CON EL OBJETIVO DE PROTEGER LOS HUMEDALES URBANOS

3.1. El origen y objeto de la iniciativa[27]

El 23 de enero de 2020, se publicó la Ley N° 21.202 que modificó diversos cuerpos legales con el objetivo de proteger los humedales urbanos declarados por el Ministerio del Medio Ambiente, de oficio o a petición del municipio respectivo[28]. Se trata de una regulación más específica[29], aunque incompleta y que encierra diversos problemas sustantivos y procedimentales.

---

26 Dictámenes N.°s. 12.631, de 2006 y 13.432, de 2008, entre otros.

27 Un análisis *in extenso* sobre la historia, sentido y alcance de la Ley N.° 21.212 puede revisar en Carrasco y Alfaro (2023), pp. 1-40.

28 Dentro de las normas modificadas se encuentran la Ley N.° 19.300, de Bases General del Medio Ambiente; el DFL N° 458, del Ministerio de Vivienda y Urbanismo, que aprueba la LGUC.

29 Al respecto, cabe señalar que la Ley N°21.202, de 2020, de humedales urbanos, es una gran oportunidad para que Chile alcance diversas metas vinculadas a los Objetivos de Desarrollo Sostenible (ODS), *vid.* Rodríguez et al (2020), p. 14.

De esta manera, por primera vez en Chile se crea un instrumento legal que tiene por objetivo instaurar un régimen permanente de reconocimiento y declaración de humedales urbanos a cargo del Ministerio de Medio Ambiente[30], lo cual permite proteger específicamente a los humedales urbanos de amenazas como su relleno, drenaje y destrucción[31] y de su consiguiente afectación a los ecosistemas que en ellos existen.

Esta norma tiene su origen en una moción parlamentaria en la cual se daba cuenta de la gran cantidad de humedales existentes en Chile[32] y de su bajo nivel de protección[33], los cuales se encontraban expuestos a nocivos efectos por acciones antrópicas (*v. gr.* contaminación, relleno, drenaje y secado), fundamentalmente aquellos ubicados en zonas urbanas, atendida la mayor densidad y actividad humana. En efecto, los humedales ubicados en el área

---

30 Hunter (2023), p. 379.

31 Rodríguez *et al.* (2020), p. 14.

32 Actualmente existe un registro detallado de los tipos de humedales existes https://humedaleschile.mma.gob.cl/ecosistemas/humedales/. Recuperado el 31 de enero de 2024.

33 A esa data, solo doce humedales estaban protegidos por la Convención de Ramsar. Al respecto, cabe tener presente que el artículo 17 de la ley N° 20.283, sobre recuperación del bosque nativo y fomento forestal, establece que un reglamento normará la protección de suelos, cuerpo y cursos naturales de agua, teniendo en cuenta, a lo menos, los criterios que allí se detallan. En la actualidad, mediante el decreto N° 82, de 2010, del Ministerio de Agricultura, se aprobó el reglamento de suelos, aguas y humedales. Con ello, Contraloría General de la República ha señalado que "[…] *en nuestro ordenamiento jurídico existen dos tipos de humedales con protección oficial. Tales son los sitios Ramsar, que se someten al procedimiento establecido en la convención respectiva, y los sitios prioritarios de conservación declarados por la CONAMA y actualmente por el MMA.*", en dictamen N° 25.713, de 2019.

Por su parte, cabe tener presente que, si bien más de 50% de los humedales de Chile están protegidos a través del SNASPE, carecen de un reconocimiento especial, por cuanto se trata de una protección marginal que deriva del hecho de encontrase ubicados al interior de un Parque Nacional, Reserva Nacional, o de un Monumento Natural.

urbana están más expuestos a amenazas como el desarrollo inmobiliario; la extracción de agua de acuíferos que alimentan vegas y bofedales, la extracción de turba desde los humedales de turberas; la extracción de áridos desde riberas de lagos y ríos, entre otros.

La falta de regulación llevo a las autoridades locales a establecer su propia regulación mediante ordenanzas municipales[34], sin embargo, constituye una herramienta de rango legal inferior, insuficiente para tal fin[35]. Además, en dicho intento algunas ordenanzas excedieron las competencias y límites establecidos para la emisión de dichas normas[36].

Dentro de las principales novedades de la norma, destaca la entrega atribuciones al Ministerio del Medio Ambiente para declarar un humedal urbano, además de mandatar a los municipios a establecer, en una ordenanza general, los criterios para la protección, conservación y preservación de los humedales urbanos ubicados dentro de los límites de su comuna. Adicionalmente la ley modificó la Ley N.º 19.300, estableciendo nuevas causales de ingreso al sistema de evaluación, y la LGUC, disponiendo que todo instrumento de planificación territorial deberá incluir los humedales urbanos existentes en cada escala territorial en calidad de área de protección de valor natural, para efectos de establecer las condiciones bajo las que deberán otorgarse los

---

34 V. gr. los ayuntamientos de Valdivia (https://www.munivaldivia.cl/doctos/transparencia/Normativa/Ord_humedales.pdf); Coronel (http://www.ecoronel.cl/wp-content/uploads/2014/01/2014-002-Ordenanza-de-Humedales.pdf); Santo Domingo (http://www.santodomingo.cl/wp-content/uploads/2015/12/ORDENANZA-HUMEDALES.pdf) y Pangupulli (http://www.panguipullitransparente.cl/web/ordenanzas-publicadas/redhumedales%5B1%5D.pdf. Recuperado el 31 de enero de 2024.

35 Sepúlveda-Luque, et al (2019), p. 7.

36 Dictamen N° 276, de 2019, en el cual se sostuvo que la ordenanza sobre protección de humedales de la Municipalidad de Valdivia debía ser revisada por dicha entidad edilicia conforme a los criterios allí señalados.

permisos de urbanizaciones o construcciones que se desarrollen en ellos[37].

La Ley es complementada por el Decreto N.° 15, de 2020, del Ministerio del Medio Ambiente, Reglamento de la ley que establece criterios de sustentabilidad y el procedimiento de declaración y por las guías emitidas por el Servicio de Evaluación Ambiental[38].

3.2. Concepto de humedal urbano

El artículo 1.° de la Ley N.° 21.202 define a los humedales urbanos como aquellas extensiones de marismas, pantanos y turberas, o superficies cubiertas de aguas, sean éstas de régimen natural o artificial, permanentes o temporales, estancadas o corrientes, dulces, salobres o saladas, incluidas las extensiones de agua marina, cuya profundidad en marea baja no exceda los seis metros y que se encuentren total o parcialmente dentro del límite urbano[39].

Se trata de un concepto amplio, comprensivo de las diversas manifestaciones que pueden presentar dichos ecosistemas. En efecto, el propósito de esta definición fue incluir a todos los cuer-

---

37 Uno de los primeros análisis de la ley se puede ver en Jiménez (2021), pp. 123 y ss.

38 El reglamento establece que, para apoyar la evaluación ambiental de proyectos o actividades susceptibles de generar impacto ambiental en humedales urbanos, el Servicio de Evaluación Ambiental (SEA) elaborará una guía para la predicción y evaluación de impacto ambiental, la que deberá contener, a lo menos, los requisitos, condiciones y exigencias técnicas para la adecuada presentación de medidas de mitigación, reparación y/o compensación en humedales urbanos, cuando corresponda (art. 22 del Reglamento). Bajo tal contexto, el SEA dictó: a) la Guía área de influencia en humedales en el SEIA (marzo 2023) y b) la Guía predicción y evaluación de impacto ambiental en humedales en el SEIA (abril 2023).

39 Esta definición es idéntica a lo establecido en el artículo 1.1 de la Convención de Ramsar, con la única diferencia, señala Hunter, de que el humedal debe estar emplazado total o parcialmente dentro de los límites urbanos, Hunter (2023), p. 381.

pos de aguas presentes en el territorio urbano que constituyan una expresión digna de protección medioambiental por sus particulares características, las cuales son un aporte al desarrollo sustentable. De ahí que la definición sea comprensiva de los humedales naturales y artificiales, permanentes o temporales, formados por aguas dulces (superficiales o subterráneas) o saladas en los términos allí señalados.

3.3. Declaración de humedales urbanos[40]

De conformidad con el artículo 1.º de la Ley N.º 21.202, los humedales urbanos serán declarados por el Ministerio del Medio Ambiente, de oficio o a petición del municipio respectivo.

En el caso de que la solicitud sea efectuada por un municipio, el Ministerio del Medio Ambiente deberá pronunciarse dentro del plazo de seis meses respecto a la declaratoria de humedal urbano.

Por su parte, de conformidad con el artículo 13 del Reglamento de la ley[41], el Ministerio del Medio Ambiente iniciará el procedimiento de declaración de oficio de uno o más humedales urbanos, mediante una resolución exenta que identifique dichos humedales y otorgue un plazo de 15 días, contado desde su publicación en el Diario Oficial, para que cualquier persona aporte antecedentes adicionales sobre el o los humedales urbanos que se pretende declarar.

Los aludidos antecedentes deberán entregarse por escrito en las oficinas de partes del Ministerio o en la Seremi respectiva. Asimismo, podrán entregarse en formato digital en la casilla electrónica que para tales efectos habilite el Ministerio.

---

40 Un análisis más detallado sobre el seguimiento administrativo de declaración de humedales urbanos se puede revisar en Carrasco y Alfaro (2023), pp. 41-90.

41 Decreto N.º 15, de 2020, del MMA.

En contra del pronunciamiento del Ministerio del Medio Ambiente que resuelva la solicitud de reconocimiento de la calidad de humedal urbano, podrá reclamarse, dentro del plazo de treinta días, ante el Tribunal Ambiental competente[42]. Al respecto, Hunter señala que no obstante la redacción de la noma, la competencia de los tribunales ambientales comprende tanto la declaración de humedal urbano que se realiza a solicitud municipio, como la que se hace de oficio por el MMA. Además, agrega que pueden ser objeto de impugnación los pronunciamientos que tengan un contenido favorable o desfavorable a la declaración humedal urbano[43].

El plazo para interponer el reclamo será de treinta días[44], contado desde la notificación de la resolución que rechace la solicitud o desde su publicación en el Diario Oficial, en caso de que se acoja. La interposición del reclamo no suspenderá en caso alguno los efectos del acto impugnado[45]. Esta reclamación no requiere agotamiento de la vía administrativa.

Si bien la norma no señala quiénes podrán deducir el reclamo, habrá que estar a la definición de interesado regulada en el artículo 21 de la Ley N.° 19.880, pudiendo reclamar tanto los afectados por la declaración (v. gr. El dueño del predio sobre el cual se ubica el humedal)[46] como los solicitantes (municipios).

---

42 Esto es, aquel que ejerce jurisdicción en el territorio en donde se encuentra el humedal. En caso de que un humedal esté situado en más de un territorio jurisdiccional, conocerá del asunto el tribunal que en primer lugar se avoque a su consideración (artículo 3.° inciso final de la Ley).

43 Hunter (2023), pp. 32 y ss. El mismo autor agrega que también serían impugnables ante los tribunales ambientales de acuerdo con el artículo 17 N.° 8 de la Ley N.° 20.600 la ordenanza municipal y las modificaciones al IPT que fije las condiciones bajo las que deberán otorgarse los permisos de organización o construcciones que se desarrollen en ellos.

44 Hábiles administrativos en los términos establecidos en el artículo 25 de la Ley N.° 19.880, Hunter (2023), p. 384.

45 Artículo 12 del Reglamento.

46 Sobre este punto, cabe señalar que respecto de la declaración de un humedal (urbano o no) como Santuario de la Naturaleza o la modifi-

3.4. Aspectos relevantes de la Ley N.º 21.202 y su Reglamento

a) Efectos de la declaratoria

La norma y su Reglamento resultan relevantes por los efectos que la declaración genera[47], dentro de los cuales cabe destacar los siguientes: i) confiere al humedal la categoría de "Área colocada bajo protección oficial" lo que genera el deber estatal de protección y tutela del humedal; ii) atendido lo anterior, la declaratoria de humedal urbano genera que las actividades o proyectos que se ejecuten dentro o cerca del mismo deban ingresar al SEIA; iii) la afectación de un humedal queda entregada a la fiscalización y sanción de la SMA, la que podrá requerir el ingreso obligatorio al SEIA, decretar medidas provisionales o iniciar un procedimiento sancionatorio.

b) Concepto de humedal y su relación con la conectividad ecológica

Mediante el Reglamento, se entrega una definición que se aproxima al concepto de conectividad ecológica. En concreto, el artículo 2.º letra i) del Reglamento define "infraestructura ecológica" como una red interconectada de ecosistemas naturales, seminaturales y antropogénicos que, en su conjunto, contribuyen a mantener la biodiversidad, y proteger las funciones y los procesos ecológicos, para asegurar la provisión de servicios ecosistémicos. Además, el Reglamento establece el concepto de "Enfoque ecosistémico" como una estrategia para la gestión integrada de la tierra, agua y recursos vivos que promueve la conservación y el uso sostenible de la diversidad biológica de forma equitativa (art. 2 letra e).

---

cación de sus límites, Contraloría General de la República ha señalado que la oposición de propietarios no constituye una limitación para tal declaración, *vid.* dictamen N.º E72276, de 2021.

47 Carrasco y Alfaro (2023), pp. 91 y ss.

c) Sobre los criterios mínimos para la sustentabilidad de los humedales urbanos

La normativa establece la necesidad de criterios mínimos para la sustentabilidad de los humedales urbanos, a fin de resguardar sus características ecológicas y su funcionamiento, y de mantener el régimen hidrológico, tanto superficial como subterráneo (artículo 2).

La determinación de dichos criterios fue regulada mediante el Reglamento, los cuales se establecen en los Títulos II y III y se resumen en la siguiente tabla:

Tabla 1. Criterios mínimos para la sustentabilidad de los humedales urbanos

<table>
<tr><td rowspan="7">Criterios mínimos para la sustentabilidad de los humedales urbanos</td><td rowspan="3">a) Criterios mínimos que permiten resguardar las características ecológicas y el funcionamiento de los humedales urbanos:</td><td>i. Conservación, protección y/o restauración de las características ecológicas del humedal.</td></tr>
<tr><td>ii. Mantención de la conectividad biológica de los humedales urbanos.</td></tr>
<tr><td>iii. Mantención de la superficie de humedales urbanos.</td></tr>
<tr><td rowspan="2">b) Criterios mínimos que permiten mantener el régimen hidrológico superficial y subterráneo de los humedales urbanos:</td><td>i. Mantención del régimen y conectividad hidrológica de los humedales urbanos.</td></tr>
<tr><td>ii. Enfoque de manejo integrado de recursos hídricos.</td></tr>
<tr><td rowspan="2">c) Criterios mínimos para el uso racional de los humedales urbanos:</td><td>i. Enfoque de desarrollo sustentable.</td></tr>
<tr><td>ii. Integración de los humedales urbanos como infraestructura ecológica de las ciudades.</td></tr>
<tr><td rowspan="3">Criterios para la gestión sustentable y gobernanza de los humedales urbanos</td><td colspan="2">i. Participación efectiva y gobernanza para la conservación y protección de humedales urbanos.</td></tr>
<tr><td colspan="2">ii. Gestión adaptativa y manejo activo del humedal.</td></tr>
<tr><td colspan="2">iii. Educación ambiental, formación integral e investigación para la protección y conservación de humedales urbanos.</td></tr>
</table>

Con estos criterios de sustentabilidad se establece una base mínima de protección de los humedales[48]. Su objetivo será el resguardo de las características ecológicas y de funcionamiento de los humedales y la mantención de su régimen hidrológico, sea de aguas superficiales o subterráneas[49].

d) SEIA y protección específica a los humedales

Asimismo, la norma modifica la Ley N.° 19.300, de bases generales del Medio ambiente, con el objeto de establecer una protección específica a los humedales. Dentro de las diversas modificaciones[50], destaca la modificación al artículo 10 de la ley N° 19.300, sobre Bases Generales del Medio Ambiente, al disponer que los proyectos o actividades capaces de causar impacto ambiental, en cualesquiera de sus fases, deberán someterse al sistema de evaluación de impacto ambiental cuando ejecuten obras o actividades que puedan significar una alteración física o química a los componentes bióticos, a sus interacciones o a los flujos ecosistémicos de humedales que se encuentran total o parcialmente dentro del límite urbano, y que impliquen su relleno, drenaje, secado, extrac-

---

48 Junto con ello, el Ministerio del Medio Ambiente debe elaborar: a) una guía técnica que oriente a los Municipios en la implementación de estos criterios (art. 19 del Reglamento) y b) una guía metodológica que oriente técnicamente la delimitación y caracterización de humedales urbanos (art. 20 del Reglamento). Para la elaboración de ambos documentos, el Ministerio creará y presidirá un comité que tendrá por función aportar antecedentes, realizar observaciones y, en general, contribuir en el proceso de elaboración de las guías señaladas. El comité deberá integrar a representantes de los órganos públicos competentes (art. 21 del Reglamento).

49 Rodríguez *et al* (2020), p. 56.

50 Así, por ejemplo, modifica el artículo 10 de la ley N° 19.300, sobre Bases Generales del Medio Ambiente, incorporando en la letra p) las palabras "humedales urbanos" y reemplazando la letra q), por la siguiente: "*q) Aplicación masiva de productos químicos en áreas urbanas o zonas rurales próximas a centros poblados, humedales, o a cursos o masas de agua que puedan ser afectadas;*", entre otras.

ción de caudales o de áridos, la alteración de la barra terminal, de la vegetación azonal hídrica y ripariana, la extracción de la cubierta vegetal de turberas o el deterioro, menoscabo, transformación o invasión de la flora y la fauna contenida dentro del humedal, indistintamente de su superficie[51].

e) Incidencia de los humedales urbanos en la normativa urbanística

Desde una perspectiva urbanística, el artículo 3.º de la norma establece que desde la presentación de la petición de reconocimiento de la calidad de humedal urbano y hasta el pronunciamiento del MMA, la municipalidad respectiva podrá postergar la entrega de permisos de subdivisión, loteo o urbanización predial y de construcciones en los terrenos en que se encuentren emplazados; dicha postergación se realizará utilizando, en lo que corresponda, el procedimiento establecido en el artículo 117 de la LGUC[52].

Esta atribución busca asegurar la protección de los humedales, puesto que de otro modo podría eventualmente quedar sin aplicación efectiva del estatuto de protección[53].

Asimismo, la Ley establece que todo IPT deberá incluir los humedales urbanos existentes en cada escala territorial en calidad

---

51 Nueva letra s) del artículo 10 de la Ley N.º 19.300.

52 De la historia fidedigna del establecimiento de la Ley N° 21.202, aparece que la redacción del artículo 3° tuvo por objeto "compatibilizar las nuevas facultades de los municipios con aquella prevista en la LGUC para el tiempo que media entre la presentación de la solicitud de declaración de humedal urbano y el pronunciamiento del Ministerio del Medio Ambiente". Además, "que la referencia al artículo 117 de la Ley General de Urbanismo y Construcciones permite aplicar a la situación prevista un procedimiento existente en nuestra legislación, evitando así la creación de uno nuevo para el caso señalado" —Comisión Mixta: Senado-Cámara de Diputados, Informe Comisión Legislativa en Sesión 63, Legislatura 367—.

53 Véase dictamen N.º E249979, de 2022.

de *área de protección de valor natural*[54], a efectos de establecer las condiciones bajo las que deberán otorgarse los permisos de urbanizaciones o construcciones que se desarrollen en ellos[55].

Por consiguiente, las condiciones urbanísticas que deberán cumplir las edificaciones que se pretendan emplazar en humedales urbanos, así como los procesos de planificación, diseño y construcción de infraestructura que pueda afectar al humedal, deberán ser compatibles con la mantención de la conectividad biológica, su estructura, funcionamiento y la conservación de hábitats en estos humedales, lo que deberá ser establecido en los instrumentos de planificación territorial respectivos.

f) Deberes impuestos a los municipios

El artículo 2.° inciso 2 de la Ley N.° 21.202 señala que las municipalidades deberán establecer, en una ordenanza general, los criterios para la protección, conservación y preservación de los humedales urbanos ubicados dentro de los límites de su comuna. Dicha ordenanza deberá ser dictada en el menor plazo posible y deberá utilizar los lineamientos establecidos en los Títulos II y III del Reglamento. Además, la ordenanza general deberá incorporar las acciones a implementar para el cumplimiento de los aludidos criterios.[56]

---

54 Véase dictamen N.° E51.700, de 2020.

55 Nuevo artículo 60 inciso 3.° del DFL N° 458, del Ministerio de Vivienda y Urbanismo, que aprueba la Ley General de Urbanismo y Construcciones. Exigencia es consistente con lo dispuesto en el artículo 2.1.18 de la Ordenanza General de Urbanismo y Construcciones que establece que los IPT deben reconocer las áreas de protección de recursos de valor natural y que dichos instrumentos "[...] podrán establecer las condiciones urbanísticas que deberán cumplir las edificaciones que se pretendan emplazar en dichas áreas. Estas condiciones deberán ser compatibles con la protección oficialmente establecida para dichas áreas".

56 Artículo 15 inciso 2.° del Reglamento.

Lo anterior se encuentra en armonía con el rol que los municipios venían desarrollando en orden a establecer, mediante instrumentos normativos locales, una regulación específica de protección a los humedales.

3.4. Comentarios críticos a la normativa

No obstante, la norma también plantea algunos desafíos como son la aplicación práctica de los criterios de sustentabilidad, los cuales quedarán entregados a la regulación local. En concreto, se advierte la ausencia de criterios objetivos para la determinación específica del humedal. Si bien los municipios serán apoyados por el MMA, a través de una guía, se deberá tener presente la notable falta de datos e información sobre los sistemas de humedales nacionales[57].

Junto con ello, resulta gravitante reforzar la actuación coordinada de los distintos órganos y servicios públicos que intervienen en la protección ambiental de los humedales, para efectos de evitar que las deficiencias de un actuar descoordinado afecten o pongan en peligro estos ecosistemas. En este sentido, la Corte Suprema, en un caso en donde se autorizó la construcción de un edificio sin una adecuada coordinación entre los servicios involucrados, lo que generó impactos significativos sobre un humedal[58],

---

57 Rodríguez *et al* (2020), p. 103. Así, por ejemplo, en muchos casos no se conoce las características específicas de los humedales, como los factores hidrogeomorfológicos. Tampoco se cuenta con información determinante sobre los posibles factores de estrés de los humedales, para efectos de facilitar el monitoreo y evaluación de su estado.

58 SCS Rol N° 118-2018, sobre intervención ilegítima del Humedal Llantén y la modificación del cauce "estero sin nombre", en donde con el fin de desarrollar un proyecto inmobiliario, se ha drenado las aguas del humedal, con el consecuente daño que aquello provoca al ecosistema e inundaciones.

sostuvo que las autoridades administrativas[59] deben actuar de manera coordinada, cumpliendo con las políticas públicas y con los requisitos legales, de manera que protejan el humedal allí señalado, considerando su importancia medioambiental[60].

Además, cabe poner especial atención en el régimen sancionador aplicable en caso de incumplimiento de las normas sobre protección de estos humedales. Al efecto, si bien la Superintendencia del Medio Ambiente será la entidad responsable de fiscalizar el cumplimiento de la ley y de su Reglamento, cabe precisar que las municipalidades podrán configurar contravenciones en sus ordenanzas, lo cual, no obstante, las limitaciones de estas últimas, puede generar un doble castigo[61].

Junto con ello, uno de los aspectos preocupantes de la norma es que excluye de su regulación a los humedales situados fuera del área urbana, los cuales son igualmente relevantes desde la perspectiva ambiental, especialmente en los casos en los cuales se encuentran conectados hidrológicamente. Así, la afectación de un humedal no protegido por la ley, por encontrase fuera del límite urbano, puede afectar directa o indirectamente todo o una parte de un humedal urbano. De ahí que los expertos propongan la gestión de humedales con base en la unidad de cuenca y al manejo integrado de recursos hídricos y la planificación integrada de humedales con infraestructura urbana[62].

Asimismo, la doctrina advierte algunos problemas procedimentales vinculados con la congruencia y la participación de los interesados[63].

---

59 Municipalidad de Puerto Montt, a través de su DOM y el Servicio de Vivienda y Urbanismo de la Región de Los Lagos.

60 Considerandos 13.º y 14 de la sentencia.

61 *Vid.* Gómez (2017), p. 499.

62 Rodríguez *et al* (2020), p. 104.

63 Carrasco y Alfaro (2023), p. 61 y ss.

Por su parte, si bien no cabe duda de que dichos ecosistemas deben ser protegidos, se advierte un aumento significativo de solicitudes de declaración con el objetivo de paralizar desarrollos inmobiliarios[64], considerándose la declaratoria como una verdadera limitación a la expansión urbana.

Además, cabe destacar que la declaratoria de humedal constituye una limitación al dominio que no da lugar a indemnizaciones, lo cual ha sido refutado en diversas ocasiones por los dueños de las propiedades en las cuales se encuentran debido a la inexistencia de alguna contraprestación que aminore la carga que soportan (*v.gr.* derechos de construcción transables o beneficios tributarios).

Varias de estas problemáticas han sido analizadas por la jurisprudencia de diverso orden, tal como se da cuenta en el apartado siguiente.

4. CRITERIOS ESTABLECIDOS POR LA JURISPRUDENCIA EN MATERIA DE HUMEDALES[65]

4.1. *Criterios previos a la dictación de la Ley N.° 21.202*

De manera previa a la dictación de la Ley N.° 21.202, se advierte un rol activo de la jurisprudencia en materia de protección de los humedales, a pesar de la falta de un sistema de protección específica.

Al efecto, cabe destacar los criterios sostenidos por la Corte Suprema, la cual ha establecido diversos parámetros que se pueden extrapolar a aquellos casos en los cuales un humedal no esté sujeto a un régimen especial de protección.

---

64 Carrasco y Alfaro (2023), p. 136.

65 Un análisis actualizado sobre la materia se puede ver en Carrasco y Alfaro (2023), pp. 189 y ss. y en González e Insunza (2024), pp. 159 y ss.

Al respecto, se ha señalado que la deficiente condición de funcionamiento de un vertedero afectó a diversos humedales, generando un severo daño ambiental, atribuyéndole responsabilidad directa al operador del aludido vertedero, cuyas malas condiciones habrían originado el colapso del sistema y el derrame de líquidos contaminantes que dañaron a los humedales[66].

Por su parte, en una reclamación de ilegalidad en la cual se discutía la negativa de la Dirección General de Aguas (DGA) a autorizar la exploración de aguas subterráneas en bienes nacionales ubicados en la comuna de San Pedro de Atacama, se sostuvo que cuando la solicitud de exploración de aguas subterráneas recae en acuíferos que alimentan vegas y bofedales de las regiones de Arica y Parinacota, Tarapacá y Antofagasta, se debe acompañar la resolución de calificación ambiental correspondiente[67]. La falta de dicha autorización conlleva el rechazo de plano la solicitud[68].

El mismo pronunciamiento destaca que los humedales protegidos tienen una importancia social, cultural, ambiental y económica de relevancia, ya que constituyen el sustento para las comunidades altiplánicas, permanentes y eventuales, atendido que proporcionan una importante fuente nutricional y de agua a los seres vivos que habitan esos parajes, formando ecosistemas únicos, por lo que es inexcusable para el Estado y sus organismos estudiar y resguardar los requerimientos hídricos y biológicos que están presentes en su entorno para así asegurar su mantención en el tiempo[69].

---

66 *Vid.* Sentencia de la Corte de Apelaciones de Valparaíso Rol N.° 1831-2019, "Consejo de Defensa del Estado con Demarco S.A. Sentencia confirmada por la Corte Suprema en la causa Rol N.° 5444-2010.

67 Ello de conformidad con lo previsto en el artículo 5 letra f) y 13 letra a) de la Resolución N.° 425, de 2007, de la Dirección General de Aguas.

68 SCS Rol N.° 4315-2009 "Quiroga con Dirección General de Aguas".

69 Considerando 10 de la SCS Rol N.° 4315-2009 "Quiroga con Dirección General de Aguas". En este mismo sentido SCS Rol N.° 2346-2009, "Alvarado con Dirección General de Aguas", c. 11.°.

En pronunciamientos posteriores, la Corte Suprema precisó que la prohibición de explotación de aguas subterráneas en áreas que alimentan vegas y bofedales es una medida excepcional y especialísima que tiene por objeto evitar el uso excesivo del recurso hídrico y la afectación de los humedales. Dicha limitación se aplica tanto a los derechos de aprovechamiento de aguas ya otorgados en esas zonas como a las solicitudes de otorgamiento de nuevos derechos, puesto que se busca resguardar y no comprometer una zona ecológicamente frágil[70].

En otros casos, aplicando el principio preventivo, los tribunales señalaron que la realización de actividades mineras en un humedal debe someterse a consulta de pertinencia, a efectos de determinar si dicho proyecto debe ingresar al Sistema de Evaluación de Impacto Ambiental (SEIA)[71]. En la especie, el humedal no estaba bajo protección oficial, pero sí formaba parte del listado de sitios prioritarios para la conservación de la diversidad, categoría que integra el Sistema Nacional de Áreas Silvestres Protegidas (SNASPE). Además, el humedal se encontraba en trámite de ser declarado Monumento Nacional como Santuario de la Naturaleza debido a que se trata de un lugar que cuenta con un patrimonio ambiental y arqueológico cuya fragilidad el Estado debe custodiar, por cuanto cualquier actividad puede alterar o poner en riesgo sus características[72].

---

70 SCS Roles N.°s. 3527-2017; 35272-2017 y 43705-2017, "SQM Salar S.A. con Dirección General de Aguas".

71 La consulta de pertinencia será determinante para evaluar los impactos ambientales de un proyecto en un humedal. Este aspecto también ha sido considerado por Contraloría General de la República, la cual ha representado actos que disponen la ejecución de obras públicas cuando no precisan la incidencia de dichas obras en humedales, en particular si existiendo pertinencia, ha sido omitida su referencia, vid. oficio de representación N° E60696, de 2020.

72 SCS Rol N.° 11932-2014, "Valenzuela y otros con Inversiones Aconcagua Limitada".

Junto con ello ha precisado que la autorización minera se limita a dichos aspectos; en el caso concreto, a la cata y cava de las pertenencias respectivas, y no comprende la realización de otras obras (como sería la limpieza, drenaje o restauración de humedales), para lo cual se requiere de las autorizaciones ambientales respectivas, por cuanto dichas actividades pueden provocar alteraciones en los ecosistemas y cursos de agua[73].

Uno de los fallos más relevantes es aquel en el cual señala que aun cuando un cuerpo de agua no tenga la categoría Ramsar, si sus características coinciden o se adaptan con la definición de humedal, cabe reconocerlo como un ecosistema constituido por la acumulación de aguas, en el que existe y se desarrolla biota acuática, fauna y flora. Bajo dicha circunstancia, emana la necesidad de su protección desde que estos sitios han sido considerados por la comunidad internacional como pilares fundamentales para la mantención y protección de la biodiversidad, siendo un deber del Estado velar por su preservación. Además, agrega que, aun cuando el humedal se encuentre emplazado en un terreno privado, el dueño del inmueble no se encuentra facultado para drenar sus aguas atendido el bien superior que ha de resguardarse, esto es, proteger el referido ecosistema. Por consiguiente, su infracción vulnera las garantías fundamentales del derecho a la integridad física y psíquica de toda persona y la de vivir en un medio ambiente libre de contaminación[74].

---

73 SCS Rol N.° 5171-2018, "Chaloux y otros con Sociedad Gogua Corporation S.A.".

74 En SCS Rol N° 118-2018, cc. 9.° y 10.°, "Junta de Vecinos Jardín Oriente 3 y otros con Inmobiliaria GTR Puerto Varas Limitada y otros", caso Humedal Llantén. Esta jurisprudencia se contrapone a algunos dictámenes de Contraloría, de los cuales se infiere que si el humedal no se encuentra identificado como sitio prioritario de conservación o sitio Ramsar, y, por ende, no está protegido, no sería objetable el desarrollo de labores de relleno en el mismo, sin perjuicio de las sanciones que se puedan aplicar en caso de acreditarse alguna infracción al Código de

En un fallo posterior, la Corte Suprema precisó que la obligación de protección de los humedales emana de la normativa general aplicable en materia ambiental[75], de modo que no se exige la pertenencia de un humedal a la Convención de Ramsar para brindarle la debida protección[76].

En cuanto a la legitimación activa, la Corte Suprema sostuvo que las municipalidades pueden ejercer acciones ambientales orientadas a la protección ambiental en general y, en particular, de los humedales, en aquellos casos en que la decisión de la autoridad ambiental contiene disposiciones que interesan a toda la ciudadanía, puesto que el perjuicio ambiental se materializa en el interés que tiene cualquier persona en que las normas ambientales que se dicten efectivamente sirvan para proteger el medio ambiente[77]. Además, agrega que dichas entidades tienen potestades residuales en materia ambiental (*v. gr.* la protección del medio ambiente, la dictación de ordenanzas ambientales, la colaboración en la fiscalización y cumplimiento de las disposiciones legales y reglamentarias en materia medioambiental, entre otros), las cuales puede ser invocadas para acreditar el interés en la impugnación del acto administrativo respectivo[78].

Todos estos criterios son extrapolables a cualquier situación en la cual se busque brindar protección a los humedales. Además, es de esperar que, con la entrada en vigor de la ley, se emitan

---

Aguas, como sería la modificación de un cauce sin autorización de la Dirección General de Aguas, vid. dictamen N° 90.545, de 2016.

75 V. gr. artículos 11 de la Ley N.° 19.300 en relación con el artículo 6.° incisos 3.° y 4.° letras g.3 y g.4 del Reglamento del Sistema de Evaluación de Impacto Ambiental.

76 SCS Rol N.° 12.812-2018, "Municipalidad de San Felipe con Servicio de Evaluación Ambiental", c. 9.°.

77 SCS Rol N.° 12.812-2018, "Municipalidad de San Felipe con Servicio de Evaluación Ambiental".

78 SCS Rol N.° 12.812-2018, "Municipalidad de San Felipe con Servicio de Evaluación Ambiental", c. 15.°.

pronunciamientos específicos sobre los alcances de dicho cuerpo normativo.

4.2. Criterios posteriores a la dictación de la Ley N.º 21.202

a) Criterios contenidos en la jurisprudencia de Contraloría General de la República

Para el órgano de control, los proyectos que afecten a humedales en los términos que establece el literal s) del artículo 10 de la Ley N.º 19.300, deben someterse al SEIA aun cuando no haya mediado declaración de humedal urbano[79]. Al efecto, precisa que la letra p) se refiere expresamente a los "*humedales urbanos*" como área colocada bajo protección oficial, por lo que necesariamente debe contar con la declaración de "urbano", conforme a la ley N° 21.202 y su reglamento. En tanto, la letra s) no contempla expresamente a los humedales urbanos, sino que alude a los "*humedales que se encuentran total o parcialmente dentro del límite urbano*", de lo cual se colige que no se refiere, necesariamente, a humedales que cuenten con protección oficial, sino que a todos aquellos que se vean afectados por la ejecución de obras o actividades que impliquen una alteración física o química en los mismos.

Los literales p) y s) se refieren a situaciones diversas y, por ende, los proyectos que afecten humedales en los términos que establece el literal s), deben someterse al SEIA aun cuando a su respecto no haya mediado declaración de humedal urbano o esta se encuentre en trámite, si concurren los presupuestos correspondientes. De este modo, para estos efectos, debe entenderse que es objeto de protección cualquier humedal, sus componentes y las interacciones entre estos, así como los flujos ecosistémicos de aquellos que se hallen total o parcialmente dentro del límite ur-

---

79 Dictamen N.º E157665, de 2021, con lo cual Reconsidera parcialmente el dictamen N° E129413, de 2021.

bano, independiente de la declaratoria de "humedal urbano" a cargo del MMA[80].

Ahora bien, Contraloría ha precisado que corresponde al SEA determinar si una actividad específica que pueda afectar a un humedal debe someterse al Sistema de Evaluación de Impacto Ambiental, sin perjuicio de sus facultades para establecer criterios generales que permitan orientar en la materia. Además, sostuvo que la causal de ingreso a dicho sistema, prevista en el literal s) del artículo 10 de la ley N° 19.300, se aplica aun cuando no haya mediado declaración de humedal urbano[81].

Por su parte, en relación con el plazo en que se debe resolver la solicitud de declaración de humedal[82], Contraloría sostuvo que el MMA carece de facultades para extender el plazo legal previsto para pronunciarse sobre el reconocimiento de humedales urbanos; sin embargo, una situación de caso fortuito, como la emergencia sanitaria por COVID-19, al restringir la movilidad, impidió efectuar a tiempo la verificación del cumplimiento de los criterios de delimitación y el desarrollo de actividades en terreno en el caso de humedales urbanos, a solicitud municipal. Bajo tal contexto, Contraloría señala que el plazo previsto en el artículo 1° de la ley N° 20.212 no es fatal, de manera que su vencimiento no impide que dicha declaración se efectúe válidamente con posterioridad a su expiración, sin que ello afecte la validez del acto administrativo de término[83].

En tanto, Contraloría entiende, al igual que la Corte Suprema, que la protección a los humedales urbanos no es solo a partir de

---

80 Este criterio se encuentra en armonía con lo sostenido por la CS en las causas Roles N° 21.970-2021 y 129.273, de 2020, en las cuales sostuvo que el hecho de que un humedal no se encuentre declarado como urbano en conformidad con la ley N° 21.202 y su reglamento, no obsta a que deba ingresar al SEIA en virtud del literal s) del artículo 10 de la ley N° 19.300.

81 Dictamen N.° E420195, de 2023.

82 Dictamen N.° E271028, de 2022.

83 Dictamen N.° E312592, de 2023.

su reconocimiento oficial por parte del MMA, sino que también desde el momento de la respectiva petición[84]. En este sentido, Contraloría recuerda que la ley facultó a las municipalidades para postergar la entrega de determinados permisos, desde la presentación de la solicitud de que se trata por parte del municipio y hasta el pronunciamiento del MMA, pues de otro modo podría eventualmente quedar sin aplicación efectiva el nuevo estatuto de protección.

Asimismo, la entidad de control ha señalado que la municipalidad debe dictar, en el menor plazo posible, las modificaciones pertinentes a su plan regulador comunal, a efectos de incorporar los humedales urbanos reconocidos conforme a la ley N° 21.202 y las normas urbanísticas que les sean aplicables, las que tienen que ser compatibles con el resguardo oficialmente establecido para dichas áreas de protección de recursos de valor natural[85].

Finalmente, respecto de las materias susceptibles de ser reguladas por el municipio en la ordenanza municipal dictada

---

84 Dictamen N.° E249979, de 2022. Aunque, en un primer momento Contraloría sostuvo en su dictamen N.° E129413, de 2021, que para que las obras, programas o actividades que se ejecuten en humedales urbanos o que puedan significar una alteración física o química de los mismos deban someterse al SEIA, es necesario que aquellos hayan sido declarados como tales en las condiciones previstas en la mencionada ley N.° 21.202 y su reglamento. Este criterio fue parcialmente reconsiderado en el dictamen N.° E157665, de 2021, el cual señalo que los literales p) y s) de la Ley N.° 19.300 se refieren a situaciones diversas y, por ende, los proyectos que afecten humedales en los términos que establece el literal s), deben someterse al SEIA aun cuando a su respecto no haya mediado declaración de humedal urbano o esta se encuentre en trámite, si concurren los presupuestos correspondientes. De este modo, para estos efectos, debe entenderse que es objeto de protección cualquier humedal, sus componentes y las interacciones entre estos, así como los flujos ecosistémicos de aquellos que se hallen total o parcialmente dentro del límite urbano, independiente de la declaratoria de "humedal urbano" a cargo del Ministerio del Medio Ambiente.

85 Dictamen N.° E394238, de 2023.

conforme al artículo 15 del reglamento, Contraloría ha señalado que: i) la ordenanza deberá circunscribirse a los criterios mínimos para la sustentabilidad y a los criterios para la gestión sustentable establecidos para la protección, conservación y preservación de los humedales urbanos: ii) la municipalidad puede regular en su ordenanza mecanismos de participación que se ajusten a los criterios contenidos en el reglamento. Con todo, no corresponde establecer una "Mesa o Comité comunal de humedales" que tenga la facultad de definir y asegurar mecanismos de participación ciudadana, dado que tales determinaciones deben ser fijadas en la ordenanza municipal. Asimismo, la ordenanza no puede crear instancias que ni la ley ni el reglamento previeron así como tampoco puede atribuir carácter vinculante a los mecanismos de participación o exigir la intervención imperativa de otros servicios públicos; iii) por último, en relación con la facultad de las municipalidades para dictar ordenanzas, aquellas deben sujetarse de manera estricta al marco fijado por el ordenamiento jurídico en relación con la respectiva materia, no pudiendo imponer menores o mayores exigencias que las previstas en las leyes y reglamentos pertinentes. Al efecto, si bien la ley N° 21.202 y su Reglamento únicamente se refirieron a la situación de humedales urbanos, no se advierte impedimento para que en la ordenanza también se incorpore la regulación relativa a los demás humedales reconocidos por el Estado y siempre que sean bienes municipales o nacionales de uso público existentes en la comuna, salvo que, en atención a su naturaleza o fines y de conformidad a la ley, su administración corresponda a otros organismos de la Administración del Estado, sin embargo, la regulación de otro tipo de humedales contenida en una misma ordenanza deberá ser claramente distinguible de la correspondiente a los humedales urbanos de modo de evitar una confusión, ya que obedecen a fuentes normativas distintas[86].

---

86 Dictamen N.° E381858, de 2023.

b) Criterios contenidos en la jurisprudencia de la Corte Suprema

La Corte Suprema ha sostenido que cabe invalidar una sentencia emitida por el tribunal ambiental, dado que aquella no brinda una protección ambiental integral, y pone de relieve que la intervención de un humedal debe ser evaluada a través de un EIA en lugar de una Declaración[87].

Por su parte, la Corte Suprema también ha señalado que el alcalde goza de la representación municipal y, en tal ejercicio y de conformidad a lo dispuesto en el artículo 3° de la Ley N° 21.202, se encuentra habilitado para presentar la solicitud de declaración de humedal urbano, sin que sea necesario el acuerdo del Concejo Municipal. Precisa que el procedimiento que culmina con la declaración de humedal urbano puede iniciarse incluso sin intervención municipal alguna, por la sola gestión oficiosa del MMA, de manera que deberá contarse con la opinión del concejo municipal solo al momento de discutirse la modificación del instrumento de planificación territorial según lo establece la LGUC[88].

Asimismo, el Máximo Tribunal establece que no puede discutirse la importancia ambiental de un humedal, siendo irrelevante la circunstancia de haber obtenido protección oficial con posterioridad al inicio del proceso de evaluación ambiental de un proyecto ubicado cerca del humedal[89]. Así, para la Corte Suprema aun cuando la categorización del humedal como urbano no se haya materializado, los antecedentes permiten reconocerlo como un ecosistema objeto de la protección que otorga la Ley N° 21.202[90], de modo que cualquier extensión de terreno que cumpla con las características para ser catalogado como un humedal urbano merece una especial protección, sin que para ello resulte

---

87 SCS Rol N.° 11016-2022 (20.11.2023).

88 SCS Rol N.° 10.964-2022 (5.1.2023).

89 SCS Rol N.° 91.622-2021 (13.1.2023).

90 SCS Rol N.° 57.992-2021 (9.8.2022).

obstáculo la circunstancia de no haber sido aún declarado como tal por el MMA[91].

En suma, los humedales deben ser protegidos por el Estado por ser sistemas ecológicos relevantes para la humanidad y pilares fundamentales para la mantención y protección de la biodiversidad[92], ello aun cuando la declaración como humedal urbano esté pendiente, en la medida que los antecedentes de la solicitud permiten reconocerlo como un ecosistema que existe y puede ser objeto de protección[93].

Con todo, el máximo tribunal ha señalado que deben existir elementos técnicos suficientes para concluir la real existencia de un humedal[94].

Por su parte, un tema crítico ha sido puesto de manifiesto recientemente por la jurisprudencia de la Corte Suprema, al señalar que las sentencias emitidas por los tribunales ambientales que declaran la nulidad total o parcial de las declaratorias de humedal no son susceptibles de casación, dado que no son sentencias definitivas, toda vez que no resuelven el fondo del asunto[95]. Para el Máximo Tribunal de justicia, la nulidad del acto obliga al ente gubernamental a revisar nuevamente el proceso en aquella parte que la sentencia le ordena, de modo que la autoridad deberá ponderar nuevamente los antecedentes en la forma que en ella se expresa, decisión que las partes podrán recurrir si estiman que les causa agravio, en la oportunidad y conforme lo dispone el ordenamiento jurídico[96].

---

91 SCS Rol N.° 95.910-2021 (28.6.2022).

92 SCS Rol N.° 49.869-2021 (4.2.2022).

93 SCS Rol N.° 1.536-2022 (22.6.2022). En el mismo sentido, sentencias Corte Suprema Roles N.°s. 21.970-2021 (21.07.2021), c. 8.°; 129.271-2020 (13.09.2021), c. 11.°; 49.869-2021 (04.02.2022), c. 4.°: 57.992-2021 (9.08.2022), c. 9.°; 11.016-2022 (20.11.2023), c. 4.°, entre otras

94 SCS Rol N.° 95.910-2021 (28.06.2022).

95 SCS Rol N.° 3392-2023 (16.8.2023).

96 SCS Rol N.° 13.335-2023 (1.8.2023).

De esta manera se consolida el criterio de la Corte Suprema que sostiene que no es posible aceptar la revisión jurisdiccional de todos y cada uno de los actos y sentencias dictadas en la institucionalidad ambiental, pues, además de las limitaciones expresamente establecidas en la Ley N° 20.600, es indispensable considerar que, en general, lo impugnable en el Derecho Administrativo chileno son los actos terminales, es decir, actos administrativos propiamente dichos, pero no lo son los actos de trámite o actos intermedios, y que las sentencias impugnadas contemplan la posibilidad de reiniciar el procedimiento de declaratoria, mención que tiene como efecto la posterior y nueva dictación un acto de carácter terminal que sí justificará, en su momento y eventualmente, la intervención de la Corte Suprema[97].

Aun cuando se comparte el criterio de la Corte Suprema en orden a que no todo acto y sentencia dictadas en el marco de la institucionalidad ambiental son impugnables, cabe cuestionar el binomio acto trámite/acto terminal y la confusión que se ha generado a partir del concepto de sentencia definitiva ambiental.

Ahora bien, la situación es más crítica si se considera que inclusive las sentencias que ratifican la legalidad del acto que establece la declaratoria han sido consideradas como irrecurribles ante la Corte Suprema, ello a partir de una interpretación literal de la norma. Al efecto, se sostuvo que en virtud de lo establecido en la Ley N° 21.202 así como de su Reglamento, la decisión que reconozca la existencia de un humedal por parte del MMA es solo

---

[97] SCS Rol N° 87.940-2023. Este mismo criterio ha sido invocado en los recursos de queja presentados en contra de los ministros de los tribunales ambientales por la dictación, señalando que no es posible aceptar la revisión jurisdiccional de todos y cada uno de los actos y sentencias dictadas en la institucionalidad ambiental, especialmente considerando que lo impugnable son actos terminales y que la sentencia impugnada retrotrae el procedimiento, con lo cual se dictará un nuevo acto terminal, en causa Rol N.° 137.571-2022 (12.1.2023), la cual fue declara inadmisible.

reclamable ante los tribunales ambientales, de manera que no se contempla como medio de impugnación el recurso de casación[98].

c) Criterios contenidos en la jurisprudencia de los tribunales ambientales[99]

En términos generales los tribunales ambientales han efectuado un control intenso de la resolución que se pronuncia sobre la declaración de un humedal urbano, revisando críticamente el cumplimiento de los principios y garantías contemplados en la LBPA por parte del MMA.

En tal sentido los tribunales han declarado la nulidad de las decisiones del MMA en los siguientes casos:

- Infracción al deber de motivar la existencia y límites de un humedal urbano[100]. En este sentido, se ha manifestado la necesidad de que la resolución del MMA debe dar cumplimiento con los citeriores que establece la Ley y el Reglamento, además de cumplir con el deber de motivar debidamente la delimitación del humedal[101].

---

98 SCS Rol N.° 3.393-2023 (20.6.2023)

99 Un detalle sobre los criterios que han seguido los tribunales ambientales se puede ver en Carrasco y Alfaro (2023), pp. 195 y ss. Asimismo, sobre el particular se puede ver a Delpiano (2023), pp. 191 y siguientes, en el cual efectúa una visión panorámica de las controversias que se han presentado ante los tribunales ambientales, así como la respuesta que ha dado la judicatura en cada caso.

100 En este sentido véase los siguientes fallos:
– 2.° Tribunal Ambiental (Santiago): R-339-2022, R-341-2022 y R-316-2022.
– 3er Tribunal Ambiental (Valdivia): R-22-2021, R-37-2021, R-1-2022, R-3-2022, R-12-2022 y R-31-2022).
Un análisis sobre la tensión entre la conservación y la motivación del acto administrativo en materia de declaración humedales urbanos se puede ver en González (2023), pp. 235 y ss.

101 SCS Rol N.° 3392-2023 (16.8.2023). En la especie solicita que se dicte una nueva resolución que cumpla con el criterio de autosuficiencia.

- Incumplimiento del deber de dar respuesta expresa y ponderar los antecedentes que los interesados hayan acompañado al procedimiento de declaratoria[102].
- Infringir el principio de contradictoriedad al omitir la publicidad de las modificaciones de la cartografía inicial del humedal, de forma previa a la dictación del acto terminal; ello para efectos de que cualquier interesado pueda manifestar lo que estime pertinente en relación con la nueva cartografía[103].
- Contravención a los principios de publicidad y transparencia al infringir el deber de mantener el expediente administrativo de la declaratoria de manera pública y transparente, así como oportunamente actualizado[104].
- Infracción al deber que tiene el MMA de notificar a interesados la ejecución de visitas a terreno, en virtud del principio de contradictoriedad[105].

d) Criterios contenidos en la jurisprudencia del Tribunal Constitucional[106]

No cabe duda de que la declaración de humedal urbano genera una tensión con el derecho de propiedad.

La Constitución contempla la posibilidad de que el derecho de propiedad sea objeto de limitaciones legales que se deriven de la

---

102 En este sentido véase los siguientes fallos:
- 2.° Tribunal Ambiental (Santiago): R-297-2021, R-305-2021, R-319-2022 y R-316-2021.
- 3er Tribunal Ambiental (Valdivia): R-4-2022, R-15-2022, R-12-2022 y R-31-2022.

103 En este sentido véase los siguientes fallos del 3er Tribunal Ambiental (Valdivia): 3TA: R-15-2022, R-12-2022 y R-31-2022.

104 Véase la causa R-31-2022 del 3er Tribunal Ambiental (Valdivia).

105 Véase la causa R-15-2022 del 3er Tribunal Ambiental (Valdivia).

106 Al respecto véase a Dorta (2024), pp. 241 y ss.

función social, dentro de la cual se encuentra la conservación del patrimonio ambiental. Ahora bien, se trata de una limitación que está sujeta a los requisitos de reserva legal y de proporcionalidad, constituyendo las disposiciones de la Ley N° 21.202, en opinión del Tribunal Constitucional, una limitación legítima del derecho de propiedad.

Para el Tribunal, ni la Ley N° 21.202 ni su reglamento establecen una prohibición absoluta de la ejecución de actividades o proyectos en humedales urbanos. Por el contrario, se habilita una compatibilización mediante conceptos como el desarrollo sustentable o el uso racional de los humedales, respetando los criterios mínimos que define la regulación, el decreto que reconozca al humedal urbano y la ordenanza municipal que regule su protección y conservación.

Según manifiesta el Tribunal Constitucional el reconocimiento normativo de los humedales es el resultado lógico del valor que se atribuye a un ecosistema y cumple con el mandato constitucional de protección y preservación medioambiental[107]. Bajo tal predicamento, las facultades que la Ley N.° 21.202 le entrega al MMA son concordantes con el propósito de una acción positiva del Estado para brindar la salvaguarda necesaria a los humedales y los beneficios que suponen para la sociedad la conservación de estos ecosistemas, de acuerdo con los artículos 19 N.° 8 y 24 de la Constitución[108].

5. CONCLUSIONES

La Ley N.° 21.202, que modifica diversos cuerpos legales con el objetivo de proteger los humedales urbanos, es un mecanismo que tiene por objeto proteger la conectividad ecológica, evitando la fragmentación del territorio y los efectos negativos que de ello

---

107 STC Rol N.° 13.610-2022 (12.10.2023).

108 STC Rol N.° 13.193-2022 (29.6.2023).

se derivan. Con todo, se trata de una regulación que ha dado lugar a un alto nivel de litigiosidad, la cual se explica en las deficiencias que presenta la normativa desde un punto de vista procedimental y sustantivo, que repercuten en la limitación de garantías fundamentales de los propietarios de los predios sobre los cuales se impone la declaratoria de humedal urbano.

Se trata de una norma de carácter permanente que viene a establecer un cierto orden a la dispersión normativa y descoordinación administrativa que existían al efecto, en donde si bien diversos preceptos contemplaban ámbitos de protección para los humedales, la ausencia de una norma general y de reglas de coordinación entre los órganos competentes, repercutía en un resguardo deficiente de estos ecosistemas.

Ahora bien, la norma también plantea algunos desafíos como son la aplicación práctica de los criterios de sustentabilidad, la falta de información en relación con los sistemas de los humedales y la coordinación entre autoridades con potestades de fiscalización.

Junto con ello, la norma excluye a todos aquellos humedales ubicados fuera del área urbana, en donde si bien muchos de ellos cuentan con algún tipo de protección oficial, otros carecen de ella. Circunstancia que, por lo demás, resulta determinante cuando se trata de humedales conectados hidrológicamente. En relación con este último aspecto, resulta relevante seguir los criterios de protección establecidos por los tribunales de justicia, los cuales están orientados a establecer reglas de resguardo de estos ecosistemas aun cuando no estén protegidos por una especial categoría de protección.

Asimismo, la norma puede conllevar una verdadera limitación a la expansión urbana, dado que basta la mera presentación de la solicitud ante el MMA para que se puedan paralizar desarrollos inmobiliarios.

Finalmente, cabe destacar que la declaratoria de humedal constituye una limitación al dominio que no da lugar a indemnizaciones, lo cual ha sido refutado en diversas ocasiones por los dueños de las propiedades en las cuales se encuentran, debido a la inexistencia de alguna contraprestación que aminore la carga que soportan (*v.gr.* derechos de construcción transables o beneficios tributarios).

En suma, toda normativa de carácter ambiental debe procurar un equilibrio razonable entre la protección del ecosistema o componente ambiental respectivo (en este caso los humedales urbanos) y los otros derechos fundamentales, como la igualdad, la libertad económica y el derecho de propiedad.

La conectividad ecológica en el ecosistema marino: su protección y conservación en el derecho internacional

ISABEL MARAVALL BUCKWALTER*
Profesora contratada Dra. CUNEF Universidad

SUMARIO: 1. INTRODUCCIÓN. 2. BREVE REFERENCIA AL RÉGIMEN DE LA CONVENCIÓN DE LAS NACIONES UNIDAS SOBRE EL DERECHO DEL MAR. 3. LA CONECTIVIDAD EN EL MEDIO MARINO COMO PROCESO ECOLÓGICO FUNDAMENTAL. 4. MEDIDAS PARA PROTEGER Y REFORZAR LA CONECTIVIDAD ECOLÓGICA EN EL ECOSISTEMA MARINO. 5. LA PROTECCIÓN INDIRECTA DE LA CONECTIVIDAD ECOLÓGICA EN LA CONVENCIÓN DE LAS NACIONES UNIDAS DEL DERECHO DEL MAR. 6. OTROS TRATADOS INTERNACIONALES QUE PROTEGEN LA CONECTIVIDAD ECOLÓGICA DE FORMA INDIRECTA. 7. LA CONSERVACIÓN Y PROTECCIÓN DE LA CONECTIVIDAD ECOLÓGICA EN EL MAR POR LA UNIÓN EUROPEA. 8. LA PROTECCIÓN DE LA CONECTIVIDAD ECOLÓGICA EN EL ACUERDO DE DIVERSIDAD BIOLÓGICA MÁS ALLÁ DE LA JURISDICCIÓN NACIONAL. 9. REFLEXIONES FINALES.

1. INTRODUCCIÓN

Durante el año 2022, en la Conferencia de las Naciones Unidas sobre el Cambio Climático, António Guterres, Secretario General de las Naciones Unidas, se dirigió a los líderes mundiales pronunciando las siguientes palabras: "Estamos de camino hacia el infierno climático con el pie puesto en el acelerador"[1]. Esta frase

---

* Todas las traducciones son responsabilidad de la autora.

1 https://www.weforum.org/agenda/2022/11/cop27-quotes-climate-leaders/. Recuperado el 31 de enero de 2024.

refleja una realidad ineludible, el cambio climático y la degradación medioambiental causados por actividades humanas están afectando negativamente los ecosistemas y el equilibrio natural del planeta.

Es debido a esta razón que se torna fundamental trabajar colectivamente en la búsqueda de soluciones y medidas que ralenticen este proceso y en su máxima posibilidad puedan detener sus avances. Una de las estrategias fundamentales a nivel internacional se ha centrado en la protección de la conectividad ecológica como fenómeno que permite la conservación medioambiental. Si bien la conectividad ecológica terrestre ha recibido atención, la conectividad ecológica en el mar sigue siendo un fenómeno poco comprendido y que necesita de una mayor atención, debido a que, por los datos ofrecidos por la evidencia científica actual, juega un papel determinante en la preservación de los ecosistemas marinos.

Este trabajo tiene por objeto estudiar la protección de la conectividad ecológica marina en Derecho Internacional. Con este fin, este estudio parte de un breve análisis de los espacios oceánicos, para luego pasar a analizar el fenómeno de la conectividad ecológica y en qué consiste, para seguir analizando las herramientas que pueden servir para proteger la conectividad ecológica en el mar. En consecuencia, se estudia de qué manera la Convención de las Naciones Unidas del Derechos del Mar (CNUDM) y otros tratados internacionales y regionales, como la Unión Europea, protegen este fenómeno natural, crítico para la preservación del medioambiente. En último lugar se analizará el nuevo Acuerdo adoptado en el 2023 de Diversidad Biológica más Allá de la Jurisdicción Nacional y de qué forma reconoce la conectividad ecológica como criterio fundamental para proteger los ecosistemas marinos.

La preservación de la conectividad ecológica en el mar debe ser prioritaria para el Derecho Internacional. Entender y proteger la interconexión de los ecosistemas es esencial para salvaguardar la biodiversidad, y también para garantizar la sostenibilidad a largo plazo del planeta.

2. BREVE REFERENCIA AL RÉGIMEN DE LA CONVENCIÓN DE LAS NACIONES UNIDAS SOBRE EL DERECHO DEL MAR

La Convención de las Naciones Unidas sobre el Derecho del Mar (CNUDM)[2] es un tratado internacional que establece un marco jurídico para el uso y la gestión de los océanos y sus recursos. La CNUDM define diversas áreas marítimas —el Mar Territorial, la Zona Contigua, la Plataforma Continental, la Zona Económica Exclusiva, la Alta Mar y la Zona— estableciendo derechos y deberes de los Estados ribereños en relación con la navegación, la pesca, la exploración y explotación de recursos, la protección del medio ambiente marino, la investigación científica, y otros aspectos relacionados con los océanos.

El Mar Territorial es territorio soberano de un Estado costero y se extiende hasta 12 millas náuticas desde sus líneas de base, que suelen ser la línea de bajamar a lo largo de la costa[3]. Los estados costeros tienen plena soberanía sobre su mar territorial. Tienen el derecho exclusivo de regular y explotar los recursos vivos y no vivos dentro de esta zona[4]. Los buques extranjeros disfrutan del derecho de paso inocente a través del mar territorial, lo que significa que se les permite atravesar el mar territorial siempre que lo hagan sin participar en actividades perjudiciales para la paz, el buen orden o la seguridad del estado ribereño[5]. Más allá del mar territorial, hay una zona contigua que se extiende por 12 millas náuticas adicionales (24 millas náuticas en total desde las líneas de base). En esta zona, un Estado costero puede ejercer control para prevenir o sancionar violaciones de sus leyes y reglamentos aduaneros, fiscales, migratorios o sanitarios[6].

---

2 Naciones Unidas. (1982). *Convención de las Naciones Unidas sobre el Derecho del Mar*, 10 diciembre 1982 (**TOL137.102**).

3 *Ibid.*, arts. 3 y 5.

4 *Ibid.*, art. 2.2.

5 *Ibid.*, arts. 17. 18 y 19.

6 *Ibid.*, art 33.

La Zona Económica Exclusiva se extiende más allá del mar territorial hasta 200 millas náuticas desde las líneas de base desde las cuales se mide la anchura del mar territorial. Dentro de esta zona, el Estado ribereño tiene derechos exclusivos para explotar, conservar y gestionar tanto los recursos vivos como los no vivos. Los Estados ribereños también tienen derecho a llevar a cabo investigaciones científicas y a instar a otros Estados a colaborar en investigaciones conjuntas. Como se comentará en la siguiente sección los Estados ribereños están obligados a prevenir, reducir y controlar la contaminación en la ZEE. También tienen la responsabilidad de tomar medidas para preservar y proteger el medio ambiente marino y el deber de cooperar para el uso y la conservación de los recursos en la ZEE[7].

La Plataforma Continental comprende el lecho y el subsuelo de las áreas submarinas que se extienden más allá de su mar territorial y a todo lo largo de la prolongación natural de su territorio hasta el borde exterior del margen continental, o bien hasta una distancia de 200 millas marinas contadas desde las líneas de base a partir de las cuales se mide la anchura del mar territorial"[8]. Los Estados ribereños tienen derechos soberanos para explorar y explotar sus recursos naturales, tanto vivos como no vivos, así como para llevar a cabo investigaciones científicas[9]. Sin embargo, estos derechos están sujetos a ciertas obligaciones, incluida la obligación de no perjudicar el medio ambiente marino y de adoptar medidas para prevenir, reducir y controlar la contaminación en la plataforma continental[10].

---

7 *Ibid.*, art 58 y ss.

8 *Ibid.*, art. 76.1; los Estados ribereños deben presentar datos científicos a la Comisión de Límites de la Plataforma Continental (CLPC). La CLPC revisa la información y recomienda límites basados en criterios geológicos y geomorfológicos.

9 *Ibid.*, art 77.

10 *Ibid.*, arts. 78 y ss.

El régimen de la Alta Mar, definida como "todas las partes del mar no incluidas en la zona económica exclusiva, en el mar territorial o en las aguas interiores de un Estado, ni en las aguas archipelágicas de un Estado archipelágico"[11], permite que todos los Estados tengan el derecho de navegar, pescar, volar, tender cables y tuberías submarinas, y realizar actividades científicas en la alta mar, siempre de acuerdo con unos límites establecidos en el mismo tratado[12]. El ejercicio de estas libertades debe ser igual y sin discriminación[13]. Los Estados tienen la obligación de no emprender actividades que amenacen la paz y la seguridad en la alta mar y ningún Estado puede reclamar soberanía ni establecer derechos soberanos sobre este espacio, ya que es considerado patrimonio común de la humanidad. En alta mar los Estados tienen la responsabilidad de cooperar en la conservación de los recursos vivos, como la pesca, para garantizar su uso sostenible, y la Convención establece la Autoridad Internacional de los Fondos Marinos (ISA, por sus siglas en inglés) para regular y administrar las actividades relacionadas con la explotación de minerales en la zona del lecho marino más allá de las jurisdicciones nacionales[14].

3. LA CONECTIVIDAD EN EL MEDIO MARINO COMO PROCESO ECOLÓGICO FUNDAMENTAL

El movimiento de organismos, así como el flujo de materia y energía, son procesos fundamentales en ecología[15]. A través de estos movimientos se establecen vínculos entre poblaciones, hábi-

---

11 *Ibid.*, art.86

12 *Ibid.*, art. 87

13 *Ibid.*

14 *Ibid.*, art 87-90.

15 Olds, A. D., Connolly, R. M., Pitt, K. A., Pittman, S. J., Maxwell, P. S., Huijbers, C. M. & Schlacher, T. A. (2016). "Quantifying the conservation value of seascape connectivity: a global synthesis". *Global Ecology and Biogeography*, (25- 1), 3-15, p. 3.

tats, cadenas alimentarias y ecosistemas[16], determinando la viabilidad de la población y la resiliencia de los ecosistemas[17]. Debido a su importancia, la conectividad hoy en día se considera un aspecto fundamental en cuestiones relacionadas con la conservación y protección medioambiental[18].

En el mar, "la calidad y la disposición espacial de los hábitats son determinantes clave de la distribución, el movimiento, el crecimiento y la supervivencia de los organismos"[19]. La conectividad entre ecosistemas marinos distantes se realiza a través de dos tipos de conexiones: conectividad pasiva o de circulación mediada por las corrientes oceánicas y conectividad activa o migratoria lograda por la natación activa de especies marinas[20]. Con relación a la primera, las corrientes oceánicas son un medio clave de conexión entre espacios oceánicos que pueden encontrarse a diferentes tipos de distancia y también entre los espacios oceánicos y zonas costeras[21]. La conectividad entre estos espacios en el medio marino también dependerá de los tiempos, donde el intercambio o movimiento de organismos, materiales o procesos ecológicos entre la zona costera y el océano abierto (alta mar) o entre zonas del océano puede ocurrir de forma relativamente rápida o durante un período más largo de tiempo[22]. Dependiendo de diferentes factores que impactan en estas corrientes marinas, determinados espacios pueden verse afectados por la contaminación, la sobrepesca, las actividades mineras y los experimentos de geoingenie-

---

16 *Ibid.*

17 *Ibid.*

18 *Ibid.*

19 *Ibid.*, p. 4.

20 Popova, E., Vousden, D., Sauer, W. H., Mohammed, E. Y., Allain, V., Downey-Breedt, N., & Yool, A. (2019). "Ecological connectivity between the areas beyond national jurisdiction and coastal waters: Safeguarding interests of coastal communities in developing countries". *Marine Policy*, (104), 90-102, p. 92.

21 *Ibid.*

22 *Ibid.*

ría que se llevan a cabo en el mar[23]. Con relación a la segunda, la conectividad migratoria entre ecosistemas marinos se establece mediante el movimiento regular de especies marinas de un lugar a otro. Este movimiento generalmente implica transiciones entre zonas de reproducción y zonas de alimentación[24]. La conectividad migratoria también es crucial para algunas naciones costeras e insulares, donde las comunidades costeras dependen de las especies migratorias desde un punto de vista cultural e identitario, para su alimentación y comercio[25] y de forma más reciente, del turismo marino, especialmente los países en vías de desarrollo[26]. Para proteger las especies migratorias se ha demostrado que las áreas marinas protegidas (AMP) tienen efectos positivos sobre la abundancia y la biomasa de las especies marinas[27] y que tienen el potencial de beneficiar las economías de los países en desarrollo[28].

Si bien la conectividad se ha convertido en una cuestión fundamental a la hora de conservar y proteger el ecosistema marino, "pocos estudios proporcionan datos empíricos sobre los beneficios de la conectividad en los ecosistemas marinos"[29]. Esto plantea un problema, ya que la degradación del medioambiente debido a la actividad humana plantea una amenaza grave para la preservación de las poblaciones, hábitats y ecosistemas marinos y costeros[30]. Las consecuencias ocasionadas por el desarrollo costero y el impacto que este está teniendo en los humedales, el impacto sobre los arrecifes de coral derivado de la actividad humana en la costa, la sobreexplotación de recursos pesqueros y la construcción de barreras y plataformas son ejemplos de dicha degradación

---

23 *Ibid.*
24 *Ibid.*
25 *Ibid.*
26 *Ibid.*, p. 93.
27 *Ibid.*
28 *Ibid.*
29 Olds, *cit.*, p. 4
30 *Ibid.*

medioambiental provocada por el ser humano que tiene un impacto en la conectividad ecológica de los ecosistemas marinos[31].

4. MEDIDAS PARA PROTEGER Y REFORZAR LA CONECTIVIDAD ECOLÓGICA EN EL ECOSISTEMA MARINO

La conectividad ecológica en el mar se refiere a la capacidad de los hábitats y ecosistemas marinos para funcionar como sistemas interconectados, permitiendo el movimiento de especies y material genético a través de diferentes áreas. Las medidas o estrategias que se han desarrollado para protegerla incluyen el establecimiento de áreas marinas protegidas (AMP), la rehabilitación y restauración de hábitats degradados, otras medidas de conservación basadas en áreas, diseño y restauración de corredores ecológicos, la cooperación internacional, el desarrollo tecnológico y la inversión en investigación entre otras.

Las áreas marinas protegidas (AMP) son una de las herramientas más utilizadas para preservar la biodiversidad y los ecosistemas marinos[32]. Esta medida busca proteger hábitats críticos, como arrecifes de coral, praderas marinas y manglares, proporcionando zonas seguras para que las especies marinas se reproduzcan y se alimenten. Según la definición de la Unión Internacional para la Conservación de la Naturaleza (UICN), una AMP es "un espacio geográfico definido, reconocido, dedicado y gestionado, a través de medios legales u otros medios efectivos, para lograr la conservación a largo plazo de la naturaleza con los servicios ecosistémicos y los valores culturales asociados"[33]. Las áreas marinas protegidas

---

31 *Ibid.*

32 Balbar, A. C., & Metaxas, A. (2019). "The current application of ecological connectivity in the design of marine protected areas". *Global Ecology and Conservation*, (17), e00569, pp. 1-2.

33 Day, J., Dudley, N., Hockings, M., Holmes, G., Laffoley, D. D. A., Stolton, S., & Wells, S. M. (2012). *Guidelines for applying the IUCN protected*

mitigan la pérdida de biodiversidad al promover la persistencia, la recuperación y el crecimiento de las poblaciones[34]. Para que un área marina protegida permita lograr estos objetivos, debe de proteger y conservar los procesos ecológicos que rigen los ecosistemas marinos. La conectividad es uno de los procesos ecológicos que permite la persistencia y la recuperación de las especies y los recursos en diferentes espacios[35]. La conectividad es un criterio fundamental a la hora de diseñar un área marina protegida; sin embargo, ha sido un criterio poco usado, debido a la complejidad de los métodos utilizados para estimar y predecir patrones de conectividad[36]. Sin embargo, las AMP existentes que no se han diseñado usando como criterio la conectividad, pueden ser ineficaces a la hora de lograr los objetivos de preservar y proteger la biodiversidad[37].

Además del uso de las áreas marinas protegidas como herramienta, rehabilitar y restaurar hábitats degradados, es decir, recuperar del estado original de un ecosistema, como arrecifes de coral, manglares y praderas marinas, puede ser una herramienta útil para la protección y conservación de la conectividad ecológica. La restauración puede servir para recrear hábitats funcionales, apoyar el movimiento de especies marinas y mejorar la salud general del ecosistema[38]. La restauración marina aporta beneficios para la protección de la biodiversidad y para prevenir el cambio

---

area management categories to marine protected areas. IUCN https://portals.iucn.org/library/sites/library/files/documents/PAG-019-2nd%20ed.-En.pdf. Recuperado el 31 de enero de 2024.

34 Balbar, A. C., & Metaxas, A. (2019), cit., pp. 1-2.

35 *Ibid.* p. 2.

36 *Ibid.*

37 *Ibid.*

38 Birdlife International (2021). *Position paper: EU Targets for Protected Areas and Restoration at Sea.* https://www.birdlife.org/wp-content/uploads/2021/12/BirdLife_Position-Paper_EU-Targets-for-Protected-Areas-and-Restoration-at-Sea_December-2021.pdf, p. 3. Recuperado el 31 de enero de 2024.

climático, tanto a través de una manipulación activa o mediante la recuperación natural pasiva que permita que el ecosistema se recupere[39].

Otra medida que se ha propuesto para proteger la biodiversidad son las "Otras medidas de conservación basadas en áreas" (OMEC). Estas medidas buscan asegurar la pesca sostenible y proteger la biodiversidad. La gestión basada en áreas, más allá de las áreas marinas protegidas, puede contribuir a los objetivos globales de conservación de la biodiversidad. Las otras medidas efectivas de conservación basadas en áreas han desarrollado unos criterios y principios para ayudar a los países a reconocer algunas de sus áreas donde se establecen prácticas de gestión pesquera sostenible, como límites de tamaño y captura, restricciones de artes de pesca y cierres estacionales. Identificar e informar sobre las OMEC puede permitir a los gobiernos y organizaciones regionales fortalecer la conectividad, para construir un enfoque más coherente e interconectado para preservar y mejorar la salud de los ecosistemas en general[40].

El diseño y restauración de corredores ecológicos (ce) que conectan hábitats, conectan zonas de reproducción y alimentación, rutas migratorias y otras áreas críticas, apoyando los ciclos de vida de diversas especies marinas y por tanto, es una de las estrategias más fundamentales en la protección y preservación de la conectividad ecológica[41]. Ecológicamente, los corredores ecológicos desempeñan un papel importante en la reconexión de ecosistemas

---

39 *Ibid.*, p. 9-11.

40 Grupo de Trabajo de la UICN-CMAP sobre OMEC (2021). *Reconocimiento y reporte de otras medidas efectivas de conservación basadas en áreas.* Gland, Suiza: UICN. https://portals.iucn.org/library/sites/library/files/documents/PATRS-003-Es.pdf; FAO. *Recognizing the role of sustainable fisheries management to biodiversity conservation* https://www.fao.org/fishery/es/news/41375. Recuperado el 31 de enero de 2024.

41 Velázquez, J., Gülçin, D., Vogt, P., Rincón, V., Hernando, A., Gutiérrez, J. & Çiçek, K. (2022). "Planning Restoration of Connectivity and Design of Corridors for Biodiversity Conservation". *Forests,* (13-12), 2132.

fragmentados, regulando el clima y el agua y proporcionando alimentos con el objetivo común de fomentar, proteger y conservar la biodiversidad[42].

Además de dichas medidas, la cooperación internacional es esencial para una conservación y gestión eficaces. Los acuerdos e iniciativas entre Estados pueden ayudar a establecer medidas de conservación transfronterizas y garantizar la conectividad ecológica a mayor escala[43]. El empleo de tecnología como el uso de satélites, la telemetría acústica y la teledetección ayudan a monitorear el movimiento de las especies marinas. Esta información es valiosa para comprender los patrones de migración, identificar hábitats clave y diseñar medidas de conservación efectivas para mantener la conectividad ecológica. Es fundamental, además de estas medidas, la inversión en investigación, porque la conectividad en ambientes marinos es difícil de evaluar debido a la escasez de datos y al hecho de que abarca varios procesos ecológicos como la dispersión, condiciones oceanográficas, cambios ontogenéticos, migración, flujo de nutrientes, especies invasoras, impactos antropogénicos o enfermedades[44].

5. LA PROTECCIÓN INDIRECTA DE LA CONECTIVIDAD ECOLÓGICA EN LA CONVENCIÓN DE LAS NACIONES UNIDAS DEL DERECHO DEL MAR

No existe un tratado internacional específico centrado únicamente en garantizar la conectividad ecológica en el mar. Sin em-

---

42 Podda, C., & Porporato, E. M. (2023). "Marine spatial planning for connectivity and conservation through ecological corridors between marine protected areas and other effective area-based conservation measures". *Frontiers in Marine Science*. https://www.frontiersin.org/articles/10.3389/fmars.2023.1271397/full. Recuperado el 31 de enero de 2024.

43 *Ibid.*, pp. 2-3.

44 *Ibid.*

bargo, varios acuerdos y convenciones internacionales abordan aspectos de la conservación marina, la gestión sostenible y la protección de la biodiversidad que contribuyen indirectamente a la protección y conservación de la conectividad ecológica.

La protección de las especies marinas y los recursos naturales se encuentra regulada en la Convención de las Naciones Unidas del Derecho del Mar. Su preámbulo ya enfatiza que los "problemas de los espacios marinos están estrechamente relacionados entre sí y han de considerarse en su conjunto"[45] y la importancia de establecer un orden jurídico para los mares y océanos "la utilización equitativa y eficiente de sus recursos, el estudio, la protección y la preservación del medio marino y la conservación de sus recursos vivos"[46].

Con este fin, la CNUDM establece una obligación general para los Estados "de proteger y preservar el medio marino"[47] y dentro de estos límites, tendrán el derecho soberano de explotar sus recursos naturales con arreglo a su política en materia de medio ambiente[48]. Como parte de su obligación de proteger y preservar el medio marino, deberán prevenir, reducir y controlar la contaminación del medio marino, adoptando todas las medidas, individual o conjuntamente, que sean necesarias, utilizando a estos efectos los medios más viables de que dispongan y en la medida de sus posibilidades[49]. Las medidas deberán asegurar que sus actividades no causen contaminación a otros Estados y su medioambiente y que la contaminación causada no se extienda más allá de las zonas donde ejercen derechos de soberanía. La Convención enumera unas medidas que los Estados habrán de reducir en el mayor grado posible[50] y entre ellas el apartado quinto del artículo

---

45 CNUDM, cit., preámbulo.
46 *Ibid.*
47 *Ibid.*, art. 192.
48 *Ibid.*, art. 193.
49 *Ibid.*, art. 194.
50 *Ibid.*, art. 194.3.

194 incluye "las necesarias para proteger y preservar los ecosistemas raros o vulnerables, así como el hábitat de las especies y otras formas de vida marina diezmadas, amenazadas o en peligro". Además de esta medida, el tratado regula "la introducción intencional o accidental en un sector determinado del medio marino de especies extrañas o nuevas que puedan causar en él cambios considerables y perjudiciales"[51].

La cooperación mundial o regional se prevé que se realice directamente o por conducto de las organizaciones internacionales competentes[52]. Entre las obligaciones de cooperar, los Estados deberán notificar a otros Estados y organizaciones internacionales competentes cuando se hallen en peligro de sufrir un daño inminente o real[53], la elaboración de planes de emergencia para hacer frente a incidentes de contaminación en el medio marino[54], promover estudios, realizar programas de investigación científica y fomentar el intercambio de la información y los datos[55], el establecimiento de criterios científicos apropiados para formular y elaborar reglas y estándares, así como prácticas y procedimientos recomendados, destinados a prevenir, reducir y controlar la contaminación del medio marino[56]. La Convención, como parte de estas obligaciones incluye también una cláusula relativa a la asistencia científica y técnica a los Estados en desarrollo para la protección y preservación del medio marino y la prevención, reducción y control de la contaminación marina, indicando determinados tipos de asistencia fundamental para ese fin[57], los Estados estarán obligados también a brindar a los Estados en desarrollo de

---

51 *Ibid.*, art. 196.
52 *Ibid.*, art. 197.
53 *Ibid.*, art. 198.
54 *Ibid.*
55 *Ibid.*, art. 200.
56 *Ibid.*, art. 201.
57 *Ibid.*, art. 202.

un trato preferencial en la asignación de fondos y asistencia técnica apropiados y la utilización de sus servicios especializados[58].

Como parte de las obligaciones de prevenir y controlar la polución del ecosistema marino, la Convención exige a los Estados observar, medir, evaluar y analizar, mediante métodos científicos reconocidos, los riesgos de contaminación, vigilar sus actividades por los riesgos que puedan ocasionar[59] y publicar informes con dichos datos y estudios[60].

Además de estas obligaciones se establecen unas reglas internacionales y legislación nacional para prevenir, reducir y controlar la contaminación procedente de fuentes terrestres[61], la resultante de actividades relativas a los fondos marinos sujetos a la jurisdicción nacional[62], la resultante de actividades en la Zona[63], por vertimiento[64], aquélla causada por buques[65], desde la atmósfera o a través de ella[66].

Además de la Parte XII relativa a protección y preservación del medio marino, la Convención regula la conservación de los recursos vivos. En su zona económica exclusiva los Estados ribereños determinarán la captura permisible de los recursos vivos en su zona económica exclusiva y asegurarán, mediante medidas adecuadas de conservación y administración, que la preservación de los recursos vivos de su zona económica exclusiva no se vea amenazada por un exceso de explotación y la cooperación con este fin[67]. Dichas medidas deberán preservar o restablecer las poblaciones

---

58 *Ibid.*, art. 203.
59 *Ibid.*, art. 204.
60 *Ibid.*, art. 205.
61 *Ibid.*, art. 207.
62 *Ibid.*, art. 208.
63 *Ibid.*, art. 209.
64 *Ibid.*, art. 210.
65 *Ibid.*, art. 211.
66 *Ibid.*, art. 212.
67 *Ibid.*, art. 61.1 y 2.

de las especies capturadas[68], tener en cuenta los efectos sobre las especies asociadas con las especies capturadas o dependientes de ellas[69], con miras a preservar o restablecer las poblaciones de tales especies asociadas o dependientes por encima de los niveles en que su reproducción pueda verse gravemente amenazada[70].

Reconociendo la naturaleza transfronteriza de las especies marinas, cuando en la zona económica exclusiva de un Estado, de dos o más Estados ribereños, como en un área más allá de éstas y adyacentes a ellas se encuentren la misma población o poblaciones de especies asociadas, la Convención obliga a estos Estados a procurar, directamente o por conducto de las organizaciones subregionales o regionales apropiadas, acordar las medidas necesarias para coordinar y asegurar la conservación y el desarrollo de dichas poblaciones[71]. De manera similar se protegen las especies altamente migratorias obligando a los Estados ribereños y los otros Estados cuyos nacionales pesquen en la región a proteger las especies altamente migratorias enumeradas en el Anexo I y a cooperar, directamente o por conducto de las organizaciones internacionales apropiadas, para asegurar la conservación y promover el objetivo de la utilización óptima de dichas especies en toda la región, tanto dentro como fuera de la zona económica exclusiva[72].

De forma más concreta, la Convención protege las poblaciones anádromas, que viven en el mar, pero remontan los ríos para desovar y las especies catádromas, que vive en aguas dulces, pero van al mar para reproducirse. Estos artículos confieren a los Estados de origen de las poblaciones anádromas la responsabilidad principal de su gestión, que se extiende hasta alta mar. De manera similar, para las poblaciones catádromas, otorgan la responsabili-

---

68 *Ibid.*, art. 61.3.

69 *Ibid.*, art. 61.4.

70 *Ibid.*

71 *Ibid.*, art. 63.

72 *Ibid.*, art. 64.1.

dad principal de su gestión a aquellos Estados costeros donde la especie pasa la mayor parte de su ciclo de vida[73].

En alta mar, las libertades deberán ser ejercidas por los Estados teniendo en cuenta los intereses de otros Estados y los derechos previstos en la Zona. La Convención regula específicamente el derecho de pesca en alta mar, permitiendo que todos los nacionales de los Estados puedan pescar en alta mar, pero con límites derivados de sus obligaciones convencionales, los derechos, deberes e intereses de los Estados ribereños y las disposiciones relativas a la pesca en alta mar en la Convención[74]. Los Estados tienen la obligación de adoptar medidas para la conservación de los recursos vivos de la alta mar en relación con sus nacionales[75] y deberán cooperar para la conservación y administración de los recursos vivos[76]. Medidas de conservación incluyen la determinación de la captura permisible y otras medidas que busquen mantener o restablecer las poblaciones de las especies capturadas a niveles que puedan producir el máximo rendimiento sostenible teniendo en cuenta las modalidades de la pesca, la interdependencia de las poblaciones[77], los efectos sobre las especies asociadas con las especies capturadas o dependientes de ellas, con miras a mantener o restablecer las poblaciones de tales especies asociadas o dependientes por encima de los niveles en los que su reproducción pueda verse gravemente amenazada[78]. Con respecto a las actividades en la Zona, los Estados deberán adoptar las medidas necesarias para asegurar la eficaz protección del medio marino contra los efectos nocivos que puedan resultar de la perforación, el dragado, la excavación, la evacuación de desechos, la construcción y el funcionamiento o mantenimiento de instalaciones, tuberías y otros dispositivos relacionados con tales actividades y la protección y

[73] *Ibid.*, arts 66 y 67.
[74] *Ibid.*, art. 116.
[75] *Ibid.*, art. 177.
[76] *Ibid.*, art. 118.
[77] *Ibid.*, art. 119 a).
[78] *Ibid.*, art. 119 b).

conservación de los recursos naturales de la Zona y prevenir daños a la flora y fauna marinas[79].

6. OTROS TRATADOS INTERNACIONALES QUE PROTEGEN LA CONECTIVIDAD ECOLÓGICA DE FORMA INDIRECTA

Además de la CNUDM hay varios acuerdos y convenciones internacionales que buscan proteger la conservación marina, la gestión sostenible y la protección de la biodiversidad y que protegen de forma indirecta la conectividad ecológica.

El Convenio sobre la Diversidad Biológica (CDB)[80] tiene como objetivo promover la conservación de la biodiversidad y el uso sostenible de los recursos biológicos. Varios de sus artículos regulan cuestiones relacionadas de forma indirecta con la protección de la conectividad ecológica en los ecosistemas marinos. La Convención exige que los Estados parte cooperen para la conservación y utilización sostenible de la diversidad biológica en lo que respecta a las zonas no sujetas a jurisdicción nacional[81] y concretamente el establecimiento de un sistema de áreas protegidas que, como se ha analizado anteriormente, cumple un papel importante en la conservación y protección de las especies marinas[82].

El Convenio de Bonn o Convención sobre la Conservación de las Especies Migratorias de Animales Silvestres[83] centrado en la conservación de especies migratorias y sus hábitats, aborda la necesidad de cooperación internacional para proteger las especies que migran a través de las fronteras nacionales. Sus artículos de

---

79 *Ibid.*, art. 145.

80 Secretaría de la Convención (1993). *Convención sobre la Diversidad Biológica* (**TOL227.025**).

81 *Ibid.*, art. 5.

82 *Ibid.*, art. 8.a).

83 Secretaría de la Convención (1979). *Convención sobre la Conservación de las Especies Migratorias de Animales Silvestres* (**TOL696.308**).

forma indirecta protegen la conectividad ecológica a través de diferentes medidas como la identificación de especies migratorias en peligro y cuyo estado de conservación sea desfavorable[84], obligando a los Estados parte de la Convención a conservar y restaurar los hábitats que sean importantes para preservar dicha especie del peligro de extinción, prevenir, eliminar, compensar o minimizar en forma apropiada los efectos negativos de actividades o de obstáculos que dificultan seriamente o impiden la migración de dicha especie, y abordar los factores que actualmente ponen en peligro o implican el riesgo de poner en peligro en adelante a dicha especie[85]. También se prohíbe sacar de su ambiente natural animales de la especie en peligro, excepto si la captura sirve a finalidades científicas, está destinada a mejorar la propagación o la supervivencia de la especie en cuestión, se efectúa para satisfacer las necesidades de quienes utilizan dicha especie en el cuadro de una economía tradicional de subsistencia, o cuando, circunstancias excepcionales la haga indispensable[86]. La Convención indica a su vez las especies migratorias cuyo estado de conservación es desfavorable y que necesitan de acuerdos internacionales para su conservación, cuidado y aprovechamiento[87].

El Convenio de Ramsar o "Convenio relativo a los Humedales de Importancia Internacional especialmente como Hábitat de Aves Acuáticas"[88] incluye extensiones de agua marina cuya profundidad con marea baja no exceda de seis metros[89]. Este Convenio enfatiza la conservación y el uso sostenible de los humedales y sus ecosistemas y reconoce la importancia de los humedales para la biodiversidad, los recursos hídricos y el bienestar humano. La

84 *Ibid.*, anexos I y II.

85 *Ibid.*, art. III.4. a), b) y c).

86 *Ibid.*, art. III. 5 a) – d).

87 *Ibid.*, art. IV.

88 Secretaría de la Convención (1971). *Convenio Relativo a Humedales de Importancia Internacional, Especialmente como Hábitat de Aves Acuáticas* (**TOL221.174**).

89 *Ibid.*, art. 1.

Convención no hace referencia explícita a la conectividad ecológica; sin embargo, las medidas y principios que promueve ayudan a salvaguardar la interconexión de los ecosistemas de humedales, y de forma indirecta protege la conservación de la conectividad ecológica de diferentes formas. En primer lugar, identifica y designa los humedales de importancia internacional, reconocidos por su valor ecológico y su importancia para la biodiversidad. Ello es fundamental, ya que a través de la Convención se contribuye a proteger los hábitats y corredores vitales que facilitan la conectividad ecológica[90]. El Convenio también obliga a los Estados parte a formular y aplicar sus planes de ordenación de manera que se favorezca la conservación de los humedales y la utilización racional de los humedales de su territorio[91], y a informar sobre cambios de carácter ecológico que se produzcan como consecuencia de la evolución tecnológica, la contaminación o cualquier otro hecho debido a la intervención humana[92].

El Acuerdo sobre la aplicación de las disposiciones de la Convención de las Naciones Unidas sobre el Derecho del Mar de 10 de diciembre de 1982 relativas a la conservación y ordenación de las poblaciones de peces transzonales y las poblaciones de peces altamente migratorios[93] protege la conservación a largo plazo y el aprovechamiento sostenible de las poblaciones de peces cuyos territorios se encuentran dentro y fuera de las zonas económicas exclusivas (poblaciones de peces transzonales) y las poblaciones de peces altamente migratorios[94]. El Convenio aborda la necesidad de evitar que se produzcan efectos negativos en el medio marino, y busca preservar la biodiversidad, mantener la integridad de los

---

90 *Ibid.*, art. 2.

91 *Ibid.*, art. 3.1.

92 *Ibid.*, art. 3.2.

93 Naciones Unidas, (1995). *Acuerdo sobre la aplicación de las disposiciones de la Convención de las Naciones Unidas sobre el Derecho del Mar de 10 de diciembre de 1982 relativas a la conservación y ordenación de las poblaciones de peces transzonales y las poblaciones de peces altamente migratorios* (**TOL709.361**).

94 *Ibid.*, Preámbulo.

ecosistemas marinos y minimizar el riesgo de que las actividades pesqueras causen efectos perjudiciales a largo plazo o irreversibles[95]. Con este fin busca dar solución a la sobreexplotación de los recursos pesqueros, los problemas de pesca no regulada, el tamaño excesivo de las flotas, el cambio de pabellón de los buques para eludir los controles, el uso de dispositivos insuficientemente selectivos, la falta de fiabilidad de las bases de datos y la falta de cooperación suficiente entre los Estados[96]. El Convenio específicamente obliga a los Estados ribereños y a los Estados que pescan en alta mar, que deberán adoptar medidas para asegurar la supervivencia a largo plazo de las poblaciones de peces transzonales y las poblaciones de peces altamente migratorios[97], evaluar los efectos de la pesca, de otras actividades humanas y de los factores medioambientales sobre las poblaciones objeto de la pesca y sobre las especies que son dependientes de ellas o están asociadas con ellas o que pertenecen al mismo ecosistema[98], y adoptar medidas para la conservación y ordenación de las especies que pertenecen al mismo ecosistema o que son dependientes de las poblaciones objeto de la pesca o están asociadas con ellas, con miras a preservar o restablecer tales poblaciones por encima de los niveles en que su reproducción pueda verse gravemente amenazada[99]. También extiende dicha protección a las especies no objeto de la pesca, tanto de peces como de otras especies (que en adelante se denominarán capturas accidentales) y los efectos sobre las especies asociadas o dependientes, en particular las que estén en peligro de extinción[100]. El tratado reconoce el principio de precaución[101] para especies dependientes o asociadas y obliga a los Estados a tener en cuenta, a la hora de adoptar dichas me-

95 *Ibid.*
96 *Ibid.*
97 *Ibid.*, art. 5.
98 *Ibid.*, art. 6 d).
99 *Ibid.*, art. 5 e).
100 *Ibid.*, art 5 f).
101 *Ibid.*, art. 6.

didas, la unidad biológica y demás características biológicas de la población, y la relación entre la distribución de la población, las pesquerías y las particularidades geográficas de la región de que se trate, inclusive la medida en que esa población está presente y sea objeto de pesca en las zonas que se encuentran bajo jurisdicción nacional[102], así como la medida en que el Estado ribereño y el Estado que pesque en alta mar dependen, respectivamente, de la población de que se trata[103].

El Acuerdo sobre la Conservación de Albatros y Petreles[104] protege las especies de albatros y petreles, especies amenazadas como resultado de la captura incidental por parte de las pesquerías[105]. La Convención reconoce que los albatros y petreles son parte integral de ecosistemas marinos que deben conservarse para el beneficio de la generación actual y de las generaciones futuras y la importancia cultural de los albatros y petreles para algunas comunidades indígenas[106]. Su conservación es una cuestión de preocupación general, en particular en el hemisferio sur y puede verse afectada desfavorablemente por factores como la degradación y alteración de sus hábitats, la contaminación, la reducción de recursos alimenticios, el uso y abandono de artes de pesca no selectivas y, específicamente, por la mortalidad incidental como resultado de las pesquerías comerciales[107]. La Convención tiene por objetivo la adopción de un acuerdo multilateral y su aplicación mediante acciones coordinadas dirigidas principalmente a la conservación de los albatros y petreles y de sus hábitats de la manera más eficaz y eficiente[108]. Si bien no se contempla la conectividad ecológica de forma expresa, algunas de sus medidas la protegen

---

102 *Ibid.*, art. 7 d).

103 *Ibid.*, art. 7 e).

104 ACAP. (2001). *Acuerdo sobre la Conservación de Albatros y Petreles* (**TOL709.362**).

105 *Ibid.*, Preámbulo.

106 *Ibid.*

107 *Ibid.*

108 *Ibid.*

a través de su plan de acción en el medio marino, especialmente el compromiso de las Partes de asegurar la sostenibilidad de los recursos marinos que sirven de alimento y evitar la contaminación que pueda causar daño a albatros y petreles[109]. También procurarán, tanto individual como colectivamente, elaborar planes de gestión para los hábitats más importantes de forrajeo y migración de albatros y petreles[110] y conservar los espacios marinos que consideren vitales para la supervivencia y/o restablecimiento de las especies de albatros y petreles cuyo estado de conservación sea desfavorable[111].

7. LA CONSERVACIÓN Y PROTECCIÓN DE LA CONECTIVIDAD ECOLÓGICA EN EL MAR POR LA UNIÓN EUROPEA

La protección de la biodiversidad por parte de la UE se ha llevado a cabo a través de la creación de la red Natura 2000, una red de áreas protegidas. La red Natura 2000 de ámbito marino es parte integrante de la red ecológica europea Natura 2000, y constituye la aplicación de la Directiva Hábitat, la Directiva Aves en el medio marino y la Directiva Marco de Estrategia Marina. La red Natura 2000 actualmente cubre casi el 10% de todo el espacio marítimo de la UE[112].

Los espacios entre las áreas protegidas son fundamentales ya que permiten o no la dispersión y conectividad de las poblaciones de especies. En teoría, la red Natura 2000 se compone de lugares que se definieron basándose en unos principios establecidos en dichas Directivas; sin embargo, ni la conectividad en zonas terrestres ni en zonas marinas se estableció como un criterio directo

---

109 *Ibid.*, anexo II.

110 *Ibid.*

111 *Ibid.*

112 Podda, C., & Porporato, E. M. (2023), cit, pp.2-3.

para el diseño de la red[113]. Los espacios protegidos de la red Natura 2000 se seleccionaron en gran medida de forma individual, y no se tuvieron en cuenta cuestiones como la dispersión y los desplazamientos de las poblaciones[114]. Esta falta de consideración del criterio de la conectividad ecológica para crear un área protegida va en contra de la "coherencia ecológica", que se establece como objetivo primordial en la Directiva sobre Hábitats[115].

8. LA PROTECCIÓN DE LA CONECTIVIDAD ECOLÓGICA EN EL ACUERDO DE DIVERSIDAD BIOLÓGICA MÁS ALLÁ DE LA JURISDICCIÓN NACIONAL

Los espacios marinos que se encuentran más allá de la jurisdicción nacional comprenden alrededor del 64% de la superficie total del océano[116]. Estos espacios son fundamentales ya que en ellos se desarrollan importantes ecosistemas de los que depende la sostenibilidad ambiental y el ser humano. En primer lugar, de estos ecosistemas dependen servicios de aprovisionamiento (mariscos; materias primas; recursos genéticos; recursos medicinales; recursos ornamentales), servicios de regulación (purificación del aire; regulación del clima; tratamiento de residuos; control biológico); servicios de hábitat (mantenimiento del ciclo de vida; protección del acervo genético) y servicios culturales (recreación y ocio; estética; cultura, arte, el diseño y el desarrollo cognitivo). La cantidad y calidad de los servicios dependen directamente de los componentes

---

113 Mazaris, A. D., Almpanidou, V., Giakoumi, S., & Katsanevakis, S. (2018). "Gaps and challenges of the European network of protected sites in the marine realm". *ICES Journal of Marine Science*, (75-1), 190-198, p. 191.

114 *Ibid.*

115 UE (1992). Directiva 92/43/CEE del Consejo de 21 de mayo de 1992 relativa a la conservación de los hábitats naturales y de la fauna y flora silvestres (**TOL223.898**), arts. 3 y 10.

116 Popova, E. (2019), cit., p. 91.

vivos (por ejemplo, animales, algas, microorganismos) y no vivos (por ejemplo, la forma y estructura del fondo marino) de los ecosistemas marinos de alta mar[117]. Sin embargo, la pesca excesiva, la caza de ballenas, el transporte marítimo y la minería de los fondos marinos, llevan causando daños a los ecosistemas de alta mar desde hace décadas que irá en aumento con la extracción de minerales y nuevas fuentes de combustibles fósiles[118].

Al mismo tiempo, la gobernanza de alta mar está fragmentada, con diferentes instituciones internacionales centrándose en actividades industriales, lugares o incluso diferentes partes de los ecosistemas específicos[119]; está también regulada por numerosos instrumentos que no han logrado crear un sistema coordinado de protección, sino que crean un marco competencial opaco y mal definido[120]. Hay evidencia clara de que la mala gestión de las actividades humanas en alta mar está erosionado la riqueza natural y la productividad de los ecosistemas de alta mar, con consecuencias económicas y sociales negativas para la sostenibilidad medioambiental y por tanto, el ser humano[121].

La delimitación de los espacios oceánicos tradicional es defectuosa si se busca proteger y conservar los ecosistemas marinos.

---

117 Rogers, A.D.; Sumaila, U.R.; Hussain, S.S.; Baulcomb, C., (2014). *The High Seas and Us, Publishing institution: The Global Ocean Commission,* Oxford, UK. http://www.globaloceancommission.org/news/life-in-the-high-seas-storing-500-milliontonnesofatmospheric-carbon-every-year/, pp. 6-18. Recuperado el 31 de enero de 2024.

118 *Ibid.*, p. 2.

119 *Ibid.*, 2-3.

120 Rochette, J., Unger, S., Herr, D., Johnson, D., Nakamura, T., Packeiser, T., ... & Cebrian, D. (2014). "The regional approach to the conservation and sustainable use of marine biodiversity in areas beyond national jurisdiction". *Marine Policy,* (49), 109-117; Ban, N. C., Bax, N. J., Gjerde, K. M., Devillers, R., Dunn, D. C., Dunstan, P. K., & Halpin, P. N. (2014). "Systematic conservation planning: a better recipe for managing the high seas for biodiversity conservation and sustainable use". *Conservation Letters,* (7-1), 41-54.

121 Rogers... (2014), cit., p. 2.

El sistema internacional desde 1982 dividió el mar en espacios separados en los que los Estados parte tienen derechos y obligaciones sobre esos espacios. Si bien algunas de estas obligaciones afectan a la protección y conservación de especies transfronterizas, muchas de ellas se aplican solo dentro de estos espacios, y ello es disfuncional, ya que la vida marina depende de procesos ecológicos conectados y cuyo ciclo trasciende los espacios marinos como compartimentos estancos. Añadiendo a esto último que los ecosistemas podrán desarrollarse en zonas más allá de la jurisdicción nacional. Es difícil valorar los ecosistemas en alta mar con precisión, ya que carecemos de información científica sobre cómo y dónde, precisamente, se producen[122]. Este espacio alberga especies económicamente importantes que nadan, migran entre espacios más allá de los límites físicos de alta mar[123]. Por estos motivos, debido al aumento de la actividad humana en alta mar y debajo de ella, las actividades de conservación pueden tener más éxito si los procesos ecológicos fundamentales de conectividad se consideran y coordinan dentro y entre jurisdicciones[124].

Este hecho ha conducido a los Estados costeros a plantearse la necesidad de una gestión transfronteriza más eficaz y colaborativa, no sólo entre Estados costeros o islas adyacentes, sino a través de la división geopolítica ZEE-Alta Mar[125]. Estos cambios han propuesto cambiar el enfoque geopolítico del derecho del mar por uno ecosistémico[126] basado en la "adyacencia"[127] y en una cooperación mayor en zonas más allá de la jurisdicción nacional, implementando medidas que protejan y conserven la conectividad ecológica de-

---

122 *Ibid.*

123 *Ibid.*

124 Popova, E.... (2019), cit., p. 99.

125 *Ibid.*

126 *Ibid.*

127 Dunn, D. C., Crespo, G. O., Vierros, M., Freestone, D., Rosenthal, E., Roady, S., & Sloat, M. R. (2017). "Adjacency: How legal precedent, ecological connectivity, and traditional knowledge inform our understanding of proximity." *Nereus Scientific and Technical Briefs on ABNJ Series.*

bido a los problemas existentes que impiden conservar y proteger la conectividad[128]. Siguiendo esta línea, varias organizaciones como la Unión Internacional de Conservación de la Naturaleza (UICN), han propuesto diez principios para la gobernanza en alta mar: 1) Libertad condicional de actividad en alta mar; 2) Protección y Preservación del medio marino; 3) Cooperación Internacional; 4) Principio de gestión basado en la ciencia; 5) Disponibilidad pública de la información; 6) Procesos de toma de decisiones transparentes y abiertos; 7) Enfoque de precaución; 8) Enfoque ecosistémico; 9) Uso sostenible y equitativo; 10) Responsabilidad de los Estados como administradores del medio marino mundial[129].

Debido a este cambio de enfoque, y a la urgencia de conservar la conectividad ecológica como medio clave para proteger y conservar los ecosistemas marinos y las especies, en el año 2004 comenzaron negociaciones con el fin de elaborar un tratado que se aplicara a la alta mar, y su gobernanza, que estableciera unas prácticas para un uso sostenible y para la conservación de sus recursos. La conservación de estos espacios ha sido una cuestión urgente debido a que los avances tecnológicos han permitido que el océano sea ahora fundamental para el mantenimiento de la economía global, alimentando a millones, sustentando medios de

---

128 Los problemas son los siguientes: 1) Ausencia de un conjunto integral de principios generales de gobernanza; 2) Un marco jurídico e institucional fragmentado; 3) Ausencia de un marco global para establecer área marina protegida en las áreas más allá de la jurisdicción nacional; 4) Incertidumbre legal con respecto al estado de los recursos genéticos marinos en las áreas más allá de la jurisdicción nacional; 5) Falta de reglas globales; 6) Creación de capacidad y transferencia de tecnología limitadas; 7) Brechas en el marco para la gestión de la pesca en alta mar; 8) Desempeño mixto de las Organizaciones Regionales de Gestión Pesquera; 9) Responsabilidad del Estado del pabellón y el "vínculo genuino" en Wright, G., Rochette, J., Gjerde, K., & Seeger, I. (2018). "The long and winding road: negotiating a treaty for the conservation and sustainable use of marine biodiversity in areas beyond national jurisdiction". *Paris: IDDRI* Studies (08–18), p. 82.

129 Popova, E. (2019), cit., p. 99.

vida, facilitando el transporte de mercancías y conteniendo minerales cruciales para la tecnología verde, como células solares, vehículos eléctricos y turbinas eólicas"[130].

En su resolución 72/249, de 24 de diciembre de 2017, la Asamblea General de las Naciones Unidas decidió convocar una Conferencia Intergubernamental, para elaborar el texto de un instrumento internacional jurídicamente vinculante sobre la conservación y utilización sostenible de la diversidad biológica marina de zonas situadas fuera de la jurisdicción nacional.[131] De acuerdo con esta resolución se celebraron tres sesiones, durante el 2018 y el 2019, quedando la cuarta en suspenso debido a la pandemia del COVID-19. Finalmente, después de dos años de interrupción, las cuarta y quinta sesiones de la conferencia intergubernamental sobre el Acuerdo de Diversidad Biológica más allá de la Jurisdicción Nacional (ADBJN) lograron reanudar las conversaciones y llegar a acuerdos sobre cuestiones fundamentales como los recursos genéticos marinos, incluyendo cuestiones como la distribución de beneficios, las herramientas de gestión basadas en áreas, incluidas las áreas marinas protegidas, las evaluaciones de impacto, y el desarrollo de capacidades y la transferencia de tecnología marina. Además de estas cuestiones relativas al borrador del texto del tratado, también se abordaron temas como principios generales, definiciones, responsabilidad y compensación, solución de disputas

---

130 IUCN (2022). Connectivity in Negotiations Toward an Agreement on Conserving Biodiversity in the High Seas, https://conservationcorridor.org/ccsg/ccsg-news/2022/10/ccsg-mcwg-member-news-protecting-blue-corridors-report-3/. Recuperado el 31 de enero de 2024.

131 Asamblea General de Naciones Unidas (2017), Instrumento internacional jurídicamente vinculante en el marco de la Convención de las Naciones Unidas sobre el Derecho del Mar relativo a la conservación y el uso sostenible de la diversidad biológica marina de las zonas situadas fuera de la jurisdicción nacional. https://documents-dds-ny.un.org/doc/UNDOC/GEN/N17/468/81/PDF/N1746881.pdf?OpenElement. Recuperado el 31 de enero de 2024.

y acuerdos institucionales y financieros.[132] Dichas negociaciones, sin embargo, no lograron culminar con la adopción de un tratado internacional aplicable a estos espacios marinos. Tras varias suspensiones de la quinta sesión, finalmente se reunió en Nueva York del 19 al 20 de junio del 2023, adoptando por consenso el Acuerdo de Diversidad Biológica más allá de la Jurisdicción Nacional[133].

El acuerdo adoptado el 19 de junio es un hito importante en la protección de la biodiversidad. El acuerdo reconoce los mecanismos de gestión basados en áreas, que incluye las áreas marinas protegidas, reservas marinas y otras medidas de conservación, la obligación de que los Estados realicen evaluaciones de impacto ambiental, la distribución justa y equitativa de los beneficios derivados de la utilización de recursos genéticos marinos en áreas fuera de la jurisdicción nacional, la inclusión de disposiciones para el desarrollo de capacidades y la transferencia de tecnología a los países en desarrollo, la importancia de la investigación científica y de la cooperación intersectorial entre organizaciones y organismos internacionales relevantes, y la adopción del enfoque de precaución, alentando a las Partes a tomar medidas preventivas para evitar daños potenciales a la biodiversidad marina[134].

---

132 Naciones Unidas (2022), 4th Session of the Intergovernmental Conference (IGC) on the BBNJ, Summary report, 7–18 March 2022, UN Headquarters, New York https://enb.iisd.org/marine-biodiversity-beyond-national-jurisdiction-bbnj-igc4-summary; Naciones Unidas (2022), 5th Session of the Intergovernmental Conference (IGC) on the BBNJ, Summary report, 15–26 August 2022. https://enb.iisd.org/marine-biodiversity-beyond-national-jurisdiction-bbnj-igc5-summary. Recuperado el 31 de enero de 2024.

133 Naciones Unidas (2023). Acuerdo en el marco de la Convención de las Naciones Unidas sobre el Derecho del Mar Relativo a la Conservación y el Uso Sostenible de la Diversidad Biológica Marina de las Zonas Situadas Fuera de la Jurisdicción Nacional https://treaties.un.org/doc/Treaties/2023/06/20230620%2004-28%20PM/Ch_XXI_10.pdf. Actualmente, han firmado 86 países y ha ratificado solo 1, Palau. Recuperado el 31 de enero de 2024.

134 Pitarch, M. C. (2023). "El "Acuerdo BBNJ": Hacia un nuevo régimen para la conservación y el uso sostenible de la diversidad biológica mari-

El acuerdo reconoce la conectividad ecológica como un componente clave para identificar las áreas marinas protegidas en alta mar. Establece como objetivos de la conservación y uso de manera sostenible las áreas que requieren protección, incluso mediante el establecimiento de un sistema amplio de mecanismos de gestión basados en áreas, con redes ecológicamente representativas y bien conectadas de áreas marinas protegidas.[135] A fin de lograr los objetivos del tratado, reconoce el enfoque ecosistémico en su artículo 7 y en el Anexo I del tratado se incluye la "conectividad ecológica" como criterio para designar un área marina protegida, subrayando la intención de salvaguardar no solo los hábitats individuales sino también los vínculos y relaciones entre diferentes áreas, apoyando la resiliencia y la salud de la biodiversidad marina a una escala más amplia.[136] Con respecto a su implementación y cumplimiento, el acuerdo prevé diferentes medios de resolución de controversias[137].

9. REFLEXIONES FINALES

La conectividad es un fenómeno fundamental en la ecología marina, vinculando poblaciones, hábitats y ecosistemas a través de movimientos de organismos y flujos de materia y energía. Aunque existen medidas de conservación para salvaguardar esta conectividad, como la protección de áreas marinas, la restauración de paisajes, el diseño de corredores ecológicos u otras medidas de conservación basadas en áreas, se destaca la necesidad urgente de más investigación dado que la evaluación de la conectividad en entornos marinos es de una complejidad considerable y existe en la actualidad una escasez de datos. Esto es importante, dada la

na en zonas fuera de la jurisdicción nacional". *Revista Española de Derecho Internacional,* (75-2), 231-256.

135 Acuerdo, cit., art. 17.

136 *Ibid.*, anexo I.

137 *Ibid.*, partes VIII y IX.

amenaza creciente de la degradación ambiental provocada por actividades humanas en los ecosistemas marinos.

La conectividad ecológica como criterio fundamental para proteger y conservar los ecosistemas marinos se ha reconocido de forma indirecta en Derecho Internacional. La CNUDM establece obligaciones para los Estados en la protección y preservación del medio marino, abordando aspectos como la contaminación, la conservación de ecosistemas raros o vulnerables, y la gestión sostenible de poblaciones de peces. Otros tratados, como el Convenio sobre la Diversidad Biológica y el Convenio de Ramsar, entre otros, también contribuyen indirectamente a la protección de la conectividad ecológica. La Unión Europea a través de la red Natura 2000 ha llevado a cabo un esfuerzo considerable para proteger la biodiversidad. Sin embargo, en sus esfuerzos de proteger los ecosistemas marinos, no ha tenido en consideración en su diseño la conectividad ecológica.

Los espacios más problemáticos en derecho del mar son los que están más allá de la jurisdicción nacional, debido a su importancia para los ecosistemas marinos y el menoscabo que sufren debido a la pesca excesiva, la minería y la falta de una gobernanza coordinada. No obstante, el reciente Acuerdo de Diversidad Biológica más allá de la Jurisdicción Nacional marca un hito al reconocer la importancia de la conectividad ecológica, estableciendo criterios específicos para la designación de áreas marinas protegidas en alta mar, como el enfoque ecosistémico y el criterio de la conectividad ecológica en el diseño de las áreas marinas protegidas.

Si bien es cierto que el Acuerdo es un avance en la protección de los mares, la salvaguarda de la conectividad ecológica seguirá dependiendo de avances científicos que comprendan mejor este fenómeno, para que los Estados, bajo el marco del acuerdo, puedan cooperar con el fin de protegerla. Su vulneración o falta de cumplimiento también dependerán de los mecanismos de resolución de controversias en Derecho Internacional y de la voluntad política de los tiempos.

La conectividad en la lucha contra los incendios forestales

BLANCA RODRÍGUEZ-CHAVES MIMBRERO
Profesora Titular de Derecho Administrativo
Universidad Autónoma de Madrid

SUMARIO: 1 EL GRAVE PROBLEMA DE LOS INCENDIOS FORESTALES CONVECTIVOS AL QUE NOS ENFRENTAMOS. PARA COMBATIRLOS, GESTIÓN, GESTIÓN Y MÁS GESTIÓN ¿ACTUAMOS EN CONSECUENCIA? 1.1. Unos apuntes sobre la evolución de los incendios forestales en España desde la perspectiva de la ordenación de nuestros montes.1.2. La vulnerabilidad del ámbito rural ante los incendios forestales de Sexta Generación.1.3. Las orientaciones estratégicas para la gestión de incendios forestales en España. 1.4. El Real Decreto-ley 15/2022, de 1 de agosto, por el que se adoptan medidas urgentes en materia de incendios forestales. 2. LA GESTIÓN FORESTAL EN LA ESTRATEGIA FORESTAL EUROPEA 2030, LA PAC 2023-2027 Y LA LEY DE RESTAURACIÓN DE LA NATURALEZA. 2.1. La Estrategia Forestal Europea 2030 y la PAC 2023-2027. 2.2. La Ley de Restauración de la Naturaleza. 3. LA INSTAURACIÓN DE LOS CORREDORES ECOLÓGICOS Y LA PREVENCIÓN DE LOS INCENDIOS FORESTALES.

1. EL GRAVE PROBLEMA DE LOS INCENDIOS FORESTALES CONVECTIVOS AL QUE NOS ENFRENTAMOS. PARA COMBATIRLOS, GESTIÓN, GESTIÓN Y MÁS GESTIÓN ¿ACTUAMOS EN CONSECUENCIA?

1.1. Unos apuntes sobre la evolución de los incendios forestales en España desde la perspectiva de la ordenación de nuestros montes

En un planeta víctima de la deforestación y con muchas áreas en riesgo de desertificación, España puede presumir de ser el tercer Estado con más superficie forestal arbolada de la Unión Europea (después de Suecia y Finlandia), aumentando su superficie forestal cada año[1]. En los últimos 25 años se ha producido un muy importante aumento de superficie forestal en España, propiciado por la sustitución de cultivos excedentarios por explotaciones forestales en aplicación de la PAC (Política Agraria Común), así como por el abandono de tierras agrarias, que ha llevado a una regeneración natural del monte[2] que ha sorprendido a los pro-

---

1 Según el Anuario de Estadística Forestal de España de 2019, el crecimiento en ese período de las masas arboladas fue de más de 46 millones de metros cúbicos. MITECO (2021), pp. 14 y 185.

2 Se utiliza el término "monte" y no "bosques", aunque en Derecho Europeo se utiliza el término "bosque", porque nuestros montes son peculiares. No sólo son bosques, sino que más del 50% de su superficie tiene una fracción de cabida cubierta baja o media. Junto a los montes arbolados densos están los oquedales, las dehesas, los montes herbáceos y los pastizales. La variedad, la complejidad y la especificidad mediterránea de nuestros montes, viene en gran parte dada por la peculiar historia de ocupación y de explotación por las comunidades campesinas, que han hecho de la ordenación de los montes españoles una de las experiencias técnicas de mantenimiento y mejora productiva de recursos renovables en ciclos largos más originales e interesantes. Los montes españoles se caracterizan por su heterogeneidad y diversidad, y por lo tanto muy complejos en su ordenación. Vid. San Miguel A. (2009). "La gestión de los montes que no son bosques: nuevos paradigmas para viejos paisajes culturales", *Cuadernos de la Sociedad Española de Ciencias Forestales,* (31), 103-112. En lo que concierne al origen del término "monte" es muy ilustrativo lo que expone Pérez-Soba Diez del Corral, I., "¿Por qué ingenieros y por qué de montes? algunas bases de la creación en España de la ingeniería de montes en el siglo XIX, y su vigencia actual", *Discurso de ingreso leído por el académico electo en el acto de su recepción solemne celebrado el día 28 de marzo del año 2023 Real Academia de Ciencias Exactas, Físicas, Químicas y Naturales de Zaragoza,* Zaragoza 2023, 27 y 28: "La originalidad del vocablo "montes", proviene del hecho de que el término latino "silva" no tuvo continuidad en el romance castellano, y su lugar lo ocupó, desde al menos el inicio del siglo IX, la palabra "monte", derivada del latín "mons, montis", que originariamente significaba "elevación", "montaña" (...). Este origen específicamente ibérico de la palabra "monte" es la explicación de que sólo exista en castellano y en portugués antiguo, pero no en las demás lenguas (ni siquiera las romances), hasta el punto de que resulta casi intraducible:

pios ingenieros de montes. Nuestro país ha aumentado en más de un 30% su superficie forestal arbolada en los últimos 25 años. Este dato, que *prima facie* puede ser muy positivo, puede resultar también una amenaza frente a los grandes incendios forestales o las plagas y enfermedades forestales. El cambio climático está generando situaciones de estrés en nuestros montes, lo que genera plagas, enfermedades, decaimiento forestal, y materia muerta que puede arder con más intensidad. Si esta vegetación no está gestionada se produce una ingente acumulación de combustible que ante un incendio forestal con las condiciones climáticas extremas que en muchos casos se dan por los efectos del cambio climático el incendio forestal es inatacable.

En la naturaleza las tendencias se manifiestan en décadas; las decisiones que se toman hoy se comprobará si han sido buenas o malas decisiones en plazos de más de veinte años. En lo que se refiere a los incendios forestales, como no podemos predecir el futuro, puede resultar un buen ejercicio hacer una pequeña retrospectiva de lo que ha pasado en los últimos años.

El problema de los incendios forestales creció en gran medida en España entre 1978 y 2004. En los años 1978, 1985, 1989 y 1994 ardieron en España más de 400.000 hectáreas (compárese con el año 2022, de grandes incendios forestales que se quemaron 250.000 hectáreas). A partir de 2004 se lograron reducir los incendios forestales en España gracias a la mejora e incremento de los medios de extinción, tanto autonómicos como estatales[3]. Pero esta mejora se hizo descuidando, más a aún que en las dé-

---

ni el inglés "woodland", ni el francés "bois", o el alemán "wald" son sinónimos exactos, puesto que la historia y las condiciones bioclimáticas de esos países son muy distintas de las españolas, por lo que también lo son sus realidades forestales, y los términos con que se designan". Lo cierto es que el propio origen del término tradicional "monte" nos da las claves de las singularidades que han de tenerse en cuenta a la hora de afrontar la regulación de nuestros montes.

3 En los últimos años prácticamente el 90% de los presupuestos destinados a Política Forestal se destina únicamente a la extinción de incendios.

cadas anteriores, la gestión forestal. Este descuido de la gestión forestal por parte de las administraciones públicas competentes ha supuesto, entre otras pérdidas, la de gran parte de la cultura y el saber hacer forestales acumulados durante décadas. Ante la ausencia de gestión forestal en la gran mayoría de los terrenos forestales, españoles se aprobó la Estrategia Forestal Española de 1999 y el Plan Forestal Español de 2002. Estos instrumentos fueron incorporados en la Ley 43/2003 Básica de montes (**TOL319.216**), que, además, en un segundo escalón planificador prevé los *Planes forestales autonómicos*, y en un tercer escalón regula los *Planes de Ordenación de los Recursos Forestales (PORF)*, que representan la novedad planificadora más importante que aporta la Ley de Montes. Los PORF "se configuran como instrumentos de planificación forestal, constituyéndose en una herramienta básica en el marco de la ordenación del territorio" (art. 31.1)[4], de carácter obligatorio, reiterado en la normativa autonómica forestal[5]. Dichos PORF se sitúan como eslabón intermedio entre los planes forestales regionales o autonómicos (planificación forestal comarcal[6]) y los proyectos de ordenación (instrumentos de ordenación o gestión a

---

[4] La ordenación a escala comarcal toma un renovado impulso tras la configuración en la Ley de Montes 43/2003 de los Planes de Ordenación de los Recursos Forestales (PORF), que se constituyen como instrumentos de planificación de los espacios y recursos forestales a escalas comarcales o equivalentes, siendo su ámbito de aplicación los territorios forestales con características geográficas, socioeconómicas, ecológicas, culturales o paisajísticas homogéneas. Los PORF pretenden completar el amplio vacío existente entre los planes forestales estratégicos a escala regional y los proyectos de ordenación a nivel de monte, y vincular la planificación y gestión forestal con el decisivo ámbito de la ordenación territorial, como se afirma en la propia exposición de motivos de dicha ley.

[5] *Vid.* por ejemplo, art. 30 de la Ley 15/2006, de 28 diciembre, de Montes de Aragón.

[6] El ámbito territorial de los PORF serán los territorios forestales con características geográficas, socioeconómicas, ecológicas, culturales o paisajísticas homogéneas. Se podrán adaptar a aquellas comarcalizaciones y divisiones de ámbito subregional planteadas por la ordenación del

escala de monte). Estos PORF, por tanto, se constituyen como una herramienta de ordenación del territorio. En cambio, los proyectos de ordenación forestal no se pueden calificar propiamente como instrumentos de planificación, sino como instrumentos de gestión (de ordenación forestal)[7] que ejecutan a escala de monte la planificación forestal contenida en el PORF[8]; se trata de los *Proyectos de Ordenación del Monte, los Planes dasocráticos, o los instrumentos de gestión equivalente*). El instrumento válido a nivel estatal

---

territorio u otras específicas divisiones administrativas propias de las comunidades autónomas (art.31.4 Ley Básica de Montes 2003).

7 Lo que se entiende por "gestión" se define en el art. 6 de la Ley Básica de Montes de 2003, como "el conjunto de actividades de índole técnica y material relativas a la conservación, mejora y aprovechamiento del monte". La Ley Básica de Montes de 2003 impone que dicha gestión ha de ser sostenible (art. 32.1): "Los montes deben ser gestionados de forma sostenible, integrando los aspectos ambientales con las actividades económicas, sociales y culturales, con la finalidad de conservar el medio natural al tiempo que generar empleo y colaborar al aumento de la calidad de vida y expectativas de desarrollo de la población rural (para mantener las poblaciones rurales)". También en el art. 6.e) define el concepto de gestión sostenible como: "la organización, administración y uso de los montes de forma e intensidad que permitan mantener su biodiversidad, productividad, vitalidad, potencialidad y capacidad de regeneración, para atender, ahora y en el futuro, las funciones ecológicas, económicas y sociales relevantes en el ámbito local, nacional y global, y sin producir daños a otros ecosistemas". De tal forma es claro que, en la planificación y ordenación de los terrenos forestales, se instituye la multifuncionalidad como garantía de plasmación de ordenación sostenible. O, dicho de otra forma, la planificación y gestión será sostenible si el monte se ordena y explota, teniendo en cuenta todo su potencial multifuncional.

8 En lo referente a los PORF ha de señalarse que su elaboración y aprobación corresponde a las Comunidades Autónomas, que determinarán la documentación y su contenido (art.31.6) y tienen carácter obligatorio, como se señala en las normas forestales autonómicas. Vid. art. 61.2 de la Ley 15/2006, de 28 diciembre, de Montes de Aragón; art. 30 de la Ley 3/2004, de 23 noviembre, de Montes de Asturias; y art. 40 de la Ley 3/2009, de 6 abril, de montes de Castilla y León.

para redactar los planes de ordenación forestal son las "Directrices básicas comunes para la ordenación y el aprovechamiento de montes"[9].

Desde un principio, la Ley Básica de montes de 2003 (**TOL319.216**) estableció que los montes catalogados de utilidad pública, los montes protectores y los demás montes públicos o privados deben contar con un instrumento de ordenación forestal. No obstante, en su modificación de 2006 se estableció un plazo de 15 años desde su entrada en vigor para la ordenación de todos los montes españoles (públicos y privados), que acabó el 22 de febrero de 2019; además se estableció otro importante plazo de 10 años, que ha culminado el 22 de febrero de 2014, pasado el cual los montes privados no ordenados no podrán acogerse a los incentivos de las administraciones públicas, salvo que se incluyan en el territorio de un plan de ordenación de recursos forestales (PORF). No obstante, la realidad es que a lo largo del territorio español apenas se han desarrollado instrumentos de planificación forestal (PORF) ni de ordenación forestal. Esta situación se ve agravada por el alto porcentaje de superficie forestal privada en España (una media cercana al 70% de la superficie forestal nacional) que, en gran proporción son superficies de pequeño tamaño que dificultan enormemente su ordenación y gestión forestal[10].

---

9 *Vid.* art. 32.2 de la Ley Básica de Montes de 2003 (en la redacción dada por la Ley 10/2006). Estas Directrices básicas comunes serán aprobadas por el Gobierno, previa consulta del Consejo Nacional de Bosques, la Comisión Nacional de Protección de la Naturaleza y las Comunidades Autónomas (arts. 33.4 y 32.2). Las Directrices básicas comunes determinarán el contenido mínimo de los proyectos de ordenación de montes y de los planes dasocráticos en todo el territorio español. Hubo que esperar al año 2022 para que se aprobaran las "Directrices básicas de gestión forestal sostenible" previstas en la Ley de Montes de 2003 (aprobadas por el Consejo de Ministros, el 20 de diciembre de 2022).

10 En muchos casos nos encontramos con de micro propiedades forestales divisas. Con el fin de lograr su ordenación la Ley 21/2015 introdujo medidas para el fomento de la agrupación de montes, con la potenciación de los montes de propiedad en *pro indiviso*, en especial "Montes

Esta ausencia de planificación y gestión forestal supone una falta de criterios o referentes técnicos de gestión para el pequeño propietario forestal que, en muchas ocasiones, no sabe qué hacer con su monte. Si a esto se une que la legislación forestal exige un mayor control administrativo para las actuaciones en montes sin instrumento de planificación, el resultado es la ausencia total de gestión o abandono.

Ante esta situación, la Ley 21/2015, por la que se modificó por segunda vez la Ley Básica de Montes de 2003 (**TOL5.206.100**), introdujo un cambio en la regulación, aunque mantuvo la apuesta general por la planificación como mejor vía para garantizar la gestión forestal sostenible, modifica el art. 33.5, flexibilizando el carácter obligatorio de la ordenación de los montes, dejando en manos de las Comunidades Autónomas la decisión sobre en qué supuestos será obligatorio que los montes privados no protectores y públicos no catalogados cuenten con un instrumento de gestión. Sólo la Ley 21/2015 mantiene la obligatoriedad de ordenación para los montes catalogados de utilidad pública y los montes protectores, es decir para los montes que cumplen una función de utilidad pública (art. 33.2). Del mismo modo, la Ley 21/2015 amplía los plazos, tanto en lo referido al plazo para poder acogerse a los incentivos económicos en el caso de montes no ordenados, como al plazo que tienen los montes no ordenados, con obligación de disponer de un instrumento de gestión forestal, para que cuenten con un plan de ordenación. En lo referente al primer plazo, se establece un periodo de 15 años desde la entrada en vigor de la Ley (DT 3.ª). En lo concerniente al segundo plazo, se dispone de 25 años desde la entrada en vigor de la nueva Ley de Montes (DT 2.ª).

Además, la Ley 21/2015, de modificación de la Ley de Montes, articula fórmulas que relajan las exigencias de los instrumentos de ordenación del monte y hacen más asequible para los propie-

---

de Socios", los montes Comunales, y los Montes Vecinales en Mano Común, así como el fomento de las Sociedades Forestales.

tarios forestales contar con un instrumento de gestión. Se trata de la "planificación subsidiaria" o "Sistemas de Adhesión" (adhesión por parte del titular del monte a un modelo tipo de gestión forestal debidamente aprobado por la Comunidad Autónoma, que incluya series de actuaciones selvícolas aplicables a los diferentes tipos de monte a la escala apropiada), que ya fueron incorporadas en la normativa autonómica y que se ha consagrado con carácter general para todo el territorio nacional, siempre que las Comunidades Autónomas así lo permitan (nuevo apartado 4 del art. 32 LM).

En estos mismos años, con el propósito de atraer fondos para los montes provenientes de la PAC 2015-2020, que estaba en tramitación, se aprobó el "*Plan de Activación Socioeconómica del Sector Forestal*" a iniciativa de la Dirección General de Desarrollo Rural y Política Forestal, del entonces Ministerio de Agricultura, Alimentación y Medio Ambiente, en enero de 2014, con una duración de 7 años, pero sin presupuesto asociado. No se llegó a aplicar este Plan de Activación Forestal.

El resultado de todas estas medidas no ha sido muy alentador. Seguimos con la misma realidad. La gran mayoría de los montes españoles se encuentran en una situación de abandono. Y el ámbito rural, a medida pasan los años está más despoblado y abandonado[11]. Pero, además, en los últimos 5 años se está constatando

---

[11] Paradójicamente, las zonas más afectadas por la despoblación son precisamente las que tienen una mayor riqueza forestal. Los montes además de su principal papel en la lucha contra el cambio climático, desde la mitigación y adaptación (en especial CO2, sumideros permanentes en los bosques, sumideros temporales en productos forestales de larga duración, sustitución de emisiones de CO2 vinculadas a las energías fósiles o materias primas minerales por uso de materias primas vegetales dentro de la bioeconomía foresta) ofrecen cobeneficios ambientales y sociales; también son un antídoto contra la despoblación. Sobre la función de los montes como sumideros de carbono vid. Sanz Rubiales, I. (2018). "Mecanismos de mitigación", (Borràs Pentinat y Villavicencio Calzadilla), *El Acuerdo de París sobre el cambio climático: un acuerdo histórico*

otro factor que actúa como catalizador de todos los problemas estructurales del ámbito rural y que no hemos sido capaces de solucionar: el Cambio Climático. Sufrimos grandes incendios forestales que no son como los que se producían en los años 90. Se trata de incendios convectivos que lanzan tanta energía que crean su propia climatología y hacen que estén fuera de nuestra capacidad de extinción.

1.2. La vulnerabilidad del ámbito rural ante los incendios forestales de Sexta Generación

La acumulación de combustible en nuestros montes, por el abandono de la gestión forestal y el abandono rural es una "bomba de relojería" ante las nuevas condiciones climáticas provocadas por el cambio climático. El cambio climático está generando situaciones de estrés en nuestros montes, lo que genera materia muerta que puede arder con más intensidad. Además, la falta de gestión y el abandono de nuestros montes está provocando un aumento de las zonas de interfaz urbano-forestal[12]. En los últi-

---

o una oportunidad perdida. Análisis jurídico y perspectivas futuras. Aranzadi, 125-147. Para abordar el reto de la despoblación es fundamental poner en marcha una adecuada política forestal que ayude a crear puestos de trabajo en zonas rurales y a fijar población. No existe otra actividad con un grado de solapamiento territorial tan estrecho como la forestal. De ahí que se pueda afirmar el alto componente de cohesión territorial que tiene la actividad forestal. Vid. Rodríguez-Chaves Mimbrero, B. (2020). "Hacia un salto disruptivo verde. El potencial de los montes ante el Green New Deal y la nueva PAC 2021-2027". *Revista Aranzadi de Derecho Ambiental* (47), 10. Sobre la contribución de los montes al desarrollo rural es imprescindible, Casas Grande, J. (2013). "Una reflexión sobre la contribución de los montes al desarrollo rural de la España actual". *Foresta,* (56), 96 a 105 y Blasco Hedo, E. (2020). "La defensa de los espacios forestales en la denominada "España vaciada". *Actualidad Jurídica Ambiental,* (102), 457-475.

12 En 2022, el 80 % de los grandes incendios tuvo consecuencias de protección civil, con más de 30.000 personas evacuadas y cuatro fallecidos. Ha de tenerse en cuenta que hay escenarios de interfaz urbano-forestal

mos 5 años se ha producido un aumento de incendios forestales con comportamiento explosivo y extremo que se propagan con una gran velocidad. Poco pueden hacer los equipos de extinción, que se ven desbordados frente a este tipo de incendios que desprenden tal cantidad de energía que es imposible que hacerlos frente[13]. Se trata de grandes incendios forestales que se sitúan fuera de la capacidad de extinción. Son incendios de sexta generación, capaces de crear sus propias condiciones meteorológicas y generar tormentas de fuego, con comportamientos convectivos especialmente al atardecer. En estos casos, se forman pirocúmulos que hacen caer los vientos convectivos en todas direcciones expandiendo el fuego a una velocidad imposible de parar. No son incendios normales con un frente de llamas que se va moviendo. Estos incendios convectivos expanden el fuego de forma caótica

---

que no son humanamente defendibles. En lo referente a la interfaz urbano-forestal es imprescindible Pérez-Soba Díez del Corral y Jiménez Shaw (2019). "Interfaz urbano-forestal e incendios forestales: regulación legal en España". *Revista Aragonesa de Administración Pública,* (53), 58-219.

13 Al respecto, es muy importante tener en cuenta la posición de expertos en incendios forestales como Marc Castellnou Ribau, jefe del Área del Grupo de Actuación Forestal (GRAF) de los bomberos de la Generalitat de Cataluña, "Necessitem paisatge gestionat per poder apagar els incendis intensos quan es donen". https://el9nou.cat/osona-ripolles/actualitat/necessitem-paisatge-gestionat-per-poder-apagar-els-incendis-intensos-quan-es-donen/. Recuperado el 10 de febrero de 2024. Según Castellnou, 90.000 kw/m se corresponde con una carga de 30 toneladas de vegetación por hectárea. "Cuando tenemos 10 tn /ha se producen más de 10.000 kw/m. El mayor problema es el cambio climático, que produce episodios meteorológicos que generan las condiciones ideales para grandes incendios forestales, que tengamos esos incendios forestales es culpa de la carga de combustible por falta de gestión de los montes". Vid. también Bosch, R.M. (2019). "Incendios forestales de sexta generación: Un nuevo tipo de incendio que ha llegado para quedarse", *Seguritecnia,* (466), 30-31. Puede verse también Greenpeace, Informe "Ante la nueva era de incendios: protege el bosque, protege tu casa". https://es.greenpeace.org/es/sala-de-prensa/informes/protege-el-bosque-protege-tu-casa/. Recuperado el 15 de febrero de 2024.

e imprevisible en todas las direcciones. En cinco años estos incendios forestales han pasado de ser una excepción a ser lo normal en Europa, y especialmente virulentos en Portugal, Grecia y en España, así como en otras partes del mundo como California, Canadá, Australia o Chile[14].

En España estos fenómenos se daban hace años en incendios de miles de hectáreas, ahora se producen en incendios de decenas de hectáreas, que se transforman en megaincendios. Con mucha facilidad se forman pirocúmulos que transforman un simple incendio forestal en uno extremo que se lleva por delante toda la biodiversidad, todo lo que hemos protegido y lo que nos queda del mundo rural.

No obstante, frente a las nuevas condiciones climatológicas las administraciones siguen haciendo lo mismo que en el siglo pasado. Por más hidroaviones de los que se doten las administraciones no seremos capaces de reducir la agresividad de los nuevos incendios forestales. El reforzamiento de la extinción ya no es eficaz. España es el país que más presupuesto invierte en extinción por hectárea del mundo, pero las únicas medidas verdaderamente eficaces son las dirigidas a prevenir los incendios forestales. Si se gestiona la vegetación que está en nuestros montes lograremos que los incendios forestales que se produzcan estén bajo nuestra capacidad de extinción. Y, por supuesto, la gestión forestal no es esa idea recurrente de cuadrillas "limpiando el monte", sino una gestión forestal que "ponga a trabajar a los montes", que logre un sector activo con inversiones y empleos dignos. Esto logrará la sostenibilidad de nuestros montes, mediante una selvicultura multifuncional (tratamiento forestal gracias a los cuales la masa forestal produce de forma óptima sus diversos servicios ecosistémicos). Esta gestión forestal propicia no sólo que los montes re-

---

14 *Vid.* Úbeda, X. y Francos, M. (2018). "Incendios forestales, un fenómeno global". *Biblio 3w: revista bibliográfica de geografía y ciencias sociales*, (1), https://raco.cat/index.php/Biblio3w/issue/view/25585. Recuperado el 3 de febrero de 2024.

sistan mejor los incendios sino también que se recuperen mejor de ellos.

Pero, es más, las nuevas condiciones climatológicas causadas por el cambio climático exigen un replanteamiento integral de la gestión del paisaje. Las nuevas condiciones climatológicas exigen una normativa que de forma integral afronte dicha gestión para adaptar el territorio y convertir o recuperar un paisaje agroforestal mosaico y sostenible que dé margen a los dispositivos de extinción para lograr sus objetivos. La manera de mantener vivo el paisaje es invertir en bioeconomía y en agricultura; la enorme inversión que supone el aumento de medios de extinción sería mucho más eficaz y rentable si se invirtiera en la creación de oportunidades de actividad en el medio natural que ayuden a mantener la población rural. Se compadece totalmente con lo expuesto las "Orientaciones estratégicas para la gestión de incendios forestales en España" aprobadas por el Comité de Lucha contra Incendios Forestales (CLIF) en 2019.

1.3. Las orientaciones estratégicas para la gestión de incendios forestales en España

Las "Orientaciones estratégicas para la gestión de incendios forestales en España" es un documento que fue aprobado por el Comité de Lucha contra Incendios Forestales (CLIF), el 21 de noviembre de 2019. Y, dada la relevancia que se le ha otorgado, posteriormente fueron aprobadas por la Conferencia Sectorial de Medio Ambiente, el 28 de julio de 2022, por lo que cuenta con el consenso de todas las Comunidades Autónomas y el Ministerio para la Transición Ecológica y el Reto Demográfico. Este documento busca ser un marco orientativo de coordinación a escala nacional, que sirva de herramienta para reducir los incendios forestales, gestionar de forma efectiva su desarrollo y minimizar sus consecuencias.

Estas orientaciones estratégicas parten de la constatación de que "el fenómeno del despoblamiento, íntimamente unido al abandono de usos tradicionales del territorio y a la falta de aprovechamientos forestales, da lugar a una transformación del paisaje que, en muchas ocasiones, origina estructuras forestales más susceptibles a la propagación de incendios donde se reducen las oportunidades de extinción" y que en la defensa contra incendios "es preciso trabajar con anticipación, considerando no sólo los escenarios de clima cambiante, sino también un territorio forestal en permanente transformación ecológica y social. La gestión de los incendios debe adecuarse a estos cambios y considerarlos en escenarios futuros". Con este fin, el documento establece seis principios que deberán ser guía para su aplicación, y establece un total de 50 líneas de actuación prioritaria estructuradas en torno a seis objetivos específicos: gestionar el territorio rural para lograr su sostenibilidad; reducir el riesgo de incendios, adaptar los ecosistemas y preparar a la sociedad frente su ocurrencia; Involucrar la gestión del riesgo por incendios forestales en las políticas sectoriales; adaptar los dispositivos contra incendios a los nuevos escenarios y reforzar su cooperación; profundizar sobre el conocimiento en incendios y la influencia del fuego en los ecosistemas; y fomentar la participación y la sensibilización de la sociedad en la gestión de los incendios.

Ante la complejidad creciente del problema de los incendios, se establecen un conjunto de orientaciones estratégicas que marquen los objetivos a seguir, definan las principales líneas de trabajo a desarrollar de forma común y conjunta, e identifiquen a los principales estamentos de la sociedad con algún grado de responsabilidad para abordarlos.

Entre las líneas de acción prioritarias se encuentran, en lo que aquí más nos interesa destacar, los *Objetivos 1, 2 y 3.*

Objetivo 1: Gestionar el territorio rural para lograr su sostenibilidad ante los incendios forestales:

Engloba las líneas de acción enmarcadas en el valor multifuncional de los ecosistemas forestales, mediante la gestión del territorio rural para incrementar su resistencia y resiliencia a los incendios forestales, integrando prevención, extinción y desarrollo rural.

De tal forma, se señala la potenciación de la gestión forestal sostenible como herramienta para promover la puesta en valor de los ecosistemas forestales, mediante el adecuado aprovechamiento de los recursos que proveen, así como apoyar el mantenimiento de la agricultura tradicional, ganadería extensiva y selvicultura, por contribuir a generar territorios con valor natural, social y económico, menos vulnerables a los incendios forestales, y colaborar en la reducción del despoblamiento en zonas rurales y de montaña, siendo conveniente potenciar la figura de selvicultor activo.[15]

Al mismo tiempo se señala la importancia de apoyar la puesta en valor de productos agrarios y forestales (maderables o no maderables), destacándose la biomasa. Dentro de los productos forestales se incluyen los servicios y externalidades que los montes proveen a la sociedad (servicios de apoyo, aprovisionamiento, re-

---

15 En Galicia esta figura ya ha sido regulada en la *ORDE do 26 de abril de 2022 pola que se desenvolve a tramitación electrónica das solicitudes para o recoñecemento como agrupación forestal de xestión conxunta (código de procedemento MR608B) e como persoa silvicultora activa (código de procedemento MR608C).* En virtud de esta Orden podrán solicitar el reconocimiento como silvicultores activos las personas o entidades, con o sin personalidad jurídica, ya sean propietarias, titulares o gestoras de los aprovechamientos y servicios ecosistémicos de unidades de gestión forestal que cuenten con un instrumento de ordenación o de gestión forestal y que dispongan de un certificado de gestión forestal sostenible emitido por un sistema de certificación forestal reconocido internacionalmente.

El reconocimiento del estatus de silvicultor activo facilitará el acceso prioritario a las ayudas vinculadas al cumplimiento de los instrumentos de ordenación y gestión forestal o medidas públicas de apoyo al sector forestal, el acceso a la cesión de los montes vecinales en mano común que sean declarados en estado de grave abandono o degradación, con preferencia de los silvicultores activos que sean comunidades de montes, y en todas aquellas situaciones en que se requiera una gestión sostenible del monte, en particular en los procesos de declaración de abandono o infrautilización de tierras agroforestales.

gulación o culturales). Para ello, se insta a impulsar los pagos por servicios ambientales (PSA).

Del mismo modo, se señala como instrumento necesario desarrollar planes de ordenación de los recursos forestales y planes de defensa contra incendios y consensuar criterios para identificar las zonas de alto riesgo por incendio forestal, como base para la ordenación territorial. De esta forma, se recomienda incluir los incendios forestales como un factor a gestionar en los planes de áreas naturales protegidas (planes de ordenación de los recursos naturales, planes de uso y gestión, planes de gestión Red Natura 2000, planes de autoprotección de los Parques Nacionales, etc.), previendo alternativas de intervención en atención a las necesidades de conservación y del riesgo sobre personas y bienes.

Objetivo 2: Reducir el riesgo de incendio forestal y preparar a los ecosistemas y la sociedad ante su ocurrencia:

Bajo este objetivo se incluyen líneas de acción que contribuyan a evitar los incendios o a reducir sus efectos, dotando a los ecosistemas y a la sociedad de mayores capacidades para enfrentar las situaciones de riesgo en condiciones favorables, minimizar las consecuencias negativas y, en su caso, aprovechar los posibles efectos positivos. Con este fin se insta a integrar el fuego en la planificación forestal y en las actuaciones de prevención, con objeto de minimizar los posibles efectos de grandes incendios forestales. Se propone la ejecución de actuaciones que contribuyan a la disminución de la intensidad potencial de los incendios y al aumento de las condiciones de seguridad para las acciones de extinción, con base en conceptos tales como la definición e identificación de incendios tipo y de factores y nodos de propagación del fuego, y la determinación de puntos críticos o establecimiento de puntos estratégicos de gestión[16]. Para ello se recomienda la elaboración

---

16 Madrigal, J., Romero-Vivó, M. y Rodríguez y Silva, F. (2019). *Definición y recomendaciones técnicas en el diseño de Puntos Estratégicos de Gestión. Decálogo de Valencia para la defensa integrada frente a los incendios en la gestión del*

y mantenimiento de índices de predicción y cartografía asociada junto con la gestión del territorio (a meso y macro escala) para reducir la carga y continuidad de combustible, favoreciendo paisajes en mosaico donde se reduce la probabilidad de incendios que se sitúan fuera de capacidad de extinción. Y, al mismo tiempo, en el marco de la gestión forestal practicada en el territorio, potenciar la resistencia y resiliencia de las masas ante el fuego, mediante actuaciones diversas que vayan más allá de la selvicultura preventiva clásica (claras, clareos, fajas, cortafuegos, puntos de agua, etc.) e incorporen el uso de quemas prescritas, cuando sea conveniente, como herramienta de diversificación del paisaje, así como otras técnicas como la sustitución de especies por otras más adecuadas, favoreciéndose ecosistemas mixtos más resistentes, crear paisajes heterogéneos mediante recuperación de zonas agrarias, promover y potenciar la ganadería extensiva, etc. Se señala que el apoyo financiero ha de buscarse en herramientas existentes como la Política Agraria Común, otros fondos estructurales, programa financieros nacionales o internacionales o iniciativa privada, entre otros. Es esencial la gestión participativa y el apoyo a la propiedad particular.

Objetivo 3: Involucrar en la gestión del riesgo por incendios forestales a políticas sectoriales estratégicas:

Este objetivo tiene como fin la alineación de algunas políticas sectoriales consideradas estratégicas; entre ellas, la política territorial, la política agraria, la Política Agrícola Común y las políticas medioambientales.

Política territorial: con el fin de lograr un medio rural cohesionado, se señalan como necesarias la adopción de medidas institucionales que promuevan incentivos demográficos, la promoción de empleo y el desarrollo de servicios públicos, infraestructuras y

mosaico agroforestal. Sociedad Española de Ciencias Forestales y Generalitat Valenciana.

comunicaciones, así como el refuerzo a la identidad cultural en estos territorios.

Política agraria: Se afirma que los sectores agrícola, ganadero y forestal son esenciales para mantener un tejido socioeconómico estable en el medio rural, que contribuye, cuando se basa en modelos productivos de alto valor natural, a generar externalidades positivas, beneficios sociales y paisajes dinámicos que limitan o reducen el avance del fuego. No obstante, se señala que determinadas prácticas agrícolas y ganaderas están detrás del 43% de los incendios y del 40% de la superficie incendiada anualmente, lo que requiere articular mecanismos para reducir este impacto.

La Política Agraria Común: Se señala que, a través de sus dos pilares, apoya de manera desigual actividades agrarias y forestales y, de entre las primeras, las intensivas y las extensivas, —lo que implica no integrar adecuadamente el problema de los incendios forestales entre sus mecanismos de asignación de ayudas— y establece como un instrumento para corregir estas disfuncionalidades el reforzamiento de la condicionalidad, favoreciendo buenas prácticas para el sector forestal, así como las mejoras del sistema de control y sanción a fin de retirar ayudas a superficies afectadas por incendios intencionados. Del mismo modo se insta a rediseñar las ayudas directas y las superficies elegibles cuando estas penalizan, mediante el coeficiente de admisibilidad de pastos, prácticas ganaderas extensivas que aprovechan superficies con cobertura leñosa, así como a potenciar los ecoesquemas para la ganadería extensiva, priorizando en zonas de alto riesgo de incendios. La elevada importancia del ganado menor en la gestión del combustible forestal recomienda potenciarlo con pagos específicos. Asimismo, desde las ayudas al desarrollo rural es conveniente reforzar el paquete forestal y favorecer los pagos enmarcados en la figura de contratos territoriales por explotación.

Políticas medioambientales. Se indica que la amplia superficie terrestre protegida en España (más del 27%) y la gran contribución a la Red Europea Natura 2000, aporta una exigencia y una oportunidad en la gestión de los incendios desde esta política, e indica que los instrumentos de gestión deberían incorporar aspectos relacionados con la gestión del fuego (planes de quemas y uso del fuego acordes con los requerimientos de protección de cada tipo de hábitat) y el desarrollo de estrategias de prevención y actuación anticipada, de forma acordada entre los responsables de conservación y de extinción, simplificando así procedimientos para lograr su ejecución armonizando los objetivos de conservación con las necesidades de intervención derivadas del riesgo de incendios forestales. Y para ello se insta a crear órganos de coordinación que faciliten el trabajo entre los diferentes profesionales.

1.4. El Real Decreto-ley 15/2022, de 1 de agosto, por el que se adoptan medidas urgentes en materia de incendios forestales

Tres días después de la aprobación de las "Orientaciones estratégicas para la gestión de incendios forestales en España", el Consejo de Ministros, aprobó del Real Decreto-ley 15/2022, de 1 de agosto, por el que se adoptan medidas urgentes en materia de incendios forestales[17] (**TOL9.148.718**). Ha de recordarse que el Real Decreto-ley 15/2022 se aprobó en unos días en los que se vivía una alarma social por los incendios sufridos durante el año 2022 (hasta el 24 de julio de 2022, se habían quemado 135.147,32 ha., la superficie más extensa desde 2012 (149.015,38 ha); y se habían producido 31 grandes incendios. Es más, el 26 de julio de 2022 acababa de controlarse el incendio de Ateca (Zaragoza) y en el momento de la aprobación del Real Decreto-ley estaban activos, entre otros, los incendios forestales de Losacio (Zamora), Santo Domingo de Silos (Burgos), Malagón y Saceruela (Ciudad Real), Almonte (Huelva) y el Parque Nacional del Teide (Tenerife).

En este contexto, el Real Decreto-ley 15/2022 introduce modificaciones en la Ley Básica de Montes de 2003 en tres ámbitos

---

[17] *Vid.* Pérez-Soba Diez del Corral, I. (2023). "Comentarios al Real Decreto-Ley 15/2022, de 1 de agosto, de medidas urgentes sobre incendios forestales". *Revista Montes*, (153), 36-40.

desde los cuales se han de abordar los incendios forestales: prevención, extinción y mantenimiento y restauración de los terrenos forestales afectados, y otorga a las comunidades autónomas un plazo de cinco meses para adaptar sus servicios de prevención, vigilancia y extinción a lo previsto en la norma.

En lo que aquí nos interesa, nos vamos a centrar en las medidas que se enmarcan en la "prevención" de los incendios forestales. En este ámbito el Real Decreto-ley 15/2022 suprime un asentado sistema de zonificación del territorio según el riesgo de incendios (planes de defensa de las zonas de alto riesgo de incendio (ZAR) y sus planes de defensa) sustituyéndolo por unos planes anuales para el conjunto de cada región (art. 48 Ley Básica de Montes 2003). Los ZAR y los planes de defensa tenían una clara vocación de permanencia y de ordenación territorial. A partir de la Ley Básica de Montes de 2003, muchas Comunidades Autónomas procedieron a realizar la zonificación conforme a esta figura de los ZAR —aunque algunas emplearan otra denominación—, si bien fueron menos las que aprobaran los planes de defensa. El Real Decreto-ley 15/2022 ha suprimido este modelo. En la redacción dada por el Real Decreto-ley 15/2022 al nuevo art. 48 bis.1. de la Ley de Montes, se establece que el Ministerio para la Transición Ecológica y el Reto Demográfico deberá elaborar "una herramienta" para esa función, pero, hasta que exista, nada aclara acerca de la vigencia de las zonificaciones previamente aprobadas.

Y, en cuanto a los planes de defensa de las ZAR, el Real Decreto-ley 15/2022 elimina en su disposición adicional Tercera cualquier referencia normativa a ellos, sustituyéndolos por unos "planes anuales para la prevención, vigilancia y extinción de incendios forestales", que "comprenderán la totalidad de las actuaciones a desarrollar y abarcarán la totalidad del territorio de la comunidad autónoma correspondiente" (art. 48.1 Ley Básica de Montes). En cumplimiento del art. 48.2 de la Ley 43/2003, de Montes, el Ministerio para la Transición Ecológica y el Reto Demográfico deberá aprobar las directrices y criterios comunes de los planes anuales para la prevención, vigilancia y extinción de incendios forestales que tendrán que ser elaborados por las Comunidades Autónomas. Por ahora, se ha elaborado un borrador de Real Decreto para la aprobación de dichas directrices en octubre de 2023, pero las Comunidades Autónomas han ido aprobando en el año 2023 sus planes anuales para la prevención, vigilancia y extinción de incendios forestales[18]. Además, se prevé la elaboración por el Ministerio para la Transición Ecológica y el Reto Demográfico de una herramienta de zonificación de incendios forestales, con la información recogida en los planes de las Comunidades Autónomas.

Se comprobará la oportunidad y eficacia de esta nueva regulación, pero supone un riesgo evidente eliminar los planes de incendios en zonas de alto riesgo en favor de unos planes anuales que cubran todo el territorio de una Comunidad Autónoma, ya que se corre el peligro de una rutinaria reiteración de estos, año tras año. Lo cierto es que deberían ser las Comunidades Autónomas las que evaluasen la idoneidad de un modelo único de emergencias en un país con un territorio tan diverso como el nuestro. Además, ha de señalarse que estos nuevos planes anuales para la prevención, vigilancia y extinción de incendios forestales tiene un contenido mucho más ambicioso que los antiguos ZAR. Deben incluir la totalidad de las actuaciones a desarrollar y abarcarán la totalidad del territorio de cada comunidad autónoma, y deben recoger aspectos como el diseño general del dispositivo para atención global durante todo el año, la determinación de los puntos críticos de gestión, así como de las áreas de actuación singularizada; la asignación estable y permanente, de medios técnicos y profesionales singularizados; el establecimiento y disponibilidad de los medios de vigilancia y extinción necesarios para dar cobertura

---

18 Así, *vid.* el Plan anual para la prevención, vigilancia y extinción de incendios forestales en la Comunidad Autónoma de Aragón para la campaña de 2023 en chrome-extension://efaidnbmnnnibpcajpcglclefindmkaj/https://www.aragon.es/documents/20127/2556250/Plan-anual-incendios-forestales-2023.pdf/2aa4eb5f-0a3f-14b3-21cd-86956b680720?t=1685433039424. Recuperado el 4 de febrero de 2024.

a toda la superficie de la Comunidad Autónoma; las prohibiciones o limitaciones a la circulación de vehículos y al acceso de personas ajenas a la vigilancia, extinción y gestión de incendios; o las condiciones generales, tanto climatológicas como de cualquier otro tipo, que justifiquen la intensificación de los operativos y de los medios de vigilancia y extinción. Puede afirmarse que, en muchos aspectos, su contenido es más estratégico que ejecutivo; un plan sencillo en el que se zonifica las zonas forestales atendiendo al riesgo de incendio. Por lo que será más dificultoso encajarlos con el sistema de zonificación y planificación en materia de incendios que se llevaba aplicando desde 2003, y que ya estaba incorporado a la legislación de protección civil[19].

No obstante, ha de señalarse que el verdadero problema de esta norma no se refiere a lo relacionado con la extinción, sino a las omisiones del Real Decreto-Ley en lo que se refiere al problema de fondo ya sobradamente identificado en las propias "Orientaciones estratégicas para la gestión de incendios forestales en España" que se acababan de aprobar: el estado de excesiva densidad por abandono de los montes, incluyendo las zonas periféricas de los mismos tanto de terrenos agrícolas abandonados como de interfaz urbano-forestal. Se necesita modificar la estructura de nuestros montes para hacerlos mucho más resilientes, y de esta manera se podrán extinguir los incendios, evitando situaciones explosivas y facilitando su restauración posterior. Para ello, se requiere de

---

19 *Vid.* el Real Decreto 893/2013, de 15 de noviembre, por el que se aprueba la Directriz básica de planificación de protección civil de emergencia por incendios forestales y el Plan Estatal de Protección Civil para Emergencias por Incendios Forestales (aprobado por Resolución de 31 de octubre de 2014, de la Subsecretaría, por la que se publica el Acuerdo del Consejo de Ministros de 24 de octubre de 2014, por el que se aprueba el Plan Estatal de Protección Civil para Emergencias por Incendios Forestales). Sobre la normativa de protección civil ante un incendio forestal vid. Sarasíbar Iriarte, M. (2022). "El derecho ante los riesgos y desastres naturales". *Revista General de Derecho Administrativo,* (61), 10 y 11.

una prevención que vaya mucho más allá de la actual, apenas limitada a actuaciones lineales (cortafuegos), mantenimiento de los accesos, depósitos de agua y vigilancia.

No, obstante vamos a acercarnos a los documentos programáticos y la normativa europea para comprobar si contribuyen a los objetivos fijados por "Las orientaciones estratégicas para la gestión de incendios forestales en España" (2022).

2. LA GESTIÓN FORESTAL EN LA ESTRATEGIA FORESTAL EUROPEA 2030, LA PAC 2023-2027 Y LA LEY DE RESTAURACIÓN DE LA NATURALEZA

2.1. La Estrategia Forestal Europea 2030 y la PAC 2023-2027

El 7 de septiembre de 2020, la Comisión de Agricultura y Desarrollo Rural del Parlamento Europeo aprobó un informe de propia iniciativa «Sobre la Estrategia Forestal Europea: El camino a seguir» (2019/2157(INI)), con el fin de promover bosques multifuncionales. Podría decirse que la resolución del Parlamento Europeo es todo un reconocimiento del valor de los bosques europeos, un compromiso con la gestión forestal sostenible y una apuesta por un sector forestal que garantice simultáneamente bioeconomía y el cumplimiento de los objetivos europeos de conservación de biodiversidad y lucha contra el cambio climático. Y por ello, era muy esperanzador.

El informe del Parlamento Europeo establece de manera más categórica que nunca que los bosques son fundamentales para el desarrollo de la nueva economía verde, ya que considera que los bosques y el sector forestal contribuyen de manera significativa al desarrollo de "bioeconomías circulares locales" en la Unión y tienen, junto con el sector forestal, "un papel fundamental en la consecución de los objetivos del Pacto Verde Europeo y la neutralidad climática para 2050". Para el Parlamento Europeo la UE nunca logrará sus objetivos en materia de medio ambiente, clima y biodiversidad "sin bosques multifuncionales, sanos y gestionados de manera sostenible en los que se aplique una perspectiva a largo plazo, junto con industrias forestales viables". Señala la necesidad de "desarrollar un enfoque coherente para combinar la protección de la biodiversidad y la protección del clima en un sector forestal y una bioeconomía prósperos". Considera que la Unión debe fomentar el uso de madera, de productos de madera o de biomasa forestal "para estimular la producción local sostenible y el empleo". En este sentido, considera la resolución que "la Unión debe destinar fondos suficientes a medidas para el sector forestal", como la inversión en el desarrollo de las zonas forestales y la mejora de la viabilidad de los bosques, el mantenimiento de las redes de carreteras forestales, la tecnología forestal, la innovación y la transformación y la utilización de los productos forestales.

El 16 de julio de 2021 se aprobó la Comunicación de la Comisión titulada «Nueva Estrategia de la UE en favor de los Bosques para 2030»[20]. Dicha Estrategia constituye uno de los pilares del Pacto Verde Europeo y se basa en la Estrategia de la UE sobre la biodiversidad de aquí a 2030.

La pausa obligada por la pandemia de la COVID-19 supuso un cambio relevante en el enfoque hacia un concepto de gestión forestal estática, dando un peso crucial al que se considera el proyecto estrella del Nuevo Pacto Verde: la Estrategia de Biodiversidad de aquí a 2030[21], en la que se establece la protección de, al menos, el 30% de los ecosistemas terrestres y marinos en la UE, el sometimiento del 10 % de los bosques europeos a una estricta protección o la repoblación de 3.000 millones de árboles durante el presente decenio. La consecuencia es que nueva Estrategia fo-

---

20 *Vid.* Comunicación de la Comisión al Parlamento Europeo, al Consejo, al Comité Económico y Social Europeo y al Comité de las Regiones EMPTY, *Nueva Estrategia de la UE en favor de los Bosques para 2030,* de 16 de julio de 2021 (COM (2021) 572 final).

21 *Vid.* Sarasíbar Iriarte, M. (coord.) y García Ureta, A.M. (dir.). (2022). *La Estrategia de Biodiversidad de la Unión Europea 2030,* Marcial Pons.

restal de la UE para 2030, podría decirse que tiene dos almas, que lleva contradicciones internas. Por un lado, asume una perspectiva ambiental, asumiendo acríticamente el grueso de lo previsto en la Estrategia de Biodiversidad (que sigue la perspectiva de la acción climática sobre los bosques enfocada principalmente desde la conservación, sobre la base de modelos inertes que separan los bosques y su gestión, de las cadenas de valor de los productos forestales, debido principalmente a que el relato forestal internacional se centra en la deforestación y pérdida de biodiversidad) y, al mismo tiempo, asume la importancia de la gestión forestal y de los recursos forestales para la bioeconomía y su rol clave para las zonas rurales y el empleo. No se parte de un concepto "sano" y real de la gestión forestal. La gestión forestal sostenible activa incluye el cuidado del recurso natural: contamos con legislación vigente en Europa y España que minimiza los riesgos de malas prácticas forestales[22].

---

22 A estos efectos, juega un papel muy importante la Certificación Forestal, *vid.* García-Moreno Rodríguez, F. (2021). *La certificación forestal: un instrumento económico de mercado al servicio de la gestión forestal sostenible.* Thomson Reuters Aranzadi. El razonamiento que se defiende en este trabajo es el siguiente. Por ejemplo, en lo que se refiere a la bioeconomía forestal circular. La bioeconomía forestal circular supone que los procesos se producen en cascada, pero que sea circular no significa necesariamente que sea sostenible, hay que hacerla sostenible. Que será cuando la bioeconomía sea compatible con los Servicios ambientales. Por ello, es muy importante a la hora de gestionar una explotación forestal establecer los umbrales de los servicios ambientales de esa explotación que no pueden sobrepasarse o menoscabarse. Imponer a las empresas productoras la obligación de mantener umbrales de aprovechamiento para no comprometer los servicios ambientales. Estos umbrales hay que elaborarlos, en algunos países se están ya elaborando como en Noruega. El sector debe fortalecer los servicios de los ecosistemas como base de la bioeconomía en una situación de cambio ambiental y social que genera incertidumbre en la toma de decisiones. Para ello, los servicios ecosistémicos de los sistemas forestales deben integrarse en los modelos selvícolas y en las decisiones técnicas de gestión. Para ello es necesario seguir avanzando en el estudio y cuantifica-

La Estrategia apuesta, por primera vez, por el uso en cascada y la preferencia de usos de largo plazo, como la madera en la construcción, en detrimento de la biomasa y de los productos de las biorrefinerías (textiles, bioplásticos, bioquímicos) que pueden alcanzar incluso una mayor aportación de sustitución que la madera en la construcción. Los materiales y productos sostenibles de madera almacenan carbono durante todo su ciclo de vida útil lo que les convierte en el material ideal para la construcción sostenible y "climáticamente neutra", en sustitución de materiales más contaminantes como el acero o el hormigón. De tal forma, la Estrategia propone "promocionar la bioeconomía forestal para productos de madera de larga duración", al mismo tiempo que propone el aprovechamiento de biomasa como prevención de incendios, para fines energéticos y gestión sostenible de los montes y para "garantizar el uso sostenible de los recursos derivados de la madera para la bioenergía". La bioenergía producida con biomasa forestal es actualmente la principal fuente de energía renovable en la UE (téngase en cuenta que la biomasa se regula en el Reglamento UTCUTS (**TOL6.641.047**) como neutral en emisiones de carbono, en coherencia con las directrices del IPCC acordadas a nivel internacional que establecen que las emisiones de la combustión de biomasa pueden contabilizarse como cero en el sector de la energía, a condición de que se contabilicen en

---

ción de la influencia de la gestión en cada uno de estos servicios. Desde un punto de vista general, dado que los servicios ambientales suponen en sí mismos la protección de los ecosistemas, de cuya salud depende la del planeta, podría afirmarse que representan el mayor valor de los bosques. No obstante, se puede afirmar que asegurar la rentabilidad económica de los bosques a través del aprovechamiento sostenible de sus bienes directos es una forma de asegurar los servicios ambientales que proporcionan, pero siempre teniendo en cuenta la determinación de umbrales de aprovechamiento que no comprometan los servicios ambientales de los montes. Sobre este extremo *vid.* Borras Pentinat, S. (2015). "Retos de la política ambiental de la UE hasta 2020: "¿vivir bien, respetando los límites de nuestro planeta"?". *Revista General de Derecho Europeo,* (1), 35.

el sector UTCUTS). Sin embargo, la Estrategia se manifiesta en contra de que se utilicen "árboles enteros" para producción de energía y establece un uso en cascada: primero para productos madereros de larga duración y después, en quinto lugar, el uso para bioenergía. Ello supone el establecimiento de unas medidas restrictivas en lo referido a la gestión forestal (que pueden suponer en última instancia, cercenar la cadena forestal) para amplios territorios poco poblados —justo los más forestales— sin abordar el efecto territorial regresivo que pueden provocar para el ámbito rural forestal frente a las ciudades.

En la misma línea, la nueva Estrategia forestal de la UE prevé el desarrollo de sistemas de pago a los propietarios y gestores forestales a cambio de la prestación de servicios ecosistémicos, como la función de sumidero de carbono, para supuestos como el mantenimiento de algunas partes de sus bosques intactas, ¿referido solo a bosques primarios? Por su excepcionalidad, parece que subyace la idea de ampliar la medida a masas forestales antropizadas, donde se pretende que no se pueda realizar ningún aprovechamiento (¿volvemos al concepto de monte como florero?) ¿Y con esta visión estática del monte se garantizaría la conservación del sumidero de carbono? ¿Es que, acaso está garantizado que ese bosque no resulte dañado por fenómenos naturales (viento, fuego, nieve) que lo dañe y libere el carbono? De tal forma, se prevén pagos por "no tocar" pero no por gestionar, con lo que la selvicultura de carbono queda en segundo plano. Parece que se ha optado más por un concepto estático que dinámico de los bosques, no apostando por una gestión forestal sostenible y activa, como si en el fondo se desconfiara de la gestión forestal, cuando se ha demostrado que la gestión forestal optimiza la plurifuncionalidad del monte y su capacidad como sumidero de carbono[23]. Este planteamiento, des-

---

[23] *Vid.* DE la Cruz, S., Calama, R., Montero, G., Rubio, A. (2016). *Posibilidad de aumentar la capacidad de absorción de CO2 de los sistemas forestales mediante la gestión forestal,* Comunicación presentada en CONAMA, Madrid, 28 de noviembre a 1 de diciembre de 2016, 4 y ss. (http://www.conama2016.org. Recuperado el 12 de febrero de 2024); Herrero, C. y

de luego, lastra la multifuncionalidad del monte. En esta línea, la medida de repoblar 3.000 millones de árboles durante el presente decenio ¿es para que luego sin gestión forestal se mantengan en perfecto estado?[24]

Bajo estas medidas subyace ese concepto de "adicionalidad" que sólo considera que es una acción climática cuando "solo se

---

Rodríguez-de-Prado, D (2017). *QuantC, una herramienta informática para la cuantificación de carbono en los bosques,* Comunicación presentada en el 7.º Congreso Forestal Español (CFE), Plasencia, 23 a 30 de junio 2017. (http://7cfe.congresoforestal.es/. Recuperado el 12 de febrero de 2024); Martínez Fernández, J.F. (2016). *Proyecto LIFE FOREST CO_2. Impulsando la gestión forestal como pieza clave en la mitigación del cambio climático,* Comunicación presentada en CONAMA. (http://www.conama2016.org. Recuperado el 12 de febrero de 2024); y Martínez, R., Jordán, E., Velamazán, M. y Martínez-Fernández, F. (2017). *Proyecto LIFE FOREST CO_2; una propuesta desde la Gestión Forestal Sostenible para una economía baja en carbono,* Comunicación presentada en el 7.º Congreso Forestal Español (CFE). (http://7cfe.congresoforestal.es/. Recuperado el 12 de febrero de 2024).

24 En la Estrategia Forestal Española 2050 se recogen los siguientes datos. En España los terrenos forestales representan más de la mitad de su superficie terrestre. Según el Mapa Forestal de España (MFE) y el Inventario Forestal Nacional (IFN), "algo más de 28 millones de hectáreas son espacios forestales que responden a la condición legal de montes", es decir el 55,8 % del territorio. Más de 18,7 millones de hectáreas se encuentran arboladas, lo que representa el 66 % de la superficie forestal y cerca del 37 % del territorio terrestre. Desde la aprobación de la EFE en 1999, la superficie forestal arbolada, ha aumentado en casi 1,5 millones de hectáreas. Entre las razones para ese crecimiento se encuentran las 430.579 hectáreas de repoblaciones forestales entre 2000 y 2020, así como la forestación de tierras agrarias favorecida por la Política Agrícola Común (PAC) de la Unión Europea en la última década del siglo XX, lo que supusieron 298.482 hectáreas desde 2000 hasta 2020. A estos trabajos de recuperación se suma "la regeneración natural de arbolado y matorral a costa de cultivos y pastos o eriales marginales abandonados al compás de la despoblación rural". Entre 1940 y 1999 se repoblaron alrededor 4 millones de hectáreas. Con estas cifras ¿Se puede afirmar que la solución pasa por seguir repoblando y reforestando?

destina a la mitigación"; esto claramente no encaja con una gestión forestal multifuncional. Este planteamiento, además, claramente dificulta la conceptualización como "cobeneficios" [25] de las externalidades ambientales que genera un selvicultor con la gestión forestal multifuncional que realiza[26], lo que es claramente disfuncional, pues la consecuencia es que estas externalidades son "gratis" y desincentivan la gestión forestal. Lo efectivo es que el enfoque fuera justo al revés: que la sociedad pagara a los selvicultores los servicios ambientales (externalidades ambientales) que proporcionan los montes y que son mejorados con la gestión forestal mediante estructuras de Pago por Servicio Ambiental (PSA)[27], como se señalaba en la Posición del Parlamento antes expuesta.

---

25 La Ley 7/2021, de Cambio Climático y Transición Energética que establece como uno de los objetivos la puesta en marcha de los llamados "cobeneficios". Se recoge la necesidad de incentivar la participación de los propietarios y gestores públicos y privados en el aumento de la capacidad de captación de CO2 de los sumideros de carbono terrestres y marinos, especialmente los del sector agrario y forestal. Para ello, junto con su identificación, evaluación y seguimiento, se fomentarán sus cobeneficios como motor de desarrollo de las zonas rurales (art.26, apartados 2 y 3).

26 Reconocido en los arts. 4 y 65 de la Ley Básica 43/2003, y sobre concepto de externalidad ambiental o servicio ambiental, art. 3 de la Ley 42/2007, de 13 de diciembre, del Patrimonio Natural y de la Biodiversidad. En la planificación y ordenación de los terrenos forestales, se instituye la multifuncionalidad como garantía de plasmación de ordenación sostenible. Dicho de otra forma, la planificación y gestión será sostenible si el monte se ordena y explota, teniendo en cuenta todo su potencial multifuncional. *Vid.* Karrera Egialde, M.M. (2014). "Sobre la función de los montes y su planificación". *Revista Vasca de Administración Pública,* (99-100), 1795-1803; Martín Mateo, R. (2002). "Los servicios ambientales del monte". *Revista Española de Administración Local,* (288), 57-78; y Plaza Martín, F.J. (2001). "La función ambiental de los montes: gestión, restauración y conservación". *Revista de Estudios Locales,* (núm. Extraordinario, julio), 350-362.

27 Sobre la conceptualización de los servicios ecosistémicos vid. García García, S. (2022). *Los servicios ambientales en el Derecho español,* Tirant

Esta es la posición de la Unión Europea actual sobre la gestión de nuestros montes, a pesar de que ya en 1998 la Comunicación de la Comisión al Consejo y al Parlamento Europeo sobre una estrategia de la Unión Europea para el sector forestal[28] señaló que los incendios forestales son uno de los principales factores que ponen en peligro el desarrollo sostenible casi en la mitad de los bosques de la Unión Europea.

En definitiva, la Estrategia Forestal de la UE para 2030 debería de partir de la gestión forestal activa sostenible como componente clave para dirigir las diversas y multifuncionales tareas de los bosques en el presente y en el futuro, tal y como se define en el proceso FOREST EUROPE. Pero, lejos de ello, la Estrategia altera significativamente el equilibrio actual entre las funciones socioeconómicas y ecológicas de la selvicultura multifuncional y avanza hacia un exclusivo enfoque ambiental, lo que conlleva dejar en segundo plano los aspectos económicos, siendo los montes

---

lo Blanch. Sobre los sistemas PSA *vid.* Rodriguez-Chaves Mimbrero, B. (2013). "Pagos por Servicios Ambientales (PSA) en el Derecho Europeo y en el Derecho interno español. Apuntes sobre su situación actual y perspectivas", *Revista Aranzadi de Derecho Ambiental,* (24), 82-127. Sobre uno de los sistemas PSA específico, el contrato territorial, *vid.* Lozano Cutanda, B. y Rábade Blanco, J.M. (2013). "El pago por servicios ambientales para el desarrollo sostenible del medio rural. Los contratos territoriales", *Libre mercado y protección ambiental: intervención y orientación ambiental de las actividades económicas.* (Francisco Javier Sanz Larruga (dir.), Marta García Pérez (dir.), Juan José Pernas García (dir.), Jaime Rodríguez-Arana Muñoz (pr.), 337-357 y Rodríguez-Chaves Mimbrero, B. (2012). "La gobernanza del medio rural. A propósito del Real Decreto 1336/2011, de 3 de octubre, por el que se regula el contrato territorial como instrumento para promover el desarrollo sostenible del medio rural". *Revista de derecho urbanístico y medio ambiente,* (273), 153-192. Centrado en el ámbito rural, Muñoz Amor, M.d.M. (2017), *El contrato territorial en la agricultura multifuncional,* Reus, y en el ámbito Forestal, García Asensio, J. M. (2020). "El contrato territorial en España aplicado al sector forestal. Revista Aranzadi de Derecho Ambiental", (47), 127 a 171.

28 Documento COM (1998) 649, 3 de noviembre de 1998, p. 12.

cada vez menos rentables para sus propietarios. Y hay una máxima que siempre se cumple: un monte no rentable, tarde o temprano, arde. Este enfoque puede llegar a poner en peligro la viabilidad a largo plazo los montes y la selvicultura[29].

El enfoque adoptado por la Nueva Estrategia Forestal Europea (2030) sobre el papel de los montes y la gestión forestal incide directamente en la nueva PAC (2023-2027), de acuerdo con en el Reglamento (UE) 2021/2115 de la PAC (**TOL8.730.175**) que, expresamente dispone que las intervenciones relativas a la selvicultura deben contribuir a la aplicación de la "Nueva Estrategia de la UE en favor de los Bosques para 2030". Esta disposición tiene una gran importancia pues la nueva PAC (2023-2027) constituye la fuente de apoyo financiero más importante para la gestión forestal. Los montes cada vez tienen más peso en la política comunitaria pero no tienen un instrumento propio. La PAC es una política agraria, no es una política forestal. Nunca ha sido un instrumento de Política Forestal porque la UE no tiene competencia forestal comunitaria. Esta es la razón de la exclusión de los bosques del Pilar I de la PAC. No obstante, el Pilar II de la PAC —ayuda al desarrollo rural— ofrece una amplia variedad de instrumentos que pueden ser beneficiosos para el medio ambiente y el clima en los que se pueden incluir claramente los montes. Pero ¿en qué medida, se ha avanzado hacia la integración de los bosques en la PAC? La PAC es una política agraria y, en consecuencia, los aspectos forestales que se recogen en la PAC tienen un claro carácter accesorio y complementario. No contempla el sector forestal como un todo sino como algo accesorio a lo agrario. Además, al incluirse los montes en el segundo Pilar, los fondos de los que se pueden beneficiar son sensiblemente menores que los destinados a la agricultura. El principal montante de financiación se va al Pilar I.

Dada la evolución que ha tomado la PAC, no se vislumbra grandes posibilidades en la PAC para posibilitar una gestión sostenible

29 Y decimos a largo plazo porque el acierto o error de las decisiones en materia forestal se ven a largo plazo.

de los montes. El contexto de la PAC va a ser cada vez más restrictivo en cuanto recursos y el montante principal cada vez más se va a concentrar en el Pilar I (pagos directos) porque la capacidad de presión que tiene el sector agroalimentario es mucho mayor que la del sector forestal (lo mismo ocurre para la gestión y conservación de la Red Natura 2000).

Por ello, hay que abogar por que en un futuro el sector forestal se financie por instrumentos que estén fuera de la PAC. Puede hacerse por dos vías: o bien demandando a la UE una política forestal común en el marco del Pacto Verde Común o bien concentrando todos los esfuerzos en la política de cohesión, cuyos fondos serán cada vez más cuantiosos (como el FEDER).

Centrándonos en el Plan Estratégico de la PAC 2023-2027 de España (PEPAC), se puede afirmar que las intervenciones adoptadas no parten de la consideración del sector forestal como un todo sino como algo accesorio a considerar para la mejora de la agricultura, la lucha contra el cambio climático y la regulación del clima, o la conservación de otros recursos naturales como las aguas continentales (disponibilidad y calidad de las aguas) y la protección de suelos. Parece que las múltiples funciones que ofrecen los montes a la sociedad impiden que sean valorados como un fin en sí mismos, como ocurre con otros recursos naturales como el agua o el aire.

En el PEPAC, es cierto, se incluye la intervención: "Inversiones para el aprovechamiento, transformación, movilización y comercialización de productos forestales", pero no se han concretado con la mayor eficacia posible. El sector forestal debe afianzarse como origen de riqueza desde el sector primario hasta la industria y como proveedor de materias primas a múltiples cadenas de valor. Además de su valor en sí, muchas de estas cadenas como la madera, la resina, el corcho, son clave para sustituir materias no renovables en sectores como la construcción y la edificación, la energía, la industria química o farmacéutica y otras, desarrollando la bioeconomía y mitigando el cambio climático. La movilización y protección de los recursos forestales es de las pocas actividades económicas que realmente es capaz de crear y anclar empleo y por lo tanto población a entornos rurales, permitiendo luchar contra el desafío demográfico y mejora el patrimonio natural y los servicios ecosistémicos.

2.2. *La Ley de Restauración de la Naturaleza*

El 9 de noviembre de 2023, El Parlamento, el Consejo de la UE y la Comisión Europea alcanzaron el acuerdo sobre la Ley de Restauración de la Naturaleza. El futuro Reglamento formará parte integrante de la Estrategia sobre la Biodiversidad de aquí a 2030. La Ley de Restauración de la Naturaleza tiene por objeto poner en marcha medidas de recuperación que cubrirán al menos el 20 % de las zonas terrestres y el 20 % del mar de la UE para 2030, y todos los ecosistemas que necesitan restauración para 2050. Establece objetivos y obligaciones jurídicamente vinculantes específicos para la restauración de la naturaleza en cada uno de los ecosistemas enumerados, desde tierras agrícolas y bosques hasta ecosistemas marinos, de agua dulce y urbanos.

El Consejo ha optado por que los estados miembros presenten en primer lugar planes nacionales de restauración que cubran hasta junio de 2032, con una visión estratégica para el período posterior a esa fecha. A partir de junio de 2032, los estados miembros deberán presentar planes de restauración hasta 2042 con un panorama estratégico hasta 2050 y para junio de 2042 presentarían planes hasta 2050. Los Estados miembros podrán tener en cuenta en sus planes las especificidades nacionales en términos de requisitos sociales, económicos y culturales, características regionales y locales y densidad de población, incluida la situación específica de las regiones ultraperiféricas.

En España, la aprobación de este Reglamento europeo podrá suponer que alrededor del 40% de la superficie total que está bajo la Red Natura 2000 quede improductiva, y que gran parte de nuestros montes queden como parques temáticos a los que les cercenamos toda su multifuncionalidad y exponemos a sufrir incendios forestales inatacables.

3. LA INSTAURACIÓN DE LOS CORREDORES ECOLÓGICOS Y LA PREVENCIÓN DE LOS INCENDIOS FORESTALES

El art. 4 de la Ley 43/2003, de Montes, en el marco de la "multifuncionalidad de los montes" incluye dentro de los servicios ambientales que prestan que son "elementos fundamentales de la conectividad ecológica y del paisaje", por lo que se podría considerar que los montes son corredores ecológicos en sí mismos. En efecto, la Estrategia Nacional de Infraestructura Verde y de la Conectividad y Restauración Ecológicas (ENIVCRE)[30], entre los elementos del paisaje vinculados directa o indirectamente a los espacios forestales que pueden cumplir la función de corredores ecológicos, se incluyen los sotos y ribazos, zonas de mosaico

---

30 Aprobada mediante la Orden 735/2021, de 9 de julio, del Ministerio de la Presidencia, Relaciones con las Cortes y Memoria democrática, y prevista en el art. 15 de la Ley 42/2007 del Patrimonio Natural y la Biodiversidad (en su modificación por la Ley 33/2015). Esta estrategia se basa en la Comunicación COM(2013) 249 final, de 6 de mayo, de la Comisión al Parlamento europeo, al Consejo, al Comité Económico y Social europeo y al Comité de las Regiones titulada "Infraestructura verde: mejora del capital natural de Europa", que la define como "una red de zonas naturales y seminaturales y de otros elementos ambientales, planificada de forma estratégica, diseñada y gestionada para la prestación de una extensa gama de servicios ecosistémicos (art. 77 Ley 42/2007 del Patrimonio Natural y la Biodiversidad), que incorpora espacios verdes (o azules en el caso de los ecosistemas acuáticos) y otros elementos físicos de espacios terrestres (que podrán ser rurales o urbanos y que incluyen también las zonas costeras) y marinos". *Vid.* Sánchez Sáez, A.J. (2022). *Novedades y retos actuales del patrimonio natural", El patrimonio natural en la era del cambio climático*: actas del XVI Congreso de la Asociación Española de Profesores de Derecho Administrativo, Tolivar Alas (dir.), José Huergo Lora (dir.), Cano Campos (dir.), Oviedo, 140 y Fernández de Gatta Sánchez, D. (2018). "La Estrategia estatal de infraestructura verde y de la conectividad y restauración ecológicas: un nuevo instrumento para proteger la biodiversidad". *Actualidad Jurídica Ambiental,* (81), 57-120.

agroforestal, los cursos fluviales, los bosques y la vegetación de ribera asociada, las vías pecuarias y los caminos rurales y forestales, las zonas de alta conectividad entre áreas de la Red Natura 2000 con mayor número posible de asociaciones vegetales, las cadenas montañosas y los valles y barrancos. En el mismo sentido, se reconocen los montes como corredores ecológicos en la Estrategia Forestal Española horizonte 2050 (EFE)[31] y el Plan Forestal Español 2022-2032 (PFE)[32], ambas aprobadas por el Consejo de Ministros, el 20 de diciembre de 2022[33].

Tanto la EFE como el PFE se articulan en cinco Ejes de intervención y 25 Líneas de Acción. En lo que aquí más nos interesa, nos vamos a centrar en los Ejes I. —"Conservación y mejora del patrimonio natural, la biodiversidad y la conectividad"— y II. —"Prevención y adaptación de los montes ante el cambio climático y otros riesgos"—. De acuerdo con estos ejes, se sienta la necesidad de reforzar el papel del dominio público forestal, pecuario e hidráulico como elementos de la infraestructura verde claves para favorecer la conectividad a través de corredores ecológicos entre espacios forestales de interés natural. En este sentido, se menciona la especial importancia que tiene coordinar las propuestas, metas y actuaciones de la Estrategia Nacional de Infraestructura Verde y de la Conectividad y Restauración Ecológicas (ENIVCRE, 2021), del Plan Estratégico del Patrimonio Natural y la Biodiversidad y de los instrumentos de política forestal en materia de restauración de hábitats forestales con el consiguiente incremento de superficie forestal arbolada. Y, en este aspecto, señala la EFE[34] que, en los proyectos de restauración forestal ha de tenerse muy en cuenta una visión holística e integral del sistema natural que se quiere recuperar *sobre la base de la multifuncionalidad, debiéndose tomar en consideración "su integración funcional en el paisaje, particu-*

---

31 Prevista en art. 29 de la Ley 43/2003 de Montes.

32 Prevista en art. 30 de la Ley 43/2003, de Montes.

33 Siendo este marco estratégico el previsto en el hito 64 del Plan de Recuperación, Transformación y Resiliencia.

34 *Vid.* pág. 142.

larmente en lo que respecta a la conectividad ecológica y a la propagación de plagas y del fuego".

Innegablemente, por primera vez en un documento programático se pone en relación la conectividad y la expansión del fuego. No obstante, no se indica ni en la EFE ni en el PFE ninguna medida que tenga como fin conjugar el "favorecer la conectividad" y la prevención de los incendios forestales.

Y es que los montes no son sólo corredores ecológicos; son "Infraestructura Verde[35]". La concepción de los montes como Infraestructura Verde contempla a estos desde las externalidades o servicios ambientales, como parte de su multifuncionalidad o plurifuncionalidad, que ofrecen a toda la sociedad (art. 4), lo que conduce a uno de los objetivos de la Ley 43/2003, que es contribuir a la imbricación del territorio forestal como una parte muy importante del mundo rural, al que pertenece, y a cuyo desarrollo ha de coadyuvar de forma activa por su multifuncionalidad. Dicha multifuncionalidad tiene que ser potenciada por la gestión forestal, que sólo podrá considerarse que es sostenible cuando se logre con dicha gestión el equilibrio entre las funciones económicas, ecológicas y sociales, incluyendo las culturales (materiales e inmateriales), sin que ninguna de ellas vaya en detrimento de las demás. Y dicha gestión forestal tiene que existir, adaptada a las diferentes clases de montes.

Ha de resaltarse que el reconocimiento de la plurifuncionalidad de los montes obliga a las Administraciones públicas a velar en todos los casos por su conservación, protección, restauración, mejora y ordenado aprovechamiento. Dicho de manera contraria, la degradación de los ecosistemas forestales y la pérdida de valores naturales, culturales y económicos debido a la recurrencia e intensidad de incendios, atentan contra su función social y su mul-

---

35 La primera vez en la que se incorpora el concepto jurídico de "Infraestructura Verde" en el derecho interno español es en la Ley 4/2004, de 30 de junio, de Ordenación del Territorio y Protección del Paisaje (**TOL443.229**) (art. 19 bis).

tifuncionalidad, como fuente de recursos, servicios ambientales y sustento de actividades económicas[36]. Así, el art. 43 de la Ley Básica de montes establece que corresponde a las Administraciones públicas competentes la responsabilidad de la organización de la defensa contra los incendios forestales. Por ello, deberán adoptar, de modo coordinado, medidas conducentes a la prevención, detección y extinción de los incendios forestales, cualquiera que sea la titularidad de los montes[37].

Por todo lo expuesto, dentro de esa visión "holística e integral del sistema natural" que preconiza la EFE, ha de defenderse la coordinación entre la Estrategia Nacional de Infraestructura Verde y de la Conectividad y Restauración Ecológicas, el Plan Estratégico del Patrimonio Natural y la Biodiversidad y los instrumentos de política forestal; la coordinación de todos estos instrumentos debe entenderse en el sentido de que las medidas contenidas en la Estrategia Nacional de Infraestructura Verde y de la Conectividad y Restauración Ecológicas para la restauración de sistemas multifuncionales y optimización de servicios ecosistémicos, en lo que respecta a la conectividad ecológica, deberán ser compatibles con las medidas que se adopten para prevenir la propagación de plagas y del fuego. Téngase en cuenta que se ha pasado de "redes de hábitats[38]" a "red de infraestructura verde", que comprende un

---

36 *Vid.* Sarasíbar Iriarte, M. (2007), *El derecho forestal ante el cambio climático: las funciones ambientales de los bosques*, Aranzadi; y MORENO, J.M. (2014).*Los incendios forestales en España en un contexto de cambio climático: información y herramientas para la adaptación (INFOADAPT)*, Memoria final del proyecto financiado por la Fundación Biodiversidad.

37 *Vid.* Sarasíbar Iriarte, M. (2022). "El derecho ante los riesgos y desastres naturales". *Revista General de Derecho Administrativo*, (61), 10. Así también se considera en el informe del Defensor del pueblo, "Medidas para la prevención y extinción de incendios forestales", 19 de junio de 2023 https://www.defensordelpueblo.es/resoluciones/medidas-para-la-prevencion-y-extincion-de-incendios-forestales/. Recuperado el 31 de enero de 2024.

38 Previstas en el art. 10 de la Directiva 92/43/CEE del Consejo, de 21 de mayo de 1992, relativa a la Conservación de los hábitats naturales y de

elemento de multifuncionalidad; y desde este elemento de multifuncionalidad la sostenibilidad se asienta en los tres pilares social, económico y ambiental.

Así, en la "*Línea de actuación 6.06. Integrar la Infraestructura Verde en los instrumentos estratégicos, la planificación y la gestión del sector forestal*" de la Estrategia Nacional de Infraestructura Verde y de la Conectividad y Restauración Ecológicas literalmente se establece que "el incremento de los incendios forestales asociado a la subida de las temperaturas y a la sequía como consecuencia del cambio climático, y el mandato constitucional a todas las administraciones públicas de restaurar y defender el medio ambiente, determina su deber de reforzar las medidas de prevención de incendios forestales y, entre ellas, la resiliencia de los montes frente al fuego [artículo 3 k) de la Ley 43/2003, de Montes]". Del mismo modo, entre las líneas de actuación prioritarias del Plan estratégico estatal del patrimonio natural y de la biodiversidad a 2030[39], se encuentra la "Prevención y extinción de incendios forestales".

Y ¿en qué instrumento se tendrían que incluir las medidas dirigidas a prevenir la propagación de los incendios forestales y que pudieran incidir en la conectividad ecológica? La respuesta a esta cuestión nos la puede proporcionar el art. 21 de la Ley 42/2007 del Patrimonio Natural y de la Biodiversidad (**TOL1.210.868**) que otorga un papel prioritario a las vías pecuarias y las áreas de montaña como corredores ecológicos incorporando a la planificación ambiental, o a los Planes de Ordenación de los Recursos Naturales (PORN), mecanismos para lograr la conectividad ecológica del territorio, estableciendo o restableciendo corredores, en par-

---

la fauna y flora silvestres (Directiva Hábitats).

39 Aprobado por Real Decreto 1057/2022, de 27 de diciembre, en aplicación del art. 13 de la Ley 42/2007, de 13 de diciembre, del Patrimonio Natural y de la Biodiversidad y del hito número 62 correspondiente al componente 4, reforma 1 (C4. R1), del anexo revisado de la Decisión de Ejecución del Consejo (CID) relativa a la aprobación de la evaluación del plan de recuperación y resiliencia de España, que establece la adopción de dicho Plan estratégico antes del 31 de diciembre de 2022.

ticular entre los espacios protegidos de la Red Natura 2000 y entre aquellos espacios naturales de singular relevancia para la biodiversidad. Pues bien, cuando los montes constituyan o formen parte de un espacio protegido, el propio PORN sería el instrumento más idóneo y funcional para incorporar las medidas necesarias que pudieran incidir en la conectividad ecológica con el fin de prevenir la propagación de los incendios forestales. Al respecto, téngase en cuenta que la parte forestal de los PORN podrá tener el carácter de PORF, siempre y cuando cuenten con el informe favorable del órgano forestal competente[40]. Es imprescindible la gestión de combustibles también en áreas protegidas, para evitar pérdidas de biodiversidad y degradación a escala de paisaje.

Para los casos en que un monte no constituya o no forme parte de un espacio protegido, entonces el instrumento idóneo podría ser el PORF[41]. Y, desde luego, las medidas que incluyan los PORF (o el PORN que haga las funciones de PORF) que puedan incidir o modular la conectividad, en aras de la prevención de la propagación de los incendios forestales, tendrán que ajustarse a las "Directrices básicas de gestión forestal sostenible", que deberían incorporar las "Orientaciones estratégicas para la gestión de incendios forestales en España". Es una disfuncionalidad clave destacable que las Directrices básicas de gestión forestal sostenible, aprobadas el 20 de diciembre de 2022, no recojan ninguna indica-

40 Art. 31.8 Ley 43/2003, de montes.

41 Regulado en el art. 32 de la Ley 43/2003, de montes, en cuyo apartado 6 regula su contenido, que se ajusta perfectamente a la posible adopción de estas medidas dirigidas a compatibilizar la conectividad con la prevención de los incendios forestales: a) Delimitación del ámbito territorial y caracterización del medio físico y biológico; e) Zonificación por usos y vocación del territorio. Objetivos, compatibilidades y prioridades; y f) Planificación de las acciones necesarias para el cumplimiento de los objetivos fijados en el plan, incorporando las previsiones de repoblación, restauración hidrológico-forestal, prevención y extinción de incendios. Los PORF vinculan la planificación y gestión forestal con el decisivo ámbito de la ordenación territorial, como se afirma en la propia exposición de motivos de dicha ley.

ción sobre la necesidad de armonizar la existencia de corredores ecológicos y la prevención de los incendios forestales. Asimismo, en la regulación contenida en los PORF se debería tener muy en cuenta también las determinaciones contenidas en los "planes anuales para la prevención, vigilancia y extinción de incendios forestales" aprobados por las Comunidades Autónomas.

Los PORF vinculan la planificación y gestión forestal con el decisivo ámbito de la ordenación territorial, como se afirma en la propia Exposición de Motivos de la Ley Básica de montes de 2003; por lo que se puede afirmar su idoneidad para incidir en la conectividad ecológica, que claramente es una herramienta con impacto en el territorio.

En el caso de que se pudiera producir una contradicción entre el contenido de la Estrategia autonómica de infraestructura verde y de la conectividad y restauración ecológicas[42] y las medidas forestales contenidas en el PORF que incidan en la conectividad ecológica, considero que, al ser medidas de carácter forestal, debería prevalecer lo establecido en el PORF.

Existe pleno consenso técnico y científico en reconocer que el problema de los incendios forestales ha variado y que se necesita un cambio de enfoque en las políticas de gestión de incendios. El legislador y las administraciones públicas competentes han de seguir una estrategia de lucha integral contra los incendios forestales que tenga como fin adaptar el territorio para prevenir[43] los incendios forestales convectivos o inatacables, recuperando un paisaje en mosaico cuyas discontinuidades en la biomasa procurarán la diversificación agroforestal del territorio frenando o

---

42 Que deberían, como muy tarde estar aprobadas en el verano de 2024, y tendrán que tener como base las directrices de la Estrategia estatal (art. 15.4 *Ley 42/2007 del Patrimonio Natural y de la Biodiversidad).*

43 En este aspecto, téngase muy en cuenta Sarasíbar Iriarte, M. (2023) "Restauración y compensación en la protección de los bosques", *Restauración y compensación ecológica: la perspectiva jurídica* (Dir. Garcia Ureta y Soro Mateo), Iustel, 219-245.

atenuando los efectos de los incendios con la implantación de actividad sostenible. Con el fin de propiciar "Paisajes cortafuegos" sería muy deseable aprobar una Ley Básica estatal para la Gestión Integral de los Incendios Forestales que vaya más allá del contenido del Real Decreto-Ley 15/2022 e incorpore las acertadas indicaciones contenidas en las "Las orientaciones estratégicas para la gestión de incendios forestales en España" (2022), y de esta manera se apliquen en todo el territorio español, y, en consonancia con ello, se ajusten, en la medida de lo posible, las previsiones del Plan Estratégico de la PAC 2023-2027 de España en la próxima actualización.

Hay que restaurar porque no hemos sido capaces de conservar. Conservemos nuestros montes, pero no como si estuvieran en conserva, sino aplicando una gestión forestal activa. Conservar es gestionar[44]. No existe una dicotomía real entre restaurar y gestionar; para restaurar necesitaremos de más gestión. Tenemos que restaurar nuestros ecosistemas forestales con gestión, propiciando una naturaleza que preste servicios de prevención. Apliquemos medidas preventivas ante una de las principales amenazas que tiene nuestra naturaleza y nuestra sociedad: los incendios forestales.

44 Imprescindible, López Ramón, F. (2019). *Conservar el patrimonio natural.* Reus.

Estudio comparado de dos modelos de conectividad ecológica en el espacio urbano: la ciudad de Madrid y el Bilbao metropolitano

MAITE URIARTE RICOTE
Profesora Titular
Universidad de País Vasco / Euskal Herriko Unibertsitatea

SUMARIO: 1. INTRODUCCIÓN. 2. CARACTERÍSTICAS PROPIAS DEL SISTEMA. 3. CUATRO PILARES INDISPENSABLES PARA SU IMPLANTACIÓN. 4. FORMAS DE INTEGRACIÓN. 4.1. Despliegue desde los planes especiales. 4.1.1. Un plan para la ciudad de Madrid. A. Punto de partida y técnicas elegidas. B. Una infraestructura más de la ciudad. 4.1.2. La expansión: el Bosque metropolitano. 4.2. Integración desde el planeamiento territorial. 4.2.1 Instrumentos de concreción. A. El PTP del Bilbao Metropolitano: su relación con los planes urbanísticos. B. Condicionantes superpuestos y directrices. 4.2.2. Una Infraestructura Verde urbana para cada municipio. 5. CONCLUSIONES.

1. INTRODUCCIÓN

La perspectiva elegida para abordar el presente estudio de la conectividad ecológica desde el Derecho es la que pone el foco en el instrumento pensado para que constituya su sede, el denominado sistema de infraestructura verde (en adelante, IV). El sustantivo "sistema" precede al nombre de esta técnica, precisamente, por la interacción y reciprocidad atribuidas a la conectividad ecológica en sí misma, que ha cobrado especial protagonismo desde que en 2013 la política ambiental europea sentó las bases para el desarrollo de una Estrategia en la materia[1]. Distintos pronunciamientos posterio-

---

1 Comunicación de la Comisión al Parlamento Europeo, al Consejo, al Comité Económico y Social Europeo y al Comité de las Regiones, *In-*

res han remado en esta misma dirección y permeado en el Derecho de los Estados miembros hasta convertirse en una exigencia legal que, como se expondrá, está siendo adoptada de forma desigual por las Administraciones responsables. Mediante la búsqueda de respuestas a tres cuestiones principales que estructuran este análisis, se muestran unas características propias atribuibles al sistema de IV, unos requisitos indispensables para su implantación, y distintas formas de integración de dicho sistema en el ordenamiento jurídico. Con ánimo de ofrecer una perspectiva práctica y contrastada, se otorgará especial atención a la IV urbana[2], en concreto, a la prevista en la ciudad de Madrid y a la que se está diseñando para el área metropolitana de Bilbao.

2. CARACTERÍSTICAS PROPIAS DEL SISTEMA

Según los postulados europeos, el concepto de IV es ambicioso, holístico e integral. Su auge actual se apoya en la biología de la conservación y se debe a múltiples evidencias de la preocupante fragmentación de los hábitats[3] y de la amenaza que esto implica

---

fraestructura verde: mejora del capital natural de Europa, de 6 de mayo de 2013 [COM (2013) 249 final].

2 Véase, García Sánchez, F.J. (2019). "Planeamiento urbanístico y cambio climático: la infraestructura verde como estrategia de adaptación". *Cuaderno de Investigación Urbanística*, (122), 96 págs.

3 Desde hace más de una década se sabe que aproximadamente el 30% del territorio de la Unión Europea registra un grado de fragmentación moderado y muy alto [COMISIÓN EUROPEA, *Estrategia de la Unión Europea sobre la biodiversidad hasta 2020: nuestro seguro de vida y capital natural*, de 3 de noviembre de 2011 (COM (2011) 244 FINAL, p. 5]. La reducción de la fragmentación de hábitats causada por las infraestructuras de transporte se analiza desde 2004 por un Grupo de trabajo *ad hoc*. MITECO. (2004-2023). *Boletín sobre fragmentación de hábitats causada por infraestructuras de transporte*. https://www.miteco.gob.es/es/biodiversidad/temas/ecosistemas-y-conectividad/conectividad-fragmentacion-de-habitats-y-restauracion/fragm_boletines_electronicos.html. Recuperado el 9 de enero de 2024.

para la supervivencia de las especies. A largo plazo, esta supervivencia depende de la cohesión de las redes de hábitats que mantienen las estructuras, entendidas estas como los flujos de materiales y energía que proporcionan los servicios ecosistémicos. Son conocidas las diversas iniciativas que han surgido en las últimas décadas dirigidas a desfragmentar y reconectar el territorio, en especial, la variedad de corredores implantados en distintos ámbitos territoriales[4].

No obstante, el tiempo ha mostrado que ese enfoque ha alcanzado una perspectiva más integradora porque de la biología de la conservación se evoluciona hacia una planificación integral del territorio. De esta forma, el concepto de redes de hábitats o redes ecológicas ha sido ampliado al concepto de IV que persigue, además de la conservación de la biodiversidad, la sostenibilidad socioeconómica a través de la prestación de distintos servicios ecosistémicos, y porque se extiende a ámbitos urbanos. Se ha pasado de un acercamiento parcial, especializado y limitado a evaluar los recursos del paisaje, a un sistema de planificación cada vez más complejo, utilizado globalmente para satisfacer una variedad de necesidades sociales, económicas y ecológicas[5].

Cuando hablamos de IV estamos, tal y como se propone desde la Unión Europea, ante una red de zonas naturales y seminaturales y de otros elementos ambientales, planificada de forma estratégica, diseñada y gestionada para la prestación de una extensa

---

4 La garantía de la conectividad ecológica a través de las funciones que cumplen los corredores ecológicos ha sido objeto de un reciente análisis por Alenza García, J.F. (2023). "Restauración y conectividad ecológica". *Restauración y compensación ecológica: la perspectiva jurídica,* (Dir., García Ureta, A. y Soro Mateo, B.). Iustel, 295-300.

5 Para conocer las experiencias en materia de IV que se están llevando a cabo en diferentes partes del mundo, puede consultarse, Mell, I. (2019). *Green Infrastructure Planning. Reintegrating Landscape in Urban Planning.* Lund Humphries. En esta obra se analizan casos de estudio de localidades de Reino Unido, Estados Unidos, Canadá, Alemania, Dinamarca o Brasil.

gama de servicios ecosistémicos, que incorpora espacios verdes o azules (en el caso de los ecosistemas acuáticos) y otros elementos físicos de los espacios terrestres (incluidas las zonas costeras) y marinos[6].

La IV concierne tanto a los entornos naturales y rurales como a los urbanos y, debido a las características particulares de estos últimos, su presencia será más relevante si atendemos a que en las ciudades los efectos del cambio climático se agudizan, básicamente debido a que son espacios con mucha superficie impermeable (lo que implica un aumento del riesgo de inundaciones), al efecto "isla de calor" creado por el entorno construido, y a la alta concentración de elementos de riesgo que contienen, a saber, de personas, infraestructuras críticas y edificios.

La relevancia que para el desarrollo social, económico y ambiental presentan las urbes ha llevado a calificar el siglo veintiuno como "el siglo urbano" y las razones parecen obvias. Se prevé que para 2050 seis mil millones de personas vivirán en ciudades, el doble de las que vivían en 2020 y, actualmente, se aprecian tres tendencias que van a influir en el futuro climático de dichos espacios: la combinación de descentralización y liberalización, una creciente ambición de los gobiernos locales de eludir las directrices de sus gobiernos nacionales en la materia, y un mayor reconocimiento de sus funciones en la gobernanza política global[7]. Las ciudades se han convertido, por tanto, en una pieza central

---

6 Esta es la definición ofrecida en la Comunicación de la Comisión al Parlamento Europeo, al Consejo, al Comité Económico y Social Europeo y al Comité de las Regiones, *Infraestructura verde: mejora...*, ob. cit., y compendia las formuladas con anterioridad en trabajos como los de Williamson, K. (2003). "Growing with green infrastructure". *Heritage Conservancy*, 5 y ss.; Benedict, M. y Mcmahon, E. (2006). *Green Infrastructure: Linking Landscape and Communities*. Island Press, 3-5; Mell, I. (2010). *Green Infrastructure: Concepts, Perceptions, and Its Use in Spatial Planning*. Newcastle University eTheses, 16 y ss., entre otros.

7 Van der heijden, J., Bulkeley, H., Certoma, C. (2019). "Promises and concerns of the Urban Century". *Urban Climate Politics*, Cambridge, 1-20.

para la búsqueda de soluciones al cambio climático, un espacio de oportunidades para la experimentación, centros de innovación y productividad y una fuente de oportunidades[8].

Los servicios y beneficios que aporta la IV a los núcleos urbanos, además de medioambientales, son también sociales y económicos. Resumidamente puede destacarse que este instrumento garantiza la presencia de naturaleza en la ciudad, conserva los suelos, disminuye la contaminación atmosférica, atenúa la acústica, aporta humedad, modera la temperatura, genera bienestar físico y psíquico y, en consecuencia, genera plusvalía.

3. CUATRO PILARES INDISPENSABLES PARA SU IMPLANTACIÓN

Un ejercicio de síntesis en la previsión de los principales requisitos que forzosamente deben estar presentes en el diseño e implantación de la IV conduce a seleccionar los cuatro que se describen a continuación. El primero es el referido al enfoque funcional desde el que se afronta su diseño. La funcionalidad, o para ser más precisos, la multifuncionalidad, surge de la constatación de que la mera conservación de las zonas verdes no es suficiente para afrontar los retos ambientales actuales. La tarea es mucho más compleja y no puede abordarse sin considerar aspectos como la resiliencia ecológica o el aumento de los indicadores de salud. Requiere profundizar en técnicas de coordinación y mantener una visión de conjunto que contemple todo en su contexto, de modo que cada elemento (la protección del hábitat o la provisión

---

[8] Muestra de este potencial de las ciudades en la acción contra el clima es el *C40 Climate Leadership Group*, del que forman parte las alcaldías de Madrid y Barcelona. https://www.c40.org/. Recuperado el 9 de enero de 2024. Para comprender las formas de coordinación y cooperación que practican, véase, Gordon, D. (2020). *Cities on the world stage. The politics of global urban climate governance*, Cambridge University Press, 30-55 y 139-167.

de recursos para las personas), pueda coexistir en lugar de entrar en conflicto[9].

El segundo elemento indispensable para considerar la introducción de la IV es el espacio sobre el que se proyecta que, en el caso de las zonas urbanas, constituye un bien escaso y puede poner en peligro el proceso de implantación de este sistema por agregar presión e incentivar la competencia sobre el uso del suelo, con el consiguiente riesgo de eco-gentrificación.

Mantener una perspectiva multifuncional y gestionar adecuadamente el espacio que acogerá esta técnica exigen una visión estratégica y sistémica, tercer requisito que permite acordar objetivos comunes con carácter prospectivo. Como sucede con otros conceptos clave utilizados en el lenguaje relativo a la planificación pensada para abordar el cambio climático, la noción de IV puede generar cierta confusión porque existen, al menos, dos aproximaciones a la misma. La primera hace referencia a "sistemas y prácticas que imitan los procesos naturales para infiltrarse, evapotranspirar (el retorno del agua a la atmósfera ya sea por evaporación o a través de las plantas), o reutilizar aguas pluviales o escorrentías en el mismo sitio en el que se generan". Esta aproximación es la que se suele implementar normalmente a pequeña escala, mediante el diseño de soluciones como biorreactores, jardines de

---

9 La clave está, por tanto, en este concepto de multifuncionalidad que, resumidamente, implica la capacidad para obtener distintos beneficios transversales mediante un proceso orquestado de colaboración entre la arquitectura, el paisajismo, la ingeniería, el diseño urbano, la ecología, la hidrología, el planeamiento urbano y territorial, y otras especialidades en función de las necesidades específicas de cada contexto. Tempany, A., Armour, T. (2020). *Nature of the city. Green infrastructure from the ground up*, RIBA Publishing, 16. La multifuncionalidad está ligada a la idea de obtener resultados positivos multidimensionales —*multidimensional positive outcomes*—, gracias a la aplicación de la regulación ambiental existente. Blac, F., Coletti, P., Gemmel, C. Bertone, C. (2023). "Environmental Law", *Research Handbook on the Enforcement of EU Law*. Miroslava Scholten, 328.

lluvia o infiltrantes, tejados verdes, u otro tipo de instalaciones relativamente pequeñas[10].

La segunda aproximación a la noción de IV desde una planificación que trata de abordar el cambio climático, es conceptualmente más amplia que la anterior. Implica a todas las áreas naturales, independientemente de su nivel de protección como los parques, las vías verdes, los espacios protegidos, los espacios agroganaderos, entre otros, incluso las áreas existentes en las ciudades densamente pobladas, que se ven afectadas por los patrones ecológicos (temperatura, flujo de agua o vegetación común) presentes en estos entornos urbanos[11].

No obstante, hace un tiempo que se observan propuestas dirigidas a superar esa brecha, unificar ambas nociones y proponer un acercamiento multiescalar desde la lente del paisaje. Esta versión de la IV es una manifestación física de un proceso que conecta los espacios construidos y los naturales, y proporciona múltiples beneficios asociados para la salud de las personas y de la vida silvestre. Exige un diseño comprensivo y estratégico que atiende a las complejas interrelaciones de naturaleza ambiental, económica y social, y su implementación pasa por adoptar un pensamiento sistémico[12], un enfoque de diseño coherentemente organizado e

---

10 En Estados Unidos es la visión que se ha mantenido desde la *Environmental Protection Agency*.

11 Esta perspectiva es la mantenida por *The Conservation Fund* en Estados Unidos, una organización independiente creada en 1985 para buscar soluciones a las dificultades de combinar las demandas económicas y los desafíos conservacionistas.

12 El pensamiento sistémico como enfoque aplicado se basa en la creencia de que las partes componentes de un sistema no actúan de la misma forma cuando se encuentran aisladas del entorno del sistema o de otras partes de este. Centra su atención en el examen de los vínculos e interacciones entre los elementos que componen la totalidad del sistema mediante el análisis de las interrelaciones, las perspectivas de cada actor, y los límites que exigen determinar el alcance, la escala y lo que podría entenderse como una mejora. Esta forma de pensamiento se revela

interconectado con apoyo en un patrón o estructura que persiga un propósito. Es este pensamiento sistémico, precisamente, lo que garantiza que la IV pueda atravesar escalas espaciales y abordar múltiples problemas de sostenibilidad, objetivo esencial de la planificación para el cambio climático[13].

Cierra el círculo de estos cuatro pilares la introducción de una planificación integral[14], la mejor técnica disponible que permite considerar la funcionalidad de forma apropiada en el espacio, con carácter estratégico y a futuro, y garantizar una óptima coordinación en el diseño, la implantación, la gestión y el mantenimiento de este sistema.

4. FORMAS DE INTEGRACIÓN

La principal recomendación de la Unión Europea para que despeguen las labores de integración del sistema de IV en el ordenamiento jurídico, ha sido desarrollar políticas específicas en la materia a escala nacional mediante la creación de una estrategia propia en cada Estado miembro. El diseño final y acabado debe mostrar una única red que conecte los cuatro ámbitos territoriales, comunitario, estatal, regional y local. En España las primeras referencias a la IV como tal —al margen de sus precedentes— fueron autonómicas y estaban ligadas a la ordenación del territorio (Valencia en 2004 y Galicia en 2011). Por lo que respecta a la legislación básica de medio ambiente, fue la modificación de la

---

particularmente útil para abordar situaciones problemáticas complejas que no pueden resolverse por un solo actor y desde una única perspectiva. Woodhill, J; Millican, J. (2023). *Systems Thinking and Practice: A guide to concepts, principles, and tools.* FCDO and partners, K4D, (DOI: 10.19088/K4D.2023.002).

13 Rouse, D. y Bunster-Ossa, I. (2019). "Landscape Planning, design, and green infrastructure", *Planning for climate change* (Hamin Infield, E; Abunnasr, Y.; Ryan, R.). Routledge, 173.

14 En consonancia con Ministerio de Fomento. (2019). *Agenda Urbana Española,* 19, 95, 96, 101, 102, 127, 133, 184, 185, 217 y 271.

Ley 42/2007, de 13 de diciembre, del Patrimonio Natural y de la Biodiversidad (LPNB) (**TOL 1.210.868**) llevada a cabo en 2015 la que introdujo un título específicamente dedicado a la IV, en el que se dispone la aprobación de una Estrategia Nacional en la materia (que tuvo lugar en 2021[15]) y la aprobación de Estrategias autonómicas para julio de 2024.

La LPNB prevé en su art. 13 la elaboración de un plan estratégico estatal del patrimonio natural y la biodiversidad con la participación de las Comunidades Autónomas, que debe aprobarse por real decreto y que tendrá como objeto el establecimiento y la definición de objetivos, acciones y criterios que promuevan la conservación, el uso sostenible y la restauración del patrimonio, los recursos naturales terrestres y marinos, la biodiversidad y la geodiversidad. Su contenido incluirá un diagnóstico, los objetivos a alcanzar durante su periodo de vigencia y las acciones a desarrollar por la Administración General del Estado (art. 12). En cumplimento de este mandato se aprobó dicho plan para el periodo 2011-2017, en virtud del Real Decreto 1274/2011, de 16 de septiembre (**TOL2.231.400**), y tomando en consideración la experiencia adquirida con su aplicación se ha aprobado el Plan estratégico estatal del patrimonio natural y de la biodiversidad a 2030 mediante Real Decreto 1057/2022, de 27 de diciembre (**TOL9.339.026**).

En las conclusiones del último informe sobre la evaluación de la implementación del primero de estos planes, se insistió

---

[15] Orden PCM/735/2021, de 9 de julio, por la que se aprueba la *Estrategia nacional de Infraestructura Verde y de la Conectividad y Restauración Ecológica.* (**TOL8.503.402**). Fernández de Gatta, D. ofrece un análisis detallado de este instrumento en el capítulo 1 de esta misma obra titulado "La Estrategia Nacional de Infraestructura Verde y de la Conectividad y Restauración Ecológicas de 2021". Este mismo autor ha estudiado también, las previsiones de referencia sobre la Infraestructura Verde en dicha Estrategia [*vid.*, (2023). *Actividad pública y privada en materia de recursos naturales y rurales: la infraestructura verde y la custodia del territorio.* Ratio Legis, pp. 79 y ss.].

en la necesidad de seguir trabajando en el desarrollo e implantación de la IV. El Plan estratégico a 2030, por su parte, recuerda que, en el marco de la Estrategia Nacional de IV se llevará a cabo hasta 2024 —fecha prevista de aprobación de las estrategias autonómicas— la identificación de los elementos que forman parte de ella, que su carácter será dinámico y colaborativo, y que incorporará los elementos y componentes que las distintas Administraciones territoriales definan oficialmente en sus respectivas estrategias y planes de IV. De 2023 a 2030 se prevé avanzar en su desarrollo en España y en su integración en el ámbito europeo, a fin de lograr su plena implantación en el año 2050.

En relación con la cuestión específica que nos ocupa, el Plan a 2030 prevé la recuperación de ecosistemas en la planificación territorial mediante un desarrollo normativo que integre de forma efectiva la IV y la mejora de la conectividad ecológica en los procedimientos de planificación y evaluación ambiental, asegurando la coordinación entre todas las administraciones competentes y, más concretamente, en la ordenación municipal. La importancia del papel que desempeñan las ciudades en el proceso de transición ecológica justifica que este documento abogue por el fomento del reverdecimiento de los entornos urbanos y la rehabilitación de edificios con criterios ecológicos. Este impulso se ha de llevar a cabo mediante convocatorias públicas específicas dirigidas a reforzar el marco estratégico de los proyectos transformadores, que necesitarán apoyarse en programas de renaturalización y planes urbanísticos sostenibles. Se prevé que la experiencia que se adquiera con su aplicación permitirá elaborar recomendaciones en 2025 que faciliten la integración de la biodiversidad en las ciudades.

Estamos inmersos, por tanto, al menos teóricamente, en pleno proceso de introducción de este sistema en nuestro ordenamiento jurídico desde una perspectiva autonómica, y los avances constatados hasta la fecha son los siguientes: A. Algunas Autonomías están elaborando instrumentos específicos de carácter medioambiental —como es el caso de Andalucía y de Castilla La Mancha—, que presentan las tramitaciones más avanzadas hasta la fecha. B. En otras regiones se han adoptado decisiones puntuales, como en Cataluña que cuenta desde 2006 con unas Bases para las directrices de la conectividad y que aprobó un Programa de IV en el que se decidió una hoja de ruta para el periodo 2017-2021. C. El grupo formado por Aragón, la Rioja o Baleares, ofrece información laxa o indirecta sobre sus trabajos en la preparación de la Estrategia autonómica. D. En último término se encuentran las Autonomías que están abordando esta cuestión desde la disciplina de la ordenación del territorio. Además de Canarias, han adoptado esta perspectiva la Comunidad de Valencia y Cantabria que, por el momento, introducen la IV en sus leyes de Ordenación del Territorio y en el planeamiento territorial de desarrollo. También el País Vasco y Navarra han elegido esta forma de integración mediante su inclusión directa en los instrumentos de ordenación territorial generales para cada comunidad (Directrices de Ordenación del Territorio) y en los de desarrollo (Planes Territoriales Parciales), pero sin proceder a la revisión de sus respectivas leyes en la materia.

El factor multiescalar antes mencionado exige la integración de este sistema en el planeamiento municipal, aunque la Estrategia Nacional se muestra flexible en cuanto al ámbito espacial que se elija en su definición. El resultado de esta ductilidad queda de manifiesto en los dos ensayos de implantación de IV —el de Madrid capital y el del Bilbao metropolitano—, elegidos para ilustrar este análisis. Ambas ciudades comparten un mismo pasado en lo referente a la recuperación de sus respectivos cauces fluviales; el proyecto de regeneración urbanística de la Ría de Bilbao que comenzó en la década de los noventa del siglo XX y el Proyecto Madrid Río iniciado en 2005. Sin embargo, la forma en la que actualmente abordan el despliegue de la IV urbana presenta una evidente dualidad: el modelo de Madrid es el de una gran ciudad que desde su Ayuntamiento diseña la IV de su zona urbana y periurbana con determinaciones contenidas en planes especiales que conciernen a los municipios colindantes. Para el área metropolitana de Bilbao, la IV se ha pensado desde el ámbito provincial (Diputación Foral de Bizkaia), abarca las localidades que la componen y territorialmente se corresponde con un Área Funcional de las quince en las se distribuyen todos los municipios vascos.

4.1. Despliegue desde los planes sectoriales y especiales: el caso de la ciudad de Madrid

El Ayuntamiento de Madrid ha optado por incorporar la conectividad ecológica a través de dos instrumentos principales, el Plan de Infraestructura Verde y Biodiversidad 2018-2023 (en adelante, PIVB) y el denominado Bosque Metropolitano. El primero es un plan sectorial en el que se recogen más de 180 acciones concretas en la materia, muchas de ellas en ejecución y otras previstas para ser implementadas en los próximos años hasta 2030. Si atendemos a su ámbito de aplicación, del más general al más específico, destaca, en primer lugar, la denominada Red Arce, pensada para plasmar la propuesta que complete la IV en toda la ciudad. Se trataría, en realidad, de un eje vertebrador sobre el que se fundamenta la conexión de todo el verde urbano, diseñado para servir de conector, y del que derivan otras redes a menor escala. El PIVB remite la gestión e implementación de sus previsiones a los Planes de Distrito, al Plan director de las Zonas Verdes, al Plan director del Arbolado Viario, al Catálogo de especies para el arbolado viario, y al Protocolo de Gestión de alcorques.

El Bosque Metropolitano, por su parte, es el instrumento que ha diseñado el municipio para introducir la IV también en la zona periurbana, y comprende actuaciones de forestación, acuerdos con los propietarios del suelo, y condicionantes para los desarrollos urbanísticos. Es un conjunto de documentos dirigido a la creación de un cinturón forestal que circunvalará la ciudad con apoyo en las zonas verdes calificadas por el planeamiento y en suelos urbanizables no sectorizados y no urbanizables. Se sustenta en cinco planes especiales pendientes de aprobación por la Junta de Gobierno, que se configuran como planes urbanísticos de carácter sectorial. Sus objetivos específicos y los cuatro grados de vinculación que prevén se determinan en cada caso y en función de las situaciones urbanísticas de cada tipo de suelo.

4.1.1. Un plan para la ciudad de Madrid

El instrumento de referencia en la materia para la ciudad de Madrid es, como se ha adelantado, el PIVB aprobado por acuerdo de la Junta de Gobierno el 13 de diciembre de 2018[16] y que tiene como finalidad ofrecer una planificación de carácter global y estratégica. Su objeto es la ciudad entendida como "un gran ecosistema" en el que se considera incluida, por primera vez, su biodiversidad, la conectividad —con especial atención al grado de conexión entre las zonas verdes situadas dentro y fuera de ciudad-y la amenaza del cambio climático.

La gestión del sistema se apoya, como se ha dicho, en los distintos documentos que contempla este plan. Se parte de un Análisis y diagnóstico de las zonas verdes, el arbolado viario y la biodiversidad recogidos mediante fichas referidas tanto a la ciudad en su conjunto como a cada barrio y distrito. La definición de los retos, las previsiones relativas al reequilibrio dotacional, la reordenación de usos, la participación ciudadana, los medios y la estructura municipal al efecto, son aspectos que —con carácter complementario— encontramos en una guía de referencia de carácter general denominada Bases y Directrices Generales del PIVB. La definición de las acciones concretas en materia de zonas verdes y arbolado viario se establecen por zonas en los Planes de Distrito específicos elaborados con ese objetivo. Todo lo anterior se completa con dos Planes directores, uno sobre Zonas Verdes y el otro sobre Arbolado Viario, en los que se contiene la descripción de

---

16 Plan de Infraestructura Verde y Biodiversidad de la ciudad de Madrid. *Bases y Directrices generales del PIV de Madrid*, "Objetivos estratégicos, líneas de acción y acciones específicas del Plan", p. 20 (Boletín Oficial de la Comunidad de Madrid de 3 de enero de 2019).

las directrices que deben seguirse en la gestión de ambas materias, respectivamente. El desarrollo de este PIVB culmina con un Protocolo de gestión de alcorques dirigido a identificar la funcionalidad de estos elementos, definir las características necesarias para su cumplimiento, determinar la casuística y espacios en los entornos viarios donde no pueden existir y establecer los procedimientos de clausura cuando sea necesario, y con el Catálogo de Especies Arbóreas para el Viario de Madrid, en cuyas fichas se detallan las especies arbóreas consideradas aptas para ser utilizadas en la ciudad.

A. *Punto de partida y técnicas elegidas*

Las debilidades iniciales que arroja el análisis DAFO[17] en el que se apoya la elaboración de este PIVB, se concretan en aspectos tales como la falta de una concepción global de IV urbana, la vulnerabilidad de los espacios verdes existentes frente a los nuevos escenarios climáticos —alta sensibilidad del arbolado viario y de las zonas verdes y baja capacidad de respuesta—, la falta de conocimiento integral sobre la biodiversidad —fauna y flora— asociada a los parques y jardines en su conjunto debido a la dispersión de la información disponible, la existencia de especies exóticas invasoras, la ausencia de estándares de calidad funcionales para la conservación[18], la escasez de recursos técnicos y operativos, la necesidad de contar con las sinergias necesarias que permitan optimizar los contratos de gestión integral de limpieza, la conservación de zonas verdes y arbolado, diferenciar los criterios en los dos tipos de contratos para la gestión de los parques históricos —de ciudad, zonas verdes y viveros—, una falta de uniformidad y de actualización en la gestión de la información de los inventa-

---

17 Análisis de Fortalezas, Oportunidades, Debilidades, Amenazas.

18 Sobre esta materia concreta reflexiona García Sánchez, F.J. en esta misma obra colectiva en su estudio titulado “La incorporación de estándares para la conectividad ecológica: una reflexión sobre la práctica del urbanismo”.

rios de zonas verdes y arbolado, la infrautilización de las instalaciones municipales por ausencia de planificación, la desigualdad en la distribución de dotaciones entre los distritos y barrios de la ciudad en materia de espacios verdes originada por el desarrollo urbanístico, una ausencia "crónica" de planificación global, la inexistencia de un plan de gestión concreto para el arbolado viario, y la obsolescencia de la Ordenanza de Protección del Medio Ambiente Urbano, de 24 de julio de 1985[19].

A su favor, la ciudad cuenta con un patrimonio verde que es un referente en Europa y con una ratio superior por habitante a la recomendada por la OMS[20], una elevada diversidad faunística, la cualificación e inquietud vocacional del equipo municipal, el desarrollo de estudios de investigación en arboricultura moderna y zonas verdes y la participación en foros y eventos del sector, unas instalaciones municipales que pueden abarcar el ciclo completo del árbol, centros de educación ambiental para el desarrollo de programas de sensibilización, y la implantación de una herramienta de gestión y comunicación (MiNT)[21] para unificar la información referida al inventario y gestión de los espacios verdes y el arbolado. A las debilidades se suman las amenazas previsibles[22]

---

19 Su última modificación es del 27 de noviembre de 2018.

20 Consejo Asesor del Arbolado del Ayuntamiento de Madrid (2021). *Informe final.* https://diario.madrid.es/wp-content/uploads/2021/07/Informe-Consejo-Asesor-del-Arbolado-julio-2021.pdf. Recuperado el 9 de enero de 2024.

21 Proyecto MiNT (Madrid iNTeligente): es una plataforma de gestión cuyo objetivo es la mejora de la gestión de los servicios públicos urbanos y la calidad de estos para conseguir que la ciudad sea más sostenible a través de la tecnología y el uso eficiente de los datos.

22 Las amenazas específicas identificadas son las siguientes: a) El cambio climático que implica efectos negativos sobre la vegetación, inadaptación de especies, y necesidad de hacer frente a mayores temperaturas y a mayores periodos de sequía de forma continua; b) Unas condiciones ambientales severas, debido a que Madrid es una ciudad con altas emisiones y frecuentes períodos de elevada contaminación del aire, elevada densidad de tráfico rodado, así como la recurrencia en determinadas

y las oportunidades[23] se ponen del lado de las fortalezas, dando como resultado la Matriz que muestra el estado de la cuestión en el momento de elaboración de este PIVB.

---

zonas de la "Isla de Calor"; c) Impactos derivados de la alteración de las condiciones de hábitat y eventos meteorológicos extremos, fruto de la exposición a los efectos asociados a la modificación del clima; olas de calor, períodos de sequía más largos, cambios en los patrones de distribución de lluvias, y eventos meteorológicos extremos; d) Suelo inadecuado para el desarrollo radicular y el asentamiento de fauna edáfica, por una excesiva presencia de pavimentos duros y altamente impermeabilizados, que impiden contar con un suelo adecuado para el correcto asentamiento del arbolado, de la fauna y de organismos beneficiosos; e) Alta presión ciudadana sobre determinados espacios verdes, vandalismo, ausencia de civismo, botellones y eventos masivos en zonas verdes; f) Percepción ciudadana negativa de la conservación de zonas verdes que se manifiesta en el aumento de quejas y ausencia de conocimiento y comprensión de las decisiones técnicas debido a la deficiencia en la comunicación y difusión de decisiones e información técnica, de su motivación y justificación por parte del Ayuntamiento; g) Problemas de titularidad en espacios verdes interbloque, debidos a la ausencia de un protocolo específico y un presupuesto que permita incluir estas zonas con problemas de indefinición en cuanto a su titularidad en la conservación municipal; h) Una compleja comunicación entre áreas municipales y entre éstas y los distritos, fruto de la rigidez que impide modificar estructuras, de la ralentización de los procesos administrativos y de la necesidad de protocolos dirigidos a la mejora de la comunicación entre áreas. A todo ello se suman las limitaciones presupuestarias para invertir en arbolado y zonas verdes.

23 Se describen como oportunidades: a) La aprobación del propio Plan estratégico que aquí se analiza; b) Los beneficios que generan para la ciudad los grandes parques más allá de los ambientales, como polos de atracción turística; c) La necesidad de incorporar nuevos diseños de planificación y diseño urbano otorgando protagonismo a los espacios verdes y al arbolado; d) La alta calidad del agua de Madrid y la importante red de agua regenerada disponible para periodos de sequía; e) La aprobación de planes convergentes al que nos ocupa, como el Plan Madrid Regenera —ahora Madrid Recupera— o Plan A de Calidad del Aire; f) La transversalidad fruto de la implicación de todas las áreas municipales y distritos en el Plan mediante la integración de conceptos urbanísticos, sociales y ambientales; g) El creciente interés ciudadano por

Las propuestas del PIVB para diseñar la IV urbana con apoyo en el diagnóstico que refleja la situación real de partida del patrimonio natural de la ciudad y de su gestión, consisten en la fijación de diez grandes retos acompañados de unos objetivos estratégicos que se concretan mediante líneas de acción y actuaciones específicas diseñadas según unas directrices generales. Hemos seleccionado aquellas previsiones de carácter constitutivo y estructural que ofrecen información suficiente para cotejar el modelo de integración de la IV en la ciudad de Madrid con el adoptado para el Bilbao Metropolitano, y cuyo análisis presentamos a continuación.

B. Una infraestructura más de la ciudad

La perspectiva que se adopta es considerar la IV como una infraestructura más de la ciudad y que forme parte fundamental de la misma, tarea que exige previamente su consolidación. Recuérdese que la noción de IV que propone el PIVB es la referida al conjunto que forman las zonas verdes, el arbolado y la biodiversidad, y que alcanza al suelo y al subsuelo de la ciudad, se eleva a través del arbolado y ocupa el vuelo. Para la introducción de esta nueva infraestructura así entendida, se prevén tres medidas de carácter constitutivo y estructural que determinan su papel y alcance en el régimen jurídico local[24].

---

el uso de los entornos naturales de la ciudad y la corresponsabilidad ciudadana en su uso y cuidado, como lo muestra el Programa Municipal de Huertos Urbanos Comunitarios; h) La paulatina consolidación de políticas, estructuras y herramientas municipales para facilitar la participación ciudadana gracias a los procesos de descentralización por Distritos; i) Las múltiples posibilidades de uso y variedad de tecnologías disponibles como herramientas de comunicación; j) La existencia de suelo vacante —zonas degradadas y solares sin mantenimiento— que pueden ser objeto de mejora; k) La posibilidad de fomentar acuerdos de colaboración público-privada, entre el Ayuntamiento y entidades públicas y privadas para la adecuación de espacios verdes, de proximidad o dotacionales.

24 También se le otorga carácter estructural a un asunto específico, el referido a las aguas de escorrentía. Por el momento se cuenta con la Guía

Se dispone, en primer lugar, su introducción en el Plan General de Ordenación Urbana (PGOU) de Madrid, de modo que en este instrumento se plasme su alcance y su puesta en valor[25]. Del Compendio de las Normas Urbanísticas del PGOU de Madrid de 1997, publicado el 5 de junio de 2023, se colige que, por el momento, el sistema de IV —tal y como se concibe en el Plan especial que aquí se comenta— no forma parte como tal de dicho instrumento general de planeamiento urbano, que se limita a la tradicional referencia de Zonas Verdes como sistemas generales [art. 3.1.2.a)].

En segundo lugar, la medida inicial de diseño que el PIVB dispone pasa por completar la malla verde existente mediante la creación de una más amplia y en la que deberán quedar integrados los Planes y Estrategias de otras áreas municipales, como el Plan de Calidad del Aire de la Ciudad de Madrid y Cambio Climático (Plan A)[26] o el Plan Madrid Recupera (MAD-RE), y la Estrategia de Regeneración Urbana. Esa malla con vocación integradora o, si se prefiere, sistémica, es la denominada Red de arbolado viario que conecta los espacios verdes y que en su conjunto recibe el nombre antes referido de Red Arce, instrumento transversal con incidencia en el ámbito de la gestión urbana, la medioambiental y la relativa a la movilidad. El propósito es que termine siendo "una verdadera red de calles arboladas que sea continua, coherente y completa", de carácter dotacional por dar servicio al 80% de la población, perfectamente integrada y en consonancia con redes de otras áreas, en especial con la de movilidad y desarrollo urbano sostenible. Com-

Básica de Diseño de Sistemas de Gestión Sostenible de Aguas Pluviales en Zonas Verdes y otros Espacios Libres, aprobada en 2018. Para comprender su importancia, véase, Rodríguez-Rojas, M.I. (2019). "Sistemas urbanos de drenaje sostenible. Una oportunidad para la planificación de ciudades sensibles al agua". *Revista de Obras Públicas,* (3607), 14-20.

25 Apdo. 5.1.A) de las Bases y Directrices Generales del Plan de Infraestructura Verde y Biodiversidad de la Ciudad de Madrid.

26 Aprobado en virtud del Acuerdo de 21 de septiembre de 2017 (BOAM núm. 7.999 de 26 de septiembre de 2017).

prendería actuaciones verdes sobre calles existentes necesitadas de mejoras ambientales (unos 300 kilómetros) y sobre 15 kilómetros más de grandes conexiones estratégicas futuras que, en su totalidad, terminarán conformando una primera red a escala de ciudad, que se completará por otras a escala de distrito y de barrio.

El Plan director del Arbolado Viario remite la definición de la Red Arce a su apartado 2.2, relativo a la "Clasificación de las calles arboladas de Madrid" que, sin embargo, se limita a distinguir dos tipos de calles en función de su disposición: las calles verdes, "que presentan algún tipo de ajardinamiento asociado a las posiciones arboladas, como pueden ser las calles de Paseo de la Castellana, Arturo Soria, Miguel Ángel, Bulevar de Juan Bravo o el Paseo de las Acacias", y las calles con alcorques, referidas a "cualquier calle del entorno urbano con arbolado en alineación ubicado en alcorque". Al margen se encuentran los árboles ubicados en medianas, rotondas e isletas, que poseen una casuística propia y que, dependiendo del tipo de jardinería asociada que tengan, se considera que pertenecen a alguna de las dos tipologías mencionadas. Reciben un tratamiento distinto los árboles situados en los Jardines Histórico-Artísticos Municipales de la ciudad que son objeto de unas medidas de protección y conservación singulares.

No obstante, más allá de esta clasificación de calles en relación con su arbolado, de los Planes de Arbolado aprobados para cada distrito[27] y de medidas como la creación en 2018 del Servicio de Evaluación y Actuación en el arbolado viario de Madrid, no se han encontrado más menciones sobre la Red Arce en los términos previstos en el PIVB que aquí se analiza[28]. Esta carencia no ha im-

---

27 En relación con la IV de un barrio del distrito de Tetuán, véase el estudio de Cifuentes Ochoa, M. (2021). *Evolución de la Infraestructura Verde Urbana en el Barrio de Bellas Vistas del Distrito de Tetuán, Madrid (España).* https://oa.upm.es/69065/1/TFModulo_MariaCifuentes_oct2021_b.pdf. Recuperado el 9 de enero de 2024.

28 En una Nota del Plan director de Arbolado Viario (p. 18) se advierte de que el estudio actual de la Red Arce queda fuera de su alcance, y

pedido, sin embargo, ciertos avances en la materia[29], como el que representan la creación del Consejo Asesor del Arbolado el 16 de abril de 2021 a consecuencia de la tormenta Filomena, o el Plan de alcorques vacíos cero que propició la plantación de árboles en los mismos en el otoño-invierno de 2022.

En el Plan director de las Zonas Verdes de Madrid, cuya aprobación también está prevista en el PIVB, sí observamos una "propuesta" de red de calles verdes principales (Red Arce), si bien de forma exclusivamente gráfica[30], y que muestra visualmente la aplicación del resto de previsiones de este plan. Destacan, entre su contenido escrito, la tipología de espacios verdes, un análisis DAFO de los mismos, las bases del modelo que se persigue, propuestas de acciones, principios en la gestión y dirección de estas zonas, en la implantación y en el diseño, en la conservación, los planes específicos que requieren en función de las tipologías de espacios verdes definida en el PIVB, la gestión del riesgo de las zonas verdes y del arbolado, las figuras de protección, aspectos relacionados con el protagonismo de la ciudadanía en la materia, o el control de estos espacios en función de unos parámetros e indicadores concretos.

Como se ha adelantado, el despliegue vertical de planes desciende hasta los Planes de Distrito. Se han elaborado 21 Planes de Distrito de arbolado viario y otros tantos de Zonas Verdes y cada uno de ellos lleva asociado un conjunto de acciones pensadas para alcanzar la situación óptima que se define en los objetivos estratégicos y en las líneas de acción del PIVB.

---

que debe ser objeto de análisis diferenciado, tal y como se define en las acciones del PIVB.

29 Tampoco ha sido óbice para que durante cuatro años consecutivos Madrid haya recibido la distinción de "Ciudad arbórea del mundo", reconocimiento que otorga la Organización de las Naciones Unidas para la Alimentación y la Agricultura y la Fundación *Arbor Day*. https://treecitiesoftheworld.org/. Recuperado el 9 de enero de 2024.

30 Plan director de las Zonas Verdes de Madrid, p. 133.

Del estudio de los documentos hasta aquí referidos cabe entender, por tanto, que el contenido completo de las previsiones de la Red Arce, como tal, no se concreta en un documento *ad hoc* aprobado con ese fin. Su despliegue final será consecuencia, más bien, del resultado de trasladar a la planificación urbana las propuestas contenidas en los dos planes directores mencionados, labor que debe realizarse y quedar plasmada sobre el terreno de forma progresiva, a medida que la ciudad se adapte a sus contenidos. Ahora bien, la eficacia de esta adaptación en los términos del PIVB puede plantear problemas mientras no se proceda a integrar sus determinaciones en el PGOU de la ciudad.

La tercera y última medida de carácter estructural prevista en el PIVB para el despliegue de la IV en la ciudad de Madrid consiste en ampliar este trabajo en red más allá de los espacios verdes y del arbolado del ámbito urbano, de modo que alcance a los espacios periurbanos e implique también a los ayuntamientos colindantes "mediante la elaboración de conectores ecológicos favorables para el desarrollo de la biodiversidad". Esta tarea requerirá "establecer comunicación" entre dichas administraciones y "promover acciones de coordinación" con la Comunidad de Madrid para una efectiva aplicación del PIVB.

El instrumento elegido para detallar, inicialmente, la conexión de la Red Arce con los corredores verdes de la ciudad y las zonas no urbanizadas del municipio, así como la unión de la red general resultante con los municipios colindantes, es el Plan director de las Zonas Verdes[31]. En él se introduce como directriz general la protección de la biodiversidad, también en el entorno periurbano, mediante la contribución al conocimiento y la creación de hábitat específicos en esas zonas, y la decisión de considerar como principio básico del diseño de los proyectos de regeneración urbana y de los nuevos desarrollos, la conexión "de los espacios

---

31 Bases y Directrices Generales: Objetivo estratégico, apdo. 5.1. f); Línea de Acción 9, Reto 1.7, pp. 21 y 24.

abiertos, los patios de manzana, los bulevares y medianas con los parques periurbanos y el entorno rural de la ciudad[32]".

En consecuencia, la IV de la ciudad de Madrid alcanzaría así una superficie y una relevancia que sobrepasa el término municipal y va más allá de las zonas verdes de conservación municipal que son la base del Plan director de las Zonas Verdes, como se desprende de los siguientes elementos que integran la definición de IV de la ciudad: 1. Las zonas verdes calificadas como tales en el PGOU de Madrid. 2. Las zonas verdes y el arbolado urbano de conservación municipal, cuya definición y estudio se realiza en un análisis específico de zonas verdes y arbolado viario del PIVB. 3. Zonas verdes de uso público sobre terrenos de titularidad privada; parcelas identificadas catastralmente y codificadas como privadas de uso público (código Z) en el PGOU. 4. Espacios naturales protegidos. 5. Zonas forestales. 6. La propuesta de red de calles verdes principales definida en el PIVB. 7. Las vías pecuarias de la ciudad[33], conforme al cartografiado de la Comunidad de Madrid. 8. Plan Madrid Recupera, ya mencionado y que, actualmente no está en vigor. 9. Los corredores ecológicos urbanos de la Comunidad de Madrid. 10. La cobertura arbórea de Madrid resultado del análisis realizado en el PIVB. 11. La red hidrográfica, definida con apoyo en el cartográfico de la Confederación Hidrográfica del Tajo. 12. Los corredores de agua, formados por la red de drenaje natural de la ciudad, y compuesta por todos los cauces principales y secundarios previos a la urbanización de la ciudad, algunos de ellos desaparecidos. 13. Los jardines privados, las instalaciones deportivas (generalmente formadas por césped cultivado, para uso intensivo de deporte), los edificios verdes (que incluyen los balcones verdes, los jardines verticales, las cubiertas vegetales y los

---

32 "Directrices de diseño y planificación", apdo. 1.2.3 y 1.3.1.2.1 del Plan director de Zonas Verdes.

33 Lozano Cutanda, B. analiza las vías pecuarias en relación con la conectividad ecológica en el capítulo 6 de esta misma obra.

atrium), así como la denominada "vegetación seminatural" (referida a los huertos urbanos y los cultivos agrícolas).

4.1.2. La expansión: el Bosque Metropolitano

El cambio de escala advertido en el punto anterior que implica el paso de lo urbano a lo periurbano en la configuración de la IV de Madrid se está llevando a cabo desde el Ayuntamiento a través de la estrategia conocida como Bosque Metropolitano. Pretende ser una nueva infraestructura que rodeará la urbe completamente, que se suma a los objetivos del PIVB formando una gran corona forestal y que, mediante la reforestación de 4.543 Has. ocupará una extensión total de 35.000 Has. Esta estrategia toma cuerpo en cinco planes (uno por cada ámbito territorial concreto denominado Lote)[34] aprobados, de momento, inicialmente (el 30 de marzo de 2023)[35], y promovidos por la Dirección General de Planificación Estratégica en virtud de la potestad de planificación de la Administración Municipal derivada del art. 3.3 del Texto Refundido de la Ley del Suelo y Rehabilitación Urbana, de 30 de octubre de 2015 (TRLSyRU) (**TOL5.534.477**) y del art. 33 de la Ley 9/2001, de 17 de julio, del Suelo de la Comunidad de Madrid (LSCM) (**TOL75.963**). Además de estos cinco Planes Especiales para la Protección y Ordenación del Medio Urbano y Natural, la gestión del Bosque Metropolitano se lleva a cabo a través de proyectos de intervención en los espacios más relevantes y mediante actuaciones para la adquisición del suelo.

Optar por la figura de los planes especiales es coherente debido a la funciones específicas que la LSCM (**TOL75.963**) (art. 50.1 y 2) les atribuye de definir, mejorar, modificar, ampliar o proteger

---

[34] El ámbito de aplicación de cada plan especial puede consultarse en: Ayuntamiento de Madrid. *Bosque Metropolitano. Documento previo* (febrero 2022). https://estrategiaurbana.madrid.es/wp-content/uploads/2022/05/Documento-previo-Bosque-Metropolitano.pdf). Recuperado el 9 de enero de 2024.

[35] Última consulta: 9 de enero de 2024.

cualquier elemento integrante de las redes públicas de infraestructuras, equipamientos y servicios, así como las completas determinaciones de su ordenación urbanística incluidas su uso, edificabilidad y condiciones de construcción y de regular, proteger o mejorar el medio ambiente, los espacios protegidos y paisajes en suelos no urbanizable de protección. Es importante subrayar, asimismo, que la figura de los planes especiales permite también proceder a la modificación de la ordenación pormenorizada previamente establecida por cualquier otra figura de planeamiento urbanístico, siempre que se justifique expresa y suficientemente su congruencia con la ordenación estructurante del planeamiento general y territorial (art. 50.3).

La definición pormenorizada de esta IV periurbana se realiza, por tanto, en cada uno de esos cinco planes especiales pensados para garantizar el desarrollo de la IV Bosque Metropolitano, gracias a los que se conectarán los suelos limítrofes del municipio de Madrid con los enclaves de mayor valor ambiental de la región, espacios naturales protegidos, parques regionales, caminos, arroyos, zonas verdes urbanas y corredores ambientales. Para ello, cada plan especial determina el valor ambiental de los suelos a los que afecta mediante una caracterización pormenorizada prevista normativamente que contiene lo necesario para la adecuación de los espacios.

Los objetivos específicos que persigue cada uno de estos cinco planes se van a identificar en función de la situación urbanística del suelo. Así, para los suelos no urbanizables, se tratará: a) de vincular al interés general los espacios con destino específico de IV, lo que permite crear reservas de terreno de posible adquisición por el Ayuntamiento, y b) de realizar un desarrollo pormenorizado de la ordenación acorde a la legislación sectorial de protección. En el caso de suelos finalistas de carácter dotacional calificados por un instrumento de planeamiento ya aprobado, el plan especial establecerá las condiciones de urbanización y edificación para su desarrollo atendiendo a criterios de sostenibilidad ambiental y económica, de restauración ambiental y de generación de una

IV. En suelos urbanizables que no cuenten con instrumento de planeamiento aprobado, las condiciones ambientales que define el plan especial para garantizar la conectividad ecológica del sistema de espacios libres tendrán el valor de meras recomendaciones. Y, por último, en relación con los suelos urbanizables con planeamiento aprobado de conformidad con el art 50.3 LSCM (**TOL75.963**)[36], el plan especial realizará los cambios en la ordenación pormenorizada que sean necesarios para definir mejor la red pública que constituye la IV[37].

---

36 Se refiere a los planes especiales que, en desarrollo de las funciones establecidas en el apartado 1, del art. 50, hayan modificado la ordenación pormenorizada previamente establecida por cualquier otra figura de planeamiento urbanístico.

37 La intensidad de la sujeción a las determinaciones de cada plan especial se dispone con detalle en los Anexos y en las Fichas Normativas que concretan —con un alcance y vinculación diferentes en función del tipo de suelo en que se localicen— las condiciones de las Unidades de Ordenación y el desarrollo de los distintos elementos configuradores del Bosque Metropolitano (actuaciones forestales, equipamientos, conectores y eco-conectores, mobiliario y señalética). Realizar una valoración pormenorizada del grado de vinculación de todos los elementos configuradores de esta IV en cada uno de esos cinco planes especiales excede el objeto de este capítulo, pero sí podemos poner el foco en lo que parecen ser los patrones más relevantes. Así, por ejemplo, en el Lote 1 las previsiones en materia de eco-conectores presentan un Grado 2 de vinculación. En el Lote 2 destaca con un grado de vinculación 1 lo previsto para el espacio que rodea el arroyo de Valdebebas catalogado por el plan especial como "Reservorio de Biodiversidad" debido a su alto valor ecológico y paisajístico así reconocido en el PGOU de Madrid. En el Lote 3, sin embargo, aunque la mayoría de lo establecido en materia de conectores y eco-conectores tiene atribuido un grado de vinculación 2, existen dos elementos concretos que presentan un grado 4 de vinculación por conectar entornos de influencia con ámbitos fuera de los planes especiales del Bosque metropolitano. Por lo que respecta al Lote 4, la ficha de conectores muestra una vinculación de Grado 2 en todas las determinaciones relativas a pasos elevados y soterrados previstos para hacer frente al elevado número de infraestructuras que fraccionan y dividen ese territorio. El Lote 5, por su parte, hace uso de

4.2. Integración desde la planificación territorial

En el caso de Bilbao, el ámbito espacial que se toma como base para el despliegue de la IV es más amplio; se trata de su área metropolitana que se corresponde con el Área Funcional[38] de la que forman parte, en este caso, 35 municipios. El resto de los municipios del Territorio Histórico de Bizkaia se distribuyen en cinco áreas funcionales más.

El punto de partida de la consideración de la IV como sistema aplicable en el ámbito municipal se encuentra en la revisión de las Directrices de Ordenación del Territorio (DOT) del País Vasco llevada a cabo en 2019[39]. El Gobierno Vasco entendió que el marco idóneo para incluir la perspectiva de la adaptación al cambio climático es el autonómico y la revisión de sus DOT se presentó como la oportunidad para introducir el sistema de IV incorporado a la nueva Matriz de Ordenación del Medio Físico, con un papel relevante. Las nuevas directrices recogen su definición, los rasgos que la caracterizan, señalan su identificación en el ámbito autonómico, establecen orientaciones para las distintas escalas mediante el planeamiento territorial y urbanístico, le atribuyen la categoría de principio rector y subordinan a su contenido la determinación de usos y actividades que puedan llevarse a cabo en cada espacio homogéneo o categoría de ordenación.

---

toda la gama de grados de vinculación repartidos entre los distintos elementos de conectividad que introduce. Por ejemplo, tienen fuerza vinculante de grado 1 y 2 las previsiones de conexión para el ecoducto Arroyo Butarque, de grado 3, para el Corredor Suroeste, y de grado 4 para el Ecoducto Casa de Campo.

38 El art. 5 de las DOT establece las quince Áreas Funcionales en las que se divide todo el territorio autonómico a efectos de su ordenación territorial y el Anexo III recoge los municipios que componen cada Área Funcional.

39 Decreto 128/2019, de 30 de julio (**TOL7.489.570**). Para una comprensión general, véase, Uriarte Ricote, M. (2020). "El valor ambiental de la infraestructura verde en el nuevo modelo vasco de ordenación del territorio". *Actualidad Jurídica Ambiental,* (106).

4.2.1. Instrumentos de concreción

El planeamiento elegido para desarrollar las determinaciones de las DOT en cada Área Funcional es el Plan Territorial Parcial (PTP), cuyo contenido viene precisado en el art. 12 de la Ley 4/1990, de 31 de mayo, de Ordenación del Territorio del País Vasco (LOTPV) (**TOL 75.976**)[40]. Para comprender el mecanismo de integración de la IV en la planificación territorial y urbanística en Euskadi, es preciso partir de que las directrices concretas en materia de ordenación del medio físico disponen una zonificación del territorio en espacios homogéneos que se definen teniendo en cuenta su vocación territorial y se denominan categorías de ordenación. Cada una de las seis categorías[41] en las que se distribuye el suelo no urbanizable de la Comunidad Autónoma es objeto de una regulación de usos específica y están pensadas para homogeneizar las denominaciones utilizadas en la calificación de dicho suelo por el planeamiento urbanístico y para establecer los criterios generales de ordenación en la planificación territorial y urbana [art. 3.1.a) DOT].

Pues bien, sobre esta realidad así estructurada, el régimen de usos que se prevea para cada categoría de ordenación del medio físico se ve limitado por la introducción de las dos variables siguientes que se presentan bajo la denominación de "condicionan-

---

40 Y en el que destacan por su interés en relación con nuestro objeto de análisis: — el señalamiento de los espacios aptos para servir de soporte a las grandes infraestructuras en función de sus características [apdo. c)]; — los criterios, principios y normas generales a los que habrá de atenerse la ordenación urbanística [apdo. d)]; — la definición de los espacios que hayan de ser objeto de remodelación, regeneración o rehabilitación con el fin de evitar su degradación o de conseguir su recuperación para usos, total o parcialmente distintos, así como de los programas a desarrollar a estos efectos y de las medidas de apoyo encaminadas a incentivar su realización [apdo. e)]; — y los criterios, normas y principios necesarios para el desarrollo de las determinaciones contenidas en las Directrices [apdo. g)].

41 Especial Protección; Mejora Ambiental; Forestal; Agroganadera y Campiña; Pastos Montanos; y Protección de Aguas Superficiales [art. 3.1.b) DOT].

tes superpuestos": 1. Aquellos que provienen de riesgos naturales y del cambio climático —referidos a la vulnerabilidad de acuíferos, los riesgos geológicos, las áreas inundables, y los riesgos asociados al cambio climático—, y 2. Los específicos de IV —relativos a los espacios protegidos por sus valores ambientales y la Reserva de la Biosfera de Urdaibai, los corredores ecológicos y otros espacios de interés natural multifuncionales-[42].

A. *El PTP del Bilbao Metropolitano: su relación con los planes urbanísticos*

Como consecuencia de la revisión de las DOT, en abril de 2023 se adoptó el Acuerdo de aprobación provisional para la revisión del PTP correspondiente al Área Funcional del Bilbao Metropolitano[43], con objeto de complementar el modelo existente mediante la introducción de una nueva perspectiva a considerar en los próximos veinte años, que centre su atención, entre otros elementos, en la regeneración urbana, el cambio climático y la IV. Como resultado, el entramado básico del modelo territorial de ordenación territorial se concreta en una serie de determinaciones que el PTP debe contener, entre las que destacan la propuesta de los modos de intervención y, en particular, "la implementación de la IV en sus diferentes escalas, en el medio físico, en el hábitat rural y en el hábitat urbano[44]".

---

42 La concreta definición de estos espacios se contiene en el Anexo II, apartado 2.b.2 de las DOT.

43 El PTP de Bilbao Metropolitano vigente se aprobó por Decreto del Gobierno Vasco 179/2006, de 26 de septiembre (BOPV N.º 212, de 7 de noviembre de 2016).

44 Apdo. 3.2. PTP de Bilbao Metropolitano, Documento de Aprobación Provisional. Memoria. Acuerdo Foral de 25 de abril de 2023 de aprobación provisional de la revisión del Plan Territorial Parcial del Área Funcional de Bilbao Metropolitano. https://www.bizkaia.eus/hirigintza/lurraldekozatiegitasmoa/ptp_bilbao_aprobacion_provisional/230425_Acuerdo_Foral_Aprob_provisional_revision_BM_CG.pdf?hash=355bd4c8b34b0f1483f8091e66875af7. Recuperado el 9 de enero de 2024.

Es así como la noción de IV que introducen las DOT para su concreción en los PTP, permite avanzar, ir más allá del espacio protegido o del corredor ecológico y dar un salto cualitativo al penetrar en todas las escalas y ofrecer oportunidades en asuntos diversos, aunque relacionados, como el medio ambiente, la salud, la economía o el ocio, entre otros[45]. El resultado se aprecia en que el futuro PTP para Bilbao y su área metropolitana contiene dos tipos de medidas de gran relevancia. Por un lado, establece limitaciones: a) para los nuevos desarrollos urbanísticos que se describen en el apartado del hábitat urbano, y b) para los usos del suelo dirigidos a favorecer tanto la protección y conectividad de los lugares naturales como la preservación del suelo agrológico. Por otro lado, introduce los antes mencionados condicionantes superpuestos que considera necesarios para la ordenación territorial de la IV y la adecuada gestión de los riesgos derivados del cambio climático.

Si bien la descripción de la propuesta de Ordenación del Medio Físico y la IV se contiene en la Memoria, como se ha dicho, su regulación se distribuye entre el Título 3.º, capítulos 1 a 4, la Matriz de regulación de usos del medio físico incluida en el Anexo I a las Normas de ordenación, la Definición de usos de la matriz del medio físico incluidos en el Anexo II de las Normas de ordenación, y en una serie de planos de ordenación. Además, el PTP se remite a la regulación de los respectivos Planes de Ordenación de Recursos Naturales o Planes Rectores de Usos y Gestión en lo referido a los Espacios Naturales Protegidos incluidos en el Área Funcional, así como a la regulación de la legislación sectorial propia existente para cada ámbito.

Desde el punto de vista de la naturaleza vinculante de su contenido, el PTP considera la existencia de tres tipos de previsiones: las que vinculan directamente, las que lo hacen de modo mediato y aquellas otras que son meras recomendaciones. El cumplimiento de las determinaciones que poseen una eficacia directa e inmediata es preceptivo para las Administraciones Públicas y para

45 *Vid.*, DOT, Memoria, p. 90.

los sujetos de derecho privado cuando vayan a realizar cualquier actuación que implique o tenga consecuencias en la utilización o transformación del suelo. Tienen este valor vinculante directo e inmediato las siguientes determinaciones relativas: a) al modelo territorial; b) a la ordenación del medio físico; c) al modelo de movilidad; d) al modelo de asentamientos, singularmente el perímetro de crecimiento urbano y el dimensionamiento del parque de viviendas y de suelo para actividades económicas; e) a las áreas de carácter estratégico supramunicipales; f) a la compatibilización de planeamientos; y g) a los condicionantes derivados de la normativa sectorial estatal.

Poseen carácter directivo y eficacia mediata las previsiones que establecen criterios, principios o normas generales necesitados de desarrollo y concreción por otros instrumentos de ordenación territorial o urbanística. Sus determinaciones prevalecen sobre las del planeamiento territorial sectorial y urbanístico, que deberán interpretarse y aplicarse de conformidad con ellas. Su valor es vinculante, en particular, para el planeamiento urbanístico que se apruebe a partir de la entrada en vigor del PTP, se trate de una primera formulación, de una revisión o de la modificación de un plan previo. Estas determinaciones alcanzan su eficacia plena cuando se concretan en los Planes Territoriales Sectoriales o en los planes de ordenación urbanística correspondientes.

Y, por último, se encuentra el contenido de carácter informativo y las simples recomendaciones, que son todas aquellas relativas al paisaje y patrimonio cultural, a las infraestructuras de servicio y las cuestiones transversales. Si bien sus previsiones no tienen el valor vinculante inmediato o mediato de las anteriores, las administraciones urbanísticas están obligadas a justificar de forma expresa la decisión de apartarse de las mismas y su compatibilidad con los contenidos que informan la recomendación en cada caso[46].

---

46 Art. 5 de las Normas de Ordenación. Documento para Aprobación Provisional. Revisión del PTP del Área Funcional del Bilbao Metropolitano.

Más concretamente, las determinaciones contenidas en las normas y planos de ordenación del PTP —documentos B y D— son las que poseen carácter normativo y vinculante, con las salvedades que ellas mismos mencionan. Además, en orden a facilitar su aplicación particularizada, se ofrece un documento complementario de afecciones para el planeamiento de cada municipio.

C. Condicionantes superpuestos y directrices

La introducción de condicionantes superpuestos, con carácter de límites que actúan sobre el régimen jurídico de usos establecido para cada categoría de ordenación del medio físico es, como se ha adelantado, la fórmula utilizada por el PTP (art. 31) para lograr una adecuada gestión de los riesgos derivados del cambio climático desde la ordenación territorial y urbanística. La previsión de los condicionantes superpuestos de la IV metropolitana contempla tres modalidades: 1. la referida a los elementos con servicios ecosistémicos mayoritariamente de regulación y sostenimiento[47]; 2. los elementos con servicios ecosistémicos culturales de relevancia[48]; y 3. los corredores ecológicos y las áreas de conflicto, por un lado, y la IV urbana, por otro. La introducción de estos últimos, es decir, de los condicionantes superpuestos de IV, se acompaña de una serie de directrices específicas, entre las que destacan algunas especialmente por su relación más intensa con el tema que nos ocupa.

De forma complementaria el PTP regula también otras directrices relacionadas con este sistema y que son aplicables a diversas

---

[47] En los que se incluyen los Espacios naturales de interés, otros hábitats de interés comunitario, y otros componentes incluidos en la categorización del suelo y definidos en su propio apartado, en concreto, márgenes en zonas de interés naturalístico, márgenes con vegetación bien conservada, y elementos naturales incluidos en Especial Protección: Humedales Grupo II y Grupo III.

[48] Parques metropolitanos y parques fluviales, Áreas de esparcimiento y Playas urbanas.

realidades y espacios, como las islas de calor[49], en las que se promoverá la incorporación de elementos de IV. Además, los condicionantes superpuestos y las directrices de ordenación en materia de IV metropolitana alcanzan a los Espacios Naturales de Interés, a otros Hábitats de Interés Comunitario, a los Parques Metropolitanos y Parques Fluviales, a las Playas urbanas, a las Áreas de esparcimiento, a los Corredores ecológicos, y a las áreas de conflicto[50].

4.2.2. Una Infraestructura Verde urbana para cada municipio

El PTP concibe también que la IV urbana es la que conecta con sus homólogas de escala superior definidas en suelo no urbanizable según lo expuesto en el apartado anterior (art. 46), y los condicionantes superpuestos que establece y define para ella son el Corredor Urbano Supramunicipal y los Sistemas Generales y Sistemas Locales de zonas verdes y espacios libres [art. 38.1.b)]. Dispone igualmente unas directrices que afectan a diversos aspectos de la IV en este ámbito espacial más específico, el propiamente urbano[51].

---

49 Definidas como las áreas urbanas "significativamente más cálidas que su entorno rural circundante, como consecuencia de las construcciones y actividades humanas". Los municipios con mayor afección al riesgo de isla de calor se identifican en el plano n.º 4, Condicionantes Superpuestos de riesgos naturales y cambio climático (II) (art. 36).

50 *Vid.*, arts. 39 a 45 del PTP.

51 En relación con su desarrollo, deberán tenerse en cuenta como criterios: a) la evaluación de los servicios de los ecosistemas que producen o puedan llegar a producir; y b) las directrices y técnicas en materia de planeamiento y diseño del paisaje —*landscape planning*—. En cuanto a su trazado se exige: a) Que se conecte con la infraestructura de escala intermedia y superior. Específicamente, se tendrán en cuenta las conexiones propuestas por el PTP como "Corredores de enlace" del medio físico e IV con el hábitat urbano; b) Prestar especial atención a la puesta en valor y renaturalización de los cursos fluviales, como parte de la red de corredores ecológicos —infraestructura azul—; y c) Desarrollar el corredor urbano supramunicipal.

En síntesis, el planeamiento urbanístico está llamado a realizar —con apoyo en lo establecido al respecto en el PTP— labores esenciales en la materia que nos ocupa. Especial importancia reviste la delimitación de las áreas que se verán afectadas por los condicionantes superpuestos y el establecimiento de los criterios y requisitos exigibles en la concesión de licencias a aquellas actividades que supongan una amenaza para la IV urbana. También será una labor clave aprobar las modificaciones que deban llevarse a cabo para introducir la IV en los espacios que ocupan los Parques Metropolitanos y los Parques Fluviales ya ejecutados y el desarrollo de los que se prevé y que aún no se hayan desarrollado. Así, serán los planes generales los que definan los límites exactos para el desarrollo de estos parques que se completarán con el planeamiento especial llamado a establecer la regulación concreta de sus usos. Será igualmente imprescindible acudir a la figura del plan supramunicipal en los casos en que el Parque Metropolitano afecte a más de un municipio, y su tramitación deberá hacerse de forma conjunta por los municipios afectados.

La incorporación de los corredores ecológicos mediante una propuesta de actuaciones que permita promover la recuperación de los bosques autóctonos se presenta, asimismo, como una tarea fundamental atribuida a la planificación urbanística, que no debe obviar el respeto a las afecciones concretas y, entre ellas, la de ordenación del medio físico e IV, ambas desarrolladas en el PTP para cada uno de los municipios[52]. A lo anterior se añade que la interacción de los condicionantes superpuestos de IV con la infraestructura gris arroja tres áreas de conflicto localizadas en la ciudad[53] sobre las que también se prevén afecciones que deberán integrarse en la planificación urbana.

Especial interés reviste —y no solo por su carácter novedoso— la fijación de un Perímetro de Crecimiento Urbano (PCU) "que

---

52 *Vid.*, "Afecciones al Planeamiento Municipal" (apdo. 3), PTP de Bilbao Metropolitano, Documento para aprobación provisional, p. E.9.

53 Concretamente, Alto de Santo Domingo, Ibaizabal y Buia.

marque la extensión futura máxima del espacio urbanizado de cada núcleo con el fin de que dentro de este perímetro se establezcan los programas que tengan como fin completar y densificar la trama urbana". La trascendencia de este elemento no es menor, si se tiene en cuenta que su aplicación puede derivar en posibles "desclasificaciones de suelo urbanizable a través de la revisión del planeamiento municipal, como consecuencia de la adopción de criterios sostenibles de uso del suelo"[54].

5. CONCLUSIONES

Una aproximación comparativa a los modelos de conectividad ecológica de la ciudad de Madrid y del Bilbao Metropolitano revela la importancia creciente de la IV en los entornos urbanos. El enfoque actual más integrador reconoce el papel crucial de las ciudades en la lucha contra el cambio climático y resalta los múltiples beneficios que la IV aporta como un factor esencial para garantizar la calidad de vida, la resiliencia ante los desafíos ambientales y el desarrollo sostenible de las urbes en el siglo XXI.

La conectividad ecológica en entornos urbanos requiere considerar un enfoque multifuncional y multiescalar. Por ello, la gestión del espacio urbano es esencial para evitar la competencia por el uso del suelo, como lo son también una visión estratégica y

---

54 DOT, "Memoria" (pp. 65, 88, 91, 205 y 206) y art. 11 de las "Normas de aplicación". El Perímetro de Crecimiento Urbano es otro elemento fundamental condicionado por la IV. Se trata de un concepto introducido por las DOT que, junto a la regeneración y la cuantificación urbanas están pensados para garantizar la redensificación de lo que ya es urbano sobre la ocupación de nuevos suelos, es decir, optimizar el uso del suelo ya artificializado mediante dichos instrumentos y la mezcla de usos que eviten el crecimiento ilimitado, propósito que las DOT elevan a categoría de principio. Las DOT han introducido el PCU con inspiración en iniciativas llevadas a cabo en ciudades como Portland —Oregón, Estados Unidos—, Múnich —Alemania— y Helsinki —Finlandia— (*vid.*, DOT, "Memoria", p. 204).

sistémica que permita acordar objetivos comunes a largo plazo y la integración de prácticas que imiten los procesos naturales. En última instancia, se aboga por una planificación integral que permita coordinar el diseño, la implantación en las urbes y la gestión de una conectividad ecológica que garantice el éxito y la efectividad a largo plazo de este sistema.

El Ayuntamiento de Madrid aborda la integración de la IV considerando dos escalas, la urbana y la periurbana. Para la primera se cuenta con un plan sectorial *ad hoc* (PIVB), que requiere sustanciarse en una malla verde —Red Arce— tendencialmente integradora de todos los planes y estrategias con incidencia ambiental, y que presenta en su formulación una naturaleza sistémica en el sentido expuesto al comienzo de este capítulo. Ahora bien, su análisis ha exigido superar no pocas dificultades derivadas de la falta de concreción de esta propuesta reticular verde en un instrumento específico del que partir. Esto obliga a realizar una labor de desbroce y búsqueda de elementos de esta red en el elenco de planes directores de naturaleza técnica, aprobados para gestionar e implementar el PIVB desde una perspectiva material —arbolado viario y zonas verdes—.

A esta ausencia de un instrumento jurídico de partida de carácter transversal al que acudir, que contenga el trazado estructural de una IV urbana para la ciudad y aporte seguridad jurídica, se añade que no se ha culminado por el momento la primera de las medidas previstas en el PIVB para el despliegue eficaz de dicha IV urbana, que no es otra que su consideración en el PGOU.

En la escala periurbana el diseño se sustenta en los planes especiales que, desde una perspectiva integral y de conjunto, tratan de incorporar el planeamiento, urbanización, gestión y protección de aquellos componentes imprescindibles en la creación de la IV. Es lógico pensar que la intensidad normativa de estos planes varía en función de su contenido; desde la definición de actuaciones de reforestación, el cambio de la ordenación pormenorizada o el establecimiento de reservas de suelo para aumentar el patrimonio verde público, hasta la definición de entornos de influencia.

Estas previsiones determinarán, sin duda, las posteriores modificaciones del planeamiento y condicionarán la ordenación de los municipios colindantes —punto delicado este último, en el que la coordinación se presenta como un reto importante— para garantizar la continuidad de la IV, especialmente ante la inexistencia de un marco normativo autonómico de ordenación territorial en el que apoyarse.

En el caso de Bilbao la adopción de medidas avanza en sentido inverso. La consideración del área funcional como escala de partida para introducir la técnica de los condicionantes superpuestos, la naturaleza normativa de los instrumentos de planificación en la materia, la exigencia a los municipios de delimitar su Perímetro de Crecimiento Urbano en el marco del PTP, la incidencia de este elemento y del resto de exigencias específicas en materia de IV en el planeamiento urbanístico, entre otras previsiones, muestran la existencia de un mecanismo complejo aunque en apariencia articulado, pensado, a priori, para asegurar unos mínimos comunes en los espacios afectados, y en consonancia con la Agenda Urbana Española (2019). Sin lugar a duda, introducir este sistema supone un punto de inflexión, pero también un importante desafío para la planificación urbana, y el cauce para su implementación municipal pasa —como se ha visto en el caso madrileño— por los PGOU de los municipios afectados, aún pendientes de conceder a la IV urbana un soporte legal imprescindible.

Toca ahora seguir de cerca la efectividad y el éxito en la concreción de las previsiones que los modelos analizados tratan de garantizar, y que, en ambos casos, merecen ser valorados como responsables, por otorgar al tema la atención que reclama, audaces, por abordarlo sin contar con un marco jurídico acabado, y pioneros, porque constituyen un magnífico campo de experimentación.

La conectividad ecológica en Canarias: realidad, conflictos e instrumentos

Francisco José Villar Rojas
Catedrático de Derecho Administrativo
Universidad de La Laguna

SUMARIO: 1. LA REALIDAD DE LA BIODIVERSIDAD INSULAR. 1.1 Caracteres de la biodiversidad insular. 1.2 Protección de la biodiversidad insular canaria. 2. LOS CONFLICTOS TERRITORIALES QUE PLANTEA LA CONECTIVIDAD ECOLÓGICA. 2.1 Un conflicto clásico: el impacto de las infraestructuras. 2.2 Un conflicto particular: la tensión entre los espacios naturales protegidos y la ordenación territorial. 2.3 Un conflicto reciente: la lucha contra los incendios forestales. 3. LOS INSTRUMENTOS JURÍDICOS QUE CONTRIBUYEN A LA CONECTIVIDAD ECOLÓGICA EN LAS ISLAS. 3.1 Los planes. A) De 1987 hasta 1994. B) Desde 1994. C) En 2023: ¿una vuelta atrás? 3.2 La utilización de corredores. A) Barrancos, caminos reales y caminos cortafuegos. B) Senderos. C) Vías pecuarias. D) Balance. 3.3 la evaluación de impacto ambiental. A) Supuestos. B) Pros y contras. 4. VALORACIÓN FINAL.

1. LA REALIDAD DE LA BIODIVERSIDAD INSULAR (CANARIAS)

1.1. Caracteres de la biodiversidad insular

Es conocido que la biodiversidad (flora y fauna) presenta caracteres en los territorios insulares que la diferencian, en parte, de aquella que existe en territorios continentales. Como regla general, la biodiversidad insular es amplísima en el número de especies, muchas de ellas endémicas, con adaptación a las condiciones insulares, y, al mismo tiempo, es mucho más frágil, básicamente porque las poblaciones y el número de individuos es más reducido como resultado de la menor dimensión de estos territorios.

La biodiversidad de las islas Canarias confirma esta descripción. En las 8 islas del archipiélago (El Hierro, Fuerteventura, Gran Canaria, Lanzarote, La Gomera, La Graciosa, La Palma y Tenerife), con una superficie de 7.474 km2 y 1.126 Km de litoral, se localiza una biodiversidad formada por unas 17.000 especies terrestres y unas 9.000 marinas, con un número de endemismos: unas 680 plantas y unos 3.000 animales, superior a cualquier otro lugar de España. De este modo, con sólo el 1,5% de la superficie, las islas albergan la mitad de los endemismos vegetales del país; una riqueza ecológica de gran fragilidad por el tamaño de las poblaciones (se calcula que un 36% de las especies están en riesgo de desaparición)[1].

1.2. Protección de la biodiversidad insular canaria

La riqueza de la biodiversidad insular canaria ha sido objeto de un intenso nivel de protección, cuando menos, en cuanto al número y fuerza jurídica de los instrumentos normativos empleados.

En efecto, en las islas están declarados 4 parques nacionales: El Teide en Tenerife[2], La Caldera de Taburiente en La Palma [3], Ti-

---

1 Estos datos en el trabajo de Pedro Sosa Henríquez, P. (2019). "La riqueza de la biodiversidad de Canarias". *Libro de Actas de las XVIII Jornadas Internacionales sobre Asociacionismo en los Programas Universitarios de Mayores: comunicación e intercambio entre asociaciones.* Instituto Universitario de Estudios Ambientales y Recursos Naturales (ULPGC), 145-152. Una descripción detallada: Martín Esquivel, J.L. (2010). *Atlas de biodiversidad de Canarias.* Gobierno de Canarias.

2 Decreto de 22 de enero de 1954 por el que se crea el Parque Nacional del Teide (Canarias), luego Ley 5/1981, de 25 de marzo, de reclasificación del Parque Nacional del Teide (isla de Tenerife).

3 Decreto de 6 de octubre de 1954, por el que se crea el Parque Nacional de la Caldera de Taburiente, en la isla de La Palma, de Santa Cruz de Tenerife, luego Ley 4/1981, de 25 de marzo, de reclasificación del Parque Nacional de La Caldera de Taburiente (isla de La Palma).

manfaya en Lanzarote [4] y Garajonay en La Gomera [5]. Todos ellos sujetos a la Ley de Parques Nacionales de 2014, sin perjuicio de las competencias ejecutivas autonómicas[6].

A su vez, desde 1987, casi la mitad del suelo insular está incluido en alguna categoría de espacios natural protegido, conformando la red canaria de espacios protegidos —142 ENP que ocupan el 42% del suelo frente al 14,5% de toda España—[7]. Estos espacios están relacionados y descritos en el Anexo de reclasificación de los Espacios Naturales Protegidos del Texto Refundido de la Ley de Ordenación del Territorio y de la Ley de Espacios Naturales de Canarias de 2000[8].

Asimismo, desde 2001, se ha ido conformando la Red Natura 2000 en el archipiélago integrada por 153 Lugares de Interés Co-

---

4 Decreto 2615/1974, de 9 de agosto, creando el Parque Nacional de Timanfaya, en la isla de Lanzarote, de la provincia de Las Palmas, luego Ley 6/1981, de 25 de marzo, de reclasificación del Parque Nacional de Timanfaya (isla de Lanzarote).

5 Ley 3/1981, de 25 de marzo, de creación del Parque Nacional de Garajonay (isla de La Gomera).

6 Expresamente, la disposición adicional primera de la Ley 30/2014, de 3 de diciembre, de Parques Nacionales. (**TOL4.559.313**).

7 Para el conjunto del archipiélago: 19 Sitios de Interés Científico; 27 Paisajes Protegidos; 52 Monumentos Naturales; 15 Reservas Naturales Especiales; 11 Reservas Naturales Integrales; 11 Parques Naturales; y 7 Parques Rurales.

8 La declaración se produjo con la Ley 12/1987, de 19 de junio, de declaración de Espacios Naturales de Canarias, con base en las previsiones de la Ley estatal 15/1975, de 2 de mayo, de espacios naturales protegidos. Esa norma fue reemplazada por la Ley 12/1994, de 19 de diciembre, de Espacios Naturales de Canarias (**TOL12.497**), que reclasificó buena parte de los espacios en orden a adaptarse a lo establecido por la Ley 4/1989, de 27 de marzo, de Conservación de los Espacios Naturales y de la Flora y Fauna Silvestres (**TOL228.442**). En 2000, este texto legal y su anexo se integraron en el Texto Refundido de la Ley de Ordenación del Territorio y de la Ley de Espacios Naturales de Canarias, aprobado por Decreto-Legislativo 1/2000, de 8 de mayo (**TOL75.941**). El Anexo se mantiene vigente con la Ley 4/2017, de 13 de julio, del Suelo y de los Espacios Naturales Protegidos de Canarias (**TOL6.206.855**), que reemplazó el citado Texto Refundido (cfr. disposición derogatoria única, apartado 1.a).

munitario (LIC-ZEC) y Zonas de Especial Conservación (ZEC) que se extienden sobre el 47% del suelo insular, superponiéndose sobre todos los espacios naturales protegidos (el porcentaje contrasta con el 27,33% que esa red ocupa en el conjunto de España)[9].

Por último, en Canarias ha sido declaradas 7 Reservas de la Biosfera. Cinco lo son sobre islas completas: La Palma —en 1983 la zona de El Canal y Los Tilos, a partir de 2002 toda la isla—, Lanzarote —1993—, El Hierro —2000—, Fuerteventura —2009— y La Gomera —2012—. Las otras dos declaraciones tienen una proyección territorial parcial: Gran Canaria, que se extiende por el 46% de la superficie de la isla —2005—, y el Macizo de Anaga en Tenerife —2015—, que son las islas donde se concentra la mayor parte de la población residente (un 80% de los 2.200.000 residentes y de las actividades económicas)[10].

De estas medidas resulta que toda o casi toda la biodiversidad del archipiélago canario está legalmente protegida[11]. La conse-

---

9 Esas categorías se encuentran reguladas por el Decreto 174/2009, de 29 de diciembre, por el que se declaran Zonas Especiales de Conservación integrantes de la Red Natura 2000 en Canarias (**TOL9.232.401**) y por el Decreto 184/2022, de 15 de septiembre, por el que se declaran las Zonas de Especial Protección para las Aves (ZEPA) en la Comunidad Autonómica de Canarias (**TOL9.232.402**).

10 Es sabido que esta declaración no es un mero reconocimiento sin consecuencias. La condición de "reserva de la biosfera" determina la sujeción de las obras que se proyecten a evaluación de impacto ambiental (Grupo 9 del Anexo I de la Ley 21/2013, de 9 de diciembre, de Evaluación Ambiental). Durante un tiempo se suscitó el debate de si esa obligación recaía sobre cualesquiera proyectos dentro del ámbito de la reserva, sin distinción según las zonas —núcleo, tampón y de transición—, lo que, en las islas declaradas en su totalidad, suponía la aplicación de ese requerimiento también en las zonas urbanas. El RD. 445/2023, de 13 de junio, de modificación de los Anexos I, II y III de la Ley de Evaluación Ambiental (**TOL9.599.369**), ha aclarado que esa obligación sólo es exigible en las obras que se pretenda realizar en la zona núcleo (aquella que es coincidente con un espacio natural protegido).

11 Sobre los espacios protegidos en Canarias, Jiménez Jaén, A. (2000). *El régimen jurídico de los Espacios Naturales Protegidos.* McGraw-Hill; y Simancas

cuencia es un grado de conectividad ecológica elevado puesto que los espacios naturales son corredores ecológicos en sí mismos. Esta realidad, al menos teniendo en cuenta las normas y los planes de protección existentes, puede explicar que la problemática de la conectividad ecológica, su recuperación y/o restauración, sea un asunto menos debatido que en otros territorios en la península[12]. Es más, si se valora desde los objetivos que plantea el *Reglamento europeo sobre la restauración de la naturaleza* de restaurar al menos el 20% de las zonas terrestres e igual porcentaje de las zonas marítimas hasta el 2030, el archipiélago, con aproximadamente el 50% del suelo protegido, queda fuera de su ámbito material de actuación[13], sin perjuicio de la necesidad de restauración que pueda precisar uno u otro espacio natural.

Con todo, en el archipiélago también existen factores y elementos de fragmentación de los ecosistemas que debilitan o bloquean la coherencia ecológica que resulta de esas declaraciones y que, pese al número y ámbito de los espacios naturales protegidos, imponen la necesidad de su recuperación, en su caso mediante corredores ecológicos[14], siempre en el marco del derecho europeo[15].

Cruz, M. (2007). *Las áreas protegidas de Canarias: cincuenta años de protección ambiental del territorio en espacios naturales.* IDEA, S/C de Tenerife, 452 pp.

12 Ejemplifica la diferencia el Informe "*Autopistas salvajes. Propuestas de WWF España para una Red estratégica de Corredores Ecológicos entre espacios Red Natura 2000*", 2018, 36 pp. que se limita a estudiar la España peninsular.

13 Artículo 1.2 del *Reglamento del Parlamento Europeo y del Consejo sobre la restauración de la naturaleza* (aprobado por el Consejo el 17 de junio de 2024).

14 El análisis que sigue se circunscribe a las islas. Una explicación general de estas cuestiones en López Ramón, F. (2016). "Conectividad y corredores ecológicos en la experiencia española", y, poco más tarde, García-Álvarez, G. (2018), "Conectividad de espacios naturales y urbanismo en el Derecho Español", ambos en colección de Monografías de la *Revista Aragonesa de Administración Pública,* (XVI), pp. 33-61 y XVII, pp. 29-65, respectivamente. Más reciente, Alenza García, J.F. (2023): "Restauración y conectividad ecológica", en García Ureta, A. y Soro Mateo, B. (dirs.). *Restauración y compensación ecológica: la perspectiva jurídica.* Iustel, pp. 294-315.

2. LOS CONFLICTOS TERRITORIALES QUE PLANTEA LA CONECTIVIDAD ECOLÓGICA

2.1. *Un conflicto clásico: el impacto de las infraestructuras*

En las islas, en cada una de ellas, la conectividad ecológica tropieza con el mismo obstáculo que en otros lugares: la fragmentación que produce la implantación de las grandes infraestructuras en tanto rompe o, cuando menos, dificulta el paso, de las especies, especialmente de fauna.

El primero de todos es la red de carreteras, con tendencia a ser circular para asegurar la movilidad desde todos los lugares de cada isla. A continuación, con especial impacto en las aves, la red de transporte de energía, que combina la estructura radial con la tendencia a establecer un anillo insular que otorgue mayor seguridad al suministro de electricidad. En ambos casos, el efecto de frontera física, especialmente de las autovías, es patente. El impacto se acrecienta con los proyectos para la instalación de redes ferroviarias, la demanda de más carreteras o de ampliación de los carriles de las existentes y la previsión de ampliación de los aeropuertos, en particular en las islas más pobladas (Gran Canaria y Tenerife).

La implantación de instalaciones de producción de energías alternativas, en particular huertos solares y molinos para energía eólica, imprescindible para la descarbonización de la economía, constituye otro factor inevitable de quiebra de la conectividad ecológica, análogo a otros lugares de la península, pero de mayor entidad y dificultad por lo reducido del espacio y la fragilidad de la biodiversidad insular. Por ello, la decisión sobre los lugares más adecuados para la localización de estas plantas de producción de energía debe tener en cuenta las singularidades de lo insular, sin

---

15 Sobre esta dimensión, García Ureta, A. (dir.). (2022). *La Estrategia de biodiversidad de la Unión Europea 2030. Aspectos jurídicos*, Marcial Pons, 181 pp.

que baste con los criterios generales que sean aplicables en su implantación en territorio continental[16].

Con sus particularidades, la conectividad ecológica pugna en las islas con el primer factor de fragmentación: las infraestructuras, imponiendo la búsqueda de fórmulas que minoren su impacto; entre ellas, la idea más repetida es el soterramiento cuando sea técnicamente posible y, además, económicamente asumible por los contribuyentes que, directa o indirectamente, asumirán esos costes. En este sentido, el soterramiento de las conducciones de energía fue una de las medidas propuestas por las Directrices de Ordenación General en 2003, aunque con escaso éxito[17]. En todo caso, sin perjuicio de la diferente escala territorial, la problemáti-

---

16 La Ley 6/2022, de 27 de diciembre, de Cambio Climático y Transición Energética de Canarias (**TOL9.376.406**) atribuyó al Plan de Transición Energética de Canarias establecer los criterios de localización de las instalaciones de energía renovable (art. 18.2). La versión inicial de ese Plan (Boletín Oficial de Canarias, 97, 19 de mayo de 2023) establece como la mejor localización el suelo de la zona este a la oeste, pasando por el lado sur de cada una de las islas, lo que, de materializarse, convertiría esa parte del territorio en un gran huerto solar, por tanto, un suelo industrial. El impacto paisajístico y territorial es cualitativamente mayor que el equivalente en territorio continental. El equilibrio entre lo ambiental y la transición energética en las islas pasa por reconsiderar esa propuesta a la búsqueda de un modelo con menor impacto en el territorio, en los recursos naturales y en el paisaje.

17 Directriz de Ordenación General 36.4 de la Ley 19/2003, de 14 de abril, por la que se aprueban las Directrices de Ordenación General y las Directrices de Ordenación del Turismo de Canarias (**TOL257.538**). Los criterios de contención de las infraestructuras —como viabilidad de las nuevas frente a la mejora de las existentes— se contenían en las directrices 84 a 86. La mayoría de las Directrices de Ordenación General fueron derogadas por la Ley del Suelo y de los Espacios Naturales Protegidos de Canarias de 2017 (cfr. DD única.1). Sobre el alcance de esas medidas, Villar Rojas, F.J. (2006). "El conflicto de las infraestructuras con los recursos naturales insulares: previsiones, criterios y mandatos de las Directrices de Ordenación General", en libro colectivo *El sur de Tenerife ante los retos de la nueva sociedad.* Edit. Salamanca, pp. 37-56.

ca de las infraestructuras como factor de fragmentación ecológica es común al territorio continental[18].

2.2. *Un conflicto particular: la tensión entre los espacios naturales protegidos y la ordenación del territorio*

En territorios de superficie reducida —islas— en los que la biodiversidad es tan rica en su extensión y diversidad de especies, como frágil, la tutela de esos valores naturales y la adopción de medidas para su protección, suscita un debate particular: ¿esa tarea de protección debe ser realizada desde la ordenación de los espacios naturales protegidos, a modo de compartimentos estancos dentro de la isla, o, por el contrario, esa función de ordenación y de equilibrio con otros usos, dado que afecta a casi la mitad del suelo insular, corresponde a la ordenación del territorio, evitando la ruptura de la continuidad ecológica y territorial?

El problema se planteó, tras la declaración de los espacios naturales en 1987, cuando los Cabildos insulares dieron los primeros pasos para elaborar y aprobar los Planes Insulares de Ordenación del Territorio, el primer instrumento de ordenación territorial regulado en las islas, tropezando con que los espacios protegidos estaban sujetos a su propia regulación, quedando como espacios vacíos dentro de la ordenación territorial.

Como se explica más adelante, la solución del legislador fue la integración de la ordenación de los recursos naturales dentro de los planes insulares de ordenación[19]. Con esta fórmula el conflicto planteado pasó a un segundo plano, pero no desa-

---

18 Una excelente síntesis de los impactos de las infraestructuras en el "Informe de opinión del Consejo de Protección de la Naturaleza de Aragón sobre el tema: propuestas para la implementación de la Estrategia Nacional de Infraestructura Verde y de la conectividad y restauración ecológicas en Aragón", de 11 de noviembre de 2022.

19 La explicación desde la geografía y la economía en García Herrera, L.M. y Sánchez García, J. (1995). *Los Planes insulares de ordenación en*

pareció. Cuando el calentamiento global y la inevitable subida del nivel del mar plantean la necesidad de establecer corredores ecológicos que permitan el desplazamiento —adaptación— de la flora y de la fauna afectadas —subiendo hacia el interior desde la costa—, aquel debate ha vuelto a resurgir: ¿esas medidas deben adoptarse ampliando los espacios naturales protegidos o, por el contrario, esos corredores deben ser abordados y resueltos por la ordenación del territorio, siendo como es su función primaria el equilibrio de los usos globales en el territorio, por tanto, con capacidad para combinar la presión natural con los requerimientos sociales y económicos? La cuestión está encima de la mesa[20].

2.3. Un conflicto reciente: la lucha contra los incendios forestales

Los incendios forman parte de la realidad de la naturaleza en las islas Canarias. Año tras año, en el periodo estival, se producen incendios que afectan a las zonas más boscosas, abriendo, durante un tiempo, el debate sobre el impacto que tienen sobre la biodiversidad insular y las medidas de prevención que deben adoptarse. Se trata de un asunto y de un conflicto recurrente.

Ese debate volvió a surgir con ocasión del incendio en Tenerife en agosto de 2023 que afectó, de forma intensa, al Parque Natural de la Corona Forestal, espacio natural que circunda el Parque Nacional del Teide. En síntesis, la controversia se centró en torno a dos argumentos enfrentados: por un lado, que la protección de la biodiversidad dificulta la prevención de incendios, porque las medidas de protección de especies —como la prohibición de talar los pinos que invaden las fincas privadas en tanto que especie

---

Canarias (Reflexiones metodológicas). Gobierno de Canarias y Universidad de La Laguna, 185 pp.

20 Fernández Palacios, J.M. (2020). "Causas y consecuencias del cambio climático. El caso de Canarias", en Hernández González, F. (dir.). *El derecho ante el reto del cambio climático.* Thomson-Reuters-Aranzadi, 51-79.

protegida[21]— impiden la adopción de medidas preventivas; y, por otro lado, que la tutela de la biodiversidad no tiene la culpa de los incendios, menos aun de su expansión, sino que tal impacto se debe a la falta de cuidado de quienes están obligados a mantener en condiciones sus propiedades. En el medio, quienes defienden que, efectivamente, la biodiversidad no es responsable, sino que lo es su indebida utilización como herramienta de bloqueo de cualesquiera intervenciones de prevención y de cuidado, que se encuentran en manos de la Administración[22].

Este es el conflicto, como tantas veces, diluido tras la declaración de extinción del incendio. Pero la cuestión está lejos de estar resuelta. La conectividad ecológica resulta, en principio, beneficiada de una continuidad territorial que, con medidas como la prohibición de talar pinos, favorece la movilidad de las especies de flora y de fauna. Pero, al mismo tiempo, esa continuidad comporta que, cuando se produce un incendio, las llamas salten de rama en rama por la proximidad de los árboles, extendiéndose con riesgo para los bienes y las personas, dada la proximidad de unos y otros. El riesgo real de propagación demanda elementos

---

21 El pino canario fue declarado especie protegida por Orden de 20 de febrero de 1991, sobre protección de especies de la flora vascular silvestre de la Comunidad Autónoma de Canarias (B.O.C. 35, de 18 de marzo de 1991). La referencia se incluye en el Anexo III de esa Orden, quedando su uso y aprovechamiento sujeto a lo dispuesto en el artículo 202 y siguientes del Reglamento de Montes. De este régimen, debe destacarse que cualquier actuación sobre los ejemplares de esa especie —incluyendo la tala— requiere obtener autorización administrativa previa de la Administración forestal (art. 229). Aun cuando estos preceptos fueron derogados por el Real Decreto 367/2010, de 26 de marzo, sin embargo, de acuerdo con el apartado segundo de su artículo 2, siguen siendo aplicables en Canarias en tanto Comunidad que no ha aprobado normativa propia en la materia.

22 Pérez de Paz, P. (2023). "Incendio: la biodiversidad no tiene la culpa". *El Día*, 30 de agosto de 2023; y Dalmau-Rovira, F. (2023). "La biodiversidad no tiene la culpa; su mala utilización como herramienta de bloqueo, sí". *El Día*, 6 de septiembre de 2023.

de fragmentación que frenen o impidan esa extensión, como caminos cortafuegos y vías de anchura suficiente, y, al mismo tiempo, una regulación de las especies protegidas que no se limite a atender a la "protección", sino a todos los factores que concurren. La solución no es una aplicación extensiva y abierta del principio de precaución, incluso aunque el pino canario se haya recuperado. En los territorios insulares, por su reducida superficie, la relación de la biodiversidad, con los incendios y con la protección de los bienes y las personas requiere una ponderación de esos intereses mucho más equilibrada.

3. LOS INSTRUMENTOS JURÍDICOS QUE CONTRIBUYEN A LA CONECTIVIDAD ECOLÓGICA EN LAS ISLAS

3.1. Los planes

A) De 1987 hasta 1994

Es sabido que, tras la declaración de un espacio protegido, el primer instrumento para asegurar la conectividad ecológica es el plan en cualquiera de sus aplicaciones: el plan de ordenación del espacio protegido, el plan de ordenación del territorio e, incluso, el plan de ordenación urbana cuando se proyecta sobre esos espacios, en la medida que estos mecanismos tienen la capacidad de determinar y de prohibir usos, de igual forma que pueden establecer medidas restrictivas, correctivas o compensatorias para favorecer la conectividad y evitar la fragmentación de los hábitat naturales.

Entre 1987 y 1994, la legislación canaria respondió a este esquema: mandato de elaboración de *planes insulares de ordenación territorial* con determinaciones relativas a los suelos con valores naturales (Ley de planes insulares de ordenación de 1987[23]) y pre-

---

[23] Ley 1/1987, de 13 de marzo, reguladora de los Planes Insulares de Ordenación.

visión de *planes de ordenación y gestión* para los distintos espacios naturales protegidos (Ley de declaración de espacios naturales de 1987[24]), hasta los *planes de ordenación de los recursos naturales* implementados por la legislación estatal básica (Ley estatal de conservación de los espacios naturales de 1989[25]).

Como se apuntó más atrás, la proyección de todos esos instrumentos sobre el mismo espacio limitado —suelo insular— suscitó bien pronto varias cuestiones: si los planes insulares —ordenación del territorio— podían incidir o afectar a los espacios naturales protegidos; también si esos planes insulares podían resolver la conectividad —comunicación— entre aquellos espacios o, por el contrario, era preciso ampliar la correspondiente declaración legal; en suma, cómo conciliar lo ambiental con lo territorial cuando la mitad del suelo insular era y es espacio natural protegido. La exigencia por la legislación estatal básica de planes de ordenación de los recursos naturales (PORN) completó el cuadro de dificultades[26].

---

24 Ley de declaración de espacios naturales de Canarias de 1987 con base en la Ley de espacios naturales protegidos de 1975.

25 Regulados por los artículos 4 a 8 de la Ley de conservación de los espacios naturales y de la flora y fauna silvestre de 1989. Actualmente en los artículos 16 a 24 de la Ley 42/2007, de 13 de diciembre, del Patrimonio Natural y de la Biodiversidad (**TOL1.210.868**).

26 Un aspecto fundamental, aunque siempre en un segundo plano, fue la previsión de la Ley de declaración de espacios naturales de 1987 según la cual esa declaración no comportaba "por sí misma, limitación de derechos o restricciones de usos" que deberían ser instrumentados en su caso en los planes rectores y de gestión que desarrollaran la protección, precisando que, si de la ejecución de dichos planes derivaran privaciones singulares de derechos de aprovechamiento legalmente patrimonializados, se aplicarían las disposiciones vigentes sobre expropiación forzosa (art. 5 de esa Ley). El resultado fue una remisión a futuro de la compensaciones o indemnizaciones por eventuales restricciones (privación singular) que nunca llegaron a reconocerse. Expresado de otro modo, la mitad del suelo de las islas se incluyó en alguna categoría de espacio natural protegido sin ninguna clase de indemnizaciones o compensaciones. La Ley impuso ese estatuto jurídico. La impugnación años

B) Desde 1994

La descoordinación entre los distintos instrumentos de ordenación previstos en las leyes de los años ochenta del siglo pasado, también en lo relativo a la conectividad ecológica, llevó a un callejón casi sin salida que se resume en una pregunta: ¿cómo se ordena territorialmente un "*queso gruyere*"? El queso es cada isla, ámbito territorial de cada plan insular de ordenación; los agujeros son cada uno de los espacios naturales declarados en ellas. En un territorio reducido: ¿es razonable mantener un régimen de compartimentos estancos como el que resultaba de la legislación general? ¿sería admisible que el planeamiento insular se proyectara sobre aquellos espacios en ejercicio de su función de ordenación de los usos globales del territorio?

La respuesta la dio la Ley de Espacios Naturales de Canarias de 1994. Esta Ley, no sólo reclasificó los espacios naturales protegidos a la luz de los criterios de la Ley estatal de conservación de los espacios naturales de 1989, sino que también modificó la Ley de Planes Insulares de Ordenación, ampliando su objeto, de modo que esos instrumentos también actuaran como planes de ordenación de los recursos naturales (PORN), situándose, a partir de ese momento, por encima de los planes de ordenación y gestión de los espacios naturales protegidos en atención a la primacía que la ley básica otorga a aquellos planes[27].

La integración de lo ambiental —ordenación de los recursos naturales— y lo territorial —ordenación insular— a través de los planes insulares de ordenación se recibe, sin cambio, en la Ley de

---

después de los planes de uso y gestión por falta de plan de ordenación de los recursos naturales constituye, en cierta medida, una reacción al modo en que fueron declarados esos espacios, sin participación ciudadana y sin compensaciones.

27 Con el precedente del artículo 5 de la Ley de conservación de los espacios naturales de 1989, esa primacía se establece con carácter básico en el artículo 19 de la Ley de Patrimonio Natural y Biodiversidad de 2007.

Ordenación del Territorio de 1999[28], luego en el Texto Refundido de la Ley de Ordenación del Territorio y de la Ley de Espacios Naturales de Canarias de 2000, de donde pasó a la vigente Ley del Suelo y de los Espacios Naturales Protegidos de Canarias de 2017, donde se mantiene[29].

Con esta fórmula, los planes insulares quedan habilitados para establecer determinaciones que contribuyan a garantizar o, en su caso, recuperar la conectividad ecológica[30]. De este mecanismo daban cuenta las Directrices de Ordenación General de 2003, hoy

---

28 Ley 9/1999, de 8 de mayo, de Ordenación del Territorio (**TOL214.447**). El artículo 18 de la misma establecía lo siguiente: *1. Los planes insulares establecerán la ordenación estructural del espacio insular, definiendo el modelo de organización y utilización del territorio para garantizar su desarrollo sostenible. Establecerán además la regulación de los recursos naturales insulares, teniendo en este ámbito el carácter de planes de ordenación de los recursos naturales, en los términos establecidos por la legislación básica estatal.* El mismo precepto pasó al Texto Refundido de la Ley de Ordenación del Territorio y de la Ley de Espacios Naturales de Canarias de 2000.

29 El artículo 94 de la Ley del Suelo y de los Espacios Naturales Protegidos de Canarias de 2017 lo expresa del modo siguiente: *1. Los planes insulares de ordenación constituyen el instrumento general de ordenación de los recursos naturales y del territorio de las islas en el marco, en su caso, de las directrices de ordenación. (…) 3. Los planes insulares de ordenación podrán tener el carácter de planes de ordenación de los recursos naturales, en los términos, con las determinaciones y el alcance establecidos por la legislación básica estatal. En este caso, cuando los instrumentos de ordenación ambiental, territorial o urbanística resulten contradictorios con los planes insulares deberán adaptarse a estos; en tanto dicha adaptación no tenga lugar, tales determinaciones de los planes insulares se aplicarán, en todo caso, prevaleciendo sobre dichos instrumentos.*

30 Sobre la integración legal de la ordenación de los recursos naturales con la ordenación del territorio, Parejo Alfonso, L. (1999). "El ordenamiento autonómico de la ordenación de los recursos naturales, territorial y urbanística: fundamento, condicionamiento, alcance y composición", en *Derecho canario de la ordenación de los recursos naturales, territorial y urbanística.* Marcial Pons, pp. 67-155; y Villar Rojas, F.J. (2010). "Marco conceptual". *Derecho Urbanístico de Canarias.* Aranzadi-Thomson-Reuters, pp. 62-66.

derogadas[31]. Pero sobre todo algunas determinaciones expresas del Plan Insular de Ordenación de La Palma (2011[32]) y, más reciente, del Plan Insular de Ordenación de Gran Canaria (2023[33]) dirigidas a asegurar la coherencia e integridad de la red de espacios naturales protegidos y red natura 2000. Asimismo, Cierto que, en todos los casos, esas determinaciones son mandatos dirigidos a los planes y proyectos que pretendan ordenar o ejecutar actuaciones, que habrán de tenerlas en cuenta, sin que sean normas de aplicación directa.

La integración de planes ha tropezado con algunos obstáculos. La falta de plan de ordenación de recursos naturales en el caso de las reservas y los parques ha llevado a que el Tribunal Supremo declarara la ineficacia de la declaración de esos espacios protegidos, sin admitir el argumento de que la función de aquellos pla-

---

31 En particular, la DOG 14, sobre criterios para la conservación de los hábitats, que hacía referencia a la "interconexión entre los espacios protegidos mediante corredores ecológicos" y la DOG 17, sobre criterios de restauración, que señalaba que, en la intervención de recuperación de espacios degradados, se atendería especialmente a "corregir la fragmentación de los hábitats mediante el establecimiento de corredores biológicos". La preocupación por la conectividad queda de manifiesto, cierto que no se precisa cómo materializar e implementar esos corredores, quedando en un mandato para las futuras actuaciones públicas.

32 Decreto 71/2011, de 11 de marzo, por el que se aprueba definitivamente el Plan Insular de Ordenación de la isla de La Palma (**TOL2.060.101**). Los artículos 23 y 29 se refieren a la conectividad ecológica como uno de los objetivos de la ordenación de los recursos naturales (contenido PORN del PIOLP).

33 Acuerdo del Pleno del Cabildo Insular de Gran Canaria de aprobación definitiva de la revisión del Plan Insular de Ordenación de Gran Canaria (Boletín Oficial de Canarias, 13, de 19 de enero de 2023). En el documento de normativa se definen los corredores ecológicos, se identifican 3 modalidades —forestales, litorales y radiales— (art. 172 y concordantes), para luego establecer como norma general que los instrumentos de ordenación, los proyectos y actuaciones deberán preservar de forma suficiente los corredores ecológicos que se van identificando a lo largo del plan (art. 175).

nes se cumple a través de la ordenación de los recursos naturales realizada por el correspondiente plan insular. Este fue el caso del *Parque Natural de Jandía* (Fuerteventura) y del *Parque Natural del Archipiélago Chinijo* (Lanzarote). Para el Alto Tribunal, el plan de ordenación de recursos naturales de ámbito insular no puede suplir o reemplazar el que debe tener cada uno de aquellos espacios naturales protegidos por falta del suficiente grado de detalle y concreción, en suma, de escala de diagnóstico y de identificación de valores a proteger[34].

Por otra parte, la fórmula de la integración también ha encontrado otro obstáculo: la existencia de población residente en el ámbito de los parques naturales[35]. La protección de los recursos naturales pugna con esa realidad y con las necesidades de esa población imponiendo al planificador un equilibrio entre los valores ambientales y los sociales que es más propio de la ordenación del territorio que de la ordenación de los recursos naturales. Es preciso recordar que la ineficacia de la declaración legal de esos parques naturales también se sustentó en que fueron adoptadas directamente por ley sin dar participación ni audiencia a las personas propietarias de suelos, edificaciones y actividades en esos ámbitos territoriales. La consecuencia es que la ineficacia de la

---

34 STS 3.ª, de 18 de julio de 2013, rec. 5845/2009, Parque Natural de Jandía, Fuerteventura, (**TOL3.888.814**) y STS 3.ª, de 20 de diciembre de 2017, rec. Cas. 3125/2016, Parque Natural Archipiélago Chinijo, Lanzarote (**TOL6.462.835**).

35 Lo reconoce la definición legal de parque natural: "aquellos espacios naturales amplios, no transformados sensiblemente por la explotación u ocupación humanas y cuyas bellezas naturales, fauna, flora y gea en su conjunto se consideran muestras singulares del patrimonio natural de Canarias. Su declaración tiene por objeto la preservación de los recursos naturales que alberga, la educación y la investigación científica, de forma compatible con su conservación, no teniendo cabida nuevos usos residenciales u otros ajenos a su finalidad" (art. 176.6.a) de la Ley del Suelo y de los Espacios Naturales Protegidos de Canarias). No se admiten "nuevos" usos residenciales, sí los preexistentes, anteriores a la declaración legal de esos espacios.

declaración de esos espacios naturales protegidos —nulidad si hubieran sido aprobadas por Decreto y no por Ley— se proyecta y se extiende sobre los planes insulares, debilitando su contenido y ordenación.

En todo caso, sin perjuicio de los obstáculos apuntados, resulta evidente que la integración del planeamiento ambiental con el territorial constituye una vía jurídica especialmente valiosa para asegurar la conectividad ecológica en la medida que facilita la adopción de medidas de continuidad territorial gracias a la combinación de esos instrumentos en uno solo sin tener que ampliar la superficie de los espacios naturales con la problemática social que ello acarrea.

C) En 2023: ¿una vuelta atrás?

Tras casi treinta años de la fórmula de la integración de planes, en 2023, el Gobierno de Canarias elaboró y presentó un anteproyecto de *Ley de Biodiversidad y de los Recursos Naturales de Canarias*[36], no aprobado, en el que se vuelve sobre la situación del planeamiento anterior a 1994, esto es, la sujeción de los espacios naturales —la biodiversidad— a un régimen jurídico propio y separado de la ordenación territorial y urbanística; un regreso a la concepción de la fauna y la flora como un compartimento estanco aislado que como tal debe ser regulado. En lo que se viene analizando, los elementos más relevantes de esa propuesta normativa son el diseño de un sistema de planeamiento específico y la creación, dentro de la red canaria de áreas protegidas, de una red de corredores ecológicos e infraestructuras verdes.

---

36 El anteproyecto de *Ley de Biodiversidad y de los Recursos Naturales de Canarias* fue tomado en consideración por el Gobierno de Canarias y sometido a información pública el 1 de diciembre de 2021. El proyecto de ley fue aprobado el 6 de octubre de 2022 remitiéndolo al Consejo Consultivo de Canarias para dictamen preceptivo. Emitido ese parecer (Dictamen 42/2023, de 1 de febrero de 2023), la tramitación quedó suspendida, decayendo con el cambio de legislatura (mayo 2023).

Sobre la ordenación —planificación— en materia de biodiversidad, el anteproyecto diseña un sistema de planeamiento particular integrado, en una relación jerárquica por los siguientes instrumentos (art. 39 a 43):

- Las *Directrices de Ordenación de la Biodiversidad*, de cuyo ámbito se excluyen los suelos agrarios.
- Los *Planes Insulares de Biodiversidad*, a los que, expresamente, se ordena que establezcan mecanismos de "conectividad ecológica".
- Las *Estrategias regionales de recuperación o conservación de especies amenazadas.*
- Los *Planes de recuperación y conservación de especies amenazadas.*
- Los *Planes de protección y recuperación de hábitats catalogados.*

El cuadro copia la estructura del planeamiento de la legislación del suelo de Canarias (Directrices generales y sectoriales de ámbito autonómico, Planes Insulares de cada isla y Planes de espacios protegidos, en sus distintas modalidades[37]). Sin embargo, aun siendo esa la referencia, la propuesta suscita algunos interrogantes, entre ellos: ¿cuál es la relación de estos planes con los instrumentos de ordenación integrados, en particular los Planes Insulares con contenido de Plan de Ordenación de los Recursos Naturales? ¿cuál prevalecerá? Y, en segundo término, resulta inevitable plantearse, para afrontar la tutela de la biodiversidad, ¿de nuevo un planeamiento especial/sectorial en tensión con el general? ¿la vuelta atrás tiene alguna justificación? ¿una regulación de compartimentos estancos será más garante que la integración y el equilibrio de los valores concurrentes? ¿también para asegurar la conectividad ecológica?

El otro elemento relevante es la creación, dentro de la Red de Áreas Protegidas de Canarias, de la *Red integrada de Corredores Ecológicos e Infraestructuras Verdes* (art. 44 y 48). Entre los objetivos de

---

37 Artículos 83, 87, 94 y 104 de la Ley del Suelo y de los Espacios Naturales Protegidos de Canarias.

esta red se encuentra mejorar y restaurar las rutas de movimiento genético de especies nativas y mitigar la fragmentación de hábitats mediante el incremento de la conectividad. La preocupación por la conectividad ecológica es patente.

Ahora bien, en cuanto a su fuerza jurídica, la propuesta legislativa resulta poco ambiciosa. La creación de la red se encomienda al Gobierno de Canarias, a quien corresponde establecer su estructura, su contenido y sus funciones, incluyendo la definición de qué espacios se incluyen y cuál sea su régimen jurídico, sin que se formulen criterios o parámetros que deban ser considerados. Como obligación general se mandata que los poderes públicos deben integrar la protección de la red en las políticas sectoriales, entre otras, ordenación del territorio, urbanismo y paisaje. De este modo, lo que sea la red, su función y su contenido queda diferido a lo que diga un futuro Reglamento. Por tanto, es algo abierto e impreciso.

Lo genérico de la propuesta legislativa obliga a preguntarse: ¿qué se pretende? ¿cuál es la fuerza jurídica de esta red? ¿cómo se producirá la integración en las políticas sectoriales? Y, cuando se trate de suelos privados, ¿las limitaciones y prohibiciones que se impongan estarán acompañadas de compensaciones encaminadas a que los propietarios contribuyan a la recuperación y restauración de la biodiversidad? Nada se dice.

Como se adelantó, la propuesta legislativa en materia de biodiversidad no ha sido aprobada. Con ello, la conectividad ecológica en las islas sigue encuadrada en la fórmula de la integración de planes de recursos naturales y de ordenación del territorio. Pero la iniciativa legislativa ha reabierto el debate sobre cuál sea la mejor manera de asegurar la conectividad y la continuidad ecológica territorial.

3.2. La utilización de corredores

A) Barrancos, caminos reales y caminos cortafuegos

Más allá de la declaración —o ampliación— de área o espacio protegido, la mejor fórmula para asegurar o restablecer la conectividad ecológica, entendida como movilidad de las distintas especies de fauna y flora, es la existencia de vías, cauces o caminos, por tanto, de corredores, por los que puedan circular o desplazarse, ya sean naturales, ya sean construidos por el hombre.

Entre los primeros, en Canarias, tienen especial relevancia los *barrancos*, en tanto que zonas bajas entre montañas que permiten el desplazamiento y que, en muchos casos, funcionan como cauces de aguas, aun intermitentes, que aportan lo necesario para el desplazamiento de las especies.

Entre los segundos, también en las islas, se encuentran los *caminos reales*, que son aquellos establecidos tras la conquista, de propiedad y jurisdicción de la corona, que comunicaban los núcleos de población más importantes permitiendo el traslado de personas y de mercancías. Se trata de vías hoy desplazadas por las autovías y las carreteras, pero que siguen existiendo y cumpliendo una función de comunicación sobre todo en las zonas rurales. Junto a ellos, más recientes, deben mencionarse los *caminos cortafuegos*, que separan zonas boscosas para evitar la propagación en caso de incendio, pero que, localizados en las zonas más verdes de las islas, por su tamaño —anchura— sirven o pueden servir como corredores ecológicos.

En lo que aquí importa, lo relevante es que, aun cumpliendo una función normalmente complementaria o secundaria de corredor verde, la regulación jurídica de estas vías carece de mención expresa a esa dimensión, salvo cuando se lo reconoce el plan de ordenación y gestión del espacio natural protegido en el que se localicen o atraviesen. Sin duda el uso es compatible, pero no existe regulación "ad hoc".

B) Senderos

Dejando de lado los caminos de servicio agrícolas —regulados en parte por la legislación de carreteras[38]—, las únicas vías de

[38] Art. 8 de la Ley 9/1991, de 8 de mayo, de Carreteras de Canarias (**TOL600.514**) y art. 17 del Decreto 131/1995, de 11 de mayo, por el que se aprueba el Reglamento de Carreteras de Canarias.

paso que cuentan con una regulación propia en las islas son los senderos.

De acuerdo con el Decreto 11/2005 de creación de la Red Canaria de Senderos[39], un sendero es un camino, senda, pista o cañada, de titularidad local, de uso pedestre, a través del cual se pueden visitar lugares considerados de interés paisajístico, ambiental, cultural, histórico, religioso, turístico o social. El uso característico es el senderismo, esto es, caminar o pasear, ya sea como uso deportivo, turístico o de ocio. Se consideran usos compatibles: el paso de vehículos vinculados con actividades agrarias y forestales, las actividades ecuestres y la circulación de vehículos no motorizados.

De esta normativa, lo más destacable es que el reglamento atribuye a los Cabildos Insulares la potestad de imponer restricciones temporales o definitivas de usos compatibles con fines de protección de masas forestales, pero también, de forma expresa, en orden a la tutela de hábitats o especies protegidas. Esta última previsión permite a aquellas Administraciones —que son también competentes en materia de espacios naturales protegidos, fauna y flora— la competencia para establecer limitaciones que favorezcan la movilidad de la fauna y la flora y, con ello, que los senderos puedan funcionar como corredores ecológicos, además de su función principal de camino o paso de personas.

C) Vías pecuarias

Como es conocido, las vías pecuarias son "*las rutas o itinerarios por donde discurre o ha venido discurriendo tradicionalmente el tránsito ganadero*", tal y como las define la Ley de Vías Pecuarias de 1995[40].

---

39 Decreto 11/2005, de 15 de febrero, por el que se crea la Red Canaria de Senderos y se regulan las condiciones para la ordenación, homologación y conservación de los senderos en Canarias (**TOL570.270**).

40 Ley 3/1995, de 23 de marzo, de Vías Pecuarias (**TOL121.804**). Sobre la conectividad a través de las vías pecuarias: Alenza García, J.F. (2023). "Restauración y conectividad ecológica", ob. cit., pp. 306-313; y, en este

El paso de ganado es el uso principal, sin perjuicio de que puedan existir otros usos compatibles y complementarios acordes con su naturaleza y fines, aunque siempre dando prioridad al tránsito ganadero. En este sentido, siendo rutas, vías o caminos es razonable considerar que puedan funcionar como corredores o conectores ecológicos, en tanto esa función sea compatible con la principal de paso de ganado que los caracteriza.

La posibilidad de reconocerles esa función específica corresponde a las Comunidades Autónomas. Las vías pecuarias son bienes de dominio público autonómico cuya creación, ampliación y restablecimiento corresponde a aquellas. Asimismo, las Comunidades Autónomas tienen la competencia de desarrollo legislativo, pudiendo dictar las normas que consideren precisas para la adecuada aplicación de las previsiones legales. Aun así, en el caso de la Comunidad Autónoma de Canarias, teniendo la competencia desde el primer Estatuto de Autonomía (art. 32.7 del Estatuto de 1982, hoy en el art. 130.2.b del Estatuto de Autonomía de 2018), lo cierto es que hasta ahora no ha ejercido la competencia normativa que le corresponde.

En cuanto a las facultades de ejecución en materia de vías pecuarias, el Gobierno de Canarias dispuso el traspaso de las mismas a los Cabildos Insulares (art. 2 del Decreto 111/2002)[41]. A partir de ese momento, cada uno de los Cabildos ostenta las competencias administrativas para la aplicación de las previsiones recogidas en la vigente Ley de Vías Pecuarias de 1995. En particular, esto incluye que la Administración insular, previa investigación, podría incoar y resolver expediente para la clasificación de vías pecua-

libro, el capítulo de Lozano Cutanda, B. (2024). "Las vías pecuarias y la conectividad ecológica", en *La conectividad ecológica: instrumentos y propuestas para evitar la fragmentación de los hábitats.* Tirant Lo Blanch.

41 Decreto 111/2002, de 9 de agosto, de traspaso de funciones de la Administración Pública de la Comunidad Autónoma de Canarias a los Cabildos Insulares en materia de servicios forestales, vías pecuarias y pastos; protección del medio ambiente y gestión y conservación de espacios naturales protegidos (**TOL176.120**).

rias, pudiendo establecer, a continuación, las condiciones de utilización de las mismas, lo que permitiría determinar su función complementaria de corredor ecológico. Sin embargo, de momento, la situación es más complicada.

La Comunidad Autónoma de Canarias no ha ejercido su competencia de desarrollo legislativo y reglamentario en esta materia, cómo sí lo han hecho otras Comunidades Autónomas[42]. La consecuencia es que no existe un procedimiento reglado para ejercer esa función, sin que pueda acudirse a la legislación estatal supletoria porque el Reglamento de Vías Pecuarias de 1978[43] fue derogado por la Ley de Vías Pecuarias de 1995. Siendo así: ¿cómo clasificar y ordenar una vía pecuaria? Cabe pensar en acudir a la legislación de procedimiento administrativo común, en particular en caso de urgencia, pero parece razonable que, más pronto que tarde, ese cauce se regule dando sustento formal a la iniciativa que puedan tener los Cabildos. Entre tanto, utilizar las vías pecuarias —que no existen como tales en las islas, aunque sí que existen rutas tradicionales de ganado— como uno de los medios con los que afrontar la conectividad ecológica, resulta bastante incierto.

D) Balance

En el archipiélago, la habilitación o utilización de caminos —rutas, senderos, vías pecuarias— como medio para asegurar la conectividad ecológica, sobre todo asegurando la conexión en-

---

42 Decreto 155/1998, de 21 de julio, por el que se aprueba el Reglamento de Vías Pecuarias de la Comunidad Autónoma de Andalucía (**TOL7.580.617**); Decreto 49/2000, de 8 de marzo, por el que se establece el Reglamento de Vías Pecuarias de la Comunidad Autónoma de Extremadura (**TOL7.791.712**); y Decreto 7/2021, de 27 de enero, por el que se aprueba el Reglamento de vías pecuarias de la Comunidad de Madrid.

43 Real Decreto 2876/1978, de 3 de noviembre, por el que se aprueba el Reglamento de aplicación de la Ley 22/1974, de 27 de junio, de Vías Pecuarias.

tre espacios naturales protegidos sin llevar a cabo su ampliación, precisa de un desarrollo normativo específico y, sobre todo, de tener en cuenta esa finalidad en la ordenación de sus usos, que establezca su carácter complementario y/o compatible con el uso principal o característico de cada uno de esos corredores. Pero, en gran medida, es una tarea pendiente.

3.3. La evaluación de impacto ambiental

A) Supuestos

El otro instrumento jurídico que, de facto, sirve al objetivo de proteger y mantener la conectividad ecológica, impidiendo o reduciendo la posible fragmentación de los hábitats, es la evaluación de impacto ambiental[44].

Es el caso de la implantación de plantas de energía eólica. Con ocasión de la evaluación ambiental, se exige a los promotores que realicen estudios sobre anidamiento, alimentación y zonas de vuelo de determinadas especies de aves, como el "guirre" en Fuerteventura; estudios de seguimiento por periodos de al menos un año, para contar con información de calidad suficiente para poder evaluar. El planteamiento parece razonable. Pero el argumento de la insuficiencia de la información no puede ocultar que, con esta práctica administrativa, no sólo se demora "*sine die*" la decisión sobre esos proyectos, sino que se impone a los promotores la realización de estudios sobre el estado de la flora y la fauna protegidas que la legislación impone a la Administración[45].

---

44 Ley 21/2013, de 9 de diciembre, de evaluación ambiental (**TOL1.210.868**). Dentro de una amplísima bibliografía, sobre esta regulación, Sanz Rubiales, I. (2021). *El procedimiento de evaluación de impacto ambiental a través de sus documentos.* Tirant lo Blanch, 300 pp.; y Ruiz de Apodaca Espinosa, A. M.ª (2014). *Régimen jurídico de la evaluación ambiental.* Thomson-Reuters-Aranzadi, 498 pp.

45 Como los que exige el artículo 3.2 de la Ley 4/2010, de 4 de junio, del Catálogo canario de Especies Protegidas (**TOL1.859.302**).

La misma función protectora se esgrime cuando, tras la evaluación de impacto y autorización de una actuación, se "descubren" o "aparecen" individuos de fauna o flora que no fueron tenidas en cuenta en aquella evaluación, ya fuera por ser desconocidas, ya fuera porque entonces no existían. En estos casos, la Administración acuerda la suspensión o paralización de la obra, paso previo a la revocación de la autorización, imponiendo la modificación del proyecto en función de una "reevaluación" de impacto ambiental. El problema con este proceder es la incertidumbre sobre las reglas aplicables: ¿cuándo es válido adoptar una medida cautelar de esta clase? ¿qué fuerza jurídica tiene la autorización basada en la declaración de impacto ambiental original? ¿es posible la revisión por cambio de las circunstancias tenidas en cuenta para su otorgamiento? ¿la revocación es un riesgo "ambiental" que debe asumir el operador autorizado? No cabe olvidar que los supuestos de modificación de la declaración de impacto ambiental y el procedimiento a seguir están determinados en la legislación vigente, se encuentran alejados de esas prácticas[46].

B) Pros y contras

Es innegable que la evaluación de impacto ambiental, incluso utilizada cuando la obra ya ha sido autorizada, es una vía que puede servir para proteger la conectividad ecológica, en el segundo caso para conseguir su restablecimiento o recuperación.

Ahora bien, la utilización de este cauce requiere de certidumbre sobre los supuestos de actuación y los parámetros de referencia, que bien pueden ser recogidos en los distintos instrumentos

---

[46] Esas circunstancias son las siguientes: entrada en vigor de nueva normativa que incida sustancialmente en las condiciones establecidas, condiciones de cumplimiento imposible o innecesario por la utilización de nuevas y mejores técnicas, o cuando el seguimiento del cumplimiento de la declaración de impacto ambiental ponga de manifiesto que las medidas preventivas, correctoras o compensatorias son insuficientes, innecesarias o ineficaces. Cfr. artículo 44 de la Ley de Evaluación Ambiental de 2013.

de ordenación. Sin embargo, cuando las decisiones se basan en criterios de evaluación inciertos —desconocidos y/o no publicados—, discutibles —porque se sustenta en las referencias personales de quien informa— y cuando la Administración ha omitido su deber de realizar y disponer los estudios correspondientes a cada una de las especies protegidas, el uso de la evaluación de impacto ambiental puede incurrir en arbitrariedad. Y es que, como reitera la legislación, la evaluación de impacto ambiental requiere información suficiente y de calidad.

En suma, la tutela de la conectividad ecológica, como de los recursos naturales en general, a través de la evaluación de impacto ambiental, requiere conocimiento suficiente, transparencia, contradicción y, en su caso, reconocimiento de la incertidumbre científica y, por tanto, de los riesgos vinculados a lo que se desconoce. De lo contrario, las decisiones serán voluntaristas, lo que va en contra de la seguridad jurídica. Y ello, sin olvidar, que la legislación de la evaluación ambiental descansa en la facultad de establecer medidas preventivas, correctoras o compensatorias, en este caso aquellas que permitan la movilidad de la flora y de la fauna; una posibilidad que debe ser valorada antes de emitir un informe desfavorable o negativo que impida el desarrollo de la actuación.

4. VALORACIÓN FINAL

De cuanto queda expuesto, siempre teniendo siempre en cuenta que la mitad del suelo del archipiélago está incluido en alguna categoría de espacio natural protegido, lo que sin duda contribuye a minorar la fragmentación ecológica, cabe destacar las siguientes ideas:

La conectividad ecológica debe ser recogida en la ordenación ambiental, territorial y urbanística, pero no de forma compartimentada, sino integrada. La legislación canaria lo asegura estableciendo que el Plan Insular de Ordenación sea, simultáneamente, Plan de Ordenación Recursos Naturales e instrumento de ordenación territorial. Con ello, los corredores pueden ser establecidos sin ampliar los espacios naturales protegidos.

La efectividad de esa conectividad requiere mecanismos jurídicos "*ad hoc*", tanto más cuando los planes no prevean corredores verdes. Lo ideal es la regulación específica de esos corredores, pero también cabe aprovechar la regulación de los caminos reales, los caminos cortafuego, los senderos o las vías pecuarias, admitiendo aquella función como uso complementario y/o uso compatible. En todo caso, es una tarea necesaria que está por hacer.

La tutela de la conectividad ecológica también se puede conseguir, *de facto*, a través de la evaluación de impacto ambiental de proyectos. Ahora bien, la ausencia de estudios oficiales y públicos sobre las necesidades de las distintas especies puede convertir este cauce en un ejercicio de voluntarismo contrario a la certidumbre que debe regir la toma de decisiones que inciden sobre la biodiversidad, pero también sobre el territorio, la economía y la sociedad.

Y, cualquiera que sea la fórmula, la protección real y efectiva de la biodiversidad, mucho más su restauración, requiere la adopción de medidas a favor de los propietarios de los suelos afectados. El sustento jurídico existe: el principio de "compensar por conservar", que hoy puede ampliarse con el principio de "compensar por restaurar". Es imprescindible darle contenido más allá del otorgamiento de subvenciones a los municipios donde se localizan esos espacios (las áreas de influencia socioeconómica). Se trata de una cuestión siempre demorada. Pero, sin la colaboración de las personas propietarias, la conservación y la restauración de la biodiversidad será harto complicada y, en el mejor de los casos, se extenderá innecesariamente en el tiempo.

Conectividad y restauración ecológica. Un paraíso amenazado: el caso de las mariposas de Aranjuez

José Luís Villegas Moreno
Profesor Dr. de Derecho Administrativo
Universidad Pontificia de Comillas de Madrid

¡Qué hermosa eres!
Mariposa del aire
dorada y verde.
Luz de candil…

Mariposa del aire,
quédate ahí, ahí, ahí.
No te quieres parar,
pararte no quieres…

Mariposa del aire,
dorada y verde.
Luz de candil…

Mariposa del aire,
quédate ahí, ahí, ahí.
quédate ahí.
Mariposa ¿estás ahí?

(Poema Mariposa del aire, Federico García Lorca)

SUMARIO: 1. INTRODUCCIÓN. 2. ARANJUEZ, PAISAJE, CULTURA, BIODIVERSIDAD. 3. FLORES ALADAS EN CONSTANTE MOVIMIENTO. 4. RESERVA NATURAL EL REGAJAL MAR DE ONTÍGOLA. 4.1. Breve noticia histórica 4.2. Localización. 4.3. Características. 4.4. Peculiaridades de la fauna lepidóptera local. 5. MARCO REGULATORIO Y COMPETENCIAL. 6. CONECTIVIDAD Y FRAGMENTACIÓN. 6.1. Conectividad. 6.2. Fragmentación. 6.2.1. Existencia de un polígono industrial cercano. 6.2.2. Infraestructuras que impactan la Reserva. 6.3. Incendio de 2022. 7. CONCLUSIONES.

1. INTRODUCCIÓN

Esta investigación se centra en la problemática de conectividad ecológica en La Reserva Natural El Regajal-Mar de Ontígola como pequeño paraíso de lepidópteros, de mariposas. Se trata de un corredor natural de gran interés por sus valores botánicos y faunísticos, particularmente entomológicos, pero que actualmente está amenazado y en declive. En 1979 entomólogos pertenecientes a la Unión Internacional para la Conservación de la Naturaleza catalogaron esta reserva como la quinta prioridad mundial en la conservación de mariposas[1].

Este estudio tiene por objeto averiguar los compromisos del ordenamiento ambiental y de las administraciones públicas, implicadas en la problemática de conectividad ecológica en la reserva natural del Mar de Ontígola-El Regajal situado en el municipio de Aranjuez, como paraíso natural de lepidópteros, de mariposas. Se analizan los instrumentos diseñados para garantizar la conectividad ecológica, destacando la importancia de los corredores ecológicos y la fragmentación de hábitats.

Aranjuez no sólo es conocido en el mundo por su Palacio Real y sus esplendorosos y fantásticos jardines, y la obra musical del maestro Joaquín Rodrigo, sino que, al más alto nivel científico y universitario, es reconocido como una de las grandes reservas de mariposas[2]. El descubrimiento de Aranjuez como paraíso natural de lepidópteros es otro de los encantos de este municipio Patrimonio de la Humanidad. Aunque parece que es el menos conocido por los turistas habituales de este Real Sitio. Es uno de los espacios naturales más desconocidos de la Comunidad de Madrid[3].

---

1 Ayuntamiento del Real Sitio y Villa de Aranjuez. (2015). *Libro blanco sobre Biodiversidad y conservación del Patrimonio Natural de Aranjuez.*

2 Cifuentes, J. (2019). "Contribución al conocimiento de los Micro lepidópteros de la región de Aranjuez". *Revista Shilap,* (47).

3 García Rodríguez, M. y Álvarez García, B. (2021). "Preservación del medio natural en los Reales Sitios del entorno de Madrid". *Investigaciones*

La investigación está dividida en cinco partes. Se inicia contextualizando la importancia de Aranjuez como Patrimonio de la Humanidad por su paisaje, cultura y su gran biodiversidad. Una segunda parte se dedica a destacar la importancia de las mariposas como polinizadores y su valor para la ciencia. En la tercera parte se aborda el punto central del estudio describiendo la Reserva Natural El Regajal-Mar de Ontígola haciendo una breve noticia histórica, determinando su localización geográfica, sus características físicas generales y la peculiaridad de la fauna lepidóptera local. La cuarta parte aborda lo relativo al marco regulatorio describiendo los niveles de protección ambiental y la competencia administrativa para la gestión de la Reserva. La última parte se dedica al análisis de la conectividad ecológica y fragmentación, partiendo de la descripción conceptual de esas figuras y su realidad en la Reserva identificando los problemas que la afectan. El estudio se termina con unas conclusiones. Al final se incluyen las referencias bibliográficas.

2. ARANJUEZ, PAISAJE, CULTURA, BIODIVERSIDAD

España es uno de los países con mayor diversidad biológica de la Unión Europea, y forma parte de uno de los 25 enclaves con mayor biodiversidad del mundo. La diversidad geológica del país es muy variada. También sabemos que se está produciendo una pérdida de biodiversidad a ritmos acelerados. Es notorio que la biodiversidad prospera mejor en los espacios protegidos. A pesar de la amplia red existente de espacios protegidos, es necesario, a nivel internacional y local, una red más coherente y resiliente. Por ello parece importante la creación de corredores ecológicos que eviten el aislamiento genético, propicien la migración de especies y mantengan y mejoren los ecosistemas sanos[4].

Geográficas, (76). https://doi.org/10.14198/INGEO.18344. Recuperado el 31 de enero de 2024.

4 Ministerio para la Transición Ecológica y el Reto Demográfico (2022.) *Plan estratégico estatal del patrimonio natural y de la biodiversidad a 2030.* ht-

Aranjuez[5] posee gran biodiversidad[6] y conforma un paisaje cultural que está compuesto por un conjunto monumental: Palacio Real, jardines ornamentales, huertos históricos, paseos arbolados y sotos, obras hidráulicas y zonas agrícolas. En el año 2001 fue declarado Patrimonio de la Humanidad por la Unesco[7]. Esto quiere decir que es un lugar de un valor universal excepcional. El Paisaje Cultural de Aranjuez es una entidad singular y muy definida que se ha configurado a partir de las complejas e históricas relaciones que en ella se desarrollan: entre la naturaleza y la obra del hombre, entre los cauces sinuosos de los ríos y el diseño geométrico sobre el territorio, entre la vida urbana y la rural, entre la naturaleza silvestre del bosque y las refinadas formas arquitectónicas[8].

Según las investigaciones de naturalistas y especialistas en biodiversidad se destaca la importancia de Aranjuez como Real Sitio en la preservación del territorio y su biodiversidad[9].

---

tps://www.miteco.gob.es/es/biodiversidad/temas/conservacion-de-la biodiversidad/valoracion-y-aspectos-economicos-de-la-biodiversidad/cb_vae_plan_estrategico_patrimonio_nat_bio.html. Recuperado el 22 de enero de 2024.

5 Pozo Rivera, E. (2022). "Aranjuez: crecimiento y transformación humana reciente en una ciudad histórica", *en Ciudades medias en España: urbanización y políticas urbanistas (1979-2019). C. Bellet y F. Cebrián Eds,* Universitat de Lleida/Universidad de Castilla La Mancha.

6 Ayuntamiento del Real Sitio y Villa de Aranjuez. (2015). *Libro blanco sobre Biodiversidad y conservación del Patrimonio Natural de Aranjuez.*

7 Ayuntamiento del Real Sitio y Villa de Aranjuez. https://www.aranjuez.es/paisaje-cultural-de-aranjuez-patrimonio-mundial/. Recuperado el 12 de enero de 2024.

8 Ayuntamiento del Real Sitio y Villa de Aranjuez. (2015). *Libro blanco sobre Biodiversidad y conservación del Patrimonio Natural de Aranjuez.*

9 García Rodríguez, M.P., y Álvarez García, B. (2021). "Preservación del medio natural en los Reales Sitios del entorno de Madrid". *Investigaciones Geográficas,* (76). García, M. *et* al. (2022). "El patrimonio histórico-cultural como preservación del patrimonio natural. El Real Sitio de Aranjuez", *en Leyendo el Territorio, homenaje a Miguel Angel* Troitiño (Rogelio Martínez *et al.* Coordinador), Universidad de Guadalajara, México.

Aunque parezca que se ha dado más valor a los sotos y huertas incluidos en el Real Sitio de Aranjuez, también se sabe del esfuerzo dirigido a preservar el paisaje de cuestas, páramos y lagunas que rodean al municipio y que funcionan también como corredores ecológicos. Estos se caracterizan por vegetación calcícola, gipsícola y halófita, con numerosas especies endémicas y gran valor ecológico[10]. Estas unidades paisajísticas son consideradas "Lugares de Interés Comunitario" (LIC)[11]. En este escenario de biodiversidad destaca especialmente la Reserva Natural El Regajal-Mar de Ontígola que protege un enclave natural de gran valor por su riqueza en población de mariposas.

Aranjuez es la frontera natural entre la Comunidad de Madrid y la Comunidad de Castilla La Mancha.

3. FLORES ALADAS EN CONSTANTE MOVIMIENTO

Las mariposas son insectos, igual que las abejas, los escarabajos o los saltamontes. Pero las mariposas tienen una característica especial que las diferencia del resto de los insectos: tienen las alas cubiertas de unas diminutas escamas y cuando las tocamos se quedan pegadas en los dedos en forma de polvillo. Estas escamas son las que dan color a las alas de las mariposas y están colocadas en filas como las tejas de un tejado, aunque debido a su pequeñísimo tamaño esto sólo puede verse a través de un microscopio. El nombre científico de las mariposas es Lepidópteros, que viene del griego y que significa "ala con escamas"[12]. En el mundo de los insectos el orden Lepidóptera es uno de los más diversos, y también más populares, agrupando a los que conocemos como "ma-

---

10 González Granados, J. (1997). *Paisaje vegetal al sur de la Comunidad de Madrid.* Doce Calles.

11 Comunidad de Madrid. (2012). *El medioambiente en la Comunidad de Madrid 2010-2011.*

12 https://www.mariposariodebenalmadena.com/wp-content/uploads/2014/12/Dossier-colegios.pdf. Recuperado el 14 de enero de 2024.

riposas" y "falenas o polillas". Su vistosidad es indudable, como también lo es la magia de su metamorfosis, más fácilmente observable que en otros insectos. Es bien sabido que, desde antaño, las mariposas han fascinado al género humano, especialmente a los niños, y a ello ha contribuido el entretenimiento infantil de la cría del gusano de seda[13].

¿Por qué las mariposas son importantes?

Las mariposas son polinizadoras y especies muy importantes en la cadena trófica[14], pero sobre todo son utilizadas por los científicos porque son bioindicadores, es decir, conociendo la diversidad y la abundancia de las diferentes especies de mariposas se puede saber cuál es la biodiversidad de un ecosistema en relación con otros grupos. Están catalogadas como una especie bandera[15]. Recientemente la Unión Europea en la propuesta de Ley de Restauración de la Naturaleza, ante la crisis de biodiversidad a la que se enfrenta, pretende restaurar los hábitats y especies degradados en Europa. Y en la conexión de naturaleza y producción de alimentos ante la amenaza a la seguridad alimentaria, ha determinado que las mariposas como polinizadores se encuentran en muy mal estado en la Unión Europea[16]. De la misma manera en la Estrategia de la Unión Europea sobre la biodiversidad a 2030 advierte que las mariposas están incluidas como una especie de las más amenazadas, en peligro de extinción por la pérdida y degrada-

---

13 Gómez de Aizpúrua, C. *et al.* (1999). *Mariposas del sur de la Comunidad de Madrid.* Doce Calles.

14 La cadena trófica describe el proceso de transferencia de sustancias nutritivas a través de las diferentes especies de una comunidad biológica, en la que cada una se alimenta de la precedente y es alimento de la siguiente.

15 Jubete, F. (Coordinador). (2019). *Bases técnicas para la conservación de los lepidópteros amenazados en España.* Asociación de Naturalistas Palentinos.

16 Parlamento Europeo (2023) https://www.europarl.europa.eu/news/es/press-room/20230707IPR02433/ley-de-restauracion-de-la-naturaleza-el-pe-adopta-su-mandato-de-negociacion. Recuperado el 26 de enero de 2024.

ción del hábitat[17]. Pérez de los Cobos ha abordado este tema al analizar el preocupante descenso y las principales causas de los polinizadores, siendo éstos objetivo prioritario de la restauración ecológica[18].

Las mariposas han sido ampliamente utilizadas por los ecologistas como indicadores a la hora de analizar el impacto de la pérdida de hábitat y el cambio climático. Debido a que las mariposas son muy sensibles al hábitat y al cambio climático, los científicos monitorean constantemente estos insectos voladores como una forma de observar los efectos más amplios de la fragmentación del hábitat y el cambio climático. Dentro de los ecosistemas ocupan un rol relevante, siendo normalmente medidores de la calidad ambiental y el estado de conservación de un ecosistema. Las mariposas son insustituibles en las cadenas tróficas de un ecosistema determinado, debido a que constituyen alimento para otras muchas especies de aves y mamíferos que se alimentan de insectos, y fundamentales para procesos como el control de plagas y la polinización, habida cuenta de lo importante que son para la salud de determinadas plantas[19]. También las mariposas resultan relevantes para la ciencia.

Como ha determinado Zerynthia[20] el valor de las mariposas en los ecosistemas se puede reflejar de la siguiente manera:

* Los insectos son el grupo de especies más numeroso. Las mariposas son el tercer orden, tras los coleópteros y los hi-

---

17 Comisión Europea (2020) https://eur-lex.europa.eu/ES/legal-content/summary/eu-biodiversity-strategy-for-2030.html. Recuperado el 12 de enero de 2024.

18 Pérez de los Cobos, E. (2023). "Restauración de las poblaciones de polinizadores", en García, A. y Soro, B. (Directores). *Restauración y compensación ecológica: La perspectiva jurídica*. Iustel-Ministerio de Ciencia e Innovación.

19 https://theecologist.net/. Recuperado el 15 de enero de 2024.

20 Asociación Española para la Protección de las Mariposas y su Medio. https://www.asociacion-zerynthia.org/por-que-las-mariposas-son-importantes. Recuperado el 16 de enero de 2024.

menópteros, con mayor cantidad de especies de toda la Biodiversidad. Representan cerca de dos tercios de todas las especies.

* Las mariposas son indicadores de la calidad medioambiental y de la salud de los ecosistemas.
* Son un elemento muy importante en las cadenas tróficas y resultan fundamentales para muchas especies de aves, murciélagos y mamíferos insectívoros.
* Las zonas ricas en mariposas son ricas también en otros invertebrados. Colectivamente proporcionan muchos beneficios medioambientales, incluyendo la polinización y el control natural de plagas.
* Muchas plantas, predadores y parásitos dependen estrictamente de especies o grupos concretos de mariposas.
* Los científicos utilizan las mariposas como organismos modelo para estudiar el impacto de la pérdida o fragmentación del hábitat, así como el cambio climático actual.

4. RESERVA NATURAL EL REGAJAL-MAR DE ONTÍGOLA

4.1. Breve noticia histórica

Desde que Felipe II imaginara "un mundo verde" para Aranjuez, que incluyera un palacio en la ribera del río y una red de bosques, huertas y jardines, en aquel tiempo ya había interés por los insectos y fauna de la zona. Gracias a la cercanía con Madrid, el Real Sitio y Villa de Aranjuez ha sido visitado por numerosos naturalistas desde mediados del siglo XVIII. A principios del siglo XIX visitan Aranjuez los primeros entomólogos, que comienzan a dar noticia de la rica fauna de insectos que allí encuentran. Entre ellos estaba Juan Mieg, entomólogo y profesor de Física de Fernando VII que es considerado el precursor o descubridor de la riqueza entomológica de estos parajes y su interés para la ciencia.

También acudirían ilustres naturalistas como Mariano de la Paz Graells que era el Director del Museo de Ciencias Naturales en aquel tiempo y Laureano Pérez Arcas, quien proclama el interés del Cerro del Regajal en su Dietario Inédito[21].

Gracias a la crónica de la época tenemos noticia de que entre finales del siglo XIX y principios del XX visitan El Regajal los más importantes entomólogos españoles y europeos (a ello ayudó también la conexión por ferrocarril de Aranjuez con Madrid desde principios de 1851). A mediados del siglo XX el lugar conocido como El Regajal sigue atrayendo a los entomólogos[22]. En 1982 el Dr. Robert Pyle, Presidente del grupo de especialistas en lepidópteros de la Unión Internacional de la Naturaleza visita este paraje natural, en compañía de autoridades y destacados entomólogos españoles[23]. Según los expertos mención especial merece el entomólogo Miguel Gómez Bustillo, gran conocedor de los lepidópteros ibéricos y apasionado defensor de los valores naturales del Regajal. El impulso y pasión de este entomólogo sirvió para que años después se protegiera legalmente este espacio natural. Los historiadores dan noticia de otro entomólogo de prestigio internacional como Gómez Bustillo que fue clave en ese tiempo y que también defendió este enclave natural: Manuel García de Viedma. A partir de esa época y por la difusión y empuje de estos científicos se empezó a hablar de la primera reserva entomológica de España[24].

---

21 Gómez de Aizpúrua, C. (1997). *Mariposas diurnas de Madrid.* Consejería de Medioambiente y Desarrollo Regional de la Comunidad de Madrid.

22 De Viedma, M.G y Gómez-Bustillo, M.R. (1985). *Revisión del Libro Rojo de los Lepidópteros ibéricos.* Ministerio de Agricultura, Pesca y Alimentación. Instituto Nacional para la Conservación de la Naturaleza.

23 Ayuntamiento del Real Sitio y Villa de Aranjuez. (2015). *Libro blanco sobre Biodiversidad y conservación del Patrimonio Natural de Aranjuez.*

24 González Granados, J. *et al.* (2011). "Mariposas de la reserva natural el Regajal-Mar de Ontígola". *Foresta,* (52). Especial Comunidad de Madrid.

4.2. Localización

Esta Reserva Natural está ubicada en el sureste de Aranjuez, municipio situado en el lugar donde las aguas de los ríos Tajo[25] y Jarama confluyen, en el extremo sur de la Comunidad de Madrid a 45 kilómetros de la capital y circundado por la provincia de Toledo. Limita al norte con Aranjuez ciudad, al sur con el límite de la provincia de Toledo, al oeste con la Finca La Flamenca, y al este con la antigua carretera de Andalucía (que divide el Mar de Ontígola y El Regajal). El ámbito delimitado para la Reserva aparece técnicamente descrito en el artículo 2 del Decreto que la declara[26].

Nos parece relevante destacar que la ribera del Río Tajo, en su recorrido por el término municipal de Aranjuez, constituye un corredor ecológico. De alguna manera esta circunstancia contextualiza la peculiaridad del paraje natural donde se sitúa la Reserva Natural que estamos estudiando en la cuenca de este río[27].

Esta Reserva natural está rodeada de carreteras (Autovía del Sur A-4, antigua carretera de Andalucía, Radial 4, Ave Madrid-Levante), y pegada al Polígono Industrial Gonzalo Chacón. También vecina a la Finca El Regajal está la Finca la Flamenca (propiedad privada, y uno de los cotos más emblemáticos de España. Especializado en ojeo de perdiz roja)[28].

4.3. Características

En esta Reserva Natural se pueden identificar dos unidades ambientales conectadas, aunque diferentes: el llamado Mar de

---

25 García Gómez, E. (2016). *El Tajo, un río de contrastes*. Ledoria.

26 Comunidad de Madrid. https://www.comunidad.madrid/transparencia/sites/default/files/plan/document/531_545_mgr_cit_52756212_cm_d_68_1994ontigola_0.pdf. Recuperado el 21 de diciembre de 2023.

27 García-Redondo, J. A. (1995). *Ecología de las riberas del río Tajo a su paso por Aranjuez*. Doce Calles.

28 https://corsinihunts.com/finca-la-flamenca/. Recuperado el 13 de enero de 2024.

Ontígola y la Finca El Regajal. Se trata de dos parajes de excepcional importancia[29] con una extensión de 635 hectáreas. Ambos espacios físicos están separados por la antigua carretera de Andalucía, en la salida sur de Aranjuez.

Con relación al Mar de Ontígola y sus alrededores, aclaramos que ni es mar ni está en Ontígola. Se trata de una laguna, de un embalse, catalogado como humedal con una curiosa historia que se remonta varios siglos atrás[30], que está situado en el municipio de Aranjuez, pero muy cercano al arroyo que viene de Ontígola (población vecina que pertenece a la provincia de Toledo). Es de gran importancia para la avifauna acuática, que encuentra en esta zona húmeda refugio entre la abundante vegetación palustre que se extiende por la mayor parte de su superficie por ser zona de mariposas. La escorrentía de sus aguas llega a El Regajal, lo que determina el desarrollo de las plantas nutricias para las mariposas. La antigua carretera de Andalucía la separa del cerro donde se encuentra El Regajal.

La finca El Regajal y otras propiedades particulares cercanas, se ubica en el sur de Aranjuez al lado oeste de la antigua carretera de Andalucía, tiene unas 570 hectáreas, discurre por una serie de cerros y es de propiedad privada. Constituye un enclave natural donde existen elementos botánicos y, especialmente, entomológicos de extraordinario valor (como algunas mariposas endémicas muy amenazadas)[31]. Su gran riqueza natural lo convierte en un hábitat emblemático, como uno de los tesoros en biodiversidad botánica, faunística y paisajística al más alto nivel nacional e in-

---

[29] Rodríguez, D. y Martínez, J. (2013). *Evaluación de la eficacia de las áreas protegidas. Resultados de la primera evaluación integrada de los espacios naturales protegidos de la Comunidad de Madrid.* Fundación BBVA. https://www.fbbva.es/wpcontent/uploads/2017/05/dat/DE_2013_evaluacion_eficacia_areas_protegidas.pdf. Recuperado el 19 de enero de 2024.

[30] García, N. y Rivera, J. (1985). *"La presa de Ontígola y Felipe II". Revista de Obras Públicas, (132), 479-492.*

[31] González Granados, J. *et al.* (2011). "Mariposas de la reserva natural el Regajal-Mar de Ontígola". *Foresta,* (52). Especial Comunidad de Madrid.

ternacional. Está enclavada en cerros yesíferos con especies de flora endémica y una vegetación singular, y montes poblados de especies como la coscoja o el romero[32].

En la Finca El Regajal se desarrolla una actividad agrícola relevante que tiene sus propios viñedos, y bodega adscritos a la denominación de origen Vinos de Madrid. También hay cultivo de olivos. Aquí encontramos un espacio tridimensional: vinos, olivos y mariposas. Parece que sí es compatible la preservación e investigaciones entomológicas con el proyecto vitivinícola que lleva adelante la actual propiedad de la finca[33].

Este ecosistema formado por el Mar de Ontígola y la finca El Regajal constituye uno de los más formidables entramados ecológicos, donde las mariposas aparecen y desaparecen caprichosamente siguiendo el calendario estacional. Por este espacio vuelan, en primavera y verano, más de la mitad de las mariposas diurnas de toda la comunidad madrileña y un tercio de las que existen en toda España[34].

La gran riqueza natural que alberga El Regajal-Mar de Ontígola convierte a este emblemático hábitat en uno de los grandes tesoros en biodiversidad botánica, faunística y paisajística al más alto nivel nacional e internacional.

Sabemos por las investigaciones científicas que las mariposas necesitan para vivir y reproducirse unas condiciones ecológicas y plantas nutricias muy determinadas, que sólo pueden ser plenamente satisfechas en este entorno privilegiado[35].

---

32 CEDEX. (1993). *Variables ambientales del espacio natural "El Regajal-Mar de Ontígola"*. Ministerio de Obras Públicas, Transportes y Medioambiente.

33 https://elregajal.es/ Recuperado el 20 de enero de 2024.

34 González Granados, José et al (2011). "Mariposas de la reserva natural el Regajal-Mar de Ontígola", ob. cit.

35 Gómez de Aizpúrua, C. (1997). *Mariposas diurnas de Madrid.* Consejería de Medioambiente y Desarrollo Regional de la Comunidad de Madrid.

A pesar de la gran presión externa sobre la Reserva si ahí viven las mariposas es porque el hábitat no se ha alterado o por lo menos no está totalmente degradado.

4.4. Peculiaridades de las mariposas locales

Habitan la Reserva tanto mariposas diurnas (ropalóceros) como nocturnas (heteróceros). Es muy relevante según los investigadores que en esta Reserva la fauna entomológica presenta dos factores destacados: la abundancia de especies y la presencia de especies endémicas. Una de las características más destacables y relevantes de las denominadas mariposas de Aranjuez es su tamaño, por lo que se habla de micro lepidópteros[36]. Los individuos o ejemplares de muchas de las especies de mariposas diurnas son los más pequeños que existen dentro y fuera de España. Por ello se han descrito numerosas formas locales aludiendo a nombres como "mínima", "chikita" o "ínfima", tal y como sostienen los estudios de González Granados, Gómez de Aizpúrua y Viejo Montesinos tras más de 30 años de investigaciones. La explicación razonable a este fenómeno del reducido tamaño de las mariposas de esta Reserva parece estar conectada con la evolución y desarrollo que marcan muchas plantas nutricias a las orugas de estas mariposas, según las interesantes descripciones de los investigadores[37].

Entre todas las mariposas con un alto valor y consideradas de interés especial destaca la insigne mariposa de las aristoloquias (su planta nutricia) Zerynthia Rumina, conocida comúnmente como Arlequín. La ficha técnica consultada en el Catálogo Regional de Especies Amenazadas la considera gravemente amenazada de extinción, considerando que debe ser objeto de estudio y con-

---

36 Cifuentes, J. (2019) *Contribución al conocimiento de los Micro lepidópteros de la región de Aranjuez*, Shilap, (47).

37 González Granados, J. *et al.* (2011). "Mariposas de la reserva natural el Regajal-Mar de Ontígola". *Foresta,* (52). Especial Comunidad de Madrid.

servación por su singularidad y localización[38]. En este mismo catálogo aparecen otros taxones sensibles a la alteración de su hábitat y especies destacables por su rareza o singularidad.

Parece que este paraíso de lepidópteros se da por la confluencia en la zona de diferentes ecotonos (pastizales, áreas de cultivo, cantiles, matorrales) que favorecen la presencia de numerosas variedades de mariposas, ya sean invernantes (que pasan el invierno en estado de crisálida), migratorias (que recalan en el lugar durante sus desplazamientos) o de permanencia estable[39].

Será en 2001 cuando se inicia un complejo y ambicioso proyecto auspiciado por la Consejería de Medio Ambiente de la Comunidad de Madrid que consistía en la descripción de los ciclos biológicos completos de la fauna lepidopterológica de la Reserva Natural El Regajal-Mar de Ontígola, conjuntamente con sus plantas nutricias y hábitats que la mantenían. Para ello se creó un centro de investigación diseñado para la cría en cautividad de las orugas de los lepidópteros presentes en este espacio protegido. Después de 10 años de trabajo los resultados obtenidos fueron extraordinarios: en total se describieron los ciclos de las 73 especies de mariposas diurnas citadas en este espacio natural y de 230 especies de mariposas nocturnas, de éstos 45 inéditos (casi el 20%). El equipo de investigación fue liderado por los lepidopterólogos Carlos Gómez de Aizpurúa, José González Granados y José Luis Viejo Montesinos[40].

5. MARCO REGULATORIO Y COMPETENCIAL

La figura de protección asignada al espacio natural El Regajal-Mar de Ontígola, según el artículo 3 del Decreto 68/1994 de

---

38 Comunidad de Madrid. (2015). *Catálogo Regional de Especies amenazadas.* https://www.madrid.org/bvirtual/BVCM003442. pdf. Recuperado el 22 de enero de 2024.

39 González Granados, J. *et al.* (2011), ob.cit.

40 Comunidad de Madrid. (2002-2011). *Memoria. Reserva Natural el Regajal-Mar de Ontígola, Mariposas y sus biotopos.*

30 de junio, de la Comunidad de Madrid, es la de Reserva Natural, en atención a sus valores naturales y su riqueza entomológica[41]. En esta norma se definió también el Plan de Ordenación de los Recursos Naturales, que fue revisado y modificado ocho años después, según Decreto 143/2002 de 1 de agosto. Como antecedente se había adoptado un Régimen de protección preventiva según Decreto 72/1990, de 19 de julio de la Comunidad de Madrid.

En el ordenamiento jurídico español los Espacios Naturales Protegidos se clasifican en diversas categorías, en función de los bienes y valores a proteger y de los objetivos de gestión a cumplir. Una de estas categorías son las Reservas Naturales. Son consideradas como espacios naturales cuya creación tiene como finalidad la protección de ecosistemas, comunidades o elementos biológicos que, por su rareza, fragilidad, importancia o singularidad, merecen una valoración especial[42].

En las Reservas Naturales estará limitada la explotación de recursos, salvo en aquellos casos en que esta explotación sea compatible con la conservación de los valores que se pretenden proteger. Con carácter general está prohibida la recolección de material biológico o geológico, salvo en aquellos casos en que por razones de investigación, conservación o educativas se permita la misma, previa la pertinente autorización administrativa (arts. 30 y 37)[43].

El Decreto de creación de la Reserva natural determina las prohibiciones y limitaciones en la misma a través de normas de protección y prohibición de determinadas actividades (art.8). Al mismo tiempo se describen las actividades compatibles con las limitaciones establecidas para la Reserva. Una de las actividades

---

41 https://www.comunidad.madrid/transparencia/sites/default/files/plan/document/531_545_mgr_cit_52756212_cm_d_68_1994ontigola_0.pdf. Recuperado el 22 de enero de 2024.

42 Ley 07/2018, de 20 de julio de modificación de la Ley 42/2007, de 13 de diciembre, del Patrimonio Natural y de la Biodiversidad. (**TOL6 670.640**).

43 *Ibidem.*

compatibles más común es la referida a los aprovechamientos tradicionales agrarios en la zona (art.10.2). Llama la atención que se permitan actividades cinegéticas, aunque se indique que sea de forma ordenada conforme a los planes específicos de esta actividad vinculados a los cotos que coexisten en el espacio protegido (art.10.21).

Quedan excluidas de instalación en el ámbito próximo a la Reserva industrias y actividades que sean potencialmente contaminantes de la atmósfera (art.9.7). Especial relevancia tiene el impacto de las limitaciones sobre las normas urbanísticas que se contengan en los planes de Desarrollo Urbano del Municipio de Aranjuez para las actuaciones urbanísticas a realizar en esa zona (art.9). También se regula lo relativo a la adaptación de la red de alumbrado público en el sector, especialmente previstas para no alterar en entorno y hábitats de las mariposas (art.9.6).

Importante es también la armonización de todo lo relativo al Dominio público hidráulico del Estado en esta Reserva con la Confederación Hidrográfica del Tajo, al pertenecer esta Reserva a la cuenca de este río que pasa por el término municipal de Aranjuez (art.5.2)[44].

En desarrollo de los mandatos contenidos en la Ley del Patrimonio Natural y de la Biodiversidad corresponderá a las Administraciones Públicas fomentar la conservación de corredores ecológicos y la gestión de aquellos elementos del paisaje y áreas terrestres que resultan esenciales o revistan primordial importancia para la migración, la distribución geográfica y el intercambio genético entre poblaciones de especies de fauna y flora silvestres, teniendo en cuenta los impactos futuros del cambio climático[45].

---

44 https://www.chtajo.es/Paginas/default.aspx. Recuperado el 19 de enero de 2024.

45 Ley 7/2018, de 20 de julio de modificación de la Ley 42/2007, de 13 de diciembre, del Patrimonio Natural y de la Biodiversidad. (**TOL6 670.640**).

Además de esta figura legal ambiental, existen otras que refuerzan los niveles de protección asignados a este espacio natural. Este paraje donde se ubica la Reserva Natural está incluido dentro de la Zona especial de conservación (ZEC) de las Vegas, Cuestas y Páramos del sureste de Madrid, catalogada también como Lugar de Interés Comunitario (LIC) y adscrita a la Red Natura 2000 de la Unión Europea. Por la importancia de su avifauna, forma parte de la Zona de especial protección para las aves (ZEPA) de los Carrizales y Sotos de Aranjuez[46]. El Mar de Ontígola, como una de las unidades de la Reserva Natural, está incluido en el Plan de actuación sobre humedales catalogados de la Comunidad de Madrid. Está conectado con el Fondo europeo agrícola de desarrollo rural y el Ministerio de Agricultura, Pesca y Alimentación[47].

Este bloque normativo de protección ambiental descrito está alineado con el marco normativo del Patrimonio Natural y de la Biodiversidad en España. El conocimiento del Patrimonio Natural y de la Biodiversidad en España se gestiona a través del Inventario Español del Patrimonio Natural y de la Biodiversidad[48].

En este punto de la narrativa aclaramos que la mayor parte de la reserva es de propiedad privada, aunque la administración autonómica tiene la cesión de uso de algunas parcelas dentro de la finca El Regajal, como es el caso de la que ocupa el mariposario construido en 2002 (que se quemó en el incendio de 2022 como relatamos al final de este documento) por la Consejería de Medio Ambiente de la Comunidad de Madrid.

---

46 Ayuntamiento del Real Sitio y Villa de Aranjuez. (2015). *Libro blanco sobre Biodiversidad y conservación del Patrimonio Natural de Aranjuez.*

47 Comunidad de Madrid. (2020). *Plan de actuación sobre humedales catalogados de la Comunidad de Madrid.* https://www.comunidad.madrid/sites/default/files/doc/medio-ambiente/plan_de_humedales_catalogados_cm_bocm_red_0.pdf. Recuperado el 18 de enero de 2024.

48 https://www.miteco.gob.es/es/biodiversidad/temas/conservacion-de-la-biodiversidad/conservacion-de-la-biodiversidad-en-espana.html. Recuperado el 29 de enero de 2024.

La única área que es de titularidad pública es el Mar de Ontígola, que pertenece a Patrimonio Nacional. Pese a ello, su gestión ambiental corre a cargo de la Consejería de Medio Ambiente de la Comunidad de Madrid[49]. Es pertinente aclarar que en 1996 Patrimonio del Estado cedió la "presa" del Mar de Ontígola al Ayuntamiento de Aranjuez para que lo utilizase para "actividades deportivas y para complementar el suministro de agua para riego de parques públicos y jardines de la localidad". En 2011 se anuncia que la presa se encuentra en muy mal estado según un informe de la Subdirección General de Patrimonio, que indica que tiene un nivel alto de riesgo. Por tal motivo se hace necesaria una intervención para repararlo presupuestada en 30 millones de euros. Las autoridades locales de esa época manifiestan que el Ayuntamiento no puede acometer esa obra. El Ayuntamiento en 2012 solicita la reversión del bien a Patrimonio, dado que «el fin para el que se cedió la presa no se ha cumplido». Aún se espera respuesta de Patrimonio del Estado[50]. Estas diatribas burocráticas perjudican rotundamente la protección y mejor gestión de estos espacios públicos naturales.

La competencia de esta Reserva natural corresponde a la Comunidad de Madrid que la desarrolla a través de la administración y gestión por la Consejería de Medio Ambiente, conforme establece el artículo 7 del Decreto de su creación al que ya nos hemos referido e identificado. Como confluyen en estos espacios esta trilogía de administraciones públicas: Nacional, Autonómica y local, debiera fluir una colaboración interadministrativa poniendo en práctica el principio de lealtad institucional. Pues parece que no es así como queda narrado en esta investigación.

Parece que no es suficiente para una protección real y fortificada de estos parajes naturales la creación de las Reservas Naturales.

---

49 https://www.comunidad.madrid/centros/consejeria-medio-ambiente-vivienda-agricultura. Recuperado el 19 de diciembre de 2023.

50 https://elpais.com/ccaa/2013/05/19/madrid/1368988013_702775.html. Recuperado el 21 de diciembre de 2023.

¿Será necesario incorporar la participación ciudadana en este aspecto? Nos parece pertinente hacer una referencia a la custodia del territorio como instrumento complementario para reforzar la conservación de la biodiversidad en esta Reserva Natural, ya que parece no ser suficiente. Esta figura agrupa las diferentes vías de actuación privada para la conservación de la biodiversidad, siendo preciso buscar la colaboración activa de los particulares, especialmente en las diferentes tareas de gestión de los espacios tutelados[51]. En el ámbito de la conectividad ecológica y de la restauración cada vez resulta más importante la implicación ciudadana en la conservación y recuperación de los corredores ecológicos[52].

6. CONECTIVIDAD ECOLOGICA Y FRAGMENTACIÓN

6.1. Conectividad

Como dice el Papa Francisco todo está interconectado. En Laudato sí ya nos advierte que las carreteras, los nuevos cultivos, los alambrados, los embalses y otras construcciones van tomando posesión de los hábitats y a veces los fragmentan de tal manera que las poblaciones de animales ya no pueden migrar ni desplazarse libremente, de modo que algunas especies entran en riesgo de extinción. Reconoce la encíclica que existen alternativas que al menos mitigan el impacto de estas obras, como la creación de corredores biológicos, pero en pocos países se advierte este cuidado y esta previsión[53].

---

[51] Fernández de Gatta, D. (2023) *Actividad pública y privada en materia de recursos naturales y rurales: la infraestructura verde y la custodia del territorio.* Ratio Legis.

[52] Alenza García, José Francisco (2023) "Restauración y conectividad ecológica", *en Restauración y compensación Ecológica,* Iustel.

[53] S.S. Francisco (papa). (2015). *Carta encíclica Laudato Si': sobre el cuidado de la casa común,* 35.

La conectividad ecológica puede entenderse referida a la configuración de los paisajes y como ésta afecta al desplazamiento y dispersión de las especies, tanto animales como vegetales[54]. Podemos conectar esta referencia con la definición de corredor ecológico incluida en la Ley de Patrimonio Natural y Biodiversidad[55]. Parece claro que el aumento de la conectividad entre los paisajes o ecosistemas es útil para conservar la biodiversidad.

También se sabe que la fragmentación de los ecosistemas y la pérdida de conectividad está causada por cambios en usos del suelo y por la construcción de barreras locales como: urbanización, infraestructuras lineales de transporte, vallados cinegéticos, presas, tendidos eléctricos, entre otros. En España se mantiene la tendencia, como en la UE, de un proceso continuado de fragmentación de ecosistemas[56].

La restauración ecológica puede entenderse como el proceso mediante el cual se promueve el restablecimiento de un ecosistema que ha sido degradado, dañado o destruido[57].

La Estrategia de la UE sobre la biodiversidad de aquí a 2030 tiene por objeto situar la biodiversidad de Europa en la senda de la recuperación de aquí a 2030 en beneficio de la naturaleza, las personas y el clima[58].

---

54 Ministerio para la Transición Ecológica y el Reto Demográfico. (2021). *Estrategia Nacional de Infraestructura Verde y de la Conectividad y Restauración Ecológicas.*

55 Ley 07/2018, de 20 de julio de modificación de la Ley 42/2007, de 13 de diciembre, del Patrimonio Natural y de la Biodiversidad. (**TOL6 670.640**).

56 Ministerio para la Transición Ecológica y el Reto Demográfico. (2021). *Estrategia Nacional de Infraestructura Verde y de la Conectividad y Restauración Ecológicas.*

57 García, A. y Soro, B. (Directores). (2023). *Restauración y compensación ecológica: La perspectiva jurídica.* Iustel-Ministerio de Ciencia e Innovación.

58 Comisión Europea. (2020). https://eur-lex.europa.eu/ES/legal-content/summary/eu-biodiversity-strategy-for-2030.html. Recuperado el 12 de enero de 2024.

López Ramón nos ha explicado con claridad los compromisos del ordenamiento español en materia de conectividad ecológica. Según este autor la más directa recepción normativa se encuentra en los corredores ecológicos, que presentan diversas modalidades para su formación y gestión[59].

Como se ha explicado en este trabajo esta Reserva natural contiene dos unidades ambientales que debieran estar conectadas para su óptimo desarrollo y conservación: El Mar de Ontígola y la Finca El Regajal.

El Ayuntamiento de Aranjuez contempla, en el ámbito de sus competencias, llevar a cabo Proyectos de Restauración Ambiental que restablezcan los elementos naturales que en el pasado han sido degradados o dañados y que suponen un impacto negativo para la Biodiversidad. Potenciar la recuperación ecológica de zonas alteradas, así como la restauración y regeneración de orlas periféricas de vegetación con especies autóctonas, en especial las de comunidades que suponen la base trófica de las distintas especies de insectos y de la vegetación palustre de los arroyos y masas de agua de la Reserva Natural El Regajal-Mar de Ontígola[60].

En este caso que analizamos parece que si se mejora la conectividad de las zonas verdes del entorno de la Reserva Natural se permitiría que estas mariposas lleguen y puedan incluso viajar por la ciudad, aumentando así la biodiversidad de mariposas. La implicación ciudadana en la conservación y recuperación de los corredores ecológicos es cada vez más necesaria.

6.2. Fragmentación

La fragmentación de los hábitats naturales se considera actualmente una de las mayores amenazas de la biodiversidad, por lo

---

59 López Ramón, F. (2016). "Conectividad y corredores ecológicos en la experiencia española". *Instrumentos territoriales para la protección de la biodiversidad. Monografías de la Revista Aragonesa de Administración Pública,* (16).

60 Ayuntamiento del Real Sitio y Villa de Aranjuez. (2015). Libro blanco sobre Biodiversidad y conservación del Patrimonio Natural de Aranjuez.

que las conexiones territoriales constituyen una parte esencial en la política de conservación del medio ambiente[61].

La fragmentación de los ecosistemas o de los hábitats es uno de los procesos más graves de pérdida de diversidad biológica según la prospectiva de la OCDE para 2030. La subdivisión de ecosistemas y hábitats en fragmentos más pequeños deriva en una pérdida de funcionalidad. Las infraestructuras de transporte, carreteras y ferrocarriles contribuyen decisivamente a la fragmentación de hábitats[62]. Sigue siendo un desafío el corregir la fragmentación de hábitats derivada de las grandes obras públicas, particularmente de carreteras y ferrocarriles.

Por lo que respecta a esta Reserva Natural, expertos entomólogos vienen sosteniendo que la gran riqueza de este espacio protegido se encuentra en declive en la actualidad comparado con años atrás, no sólo por el cambio climático que ha afectado a la vegetación, sino también por las infraestructuras que han dividido la reserva reduciendo la diversidad genética y poniendo en peligro su supervivencia. La presión sobre este paraíso natural se viene incrementando gradualmente con el paso del tiempo. Hablamos de paraíso en declive y amenazado.

Para efectos de este estudio hemos identificado los más relevantes elementos que impactan y fragmentan la Reserva Natural. Brevemente describimos cada uno de ellos.

6.2.1. Existencia de un polígono industrial cercano

En el año 1996, después de múltiples divergencias y conflictos que se remontan a 1989, se inaugura el Polígono Industrial

---

[61] López Ramón, F. (2023). "Prólogo a la obra Fernández de Gatta, D.". (2023) *Actividad pública y privada en materia de recursos naturales y rurales: la infraestructura verde y la custodia del territorio.* Ratio Legis.

[62] OCDE. (2008). Prospectiva medioambiental para el 2030. https://www.oecd.org/env/indicators-modelling-outlooks/40224072.pdf. Recuperado el 31 de enero de 2024.

Gonzalo Chacón en los aledaños de la Reserva Natural, al norte de la misma en dirección al ámbito urbano de Aranjuez. Aunque exista la limitación prevista en la normativa de protección de no poder instalarse en este polígono industrias potencialmente contaminantes. La reducción y fragmentación de la reserva no había hecho nada más que empezar[63].

6.2.2. Infraestructuras que impactan la Reserva

López Ramón nos recuerda que las grandes infraestructuras lineales, particularmente las carreteras y los ferrocarriles, generan importantes impactos ambientales. Entre las consecuencias significativas de la relación entre la fauna y las vías de comunicación, se incluye la fragmentación de los hábitats, que determina la pérdida o reducción de los mismos. La fragmentación también puede generar el denominado efecto barrera, cuya incidencia sobre la capacidad de movimientos de los individuos se traduce en problemas de alimentación o aislamiento que pueden afectar a la dinámica de las poblaciones. También ha de contarse la mortalidad por atropellos y colisiones con vehículos de los animales[64].

En el caso que estudiamos identificamos las siguientes barreras:

a) Antigua carretera de Andalucía

Esta infraestructura vial divide la Reserva Natural en dos. Atraviesa Aranjuez de norte a sur hacia Ocaña a la izquierda queda el Mar de Ontígola y a la derecha La Finca el Regajal.

El tráfico es constante debido a que es la vía utilizada desde el centro urbano para salir por el sur hacia Ocaña, Toledo y otras poblaciones cercanas.

---

63 Gómez, J. y Atienza, J.M. (1998). "Aranjuez: de Real Sitio a ciudad industrial en declive. Oportunidades inéditas de un emplazamiento estratégico". *Urban* (2). https://prensahistorica.mcu.es/es/catalogo_imagenes/grupo.do?path=2000482162. Recuperado el 22 de diciembre de 2023.

64 López Ramón, F. (2016). "Conectividad y corredores ecológicos en la experiencia española". *Instrumentos territoriales para la protección de la biodiversidad. Monografías de la Revista Aragonesa de Administración Pública,* (16).

b) Autovía del Sur (A-4)

Es la principal vía de comunicación entre el centro y el sur peninsular: Córdoba, Sevilla. El tramo que discurre en la vega del Tajo, en el entorno de Aranjuez, a pesar de discurrir por una planicie se construyó con arriesgadas curvas para salvar lo que según la crónica de la época se conocía como una colonia de mariposas[65], lo que creó gran controversia. Las crónicas y noticias de aquel tiempo en que se construyó la denominada variante de Aranjuez de esta autovía dan cuenta de multitud de circunstancias peculiares para su diseño. Ríos de tinta se gastaron al efecto[66]. Tras diferentes propuestas, todas de impacto sobre la Reserva y el hábitat de las mariposas, tras la consulta con científicos expertos en lepidópteros se dedujo que la variante que atraviesa la finca por la zona media es la que produce menos impacto a los lugares de vuelo de los lepidópteros más singulares y que, además, ocasiona menos deterioro al matorral existente y al importante arrollo de Las Salinas. A pesar de esto el trazado tiene más de veinte curvas.

Se trata de una vía de alta capacidad. El aforo de tráfico de esta autovía reflejado en la intensidad media diaria (IMD) por kilómetro a su paso por Aranjuez es de 50.000 vehículos[67].

c) La autopista Radial 4

La autopista Radial 4 o R-4 es una autopista de peaje. Comienza en la M-50 y llega hasta Ocaña, donde enlaza con la A-4 y la AP-36[68]. Pasa por Aranjuez bordeando parte de la Reserva Natural al oeste de la Finca el Regajal.

---

65 Sá, C. (1986). "La variante de Aranjuez respetará una reserva entomológica", *Revista MOPU,* (septiembre).

66 Ayuntamiento del Real Sitio y Villa de Aranjuez. (2015). *Libro blanco sobre Biodiversidad y conservación del Patrimonio Natural de Aranjuez.*

67 https://www.sereic.com/2020/11/17/perfiles-de-imd-de-las-autovias-radiales-espanolas/. Recuperado el 31 de enero de 2024.

68 https://www.comunidad.madrid/sites/default/files/aud/transportes/dossier20221.pdf. Recuperado el 31 de enero de 2024.

d) Línea de ferrocarril de alta velocidad Madrid-Levante

Por esta zona discurre el tramo de alta velocidad entre Aranjuez-Ocaña. Para la realización del mismo se construyó un túnel para no afectar o afectar lo menos posible la reserva natural de mariposas en la Finca el Regajal. Este túnel conocido como "Túnel El Regajal" ha sido un dolor de cabeza, una pesadilla, desde su inicio. Si todos los túneles son complicados según los expertos, este tenía todos los problemas: terrenos expansivos, solubles y corrosivos y el tema de la protección ambiental[69]. El túnel tiene una extensión de 2400 metros. En 2008 sufrió un derrumbe durante la construcción. En 2017 se agrietó el túnel por los vertidos de salmuera que caen a esta Reserva. Adif tiene que construir unas salinas artificiales en las que acumular la salmuera y no dañar el medio ambiente. Esta es la historia de cómo la mala elección de un trazado marcado por prisas e intereses políticos acaba siendo un pozo sin fondo[70]. También hubo de construirse un viaducto sobre el Arroyo de las Salinas de 266 metros, en terrenos de la Reserva Natural.

Prácticamente estas barreras impiden el necesario intercambio genético entre las poblaciones de mariposas que garantice la diversidad genética mínima, lo que conlleva a situaciones de endogamia que pone en serio riesgo su supervivencia[71].

6.3. Incendio de 2022

El 5 de julio de 2022 se inició un incendio forestal que se originó en el kilómetro 49 de la Autovía del Sur (A-4), en el término de Aranjuez, ocasionado por un accidente de tráfico. El incendio se

---

69 https://enriquemontalar.com/la-complicada-construccion-del-tunel-de-el-regajal/. Recuperado el 31 de enero de 2024.

70 https://www.elconfidencial.com/tecnologia/2017-11-13/pesadilla-ave-madrid-valencia-tunel-regajal-adif_1474946/. Recuperado el 31 de enero de 2024.

71 González Granados, J. *et al.* (2011). ob.cit.

originó dentro de los límites de la Reserva Natural El Regajal-Mar de Ontígola. La información de las autoridades competentes no ha sido muy transparente. Hemos acudido a las informaciones de Ecologistas en Acción y a los medios de comunicación para poder hacer esta narrativa de lo ocurrido La práctica totalidad de las aproximadamente 284 hectáreas quemadas están dentro de este espacio protegido. El incendio afectó parcialmente a la ladera sur del Mar de Ontígola y quemó parcialmente su orla de carrizo. Se quemó entre un 25 % y 30 % de la Reserva Natural, lo que supone entre 160-190 hectáreas. Las zonas más dañadas fueron principalmente las laderas que dan al norte de las fincas de El Regajal y el Montecillo. Sobre todo, pastos, coscojar, espartal y jabunal. Las plantas nutricias de las orugas de las mariposas (espantalobos y otras) también sufrieron, desconociendo el alcance total. También murieron anfibios y reptiles[72].

El incendio se inició el día 5 de julio y el día 6 se produjo un rebrote que ocasionó la pérdida del mariposario y centro de investigación de la Reserva Natural, situado en la Finca El Regajal. El día 7 de julio se declaró el incendio controlado y extinguido[73].

No tenemos noticia de que la autoridad competente en gestionar la Reserva Natural haya implementado un plan de restauración, de acción concreta y de choque para paliar los impactos de este incendio.

7. CONCLUSIONES

Al concluir este estudio me viene a la memoria, impregnado de tristeza por el futuro de la Reserva Natural El Regajal-Mar de Ontígola, el segundo movimiento en "Adagio" del Concierto de

---

72 Ecologistas en acción. https://www.ecologistasenaccion.org/204769/desastre-ambiental-en-el-incendio-de-aranjuez/. Recuperado el 31 de enero de 2024.

73 https://www.elmundo.es/madrid/2022/07/06/62c4cd2ae4d4d807648b45d8.html. Recuperado el 31 de enero de 2024.

Aranjuez compuesto por el maestro Joaquín Rodrigo. En él se refleja una expresión de dolor, pena, y desesperanza.

Parece un milagro de la naturaleza que a pesar de las barreras que fragmentan el hábitat de las mariposas en esta Reserva Natural, aún permanezcan allí de manera resiliente.

La *biodiversidad* está conectada entre diferentes entornos y especies que dependen unos de otros para vivir. La protección de los ecosistemas es un desafío constante y necesario para la sostenibilidad ambiental, social y frenar los efectos devastadores del cambio climático. La biodiversidad constituye un elemento fundamental del patrimonio natural.

Es imperioso que las Administraciones Públicas competentes se activen al unísono para implementar estrategias pertinentes para la protección, mejora y gestión de la biodiversidad en esta Reserva Natural de El Regajal-Mar de Ontígola y sus zonas de influencia.

Referencias bibliográficas

Agencia Europea del Ambiente. (2011). *Landscape fragmentation in Europe Joint EEA-FOEN report EEA Report No 2/2011.* https://www.eea.europa.eu/publications/landscape-fragmentation-in-europe. Recuperado el 30 de enero de 2024.

Albers, H. *et al.* (2023). "How Ecological Characteristics of Seasonal Migratory Species Influence Conservation Threats and Policy Needs". *Review of Environmental Economics and Policy* (17).

Alenza García, J.F. (2023). "Restauración y conectividad ecológica", García Ureta, A y Soro Mateo, B. (dirs.). *Restauración y compensación ecológica: la perspectiva jurídica.* Iustel y Agencia Estatal de Investigación.

— (2001). *Vías Pecuarias.* Civitas.

Allen, A.M. y Singh, N.J. (2016). "Linking Movement Ecology with Wildlife Management and Conservation". *Front. Ecol. Evol.*, (3).

Alli Turrillas, J.C. (2022). "La cooperación horizontal entre Comunidades Autónomas: algunas consideraciones sobre los convenios y acuerdos como forma de cooperación interautonómica". *La LORAFNA 40 años después: historia, balance y propuestas para una reforma,* Jimeno Aranguren, R. (dir.), Gobierno de Navarra y Aranzadi.

– (2021). "La protección jurídica de las especies migratorias en el reenfoque de la salvaguarda de la biodiversidad". *Revista Aranzadi de Derecho Ambiental,* (50).

– (2016). *La protección de la biodiversidad. Estudio jurídico de los sistemas para la salvaguarda de las especies naturales y sus ecosistemas.* Dykinson.

Álvarez Carreño, S.M. (2019). "El Derecho ambiental entre la ciencia, la economía y la sociología: reflexiones introductorias sobre el valor normativo de los conceptos extrajurídicos". *Revista Catalana de Dret Ambiental,* (10.1).

Aragão, A. (2012). "Le fondement européen de la prohibition de régression: le niveau élevé de protection de l'environnement". *Le principe de non* régression. *Droit de l'environnement.* Prieur, M. y Sozzo, G. (coord.). Bruylant.

— (2025). "Red Ecológica y Servicios de los Ecosistemas". *Estudios jurídicos Hispano-Lusos de los servicios en red (energía, telecomunicaciones, y transportes).* González Ríos, I. (coord.). Dykinson.

Aragão, A. y Azul, M. (2020). "Natural and Sociolegal Dimensions of Soil for Ecosystems Sustainability and Human Health". *Encyclopaedia of the UN Sustainable Development Goals. Life on land,* Springer, pp. 1-15. https://link.springer.com/referencework/10.1007/978-3-319-95981-8. Recuperado el 30 de enero de 2024.

Asamblea General de Naciones Unidas (2017), *Instrumento internacional jurídicamente vinculante en el marco de la Convención de las Naciones Unidas sobre el Derecho del Mar relativo a la conservación y el uso sostenible de la diversidad biológica marina de las zonas situadas fuera de la jurisdicción nacional.* https://documents-dds-ny.un.org/doc/UNDOC/GEN/N17/468/81/PDF/N1746881.pdf?OpenElement. Recuperado el 31 de enero de 2024.

Atienza, M. (2010). "Constitucionalismo, globalización y derecho". *El canon neoconstitucional.* Trotta.

AUE (2019). *Datos Descriptivos de la Agenda Urbana Española.* Agenda 2030, Gobierno de España. https://www.aue.gob.es/recursos_aue/2019-02-01_anexo_datos_descriptivos.pdf. Recuperado el 2 de enero de 2024.

Ayuntamiento de Madrid. *Bosque Metropolitano. Documento previo* (2022). https://estrategiaurbana.madrid.es/wp-content/uploads/2022/05/Documento-previo-Bosque-Metropolitano.pdf). Recuperado el 9 de enero de 2024.

— *Bosque Metropolitano.* https://bosquemetropolitano.madrid.es. Recuperado el 9 de enero de 2024.

— Consejo Asesor del Arbolado del Ayuntamiento de Madrid. (2021). *Informe final.* https://diario.madrid.es/wp-content/uploads/2021/07/Informe-Consejo-Asesor-del-Arbolado-julio-2021.pdf. Recuperado el 9 de enero de 2024.

Ayuntamiento del Real Sitio y Villa de Aranjuez. (2015). *Libro blanco sobre Biodiversidad y conservación del Patrimonio Natural de Aranjuez.*

Balbar, A. C., Metaxas, A. (2019). "The current application of ecological connectivity in the design of marine protected areas". *Global Ecology and Conservation,* (17), e00569.

Ban, N. C., Bax, N. J., Gjerde, K. M., Devillers, R., Dunn, D. C., Dunstan, P. K., Halpin, P. N. (2014). "Systematic conservation planning: a better recipe for managing the high seas for biodiversity conservation and sustainable use". *Conservation Letters,* (7-1), 41-54.

Barnés Vázquez, J. "El componente ambiental de la función social de la propiedad privada y la expropiación forzosa" en Argullol i Murgadas, E. (dir.) (2004). *La dimensión ambiental del territorio frente a los derechos patrimoniales. Un reto para la protección efectiva del medio natural.* Tirant lo Blanch, 52-85.

Barreira, A. (coord.) *et al.* (2010). *Estudio jurídico sobre la custodia del territorio,* Plataforma de Custodia del Territorio de la Fundación Biodiversidad. https://www.custodia-territorio.es/sites/default/files/archivos/estudio-custodiaterritorio_final.pdf. Recuperado el 22 de enero de 2024.

Barrière, O. *et al.* (2019.) *Coviability of Social and Ecological Systems: Reconnecting Mankind to the Biosphere in an Era of Global Change* Vol. 1*: The Foundations of a New Paradigm*-Springer (https://link.springer.com/content/pdf/bfm:978-3-319-78497-7/1?pdf=chapter%20toc). Recuperado el 30 de enero de 2024.

Basora Roca, X. y Sabaté i Rotés, X. (2006). *Custodia del territorio en la práctica. Manual de introducción a una nueva estrategia participativa de conservación de la naturaleza y el paisaje.* Fundació Territori i Paisatge, Obra Social Caixa Catalunya. Xarxa de Custòdia del Territori. https://custodia-territorio.es/sites/default/files/recursos/custodia.practica_manual.introduccion.pdf. Recuperado el 22 de enero de 2024.

Beck, U. (2016). T*he metamorphosis of the world: How climate change is transforming our concept of the world.* John Wiley & Sons.

— (2014). "How Climate Change might save the World." *Development and Society* (43.2).

— (1998). *¿Qué es la globalización?: falacias del globalismo, respuestas a la globalizacion.* Paidós.

— (1996). "World Risk Society as Cosmopolitan Society? Ecological Questions in a Framework of Manufactured Uncertainties". *Theory, culture & society,* 13 (4).

Benedict, M. y Mcmahon, E. (2006). *Green Infrastructure: Linking Landscape and Communities.* Island Press.

Bennett, A. F. (2003). *Linkages in the Landscape: the Role of Corridors and Connectivity in Wildlife Conservation* (No. 1). IUCN. The World Conservation Union, 3.

Bennett, A., Blanch, J.M. (2004). *Enlazando el Paisaje. El Papel de los corredores y la conectividad en la conservación de la vida silvestre.* UICN (Unión Internacional para la Conservación de la Naturaleza). https://portals.iucn.org/library/node/8837. Recuperado el 29 de diciembre de 2023.

Bergé, J.S. (2021). *Les situations en mouvement et le droit.* Dalloz.

Birdlife International. (2021). *Position paper: EU Targets for Protected Areas and Restoration at Sea.* https://www.birdlife.org/wp-content/uploads/2021/12/BirdLife_Position-Paper_EU-Targets-for-Protected-Areas-and-Restoration-at-Sea_December-2021.pdf. Recuperado el 31 de enero de 2024.

Blac, F., Coletti, P., Gemmel, C. Bertone, C. (2023) “Environmental Law”, *Research Handbook on the Enforcement of EU Law.* Miroslava Scholten.

Blasco Hedo, E. (2020). “La defensa de los espacios forestales en la denominada España vaciada”. *Actualidad Jurídica Ambiental,* (102), 457-475.

Bodansky, D. (2009). “Is there an International Environmental Constitution?”. *Indiana Journal of Global Legal Studies,* (16-2).

Borrás Petinat, S. (2014). “Del derecho humano a un medio ambiente sano al reconocimiento de los derechos de la naturaleza”. *Revista Vasca de Administración Pública,* (99-100).

Bosch, R.M. (2019). “Incendios forestales de sexta generación: Un nuevo tipo de incendio que ha llegado para quedarse”. *Seguritecnia,* (466).

Bosselmann, K. (1995). *When Two Worlds Collide: Society and Ecology,* RSVP.

Bravo Zamora, D. (2010): “Conservación y preservación de los humedales en Chile”. *Revista Justicia Ambiental.* Fiscalía del Medio Ambiente (FIMA), Año II, (2). http://biblioteca.cehum.org/bitstream/123456789/981/1/FIMA.%20Justicia%20Ambiental%2c%20Año%202%2c%20n°2%2c%202010.pdf. Recuperado el 31 de enero de 2024.

Britton-Purdy, J., Grewal, D. S., Kapczynski, A., & Rahman, K. S. (2019). “Building a Law-and-Political-Economy Framework: Beyond the Twentieth-Century Synthesis”. *Yale LJ,* (129).

Brosé, U. y Hillebrand, H. (2016). “Biodiversity and ecosystem functioning in dynamic landscapes”. *Philosophical Transactions of the Royal Society B: Biological Sciences,* (37).

Brunnée, J., & Toope, S. J. (2017). “13 Interactional Legal Theory, the International Rule of Law and Global Constitutionalism”. Lang, A. F., Wiener, A. *Handbook on global constitutionalism.* Edward Elgar Publishing.

Buechley, E. *et al.* (2018) “Identifying critical migratory bottlenecks and high-use areas for an endangered migratory soaring bird across three continents”. *Journal of Avian Biology,* (49).

Bull, J. *et al.* (2013). “Conservation when nothing stands still: moving targets and biodiversity offsets”. *Frontiers in Ecology and the Environment,* (11).

Bullock, J.M., Arinson, J., Newton, A.C., Pywell, R.F. Rey Benayas, J.M. (2011). “Restoration of ecosystem services and biodiversity: conflicts and opportunities”. *Trends in Ecology and Evolution,* (26).

Burhenne, F., Lausche, B.; Farrier, D.; Verschuuren, J.; La Viña, A.; Trouwborst, A.; Born, Ch.-H.; Aug, L. (2013). *The Legal Aspects of Connectivity Conservation. A concept Paper.* IUCN. https://portals.iucn.org/library/efiles/documents/eplp-085-001.pdf. Recuperado el 30 de enero de 2024.

Cano Campos, T. (2023). "Los costes excepcionales de ejecución de los contratos públicos: entre el ius variandi y el riesgo imprevisible". *Revista De Estudios de la Administración Local y Autonómica,* (19).

Carrasco Quiroga, E. y Alfaro González, M. (2023). *Humedales urbanos. Regulación, implementación y jurisprudencia.* DerEdiciones.

— (2023). "Humedales urbanos y congruencia procedimental. Apuntes para su adecuada comprensión". *Revista Actualidad Jurídica* (47).

Carreño, S. M. y Hernández López, S. M. (2011). "La custodia del territorio como instrumento complementario para la protección de espacios naturales". *Revista Catalana de Dret Ambiental,* (2-1). https://raco.cat/index.php/rcda/article/view/326012. Recuperado el 22 de enero de 2024.

Carrillo Donaire, J.L. (2009). "Vías pecuarias", González García J.F. (coord.). (2013). *Derecho de los bienes públicos.* Tirant lo Blanch, 703-742.

Casas Grande, J. (2013). "Una reflexión sobre la contribución de los montes al desarrollo rural de la España actual", *Foresta,* (56), 96–105.

CASBEE (2015). *CASBEE for Urban Development. Comprehensive Assessment System for Built Environment. Technical Manual 2014.* Institute for Building Environment and Energy Conservation.

CEDEX. (1993). *Variables ambientales del espacio natural "El Regajal-Mar de Ontígola".* Ministerio de Obras Públicas, Transportes y Medioambiente.

Celeste, E. (2021). "The Constitutionalisation of the Digital Ecosystem: Lessons from international Law." *Max Planck Institute for Comparative Public Law & International Law (MPIL) Research Paper,* (16).

Cifuentes, J. (2019). "Contribución al conocimiento de los Micro lepidópteros de la región de Aranjuez". *Revista Shilap,* (47).

Cifuentes Ochoa, M. (2021). *Evolución de la Infraestructura Verde Urbana en el Barrio de Bellas Vistas del Distrito de Tetuán, Madrid (España).* https://oa.upm.es/69065/1/TFModulo_MariaCifuentes_oct2021_b.pdf. Recuperado el 9 de enero de 2024.

Clemente Oliveira Do Prado, R. (2011). "Las Reservas Particulares do Patrimonio Natural (RPPN) de Brasil y la Xarxa de Custòdia del Territori (XCT) de Catalunya como herramientas comunes para el desarrollo sostenible". *Veredas do Direito,* (8-15).

Codina García-Andrade, X. (2019). *La modificación de los contratos del sector público.* BOE.

Colbert, E. (2014). *La Sexta Extinción. Una historia nada natural.* Premio Pulitzer 2015, Crítica.

Comisión Europea. (2014). *Construir una infraestructura verde para Europa.* Oficina de Publicaciones Oficiales de la Unión Europea.

— (2013). COM (2013) 249 final. *Comunicación de la Comisión al Parlamento Europeo, al Consejo, al Comité Económico y Social Europeo y al Comité de las Regiones. Infraestructura verde: mejora del capital natural de Europa.* https://eur-lex.europa.eu/legal-content/ES/TXT/PDF/?uri=CELEX:52013DC0249. Recuperado el 29 de diciembre de 2023.

Commissariat Général au Développement Durable (Ministère De L'écologie, De L'énergie Du Développement Durable Et De La Mer Française). (2010). "Vers des indicateurs de functions écologiques liens entre biodiversité, fonctions et services". *Le Point Sur,* (51).

Comunidad de Madrid. (2020). *Plan de actuación sobre humedales catalogados de la Comunidad de Madrid.* https://www.comunidad.madrid/sites/default/files/doc/medio-ambiente/plan_de_humedales_catalogados_cm_bocm_red_0.pdf. Recuperado el 18 de enero de 2024.

— (2002-2011). *Memoria. Reserva Natural el Regajal-Mar de Ontígola, Mariposas y sus biotopos.*

— (2015). *Catálogo Regional de Especies amenazadas.* https://www.madrid.org/bvirtual/BVCM003442. pdf. Recuperado el 22 de enero de 2024.

— (2012). *El medioambiente en la Comunidad de Madrid 2010-2011.*

Concepción Cuevas, E.D. (2022). "Expansión urbana o cómo el suelo urbanizado se dispersa por el paisaje: Implicaciones para la conservación de la biodiversidad". *Ecosistemas,* (31-1). https://doi.org/10.7818/ECOS.2165. Recuperado el 29 de enero de 2024.

Cozar Escalante, J.M. De. (2005). "Principio de precaución y medioambiente". *Revista Española de Salud Pública,* (79).

Chacón, C. M. *et al.* (2008). *Voluntad de conservar. Experiencias seleccionadas de conservación por la sociedad civil en Iberoamérica.* The Nature Conservancy, Fundación Biodiversidad. https://www.cbd.int/doc/pa/tools/voluntad%20de%20conservar.pdf. Recuperado el 22 de enero de 2024.

Dalmau-Rovira, F. (2023). "La biodiversidad no tiene la culpa; su mala utilización como herramienta de bloqueo, sí". *El Día,* 6 de septiembre de 2023.

Darnaculleta i Gardella, M.M. (2000). *Recursos naturales y dominio público: el nuevo régimen del demanio natural.* CEDECS.

Davidson, N. (2014). "How much wetland has the world lost? Long-term and recent trends in the global wetland area". *Marine and Freshwater Research* (65).

Day, J., Dudley, N., Hockings, M., Holmes, G., Laffoley, D. D. A., Stolton, S., & Wells, S. M. (2012). *Guidelines for applying the IUCN protected area management categories to marine protected areas.* IUCN https://portals.iucn.org/library/sites/library/files/documents/PAG-019-2nd%20ed.-En.pdf. Recuperado el 31 de enero de 2024.

De Burca, G., Keohane, R. O., Sabel, C. (2012). "New Modes of Pluralist Global Governance". *NYUJ Int'l L. & Pol.*, (45).

De Esteban Alonso, A. (1979). "Los estándares urbanísticos". *Ciudad y Territorio. Estudios Territoriales,* (40). https://recyt.fecyt.es/index.php/CyTET/article/view/81240. Recuperado el 16 de enero de 2024.

De Guerrero Manso, M.ª C. (2023). "Contratación pública social y cláusulas de promoción de la igualdad de género: estado de la cuestión y propuestas de mejora". J.M. Gimeno Feliú (dir.). *Observatorio de los contratos públicos,* pp. 285-320.

— (2022). La protección del medio ambiente mediante la utilización de concesiones demaniales. *Revista Aragonesa de Administración Pública,* (N.º Extra 24).

— (2018). "La inclusión de condiciones especiales de ejecución como medida efectiva para la defensa del medio ambiente a través de la contratación pública". *Monografías de la Revista Aragonesa de Administración Pública,* (XIX).

De la Cruz, S., Calama, R., Montero, G., Rubio, A. (2016). *Posibilidad de aumentar la capacidad de absorción de CO2 de los sistemas forestales mediante la gestión forestal.* Comunicación presentada en CONAMA, Madrid, 28 de noviembre a 1 de diciembre de 2016. http://www.conama2016.org. Recuperado el 12 de febrero de 2024.

Delangue, J. (2015). "Services écologiques: de quoi parle-t-on?". *Espaces naturels,* (52).

Delbrück, J. (1999). "Laws in the Public Interest–Some Observations on the Foundations and Identification of erga omnes Norms in International Law". Volkmar Götz. *Liber amicorum Günther Jaenicke–Zum,* (85). Springer.

Delgado, V. (2021). "La ley de humedales urbanos en Chile: el tránsito desde 'pantanos infecciosos' a valiosos ecosistemas dignos de protección (y restauración)", *Anuario de Derecho Público.* Ediciones Universidad Diego Portales.

Delpiano, C. (2023). "La ley N.º 21.202, sobre humedales urbanos: un desafío para la jurisprudencia de los tribunales ambientales", Rivera, D. [dir.] *Desafíos hídricos para el desarrollo sostenible. XXIV Jornadas de Derecho y Gestión de Aguas.* UC. DerEdiciones.

De Torre Ceijas, R. (2016). *Diseño de planes de seguimiento y valoración de áreas sometidas a restauración ecológica.* CSIC-MNCN.

De Viedma, M.G, Gómez-Bustillo, M.R. (1985). *Revisión del Libro Rojo de los Lepidópteros ibéricos.* Ministerio de Agricultura, Pesca y Alimentación. Instituto Nacional para la Conservación de la Naturaleza.

De Wet, E. (2006). "The International Constitutional Order". *International & Comparative Law Quarterly,* (55-1).

Diputación Foral de Bizkaia. PTP de Bilbao Metropolitano. *Documento de Aprobación Provisional. Memoria. Acuerdo Foral de 25 de abril de 2023 de aprobación provisional de la revisión del Plan Territorial Parcial del Área Funcional de Bilbao Metropolitano.* https://www.bizkaia.eus/hirigintza/lurraldekozatiegitasmoa/ptp_bilbao_aprobacion_provisional/230425_Acuerdo_Foral_Aprob_provisional_revision_BM_CG.pdf?hash=355bd4c8b34b0f1483f8091e66875af7. Recuperado el 9 de enero de 2024.

Dorta, A. (2024). "La ley de humedales urbanos y la constitución: análisis de su compatibilidad". González, B e Insunza, X (2024), *La Ley N.º 21.202 sobre humedales urbanos,* Tirant Lo Blanch, CDA Centro de Derecho Ambiental Universidad de Chile.

Dryzek, J. S. (2012). "Global Civil Society: The Progress of Post-Westphalian Politics". *Annual Review of Political Science,* (15).

Duarte, C.M., Dennison, W.C., Orth, R.J.W. et al. (2008). "The Charisma of Coastal Ecosystems: Addressing the Imbalance". *Estuaries and Coasts,* (31). https://doi.org/10.1007/s12237-008-9038-7. Recuperado el 31 de enero de 2024.

Ducarme F., Luque, G., Courchamp. F. (2013). *What are "charismatic species" for conservation biologists?* https://www.researchgate.net/publication/302596828_What_are_charismatic_species_for_conservation_biologists#fullTextFileContent. Recuperado el 30 de enero de 2024.

Dunn, D. C., Crespo, G. O., Vierros, M., Freestone, D., Rosenthal, E., Roady, S., Sloat, M. R. (2017). Adjacency: How legal precedent, ecological connectivity, and traditional knowledge inform our understanding of proximity. *Nereus Scientific and Technical Briefs on ABNJ Series.* Recuperado el 31 de enero de 2024.

Durá Alemañ, C. J. (2022). "Principales avances de la custodia en España en el periodo 2021-22". *Observatorio de Políticas Ambientales 2022.* Centro de Investigaciones Energéticas, Medioambientales y Tecnológicas. https://www.actualidadjuridicaambiental.com/wp-content/uploads/2022/11/2022-OPAM.pdf. Recuperado el 30 de enero de 2024.

— (2021). "Principales proyectos, avances legislativos, y jurisprudenciales relacionados con la custodia del territorio". *Observatorio de Políticas Ambientales*. Centro de Investigaciones Energéticas, Medioambientales y Tecnológicas. https://www.actualidadjuridicaambiental.com/wp-content/uploads/2021/09/2021-OPAM-Final.pdf#page=833. Recuperado el 22 de enero de 2024.

— (2020). "La custodia del territorio como herramienta de resolución de conflictos ambientales". *Observatorio de Políticas Ambientales*. Centro de Investigaciones Energéticas, Medioambientales y Tecnológicas. https://www.actualidadjuridicaambiental.com/wp-content/uploads/2020/08/2020_OPAM.pdf. Recuperado el 22 de enero de 2024.

— (2019). "La mediación como herramienta para la resolución del conflicto en torno al lobo". *Actualidad Jurídica Ambiental*, (95), 151-153. https://www.actualidadjuridicaambiental.com/actualidad-al-dia-castilla-y-leon-lobo/. Recuperado el 22 de enero de 2024.

— (2019). "La custodia del territorio. Introducción al concepto". *Observatorio de Políticas Ambientales 2019*. Centro de Investigaciones Energéticas, Medioambientales y Tecnológicas. https://www.actualidadjuridicaambiental.com/wp-content/uploads/2010/06/2019-OPAM-on-line.pdf. Recuperado el 22 de enero de 2024.

— (2015). "La custodia del territorio y sus nuevas técnicas para la conservación del patrimonio natural, el paisaje y la biodiversidad". *Cuadernos de sostenibilidad*, (23). Fundación Banco Santander.

Durá Alemañ, C. J., Capdeón Frías, M. (2018). "Introducción al concepto de conservación privada. "Nuevas" herramientas de protección de la biodiversidad". *Ciudad y Territorio*, (51-199). https://recyt.fecyt.es/index.php/CyTET/article/view/76713. Recuperado el 22 de enero de 2024.

Durá Alemañ, C. J., López Precioso, B. (2019). "Análisis y diagnóstico de la evolución de los espacios naturales protegidos y la custodia del territorio". *Informe sobre la situación en la Comunidad Valenciana*. Universidad de Valencia.

Durá Alemañ, C. J., Sánchez Zapata, J. A. y Nebot i Cerdá, J. (2011). *La custodia del territorio: herramientas de apoyo para implantar medidas agroecológicas*. Fundación Félix Rodríguez de la Fuente.

Eagles, P., *et al.* (2012). "Non government organization member´s perceptions of governance: a comparison between Ontario and British Columbia provincial parks management models". *Leisure/Loisir*, (36) (3-4).

Egerer, M. et Anderson, E. (2020). "Social-ecological connectivity to understand ecosystem service provision across networks in urban landscapes". *Land*, (9).

Embid Irujo, A. (Dir.). (2007). *Diccionario de derecho de aguas*. Iustel.

Estupiñán Achury, L., Storini, C., Martínez Dalmau, R., & Carvalho Dantas, F. A. D. (2018). *La naturaleza como sujeto de derechos en el constitucionalismo democrático*. Grupo de Investigación en Estudios Constitucionales y de la Paz. Universidad Libre.

Europarc-España. (2010). *Mecanismos financieros innovadores para la conservación de la biodiversidad*. Fundación Fernando González Bernáldez.

— (2010). *Mecanismos financieros innovadores para la conservación de la biodiversidad*, Fundación Fernando González Bernáldez, Madrid.

— (2009). *Conectividad ecológica y áreas protegidas. Herramientas y casos prácticos*. Fundación Fernando González Bernáldez.

European Commission. (2015). *Alternative ways to support private land conservation*.

FAO, *Recognizing the role of sustainable fisheries management to biodiversity conservation* https://www.fao.org/fishery/es/news/41375. Recuperado el 31 de enero de 2024.

Farì A. (2013). *Beni e funzioni ambientali: contributo allo studio della dimensione giuridica dell' ecosistema*. Jovene Editore.

Fassbender, B. (1998). "The United Nations Charter as constitution of the International Community." *Colum. J. Transnat'l L.*, (36).

Feest, A., Aldred, T.D. y Katrin Jedamzik, K. (2019). "Biodiversity quality: A paradigm for biodiversity". *Ecological Indicators*, (10).

Fernández de Gatta, D. (2023). *Actividad pública y privada en materia de recursos naturales y rurales: la infraestructura verde y la custodia del territorio*. Ratio Legis.

— (2023). *Sistema Jurídico-Administrativo de Protección del Medio Ambiente*, 11.ª edic. Ratio Legis.

— (2022). "El VIII Programa Ambiental de la Unión Europea de 6 de abril de 2022", *Diario La Ley (Grupo Wolters Kluwer)*, (10083).

— (2020). "El ambicioso Pacto Verde Europeo", *Actualidad Jurídica Ambiental*, (101).

— (2018). "La Estrategia Estatal de Infraestructura Verde y de la Conectividad y Restauración Ecológicas: un nuevo instrumento para proteger la biodiversidad". *Actualidad jurídica ambiental*, (81).

— (2017). "Marco legislativo". Hidalgo, R. (Dir. técnico), Valladares, F., Gil, P., Forner, A. (coord.), y otros, *Bases científico-técnicas para la Estrategia estatal de infraestructura verde y de la conectividad y restauración ecológicas.* Ministerio de Agricultura y Pesca, Alimentación y Medio Ambiente.

— (2016). "Marco normativo", *Documentos científicos de apoyo para la elaboración de la Estrategia Estatal de Infraestructura Verde y de la Conectividad y Restauración Ecológicas* (inédito).

Fernández-Figueroa, F. (2012). "El *factum principis* en la doctrina del Consejo de Estado. Estudio concreto de los dictámenes 31/92 de 13 de febrero de 1992 y 632/94 de 19 de mayo de 1994". *La Administración al día.* https://laadministracionaldia.inap.es/noticia.asp?id=1100465. Recuperado el 31 de enero de 2024.

Fernández Palacios, J.M. (2020). "Causas y consecuencias del cambio climático. El caso de Canarias", Hernández González, F. (dir.), *El derecho ante el reto del cambio climático.* Thomson-Reuters-Aranzadi.

Ferrajoli, L. (2022). *Por una Constitución de la Tierra: La humanidad en la encrucijada.* Trotta.

— (1998). "Más allá de la soberanía y la ciudadanía: un constitucionalismo global". *Isonomía. Revista de teoría y Filosofía del Derecho,* (9).

Figueroa, R.; Suarez, M. L., Andreu, A., Ruiz, V., Vidal Abarca, M. (2009). "Caracterización ecológica de humedales de la zona semiárida en Chile Central". *Gayana (Concepción),* (73-1). https://scielo.conicyt.cl/scielo.php?script=sci_arttext&pid=S0717-65382009000100011&lng=es&nrm=iso Recuperado el 31 de enero de 2024.

Franco Castellanos, C. (2000). "El régimen jurídico de los usos ambientales de las vías pecuarias". Sosa Wagner, F. (coord.). *El Derecho Administrativo en el umbral del siglo XXI: homenaje al profesor Dr. D. Ramón Martín Mateo.* Tirant lo Blanch.

Fuller, L. L. (1964). *The Morality of Law.* Yale University Press.

Gallie, W. B. (1955). "Essentially Contested Concepts". *Proceedings of the Aristotelian society* (56).

García Alvarado, J.M., Pérez González, M.E., García Rodríguez, M.P. (2020). "Sellado de suelos, fragmentación y conectividad ecológica en la conurbación de Madrid (España)". *Boletín de la Asociación de Geógrafos Españoles,* (85-2884). https://doi.org/10.21138/bage.2884. Recuperado el 29 de enero de 2024.

García Álvarez, G. (2018), "Conectividad de espacios naturales y urbanismo en el Derecho Español". *Monografías de la Revista Aragonesa de Administración Pública,* (XVII).

— (2016). "Instrumentos territoriales y protección de la biodiversidad: una perspectiva jurídica". *Monografías de la Revista Aragonesa de Administración Pública* (XVI).

— (2016). "La protección del suelo natural en el planeamiento urbanístico: ponderación de valores y principio de no regresión". *Revista Aragonesa de Administración Pública,* (XVI).

García Amez, J. (2015). "La Ley de Responsabilidad Ambiental: una visión crítica y balance de su aplicación". *Revista Aranzadi de Derecho ambiental,* (30).

García Asensio, J. M. (2020). "El contrato territorial en España aplicado al sector forestal". *Revista Aranzadi de Derecho Ambiental,* (47).

García García, S. (2022). *Los servicios ambientales en el Derecho español.* Valencia. Tirant lo Blanch.

García Gómez, E. (2016). *El Tajo, un río de contrastes.* Ledoria.

García Herrera, L.M., Sánchez García, J. (1995). *Los Planes insulares de ordenación en Canarias. Reflexiones metodológicas.* La Laguna.

García, M. *et al.* (2022). "El patrimonio histórico-cultural como preservación del patrimonio natural. El Real Sitio de Aranjuez", *Leyendo el Territorio, homenaje a Miguel Angel Troitiño* (Rogelio Martínez *et al.* Coordinador). Universidad de Guadalajara. México.

García-Moreno Rodríguez, F. (2021). *La certificación forestal: un instrumento económico de mercado al servicio de la gestión forestal sostenible.*Thomson Reuters Aranzadi.

García, N. y Rivera, J. (1985). "La presa de Ontígola y Felipe II". *Revista de Obras Públicas,* (132).

García-Redondo, J. A. (1995). *Ecología de las riberas del río Tajo a su paso por Aranjuez.* Doce Calles.

García Rodríguez, M., Álvarez García, B. (2021). "Preservación del medio natural en los Reales Sitios del entorno de Madrid". *Investigaciones Geográficas,* (76). https://doi.org/10.14198/INGEO.18344. Recuperado el 31 de enero de 2024.

García Sánchez, F.J. (2019). "Planeamiento urbanístico y cambio climático: la infraestructura verde como estrategia de adaptación". *Cuaderno de Investigación Urbanística,* (122).

García Ureta, A. (2023). "El derecho Europeo de la Biodiversidad en el contexto actual de lucha contra el cambio climático". *Estudios sobre la efectivi-*

dad del derecho de la biodiversidad y del cambio climático, Alvares Carreño, S.; Soro Mateo, B. (dirs.) Tirant lo Blanch.

— (2022). (dir.) *La Estrategia de biodiversidad de la Unión Europea 2030. Aspectos jurídicos*, Marcial Pons.

— (2012). *La Directiva de Hábitats de la Unión Europea: balance de 20 años*. Aranzadi.

— (2010). *Derecho europeo de la biodiversidad Aves silvestres, hábitats y especies de flora y fauna*. Iustel.

García Ureta, A., Soro Mateo, B. (dirs.) (2023). *Restauración y compensación ecológica: la perspectiva jurídica*. Iustel y Agencia Estatal de Investigación.

Garrorena Morales, Á. (2020). *Derecho constitucional: teoría de la Constitución y sistema de fuentes*. Centro de Estudios Políticos y Constitucionales.

Garver, Geoffrey. (2013) "The Rule of Ecological Law: The Legal Complement to Degrowth Economics". *Sustainability* (5-1).

Gastón, K.J. (2011). "Common ecology". *BioScience*, (61).

Gellers, J. C. (2017). *The Global Emergence of Constitutional Environmental Rights*. Taylor & Francis.

Gil Hernández, P., Forner Sales, A., Valladares Ros, F. (2017). "Bases científico-técnicas de la Estrategia Estatal de Infraestructura Verde y de la Conectividad y Restauración Ecológicas". *Actas del XXV Congreso de la Asociación de Geógrafos Españoles. 50 años de Congresos de Geografía. "Naturaleza, territorio y ciudad en un mundo global"*, 462-471.DOI: https://doi.org/10.15366/ntc.2017. Recuperado el 31 de enero de 2024.

Gobierno de España. (2023). *Documentos del Grupo de Trabajo sobre fragmentación de hábitats causada por infraestructuras de transporte*. https://www.miteco.gob.es/es/biodiversidad/temas/ecosistemas-y-conectividad/conectividad-fragmentacion-de-habitats-y-restauracion/fragm-documentos-grupo-trabajo.html. Recuperado el 16 de enero de 2024.

— (2012). *Certificación del Urbanismo Ecológico. Guía Metodológica para los Sistemas de Auditoría, Certificación o Acreditación de la Calidad y Sostenibilidad en el Medio Urbano*. Agencia de Ecología Urbana de Barcelona. Centro de Publicaciones, Ministerio de Fomento.

Godet, L. (2010). "La 'nature ordinaire' dans le monde occidental". *L'Espace géographique*", (39). https://doi.org/10.3917/eg.394.0295. Recuperado el 30 de enero de 2024.

Gómez de Aizpúrua, C. *et al.* (1999). *Mariposas del sur de la Comunidad de Madrid*. Doce Calles.

— (1997). *Mariposas diurnas de Madrid.* Consejería de Medioambiente y Desarrollo Regional de la Comunidad de Madrid.

Gómez González, R. F. (2021). "Análisis de la evolución regulatoria de la protección de los humedales", *Observatorio de políticas ambientales.* Coords. García-Álvarez García, G; Jordano Fraga, J., Lozano Cutanda, B., Nogueira López, A.

— (2017). *La potestad normativa sancionadora municipal. Análisis de la operatividad del principio de legalidad.* Ius et Praxis, (23-2). https://scielo.conicyt.cl/scielo.php?script=sci_arttext&pid=S0718-00122017000200485&lng=pt&nrm=iso. Recuperado el 31 de enero de 2024].

Gómez, J., Atienza, J.M. (1998). "Aranjuez: de Real Sitio a ciudad industrial en declive. Oportunidades inéditas de un emplazamiento estratégico". *Urban* (2). https://prensahistorica.mcu.es/es/catalogo_imagenes/grupo.do?path=200048216. Recuperado el 22 de diciembre de 2023.

González, B. e Insunza, X. (2024). *La Ley N.º 21.202 sobre humedales urbanos.* Tirante Lo Blanch. CDA Centro de Derecho Ambiental. Universidad de Chile.

González Granados, J. (1997). *Paisaje vegetal al sur de la Comunidad de Madrid.* Doce Calles.

González Granados, J. *et al.* (2011). "Mariposas de la reserva natural el Regajal-Mar de Ontígola". *Foresta,* (52). Especial Comunidad de Madrid.

González, J. J. (2008). "Propuesta metodológica para el análisis de la pérdida de conectividad debido a planes y proyectos en un espacio de la Red Natura 2000: La propuesta ZEPA Campiñas de Sevilla". *9.º Congreso Nacional de Medio Ambiente.*

González, L. (2023). "El contencioso administrativo sobre la declaratoria de humedales urbanos: la tensión entre la conservación y la motivación del acto administrativo". *Revista de Derecho Universidad de Concepción,* (91).

González Pérez, J. (1989). *Los derechos reales administrativos.* 2a ed. Civitas.

González Ríos, I. (coord.). (2015). *Estudios jurídicos Hispano-Lusos de los servicios en red (energía, telecomunicaciones y transportes).* Dykinson.

Gordon, D. (2020). *Cities on the world stage. The politics of global urban climate governance.* Cambridge University Press.

Graves R., *et al.* (2019). "Quantifying the contribution of conservation easements to large-landscape conservation". *Biological Conservation,* (232).

Grear, A. (2015). "Deconstructing Anthropos: A Critical Legal Reflection on 'Anthropocentric' law and Anthropocene 'Humanity'". *Law and critique,* (26).

Grupo de Trabajo de la UICN-CMAP sobre OMEC (2021). *Reconocimiento y reporte de otras medidas efectivas de conservación basadas en áreas.* Gland,

Suiza: UICN. https://portals.iucn.org/library/sites/library/files/documents/PATRS-003-Es.pdf. Recuperado el 31 de enero de 2024.

Gstaettner, A.M., Lee, D. y Rodger, K. (2018). "The concept of risk in nature-based tourism and recreation – a systematic literature review". *Current Issues in Tourism,* (21-15), 1784-1809, DOI: 10.1080/13683500.2016.1244174. Recuperado el 31 de enero de 2024.

Guerrero Zaplana, J. (2010). *La responsabilidad medioambiental en España.* La Ley.

Gurrutxaga, M., Lozano, P.J. Del Barrio, G. (2010). "GIS-based approach for incorporating the connectivity of ecological networks into regional planning". *Journal for Nature Conservation,* (18).

Habermas, J. (1987). *Teoría de la Acción Comunicativa.* Taurus.

Haines-Young, R. y M.B. Potschin (2018). *Common International Classification of Ecosystem Services (CICES) V5.1 and Guidance on the Application of the Revised Structure.* https://cices.eu/content/uploads/sites/8/2018/01/Guidance-V51-01012018.pdf. Recuperado el 31 de enero de 2024.

Hannah, L. at al. (2002). "Conservation of biodiversity in a changing climate". *Conservation Biology,* (16-1).

Hardy R. D., *et al.* (2016). "Prioritizing conservation easement recruitment efforts: a policy-informed conservation assessment of private land". *Southeastern Geographer,* (56–1).

Herce Maza, J.I. (2023). "Buena administración y cláusulas sociales como condiciones especiales de ejecución en los contratos públicos: Hacia el interés general desde la compra pública". *Revista Jurídica de Castilla y León,* (59).

Hermoso, V., Filipe, A.F., Segurado, P., Beja, P. (2018) "Freshwater conservation in a fragmented world: Dealing with barriers in a systematic planning framework". *Aquatic Conservation: Marine Freshwater Ecosystems,* (28). https://doi.org/10.1002/aqc.2826. Recuperado el 30 de enero de 2024.

Herráiz Serrano, O. (2013). "Vías pecuarias, urbanismo y medio ambiente". López Ramón, F., Escartín Escudé, V. (coords.). *Bienes Públicos, urbanismo y medio ambiente.* Marcial Pons.

Herrero, C., Rodríguez de Prado, D. (2017). *QuantC, una herramienta informática para la cuantificación de carbono en los bosques,* Comunicación presentada en el 7.º Congreso Forestal Español (CFE). http://7cfe.congresoforestal.es/. Recuperado el 12 de febrero de 2024.

Hopkins, J.J., Allinson, H.M., Walmaleys, C.A., Gaywood, M., Thurgate, G. (2007). *Conserving biodiversity in a changing climate: guidance on building capacity to adapt.* DEFRA.

Houck, O. A. (2009). *Taking Back Eden: Eight Environmental Cases that Changed the World.* Island Press.

Hueting, R. *et alii.* (1998). "The concept of environmental function and its valuation". *Ecological Economics,* (25).

Hunter, I. (2023). *Tutela judicial y administrativa del medio ambiente. Tomo I, Recurso de protección, recursos administrativos y tribunales ambientales.* DerEdiciones.

Iglesias Merchán, C.; Días Varela, E.; Cuenca Lozano, J. (2013). "Conectividad ecológica e infraestructuras lineales: el caso histórico del Parque Natural de Despeñaperros". *Planificación espacial y conectividad ecológica: los corredores ecológicos.* Instituto Universitario de Urbanística de la Universidad de Valladolid. https://iuu.uva.es/publicaciones/dossier-ciudades/planificacion-espacial-y-conectividad-ecologica-corredores-ecologicos/. Recuperado el 30 de enero de 2024.

ITG, (2023). *Manual Técnico BREEAM ES Urbanismo V6 ED.02.* Instituto Tecnológico de Galicia.

Jiménez, C. (2021). "Apostillas a la Ley 21.202, que modifica diversos cuerpos legales con el objetivo de proteger los humedales urbanos", *Revista de Derecho Ambiental,* (15).

Jiménez Jaén, A. (2000). *El régimen jurídico de los Espacios Naturales Protegidos,* McGraw-Hill.

Jiménez Jiménez, M. (2013). "Corredores verdes y corredores ecológicos en la planificación espacial. Historias y encuentros". *Planificación espacial y conectividad ecológica: los corredores ecológicos,* Instituto Universitario de Urbanística de la Universidad de Valladolid. https://iuu.uva.es/publicaciones/dossier-ciudades/planificacion-espacial-y-conectividad-ecologica-corredores-ecologicos/. Recuperado el 30 de enero de 2024.

Jiménez Mellado, E. (2003). "Vías pecuarias, municipios y desarrollo local". *Revista Interdisciplinar de Gestión Ambiental,* (55).

Jiménez, T. (2019). "La Estrategia de infraestructura verde, sin presupuesto". *El Economista-Agua y Medio Ambiente,* (64).

Johst, K., Drechsler, *et al.* (2011). "Biodiversity conservation in dynamic landscapes: trade-offs between number, connectivity and turnover of habitat patches". *Journal of Applied Ecology,* (48).

Jorge Guille, J. (2014). "La custodia del territorio como instrumento de preservación ambiental y desarrollo socioeconómico". *Revista Catalana de Dret Ambiental,* (5-2). https://raco.cat/index.php/rcda/article/view/292879. Recuperado el 22 de enero de 2024.

Jourdain, P. (coord.). (2018). *La responsabilité environnementale.* Bruylant Université Paris 1. Panthéon Sorbonne.

Jubete, F. (coord..). (2019). *Bases técnicas para la conservación de los lepidópteros amenazados en España.* Asociación de Naturalistas Palentinos.

Kang, S., Havercroft, J., Eisler, J., Wiener, A., Shaw, J. (2023). "Climate Change and the Challenge to Liberalism". *Global Constitutionalism,* (12–1).

Kant, I. (1991). *Perpetual Peace* en *Political Writings,* De Hans Reiss, Cambridge University Press.

Karrera Egialde, M. M. (2015). "Derecho de montes y propiedad privada". *Derecho agrario y alimentario.* Reus.

Kati, V., *et al.* (2004). "Hotspots, complementarity or representativeness? designing optimal small-scale reserves for biodiversity conservation". *Biol. Conserv.,* (120).

Keeley, A., Beier, P., Creech, T., Jones, K., Jongman, R. H., Stonecipher, G., Tabor, G. M. (2019). "Thirty years of connectivity conservation planning: An assessment of factors influencing plan implementation". *Environmental Research Letters,* (14-10).

Keeley, A. *et al.* (2022). "Governing ecological connectivity in cross-scale dependent systems". *Bioscience,* (72).

Kettunen, M., Terry, A., Tucker, G. y Jones, A. (2007). *Guidance on the maintenance of landscape features of major importance for wild flora and fauna – Guidance on the implementation of Article 3 of the Birds.* Institute for European Environmental Policy.

Koskenniemi, M. (2021). *To the uttermost parts of the earth: Legal imagination and international power 1300–1870.* Cambridge University Press.

Kotzé, L. J. (2016). *Global Environmental Constitutionalism in the Anthropocene.* Bloomsbury Publishing.

Krause, M., y Robinson, K. (2017). "Charismatic Species and Beyond: How Cultural Schemas and Organisational Routines shape Conservation". *Conservation and Society,* (15-3). http://www.jstor.org/stable/26393299. Recuperado el 30 de enero de 2024.

Kremen, C. *et al.* (2007). "Pollination and other ecosystem services produced by mobile organisms: a conceptual framework for the effects of land-use change". *Ecology Letters,* (10).

Kudla, M.L., Wilson, D.E. y Wilson, E.O. (1997). "Biodiversity: What is It". *Biodiversity II: Understanding and Protecting Our Biological Resources.* Joseph Henry Press.

Kumm, M. (2013). "The Cosmopolitan Turn in Constitutionalism: an Integrated Conception of Public Law". *Ind. J. Global Legal Stud.*, (20).

Kumm, M., Lang, A. F., Tully, J., & Wiener, A. (2014). "How Large is the World of Global Constitutionalism?". *Global Constitutionalism,* (3-1).

Kuyper, J. (2016), "Global Democracy". The Stanford Encyclopedia of Philosophy, Edward N. Zalta.https://plato.stanford.edu/archives/win2016/entries/glbal-democracy/. Recuperado el 15 de enero de 2024.

Lamarque, P., Quétier, F. et Lavorel, S. (2011). "The diversity of the ecosystem services concept and its implications for the assessment and management". *C. R. Biologies,* (334).

Lang, A., Antje W. (2017). "A Constitutionalizing Global Order: An Introduction". *Handbook on Global Constitutionalism Lang.* Edward Elgar Publishing.

Levitt, B. B., Lai, H. C. and Manville, A.M. (2022). "Effects of non-ionizing electromagnetic fields on flora and fauna, Part 2 impacts: how species interact with natural and man-made EMF". *Reviews on Environmental Health,* (37-3). https://doi.org/10.1515/reveh-2021-0050). Recuperado el 30 de enero de 2024.

Li, Q., Ge, Y., & Sayer, J. A. (2023). "Challenges to Implementing the Kunming-Montreal Global Biodiversity Framework". *Land,* (12).

Loperena Rota, D. (1999). "Los derechos al Medio ambiente adecuado y a su protección". *Medioambiente & Derecho: Revista electrónica de Derecho ambiental,* (3).

López Ramón, F. (2023). "Prólogo a la obra Fernández de Gatta, D.". (2023) *Actividad pública y privada en materia de recursos naturales y rurales: la infraestructura verde y la custodia del territorio.* Ratio Legis

— (2019). *Conservar el patrimonio natural.* Reus.

— (2017). "Régimen Jurídico de los corredores ecológicos". *Ambienta,* (19)

— (2016). "Conectividad y corredores ecológicos en la experiencia española". *Revista Aragonesa de Administración Pública,* (16).

— (2016). "De los parques nacionales a la conservación de la biodiversidad". *Revista de Administración Pública,* (200).

— (2015). "Conectividad y corredores ecológicos en la experiencia española". *Revista Aranzadi de Derecho Ambiental,* (32).

— (2009). *Política ecológica y pluralismo territorial. Ensayo sobre los problemas de articulación de los poderes públicos para la conservación de la biodiversidad.* Marcial Pons.

— (1980). *La conservación de la naturaleza. Los espacios naturales protegidos.* Studia Albornotiana.

— (1995). *Régimen jurídico de los Espacios Naturales Protegidos.* Kronos.

Loughlin, M. (2016). "The Erosion of Sovereignty". *Neth. J. Legal. Phil.*, (45).

Lövbrand, E., Stripple, J., Wiman, B. (2009). "Earth system governmentality: reflections on science in the Anthropocene". *Global Environmental Change,* (19-1).

Lozano Cutanda, B. (2023). *Derecho Ambiental y Climático.* Dykinson.

Lozano Cutanda, B., Rábade Blanco J. M., (2013). "El pago por servicios ambientales para el desarrollo sostenible del medio rural: los contratos territoriales". *Libre mercado y protección ambiental. Intervención y orientación ambiental de las actividades económicas.* INAP.

Lucio, M. de, *et al.* (2002). *Integración territorial de espacios naturales protegidos y conectividad ecológica en paisajes mediterráneos.* Junta de Andalucía.

Luo, J., Siemers, B.M., Koselj, K. (2015). "How anthropogenic noise affects foraging". *Global Change Biology,* (21). https://doi.org/10.1111/gcb.12997. Recuperado el 30 de enero de 2024.

MacDonald, R. S. J. (1988). "Fundamental norms in contemporary international law". *Canadian Yearbook of International Law/Annuaire canadien de droit international,* (25).

MacDonald, T. (2008). *Global Stakeholder Democracy: Power and Representation Beyond Liberal States.* OUP Oxford.

Madrigal, J., Romero-Vivó, M., Rodríguez y Silva, F. (2019). *Definición y recomendaciones técnicas en el diseño de Puntos Estratégicos de Gestión. Decálogo de Valencia para la defensa integrada frente a los incendios en la gestión del mosaico agroforestal.* Sociedad Española de Ciencias Forestales y Generalitat Valenciana.

Manteca Valdelande, V. (1995). "Las vías pecuarias: evolución y normativa actual". *Agricultura y Sociedad,* (76).

Márquez-Barraso, S., Del Barrio, G., Ruiz, A., Simón, J.C., Sanjuán, M.E., Sánchez, E., Hidalgo, R. (2015). *Conectividad del paisaje para tipos de hábitat zonales de interés comunitario en España.* Ministerio de Agricultura, Alimentación y Medio Ambiente.

Marramao, G. (2007). *Pasaje a Occidente-Filosofia y Globalizacion.* Katz Editores.

Martín, B., Ballesteros, F., Blanco, J.C., Nores, C., Palomero, G. (2008). *Estudio del corredor entre las poblaciones cantábricas de oso pardo.* Fundación Biodiversidad, Fundació Territori i Paisatge, Fundación Oso Pardo, Junta de Castilla y León & Gobierno del Principado de Asturias.

Martín Esquivel, J.L. (2010). *Atlas de biodiversidad de Canarias.* Gobierno de Canarias.

Martin, G.J y Neyret, L. (2012). *Nomenclature des préjudices environnementaux,* LGDJ.

Martín Mateo, R. (2003). *Manual de Derecho Ambiental,* Thomson-Aranzadi.

— 2002). "Los servicios ambientales del monte". *Revista Española de Administración Local,* (288).

— (1977). *Derecho Ambiental.* IEAL.

Martín-Retortillo Baquer, L. (1966). "El proceso de apropiación por el Estado de las vías pecuarias". *Revista de Administración Pública,* (51).

Martínez Alandi, C., Múgica de la Guerra, M., Castell Puig, C., De Lucio Fernández, J.V. (2009). *Conectividad ecológica y áreas protegidas. Herramientas y Casos.* Monografía 02. EUROPARC.

Martínez Fernández, J.F. (2016). *Proyecto LIFE FOREST CO_2. Impulsando la gestión forestal como pieza clave en la mitigación del cambio climático,* Comunicación presentada en CONAMA. http://www.conama2016.org. Recuperado el 12 de febrero de 2024.

Martínez, R., Jordán, E., Velamazán, M., Martínez-Fernández, F. (2017). *Proyecto LIFE FOREST CO2; una propuesta desde la Gestión Forestal Sostenible para una economía baja en carbono,* Comunicación presentada en el 7.º Congreso Forestal Español (CFE). http://7cfe.congresoforestal.es/. Recuperado el 12 de febrero de 2024.

Mataró Villacampa, I., "La propuesta de Reglamento europeo sobre la restauración de la naturaleza: nuevas obligaciones en tiempo de descuento". *Blog de Terraqueo (Terraqui).*

Mazaris, A. D., Almpanidou, V., Giakoumi, S., Katsanevakis, S. (2018). "Gaps and challenges of the European network of protected sites in the marine realm". *ICES Journal of Marine Science,* (75-1).

Mell, I. (2019). *Green Infrastructure Planning. Reintegrating Landscape in Urban Planning.* Lund Humphries.

— (2010). *Green Infrastructure: Concepts, Perceptions, and Its Use in Spatial Planning.* Newcastle University eTheses.

Merenlender, A. M., *et al.* (2004). "Land trusts and conservation easements: who is conserving what for whom?". *Conservation Biology,* (18-1).

Merriam, G. (1984). "Connectivity: a fundamental ecological characteristic of landscape pattern". Brandt, J., Agger, P. *Proceedings of the 1st international seminar on methodology in landscape ecological research and planning.* Roskilde University.

Massol, F., *et al.* (2004). "Linking community and ecosystem dynamics through spatial ecology". *Ecol. Lett.* (14).

Mata Olmo, R. *et al.* (2005). *Integración de los espacios naturales protegidos en la ordenación del territorio*. EUROPARC-España.

Mateo Sánchez, M.C., Fuente De la Martín, B., Gastón González, A., Saura Martínez de Toda, S. (1018). *Autopistas salvajes – Propuesta de WWF España para una Red Estratégica de Corredores Ecológicos entre espacios Red Natura 2000.* Estudio realizado en colaboración con Mava y Montes http://awsassets.wwf.es/downloads/AutopistasSalvajesInforme.pdf?_ga=2.67932754.2116410227.1704577724-1620388644.1704577724. Recuperado el 30 de enero de 2024.

Menéndez Sebastián, E.M. (2006). "La Carta del medio ambiente: la importancia del desarrollo sostenible". *RGDA,* (11).

Merino García, J. y Alier Gándaras, J.L. (2004). "La multifuncionalidad de las vías pecuarias españolas en el marco del desarrollo rural". *Tecnología y desarrollo,* (2).

Millennium Ecosystem Assessment. (2005). *Ecosystems and Human Well-being: Synthesis.* Island Press.

Ministerio de Fomento. (2019). *Agenda Urbana Española.*

Mitchell, M. *et al.* (2015). "Reframing landscape fragmentation's effects on ecosystem services". *Trends in Ecology & Evolution,* (30).

Mitchell, M.G.E., Bennet, E.M., y González, A. (2013). "Linking landscape connectivity and ecosystem service provision: Current knowledge and research gaps". *Ecosystems,* (16).

MITECO. (2004-2023). *Boletín sobre fragmentación de hábitats causada por infraestructuras de transporte.* https://www.miteco.gob.es/es/biodiversidad/temas/ecosistemas-y-conectividad/conectividad-fragmentacion-de-habitats-y-restauracion/fragm_boletines_electronicos.html. Recuperado el 9 de enero de 2024.

Montenegro, S. (2021). "Humedales en Chile: ¿protección o abandono?: crítica a la nueva ley de humedales urbanos y su reglamento". Montenegro, S. *et al* [dirs.]. *Actas de las III Jornadas del Régimen Jurídico de las Aguas. Repensado la regulación de las aguas: crisis socioambiental y proceso constituyente.* DerEdiciones.

Montesdeoca de la Fuente, M. (2014). "La custodia del territorio como estrategia de protección del medio ambiente". *Actualidad Jurídica Ambiental,* (31). https://doi.org/10.56398/ajacieda.00060 Recuperado el 22 de enero de 2024.

Moreno, J.M. (2014). *Los incendios forestales en España en un contexto de cambio climático: información y herramientas para la adaptación (INFOADAPT)*. Memoria final del proyecto financiado por la Fundación Biodiversidad.

Moreno Molina, A. (2023). *El Derecho del cambio climático: Retos, instrumentos y litigios.* Tirant lo Blanch.

Mulero Mendigorri, A. (2017). "Territorio y áreas protegidas en España y Portugal: dos modelos de intervención en una geografía compartida". *Boletín de la Asociación de Geógrafos Españoles*, (74).

Muñoz Amor, M.d.M. (2017). *El contrato territorial en la agricultura multifuncional.* Reus.

Muñoz Guijosa, M.A. (2022). *El problema de la nulidad de los instrumentos de planeamiento urbanístico: la naturaleza jurídica de los planes de urbanismo.* Thomson Reuters Aranzadi.

Naciones Unidas. (2022). *5th Session of the Intergovernmental Conference (IGC) on the BBNJ, Summary report.* https://enb.iisd.org/marine-biodiversity-beyond-national-jurisdiction-bbnj-igc5-summary. Recuperado el 31 de enero de 2024.

— (2022). *4th Session of the Intergovernmental Conference (IGC) on the BBNJ, Summary report,* UN Headquarters. https://enb.iisd.org/marine-biodiversity-beyond-national-jurisdiction-bbnj-igc4-summary. Recuperado el 31 de enero de 2024.

— (1995). *Acuerdo sobre la aplicación de las disposiciones de la Convención de las Naciones Unidas sobre el Derecho del Mar de 10 de diciembre de 1982 relativas a la conservación y ordenación de las poblaciones de peces transzonales y las poblaciones de peces altamente migratorios* (**TOL709.361**).

— (1982). *Convención de las Naciones Unidas sobre el Derecho del Mar,* 10 de diciembre (**TOL137.102**).

National Conservation Easement Database [NCED]. (2020). *How complete is the NCED*? https://www.conservationeasement.us/completeness/. Recuperado el 22 de enero de 2024.

Navarro, A., López-Bao, J. V. (2018). "Towards a greener Common Agricultural Policy". *Nature Ecology & Evolution,* (2).

Nemeth E., Pieretti N., Zollinger S. A., Geberzahn N., Partecke J., Miranda A. C., Brumm H. (2013). "Bird song and anthropogenic noise: vocal constraints may explain why birds sing higher-frequency songs in cities". *Proceedings of the Royal Society B.* http://doi.org/10.1098/rspb.2012.2798. https://royalsocietypublishing.org/doi/full/10.1098/rspb.2012.2798. Recuperado el 30 de enero de 2024.

Niesebanbaum, R.A. (2019). "The integration of Conservation, Biodiversity, and Sustainability". *Sustainability* (11).

Nieto García, A. (2001). *Las limitaciones del conocimiento jurídico.* UCM.

Nightingale, J. Gill, J.A., Pórisson, B., Potts, P.M, Gunnarsson, T.G. y Alves, J.A (2023). "Conservation beyond Boundaries: Using animal movement networks in Protected Area assessment". *Animal Conservation.* https://doi.org/10.1111/acv.12868.

Nogueira, J., Evangelista, H., Valeriano, C.M. *et al.* (2021). "Dust arriving in the Amazon basin over the past 7,500 years came from diverse sources", Communications Earth & Environment, (2). https://www.nature.com/articles/s43247-020-00071-w. Recuperado el 30 de enero de 2024.

Norton, B. (1989). "Commodity, Amenity and Morality: The limits of quantification Valuing biodiversity". E. O. Wilson. *Biodiversity.* Smithsonian Institution.

Novy, A. (2022). "The Political Trilemma of Contemporary Social-ecological Transformation–lessons from Karl Polanyi's The Great Transformation". *Globalizations,* (19-1).

Nussbaum, M. C. (2020). *La tradición cosmopolita: un noble e imperfecto ideal.* Paidós.

OCDE. (2008). *Prospectiva medioambiental para el 2030.* https://www.oecd.org/env/indicators-modelling-outlooks/40224072.pdf. Recuperado el 31 de enero de 2024.

Oksanem, M. (1997). "The Moral value of Biodiversity" *Ambio,* (26).

Olds, A. D., Connolly, R. M., Pitt, K. A., Pittman, S. J., Maxwell, P. S., Huijbers, C. M., Schlacher, T. A. (2016). "Quantifying the conservation value of seascape connectivity: a global synthesis". *Global Ecology and Biogeography,* (25-1).

Opdam, P., Wascher, D. (2004). "Climate Change meets Habitat Fragmentation: Linking Landscape and Biogeographical Scale Levels in Research and Conservation". *Biological conservation,* (117-3).

Organización de las Naciones Unidas para la Alimentación y la Agricultura y Fundación *Arbor Day.* https://treecitiesoftheworld.org/. Recuperado el 9 de enero de 2024.

Owley, J. y Rissman, A. R. (2016) "Trends in private land conservation: increasing complexity, shifting conservation Purposes and allowable private land uses". *Land Use Policy,* (51).

Pallarés Serrano, A. (2010). "El recurs a la custòdia del territori i els acords voluntaris en l'àmbit del patrimoni natural i la biodiversitat". *Revista Catalana de Dret Públic,* (41).

Parada Vázquez, R. (2002). *Derecho Administrativo III. Bienes Públicos. Derecho Urbanístico,* 9.ª ed. Marcial Pons.

Parejo Alfonso, L. (1999). "El ordenamiento autonómico de la ordenación de los recursos naturales, territorial y urbanística: fundamento, condicionamiento, alcance y composición". *Derecho canario de la ordenación de los recursos naturales, territorial y urbanística.* Marcial Pons.

Parra Cortés, R. (2020). "Protección de los humedales costeros y la nueva ley de humedales urbanos: Una oportunidad para las ciudades costeras en Chile". *La ciudad del siglo XXI: Transformaciones: Actas del XV Congreso de la Asociación Española de Profesores de Derecho Administrativo* (AEPDA). Coord. Barrero Rodríguez, C., María Socías Camacho, J.M.

Patterson *et al.* (2022). "Treatment of ecological connectivity in environmental assessment: A global survey of current practices and common issues". *Impact Assessment and Project Appraisal,* (40).

Peña-Cortés, F., Gutiérrez, P., Rebolledo, G., Escalona, M., Hauenstein, E., Bertrán, C., Schlatter, R., Tapia, J. (2006). "Determinación del nivel de antropización de humedales como criterio para la planificación ecológica de la cuenca del lago Budi, IX Región de La Araucanía, Chile". *Revista de geografía Norte Grande,* (36).

Percival, R.V., Schroeder, C.H. *et alii.* (2006). *Environmental regulation: law, science and policy.* Aspen Publishers.

Pérez de los Cobos, E. (2023). "Restauración de las poblaciones de polinizadores". García, A. y Soro, B. (dirs). *Restauración y compensación ecológica: La perspectiva jurídica.* Iustel-Ministerio de Ciencia e Innovación.

Pérez de Paz, P. (2023). "Incendio: la biodiversidad no tiene la culpa". *El Día,* 30 de agosto.

Pérez-Soba Diez del Corral, I. (2023) *¿Por qué ingenieros y por qué de montes? algunas bases de la creación en España de la ingeniería de montes en el siglo XIX, y su vigencia actual.* Discurso de ingreso leído por el académico electo en el acto de su recepción solemne celebrado el día 28 de marzo del año 2023. Real Academia de Ciencias Exactas, Físicas, Químicas y Naturales de Zaragoza.

— (2023), "Comentarios al Real Decreto-Ley 15/2022, de 1 de agosto, de medidas urgentes sobre incendios forestales". *Revista Montes,* (153).

Pérez-Soba Díez del Corral, Jiménez Shaw, (2029). "Interfaz urbano-forestal e incendios forestales: regulación legal en España". *Revista Aragonesa de Administración Pública,* (53).

Peters, A. (2009. "The Merits of Global Constitutionalism". *Ind. J. Global Legal Stud.*, (16).

Petersmann, M. C. (2022). *When Environmental Protection and Human Rights Collide.* Cambridge University Press.

Pitarch, M. C. (2023). "El "Acuerdo BBNJ": Hacia un nuevo régimen para la conservación y el uso sostenible de la diversidad biológica marina en zonas fuera de la jurisdicción nacional". *Revista Española de Derecho Internacional,* (75-2).

PNUMA (2019). *Geo 6 (Perspectivas del Medioambiente global).* ONU.

Plaza Martín, F.J. (2001). "La función ambiental de los montes: gestión, restauración y conservación". *Revista de Estudios Locales,* (núm. Extraordinario, julio).

Podda, C., Porporato, E. M. (2023). "Marine spatial planning for connectivity and conservation through ecological corridors between marine protected areas and other effective area-based conservation measures". *Frontiers in Marine Science.* https://www.frontiersin.org/articles/10.3389/fmars.2023.1271397/full. Recuperado el 31 de enero de 2024.

Popova, E., Vousden, D., Sauer, W. H., Mohammed, E. Y., Allain, V., Downey-Breedt, N., Yool, A. (2019). "Ecological connectivity between the areas beyond national jurisdiction and coastal waters: Safeguarding interests of coastal communities in developing countries". *Marine Policy,* (104).

Potthast, T. (2014). "The values of biodiversity: philosophical considerations connecting theory and practice". Lanzerath, D. y Friele, M. (dirs.). *Concepts and values in biodiversity.* Routledge.

Pozo, C. del, Rey Mellado, R. (2016). *Planificación y diseño de la infraestructura verde urbana para la adaptación al cambio climático y la mejora de la resiliencia en las ciudades* (Síntesis temática II) (inédito).

Pozo Rivera, E. (2022). "Aranjuez: crecimiento y transformación humana reciente en una ciudad histórica". *Ciudades medias en España: urbanización y políticas urbanistas (1979-2019).* C. Bellet, F. Cebrián Eds. Universitat de Lleida/Universidad de Castilla La Mancha.

Prieur, M. y Garver, G. (2012). "Non-regression in environmental protection: a new tool for implementing the Rio principles". *Future Perfect, Rio+20.* ONU.

Rando Burgos, E. (2021). "Algunas notas jurídicas sobre la infraestructura verde a la luz de la Estrategia Nacional de Infraestructura Verde y de la Conectividad y Restauración Ecológicas". *Actualidad Jurídica Ambiental,* (112).

Raz, J. (2017). "The Rule of Law and its Virtue". *The Rule of Law and the Separation of Powers.* Routledge.

Redford, K.H. *et alii.* (2003). "Mapping Conservation Approaches". *Conservation Biology,* (17).

Reinols, M.D. *et al.* (2017). "Dynamic conservation for migratory species". *Science Advances,* (3).

Revuelta Pérez, I. (2019). "La controvertida desclasificación de los espacios de la Red Natura 2000 en España". *Revista de Administración Pública,* (197).

Rey Benayas, J. M.ª, De Torre Ceijas, R. (2016). *Medidas para fomentar la conectividad entre espacios naturales protegidos y otros espacios de elevado valor natural,* CSIC-MNCN.

Ribas Piera, M. (1982). *Los denominados estándares urbanísticos y su aplicación al planeamiento.* Urbanística III, 6.16 Monografías Departamento Construcción. Escola Tècnica Superior d'Arquitectura de Barcelona.

Rochette, J., Unger, S., Herr, D., Johnson, D., Nakamura, T., Packeiser, T., Cebrian, D. (2014). "The regional approach to the conservation and sustainable use of marine biodiversity in areas beyond national jurisdiction". *Marine Policy,* (49).

Rockström, J., Steffen, W., Noone, K., Persson, Å., Chapin III, F. S., Lambin, E., *et al.* (2009). "Planetary Boundaries: Exploring the Safe Operating Space for Humanity". *Ecology and society,* (14-2).

Rodríguez-Chaves Mimbrero, Blanca (2020). "Hacia un salto disruptivo verde. El potencial de los montes ante el Green New Deal y la nueva PAC 2021-2027". *Revista Aranzadi de Derecho Ambiental,* (47).

— (2013). "Pagos por Servicios Ambientales (PSA) en el Derecho Europeo y en el Derecho interno español. Apuntes sobre su situación actual y perspectivas". *Revista Aranzadi de Derecho Ambiental,* (24).

— (2012). "La gobernanza del medio rural. A propósito del Real Decreto 1336/2011, de 3 de octubre, por el que se regula el contrato territorial como instrumento para promover el desarrollo sostenible del medio rural", *Revista de derecho urbanístico y medio ambiente,* (273).

Rodríguez, D. y Martínez, J. (2013). *Evaluación de la eficacia de las áreas protegidas. Resultados de la primera evaluación integrada de los espacios naturales protegidos de la Comunidad de Madrid.* Fundación BBVA. https://www.

fbbva.es/wpcontent/uploads/2017/05/dat/DE_2013_evaluacion_eficacia_areas_protegidas.pdf. Recuperado el 19 de enero de 2024.

Rodríguez, I.; Rivera, D.; Sciaraffia, F.; Márquez, M.; Tomasevic, J.; Mellado, C., Möller, P. (2020). *Propuesta de criterios mínimos para la sustentabilidad de humedales urbanos en Chile. Informe Final.* Centro de Humedales Río Cruces de la Universidad Austral de Chile, Centro de Derecho y Gestión de Aguas de la Pontificia Universidad Católica de Chile, GeoAdaptive LLC y Ministerio del Medio Ambiente, Santiago, Chile. https://gefhumedales.mma.gob.cl/wp-content/uploads/2021/01/Informe-Final-Criterios-MinSustentabilidad_MMA-02.pdf. Recuperado el 31 de enero de 2024.

Rodríguez-Rojas, M.I. (2019). "Sistemas urbanos de drenaje sostenible. Una oportunidad para la planificación de ciudades sensibles al agua". *Revista de Obras Públicas,* (3607).

Rodrik, D. (2012). *La paradoja de la globalización: Democracia y el futuro de la economía mundial.* Antoni Bosch Editor.

Rogers, A.D., Sumaila, U.R., Hussain, S.S., Baulcomb, C. (2014). *The High Seas and Us, Publishing institution: The Global Ocean Commission,* Oxford.

Rouse, D. y Bunster-Ossa, I. (2019). "Landscape Planning, design, and green infrastructure". *Planning for climate change* (Hamin Infield, E; Abunnasr, Y.; Ryan, R.). Routledge.

Ruiz, A., Navarro, A., Sánchez, A. (2018). *Libro blanco: Construyamos el futuro de la custodia del territorio.* Foro de Redes y Entidades de Custodia del Territorio. https://www.custodiaterritorio.es/sites/default/files/recursos/libro-blanco_cdt.pdf Recuperado el 22 de enero de 2024.

Ruiz de Apodaca Espinosa, A. M.ª (2014). *Régimen jurídico de la evaluación ambiental.* Thomson-Reuters-Aranzadi.

Rullán Salamanca, O. (2012). "Urbanismo expansivo en el Estado español: de la utopía a la realidad". V. Gozálvez, J. A. Marco. *Geografía retos ambientales y territoriales.* XXII Congreso de Geógrafos Españoles.

Sá, C. (1986). "La variante de Aranjuez respetará una reserva entomológica". *Revista MOPU.*

Sadeleer De, N., Born, CH. H. (2004). *Droit International de la biodiversité.* Dalloz.

Sánchez Bravo, Á. A. (2015). "Infraestructura verde en la Unión Europea: una apuesta por la biodiversidad". Sánchez Bravo, Á. A., Gabardo, E. y otros. *Estudios sobre desarrollo socioambiental.* Punto Rojo.

Sánchez Sáez, A.J., (2022). "Novedades y retos actuales del patrimonio natural". *El patrimonio natural en la era del cambio climático: actas del XVI Congreso de la Asociación Española de Profesores de Derecho Administrativo.* Tolivar Alas (dir.), Huergo Lora (dir.), Cano Campos (dir.).

San Miguel, A. (2009). "La gestión de los montes que no son bosques: nuevos paradigmas para viejos paisajes culturales·. *Cuadernos de la Sociedad Española de Ciencias Forestales,* (31).

Sanz Rubiales, I. (2021). *El procedimiento de evaluación de impacto ambiental a través de sus documentos.* Tirant lo Blanch.

— (2018). "Mecanismos de mitigación", (Borràs Pentinat y Villavicencio Calzadilla), *El Acuerdo de París sobre el cambio climático: un acuerdo histórico o una oportunidad perdida. Análisis jurídico y perspectivas futuras.* Aranzadi.

— Sarasíbar Iriarte, M. (2023). "Restauración y compensación en la protección de los bosques". *Restauración y compensación ecológica: la perspectiva jurídica* (Dirs. García Ureta y Soro Mateo), Iustel.

— (2022). "El derecho ante los riesgos y desastres naturales", *Revista General de Derecho Administrativo,* (61).

— (2007). *El derecho forestal ante el cambio climático: las funciones ambientales de los bosques.* Aranzadi.

Schmidt-Assmann, B. (1998). *La teoría general del Derecho administrativo como sistema.* Marcial Pons.

Schwöbel, C. E. (2011). *Global Constitutionalism in International Legal Perspective* (Vol 4). Brill.

Secretaría del Convenio sobre la Diversidad Biológica. (2004). *Enfoque por ecosistemas. Directrices del CDB.* Secretaría.

— (1993). *Convención sobre la Diversidad Biológica* (**TOL227.025**).

Secretraría General De Agricultura y Alimentación. MAPA. (2005). *Guía de la condicionalidad de la Política Agraria Común (I).* Ministerio de Agricultura, pesca y alimentación.

Sepúlveda-Luque, C., Lara-Sutulov, M., Pérez, S., Guerra, F., Rodríguez, C., Pino, A. (2019). "De la invisibilidad a la multiplicidad: movilizaciones, ontologías e imaginarios urbanos en torno a la defensa de los humedales de Valdivia". *Revista Austral de Ciencias Sociales,* (35).

Serrano Alonso, E, Serrano Gómez, E. (2008). *Manual de derechos reales.* Edisofer, S.L.

Sigurdsson, H. *et al.* (1987). "Origin of the lethal gas burst from Lake Monoun, Camerun". *Journal of Volcanology and Geothermal Research,* (31).

Simancas Cruz, M. (2007). *Las áreas protegidas* de Canarias: cincuenta años de protección ambiental del territorio en espacios naturales. IDEA, S/C de Tenerife.

Simberloff, D., Cox, J. (1987). "Consequences and Costs of Conservation Corridors". *Conservation biology,* (1-1).

Singh, N.J., Milner-Gulland, E. J. (2011). "Conserving a moving target: planning protection for a migratory species as its distribution changes". *Journal of Applied Ecology,* (48).

Smith, R.D., Maltby, E. (2003). *Using the Ecosystem Approach to implement the Convention on Biological Diversity: key issues and case studies.* Switzerland and Cambridge: IUCN.

Solís Trapero, E., Mohino Sanz, I. (2020). "Los convenios de colaboración y acuerdos de cooperación entre Comunidades Autónomas. Pensar y actuar sobre nuevos territorios". *Ciudades,* (23).

Sosa Henríquez, P. (2019). "La riqueza de la biodiversidad de Canarias". *Libro de Actas de las XVIII Jornadas Internacionales sobre Asociacionismo en los Programas Universitarios de Mayores: comunicación e intercambio entre asociaciones.* Instituto Universitario de Estudios Ambientales y Recursos Naturales (ULPGC).

S.S. Francisco (papa). (2015). *Carta encíclica Laudato Si': sobre el cuidado de la casa común.*

Steffen, W., Grinevald, J., Crutzen, P., McNeill, J. (2011). "The Anthropocene: Conceptual and Historical Perspectives". *Philosophical Transactions of the Royal Society A: Mathematical, Physical and Engineering Sciences,* (369).

Stolton, S., Redford, K. H., Duddley N. (2014). *Áreas bajo protección privada: mirando al futuro.* UICN.

Syvitski, J. (2015). "Anthropocene: An Epoch of Our Making". *Global Change, 78 (11).*

Taylor, P.D., Fahrig, L., Henein, K., Merriam, G. (1993). "Connectivity is a Vital Element of Landscape Structure". *Oikos,* (68-3). https://doi.org/10.2307/3544927. Recuperado el 29 de enero de 2024.

Teitelbaum, C.S, Mueller, T. (2019). "Beyond Migration: Causes and Consecuences of Nomadic Animal Movements". *Trends in Ecology & Evolution,* (34-6).

Tejedor Bielsa, J. "Bienes públicos y medio ambiente". López Ramón, F., Escartín Escudé, V. (coords.). (2013) *Bienes públicos, urbanismo y medio ambiente.* Marcial Pons.

Tempany, A., Armour, T. (2020). *Nature of the city. Green infrastructure from the ground up.* RIBA Publishing.

Trouwborst, A. (2018). "Wolves not welcome? Zoning for large carnivore conservation and management under the Bern Convention and EU Habitats

Directive". *RECIEL*, (27). https://onlinelibrary.wiley.com/doi/10.1111/reel.12249. Recuperado el 30 de enero de 2024.

Turner, S. (2013). *A Global Environmental Right*. Routledge.

UICN. (2008). *Directrices para la aplicación de las categorías de gestión de áreas protegidas*. Dudley, N.

— (2007). *Directive (79/409/EEC) and Article 10 of the Habitats Directive (92/43/EEC)*. Institute for European Environmental Policy (IEEP).

Uriarte Ricote, M. (2020). "El valor ambiental de la infraestructura verde en el nuevo modelo vasco de ordenación del territorio". *Actualidad Jurídica Ambiental*, (106).

— (2014). "Planificar la infraestructura verde urbana". *Revista Vasca de Administración Pública*, (99-100). https://doi.org/10.47623/ivap-rvap.99.100.2014.122. Recuperado el 29 de enero de 2024.

USGBC (2018). *LEED v4 for Neighborhood Development. LEED ND: Plan/LEED ND: Built Project*. US Green Building Council.

Úbeda, X. y Francos, M. (2028). "Incendios forestales, un fenómeno global". *Biblio 3w: revista bibliográfica de geografía y ciencias sociales*, (1). https://raco.cat/index.php/Biblio3w/issue/view/25585. Recuperado el 3 de febrero de 2024.

Valladares, F., Gil, P. y Forner, A. (coords.) (2017). *Bases científico-técnicas para la Estrategia estatal de infraestructura verde y de la conectividad y restauración ecológicas*. Ministerio de Agricultura y Pesca, Alimentación y Medio Ambiente.

— (2016). *Conectividad ecológica y Fragmentación de hábitats*. MAPAMA (inédito).

Van der heijden, J., Bulkeley, H., Certoma, C. (2019). "Promises and concerns of the Urban Century", *Urban Climate Politics*, Cambridge.

Van Sant, L. (2021). "Conserving what? Conservation easements and environmental justice in the coastal US South". *Human Geography*, (14-1).

Vázquez Lacunza, E. (2017). "La controvertida caracterización del contrato administrativo especia". *Revista Gallega de Administración Pública (REGAP)*, (54).

Vázquez Matilla, J. (2015). *La modificación de los contratos públicos*. Aranzadi.

Velázquez, J., Gülçin, D., Vogt, P., Rincón, V., Hernando, A., Gutiérrez, J., Çiçek, K. (2022). "Planning Restoration of Connectivity and Design of Corridors for Biodiversity Conservation". *Forests*, (13-12).

Verschuuren, J. (2015). "Connectivity: is Natura 2000 only an ecological netweork on paper?". *The Habitats Directive in its EU Environmental Law Context European Nature's Bast Hope?* Born, Ch.H., Cliquet, A., Schoukens, H., Misonne, D., Van Hoorick, G. Routledge.

Villar Rojas, F.J. (2006). "El conflicto de las infraestructuras con los recursos naturales insulares: previsiones, criterios y mandatos de las Directrices de Ordenación General". *El sur de Tenerife ante los retos de la nueva sociedad,* Salamanca, S/C de Tenerife.

— (2010). "Marco conceptual". *Derecho Urbanístico de Canarias.* Aranzadi-Thomson-Reuters.

Vogt, P., *et al.* (2019). *State of the World's Forests: Forest Fragmentation.* JRC Technical Report. Publications Office of the European Union, Luxembourg. https://publications.jrc.ec.europa.eu/repository/handle/JRC118594). Recuperado el 30 de enero de 2024.

VV.AA. (2017). *Bases científico-técnicas para la Estrategia estatal de infraestructura verde y de la conectividad y restauración ecológicas.* MAPAMA.

Waldron, J. (2011). "The rule of law and the importance of procedure". Fleming, J. E. *Getting to the Rule of Law: NOMOS L,* (31). NYU Press.

Walker, N. (2008). "Taking Constitutionalism Beyond the State". *Political Studies,* (56-3).

Wallis, C., Blancher, P., Séon-Massin, N., Martini, F., Schouppe, M. (2011). *Mise en oeuvre de la directive cadre sur l'eau quand les services* écosystémiques *entrent en jeu. 2ème séminaire «Quand les sciences de l'eau rencontrent les politiques publiques».* Les Recontres de l'onema.

Weldon, A. (2010). *Conserving habitat through the federal farm bill. A guide for land trust and landowners.* Defenders of the wildlife. https://sustainableagriculture.net/wp-content/uploads/2008/08/FarmBillGuide10_99101.pdf Recuperado el 22 de enero de 2024.

Werth, Susanne. (2020). *Plataforma de la Unión Europea para la coexistencia de personas y grandes carnívoros.* Ministerio para la Transición Ecológica y el Reto Demográfico. https://www.miteco.gob.es/es/red-parques-nacionales/boletin/personascarnivoros.aspx. Recuperado el 22 de enero de 2024.

Wiener, A., Lang, A. F., Tully, J., Maduro, M. P., Kumm, M. (2012). "Global Constitutionalism: Human Rights, Democracy and the Rule of Law". *Global constitutionalism,* (1-1).

Williamson, K. (2003). *Growing with green infrastructure.* Heritage Conservancy.

Winter, G. (2013). "Ecological proportionality. An emerging principle of law for nature?". *Rule of Law for Nature.* Christina Voigt. Cambridge University Press.

Woodhill, J; Millican, J. (2023). *Systems Thinking and Practice: A guide to concepts, principles, and tools.* FCDO and partners, K4D. DOI: 10.19088/K4D.2023.002. Recuperado el 31 de enero de 2024.

Woods, K. (2017). "Environmental Human Rights". *The Routledge Handbook of Environmental Justice.* Routledge.

Wright, G., Rochette, J., Gjerde, K., Seeger, I. (2018). *The long and winding road: negotiating a treaty for the conservation and sustainable use of marine biodiversity in areas beyond national jurisdiction.* IDDRI.

WWF España (2018). *Autopistas Salvajes: Propuesta de WWF España para una Red Estratégica de Corredores Ecológicos entre espacios Red Natura 2000.* https://conservationcorridor.org/cpb/Mateo-Sanchez_2018.pdf. Recuperado el 31 de enero de 2024.

Yong, E. (2022). *An Immense World: How Animal Senses Reveal the Hidden Realms Around Us.* Vintage Publishing.

York, A., Janssen, M., Carlson, L. (2006). "Diversity of incentives for private forest landowners: An assessment of programs in Indiana, USA". *Land Use Policy,* (23–4).

Yu, H., Chin, M., Yuan, T., Bian, H., Remer, L.M., Prospero, J.M., Omar, A., Winker, D., Yang, Y., Zhang, Y., Zhang, Z., Zhao, C. (2015). "The fertilizing role of African dust in the Amazon rainforest: A first multiyear assessment based on data from Cloud-Aerosol Lidar and Infrared Pathfinder Satellite Observations" *Geophysical Research Letters,* (42), Doi: 10.1002/2015GL063040. https://agupubs.onlinelibrary.wiley.com/doi/full/10.1002/2015GL063040). Recuperado el 30 de enero de 2024.

Zalasiewicz, J., Waters, C. N., Wolfe, A. P., Barnosky, A. D., Cearreta, A., Edgeworth, M., *et al.* (2017). "Making the Case for a Formal Anthropocene Epoch: an Analysis of Ongoing Critiques". *Newsletters on Stratigraphy,* (50-2).

Zedler, J. B., Kercher, S. (2005). "Wetland Resources: Status, Trends, Ecosystem Services, and Restorability". *Annual Review of Environment and Resources,* (30).

Zhenzhen, Z., Meerow, S., Newell, J.P., Lindquist, M. (2019). "Enhancing landscape connectivity through multifunctional green infrastructure corridor modelling and desing". *Urban forestry & Urban Greening,* (38).